JUSTICIA EN GUERRA

JORNADAS SOBRE LA ADMINISTRACION DE JUSTICIA DURANTE LA GUERRA CIVIL ESPAÑOLA: INSTITUCIONES Y FUENTES DOCUMENTALES

N.I.P.O.: 301-89-054-7
Depósito Legal: M. 5.112-1990
I.S.B.N.: 84-7483-601-8
Edita: MINISTERIO DE CULTURA
Dir. Gral. de Bellas Artes y Archivos
Plaza del Rey, 1. 28004 Madrid
Imprime: Composición Técnica, S. A.
Puerto Rico, 3 - 28016 Madrid

JUSTICIA EN GUERRA

JORNADAS SOBRE LA ADMINISTRACION DE JUSTICIA DURANTE LA GUERRA CIVIL ESPAÑOLA: INSTITUCIONES Y FUENTES DOCUMENTALES

Organizadas por el Archivo Histórico Nacional, Sección «Guerra Civil»

Salamanca, del 26 al 28 de noviembre de 1987

MINISTERIO DE CULTURA
Dirección General de Bellas Artes y Archivos
Dirección de Archivos Estatales

Madrid, 1990

INDICE

Págs.

Págs.

PRESENTACION

EL cincuentenario de la guerra civivl española no podía dejar de representar un reto para el archivo que, aunque de forma no excesivamente clarificadora, lleva en su denominación el propio nombre del conflicto. En efecto, la denominación Archivo Histórico Nacional, Sección «Guerra Civil» sirvió para integrar, en 1979, dentro de la cabeza del sistema archivístico español, es decir, en el Archivo Histórico Nacional, el conjunto de fondos documentales incautados, durante los mismos años del conflicto o a la inmediata finalización de éste, a las instituciones públicas o privadas ligadas al bando derrotado en la contienda. Hasta 1977, en que pasó a depender del Ministerio de Cultura, este importante patrimonio documental había sido gestionado por una sucesión de organismos institucionales que, aunque de cambiante dependencia administrativa, siempre actuaron bajo el común denominador de prestar servicio a la política represiva de la Dictadura Franquista.

Lógicamente, la labor cultural que podía pretender realizar el archivo durante los años del cincuentenario debía ligarse al propio centro, como instrumento de conocimiento histórico que es de la España de 1936 a 1939. Así, el objetivo fundamental que nos planteamos fue el de tratar de divulgar los fondos documentales, las fuentes para el estudio de la guerra civil, existentes en éste o en otros archivos; sobre todo, aquellos desconocidos o infrautilizados por los investigadores. Elaboramos un programa de actividades culturales en este sentido y el primer tema a abordar que nos fijamos fue el de la Administración de Justicia en ambos bandos; estudio muy necesitado, a nuestro entender, de un básico conocimiento institucional y de una seria reflexión histórica.

A la hora de elegir los temas a tratar en las jornadas de debate y, en general, en el conjunto de nuestras actividades culturales en torno a la guerra, nos planteamos el hecho de que, para los archiveros, es muy importante que se vayan cubriendo las lagunas historiográficas que detectamos, pues, sin un mínimo conocimiento de las instituciones, nuestro trabajo de clasificación se hace mucho más difícil y, dado el lamentable estado de dispersión en que nos han llegado la mayoría de documentos del período, clasificarlos erróneamente puede convertirse en un mal servicio a los investigadores.

Se presentaba, por tanto, y ésa ha sido nuestra meta, la posibilidad de realizar un trabajo de colaboración, interdisciplinar, entre investigadores y archiveros del que pudiera resultar un trabajo útil para ambos colectivos y que permitiera afrontar el acercamiento a esos aspectos de la guerra poco abordados. Desde nuestro punto de vista, la experiencia de estas primeras jornadas ha sido enormemente positiva. La participación de juristas, historiadores, militares, políticos y archiveros en el encuentro ha supuesto menos dificultades de las que, en principio, cabía esperar. Incluso las inevitables discusiones sobre el siempre espinoso tema del acceso a los fondos, cuando se trata de acontecimientos tan recientes y de documentos de carácter tan especial como el de las fuentes judiciales, siempre se afrontaron con el mayor rigor y con el mejor de los propósitos para salvaguardar el derecho a la información que reclaman los investigadores del tiempo presente, en el marco de las garantías que la Ley ofrece y de las posibilidades reales de atención a la demanda investigadora de los distintos archivos, no siempre capaces, por imposibilidad física (falta de medios, escasez de personal, etc.), de dar la adecuada respuesta a la misma.

ANTONIO GONZALEZ QUINTANA
Jefe de Departamento-Director de la Sección
«Guerra Civil» del Archivo Histórico Nacional.
Salamanca

APERTURA DE LAS JORNADAS

Discurso de apertura de las jornadas

CARMEN CRESPO NOGUEIRA
Directora del Archivo Histórico Nacional

Pocos acontecimientos de la Historia Contemporánea han despertado y despiertan interés tan profundo y permanente como el que suscita la guerra civil española.

Durante un largo período posbélico los temas militares y políticos ocuparán la casi total atención de los estudiosos. La prensa, las vivencias y memorias personales y de personalidades son la principal base informativa de que se dispone. La parcialidad forzosa de estas fuentes y la inmediatez de los acontecimientos hace difícil, casi imposible, la interpretación serena, descomprometida de los hechos.

El paso de los años —cincuenta ya, largos, desde el inicio de la contienda—, la apertura a consulta de importantes fondos documentales, va a teñir de objetividad lo que, en principio, fue interpretación apasionada y, por ello, subjetiva, al tiempo que saca a luz nuevos aspectos, nuevas actividades de aquel trágico período.

Buena prueba de ello son estas jornadas que hoy iniciamos sobre «La Administración de Justicia durante la guerra civil» o, *tout court,* «Justicia en guerra».

Hay una palabra del título que quiero destacar: Administración. Es decir trámite, actividad reglamentada, asentada sobre una gestión, que va a producir unos testimonios escritos, destinados a conservarse como aval de dicha actividad. Testimonios que el paso del tiempo transformará, en gran medida, en fuentes históricas de valor permanente, albergados en los archivos.

Es cierto que, durante este período, van a convivir, en el ámbito de la justicia, en uno y otro bando, incluso, finalizada la guerra, en el de los vencedores, instituciones tradicionales u ordinarias con otras surgidas al calor de la contienda, teñidas, por ello, de descarada intencionalidad política. Pero también lo es que la documentación por ellas producida no nace con finalidades publicitarias. Es una documentación burocrática, de trámite administrativo, de hechos desnudos. Competirá al investigador, al estudioso, sacar las consecuencias. Sólo de él va a depender ya el grado de objetividad de éstas.

Múltiples «justicias» —entrecomillado el término, y en letra muy minúscula— conviven, se entrecruzan y contraponen antagónicamente. Quizá nunca como entonces se hace realidad el aforismo que atribuye a la máxima justicia el mayor grado de injusticia. Pero éste es otro tema. Hoy y aquí lo que se plantea y trata es de la organización y funcionamiento de estas múltiples instituciones judiciales, efímeras en su mayoría, y de los documentos de ellas dimanantes que los archivos conservan. Influencia recíproca, ya que el conocimiento de la estructura y funciones de la institución ayudará a restablecer la ordenación orgánica de unos fondos muy dispersos, pero también, *sensu contrario,* serán estos fondos, en múltiples ocasiones, los que permitan la reconstrucción del ámbito funcional de aquélla.

Por eso es de destacar, con satisfacción, el, llamémosle, equilibrio de fuerzas entre estudiosos de las instituciones y archiveros, entre investigación y fuentes que se observa en estas jornadas, hoy en su comienzo.

Binomio necesario en toda actividad de investigación documental de cualquier período histórico e imprescindible en el caso del que nos ocupa, dada la no siempre fácil localización de estas fuentes y la escasez de elementos de descripción de las mismas. En este campo es de justicia resaltar el gran esfuerzo realizado en estos últimos años por los profesionales de archivos para poner en servicio, después de una exhaustiva tarea de localización, descripción y estudio, este abundantísimo manantial de información que, en gran medida, se ofrece aquí como primicia.

La categoría profesional y humana de los participantes es aval de la calidad de sus ponencias y comunicaciones y garantía del excelente partido que en lo sucesivo extraerán de tan ejundiosas fuentes. El éxito de estas Jornadas está, en consecuencia, asegurado.

Por todo ello es para mi un honor y motivo de gran satisfacción declarar abiertas estas Jornadas.

JUSTICIA REPUBLICANA

El Ministerio de Justicia en la España Republicana

RAMÓN SALAS LARRAZÁBAL

1. LA JUSTICIA EN LA CONSTITUCIÓN DE 1931

El gobierno provisional, en el decreto en que enunciaba los principios en que habría de basar su actuación, dijo que iba a «establecer como base de la organización del Estado un plexo de normas de justicia necesitadas y anheladas por el país»; que «orientará su actividad no sólo en el acatamiento de la libertad personal y cuanto ha constituido en nuestro régimen constitucional el estatuto de los derechos ciudadanos, sino que aspira a ensancharlos, adoptando garantías de amparo para aquellos derechos» y que la propiedad privada, que se garantizaba, «no podrá ser expropiada, sino por causa de utilidad pública y previa la indemnización correspondiente».

Esa labor, y la de regular las relaciones entre la Iglesia y el Estado, le sería encomendada al catedrático y miembro del partido socialista don Fernando de los Ríos Urrutí que contó para desempeñarla con la colaboración, entre otros, de Justino Azcárate y Flórez, que ocupó la subsecretaría; Antonio Garrigues y Díaz Cañabate, director general de los Registros y del Notariado; Valeriano Casanueva y Picasso, director general de lo contencioso y Victoria Kent Siano, directora general de Prisiones.

Una de sus primeras medidas fue el restablecimiento del Jurado, aunque sin olvidar «que el deber del Poder Público en las democracias es ejercer una acción tutelar y depuradora de las impurezas que la realidad muestra en las instituciones populares para que éstas conserven inmaculado su prestigio, sin que lo dañen la repetición, tolerada con indiferencia, de sus abusos». Se volvía a la Ley de 1888 pero con algunas restricciones que limitaban las competencias del jurado hasta tanto «no alcance aquel grado de mayor sensibilidad y perfección el conocimiento del delito cuyos matices y consecuencias no se muestren con claridad bastante para evitar errores de percepción y daños de impunidad frecuentes».

Quedaban fuera de sus atribuciones las falsificaciones y «el duelo», «porque operándose en la sociedad española, como en toda la civilización actual una visible y rápida transformación encaminada a suprimirlo de las prácticas sociales, podría, si no frustrar ese progreso, retardarlo, la confianza alentadora de veredictos absolutorios, todavía influidos por la supervivencia de antiguos prejuicios» y también se reducía el número de Jurados, «sin peligro y con ventaja para el funcionamiento de la institución»: «disminuir la resistencia de la colaboración ciudadana y facilitar la más decorosa indemnización, de las que era complemento la severidad que se aplicará a la deserción de las clases obligadas a dar ejemplo y que abandonaban sistemáticamente el puesto de su deber para desprestigiar luego a la institución de justicia popular, por errores de que eran indirectos, pero principales culpables, los privilegiados de la fortuna o del saber».

Otras importantes disposiciones fueron el decreto que dispuso la revisión de toda la obra legislativa de la Dictadura, el que derogó la ley de jurisdicciones; el que anuló el Código Penal de 1928 y, en lo que respecta a las Fuerzas Armadas, el que suprimió el Consejo Supremo de Guerra y Marina, estableciendo la unidad de fuero.

Pero lo que realmente fue la piedra de toque de su gestión fueron las tensiones que en la discusión del proyecto de Constitución se originaron entre la Iglesia y el Estado sin que llegaran a buen término sus esfuerzos y los de los cardenales de Tarragona, Vidal y Barraquer; y Sevilla, Ilundain por llegar a algún tipo de consenso.

La Constitución de 9 de diciembre de 1931 sancionaba en su artículo 26 la prohibición a los religiosos de ejercer «la industria, el comercio o la enseñanza» y la disolución de las Órdenes que impongan voto de «obediencia a autoridad distinta de la legítima del Estado» y dedicaba su título VII a la organización del poder judicial. Según su primer artículo, que era el 94, la justicia se administraría en nombre del Estado y la República aseguraría su gratuidad a los necesitados. Los jueces serían independientes estando únicamente sometidos a la Ley». Comprendería todas las jurisdicciones sin que se pudiera establecer fuero alguno ni por razón de persona ni de lugar, sin más excepción que «el caso de estado de guerra, con arreglo a la ley de Orden Público».

El vértice de la organización judicial lo ocupaba el presidente del Tribunal Supremo, designado por el jefe del Estado a propuesta de una asamblea constituida con arreglo a ley; tenía, además de las propias, la facultad de proponer al ministro de Justicia y a la Comisión parlamentaria leyes de reforma judicial y de los códigos de procedimiento. Tanto él como el fiscal general de la República eran miembros de la Comisión parlamentaria de Justicia.

Los jueces y magistrados no podrían ser jubilados, separados, suspendidos, ni trasladados de sus puestos sino en virtud de leyes que garanticen la efectiva independencia de los tribunales. Si incurrieran en responsabilidad civil o criminal, serían juzgados por el Tribunal Supremo con intervención de un Jurado especial.

Se establecen recursos de ilegalidad contra los actos o disposiciones emanadas por la administración o contra sus excesos o desviación de poder y el parlamento podría conceder amnistías pero no indultos generales; la facultad del indulto personal residía en el presidente de la República, previo informe del Tribunal Supremo y a propuesta del Gobierno responsable.

Todo este edificio jurídico se completó con las leyes del Jurado y de Orden Público. Antes, y un tiempo después, de esta última rigió la de «Defensa de la República» de 21 de octubre de 1931 en virtud de la cual quedaban en suspenso buena parte de las garantías constitucionales. Se consideraban actos de agresión a la República la incitación a resistir o desobedecer las leyes o las disposiciones legítimas; la incitación a la indisciplina o al antagonismo entre institutos armados o entre éstos y los organismos civiles; la difusión de noticias perturbadoras; la comisión de actos de violencia por motivos religiosos, políticos y sociales o la incitación a cometerlos; las acciones y expresiones de menosprecio a las instituciones u organismos del Estado, la apología de la monarquía; la tenencia ilícita de armas o explosivos; los cierres patronales; las huelgas no anunciadas en los plazos legales o las declaradas por motivos que no se relacionen con las condiciones del trabajo o no se sometan a arbitraje o reconciliación; la alteración de los precios; la falta de celo; y la negligencia. Actos para los que se establecían penas de confinamiento, extrañamiento y multa. Se facultaba también al ministro de la Gobernación para suspender reuniones y manifestaciones; clausurar centros o asociaciones «que se consideren que incitan a la realización de actos de los comprendidos como de agresión a la República»; y para intervenir la contabilidad de las asociaciones.

Esta ley sobrevivió a la de Orden Público de 28 de julio de 1933 en la que se establecían los estados de prevención, alarma y guerra, en todos los cuales, en mayor o menor medida, se suspendían las garantías constitucionales en forma muy parecida a como se hace en todas las legislaciones. Lo anormal en la corta vida de la II República fue que durante la práctica totalidad de su existencia los ciudadanos españoles estuvimos sometidos a algunos de estos estados que se consideraban excepcionales pero que resultaron normales. Es decir, el abuso sustituyó al uso y la Constitucún rara vez rigió la actividad pública.

El reinado de la ley de Defensa de la República se extendió desde su promulgación hasta el 31 de agosto de 1933 y estuvo precedido por varias declaraciones del estado de guerra de las que la primera, con carácter general para todo el país, se produjo con ocasión de las quemas de conventos de 11 de mayo de 1931. Posteriormente, se decretó con ocasión de los levantamientos anarcosindicalistas de Sevilla en julio de ese mismo año y en Badajoz, Logroño, Zaragoza y la cuenca del Llobregat en noviembre y diciembre de 1931 y en enero de 1932. El 10 de agosto de 1932 el levantamiento del general Sanjurjo es seguido por la declaración del estado de guerra, situación que vuelve a reproducirse el 9 de diciembre de 1933, en que se declara el estado de alarma en toda la nación coincidiendo con un nuevo levantamiento anarcosindicalista, situación que se prolonga hasta el 6 de enero de 1934 en que cesa el estado de alarma sustituido por el de prevención, a su vez suprimido el 3 de marzo. Poco había de durar este paréntesis, pues cuatro días después vuelve a decretarse el estado de alarma que duraría justamente un mes. El 16 de abril vuelve a establecerse para la provincia de Zaragoza y la medida se extendió el 19 a la de Valencia y el 24 a toda España.

El 26 de junio de 1934 cesa la situación de alarma y se pasa a la prevención, pero el 23 de septiembre nuevamente se decreta el estado de alarma y el 6 de octubre el de guerra, con retroactividad al día 1. Se había producido el levantamiento revolucionario que tuvo sus focos principales en Asturias y Cataluña.

El 21 de enero de 1935 cesa el estado de guerra, sustituido por el de alarma, salvo en las provincias de Oviedo, las cuatro catalanas, Madrid, Zaragoza Teruel,

Huesca, Navarra, Guipúzcoa, Vizcaya, Palencia, Santander y León y las ciudades de Ceuta y Melilla, es decir, en la mitad de España.

En los meses siguientes se va reduciendo el fuero de guerra que el 31 de marzo se limita a Oviedo, las cuatro catalanas, Madrid, Zaragoza, Guipúzcoa, Vizcaya y León más las ciudades del Norte de Africa. Seguían en situación de alarma Huesca, Navarra, Palencia, Santander y Teruel y pasaban al estado de prevención las restantes.

El 14 de abril cesa el estado de guerra en todo el territorio, sustituido por el de alarma en las provincias en que había imperado el de guerra y por el de prevención en las restantes. La situación sigue igual hasta el 28 de junio de 1935 en que de nuevo se decreta el estado de guerra para la provincia de Barcelona. El 29 de septiembre termina el estado de guerra de Barcelona y el 15 de octubre se reduce la situación de alarma a Oviedo, Cataluña, León, Palencia, Vizcaya, Madrid, Zaragoza y Ceuta y Melilla, quedan en prevención Guipúzcoa, Navarra, Huesca, Teruel, Jaén, Logroño, Málaga, Sevilla, Granada, Murcia, Baleares y Canarias.

El 14 de diciembre de 1935, ya en vísperas de las elecciones, se limita el estado de alarma a Oviedo, Barcelona y Madrid, decretándose la vuelta a la normalidad en todo el resto del país. Finalmente el 7 de enero queda en todo su vigor la Constitución.

La duración de esta anormal normalidad sería muy corta, pues al mes siguiente, el 16 de febrero de 1936, se decretaría el estado a alarma y en esa situación seguiría el país hasta que al producirse el Alzamiento Nacional se impusiera el estado de guerra en todo el territorio dominado por los rebeldes y se matuviera el de alarma en todo el resto del país, el dominado por el gobierno de la República, que no decretaría el estado de guerra hasta poco antes de fenecer, el 23 de enero de 1939. Es decir, la Constitución no estuvo vigente en toda su integridad más que los tres meses que van desde el 31 de agosto de 1933 al 9 de diciembre de 1933 y el mes que va del 7 de enero de 1936 al 16 de febrero de ese mismo año. La excepcionalidad se constituyó en regla y la normalidad en rareza.

Sin embargo esa anomalía sería añorada como algo paradisíaco a partir del estallido revolucionario que acompañó en la zona gubernamental al levantamiento militar.

Su primer efecto fue la ruptura con la legitimidad y legalidad establecidas y la iniciación de un proceso constituyente y evolutivo a través del cual se iría a lo que los dirigentes más destacados de esa facción denominaron «una República de nuevo cuño». Los combatientes, en su decidida voluntad de destruir a los sublevados, tenían también la de edificar un nuevo sistema de convivencia más acorde con sus ideales revolucionarios. En la fase inicial de la guerra, a pesar de que el gobierno que se estableció en Madrid el 19 de julio, presidido por el Dr. Giral, estaba constituido exclusivamente por republicanos, todo el protagonismo político y militar pasó a las centrales sindicales —UGT y CNT— que dirigirían de hecho la nave del Estado. Paradógicamente no tomaron el poder ni se hicieron cargo del gobierno, al que ignoraron, pero no totalmente, y que dedicó casi toda su actividad a sancionar los actos realizados por aquéllos.

Ocupaba la cartera de Justicia Manuel Blasco Gazón, miembro de Unión Republicana, escisión del Partido Radical. Le habían precedido —después de Fernando de los Ríos— Fernando Giner de los Ríos, Alvaro de Albornoz y Limiana, Santiago Casares Quiroga, Juan Botella Asensi, Domingo Barnés Salinas, Ramón Alvarez Valdés, Salvador de Madariaga Rojo, Vicente Cantos Figueroa, Rafael Aizcun Santafé, Vicente Cantos Figueroa, (segunda vez), Cándido Casanueva y Gorjón, Federico Salmón Azorín, Alfredo García Argüelles, Manuel Becerra Fernández y Antonio de Lara y Zarate, un conjunto de prohombres republicanos de diferentes tendencias pero con el denominador común de la moderación.

Durante algún tiempo, el de la austeridad de Chapaprieto, estuvo unida la cartera con las de Trabajo y Sanidad y fue interés de todos sus titulares el consolidar el sistema jurídico de la República y suavizar las relaciones con la Iglesia. Esta situación, teóricamente al menos, no sufría variación con el estallido revolucionario pues sus protagonistas decían respaldar a la República y aceptar su Constitución. Se prorrogó el estado de alarma, con las consecuencias jurídicas que de ello se derivaban y ninguna reforma en profundidad se anunciaba en la estructura del Estado, pero el poder pasó en cada localidad al grupo sindical mayoritario, aunque no lo ejerciera en exclusiva.

En todas partes se produjo el derrumbamiento del edificio estatal. La Constitución quedó ignorada y todos sus principios eran constantemente conculcados. Cualquiera que fuera el que ostentara el mando fue regla general de conducta la incautación de propiedades agrícolas, ganaderas, industriales o comerciales; la destrucción de la Iglesia y la disgregación de las Fuerzas Armadas y de Orden Público.

El gobierno Giral, sin posibilidades, y sin deseo de oponerse a la acción de las masas sindicales, «supo aceptar y tomar acto de las nuevas realidades político-sociales que estaban surgiendo en España» y tomó «una serie de medidas jurídicas que legalizaban situaciones de hecho creadas por las masas y por las organizaciones del Frente Popular y que implicaban una transformación profunda del carácter de la República española».

En el ámbito de las competencias del Ministerio de Justicia, la primera de estas disposiciones fue el decreto de 21 de julio que permitía al Gobierno disponer «la cesantía de todos los empleados que hubieran tenido participación en el movimiento subversivo o fueran notoriamente enemigos del régimen» medida que se hizo poco después extensible «a todos los funcionarios del Estado, a los empleados de los organismos o empresas administradoras de monopolios o servicios públicos», en fragante oposición a la Constitución que no autorizaba que nadie fuera separado del servicio más que «por causas justificadas previstas en la Ley», sin que se le pudiera «molestar y perseguir por sus opiniones políticas, sociales y religiosas».

En esa misma semana se sancionaba la ocupación de propiedades privadas con la creación de una junta interventora que debía velar por la protección y custodia del patrimonio artístico e histórico incautado a sus dueños y el 27 de julio se daba un plazo de cinco días a los alcaldes para que ocuparan «todos aquellos edificios, con el material científico y pedagógico que las congregaciones religiosas tenían dedicados a la enseñanza el 14 de abril de 1931 y los que, aún no dedicados a ella, estuvieran actualmente desocupados».

Poco después, el 11 de agosto se decretó la clausura de todos los establecimientos de las Ordenes y Congregaciones religiosas existentes en España, que de algún modo hubieran intervenido en el movimiento insurreccional, «participando en él directamente o indirectamente, favoreciéndolo o auxiliándolo, o favoreciendo o auxiliando, cualquiera que sea la manera empleada a los rebeldes y sediciosos». Bastaría para estimarlo así que cualquiera de sus miembros hubiera formado parte de «los grupos combatientes, de los Estados Mayores, equipos u organizaciones de avituallamiento o intendencia, comités políticos o militares, servicios de enlace, espionaje o hubieran favorecido el movimiento con aportaciones en metálico o en especie», o «la mera utilización momentánea para alojamientos, instalaciones o servicios de cualquier otra clase» de sus inmuebles. Enumera después lo que se consideran actos positivos en favor de los rebeldes, relación que termina así: «Haber realizado cualquier otro acto, que aunque no comprendido en los casos anteriores, pueda estimarse como de participación directa o indirecta o de auxilio mediato o inmediato al movimiento sedicioso».

Los bienes de estas organizaciones serían nacionalizados y en cualquier caso, como medida preventiva, quedarían clausurados y se emplearían «para el cumplimiento de los mismos o análogos fines a que se hallaban dedicados».

Otras importantes disposiciones del Ministerio de Justicia fueron la del 28 de agosto de 1936 que daba normas a los Registros Civiles para las inscripciones de los fallecimientos de militares, milicianos y paisanos ocurridas en campaña o de resulta de estas; la que modificaba la Ley penal para evitar que eludieran la acción de la justicia «aquellos faciosos que, una vez fracasados en sus criminales propósitos, pretenden hurtarse a la exigencia de responsabilidades», huyendo. Serían juzgados en «rebeldía» y ello, según el Legislador, no vulneraba principio jurídico alguno, «por cuanto el inculpado en rebeldía se le concede el derecho de ser oído promoviendo un nuevo juicio, aún cuando hubiera recaído sentencia en el que se sustanció en aquella situación»; y la que ordenaba que los registros parroquiales, pasaran «para su custodia, conservación y demás efectos, a los Registros Civiles correspondientes a su demarcación».

Pero de todas las medidas revolucionarias tomadas por el gobierno Giral destaca la que sustituía todo el sistema judicial creando una justicia popular de carácter político e intención revolucionaria. El título VII de la Constitución se derrumbó cuando el 16 de agosto se declaró cesantes a todos los jueces municipales y se decretó que «quienes lo desempeñen en lo sucesivo ofrecerán las mayores garantías de una actuación limpiamente republicana».

Días más tarde, el 21 de agosto, el gobierno se atribuyó la potestad de «separar preventivamente de servicio activo a todos los funcionarios dependientes del Ministerio de Justicia que, hayan observado una conducta que, sin acreditarles claramente como enemigos del régimen republicano establecido en la Constitución y participantes en el actual movimiento sedicioso, exija una justificación a juicio del Consejo de Ministros».

De acuerdo con esa autorización se declararon cesantes a todos los magistrados encargados de la inspección de los tribunales y se crearon unas juntas de inspección «encargadas de investigar la actitud y la adhesión al régimen de los funcionarios de la administración de la justicia, cualquiera que sea su categoría o jurisdicción».

Ya antes se había destituido a la Junta de Gobierno del Colegio de Abogados, «constituida en su inmensa mayoría por elementos desafectos al régimen», y se habían modificado las normas que regían para la provisión de los puestos de presidentes y magistrados del Tribunal Supremo.

Culminaba esta profunda renovación de la justicia la creación el 23 de agosto del Tribunal Popular, competente «para juzgar los delitos de rebelión y sedición y los cometidos contra la seguridad del Estado, por cualquier medio». Actuaría en Madrid, lo presidiría un funcionario judicial y lo integrarían otros dos, que con él juzgarían como jueces de Derecho, y 14 jurados designados «por los partidos que integran el Frente Popular y organizaciones sindicales afectas al mismo, atribuyéndose dos miembros a cada uno de dichos partidos y organizaciones». El procedimiento de actuación del nuevo Tribunal sería «sumarísimo» y se autorizaba a su presidente para designar fiscal y secretario y para actuar por sí solo, «en caso de notoria urgencia». Media España quedaba excluida del sistema jurídico pues bastaba para quedar al margen de él no ser declaradamente amigo del sistema.

Un decreto de 25 de agosto ampliaba la nueva jurisdicción a todo el territorio republicano creando tribunales populares de idéntica composición que el de Madrid: 3 jueces de Derecho, nombrados a dedo y 14 jueces populares. Esta distribución fue modificada en el ámbito local para dar entrada a representantes de los partidos nacionalistas en los territorios respectivos y, ya siendo ministro Mariano Ruiz Funes, se decretó que estos tribunales ampliaran sus competencias «para conocer de los delitos militares o comunes cometidos por militares o paisanos durante las operaciones de la actual campaña, con ocasión de las mismas o en territorio donde dichas operaciones se realicen y que por la índole de la infracción sean susceptibles de perturbar el normal desarrollo de ellas».

Esta medida suprimía de hecho la jurisdicción castrense aunque el decreto indicaba en su preámbulo que era «propósito del gobierno establecer Consejos de guerra especiales, que por procedimientos sumarísimos actúen en los lugares donde se realizan operaciones de campaña, para conocer de los delitos militares o comunes que se cometan con ocasión de la misma, y que en dichos Consejos tengan la debida participación aquellos beneméritos ciudadanos que, juntamente con las fuerzas leales del Ejército, y formando parte de las milicias populares, defienden a la República con las armas en la mano».

Los tribunales populares trataban de sustituir a la indiscriminada actividad de las «patrullas» que sembraban el terror sin sujeción a norma. Según Michel Foucault ésta es la forma propia de los períodos revolucionarios, la expresión natural de la justicia popular. Los combatientes o mejor, las masas populares, se habrían hecho la siguiente reflexión: «No iremos a los frentes sin antes haber eliminado a nuestros enemigos del interior. Mientras nosotros nos exponemos, las prisiones en las que ellos están encerrados les protegen. Esperan nuestra partida para salir de ellas y restablecer el antiguo orden de cosas. En cualquier caso, los que hoy nos gobiernan quieren utilizar contra nosotros, para hacernos entrar en el orden, la doble presión de los enemigos que nos invaden desde el exterior, y de los que nos amenazan en el interior. No iremos a luchar contra los primeros sin habernos desembarazado antes de los últimos.»

Para estos, ¿los libertarios?, los tribunales populares eran un medio para cortar las ejecuciones de los responsables históricos de la rebelión y un intento de volver al pasado: jueces detrás de una mesa, representando una instancia intermedia entre el pueblo, que «clama venganza», y los acusados que con «culpables» o «inocentes»; interrogatorios para establecer que es lo «justo»; «una instancia impuesta a todos por vía autoritaria», el embrión de un aparato de Estado y la posibilidad de una opresión de clase. Para Foucault, «el establecimiento de una instancia neutra entre el pueblo y sus enemigos, susceptible de establecer la división entre lo verdadero y lo falso, lo culpable y lo inocente, lo justo y lo injusto», es una forma de oponerse a la justicia popular, de desarmarla en su lucha real y de deformarla.

Pero como era inevitable esta situación caótica tenía que dar paso a otra en la que un nuevo orden consolidara la revolución. En la primera etapa, la protagonizada por las masas sindicales, se producen las ciegas ejecuciones de los «enemigos del pueblo» pero cuando el nuevo Estado se afirma y cuenta con un instrumento de unificación de las masas, la represión se racionaliza, pasa a ser constante y se somete a norma.

No se trataba por tanto de una cancelación de la experiencia revolucionaria, sino de su institucionalización bajo la protección de un nuevo Ejército popular surgido de la simbiosis entre los restos del antiguo ejército republicano y las milicias populares. El edificio del nuevo Estado nada tendría que ver con la fenecida República, de la que sólo subsistía el nombre.

3. Ruiz Funes, ministro de Justicia

Esta tarea fue la que aceptó Francisco Largo Caballero, secretario general de la UGT y representante máximo de la corriente revolucionaria del socialismo español. Su pretensión fue la de dar cabida en el gobierno a todas las fuerzas que cooperaban al fin común de vencer a los sublevados, pero antes de conseguirlo tuvo que superar la ruda resistencia de los dos sectores más importantes de cuantos apoyaban al gobierno sin formar parte del Frente Popular: el movimiento libertario y el PNV. Ello dividió su mandato en dos fases bien diferenciadas.

Los libertarios querían resolver la contradicción entre su ideario y la participación en la Administración Pública, creando «un organismo nacional facultado para asumir las funciones de dirección en el aspecto defensivo y de consolidación en el aspecto político y económico». Este órgano se denominaría Consejo Nacional de Defensa; en él los antiguos ministros pasarían a llamarse delegados; el ejército, milicia de guerra; la policía, milicias populares; y los oficiales, técnicos militares.

Aceptaban la existencia de la Jefatura del Estado, la permanencia de Azaña en ella y la presidencia de Largo Caballero pero exigían cinco de las 14 delegaciones que compondrían el Consejo. La UGT dispondría del mismo número de miembros y los partidos republicanos y nacionalistas los cuatro restantes.

Este «gobierno» de base sindical socializaría la banca, los bienes de la iglesia, la propiedad agraria, la gran industria y el comercio de forma que todos los medios de producción quedarían usufructuados por los sindicatos. La propuesta fue rechazada y Largo Caballero formó gobierno sin ellos.

Con los nacionalistas vascos las negociaciones demoraron su participación, que se aplazó hasta que recibieron, seguridades de que es Estatuto sería inmediatamente aprobado. Entonces se nombró ministro sin cartera a Manuel Irujo. Antes se había reservado la de obras públicas para José Antonio Aguirre, que se negó a aceptarla.

Se abrió en ese momento un período que podríamos denominar constituyente en el que se sentaron las bases de una nueva estructura estatal que se completaría después de obtenida la victoria, dando paso a una «distinta de la presente en lo social, en lo económico y en lo jurídico. Todo ello en beneficio de la clase trabajadora».

Ocupó el ministerio de Justicia en ese gobierno el diputado de Izquierda Republicana y catedrático de la Universidad de Murcia, Mariano Ruiz Funes, especialista en derecho penal, y anterior ministro de Agricultura, que siguiendo la política de sancionar las situaciones de hecho y de perfeccionar la nueva jurisdicción popular, promovió la aprobación del decreto de 7 de octubre que estableció el «Tribunal Especial de Responsabilidades Civiles», con competencia para castigar gubernativamente, especialmente en sus bienes y puestos de trabajo, a todos los presuntos desafectos al régimen y a los sospechosos de traición y espionaje, «aunque no hubieran cometido delito alguno». Su composición era similar a la de los Tribunales Populares y su cometido declarado el de reprimir las opiniones, pues las conductas entraban dentro del ámbito de estos.

En esa línea, y dada la universalidad de su aplicación, se le autorizó para constituir cuantos tribunales de este tipo fueran necesarios y en la de reprimir cualquier género de oposición se dispuso, por decreto de 10 de octubre, la constitución de los llamados «Juzgados de Urgencia», a los que se dio el cometido de conocer y castigar penalmente los actos de «hostilidad y desafección al régimen que no sean constitutivos de los delitos previstos y sancionados en el Código Penal Común y en las Leyes penales especiales».

Por una u otra vía un hombre para quien era artículo de fe el axioma de que el pensamiento no delinque, sancionó a todos los desafectos al sistema, más aún, a todos los no afectos, a los que se castigó con la prisión, la destitución y, en su caso con la ocupación de sus fábricas, talleres, empresas industriales, comerciales y agrícolas. Fue este Tribunal el que desposeyó de sus bienes muebles e inmuebles a todos los tachados como opuestos al régimen. A su actividad se debió que la reforma agraria avanzara de forma incontenible. Según Carlos M. Rama en marzo de 1938 se habían expropiado 2.432.402 hectáreas abandonadas por sus propietarios o incautadas por responsabilidades políticas, mientras otras 2.000.000 se expropiaron por causa de utilidad social y 1.252.000 se ocuparon provisionalmente. De esta forma se distribuyeron 5.692.202 hectáreas lo que supone un tercio de las tierras laborales existentes en territorio republicano, tarea que al ritmo anterior hubiera durado más de medio siglo.

El éxito de esta política se lo atribuyó al partido comunista, al que pertenecían el Ministro de Agricultura y el director general de la reforma agraria, pero Ricardo Zabalza, dirigente de la FTT, escribió: «Antes de que ningún ministro comunista pasase por el gobierno, las organizaciones campesinas, orientadas por nuestra Federación, ya habían conquistado de facto todas las fincas pertenecientes a los rebeldes» y el diario «CNT»: «Los campesinos no necesitan decretos para resolver sus problemas vitales sino que se anticipan a ellos... expropiando sin hacer ninguna distinción entre propietarios que hubiesen intervenido o no en la conspiración militar.»

Expropiaciones, incautaciones, confiscaciones y ocupaciones dieron al traste no sólo con el sistema jurídico sino con el económico y social de la República. Uno de los últimos decretos de Ruiz Funes, fechado el 16 de octubre, disponía la incautación de los edificios religiosos contiguos al Palacio de Justicia al haber quedado éste pequeño porque «la necesidad de reprimir adecuada y rápidamente el actual movimiento subversivo ha obligado al gobierno a crear nuevos órganos de la Administración de Justicia, tales como los Tribunales Populares, los Jurados de Urgencia para reprimir los actos de desafección u hostilidad al régimen, y los Juzgados Especiales encargados de instruir los oportunos procesos para depurar las responsabilidades en que hubieran podido incurrir los enemigos del régimen y los rebeldes y sediciosos». También este sería insuficiente y muchos otros se utilizarían como Prisiones en Madrid y el resto de la España republicana.

El proceso tuvo un carácter diferente en Cataluña, donde la pugna entre el gobierno y la Generalidad y el Comité Central de milicias antifascistas se resolvió el 27 de septiembre con la constitución de un gobierno en el que se dio entrada a los anarcosindicalistas y que era el cuarto que se formaba en Barcelona a partir del 19 de julio. Su actividad fue marcadamente secesionista lo que haría exclamar a Negrín más tarde: «Si esas gentes van a descuartizar a España, prefiero a Franco».

Companys, presidente de la Generalidad, pero no de su ejecutivo, se atribuyó multitud de prerrogativas del gobierno central e incluso el derecho de indulto, exclusiva del jefe del Estado y llegó a declarar nulas y sin efecto todas las disposiciones, emanasen de quien emanasen, que no fueran refrendadas por el respectivo consejero del gobierno autónomo.

En Vizcaya, donde Aguirre formó gobierno el 7 de octubre, el PNV quiso hacer del pequeño territorio que controlaba, casí exclusivamente Vizcaya, un país independiente regido por un Estado soberano, llevando su separación hasta donde se le consintiera.

Sin necesidad de Estatuto los sindicalistas, que transformaron el «Comité de nueva estructuración social de Aragón, La Rioja y Navarra» en el Consejo de Aragón, constituido el 15 de octubre y que ejercía todos los poderes, salvo el militar, que estaba en manos catalanas, también se atribuyó potestades que la constitución reservaba al Estado y entre ellas la de administrar justicia y lo mismo hicieron los comités de Santander y Asturias en todos los cuales existió su respectiva consejería de Justicia. Sin embargo hubo una línea común, incluso en Vizcaya, en lo referente a la represión a los desafectos.

Ruiz Funes, en el breve espacio de tiempo en que ocupó el Ministerio de Justicia, decretó la cancelación de las inscripciones de condena por delitos políticos y sociales cometidos con anterioridad al 18 de julio y los de apariencia común, «en cuya realización existieron motivos políticos-sociales».

Mientras esto sucedía Largo Caballero logró la colaboración de los dirigentes del movimiento anarcosindicalista y el 4 de noviembre modificó profundamente la composición del gobierno dando entrada en él a cuatro miembros del movimiento libertario: Juan García Oliver, que se hizo cargo del Ministerio de Justicia, Federica Montseny Mañe, del de Sanidad y Asistencia Social; Juan Peiró Belís del de Industria; y Juan López Sánchez del de Comercio. Para ampliar también su base entraron en representación de sus respectivos partidos como ministros sin cartera, Manuel Irujo y Ollo, nombrado el 25 de septiembre, Jaime Ayguadé y José Giral Pereira, el anterior jefe de Gobierno.

4. Un ministro anarquista normaliza la Justicia

La presencia de un anarquista al frente de la justicia hacía suponer que ésta volvería a tomar el carácter popular, directo, arbitrario y expeditivo de los primeros tiempos revolucionarios y efectivamente coincidió con una agudización de las ejecuciones directas, aunque este incremento ya se había iniciado en el mes de octubre, en tiempos de Ruiz Funes, incapaz de canalizar hacia los tribunales la saña vengativa de las bases de partidos y sindicales. Una de sus primeras disposiciones fue la de dejar «en suspenso, indefinidamente, el derecho de toda persona, natural o jurídica, a reclamar contra resoluciones de la Administración, en cualquiera de sus grados, que se hubieran adoptado desde el 17 de febrero del año en curso» y poco después se privó también a los ciudadanos del recurso de casación, que únicamente se admitiría «en caso de injusticia notoria o de violación formal que produjera indefensión» y ello parecía indicar que su pasos seguirían la línea de la arbitrariedad, pero sus aspiraciones eran mayores.

En la represión a los opositores ordenó el 10 de diciembre la formación de sendas comisiones provinciales para «proceder a la depuración del personal judicial y fiscal, y auxiliar de tribunales y juzgados, en sus distintas categorías, desde presidente de audiencia hasta los más modestos funcionarios de la justicia municipal» función que a juicio del ministro, no habían desempeñado suficientemente bien las Juntas de Inspección de Tribunales creadas el 25 de agosto y a las que achacaba que «su falta de contacto con los elementos populares hacía en gran medida ineficaz su actuación». Las nuevas comisiones estarían presididas por un magistrado del Tribunal Supremo designado libremente por el ministro y «dos personas de reconocida solvencia, pertenecientes a las Centrales Sindicales y que, por su profesión, no se hallen en contacto con Tribunales y Juzgados».

En contrapartida tiene que anotarse en su haber la práctica desaparición de los excesos de lo que venía llamándose justicia popular. Paradógicamente serían los anarcosindicalistas los que dieran fin a la actividad de aquellos grupos, después transformados en milicias de retaguardia, que desde el comienzo de la guerra civil venían haciendo una tremenda depuración de las que eran víctimas las personas que por sus ideas, creencias o actividades eran sospechosas de ser opuestas al régimen. El director general de prisiones, Melchor Rodríguez, con el apoyo del ministro, consiguió dar fin a las «sacas» de los presos internados en las cárceles del Estado o en los edificios habilitados como tales, imponiendo la vía de los tribunales o de las nuevas jurisdicciones constituidas con ese fin.

A él se debe también la creación el 26 de diciembre de 1936 de los «campos de trabajo», en los que extinguirían sus penas los condenados por el Tribunal Supremo, los Tribunales Populares y los Jurados de Guardia y donde se internaría a los desafectos durante un tiempo igual al de la duración de las penas que se les impusieran. También decretó que en las causas vistas por esos tribunales y en las que se dictaran sentencias de muerte de las que hubieran que dar positivamente conocimiento al Gobierno, podrían ser revisadas, cuando a juicio de éste, previo informe del Tribunal Supremo, «existan razones de equidad que un alto sentido de Justicia así lo aconseje». La revisión la efectuaría el mismo tribunal que hubiera dictado el fallo, previa renovación de los Jurados Populares. Esto hacía posible, de una parte, que el gobierno ejercitara su prerrogativa de indulto y, de otra, que se pudieran corregir los excesos de unos tribunales que venían cometiéndolos continuamente.

En el campo de la legislación familiar introdujo dos importantes variantes por los decretos de 4 de febrero y 10 de abril de 1937. El primero modificaba el derecho de familia otorgando igualdad absoluta a ambos cónyuges con derogación de todo lo legislado con anterioridad incluida la parte correspondiente al Código Civil. Argumentaba el Legislador que se trataba exclusivamente de «adaptar las leyes civiles a la Constitución» menester olvidado hasta ahora y que es forzoso cumplir sin dilación «porque así lo exige la revolución jurídica operada en nuestro país, incompatible con los arcaícos privilegios que las leyes conceden y otorgan por razones de sexo». Añadía: «La mujer, dentro del matrimonio, ha de ser una verdadera compañera, y dentro y fuera del matrimonio ha de poder desempeñar las mismas funciones civiles que el varón. Toda sobra de autoridad marital, de restricción y aún de privilegios de uno u otro sexo es absolutamente incompatible con la dignidad que igualmente ostentan y que la ordenación jurídica debe consagrar». El segundo, sobre adopciones, decía: «En los períodos de honda convulsión de los pueblos es evidentemente cuando se manifiesta de modo más inequívoco y expresivo toda la grandeza del alma popular. El sentimiento de solidaridad, de ayuda mutua, de asistencia recíproca pura y noblemente matizada» y por ello el Gobierno atendiendo e interpretando los anhelos populares, daba a la adopción «la adecuada flexibilidad que reclama el momento presente, estimándose necesario rebajar la edad requerida para adoptar y reducir al mínimo las prohibiciones existentes, permitiéndose incluso que puedan adoptar quienes tengan descendencia de sangre».

En la parte dispositiva se decía que podrían adoptar los mayores de treinta años siempre que tuvieran, por lo menos, 15 más que el adoptado. Sería requisito indispensable el consentimiento mutuo de los cónyuges y el de las personas o entidades bajo cuya guarda o amparo se hallen, requisito que sería sustituido por el dictamen favorable del Ministerio Fiscal si el menor o incapaz estuviera desamparado. Si este tenía más de 10 años, también se le consultaría con carácter vinculante.

Fue también importante la medida que completaba de manera definitiva la que con carácter restringido tomó Ruiz Funes. Hizo desaparecer el Registro Civil de Penados y Rebeldes y justificó la medida diciendo: «Varios edificios han sufrido daños provocados por el bombardeo de las baterías y aviación enemiga, entre ellos el inmueble ocupado por el Ministerio de Justicia, determinando la destrucción entre otros documentos de gran parte de los que integraban el Registro Central de Penados y Rebeldes. Por ello, con el fin de resolver la situación que tal destrucción ha producido, teniendo en cuenta las dificultades casi insuperables que la reconstrucción del Registro supondría, sobre todo en los momentos presentes, y atendida, por otra parte, la circunstancia de que muchos delincuentes ocasionales, además de haber cumplido las penas que los tribunales les impusieron, se han rehabilitado en la sociedad, con los servicios que con las armas vienen prestando a la causa antifascista», quedan cancelados todos los antecedentes penales relativos a delitos cometidos con anterioridad al 15 de julio de 1936. Para los que se cometieran con posterioridad se constituía en Valencia un nuevo Registro al que todos los Tribunales y Juzgados vendrían obligados a remitir las sentencias que se hubieran dictado por delitos cometidos con posterioridad a esa fecha.

Pero la obra fundamental de García Oliver fue la reforma de todo el edificio jurídico del Estado. El 23 de febrero promulgó un decreto que ampliaba la competencia de los Tribunales Populares atribuyéndoles también el conocimiento de todos los delitos comunes y de los de índole no estrictamente militar cometidos por paisanos, y por otros de esa misma fecha delimitó la esfera jurisdiccional de los Jurados de Urgencia y de Guardia introduciendo, en materia de penas comunes, importantes modificaciones que tendían a humanizarlas, atribuyéndoles como principal finalidad la corrección del delincuente; se daba una mayor amplitud al arbitrio judicial concediendo a los jueces libertad para apreciar las circunstancias modificativas de la responsabilidad, fijar la pena y determinar el establecimiento penitenciario en que debieran cumplirla, manteniendo en los procedimientos la rapidez necesaria y dando garantías con el establecimiento de un recurso de plena jurisdicción ante el Tribunal Supremo «en todos aquellos casos en que no sea indispensable que la ejecución de la pena siga inmediatamente a la sentencia».

Estos propósitos entraron en colisión con los de Largo Caballero que el 16 de febrero había dispuesto la creación de Tribunales Populares Especiales de Guerra asignándoles competencias en materia penal que en las disposiciones de justicia lo eran de los Tribunales Populares. Resulta difícil de entender que ambas disposiciones, dictadas con sólo siete días de diferencia y que requirieron la aprobación del Consejo de Ministros y la sanción del presidente de la República, pudieran estar en contraposición pero así sucedió y para delimitar las respectivas esferas jurisdiccionales y unificar criterios se nombró por la Presidencia una comisión interministerial integrada por juristas de los Ministerios de Justicia, de Guerra y de Marina y Aire, que emitió un dictamen que sirvió de base para el decreto de 7 de mayo en el que se indicaban las competencias de los diversos Tribunales que, «con arreglo a la Constitución y a las disposiciones vigentes, ejercen en la República la jurisdicción penal».

Dando cumplimiento a este decreto de la Presidencia del Gobierno se dictaron otros de los Ministerios de Justicia, Guerra y Marina y Aire que regulaban las jurisdicciones ordinaria y militares. En el de Justicia se decía que la justicia penal popular, gratuita y sin que pudiera permitir privilegio ni fuero alguno, sería ejercida por: Los Tribunales Populares; los Jurados de Urgencia; los Jurados de Guardia; los Jurados de Seguridad y el Tribunal Popular de Responsabilidades Civiles. La Sala de lo Penal del Tribunal Supremo conocería de los recursos y el Tribunal Supremo y las Audiencias Territoriales tendrían competencias facultativas, disciplinarias y de instrucción.

Los Tribunales Populares estarían formados por tres funcionarios judiciales, que integrarían la Sección de Derecho, y ocho Jurados de representación popular designados por Comités Provinciales de los Partidos y Organizaciones Sindicales. Serían competentes para conocer de los delitos comunes y de los cometidos contra la seguridad de la Patria y de rebelión previstos y penados en el Código de Justicia Militar y en el Penal de la Marina de Guerra, cualquiera que fuese la condición de los reos y el lugar en que se cometieran los delitos y de los no estrictamente militares cometidos por militares, marinos o paisanos aunque no estén atribuidos de modo expreso y permanente a la competencia de los Tribunales de Guerra y Marina.

Los Jurados de Urgencia eran los encargados de conocer y sancionar «los actos de hostilidad y desafección al régimen que no sean constitutivos de delitos previstos y sancionados en el Código Penal Común y en las Leyes Penales Especiales». Tenían esa consideración: dificultar voluntariamente y en forma no grave las normas para la defensa, abastecimiento general y particular, sanidad y consumo de luz, agua y gas; difundir falsos rumores o noticias sobre operaciones de guerra, actuación del gobierno, situación económica o cualquiera que tienda a producir alarma o estados de opinión adversos a la República; observar una conducta que, sin ser delito, demuestre que quien la practica es persona desafecta al régimen; alterar el precio, calidad, peso, racionamiento y distribución de artículos alimenticios o, ocultarlos o acapararlos; practicar la usura y cualquier otro acto que por sus circunstancias y consecuencias se estime «nocivo a los intereses del gobierno, del pueblo o de la República».

Los Jurados de Guardia eran los encargados de castigar las infracciones a los Bandos del Ministerio de la Gobernación que se considerarían «como perturbadoras del orden público o que tienden a perturbarlo» y «aplicarían estrictamente el procedimiento sumarísimo regulado en el Código de Justicia Militar».

Los Jurados de Seguridad eran los encargados de castigar a los «presuntos vagos habituales» y por tanto se subrogaban las atribuciones que hasta entonces tenían los jueces de instrucción. Su ámbito de competencia eran los partidos judiciales pero podrían extenderse a toda una provincia; los recursos de apelación contra sus sentencias se verían en los tribunales populares de la provincia respectiva. Además de los vagos y maleantes serían objeto de la acción de estos jurados los que carecieren de documento de identidad personal o de aval de las autoridades gubernativas o no justificaren debidamente sus medios de vida, profesión, oficio, domicilio o infrinjieran los estados excepcionales de la nación.

Los tribunales populares, que de hecho sustituirían a las audiencias provinciales, podían imponer sentencias hasta la de muerte inclusive; los jurados de urgencia las de internamiento en campos de trabajo por un tiempo «superior a un año e inferior a cinco»; los jurados de guardia las penas que establece el Código de Justicia Militar para los delitos que contempla y los jurados de seguridad el internamiento en campos de trabajo por el mismo tiempo que el indicado en el caso de los jurados de guardia, es decir, de uno a cinco años.

El tribunal popular de responsabilidades civiles tenía como función «declarar la existencia de responsabilidades civiles contraídas con motivo de la actual rebelión, ya provengan éstas de una previa declaración de responsabilidad criminal o de actos u omisiones de hostilidad o desafección al régimen que, sin tener carácter delictivo sean imputables a personas naturales o jurídicas contra las que existan pruebas o indicios racionales de haber participado directa o indirectamente en el movimiento insurreccional o en su preparación». El tribunal podía confirmar o alterar la cuantía de las responsabilidades civiles fijadas por los tribunales de lo criminal, y señalar las exigibles a los condenados por los jurados de urgencia y de guardia, «con independencia de las sanciones pecuniarias que éstos les hubieren impuesto». Estaban constituidos por cinco funcionarios judiciales, nombrados por el Consejo de Ministros a propuesta del de Justicia y 12 jurados de los cuales seis serían diputados a Cortes y los otros seis se extraerían por turnos mensuales de una lista de 24 que cuatrimestralmente formarían los partidos y organizaciones sindicales del Frente Popular. El tribunal dictaría sentencia cuando los acusados hubieren sido previamente castigados por responsabilidad criminal o actos u omisiones de hostilidad o desafección al régimen por los Jurados; en todos los demás casos se limitarían a formular informes razonados y correspondería la resolución al gobierno.

Finalmente la disposición trataba de los delitos de espionaje que se definían como los de mantener relaciones directas o indirectas con un Estado extranjero que se halle en guerra con la República, «aunque no haya precedido declaración oficial»; facilitar sin motivo legítimo a un Estado extranjero, organizaciones armadas, organismos contrarrevolucionarios o particulares, datos de carácter militar, diplomático, sanitario, económico, industrial o comercial «que constituyan secreto de Estado o simplemente conveniencia del gobierno su reserva»; actividades hostiles al gobierno de la república con carácter secreto o reservado dentro o fuera del territorio nacional; prestar servicios con el mismo fin o con designios contrarrevolucionarios a grupos sociales sometidos notoriamente a la influencia de los estados que actúan contra la república; realizar actos susceptibles de aminorar la acción defensiva de la república; introducirse en lugares militares para adquirir datos o informes; conducir comunicaciones, partes o pliegos del enemigo o de los rebeldes; levantar planos, croquis o fotografías sin autorización; instalar aparatos de correspondecia o transmisión; usar nombres supuestos o documentación falsa o cualquier otro acto que tenga finalidad contraria a los intereses de la república. Todos estos delitos se castigarían con penas comprendidas entre doce años y un día y la muerte.

El penúltimo capítulo se dedicaba a las sanciones sustitutorias que las penas establecidas en el Código Penal y en los Militares y determinaba que todas las de reclusión mayor, reclusión menor, presidio mayor, presidio menor, prisión mayor, prisión menor y arresto mayor se cumplieran en establecimientos correccionales, pedagógicos o médico —pedagógicos, que se crearían al efecto—, siempre que se tratara de delitos comunes y no tendrían otro objeto que el de medidas de defensa social, prevención de nuevas infracciones, reeducación del reo por el trabajo y tratamiento de anormales; en ningún caso estas personas «podrán ser sometidas a vejámenes, castigos corporales o correcciones disciplinarias de carácter expiatorio o vindicativo».

La duración de las penas serían de doce años y un día a quince años para las de reclusión mayor; de nueve años y un día a doce para la reclusión menor; de seis años y un día a nueve años para presidio o prisión mayor; de seis meses y un día a seis años para las de presidio menor; de un mes y un día a seis meses para las de arresto mayor e irían acompañadas de las accesorias de inhabilitación absoluta o especial que si se imponían como principales tendrían la duración de seis años y un día a doce años; si fueran de suspensión durarían de un mes y un día a seis años y si de caución el tiempo que determinaran los juzgados.

El extrañamiento duraría de seis años a un día a nueve años y el destierro de seis meses y un día a seis años.

Se abolía la prisión por insolvencia y las multas, que se podrían quintuplicar por los tribunales, podrían sustituirse por prestación obligatoria de trabajo a favor del Estado o los Municipios, pero sin privación de libertad.

Los Tribunales encargados de aplicar las leyes penales del Ejército o de la Armada dictarían penas de muerte, reclusión militar perpetua, reclusión militar temporal, prisión militar mayor, prisión militar menor y prisión militar correccional de más de seis meses y un día, todas ellas canjeables por las de internamiento en Campos de Trabajo por igual duración que la establecida para aquellas penas en el Código de Justicia Militar o en el de la Armada. También cumplirían sus penas en los campos de trabajo los castigados por los Tribunales Populares por delitos contra la seguridad de la Patria y Rebelión.

Cuando se impusiera la pena de muerte la ejecución se haría de acuerdo con lo dispuesto en el Código de Justicia Militar, no siendo aplicable en este caso el Código Penal Común. En todos los demás casos, los Tribunales Populares aplicarían este último texto legal y las disposiciones del Decreto.

En las partes finales de éste se dictaban normas para tramitar las causas contra prisioneros en las que habría de tener en cuenta si el combatiente había actuado, o no, «por obligatoriedad y forzamiento de su voluntad» y se decía que se considerarían en rebeldía los presuntos culpables que estando en libertad no se presentaran al ser requeridos y cuando la notoriedad de su conducta demostrara la ineficacia de aquel llamamiento.

Esta importante disposición, que constaba de 14 capítulos y seis disposiciones transitorias, establecía, sobre unos nuevos supuestos, una justicia revolucionaria, en muchos aspectos moderna, pero que nada tenía que ver con la II República, aunque en muchos de sus textos se invocara a su Constitución y a la Ley de Orden Público, de cuya vigencia parecía responder, aunque conculcara totalmente su letra y su espíritu.

La defensa técnica de este nuevo ordenamiento la hizo el ministro García Oliver, en un discurso que tituló: «Nuevas Orientaciones de la Justicia en España» y que pronunció el 30 de diciembre de 1936 en un acto celebrado en el Gran Teatro de Valencia organizado por el Ministerio de Propaganda, y presidido por Carlos Esplá, titular de esta cartera.

Partía del hecho de que había llegado el momento de las transformaciones y que la de la justicia aparecía «como valor creador del orden nuevo». Sus fundamentos debían ser hondamente populares y se congratulaba de que «en su aspecto más delicado, más sensible, que es el de administrarla, (...) ha vuelto a manos del pueblo y se ha librado del profesionalismo». El problema era encontrar sentido y función al concepto de pena y a la situación de penado. Se lamentaba del sistema penitenciario pero destacaba que el régimen de prisiones en España era mucho mejor que en cualquier otro país. A este respecto dijo: «Aun dentro de lo riguroso que era el régimen penal, visto desde la Prisión Central de Burgos (a la que consideraba la más severa), puede afirmarse que aún era en España esta prisión una de las prisiones y, por consiguiente, uno de los regímenes penales de más libertad de Europa, porque en las prisiones de Francia no se permite hablar».

Todo eso era lo que había que variar desde sus conceptos: «Se ha mantenido hasta nuestros días, decía, para mantener así la ficción de un aparato jurídico artificial, que el hombre, según la teoría espiritualista, procede de Dios, que está hecho a imagen de Dios y que, por consiguiente, todas las reacciones que experimenta el individuo han de afectarle en su dignidad. Y la teoría materialista, que compartimos la mayor parte de obreros y de intelectuales de nuestros días, nos dice que el hombre no viene de Dios, que deviene de la caverna y que antes de la caverna procede de la bestia y por consiguiente que todas las reacciones que tenga en esos momentos verticales de la vida del hombre, le acercarán no a la divinidad, que quiere decir el bien, la belleza y la bondad, sino que le acercarán a la bestialidad».

Sobre este cimiento afirmaba que su obra en el Ministerio no iba a ser la de execración del robo ni del asesinato, sino la «edificación socialista del sistema penal en el más amplio concepto de la palabra» y se sentía seguro de que en su obra le acompañarían incluso «aquellos que como Esplá (el ministro de Propaganda), que no es obrero, que es republicano, pero que no quieren las audacias, que significan daño para la humanidad, pensando de una manera muy distinta a como piensan los obreros socialistas y anarquistas».

Había que hacer desaparecer las subjetividades. Los distintos conceptos de pena en función de las circunstancias. Para él un robo era un robo, fuera consumado, frustrado, en grado de tentativa o calificado de hurto, estafa o de cualquier otra forma hasta entonces modificativa de la responsabilidad y el procedimiento tenía que ser abierto y directo: «como se ejercía en los Países Vascos en torno al sagrado árbol». La pena no se cumpliría en ningún presidio o cárcel aunque sí en separación de la sociedad, en una sociedad penitenciaria que contempla como una ciudad, o Universidad penitenciaria, en la que se dispondría todo lo que el progreso ha conseguido «no ya solamente en aldeas, en la ciudad, en España, sino en el mundo: teatros, cines, deportes, parques, universidades, museos, en fin, todo cuanto pueda contribuir a dar un hombre a la sociedad no en condiciones de inferioridad, sino en condiciones de superioridad».

En esa ciudad modelo se extinguiría la pena no al cumplir el plazo que dictara la sentencia sino cuando se produjera la recuperación social del penado: «cuando salga un hombre, si quiere salir, porque después de cumplida su pena si quiere quedarse se quedará, (...) será 5 veces superior en cultura, en sociabilidad, al resto de los ciudadanos que vivimos fuera de la Ciudad Penitenciaria (...), por su trabajo percibirán igual salario que en la calle, o más, y con este salario o más podrá matenerse la familia, si quieren tener familia; podrán cursarse, costearse los estudios, costearse el teatro, el cine, los deportes, la higiene; en fin, en absoluto, todo cuanto nos costeamos nosotros a base de nuestros salarios».

Habría castigos, pero los impondrían ellos: «tendrán su tribunal, aprenderán a ser jueces, tendrán un régimen corporativo y por cada uno de los ramos del trabajo se nombrará un delegado; se formará el Consejo de la Ciudad Penitenciaria; se harán sus leyes; se harán su Código, se harán su justicia».

Frente a este utópico trato a los que calificaba de víctimas de la sociedad, el que debían recibir los culpables, los explotadores, los desafectos, los enemigos. En este aspecto decía: «Parece ser un enorme contrasentido que un ministro de Justicia anarquista, anarquista 100 por 100, de hoy, de ayer y de siempre, haya sido el que haya llevado a cabo en España la creación de los campos de trabajo», pero había que mandar trabajar a los que no lo habían hecho nunca. Era necesario efectuar «la canalización de los ríos en España, la repoblación de los montes, el convertir en jardines estos eriales de nuestra España, lo que antes era un imposible, seguiría siéndolo, porque no había dinero ni en los municipios, ni en las arcas del tesoro y con los salarios de tipo sindical no era posible emprender esas obras de reconstrucción que ahora se realizarían «haciendo trabajar a los que nunca trabajaron, manteniéndolos, pero no pagándoles; porque tienen derecho a cobrar, a percibir un salario y a disfrutar de toda la vida social, los que han trabajado desde chiquillos, como nosotros, como vosotros. Esos tienen todos un derecho, pero los que nunca trabajaron, esos tienen que trabajar como una imposición, como un deber y trabajar en los más rudos, en los más difíciles y penosos de los trabajos».

Era una obra de gigantes de la que saldría una sociedad ideal en la que se impondría la bondad y la belleza y en la que quedaría vencida «la bestia que nos acecha», tarea para la que convocaba a comunistas libertarios, socialistas y demócratas, estableciendo una clara distinción entre éstos y aquéllos.

En la misma fecha en que se decretó la reforma de la justicia Penal Popular, y la de las Jurisdicciones de Guerra y Marina, el Ministro de la Gobernación dictó un importante Bando por el que reclamaba para el Estado el monopolio de la Fuerza «no siendo tolerable que en poder de ciudadanos que no forman parte del Ejército Popular de la República, ni en poder de organizaciones que no estén bajo la directa jurisdicción del Ministro de la Guerra existan armas y máquinas de guerra necesarias e indispensables a nuestro ejército y que se emplean o pueden emplearse para apoyar los disturbios y el desorden público en la retaguardia, para atacar a las instituciones legítimas de la República y para tratar de resolver en forma cruenta las diferencias ideológicas que existan entre partidos políticos y organizaciones sindicales». Se reputaría como acto de agresión, y de adhesión a la rebelión militar, «la tenencia de armas largas, máquinas de guerra, explosivos, materias incendiarias, gases lacrimógenos o asfixiantes o cualquier otro medio o artificio capaz de producir graves disturbios». Se publicó como los decretos de Justicia, Guerra y Marina, en la *Gaceta de la República* de 13 de mayo, pero en tanto los primeros tenían fecha 7 el bando era del día de su publicación.

5. ¿HACIA EL RESTABLECIMIENTO DE LA REPÚBLICA?

Coincidieron en el tiempo la promulgación de lo más importante de la obra del ministro García Oliver y el fin de su mandato. La causa: Los acontecimientos de Barcelona desarrollados entre el 3 y el 7 de mayo y que determinaron el enfrentamiento entre los comunistas del POUM y las fracciones más radicalizadas del anarquismo con el gobierno autónomo. El gobierno central se hizo cargo del orden público en Cataluña, redujo los poderes que arbitrariamente se había arrogado la «Generalitat» y marginó a las sindicales. Mucho se ha hablado de las causas que originaron estos disturbios. Unos acusaron a la CNT, otros al PCE y no faltó quien hizo responsable al propio Franco. El hecho innegable e históricamente incuestionable es que se enmarcan dentro de la línea jalonada por la recuperación por parte del Gobierno central de su autoridad sobre grupos y facciones. De ellos salieron tres grandes vencidos: la CNT, la Generalidad de Cataluña y Largo Caballero y un orgulloso y prepotente vencedor: el Partido Comunista. El otro grupo en discordia, el POUM no fue vencido sino totalmente aniquilado.

Largo Caballero se vio obligado a dimitir, y el 17 de mayo, es decir, cuatro días después de publicados los Decretos que reformaban todo el sistema jurídico español, se constituía un nuevo gobierno presidido por Negrín y en el que ocupó la Cartera de Justicia el nacionalista vasco Manuel Irujo.

Del gobierno desaparecían los representantes del movimiento anarcosindicalista y de la UGT. Las centrales sindicales, hasta entonces dueñas absolutas de la situación, eran relegadas a una posición marginal. Los partidos políticos sentaron la doctrina de que los sindicales no eran órganos políticos y que, por tanto, no tenían nada que hacer en la administración del Estado. La CNT vio reducida notablemente su importancia y peso específico y la UGT, que aunque mantuvo en su puesto de secretario general a Largo Caballero, criticó su actuación. Un pleno en el que estuvieron representadas 38 federaciones aprobó una moción de censura, apoyada por 24, que contaban con 650.000 afiliados, en contra de las restantes 14 que tenían 930.000.

Con esta crisis se cancelaba la experiencia revolucionaria en el Ministerio de Justicia de la que fueron hitos importantes la eliminación de las inscripciones de condena en los registros de antecedentes penales, la supresión de la Dirección General de los Registros Civiles y Notariado; la suspensión con carácter indefinido de los recursos contencioso-administrativo y de casación; la transferencia de los registros civiles a los Ayuntamientos; la reducción del número de Juzgados de Primera Instancia a sólo 10; la concesión de la igualdad de capacidad civil a la mujer, y especialmente a la mujer casada, y por el nuevo ordenamiento de la justicia.

En su aspecto religioso García Oliver no legisló y dio por supuesta la desaparición de la Iglesia católica tanto en su estructura jerárquica como en su dimensión popular.

Para los nuevos gobernantes era dogma de fe que la victoria dependía de la ayuda de las democracias occidentales y pensaban que bastaría dar marcha atrás en el proceso revolucionario, que había proporcionado una mala imagen de la República en el exterior, para conseguirlo. La revuelta catalana dio opción para hacer bien visible este nuevo talante y nadie mejor que un católico practicante como Irujo para desarrollar esta misión en el ámbito de la justicia.

Quiso restablecer el orden jurídico y el imperio de la ley, pero no modificó el revolucionario edificio levantado por García Oliver. Su finalidad era la de dar fin a la arbitrariedad que todavía era regla en la persecución de los enemigos reales o supuestos del régimen, pero su buena intención chocó con una legislación que no rectificó. Al tomar posesión de su cargo prometió que se cumplirían las leyes, se acabaría con los paseos y asesinatos y se volvería al Estado de derecho «que era consustancial con la República», pero la realidad es que la libertad de conciencia y la del ejercicio de su sacerdocio por los presbíteros no se dio ni se daría en adelante.

Para conseguir su meta laboró intensamente y una de sus primeras medidas fue la de disponer que por las audiencias y tribunales populares se recabara de los directores de las prisiones relaciones de todos los presos sobre los que no pesara cargo alguno, con la intención de ponerlos en libertad, pero la medida apenas tuvo efectividad, pues coincidió en el tiempo con la dura represión de los afiliados al POUM y con la prisión de numerosos cenetistas acusados de haber cometido desmanes en los primeros meses de la guerra y resultaba duro poner en libertad a desafectos, aunque no hubieran cometido ningún delito, manteniendo en prisión a comunistas disidentes y libertarios. Aun así fueron muchos los sacerdotes que se beneficiaron de esta medida, que pronto halló en contrapartida con la iniciación de la actividad del Tribunal Especial para reprimir los delitos de espionaje, alta traición y derrotismo, creado el 22 de junio, y que detraía de la competencia de los tribunales populares estas actividades, de las que la última, el derrotismo, permitía meter de nuevo en la cárcel a los que habían sido liberados por no estar a disposición de ningún otro tribunal.

Para dar trabajo a esta flamante instancia se creó en el Ministerio de Gobernación el Departamento Especial de Información del Estado con la función de organizar y dirigir «la lucha más enérgica contra el espionaje y el sabotaje» y de esta forma Irujo, como nueva Penélope, veía cómo lo que tejía por un lado se destejía por otro.

Sin embargo, el ministro estaba muy preocupado por la seguridad de los presos, y el 7 de agosto de 1937 dictó normas concretas para la actuación de los Jurados de Urgencia, como garantía del trato que habrían de recibir los presuntos desafectos y tres días más tarde recordaba a las autoridades judiciales que cumplieran lo legislado respecto a la situación penitenciaria de los penados. Por último, el 12 de ese mismo mes remitió al fiscal general de la República una orden conminándole para que actuara contra los denunciantes falsos, en la que decía «La República es un régimen de derecho cuyo contenido se fija en las leyes que tienen su legítima aplicación en la Justicia. Por serlo, lucha contra el despotismo, cuya aspiración es el contenido común de los rebeldes pronunciados en su acción contra el Gobierno legalmente constituido». Sin embargo, justifica y aplaude las delaciones de la ciudadanía afirmando que «entre los deberes impuestos a ésta se encuentra el de proporcionar al poder público los elementos de información que denuncien al traidor, al espía, al rebelde emboscado entre nuestras filas y cubierto por un carné político o sindical. El realizar esa labor es un acto de adhesión al régimen y del cumplimiento del deber» otra cosa es, en su opinión, los que sin causa justificada motejen de fascista, traidor, antirrevolucionario o enemigo del pueblo a una persona o grupo de personas y los que denuncian «a un ciudadano por ser sacerdote de una religión, o por administrar sus sacramentos»; a éstos los considera delincuentes «contra la democracia y la República».

Tenaz en su tarea dictó sendas órdenes los días 19 y 20 de septiembre prohibiendo a los funcionarios judiciales, como garantía de su neutralidad, la participación activa en la política y el cumplimiento de lo dispuesto en materia de libertad condicional, que concedía ésta a los sentenciados por la justicia penal popular que hubieran extinguido las tres cuartas partes de la condena, con excepción de lo preceptuado para los campos de trabajo, y un mes después ordenó que se pusiera en libertad condicional a los penados con más de setenta años que hubieran dado pruebas, «de intachable conducta, ofreciendo garantías plenas de hacer vida honrada en libertad, así como de abstenerse de actividades políticas o sociales contrarias a los intereses de la República».

Toda esa labor, que no aspiraba a otra cosa que a que se cumplieran las disposiciones vigentes, sólo tuvo una relativa eficacia y sus órdenes no siempre se cumplieron aunque supusieron un enorme avance, que se reflejó incluso en las formalidades externas. Restableció la Dirección General de los Registros y del Notariado, ordenó la reconstitución del Registro de la Propiedad y del de Penados y Rebeldes y obligó a los magistrados y letrados al uso preceptivo de la toga, como disponía la Ley del Poder Judicial, aunque se vio obligado a conceder un plazo para dar tiempo a que los nuevos miembros de la Justicia, designados a dedo, se proveyeran de ella. Una importante y positiva labor, muy atenuada por la inobservancia.

En el aspecto religioso, por el que manifestó gran interés, la labor fue prácticamente nula. Ministro sin cartera en el Gobierno de Largo Caballero ya había intentado desde este puesto regular, de alguna manera, las relaciones con la Iglesia y el 7 de enero de 1937 presentó al Consejo de Ministros un «Memorándum» en el que después de relatar el alcance de la persecución religiosa pidió que se la diera fin «no tan sólo por imperativos de las Leyes, sino por la conveniencia de la República». Afirmó que «la sistemática de destrucción de templos, altares y objetos de culto, ya no es obra incontrolada» y que «la participación de organismos oficiales en la transformación de templos y objetos de culto para fines industriales, la prisión confinada en las cárceles de los Estados de sacerdotes y religiosos, sus fusilamientos, la continuidad del sistema verdaderamente fascista por el que se ultraja a diario la conciencia individual de los creyentes en la misma intimidad del hogar por fuerzas oficiales del Poder Público, todo ello deja de tener explicación posible para situar al Gobierno de la República ante el dilema de su complicidad o de su impotencia, ninguna de cuyas conclusiones conviene a la política exterior de la República y a la estimación de su causa ante el mundo civilizado».

Su propuesta fue rechazada unánimemente, salvo, naturalmente, el voto suyo y quedó solo, no únicamente ante los miembros de los partidos y sindicales obreros, sino también ante los ministros republicanos y el representante catalán.

Ya ministro de Justicia reiteró sus anteriores esfuerzos por conseguir el restablecimiento del culto pero no lo logró. Como dijera el profesor Bosch Gimpera, consejero de Justicia de la Generalidad de Cataluña desde el 25 de junio, «Tampoco es el actual momento el indicado para el desarrollo de la política que inspira el proyecto, ni para la apertura de las Iglesias públicas». Según José Antonio Balboltín, miembro de la Comisión Jurídica Asesora, «fracasó por la irreductible hostilidad de los anarquistas», pero en aquel momento no figuraba en el gobierno ningún representante del movimiento libertario. Lo único que consiguió fue la apertura de dos capillas para el servicio de los vascos evacuados en Barcelona.

Lo que sí ordenó el 27 de octubre fue que se remitiera por los presidentes de las Audiencias, «relación estadística completa de todos los edificios que el día 18 de abril de 1936 estaban dedicados a fines religiosos o eclesiásticos: templos, monasterios, conventos, colegios, hospitales, institutos técnicos u obreros, casas rectorales, residencias, seminarios, internados o fincas de salud». Se debía hacer constar el fin a que se hallaban destinados, la entidad u organismos propietarios, las asociaciones o corporaciones que los ocupaban y el estado de conservación así como un inventario de muebles y objetos consagrados al culto, «con expresión concreta de los respectivos destinos que ulteriormente y previo su traslado se les hubieren conferido». Declaraba que su propósito era «tanto restaurar la plenitud de titularidad posesoria, cuanto de revocar una situación de hecho ya superada, según respectivamente proceda». El inventario tal vez se hiciera, la restitución, por supuesto que no.

Nunca debió ser mucha la fe de Irujo en la eficacia de su orden pues poco después, el 18 de noviembre, se dirigía al fiscal general de la República y le recordaba que «por dicha, subsisten los más de los edificios, templos, conventos, palacios, etc., solares que fueron de instituciones, muchas de las cuales ha sido necesariamente suspensas en su actuación y cuyos monumentos, incólumes algunos, menoscabados otros, por los detrimentos que la contienda los ha inferido, son testigo solemne de la grandeza pasada, del arte vivido y de la historia del pueblo en ofrenda del cual fueron erigidos» y añadía: «la propia espiritualidad colectiva recaba su conservación» muy especialmente la de «los edificios de carácter religioso, proporcionalmente los más numerosos y propiedad del Estado con arreglo a la Ley de Congregaciones y Confesiones, que los subordina a la jurisdicción inmediata del Ministerio de Justicia». El ministro se conformaba con «evitar en lo sucesivo el que puedan consumarse actos de ningún género atentatorios de tales monumentos» y ordena al fiscal que proceda «con arreglo a las disposiciones penales vigentes», contra quien atente contra los mismos. Son medidas de protección, no de reparación.

No tuvo mayor éxito en sus intentos de llegar a algún tipo de acuerdo con el Vaticano por mediación de los cardenales Verdier, arzobispo de París y Vidal Barraquer, de Tarragona. Conocidos son los esfuerzos del hermano secretario del ministro, de los miembros de la UDC Catalana y del doctor Tarragó, pero sus andanzas tropezaron con obstáculos insuperables. Especialmente sus relaciones con el doctor Torrent, vicario general de Barcelona, se saldaron con un fracaso.

Su gestión, tanto en el terreno del derecho como en el de sus relaciones con la Iglesia, terminó en frustración. El ministro no encontró en sus colegas de gobierno el apoyo mínimo imprescindible ni para que el Vaticano se sintiera tentado a entrar en relación con quienes habían infringido daños tan graves a la Iglesia y a sus fieles ni para que se respetaran los derechos individuales de quienes no pensaran como el Gobierno. Negrín, presidente del Gobierno, había dicho que «el terror es también un medio legítimo de gobierno cuando se trata de salvar el país», y fiel a este pensamiento se negó sistemáticamente a que las medidas de Irujo alcanzaran sus naturales consecuencias.

Esta última fue la causa de que dimitera de su puesto aunque aceptara seguir siendo parte del gobierno. El 9 de diciembre de 1937 Negrín presentó un proyecto de decreto por el que se disponía la creación del Consejo de Defensa y garantía del Régimen al que se daba la misión de «perseguir a sus adversarios». Irujo se negó a sancionar esta arbitraria disposición que incluía la indiscriminada represión de los presuntos desafectos al sistema y presentó la dimisión el día 11. La disposición, naturalmente, se aprobó y se publicó en la Gaceta del 16, aunque con fecha 9 y decía en su preámbulo; «El Estado actual de nuestra retaguardia en la que el enemigo, cada vez con mayor intensidad y audacia, trata de promover constantes perturbaciones, hace que se considere preciso concentrar, en una inspiración sola, la función dirigente de todas las fuerzas de que el gobierno dispone en la retaguardia, para hacer valer su autoridad e imponer ejecutivamente su criterio; (...) por todas y cada y una de las instituciones que tienen encomendada la defensa y garantía del régimen y la persecución de sus adversarios».

A pesar de todo, la labor de Irujo fue positiva y a él se deben la reorganización de los Registros Civiles, que el 28 de junio de reintegraron en los Juzgados Municipales; el restablecimiento de la Dirección General de los Registros del Notariado; la mejora de la protección tutelar de los menores; la organización y funcionamiento de la comisión jurídica Asesora; la reapertura de la tramitación de los recursos contencioso-administrativo; la incorporación a las Audiencias Provinciales de los Tribunales Populares, Jurados de Urgencia, de Guardia y de Seguridad y la modificación de los tribunales populares de responsabilidades civiles, que pasarían a estar constituidos por 6 funcionarios judiciales de superior categoría y 12 jurados de los que 6 serían diputados y los otros «se insacularán por turnos trimestrales de una lista de 24 que formarán anualmente los partidos y organizaciones sindicales».

También la justicia militar fue restructurada durante este período debiéndose esta labor a Indalencio Prieto, ministro de Defensa Nacional que la reestructuró por decreto de 21 de octubre de 1937. En adelante la jurisdicción penal militar estuvo ejercida por Tribunales permanentes de Ejército, de Cuerpo de Ejército, de Unidades independientes y de las zonas del interior».

6. El final de un intento

Al dimitir Irujo se hizo cargo del Ministerio el que había sido su subsecretario, Mariano Ansó, que extendió la competencia del Tribunal de Responsabilidades Civiles para exigirlas a las Ordenes y Congregaciones Religiosas «participantes en el movimiento subversivo», a la vez que disolvía la comisión que se había creado a tal efecto el 11 de agosto de 1936. La situación de la Iglesia no había mejorado en absoluto y así lo vio el 11 de diciembre, cuando aún no se había publicado el cese de Irujo, el nuevo embajador de la República Francesa en Barcelona, Eirik Pierre Labonne. En su primer informe a París retrataba así la situación: «Desde hace cerca de dos años y después de afrentosas masacres en masa de miembros del clero, las iglesias siguen devastadas, vacías, abiertas a todos los vientos. Ningún cuidado, ningún culto. Nadie se atreve a aproximarse a ellas. En medio de calles bulliciosas o en parajes desiertos, los edificios religiosos parecen lugares pestíferos. Temor, desprecio o indiferencia, las miradas se desvían. Las Casas de Cristo y sus heridas permanecen como símbolos permanentes de la venganza y del odio. En las calles ningún hábito religioso, ningún servidor de la iglesia, ni secular ni regular. Todos los conventos han sufrido la misma suerte. Monjes, hermanas, frailes, todos han desaparecido. Muchos murieron de muerte violenta... Por decreto de los hombres la religión ha dejado de existir. Toda vida religiosa se ha extinguido bajo la capa de la opresión, del silencio».

Sin embargo Irujo, desde su nuevo puesto de ministro sin cartera, volvía a intentar, con el beneplácito de Negrín, algún tipo de acercamiento con la Santa Sede, pero las renovadas negociaciones quedaron frustradas a pesar de algunas medidas que pretendían suavizar la tensión como la del Ministerio de Defensa que disponía que los religiosos fueran destinados por los CRIM a los Servicios de Sanidad.

Tampoco se habían modificado los términos que desde el principio de la guerra sirvieron de fundamento al nuevo sistema jurídico. España seguía dividida entre los ciudadanos de pleno derecho, los afiliados a los partidos constituyentes del Frente Popular, a las Centrales Sindicales y a los Nacionalismos Vasco y Catalán y todos los restantes, en principio sospechosos de desafección. No obstante la integración de los Tribunales Populares en el esquema tradicional de la administración de la justicia progresaba y el 24 de marzo de 1936 se dispuso que correspondiera íntegramente a la Sala de lo criminal de las Audiencias provinciales la competencia para conocer de los delitos comunes sin proyecciones político-sociales, que seguían siendo objeto de los Tribunales Populares.

La situación cambió cuando como consecuencia de la llegada al mar Mediterráneo de las tropas de Franco y del hundimiento de los frentes de Aragón, se produjo una nueva crisis ministerial resuelta con la formación del segundo gobierno Negrín en el que volvieron a estar representadas las Centrales Sindicales que pocos días antes, el 18 de marzo, habían llegado a un acuerdo de actuación conjunta en el que se perfilaba un profundo programa de reformas que culminarían una vez finalizada la guerra.

En el nuevo gobierno ocupó la cartera de Justicia el dirigente minero asturiano Ramón González Peña, presidente entonces del PSOE. El viejo combatiente, jefe militar de los sublevados en Asturias en octubre de 1934 y entonces condenado a muerte e indultado, había figurado siempre entre los más próximos colaboradores de Prieto, víctima de la crisis. La situación militar era francamente desesperada para la República y Negrín inició la estrategia que yo he llamado de «no perder» y de ahí que no hiciera suyo, ni pudiera hacerlo, el programa de los sindicalistas. No tenía otra alternativa que la de intentar extender la guerra, internacionalizándola, o buscar su fin por la negociación y de ahí la moderación de su programa plasmado en su famosa declaración de 30 de abril de 1938, posterior en veinticinco días a su toma de posesión y en 10 a la división de su territorio y de sus tropas.

La declaración estaba mucho más dirigida al exterior y a sus enemigos que a la población de la zona republicana. Negrín, consciente de que el futuro no le pertenecía, quería conseguir alguna garantía de que éste no fuera todo lo desagradable que temía y de ahí que trazara un plan de aspiraciones mínimas que, aún así, iban en la dirección que después tomaron las denominadas democracias populares.

De los 13 puntos del Gobierno que se llamó de Unión Nacional el cuarto, el sexto y el decimotercero trataban temas directamente relacionados con el Ministerio de Justicia.

En el cuarto se decía: «La estructuración jurídica y social de la República será obra de la voluntad nacional libremente expresada, mediante un plebiscito que tendrá efecto tan pronto termine la lucha, realizado con plenitud de garantías, sin restricciones ni limitaciones, y asegurando a cuantos en él tomen parte contra la posible represalia.»

El sexto: «El Estado español garantizará la plenitud de los derechos al ciudadano en la vida civil y social, la libertad de conciencia, y asegurará el libre ejercicio de las creencias y prácticas religiosas.»

El decimotercero y último: «Amplia amnistía para todos los españoles que quieran cooperar a la inmensa labor de reconstrucción y engrandecimiento de España. Después de una lucha cruenta como la que ensangrienta nuestra tierra, en la que han resurgido las viejas virtudes de heroísmo e idealidad de la raza, cometerá un delito de traición a los destinos de nuestra Patria aquel que no reprima y ahogue toda idea de venganza y represalia, en aras de un acción común de sacrificio y trabajos que por el porvenir de España estamos obligados a realizar todos sus hijos.»

Se está muy lejos de cuando muy pocos meses antes se insistía en la idea de predicar el odio al enemigo y su exterminio, términos habituales en los documentos del Ministerio de Propaganda mientras existió, de la Subsecretaría más tarde, y, muy especialmente, del Comisariado.

Este último organismo comentó para todos los combatientes el que llamaba «documento trascendental» y al glosarlo decía que se trataba de una promesa solemne y firme. En su comentario al punto sexto decía que el ejercicio pleno de las creencias y prácticas religiosas no supone en modo alguno la tolerancia de abusos, entronizamientos y monopolios, pero tampoco restringir la libertad de conciencia individual, o el ejercicio de las creencias y prácticas religiosas, y añadía: «Esta cuestión va siendo resuelta de una manera amplia en los países que gozan ya de regímenes avanzados. Quizá el ejemplo más elocuente nos lo da la Unión Soviética, por haber logrado el máximo desenvolvimiento social y político que se haya alcanzado hasta la fecha en país alguno». La URSS seguía siendo el modelo a imitar.

Al glosar el ofrecimiento de amnistía decía que «con nuestra victoria se habrán liquidado las causas y los motivos de la sublevación y la invasión, se habrán liquidado los privilegios y los derechos de explotación» y ya no sería necesario «mostrarse fieramente intransigentes contra sus enemigos nacionales y extranjeros».

Pero el hecho cierto es que a pesar de la declaración ni se abrogaron las disposiciones represivas, ni se derogó la legislación que privaba de derechos a todos los presuntos desafectos al sistema, ni se eliminó la identificación entre la nación y el Frente Popular, ni se avanzó hacia respeto de la libertad de conciencia, ni se garantizó el libre ejercicio del culto, ni se concedió la anunciada amnistía.

De un lado se ofrecía un programa que pudiera servir de punto de partida a unas negociaciones de paz y de otro se mantenían una legislación y una esperanza; el establecimiento de una República de democracia popular, que era lo que consideraban deseable para el país y que poco tenía que ver la fenecida II República.

En plena batalla del Ebro se produjo una nueva crisis de gobierno que no llegó a ser total por la fuerte presión que sobre el presidente de la República ejerció el Ejército. Los ministros Irujo y Ayguadé, representantes en el gobierno de los nacionalistas vascos y catalanes, dimitieron cuando se creó la Dirección General de Industrias y se la dio atribuciones sobre todo el territorio republicano después de disolver la Comisión de Industrias de Guerra de Cataluña lo que fue considerado como una agresión al Estatuto y al principio autonómico. Negrín remodeló el gobierno, limitando la crisis a la sustitución de los dos ministros dimitidos y todo siguió su curso en un clima en el que el final de la guerra aparecía como próximo e inevitable. En esa situación se intentó de nuevo resolver de alguna manera el problema religioso como plataforma que pudiera permitir una intervención mediadora de la Santa Sede en un conflicto en vías de resolución militar. El propio Negrín, que ya en su puesto de ministro de Defensa, había autorizado el 26 de junio de 1938 que los jefes de las unidades militares dieran facilidades a los combatientes que desearan recibir auxilios espirituales, entró en contacto con el doctor Rial, delegado del Cardenal Vidal y Barraquer y vicario de las diócesis de Tarragona y Lérida y llegó con él a un principio de acuerdo en virtud del cual se iría a la creación de un Comisariado General de Cultos, que Irujo había intentado inútilmente constituir año y medio antes, y posteriormente a la gradual apertura de templos. A él se debió la publicación el 9 de diciembre de un decreto por el que se creaba ese Comisariado, «encargado de la información, trámite y propuesta de las cuestiones referentes al ejercicio de culto y prácticas de actividades religiosas en España» y se nombraba para ocuparlo al miembro de la UDC Catalana Jesús María Bellido y Golferit, que naturalmente nada pudo hacer porque la guerra entraba en su acto final. Quince días después se rompía el frente catalán.

El día de Navidad, cuando ya se había iniciado la ofensiva final, un decreto del Ministerio de Justicia concedía un amplio indulto a todos los funcionarios y trabajadores, civiles y militares, que hubieran sido sancionados con la separación de sus cargos, en los servicios públicos, en los trabajos de la industria y del comercio o en otras actividades privadas, medida con la que se restablecían parcialmente los derechos ciudadanos, hasta entonces muy mermados. Se excluía de los beneficios del indulto, que no era amnistía, a los condenados por alta traición, traición, rebelión, espionaje y evasión de capitales y el reingreso a los puestos de trabajo no suponía la recuperación de los bienes de que se hubieran visto privados por el Tribunal de Responsabilidades Civiles. No era la anunciada amnistía pero si una amplia medida de gracia que Negrín podía presentar como prenda a la hora de conseguir una paz negociada.

El 2 de febrero de 1939 las Cortes se reunían por última vez en el Castillo de Figueras y ante ellas redujo a tres sus famosos 13 puntos; garantía de la independencia de España, libre de injerencias extranjeras; que el pueblo español escoja libremente el régimen que ha de regir sus destinos y dar fin a las persecuciones y represalias.

Durante este periodo final tuvo importancia la disposición del Ministerio de Justicia de 16 de agosto de 1938 por la que se ordenó que las incautaciones efectuadas por el Tribunal Popular de Responsabilidades Civiles tuvieran carácter definitivo siendo las sentencias título de propiedad en favor del organismo correspondiente del Estado.

Después de la caída de Cataluña, aniquilado prácticamente el aparato estatal republicano, dimitido Azaña de la Presidencia de la República y refugiados en Francia los más destacados funcionarios del Estado, el presidente de las Cortes y la gran mayoría de los jefes militares, se produjo la rebelión de Cartagena, la huida de la Flota y la sublevación del jefe del Ejército del Centro que terminó con el establecimiento del Consejo Nacional de Defensa, formación presidida por el General Miaja y de la que formaron parte representantes de todos los partidos, excepto el Comunista, y de las centrales sindicales. En esa formación ocupó la Consejería de Justicia Miguel San Andrés Castro que sería el último inquilino del ministerio en vida de la República.

La Administración de Justicia en Catalunya durante la guerra civil española (1936-1939)

PELAI PAGÉS I BLANCH
Universitat de Barcelona

INTRODUCCIÓN

Como es muy conocido, el inicio de la guerra civil en Catalunya y en la mayor parte del territorio que quedó bajo la jurisdicción de la República desencadenó un proceso muy hondo de transformaciones políticas, sociales y económicas que han permitido a la historiografía hablar de la existencia de un estallido revolucionario, de una revolución que afectó a todos los niveles de la realidad social. El colapso inicial sufrido por las instituciones republicanas favoreció el desarrollo del proceso, impulsado inmediatamente por los sectores más radicales del proletariado español y que, a su vez, creó una conflictividad dentro del bloque antifascita permanente a lo largo de toda la guerra civil.

Una de las realidades que se vio más afectada por el proceso revolucionario y por el hecho mismo de la guerra civil fue la administración de la justicia: la necesidad de adecuar el aparato judicial a la nueva hegemonía social y política creada por la revolución explica parte de los cambios sufridos por la justicia en Catalunya. Mientras las nuevas necesidades represivas, generadas por la sublevación armada que dio lugar a la guerra, explican también que el tema judicial quedase vinculado al problema del orden público, foco de conflictos frecuentes durante todo el período.

Por otra parte, los cambios sufridos por la administración de justicia en Catalunya, se insertan en el marco de la evolución histórica que vivió la propia República desde el inicio mismo de la guerra. La conflictividad política en el seno del bloque antifascista y los sucesivos cambios en la correlación de fuerzas y en la institucionalización del poder político motivaron modificaciones importantes en las formulaciones y actuaciones judiciales. Por ello, no se puede desvincular la administración de la justicia de los avatares políticos vividos tanto en Catalunya como en el resto del territorio republicano. Ello conlleva a una periodización muy concreta en la que las realizaciones judiciales cambian según los propios cambios políticos:

— Durante una primera etapa, de julio a septiembre de 1936, la justicia se caracteriza por el caos existente y por la subordinación gubernamental y legislativa a las realizaciones llevadas a cabo en la calle.

— En una segunda etapa, iniciada con la formación del Gobierno de unidad, en septiembre de 1936, la Generalitat toma la iniciativa y se adoptan toda una serie de medidas encaminadas a normalizar la actuación judicial, al tiempo que se aprueban decretos que hacen avanzar aspectos jurídicos muy importantes de la legislación social.

Durante estas dos primeras etapas —hasta finales de abril de 1937— la administración de la justicia en Catalunya se caracteriza por su hegemonía y práctica independencia respecto a las normas judiciales establecidas en el resto del territorio republicano.

— A partir de finales de abril de 1937 se inicia una tercera etapa en la que se impone la adecuación de las normas de la República a la realidad judicial catalana, desarrollándose un proceso que culminará en la práctica absorción por parte de la República de las competencias judiciales de la Generalitat.

PRIMERA ETAPA: LA ESPONTANEIDAD REVOLUCIONARIA

El estallido revolucionario que se produjo el 19 de julio de 1936 en Catalunya, acompañado del brusco cambio en la correlación de fuerzas sociales comportó el inicio de una etapa que, en sus primeros momentos, estuvo marcada por el caos y la confusión, ante el vacío de poder creado. La constitución del Comité Central de Milicias Antifascistas de Catalunya el día 21 de julio cubrió en buena parte este vacío de poder, pero en materia judicial se impuso, desde el primer momento, lo que vino a denominarse justicia revolucionaria: la persecución contra los sublevados se acompañó de una represión indiscriminada contra todos aquellos elementos sospechosos de filo-fascismo o, simplemente, de derechismo, y contra la Iglesia. El Comité de Milicias, como la práctica totalidad de las organizaciones antifascistas, y no pocos grupos de incontrolados, colaboró activamente en las tareas represivas, pero en ningún caso se planteó intervenir en materia judicial. Como ha contado García Oliver, el Comité se atribuyó simplemente la justicia militar con el objetivo de velar para que todos los militares comprometidos en la sublevación fuesen juzgados en consejos de guerra, integrados por jefes y oficiales que hubiesen permanecido leales a la República [1].

En lo que respecta a las funciones judiciales en materia civil o penal las cosas ocurrieron de una manera muy diferente. Tras los primeros días de confusión, motivados por la sublevación y por la consiguiente huelga general que había paralizado Catalunya, un grupo de militantes de CNT, encabezados por Angel Samblancat, se incautó del Palacio de Justicia barcelonés y, sobre la marcha, consti-

[1] GARCÍA OLIVER, J.: *El eco de los pasos.* Ed. Ruedo Ibérico. Barcelona, 1978, p. 228.

tuyó el Comité Superior de Justicia de Catalunya [2]. El nuevo organismo pretendía suprimir todos los trámites, hacer pagar a los creditores y convertirse en jueces de clase, al servicio de la clase obrera, pasando a ser, así, la máxima instancia del poder judicial catalán.

Ante el hecho consumado, la Generalitat, cuyo gobierno, compuesto fundamentalmente por militantes de la Esquerra Republicana de Catalunya, seguía existiendo pero sin poder efectivo, intentó tomar cartas en el asunto, legalizando la situación. A tal efecto, y por Decreto del 17 de agosto, del Consejero de Justicia Josep Quero Morales, se creó la Oficina Jurídica «encargada de resolver gratuitamente las consultas que formulen, verbalmente o por escrito, las organizaciones obreras y los particulares interesados, relativas a la interpretación y aplicación del nuevo Derecho». Además de esta función consultiva, la Oficina Jurídica tenía que «proceder a la revisión de todos los procesos penales, de carácter social, seguidos en el territorio de Catalunya». Si como consecuencia de la revisión aparecían responsabilidades de cualquier tipo, la Oficina Jurídica lo pondría en conocimiento del Procurador de Catalunya, quien interpondría las acciones pertinentes en justicia. La Oficina estaría dirigida por un abogado en jefe y por dos letrados designados por éste [3].

El día 18 de agosto una orden de la Consejería de Justicia nombraba a Angel Samblancat jefe de la Oficina Jurídica y una nueva Orden del 8 de septiembre creaba en Tarragona y en Girona sendas Oficinas Jurídicas con las mismas funciones que la de Barcelona. En Tarragona era nombrado abogado en jefe Josep M.ª Rueda i Nel·lo y en Girona Josep M.ª Bertran de Quintana [4].

A pesar de la función estrictamente consultiva que el Decreto concedía a la Oficina Jurídica, ésta muy pronto empezó a arrogarse atribuciones que no le competían, sobre todo cuando el 31 de agosto Angel Samblancat fue substituido por Eduardo Barriobero y Herrán. Como el mismo Samblancat reconoció, Barriobero «ensanchó la organización y jurisdicción de la Oficina Jurídica, rodeándose de media docena de jueces poco afectos a la paja quodliberal y de toda confianza del jefe de tan importante centro» [5]. El hecho fue que la Oficina Jurídica se convirtió en un órgano de poder ejecutivo, resolviendo cuestiones de toda índole para las cuales no estaba facultada por Decreto.

En el libro justificativo que Barriobero publicó en 1937, cuando la Oficina Jurídica había sido ya disuelta, afirma que el nuevo organismo había decidido acerca de 6.000 cuestiones de las cuales sólo 6 habían sido apeladas; y que se habían entregado 850.000 pesetas, producto de las multas y del porcentaje de la recaudación [6].

---

[2] Relato del propio Samblancat en Peirats, J.: *La CNT en la revolución española.* Ed. Ruedo Ibérico. París, 1971, t. 2, pp. 77-81.

[3] «Butlletí Oficial de la Generalitat de Catalunya», 20 de agosto del 1936. La cita, como las siguientes que proceden del *Diari Oficial de la Generalitat,* ha sido traducida del catalán.

[4] «Diari Oficial de la Generalitat» «DOG», 9 de septiembre del 1936.

[5] Samblancat en Peirats, J.: *Ibíd. Ibíd.*

[6] Barriobero, E.: *Un Tribunal revolucionario.* Imp. y Lib. Aviñó. Barcelona, 1937, p. 148.

A pesar del enorme poder que llegó a poseer la Oficina Jurídica, el Gobierno de la Generalitat consiguió mantener, en parte, los antiguos tribunales de Justicia, existentes antes del inicio de la guerra. Así, continuaron su trabajo, reformando sus procedimientos a fin de acelerar las causas y abreviar los procedimientos, el prestigioso Tribunal de Cassació, la Audiencia Territorial (jurisdicción civil), las Audiencias Provinciales (jurisdicción criminal), los Juzgados de Primera Instancia o Instrucción (jurisdicción civil y penal) y los Tribunales Industriales (jurisdicción social) [7].

De todas maneras, un Decreto del 18 de septiembre dictaminaba nuevas normas encaminadas a que los Jueces y Tribunales de Catalunya, al administrar Justicia, lo hiciesen de manera que sus decisiones plasmasen el sentimiento jurídico del pueblo de acuerdo con el momento revolucionario que se estaba viviendo [8]. Siguiendo este decreto, la Sala de Gobierno de la Audiencia de Barcelona tomó una serie de medidas encaminadas a facilitar la resolución rápida de los juicios y litigios [9].

Durante esta etapa, el Gobierno de la Generalitat adoptó también una serie de medidas de carácter jurídico tendentes, por una parte, a incrementar sus competencias en materia judicial y, por la otra, a proteger al máximo el edificio jurídico de Cataluña. Entre estas últimas, destaca el Decreto del 24 de agosto por el cual quedaban suspendidas las Juntas de todos los Colegios de Abogados de Catalunya, del Colegio de Notarios de Catalunya y de todos los Colegios de Procuradores. Las funciones de las Juntas suspendidas pasaban a ser asumidas por un comisario nombrado por el Consejero de Justicia.

Entre el primer tipo de medidas cabe señalar el Decreto del 12 de agosto a través del cual la Generalitat asumía las facultades que las Leyes y los Reglamentos vigentes atribuían al Gobierno de la República en materia de prisiones y por el cual todas las cárceles de Catalunya pasaban a depender de la Generalitat; y el Decreto del 18 de septiembre que introducía modificaciones, aplicables en Catalunya, a la Ley de Divorcio que había aprobado el Parlamento de la República. Un nuevo Decreto de la misma fecha disponía la constitución en Barcelona, Girona, Lleida y Tarragona de Salas especiales para llevar a cabo juicios de divorcio.

Sin embargo, las dos disposiciones de mayor trascendencia —además de la creación de la Oficina Jurídica— que se adoptaron durante esta primera etapa fueron la constitución de los nuevos Tribunales para la Represión del Fascismo y las transformaciones que sufrió la Justicia Municipal. Paralelamente a los Decretos del Gobierno de la República que creaban los Tribunales Populares Especiales, en Catalunya la Generalitat, por Decreto del 24 de agosto de 1936, de la Presidencia del Consejo, constituía también los llamados «Jurados Populares para la Represión del Fascismo», que actuarían en el seno de las Audiencias Provinciales e impondrían las penas de acuerdo con el Código de Justicia Militar [10]. Se trataba, fun-

---

[7] Véase BONAMUSA, F.: «L'administració de Justícia a Catalunya (setembre-desembre 1936)», *Recerques,* n.º 4, Ed. Ariel, Barcelona, 1974, pp. 191-218. También RUBIO i TUDURI, M.: *La Justícia a Catalunya.* Barcelona, 1937.

[8] «DOG», 19 de septiembre de 1936.

[9] «La Humanitat», 30 de septiembre 1936.

[10] «DOG», 26 de agosto de 1936.

damentalmente, de crear unos nuevos tribunales que sustituyeran a los consejos de guerra de los primeros momentos que juzgaban a los militares comprometidos en la sublevación del 19 de julio. El Decreto establecía que los nuevos Jurados se compondrían de un Presidente y dos Adjuntos, Magistrados, con el carácter de Jueces de Derecho, y 12 jurados elegidos por sorteo entre las corporaciones públicas no disueltas, las organizaciones sindicales y políticas y las sociedades que no tuviesen carácter mercantil. Las actuaciones de estos jurados tendrían el carácter de urgencia y, en cualquier caso, el sumario debería estar concluido en el plazo máximo de ocho días.

Un nuevo Decreto de la Presidencia del Consejo de la Generalitat, del 28 de agosto, ampliaba la competencia de los Jurados Populares a todo lo referente a los delitos de rebelión y sedición, contra la seguridad exterior del Estado, cometidos desde el día 17 de julio, cualesquiera que fuese la Ley Penal a la que estuviesen previstos y mientras durase «el actual movimiento subversivo» [11]. Un último Decreto del 22 de septiembre disponía que el Jurado Popular de Barcelona tuviera competencia para juzgar los delitos militares o comunes que se cometiesen, tanto por militares como por paisanos, en el frente de guerra [12].

En la práctica, sin embargo, parece que sólo funcionó un sólo Jurado Popular en Barcelona, que se ocupó exclusivamente e ininterrumpidamente de juzgar las causas por rebelión militar activa de jefes y oficiales del ejército sublevados el 19 de julio [13]. Los juicios tuvieron lugar, durante las primeras semanas, en el barco-prisión «Uruguay», anclado hasta principios de octubre en la escullera del puerto de Barcelona.

Respecto a la Justicia Municipal, cabe señalar que se tomaron dos disposiciones simultáneas a principios de septiembre. Por Decreto del 1 de septiembre se anulaba la actuación del Consejo de Justicia Municipal, creado el 30 de marzo de 1934, y todas sus facultades pasaban a ser ejercidas directamente por el Consejero de Justicia [14]. Un segundo Decreto del mismo día creaba los Jurados Populares Locales que tenían que substituir a todo efecto a los antiguos Juzgados Municipales. Según el Decreto cada Jurado Popular Local estaría compuesto por un Juez, un Procurador del pueblo y el personal auxiliar o subalterno necesario. Los requisitos para ser Juez o Procurador de los Juzgados Populares eran ser de nacionalidad española, de cualquiera de los dos sexos, saber leer y escribir, ser vecino de la localidad con más de dos años de antigüedad y pertenecer a cualquiera de los partidos integrantes del Frente Popular o a organizaciones sindicales que tomasen parte en la lucha contra el fascismo [15].

A pesar de este tipo de medidas, durante esta etapa la administración de justicia en Catalunya estuvo presidida por la confusión e indefinición de funciones de los distintos Tribunales, como consecuencia, sobre todo, de la omnipresencia de una Oficina Jurídica que, sin atribuciones, extendía su campo de actuación a

[11] «DOG», 28 de agosto de 1936.
[12] «DOG», 3 de octubre de 1936.
[13] Según BONAMUSA, F.: *Ibíd. Ibíd.*
[14] «DOG», 2 de septiembre de 1936.
[15] «DOG», 2 de septiembre de 1936.

cualquier faceta judicial. La falta de iniciativa de la Generalitat, normal en un Gobierno que no gobernaba y la carencia de nuevas bases jurídicas y legislativas contribuían aún más a crear una situación de caos y desorden judicial, en la cual todo el mundo se creía con derecho a ejercer la justicia por su mano.

SEGUNDA ETAPA: LA NORMALIZACIÓN DE LA JUSTICIA

La constitución el 26 de septiembre de 1936 de un nuevo Gobierno de la Generalitat que dio cabida a la totalidad de fuerzas sociales y políticas del bloque antifascistas, desde la Esquerra Republicana de Catalunya (ERC) a la Confederación Nacional del Trabajo (CNT), del Partido Obrero de Unificación Marxista (POUM) a la Acció Catalana Republicana (ACR), sirvió para empezar a normalizar la situación que vivía Catalunya desde julio, sobre todo en lo que concierne al ejercicio del poder, pues la formación de este nuevo Gabinete, que ha sido considerado por la historiografía como de unidad popular, acabó con la proliferación de poderes existentes y, al mismo tiempo, reforzó el poder de la Generalitat, tan mermado hasta estos momentos.

La Consejería de Justicia y Derecho recayó en Andreu Nin, el secretario político del POUM y el único —según el testimonio de Josep Tarradellas recogido por Bonamusa [16]— capaz de devolver la iniciativa al Departamento de Justicia e imponerse a Barriobero en el Palacio de Justicia barcelonés. Ciertamente, la tarea que realizó Nin en los tres meses escasos que estuvo al frente de la Consellería de Justicia fue ingente: no sólo puso orden en la administración judicial, disolviendo la poderosa Oficina Jurídica, sino que creó instrumentos judiciales muy importantes para cubrir vacíos jurídicos esenciales —como los Tribunales Populares— y desarrolló iniciativas legislativas de primer orden.

Sin ningún tipo de duda, la medida más importante, tendente a normalizar la actividad judicial de Catalunya fue la creación de los Tribunales Populares, cuyo objetivo era crear un nuevo instrumento judicial que pusiese orden a las tareas represivas de la retaguardia y cubriese un vacío jurídico que hasta entonces no se había llenado, pues los Jurados Populares creados en la etapa anterior se habían limitado a juzgar las causas de rebelión militar generadas por la insurrección del día 19 de julio. Fue, por lo demás, una de las primeras medidas tomadas por Nin, ya que su creación se adoptó en la reunión del Consell de la Generalitat del día 13 de octubre [17].

La importancia de los nuevos Tribunales Populares exige que nos detengamos en el articulado del Decreto que los creó. En su parte justificativa se empezaba constatando que los Jurados Populares, creados el 24 de agosto, se habían reducido a juzgar los delitos de rebelión militar activa realizados por los militares que se sublevaron el 19 de julio. Tras afirmar la necesidad de nuevas instituciones judiciales que «garanticen la integridad de las conquistas proletarias y contribuyan a la victoria de la guerra» se hacía mención explícita de que los Tribunales Popu-

[16] BONAMUSA, F.: *Ibíd. Ibíd.*

[17] «DOG», 15 de octubre de 1936.

lares se creaban «para entender de los actos que, directa o indirectamente, hayan coadyuvado a la rebelión militar y al movimiento fascista del 19 de julio de 1936». Además de perseguir los actos considerados como contrarrevolucionarios, se mencionaban especialmente los actos de carácter terrorista «con los cuales, determinados irresponsables, obedeciendo a típicas formas de resentimiento y escondiéndose en una franca impunidad, se toman justicia en forma que repugna a la conciencia justa de las masas trabajadoras y constituye una deshonra para la revolución». Se consideraban también como terroristas los registros domiciliarios sin órdenes de las autoridades legítimas, las denuncias que sólo pretendían satisfacer venganzas personales, y como contrarrevolucionarios los aumentos de precios injustificados, las especulaciones, el acaparamiento y los actos dirigidos a sabotear la nueva estructuración económica.

Ya en la parte expositiva se hacía una relación de actos considerados como contrarrevolucionarios:

a) La rebelión armada contra los organismos político-administrativos creados por la revolución.

b) El mantenimiento de relaciones con países extranjeros con finalidades contrarrevolucionarias.

c) El espionaje.

d) El sabotaje a la nueva economía.

e) La actividad terrorista en cualquiera de sus aspectos.

f) La propaganda, agitación o persuación contrarrevolucionaria.

g) La actividad derrotista.

h) Las falsas denuncias.

El Decreto creaba cuatro Tribunales Populares en Barcelona y uno en Girona, Lleida y Tarragona. Cada Tribunal debía componerse de un Presidente —nombrado por el Conseller de Justicia— y de ocho miembros, pertenecientes, respectivamente, al PSUC, a la FAI, al POUM, a ERC, a la CNT, a la UGT, a la ACR y a la Unió de Rabassaires. Los miembros del Tribunal serían elegidos, por sorteo, de una lista única de 16 miembros fijada por cada partido o sindicato. Para ser Presidente del Tribunal se precisaba ser español, mayor de treinta años, con diez de residencia en Catalunya y licenciado en Derecho; y para ser miembro cabía ser español, mayor de veinticinco años, con tres de residencia en Catalunya, saber leer y escribir y tener una experiencia política o sindical de dos años como mínimo. Las denuncias debían presentarse, verbalmente o por escrito, al Secretario del Tribunal que, en el caso de Barcelona serían los de Sala de la Audiencia Territorial y en Girona, Lleida y Tarragona los Secretarios de las Audiencias provinciales.

El procedimiento a seguir debía regirse con las siguientes reglas: formalizada la denuncia, el Tribunal dispondría las diligencias y actuaciones encaminadas a preparar el juicio y acordaría las pruebas que creyese convenientes señalando el momento de celebración de la vista, que sería pública excepto en causas muy justificadas. Tras la presentación, aceptación y práctica de las pruebas, se elevarían las conclusiones. La sentencia sería definitiva. Pero en el caso de que el Presidente encontrase excesiva la pena impuesta propondría al Tribunal y éste podría acordar nueva vista del juicio, que se celebraría con otros miembros en el Tribunal. Si la condena fuese de muerte, el Presidente preguntaría si procede o no la conmutación y en caso afirmativo se enviaría un resumen de las actuaciones al Consell de la Generalitat para que decidiese lo más conveniente. Entre el momento del procesamiento y el de la celebración de la vista no debería transcurrir más de cuarenta y ocho horas.

El denunciado podría nombrar defensor que tendría derecho a asistir personalmente a todas las diligencias que se practicasen. Para ser defensor se precisaba ser español, con plena capacidad civil, fuera o no letrado, y podría comunicar con su defendido siempre que lo desease. Unicamente cuando estuviesen en peligro los intereses de la guerra, de la revolución y de la justicia proletaria el Presidente del Tribunal podría aplazar la comunicación y ordenar que se realizase en su presencia. En lo que se refiere al Fiscal, encargado de calificar los hechos, fijar las responsabilidades y acusar ante el Tribunal Popular, debería ser español, mayor de veinticinco años, con plena capacidad civil, fuera o no letrado, y sería nombrado por el Consejero de Justicia.

Finalmente, el Decreto establecía que el Jurado Popular, creado en agosto, seguiría actuando como Tribunal Popular, ajustándose a las normas procesales establecidas en el mismo Decreto, para juzgar exclusivamente los delitos de rebelión militar que se hubiesen cometido con anterioridad al Decreto.

Con la creación de los Tribunales Populares se iba, pues, no sólo a poner la justicia al servicio de la clase trabajadora, tal y como afirmó Nin al día siguiente de la publicación del Decreto en el «Diari Oficial de la Generalitat», sino también a imponer medidas severas contra quienes pretendían «deshonrar la revolución con actos irresponsables» [18]. Se trataba, pues, de evitar, castigándola si era preciso, la proliferación de la represión incontrolada que había existido en Catalunya durante los primeros meses de la guerra civil.

Una serie de disposiciones posteriores completaron el Decreto del 13 de octubre. En primer lugar se procedió al nombramiento de los Presidentes y Fiscales titulares y suplentes que debían constituir los siete Tribunales populares de Catalunya. Los cuatro de Barcelona y los de Lleida y Girona fueron nombrados por Orden del Conseller de Justicia del 23 de octubre y el de Tarragona el 11 de noviembre [19]. El mismo día 23 de octubre una nueva Orden del Conseller de Justicia establecía que los cuatro Tribunales Populares de Barcelona eran competentes para juzgar los actos que directa o indirectamente hubiesen coadyudado a la rebelión militar del 19 de julio (art. 1.º del Decreto del 13 de octubre) y los considerados como contrarrevolucionarios, pero preferentemente se disponía que el Tribunal Popular número 1 se ocupase de los actos del artículo 1.º y de los de rebelión armada contra los organismos político-administrativos creados por la revolución. El Tribunal Popular número 2 de los actos referidos al mantenimiento de relaciones con países extranjeros con finalidades contrarrevolucionarias, al espiona-

[18] En *La Batalla,* 17 de octubre de 1936.

[19] «DOG», 24 de octubre y 12 de noviembre de 1936.

je y a la actividad derrotista. El Tribunal número 3 de la actividad terrorista y de la propaganda, agitación o persuasión contrarrevolucionaria. Y el Tribunal número 4 de los actos de sabotaje contra la nueva economía. Los actos referidos a falsas denuncias serían competencia del Tribunal que entendiese la denuncia calificada como falsa. Finalmente, se establecía que todas las denuncias se presentarían ante el Secretario del Tribunal Popular número 1, cuyo Presidente las ditribuiría entre el resto de Tribunales.

Dos disposiciones finales, adoptadas el 23 de noviembre de 1936, completaban el Decreto del 13 de octubre [20]. En la primera se resolvía que los fiscales de los Tribunales Populares tendrían la misma consideración tanto si eran titulares como suplentes y que debían turnarse en el ejercicio de su función, procurando que existiese la misma proporcionalidad en el número de asuntos en los que actuasen. Finalmente se establecían los sueldos anuales y las remuneraciones para los Presidentes, fiscales y miembros de los Tribunales Populares [21].

De esta manera, a partir del otoño de 1936 quedaban establecidas las garantías procesales suficientes para llevar a cabo una represión controlada por el ejecutivo y ejercida por un poder legítimo que cada vez más estaba unificando y centralizando el ejercicio de sus diversas funciones. El antiguo Jurado Popular —que desde el 21 de octubre fue presidido por Angel Samblancat— siguió viendo las causas pendientes por la rebelión militar del 19 de julio, mientras los nuevos Tribunales Populares —que empezaron a actuar a finales de octubre— se ocuparon mayormente durante las primeras sesiones, de los inculpados de colaborar directa o indirectamente con la rebelión militar de julio.

Es cierto que ambos Tribunales dictaron numerosas condenas de muerte que fueron convenientemente ejecutadas, pero muy pronto el Conseller de Justicia tuvo conciencia de la necesidad de crear los mecanismos necesarios que permitiesen al Consell de la Generalitat la conmutación de la pena máxima. La resonancia nacional e incluso internacional que tenía la aplicación de la pena de muerte y el hecho de que «la noción de los actos jurídicamente antisociales debe estar en íntima conexión con la vida político-social del pueblo, y debe seguir forzosamente, en lo que afecta a sus sanciones una marcha paralela», motivaron el Decreto del 24 de octubre por el cual se exigía que todas las sentencias condenatorias de muerte debían transmitirse al Gobierno de la Generalitat y se creaba un Organismo que debía examinar dichas sentencias. Este organismo estaría formado por los Presidentes de los Tribunales Populares de Barcelona y por dos de sus fiscales. Cuando la sentencia fuese dictada por un Tribunal de fuera de Barcelona también formaría parte de este organismo el Presidente del Tribunal implicado. Tras el examen de cada una de las sentencias, dicho organismo elevaría un informe al Con-

---

[20] «DOG», 24 de noviembre de 1936.

[21] Los sueldos y remuneraciones eran los siguientes:

a) Los presidentes, 16.500 pesetas.

b) Los presidentes suplentes y los fiscales, 50 pesetas, en concepto de dietas, por cada día de actuación, y cualesquiera que fuesen el número de sesiones que celebrasen.

c) El resto de miembros del Tribunal, por el mismo motivo, y con la misma limitación, 25 pesetas.

d) Si algún presidente o fiscal perteneciese ya al Cuerpo de Funcionarios Judiciales o a la Magistratura únicamente percibiría los emolumentos que, por este concepto, tuviese asignado.

seller de Justicia, quien lo transmitiría al Gobierno de la Generalitat para que actuase en consecuencia [22].

En la práctica, el primer indulto concedido por la Generalitat fue muy anterior al decreto de creación del organismo informador, ya que se concedió, a propuesta de Nin, el día 8 de octubre, pero al día siguiente de la publicación del Decreto en el «Diari Oficial de la Generalitat», se conmutaron seis sentencias de muerte.

Puesta en marcha la nueva regulación judicial, Nin tuvo que enfrentarse al espinoso tema de la Oficina Jurídica dirigida por Barriobero, un tema ciertamente delicado, puesto que el Palacio de Justicia barcelonés donde se hallaba ubicada seguía siendo un feudo de los sectores más radicales del anarquismo, pero cuya disolución era preceptiva si se quería normalizar la vida judicial en Catalunya. La decisión de disolver la Oficina se tomó por Decreto del 18 de noviembre, arguyendo como justificación que, como consecuencia de la revitalización de la vida sindical, habían cesado las causas que aconsejaron la creación de este organismo [23]. La disolución de la Oficina Jurídica planteó, inmediatamente, una serie de problemas derivados, sobre todo, de la liquidación de los asuntos pendientes de la Oficina. Las dudas que presentaron en su informe, elevado a la Consejería de Justicia, los jueces encargados de la liquidación, referidos a la validez y eficacia de las sentencias dictadas por la Oficina Jurídica, a la ejecución de las sentencias o a la tramitación de los asuntos pendientes [24], motivaron una Orden del Consejero de Justicia que, tras reconocer que deberían reconocerse como nulas las actuaciones que llevó a cabo la Oficina Jurídica, cuando resolvió asuntos para los que no tenía competencias, establecía:

Que quedaban facultados los Jueces de Primera Instancia de los Juzgados números 7, 8, 11 y 14 de Barcelona para resolver las actuaciones pendientes de la Oficina Jurídica y dar fuerza legal a las resoluciones no ejecutadas. Las cuestiones pendientes de las delegaciones de la Oficina Jurídica de Barcelona, en Badalona, Granollers, Mataró o cualquier otra que pudiese existir serían resueltas y ejecutadas por los Jueces de Primera instancia correspondientes. Mientras, las cuestiones pendientes de la Oficina Jurídica de Tarragona y Girona serían resueltas también por los respectivos Jueces de Primera Instancia. Contra las resoluciones de estos Juzgados se podría interponer recurso de revisión ante la Sala Primera de la Audiencia Territorial, que lo resolvería en el plazo de quince días, mientras que contra las resoluciones ejecutivas no existía posibilidad de recurso. Finalmente, la Orden establecía que los resguardos de depósitos de fianza ocupados en la Oficina Jurídica y en sus delegaciones se transmitirían a los Juzgados de origen y éstos, previa comprobación de que no constasen cargos contra los fiados, devolverían la correspondiente fianza al fiador [25].

La última medida importante tomada por Nin para regularizar y normalizar la administración de Justicia en Catalunya fue la creación de un Comité de Inspec-

---

[22] «DOG», 5 de noviembre de 1936.

[23] «DOG», 20 de noviembre de 1936.

[24] El Informe de los jueces encargados de la liquidación de la Oficina Jurídica en Ed. BARRIOBERO: *Ibíd.*, pp. 159-164.

[25] «DOG», 15 de diciembre de 1936.

ciones, en el seno de la Audiencia Territorial de Barcelona, y con jurisdicción en todo el territorio de la Generalitat, con la triple misión de inspeccionar la actuación de los Tribunales y Juzgados de Catalunya y de los Registros de la Propiedad, Notarías e instituciones dependientes de la Consellería de Justicia; fiscalizar el funcionamiento de los propios organismos; y recoger los datos necesarios sobre la solvencia moral y la actuación de los funcionarios judiciales y administrativos de la Administración de Justicia. Dicho Comité de Inspecciones, contituido por un jefe y tres miembros, debería elevar mensualmente, y siempre que las necesidades del servicio lo exigiesen, un informe al Presidente de la Audiencia sobre los extremos sujetos de inpección [26].

Si bien, como ya hemos señalado, éstas fueron las decisiones más importantes adoptadas por la Consellería de Justicia de la Generalitat, mientras fue regentada por Nin, cabe destacar, además, una serie de medidas de carácter administrativo y social, tendentes a agilizar los procedimientos jucidiales y a reformar aspectos legislativos en sentido progresivo, adecuándolos a la nueva situación revolucionaria que se estaba viviendo.

En primer lugar, cabría destacar las reformas que realizó en los servicios penitenciarios de Catalunya. Además de una amplia remodelación del personal penitenciario, acordó el traslado de la cárcel de mujeres a una nueva finca del barrio barcelonés de Les Corts; decidió que en los establecimientos penitenciarios de mujeres el personal responsable fuese compuesto por mujeres a fin de «hacer viable la comunicación entre los que están encargados de la obra correccional y aquellos quienes deben ser su sujeto» [27]; nombró a una militante del POUM, Isabel Peyró i Polo directora del Establecimiento Correccional de Mujeres; y creó el establecimiento Correccional General, instalado en el castillo de Figueres, y destinado a presos condenados por los Tribunales Populares de Catalunya, o que hubiesen sido sentenciados por delitos de carácter político o que estuviesen en conexión con la lucha contra el fascismo.

Por Decreto del 2 de octubre de 1936 —uno de los primeros que firmó Nin como Conseller de Justicia— se procedió a una remodelación de las relaciones conyugales, que legalizaba los matrimonios contraídos ante los organismos responsables de los partidos políticos y de las organizaciones sindicales. En el frente quedaban facultados para autorizar matrimonios de milicianos, los Jefes de columnas, comandamientos del Ejército o Jefes de los cuerpos armados [28]. Esta medida tuvo especial importancia, puesto que durante los años de la guerra fueron numerosos los matrimonios que se celebraron de acuerdo con estas nuevas disposiciones, en locales de partidos, sindicatos y en el frente.

Finalmente, la última disposición significativa que adoptó Nin desde la Consejería de Justicia de la Generalitat fue la concesión de la mayoría de edad a los dieciocho años [29]. La medida —que rebajaba en tres años la consecución de la plena capacidad jurídica, política y civil— era lógica teniendo en cuenta las nuevas

---

[26] «DOG», 15 de diciembre de 1936.

[27] Orden del 11 de diciembre de 1938 en *DOG,* 15 de diciembre de 1936.

[28] «DOG», 4 de octubre de 1936.

[29] «DOG», 15 de noviembre de 1936.

responsabilidades exigidas a la juventud desde el inicio de la guerra. Tal y como se constataba en la parte justificativa del Decreto «en el orden puramente militar se les ha impuesto [a los jóvenes] el deber de considerárseles movilizados a partir de los dieciocho años, lo que les hace presuponer una madurez que si se les otorga en orden a la defensa de la revolución, no se les puede negar cuando afecta a la plenitud de sus derechos políticos y jurídicos».

TERCERA ETAPA: LA PROGRESIVA ABSORCIÓN DE COMPETENCIAS JUDICIALES POR PARTE DE LA REPÚBLICA

Como hemos puesto de relieve, Nin normalizó y regularizó la administración de justicia en Catalunya y le confirió un carácter de clase, legalizando, como dijo en su momento el propio Nin, lo que los trabajadores habían hecho en la calle. Al mismo tiempo, todas las medidas fueron adoptadas de acuerdo con la situación revolucionaria que vivía Catalunya, sin que existiese ninguna mediatización del Gobierno de la República. Ni que decir tiene que el marco estatutario de 1932 había sido superado con creces.

Cuando a mediados de diciembre de 1936 se produjo la crisis del Gobierno de la Generalitat que comportó la exclusión del POUM y de Nin de la máxima institución del poder político en Catalunya, la situación siguió siendo la misma. Con Rafael Vidiella, del PSUC, como nuevo Conseller de Justicia, no se adoptaron nuevas medidas judiciales especialmente relevantes, si exceptuamos el Decreto del 5 de enero de 1937, por el cual se tipificaban las sanciones que debían aplicar los Tribunales Populares [30]. Pero cuando en abril de 1937 Joan Comorera, el secretario general del PSUC, pasó a ocupar el mismo Departamento, se inició la etapa de la adecuación de la normativa del Gobierno de la República a Catalunya, una adecuación que culminó en la práctica absorción de las competencias judiciales por parte del Gobierno republicano.

La primera medida significativa al respecto, adoptada por Comorera, fue la instauración en Catalunya de la legislación republicana en lo que concierne a los Tribunales Populares Especiales, los Jurados de Urgencia y los Jurados de Guardia. La fórmula seguida fue la publicación en el «Diari Oficial de la Generalitat» de los Decretos consiguientes del Ministerio de Justicia del Gobierno de la República, de los días 28 de agosto y 10 de octubre de 1936 y 13 y 23 de febrero de 1937. La razón aducida en la Orden era que la situación, en el marco impuesto por la guerra, se había normalizado y, por tanto, no era conveniente prolongar por más tiempo el estado actual de cosas [31]. O, lo que era lo mismo, era necesario que en Catalunya imperase la misma legislación, en materia represiva y judicial, que en el resto del territorio republicano.

Tras la publicación de la Orden, en la que se justificaba la necesidad de la medida y se instaba a la propia publicación de los Decretos, seguían, en Anexo, los

[30] «DOG», 8 de enero de 1937.
[31] «DOG», 1 de mayo de 1937.

respectivos Decretos —correspondientes a los ministros de Manuel Blasco Garzón, Mariano Ruiz Funes y Juan García Oliver— y, a continuación, dos últimas Ordenes por las que se creaban dos Tribunales Especiales Populares en Barcelona y uno, respectivamente, en Girona, Tarragona y Lleida, y dos Jurados de Urgencia en Barcelona. Asimismo se nombraban los Presidentes y Magistrados de los Tribunales Populares Especiales y de los Jurados de Urgencia y se constataba que, como jueces de Instrucción actuarían los de Primera Instancia e Instrucción y como secretarios los de Primera Instancia e Instrucción y los de las Audiencias. En la segunda Orden se establecía que el número de Jurados de los Tribunales Populares Especiales sería de ocho, pertenecientes a los partidos y sindicatos siguientes: dos de Esquerra Republicana de Catalunya, dos de la CNT, dos de la UGT y dos de la Unió de Rabassaires. Obsérvese la significativa ausencia, respecto a la composición de los anteriores Tribunales Populares, del POUM y de la FAI, como asimismo la de ACR. El PSUC, sin embargo, tal y como acontecía en el Gobierno de la Generalitat, se hallaba representado a través de la UGT.

La creación de los Jurados de Urgencia en Girona, Lleida y Tarragona y de los Jurados de Guardia fue más tardía. No se produjo hasta finales de mayo de 1937, cuando ya se habían producido los enfrentamientos de mayo en Barcelona, y en Catalunya gobernaba el Gabinete de crisis constituido durante los hechos de mayo. Una Orden del 24 de mayo creaba en cada una de las ciudades de Girona, Lleida y Tarragona un Jurado de Urgencia, presidido por el Presidente del Tribunal Popular de la respectiva población o por el Magistrado en el que éste delegase. La Orden creaba también dos Jurados de Guardia en Barcelona y uno, respectivamente, en Girona, Lleida y Tarragona. En el caso de Barcelona los Jurados de Guardia serían presididos por funcionarios de la carrera judicial designados por el Conseller de Justicia, mientras que en el resto de ciudades serían presididos por el Juez de Instrucción de la respectiva población. Cada Jurado de Guardia estaría compuesto, además, por seis jurados, designados por el mismo procedimiento establecido para los Tribunales Populares y los Jurados de Urgencia [32].

Los acontecimientos de mayo de 1937 tuvieron, por diversas razones, repercusiones directas e inmediatas en la administración judicial de Catalunya. En primer lugar, la constitución del nuevo Gabinete presidido por Juan Negrín, a mediados de mayo de 1937, reforzó los mecanismos represivos —tanto judiciales como policiales— de la República, modificando sustancialmente los protagonistas del delito. Desde mediados del año 1937 fueron numerosos los militantes de la CNT-FAI y del POUM que fueron a parar a las cárceles, acusados, en muchos casos, de delitos cometidos durante los primeros meses de la guerra y la revolución. El caso del POUM, en el que se cebó una especial represión como consecuencia de su disolución, inculpado de haber provocado los enfrentamientos de mayo y de estar en combinación con el fascismo internacional, es paradigmático respecto a las nuevas orientaciones represivas de la República.

Pero, para el caso catalán, adquiere especial significación la constitución del Gobierno Negrín, puesto que, desde el primer momento se propuso recuperar al máximo las prerrogativas de poder que hasta entonces habían estado en poder de

[32] «DOG», 31 de mayo de 1937.

la Generalitat. La asunción del orden público por parte del Gobierno de la República, en plenas jornadas del mayo barcelonés, no fue sino la primera medida tendente a ir restando competencias al ejecutivo catalán, iniciándose un proceso que se incrementaría a partir del mes de octubre de 1937, cuando el Gobierno republicano se instaló en Barcelona.

En materia judicial el proceso de transferencias fue relativamente rápido, desde el momento en que el Gobierno Negrín se propuso aplicar sin titubeos la misma legislación represiva en todo el territorio republicano y, sobre todo, controlar el funcionamiento de los Tribunales de Justicia. Es significativa al respecto la Orden del Ministerio de Justicia del Gobierno de la República, del 24 de julio de 1937, que creaba una Comisión Mixta conjuntamente con la Generalitat con el objetivo de redactar una memoria y propuestas de las normas que debían regular las facultades y atribuciones de la Generalitat en materia de Justicia.

Ignoramos cual fue la tarea de esta Comisión Mixta y si se llegó a redactar o no la memoria consiguiente. Lo cierto es que la Generalitat nombró, como representante a ella, al Conseller de Justicia—que desde finales de junio de 1937 era el militante de Acció Catalana Republicana, Pere Bosch Gimpera—, al Presidente del Tribunal de Casassió y al Procurador de Catalunya [33]. Pero lo más probable fue que la Consellería de Justicia de la Generalitat limitase su ámbito de competencias sólo a los Tribunales que existían hasta estos momentos: los Tribunales Populares, los Jurados de Urgencia y los Jurados de Guardia, que en julio de 1937 existían en número de 12: dos de cada uno de ellos en Barcelona y uno, respectivamente, en Girona, Lleida y Tarragona. Es significativa, a este respecto, la Orden del 10 de julio de la Consellería de Justicia que ordenaba una remodelación completa de todos los Tribunales que existían en Catalunya para dar cabida a los militantes de ACR —el partido del Conseller—. La Orden establecía que, a partir de aquel momento, los jueces debían pertenecer a los partidos y organizaciones siguientes: UGT, CNT, ERC, ACR y Unió de Rabassaires [34].

Sin embargo, los nuevos Tribunales que creó el Gobierno Negrín inmediatamente después de su constitución y que también actuaron en Catalunya, escaparon absolutamente del control de la Generalitat: éste es el caso del Tribunal Especial de Espionaje y Alta Traición, creado por Decreto-Ley de 22 de junio de 1937, establecido para Catalunya también por Decreto-Ley el 22 de agosto de 1937; y el de los Tribunales Especiales de Guardia, creados por Decreto de 22 de junio de 1937 «para reprimir los delitos flagrantes de espionaje, alta traición y derrotismo», y que se ampliaron en sucesivos decretos del Gobierno de la República del 22 de agosto de 1937, 29 de noviembre de 1937 y 3 de mayo de 1938 para comprender además las infracciones en materia de subsistencia. También cabría señalar la creación del Servicio de Información Militar (SIM), el nuevo organismo de contraespionaje, cuya actuación en Catalunya, como en el resto del territorio republicano, crearía una profunda sensación de inseguridad y terror entre numerosos ciudadanos.

[33] «DOG», 24 de julio de 1937.
[34] «DOG», 13 de julio de 1937.

No es éste el lugar para tratar sobre las características de estos nuevos Tribunales «especiales» que puso en marcha la República a partir de junio de 1937, pero lo que sí debemos destacar es la conflictividad que generaron en Catalunya, sobre todo en lo que respecta a las relaciones entre el Gobierno de la República y el de la Generalitat. En los archivos del que fuera Conseller de Justicia durante esta etapa —parte de los cuales se hallan en el Arxiu Nacional de Catalunya— se conserva abundante documentación sobre las irregularidades procesales cometidas por los Tribunales Especiales de Guardia y sobre las arbitrariedades en las actuaciones del SIM en Catalunya.

La Generalitat así iba perdiendo competencias judiciales cada vez más importantes, en la medida en que tanto el SIM como los Tribunales Especiales de Guardia iban cobrando mayor relevancia. Cabe destacar que las pocas iniciativas legislativas que adoptó la Generalitat durante este período en materia de Justicia se limitaban casi siempre a poner en práctica decretos del Gobierno de la República, como es el caso de los nuevos Tribunales de Subsistencia y Precios Indebidos, que debían funcionar en todos los Juzgados de Primera Instancia e Instrucción y en los Juzgados Populares Locales, creados por una Orden de la Generalitat del 18 de febrero de 1938, según un Decreto del Gobierno de la República del 18 de diciembre de 1937 [35].

Por otra parte, los Tribunales que seguían dependiendo de la Generalitat debían recibir fuertes críticas por parte del Gobierno de la República, a tenor del oficio que Josep Andreu Abelló, el presidente de la Audiencia Territorial de Catalunya, elevó al Conseller de Justicia de la Generalitat, en fecha 7 de diciembre de 1937, sobre la organización de la Justicia en Catalunya, y donde se defendía de la acusación según la cual los tribunales no eran suficientemente severos en sus condenas [36]. Es de resaltar, también, la posterior Orden-Circular de la Consellería de Justicia, del 17 de mayo de 1938, relativa al normal funcionamiento de los Juzgados Populares Locales de Catalunya, motivada por las deficiencias que se estaban observando en su composición y funcionamiento [37].

Los temas de la justicia y del orden público siguieron siendo enormemente conflictivos a lo largo del año 1938 y provocaron dos situaciones de crisis aguda en las relaciones entre el Gobierno de la Generalitat y el de la República. La primera quedó planteada en la carta que el president Companys escribió al Presidente del Consejo de Ministros republicano, Juan Negrín, el 23 de abril de 1938. En ella se denunciaba el «procedimiento expeditivo» utilizado por fuerzas de orden público de la República que entraron ametralladora en mano en la cárcel de Figueres para instalarse allí; las misteriosas desapariciones de individuos que posteriormente aparecían muertos; el hábito adoptado por comisarios de policía de determinadas ciudades catalanas de armar individuos «de antecedentes poco recomendables» para practicar detenciones, registros, atropellos y fusilamientos de supuestos sospechosos; y la actuación de los Tribunales de Guardia «que funcionan en Cataluña y dependen directamente del Gobierno central (vulnerando el Estatuto

---

[35] «DOG», 20 de febrero de 1938.
[36] Arxivo Bosch Gimpera (Arxiu Nacional de Catalunya). Carpeta «Detinguts, Condemnats».
[37] «DOG», 20 de mayo de 1938.

y las normas de traspaso que determinan que los jueces *con jurisdicción en nuestro territorio* deben ser nombrados por la Generalidad) cumplen su misión mediante el rápido procedimiento establecido por el Decreto del Gobierno de la República. Y esta semana llegan casi al centenar las penas de muerte que se han impuesto. Por tanto, la brevedad del procedimiento y la inexorabilidad de la Justicia por las circunstancias de defensa y de guerra añadirían, si fuera posible, nuevos motivos de repudio y de zozobra ante tamaños excesos de organismos dependientes o que debieran depender y estar sometidos a la obediencia y a la autoridad del Estado» [38].

Pocos días antes de la carta de Companys a Negrín, Manuel de Irujo, el ministro vasco sin cartera del Gobierno de la República escribía a Bosch Gimpera, el Conseller de Justicia de la Generalitat, y le transmitía copia de la carta que había recibido del Secretario General de la Defensa, según la cual éste se comprometía a «poner la mejor voluntad para ver si conseguimos que terminen de un modo radical estas desapariciones misteriosas de personas que han sido previamente detenidas por el SIM» [39].

A pesar de la protesta de Companys y de las preocupaciones de Bosch Gimpera la situación no se modificó radicalmente. Es cierto que a principios de mayo de 1938 el nuevo Decreto del Ministerio de Justicia de la República que establecía normas para el funcionamiento de los Tribunales Especiales de Guardia, permitió a la Generalitat organizarlos, creando seis Tribunales en Barcelona y uno, respectivamente, en Girona, Tarragona y Lleida [40], pero en el mismo mes de mayo de 1938 empezaron los rumores sobre su presunta militarización. Bosch Gimpera fue muy claro al respecto, en una nota que dejó escrita, presumiblemente a finales de mayo de 1938, en la que afirmaba: «No resultaría adecuado que solamente para que la Generalitat no pueda organizar unos Tribunales se les dé un carácter militar que no tienen, y que además no necesitan, como lo demuestra el hecho de que no se dio al ser creados recientemente» [41]. A finales del mismo mes escribía también a Alvarez del Vayo, Segundo Blanco, Quero Morales, José Giral y a Velasco, mostrádoles su oposición a la militarización de los Tribunales de Justicia. La respuesta respectiva afirmaba, muy prudentemente, que se ocuparían del asunto [42].

Pero el proyecto, denunciado por el propio presidente de la República, Manuel Azaña [43], siguió su curso y culminó en la segunda situación de crisis grave que vivieron las relaciones entre el Gobierno de la República y el de la Generalitat, cuando el 5 de agosto de 1938 Negrín presentó en la reunión del Consejo de Ministros la propuesta de que se confirmasen 58 sentencias de muerte dictadas por los Tribunales de Guardia y el decreto que militarizaba los Tribunales de Justicia. La aprobación de este decreto y medidas por parte del Gobierno provocó, como

---

[38] La carta íntegra de Companys a Negrín en MADARIAGA, S. de: *España. Ensayo de historia contemporánea.* Ed. Sudamericana. Buenos Aires, 1944, pp. 798-802.

[39] Archivo Bosch Gimpera. Carpeta «SIM».

[40] «DOG», 7 de mayo de 1938.

[41] Archivo Bosch Gimpera, Carpeta «Tribunals Especials de Guàrdia».

[42] Archivo Bosch Gimpera. Carpeta «Tribunals Especials de Guàrdia».

[43] AZAÑA, M.: *Memorias políticas y de guerra,* II, Crítica. Barcelona, 1978, pp. 387 y ss.

es bien conocido, la dimisión del ministro catalán Jaume Aiguader y del ministro vasco, Manuel de Irujo, y si bien el decreto que militarizaba los Tribunales de Justicia no llegó a prosperar, al oponerse Azaña a firmarlo, la situación no mejoró.

Esta última crisis se había producido a los pocos días de iniciada la ofensiva republicana en el Ebro y en unos momentos en que los problemas militares estaban acuciando en gran manera la República. La sociedad catalana tuvo que enfrentarse, en los últimos meses de la guerra, a la dureza de la batalla más larga de la contienda y, a pesar de que los problemas sobre los procedimientos judiciales continuaron —en octubre de 1938 se produciría el proceso contra los dirigentes del POUM, el SIM seguía actuando a sus anchas, etc.— se mantuvo un cierto consenso intergubernamental hasta la derrota, como si la Generalitat hubiese dado por perdida la batalla y como si nadie se atreviese ya a responder la categórica frase de Nicolau d'Olwer: «Si Franco nos quita el Estatuto y la República no lo respeta, ¿para qué luchamos?» Verdadero dardo acusatorio contra una República que a medida en que se acercaba su debacle final se manifestaba como más centralista, jacobina y antiautonomista, incluso en el momento de aplicar justicia.

La Justicia en la Euskadi en guerra. La Consejería de Justicia del Gobierno Vasco (1936-37)

JOSÉ LUIS DE LA GRANJA
Profesor Titular de Historia Contemporánea. Universidad del País Vasco

INTRODUCCIÓN

La Euskadi autónoma, que existió desde la formación del Gobierno vasco (7 de octubre de 1936) hasta la caída de Bilbao (19 de junio de 1937), ha sido considerada una especie de oasis dentro de la España republicana en la Guerra Civil, porque allí no hubo revolución social ni persecución religiosa debido a la hegemonía del PNV —partido católico y moderado— en el seno del Gobierno autónomo. Otra muestra destacada de la existencia de ese «oasis vasco» fue la ausencia de una justicia revolucionaria durante la etapa del Gabinete de Aguirre. Este hecho ha sido resaltado tanto por protagonistas como por historiadores [1].

La justicia en el País Vasco durante la guerra es un tema casi virgen a la investigación histórica, pues hasta ahora no se ha estudiado la fuente más importante, los sumarios y las sentencias del Tribunal Popular de Euskadi [2]. Este trabajo se dedica a analizar la labor de la Consejería de Justicia del Gobierno vasco, que tenía a su cargo la jurisdicción civil (los tribunales ordinarios y el Tribunal Popular). Un estudio más amplio debería abarcar también la jurisdicción militar, dependiente de la Consejería de Defensa [3], y la económico-administrativa, de Ha-

---

[1] Jesús M.ª de Leizaola, consejero de Justicia y Cultura del Gobierno vasco en la guerra Civil, declaró hace unos años: «el lema era "la República sigue", dejando constancia de que no había sido sustituida por un poder revolucionario» (BLASCO OLAETXEA, C., *Conversiones. Leizaola,* Idatz Ekintza, Bilbao, 1982, p. 87). Para José Manuel Castells, la actuación del Gobierno vasco se caracterizó por «su extremo respeto a las formas jurídicas» («La aplicación autonómica del Gobierno Vasco», *Revista de Administración Pública,* septiembre-diciembre 1977, n.º 84, p. 142). Juan Pablo Fusi ha escrito: «En la Euskadi autónoma no hubo justicia revolucionaria, sino una administración ordenada y responsable» («El País Vasco durante la guerra», en VV. AA., *1936-1939. La Guerra de España,* «El País», Madrid, 1986, p. 153).

[2] Se encuentran en el Archivo Histórico Nacional, Sección Guerra Civil, de Salamanca (en adelante, AS). Cfr. la ponencia de DESANTES FERNÁNDEZ, M.ª Blanca, sobre «Fuentes documentales para el estudio de la Administración de Justicia durante la Guerra Civil española conservadas en el Archivo Histórico Nacional, Sección "Guerra Civil" de Salamanca», presentada a las «Jornadas sobre la Administración de Justicia durante la Guerra Civil Española: instituciones y fuentes documentales» (Salamanca, 26/28 de noviembre de 1987). Agradezco a dicha autora y a Antonio González Quintana, director del Archivo de Salamanca, el haber podido consultar abundante documentación sobre la justicia en Euskadi existente en ese Archivo.

[3] El Tribunal Militar de Euskadi fue creado por Decreto del Gobierno autónomo de 11 de marzo

cienda [4]. Además, hay que tener en cuenta un decreto del presidente Aguirre «estableciendo sanciones de actos de la población civil relacionados con la guerra» [5], que era una auténtica ley de orden público y cuya aplicación correspondía en gran medida al Departamento de Gobernación.

Así pues, la justicia y sus aspectos conexos afectaban a la Presidencia y a cuatro Departamentos del Ejecutivo autónomo. A mi juicio, no es mera casualidad sino bien significativo el hecho de que todos ellos estuviesen regentados por hombres del Partido Nacionalista: el *lehendakari* Aguirre, a la vez consejero de Defensa; Leizaola, de Justicia y Cultura; De la Torre, de Hacienda, y Monzón, de Gobernación. Por tanto, el PNV se hizo cargo de todo el ámbito de la justicia y el orden público, lo que muestra la trascendencia que atribuía a estas cuestiones. De ahí que no resulte extraño que la justicia sea un ejemplo cualificado de la singularidad de Euskadi en la Guerra Civil. Y a esto hay que añadir que el peneuvista Manuel Irujo fue ministro de Justicia de la República en 1937.

La recta administración de justicia fue una de las preocupaciones básicas del PNV en la guerra, junto con el mantenimiento del orden público y del orden social establecido y el respeto a la Iglesia. Ello se explica en parte por que la justicia es uno de los principales atributos del Estado, y la Euskadi autónoma constituyó un auténtico Estado vasco (por necesidades bélicas y por voluntad del nacionalismo), en el cual el PNV desempeñó las carteras más importantes. Además, al responsabilizarse de la justicia tuvo que influir en el PNV el mal recuerdo que guardaba de lo sucedido en las provincias vascas durante el verano de 1936, cuando fueron asesinados bastantes detenidos y presos.

En los dos meses que se mantuvo del lado de la República, Guipúzcoa vivió una situación revolucionaria al ser las organizaciones obreras las que abortaron el golpe militar en San Sebastián. Allí grupos de anarquistas y comunistas se tomaron la justicia por su mano y mataron a militares sublevados (caso del coronel Carrasco) y a presos derechistas en San Sebastián, Tolosa y Fuenterrabía (entre ellos, el inspirador de *La Gaceta del Norte* José M.ª Urquijo, los ex diputados tradicionalistas Pradera y Beunza, los monárquicos Matos y Honorio Maura...). El PNV, que no controlaba la situación en Guipúzcoa (salvo en la zona de Azpeitia, donde organizó sus milicias), protestó públicamente por esos crímenes, dimitiendo por ello en tres ocasiones su comisario de Orden Público en la Junta de Defensa de Guipúzcoa [6].

---

de 1937, publicado en el *Diario Oficial del País Vasco* (DOPV), 6 de abril de 1937, n.º 180. Sus miembros, presididos por el peneuvista José Eizaguirre (vocal suplente del Tribunal de Garantías Constitucionales), fueron nombrados por Decreto de 9 de abril de 1937 (DOPV, 11 de abril de 1937, n.º 185).

[4] La composición y las competencias del Tribunal Económico-administrativo Superior de Euskadi fueron establecidas por Decreto de 25 de enero de 1937 (DOPV, 2 de febrero de 1937, n.º 117).

[5] Decreto de 3 de noviembre de 1936 (DOPV, 6 de noviembre de 1936, n.º 29).

[6] «Una protesta», *Euzkadi,* 4 de agosto de 1936. En el breve plazo de mes y medio, se sucedieron como comisarios de Orden Público los dirigentes nacionalistas Monzón, Ernandorena, Careaga y Andrés M.ª de Irujo. Véase al respecto: Irujo, M., *La Guerra Civil en Euzkadi antes del Estatuto* (1938), Madrid, 1978. Chiapuso, M., *Los anarquistas y la guerra en Euskadi. La comuna de San Sebastián,* Txertoa, San Sebastián, 1977. Amilibia, M., *Los batallones de Euskadi,* Txertoa, San Sebastián, 1978. Jalón, C., *El cautiverio vasco,* Ediciones Españolas, Madrid, 1939.

En Vizcaya, donde la sublevación no llegó a consumarse, no hubo revolución y el poder republicano (el gobernador civil Echeberría Novoa, presidente de la Junta de Defensa) mantuvo su control. Pero también se cometieron excesos contra los presos políticos: a finales de septiembre y primeros de octubre, tras sufrir Bilbao varios bombardeos de la aviación del general Mola, los barcos-prisiones fondeados en la ría del Nervión (el «Cabo Quilates» y el «Altuna Mendi») fueron asaltados en dos ocasiones por la muchedumbre enfervorizada y por los marinos del acorazado republicano «Jaime I» con el resultado de más de un centenar de presos asesinados [7].

El respeto a la vida de los detenidos es uno de los aspectos que diferencian claramente las dos etapas de la Guerra Civil en Euskadi: la preautonómica de las Juntas de Defensa (julio-septiembre de 1936) y la autonómica del Gobierno vasco (octubre de 1936-junio de 1937). Este, desde su constitución, se preocupó de salvaguardar la vida de los presos, que serían juzgados por los tribunales con las debidas garantías procesales.

El Gobierno autónomo asumió uno de los principios que guiaron la actuación del PNV: la humanización de la guerra, y lo aplicó a los detenidos y en materia judicial. Por su concepción cristiana y por ser un partido de orden, el PNV contribuyó a salvar la vida de muchos derechistas (aun siendo sus enemigos políticos) y de muchos clérigos huidos de Santander, incluso miembros de la jerarquía eclesiástica española (el arzobispo de Valladolid, el obispo auxiliar de Valencia, el obispo de Santander...). Humanizar la guerra fue también la primera aspiración de Irujo al ingresar en el Gobierno de Largo Caballero como ministro sin cartera el 25 de septiembre de 1936. Su programa ministerial abogaba por «humanizar la guerra, garantizar la asistencia al herido y la vida del prisionero, llevando piedad para el vencido, que le libre de la venganza y del desquite». «Cada atentado contra la vida ajena es más pernicioso que una derrota: más se pierde con un crimen que con una batalla». «Que la ley se imponga; que se vigorice la actuación de los tribunales de Justicia; que no impere el capricho». [8] Esto mismo trató de hacer el Gobierno de Aguirre.

La justicia en el Estatuto vasco y en el programa del Gobierno autónomo

Según el artículo 3.º del Estatuto vasco, aprobado por las Cortes del Frente Popular el 1 de octubre de 1936, era atribución de la región autónoma la organización de la justicia en todas sus jurisdicciones, salvo la militar, así como la de-

[7] Además, el 31 de agosto cinco presos (entre ellos, el historiador y político liberal Gregorio Balparda) fueron asesinados en los barcos-prisiones, y el 25 de septiembre 22 derechistas fueron sacados de la cárcel de Durango y fusilados en el cementerio. También en estos casos habían tenido lugar previamente sendos bombardeos aéreos. Cfr. ECHEANDÍA, J., *La persecución roja en el País Vasco. Estampas de martirio en los barcos y cárceles de Bilbao. Memorias de un excautivo,* Barcelona, 1945, primera parte.

[8] «LIZARRA, A. de» (Andrés M.ª de Irujo): *Los vascos y la República española. Contribución a la Historia de la Guerra Civil,* Edit. Vasca Ekin, Buenos Aires, 1944, pp. 102-107. *El Sol,* 27 de septiembre de 1936.

signación de los jueces y magistrados, pero no del ministerio fiscal, que era competencia del Estado español. Se trataba, pues, de una facultad autonómica muy amplia. (El Estatuto de 1936 era superior al actual en materia de Justicia).

La coyuntura bélica contribuyó a que el Gobierno vasco se extralimitase en el ejercicio de sus funciones, siendo éste un buen ejemplo del gran ensanchamiento de la autonomía vasca en la Guerra Civil, debido al aislamiento territorial de Euskadi, que dificultada los contactos con el Gobierno republicano de Valencia, y al deseo del nacionalismo de alcanzar el mayor autogobierno posible. En efecto, toda la administración de justicia quedó en manos del Gabinete de Aguirre, que se arrogó las competencias que constitucionalmente correspondían al Estado: así, la jurisdicción militar con la creación del Tribunal Militar de Euskadi, el ministerio fiscal con la designación del fiscal superior de Euskadi con funciones análogas a las del fiscal general de la República, la concesión de amnistías e indultos, que eran facultad de las Cortes y del presidente de la República, respectivamente. Existió un poder judicial vasco a todos los niveles y sin cortapisas.

Este desbordamiento de los límites estatutarios en el ámbito de la justicia se hizo con la aquiescencia tácita del Gobierno republicano y sin suscitar problemas, a diferencia de la extralimitación del Gobierno vasco en el terreno militar, que provocó conflictos entre ambos Ejecutivos. Según Ildefonso Gurruchaga, fiscal superior de Euskadi, «la Generalitat tuvo en la materia menos funciones que el Gobierno Vasco» [9].

Al formarse éste en Guernica el 7 de octubre de 1936, su declaración programática establecía, junto con el respeto de los derechos individuales y sociales de todos los ciudadanos y el mantenimiento inexorable del orden público, que el Gobierno provisional vasco «resolverá rápidamente la situación de los presos políticos y militares, sometiéndolos sin dilación a los Tribunales Populares creados por la ley» [10].

En la Euskadi autónoma no hubo más cárceles que las controladas por el Gobierno vasco ni más tribunales que los establecidos legalmente. Así escribió con razón el consejero republicano Aldasoro: «Nadie fue ejecutado en el territorio de nuestra jurisdicción y con el asentimiento del Gobierno vasco, sin ser sometido a previo proceso y con todas las garantías judiciales exigibles» [11].

Aplicando el principio de humanización de la guerra, una de las primeras medidas adoptadas por el Gabinete de Aguirre, tres días después de su creación, fue la firma de un acuerdo con la Cruz Roja Internacional, por el cual quedaban en libertad todas las mujeres presas en su territorio pudiendo marchar las que quisiesen al extranjero, como de hecho hicieron 112 de un total de 162 liberadas. Además, desde el primer momento el Gobierno vasco se mostró partidario de realizar canjes de prisioneros con la Junta de Franco, para lo que nombró negociador al

---

[9] «La justicia en Euzkadi durante el Gobierno Vasco», *Nación Vasca* (Buenos Aires), abril 1943, n.º 109, pp. 10-11 (art. reproducido en *Muga,* 1987, n.º 60-61, pp. 72-81).

[10] La declaración ministerial de Guernica y el texto del Estatuto vasco de 1936 pueden verse en el DOPV, 9/13 de octubre de 1936, n.ºs 1-5, y en *El libro blanco del Gobierno Vasco,* París, 1956, pp. 59-78.

[11] ALDASORO, R. M., «El Gobierno vasco y la República española. La justicia en el País Vasco y los crímenes de los "rojos-separatistas"», *Galeuzca* (Buenos Aires), noviembre 1945, n.º 4, p. 167.

diputado peneuvista Jáuregui. Pero las negociaciones se prolongaron en exceso por las reticencias de la Junta de Burgos, de modo que aún no se había llevado a cabo el 4 de enero de 1937, cuando se produjo la matanza de presos en las cárceles bilbaínas, que arruinó todo acuerdo [12].

LEIZAOLA, CONSEJERO DE JUSTICIA

Antes de examinar la gestión del Departamento de Justicia, voy a trazar una breve semblanza histórica de su titular. Al frente de él el PNV puso a uno de sus principales dirigentes: Jesús M.ª de Leizaola, hombre de letras, abogado y alto funcionario de la administración local. Católico ferviente, dejó constancia de ello en las Cortes Constituyentes al oponerse al famoso artículo 26 de la Constitución de 1931. Fue también diputado en las Cortes del segundo bienio republicano y no se presentó a las elecciones de 1936. Discípulo de «Kizkitza», representaba el sector moderado del PNV.

Dentro del Gobierno vasco, Leizaola fue el consejero más influyente y el hombre del PNV en él. El periodista Steer, que le conoció bien en la guerra, le retrató así [13]:

> «Leizaola era un poder en las sombras. Se puso a la tarea de organizar, desde lo más profundo de sus conocimientos legales, un tribunal popular para juzgar los atentados contra un régimen que no iba a ser sanguinario ni demagógico. Más viejo que la mayoría del gabinete [aun así, no tenía más que cuarenta años], con su voz calmosa y firme, una sonrisa fría raramente burlona y un inmenso caudal de sabiduría en leyes y constituciones internacionales, pronto estableció cierta ascendencia sobre sus colegas.»

Hace unos años, a la pregunta de si era cierta la afirmación de Steer de que era un poder en las sombras, Leizaola contestó [14]:

> «Tenía bastante, pero era por lo siguiente. Heliodoro de la Torre [consejero de Hacienda] y yo ibamos todos los días, a dar cuenta de la marcha de las cosas, al EBB». «Yo practicaba el estar en continuo contacto con el partido y solía ir después de comer a tomar café con ellos, porque era el mejor momento en el que les podía dar cuenta de la situación, exactamente entre la tarea de la mañana y la de la tarde. De ello resultaba que a través del partido hacía cosas sin comprometer al Gobierno, pero que eran utilísimas. En definitiva, era poder de partido, no era ningún personalismo.»

---

[12] Cfr. dos folletos del Gobierno Provisional de Euzkadi con «Documentos relativos a la guerra civil», titulados *La conducta de los facciosos ante la iniciativa de la Cruz Roja Internacional por la humanización de la guerra. El trato a las mujeres y niños* y *Los facciosos son los culpables de la ruptura de las negociaciones de canje general de detenidos, ancianos, enfermos, mujeres y niños. La inhumana expulsión de Guipúzcoa de niños y mujeres a través de las líneas de fuego* (Bilbao, 1937). Vid. también *Euzkadi,* 13 y 14 de octubre de 1936, 29 y 30 de diciembre de 1936, 8 y 13 de enero de 1937, 11 de febrero de 1937, 4 de marzo de 1937 y 1 de abril de 1937; *Euzko Deya* (París), 7, 10 y 14 de enero de 1937, n.os 12, 13 y 14; *El Liberal,* 8 y 9 de enero de 1937.

[13] *El árbol de Guernica* (1938), Felmar, Madrid, 1978, p. 103.

[14] BLASCO OLAETXEA, C., *op. cit.,* pp. 79-80.

Así pues, Leizaola hacía de intermediario entre el PNV y el Gobierno vasco, entre Ajuriaguerra (presidente del BBB y hombre fuerte del PNV) y el *lehendakari* Aguirre (que no se hallaba sometido a la disciplina de partido).

Aparte de su labor como consejero de Justicia y Cultura, Leizaola desempeñó un papel fundamental en los últimos días de Bilbao en junio de 1937, cuando al marchar la mayor parte del Gobierno de Aguirre quedó al frente de una Junta de Defensa, que se encargó de «rendir Bilbao de forma civilizada» (Steer), evitando el pillaje y la destrucción de la Universidad de Deusto y los Altos Hornos de Vizcaya, y liberando a todos los presos. Cumplidas esas misiones, Leizaola abandonó la capital vasca en la madrugada del 19 de junio, pocas horas antes de la entrada de los requetés, corriendo el riesgo de ser apresado y fusilado. He aquí, de nuevo, el testimonio de Steer [15]:

> «Sería difícil exagerar el coraje y la serenidad de Leizaola aquella noche». «Bilbao había sido derrotada, pero el hombre del rostro triste, el abogado católico de traje oscuro que la gobernaba, estaba dispuesto a mantener el historial de su ciudad limpio hasta el fin». «Era el prototipo del cristiano. Fiel hasta el fin a su Iglesia y a su conciencia social».

LA CONSEJERÍA DE JUSTICIA: ORGANIZACIÓN Y ACTUACIÓN

Justicia y Cultura fue un Departamento doble, de los más importantes del Gobierno vasco, y una de las dos carteras «políticas», cuya función principal no se hallaba determinada por la guerra [16].

Leizaola nombró a hombres del PNV para los principales cargos. Así, en Justicia el secretario general y director de prisiones fue José Arechalde; el director general, Juan Antonio Careaga, abogado, ex diputado peneuvista y ex comisario de Orden Público de la Junta de Defensa de Guipúzcoa [17]; el fiscal superior, el abogado e historiador peneuvista Ildefonso Gurruchaga, que fue también director general de Bellas Artes, Bibliotecas y Museos en Cultura, y el inspector general de los tribunales, el juez y dirigente del PNV Manuel Sainz de Taramona, que actuó en lugar de las Comisiones Judiciales Depuradoras existentes en el resto de la zona republicana.

Si —como ha escrito el profesor Castells— [18] la juridicidad caracterizó la acción del Gobierno autónomo, contando todos sus Departamentos con asesores ju-

---

[15] *Op. cit.*, pp. 393-395, donde le califica de «poco militarista y burgués». Sobre la biografía de Leizaola, *vid.* la obra citada de BLASCO OLAETXEA, el folleto *Leizaola el hombre del destino* (Bilbao, 1978), el libro homenaje publicado por el Gobierno Vasco y titulado *Jesús María de Leizaola. Primer Consejero de Justicia y Cultura del Gobierno Vasco* (Vitoria, 1986), y el más reciente con motivo de su fallecimiento: VV. AA., *Leizaola, la lealtad del viejo roble* (Fundación Sabino Arana, Bilbao, 1989).

[16] MONTERO, M.: «El Gobierno vasco durante la guerra», *Letras de Deusto,* mayo-agosto 1986, n.º 35, p. 131. Según este autor, la otra cartera «política» era la de Trabajo, en manos del PSOE.

[17] El 7 de enero de 1937, Careaga escribió una carta a Leizaola presentando su dimisión (conservada en AS, serie Barcelona, carpeta 812). La causa de ésta debió ser la matanza de presos acaecida tres días antes en Bilbao. Pero no le fue admitida la dimisión, pues siguió desempeñando el cargo de director general de Justicia.

[18] *Op. cit.*, p. 142.

rídicos, su máxima expresión fue la Comisión Jurídica Asesora de la Consejería de Justicia, creada inmediatamente para preparar las disposiciones jurídicas generales del Gobierno vasco [19]. Presidida por el consejero Leizaola, estaba formada por veintidós miembros, distribuidos en dos secciones: la primera para las cuestiones de Derecho público y la segunda para las de Derecho privado. Sus componentes eran abogados, jueces, notarios y registradores de la propiedad, entre ellos varios asesores jurídicos de otros Departamentos. Bastantes se hallaban vinculados a partidos políticos (PNV, ANV, PSOE), pero otros eran juristas de prestigio independientes (caso de Bonifacio Echegaray, magistrado del Tribunal Supremo y vicepresidente de la Comisión) [20]. La Comisión Jurídica Asesora elaboró un proyecto de Reglamento Orgánico, que le atribuía funciones importantes de asesoramiento del Gobierno vasco en materias jurídico-administrativas y en el desarrollo y la reforma del Estatuto de autonomía, pero no llegó a entrar en vigor [21].

En la actuación de la Consejería de Justicia, cabe distinguir dos etapas: en la primera, de octubre de 1936 a enero de 1937, se promulgaron casi todas las disposiciones normativas y los nombramientos judiciales, mientras que en la segunda, de febrero a junio de 1937, el *Diario Oficial del País Vasco* sólo publicó un decreto importante de Justicia, el de amnistía.

Las dos pautas principales que guiaron la labor de esta Consejería fueron el restablecimiento de la normalidad en la administración de justicia y la configuración de un poder judicial vasco [22], aunque para ello rebasase las facultades estatutarias. Vamos a examinar las medidas adoptadas siguiendo esas dos pautas de su actuación.

Al constituirse el Gobierno vasco se encontró con una mala situación de la justicia, descrita por el que fue fiscal superior de Euskadi en los siguientes términos [23]:

> «Los tribunales no funcionaban. La Audiencia provincial estaba desorganizada, pues el fiscal-jefe estaba detenido como desafecto, y el presidente de la audiencia y el teniente-fiscal llevaban una labor de obstrucción y de paralización de la función de justicia, pues sus simpatías iban por los rebeldes. Más tarde, comprobada su actitud, fueron destituidos. El llamado Tribunal Popular no estaba organizado.»

La Consejería consiguió restablecer el funcionamiento regular de la administración de justicia en los primeros meses de su gestión. Para ello, empezó tomando una medida drástica, el cese de todos los jueces y fiscales municipales, que justificó así [24]:

---

[19] Decreto de 8 de octubre de 1936 (DOPV, 9 de octubre de 1936, nº 1). Esta fue la primera disposición normativa adoptada por el Gobierno vasco. En esos momentos, el Gobierno republicano no contaba con una Comisión Jurídica Asesora, que fue restablecida por Manuel de Irujo siendo ministro de Justicia (Decreto de 6 de agosto de 1937). Véanse sus Memorias: *Un vasco en el Ministerio de Justicia,* Edit. Vasca Ekin, Buenos Aires, 1976, pp. 41-42 y 154-156.

[20] Sus nombres, en la Orden de 22 de octubre de 1936 (DOPV, 23 de octubre de 1936, n.º 15).

[21] Su texto se encuentra en AS, Barcelona, 940.

[22] MONTERO. M., *op. cit.*, p. 142.

[23] GURRUCHAGA, I., *op. cit.*

[24] Decreto de 20 de octubre de 1936 (DOPV, 22 de octubre de 1936, n.º 14).

«Uno de los asuntos que con mayor urgencia reclama la atención de este Departamento es la pronta normalización de las funciones de la Justicia municipal, doblemente perturbadas por las presentes circunstancias y por la existencia en la misma de funcionarios notoriamente desafectos a Euzkadi y a la República.»

En su lugar, Leizaola nombró los jueces y fiscales de Bilbao y de todos los municipios vizcaínos (salvo Ondárroa, en poder de los sublevados) [25], la gran mayoría de los cuales pertenecían al PNV y algunos a los partidos republicanos [26]. Para facilitar su labor, la Consejería aprobó dos decretos auxiliando económicamente a los juzgados municipales y a los de primera instancia e instrucción [27].

En la misma línea de normalizar la justicia y atendiendo a las circunstancias excepcionales de la guerra, el Departamento dio normas que regulaban la celebración de matrimonios de personas que no podían trasladarse a sus domicilios [28] y la inscripción de fallecimientos ocurridos en campaña, para lo que creó un registro específico en el Juzgado decano de Bilbao [29].

Otro objetivo perseguido por el Gobierno autónomo fue establecer un poder judicial vasco que abarcase todos los niveles y todas las jurisdicciones (civil, militar y económico-administrativa). De la Consejería de Justicia dependieron tanto los tribunales ordinarios como el Tribunal Popular de Euskadi, encargado de juzgar sólo los delitos dimanados de la rebelión y la guerra. A diferencia del resto de la España republicana, ese tribunal especial no se extendió a todo el ámbito penal, pues los delitos comunes siguieron siendo juzgados por la jurisdicción ordinaria, por la Audiencia Provincial de Vizcaya.

Dada la coyuntura bélica, el Gobierno de Aguirre no creó el Tribunal Superior Vasco previsto en el Estatuto de Autonomía, a pesar de que la Comisión Jurídica Asesora elaboró un proyecto de decreto regulando su organización, en el cual le otorgaba «todas las funciones que pertenecen al Tribunal Supremo de la República, que por razón de la anormalidad de los momentos actuales, permanece inactivo con referencia al País Vasco» [30]. En cambio, sí puso en funcionamiento en 1937 la Audiencia Territorial en Bilbao con jurisdicción sobre Vizcaya, Gui-

---

[25] Ordenes de 10 de noviembre de 1936, 2 y 16 de diciembre de 1936 (DOPV, 11 de noviembre de 1936, 9 de diciembre de 1936 y 17 de febrero de 1937, n.os 34, 62 y 132).

[26] RUEDA, G.: «Suspensión de jueces y fiscales municipales por ideología política (Vizcaya, 1936)», comunicación a las mencionadas «Jornadas sobre la Administración de justicia durante la Guerra Civil Española». Cotejando la «Relación de personas designadas por el Partido Nacionalista Vasco para ocupar los cargos de Jueces y Fiscales, efectivos y suplentes, en los diferentes pueblos de Bizkaya» (AS, Barcelona, 893) con la lista de jueces y fiscales nombrados por el Gobierno vasco (DOPV, 9 de diciembre de 1936 y 17 de febrero de 1937), resulta que en ésta figuran más del 90 por 100 de las personas propuestas por el PNV. Por tanto, la justicia municipal en la Euskadi autónoma quedó casi totalmente en manos del partido hegemónico en el seno del Gobierno vasco.

[27] Decretos de 28 de enero y 17 de marzo de 1937 (DOPV, 31 de enero y 21 de marzo de 1937, n.os 115 y 164).

[28] Decreto de 3 de noviembre de 1936 (DOPV, 5 de noviembre de 1936, n.º 28).

[29] Decreto de 11 de diciembre de 1936 y Ordenes de 23 de diciembre de 1936 y 18 de enero de 1937 (DOPV, 13 y 29 de diciembre de 1936 y 19 de enero de 1937, n.os 66, 82 y 103). De este registro procedían miles de fichas de muertos en Vizcaya durante la guerra que hace unos años se encontraron en la Audiencia de Bilbao y hoy se conservan en el Archivo Histórico de Vizcaya.

[30] Su texto, en AS, Barcelona, 940.

púzcoa y Alava, aunque casi todo el territorio de estas dos últimas provincias se hallaba controlado por la Junta de Burgos. Dicha Audiencia contó con Salas de lo Civil y de lo Criminal y todos sus funcionarios fueron nombrados interinamente por el consejero de Justicia [31].

A nivel notarial y registral existió también ese distrito vasco con la creación del Colegio Notarial de Euskadi [32] y de las Secciones de los Registros y del Notariado dentro de la Dirección General de Justicia [33], en un momento en que habían sido suprimidas en la zona republicana por el ministro anarquista García Oliver y medio año antes de su restablecimiento por el nacionalista Irujo [34].

El desbordamiento de las facultades autonómicas por el Departamento de Justicia se dio claramente en la concesión de amnistías e indultos. Por un lado, decretó una amnistía para todos los penados y encausados por delitos comunes o políticos cometidos antes del 15 de julio de 1936 [35]. Y por otro, reguló la tramitación de las solicitudes de indulto: informe de la Comisión Jurídica Asesora al consejero de Justicia, resolución del Gobierno vasco y decisión final del *lehendakari* [36]. Aguirre ejerció en diez ocasiones esta potestad del presidente de la República al conmutar la pena de muerte a siete hombres y tres mujeres por la inmediata inferior (reclusión mayor). La aplicación de estas medidas de gracia muestra la magnanimidad con que obró el Gobierno vasco en circunstancias trágicas. Otras disposiciones tomadas por el Departamento de Leizaola fueron la disolución de las Cámaras Oficiales de la Propiedad Urbana, justificada por el hecho de que muchos de sus miembros eran desafectos a la República [37], y la regulación de los arrendamiento urbanos en la coyuntura bélica [38].

En suma, el examen de la gestión realizada por la Consejería de Justicia del Gobierno autónomo durante la Guerra Civil prueba que ejerció todas las funciones, tanto las estatutarias como las estatales, y que actuó como un auténtico Ministerio de Justicia de un Estado soberano. Esta es una manifestación relevante del Estado vasco que existió a lo largo de casi nueve meses en Vizcaya.

El Tribunal Popular de Euskadi

La guerra motivó la creación de los Tribunales Populares en la zona republicana desde finales de agosto de 1936 [39], que, aun siendo tribunales de excepción,

---

[31] Decreto de 28 de enero de 1937 (DOPV, 31 de enero de 1937, n.º 115).

[32] Decreto de 20 de noviembre de 1936 (DOPV, 23 de noviembre de 1936, n.º 46).

[33] Decreto de 27 de enero de 1937 y Orden de 31 de marzo de 1937 (DOPV, 2 de febrero y 4 de abril de 1937, n.os 117 y 178).

[34] Decretos de 12 de diciembre de 1936 y 5 de julio de 1937. Irujo, M.: *Un vasco en el Ministerio de Justicia, op. cit.*, pp. 27 y 119.

[35] Decreto de 18 de marzo de 1937 y Ordenes de 20 y 24 de marzo de 1937 (DOPV, 20, 23 y 26 de marzo de 1937, n.os 163, 166 y 169).

[36] Decreto de 20 de noviembre de 1936 (DOPV, 22 de noviembre de 1936, n.º 45).

[37] Decreto de 11 de diciembre de 1936 y Orden de 14 de enero de 1937 (DOPV, 12 de diciembre de 1936 y 16 de enero de 1937, n.os 65 y 100).

[38] Decretos de 30 de octubre y 1 de noviembre de 1936 (DOPV, 1 y 4 de noviembre de 1936, n.os 24 y 27).

[39] Decretos de 23 y 25 de agosto de 1936.

suponían un gran avance con relación a las primeras semanas de la contienda en que grupos de incontrolados hacían «justicia» por su cuenta, como también sucedió —aunque con menor intensidad que en otros lugares— en Vizcaya y Guipúzcoa durante el verano de 1936.

El Tribunal Popular de Vizcaya (luego denominado de Euskadi) se constituyó a mediados de septiembre de 1936 [40] y actuó durante la etapa del Gabinete de Aguirre hasta junio de 1937. Por su composición, fue un tribunal mixto, integrado por tres magistrados (Sala de Derecho) y por catorce jurados (Sala de Hecho), que eran representantes de las fuerzas del Frente Popular de Euskadi (Unión Republicana, Izquierda Republicana, Acción Nacionalista Vasca, PSOE, UGT, y PC de Euskadi), del PNV, de STV y de la CNT (uno o dos por cada organización). Todos ellos, así como los fiscales, eran nombrados por el consejero de Justicia, a propuesta de esas fuerzas políticas y sindicales en el caso de los jurados. Como éstos cambiaban con frecuencia, la Consejería aprobó un decreto haciendo el cargo de jurado obligatorio e irrenunciable, salvo en cuatro casos señalados en él [41]. El consejero —a más de sus respectivos partidos— podía destituirles de sus puestos. Tanto los fiscales como los magistrados eran letrados [42].

La competencia del Tribunal Popular de Euskadi (el único tribunal de excepción existente en el País Vasco autónomo) se limitó a los delitos relacionados con la guerra (sedición, rebelión, traición y espionaje), siendo instruidas sus causas por el Juzgado decano de Bilbao. Si fue creado «con la intencionalidad evidente de juridificar la represión» (Castells), su actuación ha sido elogiada por algunos protagonistas y testigos. Para Leizaola, «en Vizcaya el Tribunal Popular fue prácticamente tan sereno y tan equilibrado como podía serlo el mejor Jurado (...). De hecho fue una institución que no produjo ningún problema» [43]. En opinión del fiscal Gurruchaga, su actuación «es la que mejor caracteriza la justicia aplicada bajo el Gobierno vasco: justicia enérgica, pero sin crueldad, ponderada y humana, pero sin impunismo» [44]. Según Steer, «sus decisiones fueron justas y las ejecuciones muy pocas» [45].

En sus nueve meses de funcionamiento, fueron ejecutadas diecinueve personas, número no excesivamente elevado a tenor de la situación bélica y en comparación con lo sucedido en ambas zonas. Es cierto que el Tribunal Popular de Euskadi pronunció numerosas condenas a muerte, pero la gran mayoría de ellas afec-

---

[40] Su composición inicial, en *Euzkadi,* 17 de septiembre de 1936. El Tribunal Popular no comenzó a actuar hasta el 8 de octubre, al día siguiente de la formación del Gobierno vasco (*Euzkadi,* 9 de octubre de 1936).

[41] Decreto de 14 de abril de 1937 (DOPV, 16 de abril de 1937, n.° 190).

[42] Los magistrados fueron: el abogado José Espinosa (presidente), en sustitución de Isidoro del Ribero, presidente de la Audiencia de Bilbao, que acabó siendo suspendido de empleo por desafecto a la República (Orden de 28 de mayo de 1937, en DOPV, 30 de mayo de 1937, n.° 234); el abogado José Luis Lambarri y el magistrado Dionisio Mazorra, el único de los magistrados de la Audiencia Provincial que se mantuvo leal a la República, por lo que fue fusilado por los franquistas. Los fiscales fueron: el nacionalista Germán Iñurrategui, el republicano José Miguel Gomendio y el comunista Jesún Monzón, presidente del Frente Popular de Navarra.

[43] Blasco Olaetxea, *op. cit.*, p. 87.

[44] *Op. cit.*

[45] *Op. cit.,* p. 106.

taban a individuos que se hallaban en rebeldía, entre ellos varios miembros de la burguesía vasca [46]. Además, el Gobierno autónomo indultó a diez condenados a muerte y tampoco se aplicó la pena capital a cuatro aviadores alemanes capturados y juzgados poco antes de la caída de Bilbao [47].

¿Quiénes fueron ejecutados y por qué causas en la Euskadi autónoma y republicana?

— Dos alemanes, el cabo Gudde y el médico Eynatten (informador de un periódico alemán), apresados con una patrulla del ejército franquista y condenados por delito de rebelión militar [48].

— Caso Wakonigg: los cónsules de Austria y Paraguay, el comandante Anglada y el capitán Murga, por delito de alta traición.

— Proceso contra oficiales del cuartel de Loyola en San Sebastián: Los cabecillas de la sublevación en esta ciudad fueron juzgados y fusilados allí mismo. En Bilbao se procesó a sesenta y dos oficiales (algunos, en rebeldía), siendo ajusticiado por rebelión el teniente Vallespín, agente de enlace de la sublevación [49].

— Proceso contra oficiales del regimiento de Garellano en Bilbao por conspiración contra la República en julio de 1936: los comandantes Velarde (jefe de requetés) y Fernández Ichaso, el capitán Ramos, los tenientes Ausín y Del Oso y el falangista Martínez Picó, fueron fusilados por rebelión militar [50].

— El comandante Quiroga y el maquinista Pérez, del bou faccioso «Virgen del Carmen», que habían capturado barcos republicanos (caso del «Galerna», donde fue apresado el cura nacionalista «Aitzol», fusilado poco después), fueron condenados por rebelión y pasados por las armas [51].

— En la ofensiva del ejército vasco sobre Villarreal de Alava, los campesinos carlistas Bernabé Aguirre y Ruiz Erenchun (alcalde de barrio) ayudaron a las tropas franquistas, por lo que fueron condenados por traición [52].

— Juicio por espionaje en Bilbao contra once personas, dos de las cuales, Diego Somonte y el jefe falangista García Suárez, fueron ejecutadas por traición [53].

---

[46] Su relación se encuentra en AS, Barcelona, 893.

[47] Cfr. *Euzkadi,* 21 y 26 de mayo de 1937; AS, Barcelona, 940, y el folleto del Gobierno Provisional de Euzkadi sobre *La intervención de Alemania en favor de Franco en las operaciones del territorio vasco* (Bilbao, 1937). Uno de estos aviadores, Wandel, declaró haber sobrevolado Guernica en un caza el 26 de abril de 1937, pero sin bombardearla.

[48] *Euzkadi* y *El Liberal,* 10 de noviembre de 1936, 31 de enero y 5 de febrero de 1937; AS, Barcelona, 812; el folleto del Gobierno vasco *Información sobre actos de hostilidad contra el poder legítimo en territorio vasco* (Bilbao, 1937), el libro de YBARRA, J.: *Mi diario de la Guerra de España 1936-1939,* Bilbao, 1941, pp. 68-73.

[49] *Euzkadi* y *El Liberal,* 3 y 8 de diciembre de 1936. El sumario judicial se encuentra en AS, Madrid, 1083.

[50] *Euzkadi* y *El Liberal,* 12 a 17 de diciembre de 1936. ECHEANDÍA, J.: *op. cit.,* pp. 173-181. El sumario, en AS, Madrid, 1419.

[51] *Euzkadi,* 9 de enero de 1937; *El Liberal,* 9 y 10 de enero de 1937.

[52] *Euzkadi* y *El Liberal,* 12 de enero de 1937.

[53] *Euzkadi* y *El Liberal,* 5 y 6 marzo de 1937. *El Pueblo Vasco,* 9-VII-1937. El sumario, en AS, Madrid, 166 y 1083. HERRERA ORIA, E.: *Los cautivos de Vizcaya,* Bilbao, 1938, cap. XIV.

En resumen, de los diecinueve fusilados diez eran militares y el resto civiles. Sus condenas fueron por espionaje y traición en ocho casos y por rebelión militar en once; siete de estos últimos habían participado en la conspiración y sublevación de julio de 1936. Casi todas las ejecuciones tuvieron lugar entre noviembre de 1936 y enero de 1937, en los primeros meses de vida del Gobierno vasco.

Según Gurruchaga, fue «una justicia rápida que atemorizó y contuvo al adversario a la vez que tranquilizaba los anhelos de justicia del leal; así ni la llamada quinta columna se atrevió a exteriorizarse, ni tampoco hubo en el campo leal quien aplicara la justicia clandestina y criminal, pues la oficial y pública del gobierno bastaba y satisfacía». Pero «la rapidez de la actuación no menoscabó las garantías para el procesado», porque los juicios fueron a puerta abierta, con asistencia de numeroso público y de corresponsales extranjeros, y eran abogados tanto los magistrados y fiscales como los defensores de los encausados [54].

EL «AFFAIRE WAKONIGG»

El juicio del Tribunal popular que tuvo mayor resonancia, por afectar a dos diplomáticos extranjeros, fue el llamado «caso Wakonigg», que sirve de muestra para valorar la justicia ejercida por dicho tribunal y sobre el que contamos con abundante documentación [55].

Guillermo Wakonigg había sido cónsul de Austria-Hungría en Bilbao y jefe del espionaje alemán en el norte de España durante la I Guerra Mundial. Vivió muchos años en el País Vasco y se hallaba bien relacionado con personalidades del Gobierno autónomo: fue cliente del bufete de Leizaola, amigo del consejero Aldasoro y suegro de Luis Ortúzar, inspector general de Orden Público. En la guerra ejerció de nuevo de cónsul de Austria y de Hungría y de encargado de negocios de Alemania en Bilbao. Aprovechándose de su condición diplomática, volvió a actuar de espía en favor de la Alemania nazi y la España franquista, adonde pasaba informaciones de interés militar sobre la Euskadi autónoma por medio de los barcos que iban de Bilbao a Francia.

A finales de octubre de 1936, Wakonigg iba a embarcar con otros diplomáticos para viajar a San Juan de Luz. Pese a su oposición, la policía vasca registró su valija, en la que encontró joyas (cuya exportación había prohibido el Gobierno) e importante documentación civil y militar. Entre ella sobresalían: un informe detallado de la construcción del cinturón de hierro de Bilbao escrito por el capitán Murga, adscrito al Estado Mayor del ejército vasco y amigo del presidente Aguirre; una descripción del fracaso de la sublevación del cuartel de Garellano en Bilbao con una lista de los oficiales favorables y contrarios al régimen republicano, obra del comandante Anglada; una carta del banquero Hernández Mendirichaga sobre

[54] *Op. cit.*

[55] *Euzkadi,* 4, 17 y 18 de noviembre de 1936, 1 de diciembre de 1936; *El Liberal,* 17 y 18 de noviembre de 1936; *Euzko Deya* (París), 3 de diciembre de 1936, n.º 2; AS, Barcelona, 812; *Información sobre actos de hostilidad contra el poder legítimo en territorio vasco,* cit.; STEER, *op. cit.*, pp. 109-113; GURRUCHAGA, *op. cit.*, y ASTIGARRAGA, A. («Astilarra»): *Historia documental de la Guerra en Euzkadi,* Edit. Vasca, México, s.a., pp. 188-191.

la situación bancaria de Bilbao, otra del abogado Munsuri sobre el nacionalismo vasco y otra del alemán Schaeidt Schneider (ayudante del cónsul) atacando a los miembros del Gobierno vasco y alabando a Wakonigg. La *Ertzaña* detuvo a todos ellos y también al cónsul de Paraguay Martínez Arias, cuyas oficinas servían de centro de reunión e información de esta red de espionaje.

El primer implicado en ella que fue juzgado el 11 de noviembre e inmediatamente ejecutado, fue el capitán Murga [56]. El juicio contra los restantes se celebró en Bilbao el 17 y 18 de noviembre. Dado que las pruebas del delito eran flagrantes, el Tribunal Popular condenó a pena de muerte por traición consumada a Wakonigg, Martínez Arias y Anglada (fusilados al día siguiente) y a cadena perpetua a Munsuri, Hernández Mendirichaga y Schaeidt por delito de traición en grado de frustración. La víspera de su fusilamiento, el cónsul austriaco fue visitado en la cárcel por su yerno Ortúzar y por Leizaola. Según el testimonio de éste, murió gritando «Heil, Hitler» [57].

La situación de los presos en las cárceles de Bilbao

Probablemente, éste sea el aspecto más controvertido de la justicia en la Euskadi autónoma, sobre todo por los sucesos del 4 de enero de 1937 que examinamos más adelante. La población penal osciló en Vizcaya entre 2.000 y 3.000, incluidos unos 1.000 prisioneros traídos por mar desde San Sebastián en septiembre de 1936. Todos ellos se repartieron en tres barcos-prisiones: el «Cabo Quilates» y el «Altuna Mendi» (para los presos vizcaínos) y el «Arantzazu Mendi» (para los guipuzcoanos), y en cuatro cárceles de Bilbao: la oficial de Larrínaga, la Casa Galera y los conventos del Carmelo y los Angeles Custudios que fueron habilitados con este fin.

Sin duda, la situación peor se dio en las prisiones flotantes de la ría tanto por el hacinamiento y las malas condiciones higiénicas [58] como por los abusos cometidos por los guardianes (que solían ser milicianos), en especial en las dos destinadas a presos vizcaínos, donde se produjeron matanzas en vísperas de la formación del Gobierno vasco. En noviembre y diciembre de 1936, todos los detenidos en los barcos fueron trasladados a las cárceles bilbaínas.

La situación en éstas era mucho mejor que en aquéllos, aunque tampoco halagüeña. Al comenzar su labor, el director de prisiones del Ejecutivo autónomo reconoció que «la cárcel de Larrínaga se encuentra en muy mal estado y con exceso de población penal» [59]. Esto último persistió, a pesar del traslado de los presos comunes a la cárcel de Valmaseda, debido al ingreso de centenares de prisioneros procedentes de los barcos. En febrero de 1937, la prensa informaba de la realización de obras de higienización en las cárceles y la desinfección de las ropas

---

56 *Euzkadi* y *El Liberal,* 11 de noviembre de 1936; AS, Barcelona, 812.

57 Blasco Olaetxea, C., *op. cit.*, p. 88.

58 El «Altuna Mendi» ya fue utilizado como prisión en la República para 400 detenidos por la revolución de octubre de 1934 en Vizcaya, quienes se quejaron al presidente Alcalá Zamora por las malas condiciones de vida en dicho barco.

59 *Euzkadi,* 14 de octubre de 1936.

de los internos [60]. Aquéllas fueron visitadas por la Cruz Roja Internacional y por periodistas extranjeros.

Los presos podían recibir visitas y paquetes con ropas y alimentos. En febrero-marzo de 1937, se limitaron las visitas a determinados profesionales (abogados, notarios, médicos, sacerdotes) y a los familiares [61]. Temporalmente estuvieron prohibidas, así como la recepción de paquetes, porque hubo protestas argumentando que los detenidos comían mejor que los habitantes de Bilbao [62].

Para conocer la vida carcelaria en Vizcaya contamos con varias obras escritas en la guerra y en la posguerra por presos derechistas, que narran su experiencia y sus vivencias durante esos meses [63]. En cambio, no disponemos de relatos de los responsables de la Consejería de Justicia o de las prisiones que permitan contrastar el panorama más bien sombrío pintado por aquéllos.

A tenor de esos testimonios, cabe señalar con carácter general que (a diferencia de lo acaecido en los barcos-prisiones) no hubo malos tratos en las cárceles bilbaínas. Fue autorizada en ellas la celebración cotidiana del culto católico a cargo de curas presos [64], caso excepcional en la zona republicana.

El problema más grave para los detenidos fue la escasa y deficiente alimentación. En los momentos de mayor penuria en Bilbao (cuando faltaban alimentos básicos como el pan y la leche) y coincidiendo con la prohibición de recibir paquetes del exterior, los presos pasaron hambre al reducirse su dieta a una taza de malta de desayuno y a sendos cazos de garbanzos con agua de comida y cena. Esto llevó a algunos a cazar ratas y gatos con los que nutrirse. Al conocerse en Bilbao que los presos comían ratas, su alimentación mejoró dándoles arroz con leche, anchoas y patatas y aumentándoles la ración de garbanzos [65].

La Consejería de Justicia se preocupó de la seguridad de las cárceles. «El problema más importante para mí —declaró Leizaola— fue el de la seguridad de los presos» [66]. Que esto era cierto lo confirma la elaboración por su Departamento,

---

[60] *Euzkadi,* 27 de febrero de 1937.

[61] *Euzkadi,* 6 de diciembre de 1936, 3 de febrero y 9 de marzo de 1937.

[62] HERRERA ORIA, E.: *op. cit.*, pp. 150-151.

[63] Cfr. GOYOAGA, J. L. (ex diputado monárquico): *Las cárceles euzkadianas,* Bilbao, 1937. CARASA, F. (radical de Lerroux): *Presos de los rojo-separatistas,* Avila, 1938. GÓMEZ ACEBO, J.: *La vida en las cárceles de Euzkadi,* Icharopena, Zarauz, 1938. HERRERA ORIA, E. (jesuita y hermano del dirigente de Acción Católica): *Los cautivos de Vizcaya,* cit. RODRÍGUEZ DEL CASTILLO, J.: *Vida y muerte en las cárceles rojas* (de Bilbao), Tudela, 1938. JALÓN, C. (ex ministro de Lerroux): *El cautiverio vasco,* cit. YBARRA Y BERGÉ, J. (monárquico y falangista): *Mi diario de la Guerra de España,* cit. ECHEANDÍA, J. (sacerdote): *La persecución roja en el País Vasco,* cit. *In memoriam. Mártires de Vizcaya,* Delegación Provincial de ex cautivos de Vizcaya, Madrid, 1946.

[64] *Vid.* los libros citados de Herrera Oria, Jalón, Ybarra y Echeandía. «Debido a la aparente religiosidad de los bizkaitarras, tuvimos la fortuna en la prisión del Carmelo, de tener un pequeño oratorio en el que se celebraba a diario la Santa Misa y podíamos recibir al Señor». «Lo mismo que en el Carmelo, teníamos el consuelo de la Misa diaria» en la cárcel de Larrínaga (YBARRA, pp. 57 y 77). En el Carmelo, «nuestros sacerdotes presos organizaron la capilla (...). A diario se decían ocho o nueve misas. Y por las tardes, rosario, novena o Via Crucis, según el santoral» (JALÓN, p. 239). «Desde la víspera de la Inmaculada hasta el día 10 de junio, las comuniones repartidas en la prisión de El Carmelo, donde yo estaba, fueron 54.000» (ECHEANDÍA, p. 252).

[65] HERRERA ORIA, *op. cit.*, pp. 150-154. YBARRA, *op. cit.*, pp. 57 y 77-78.

[66] BLASCO OLAETXEA, *op. cit.*, p. 83.

en diciembre de 1936, de un proyecto de decreto y de reglamento creando la «Guardia Penitenciaria», cuerpo especial dependiente de Justicia y «destinado a la guarda exterior de las prisiones» [67]. Este proyecto no fue aprobado por el Gobierno vasco, de modo que ésta siguió en manos de ex guardias de asalto y del Cuerpo de Orden Público, de la Consejería de Gobernación. En cambio, la mayoría de los vigilantes del interior eran funcionarios de prisiones, adscritos al Departamento de Justicia, habiendo también algunos milicianos procedentes de los barcos. El 28 de diciembre de 1936 (una semana antes del asalto a las cárceles), el director de prisiones reiteró su petición a la Consejería de Defensa de 50 pistolas para los vigilantes que carecían de armas [68].

EL ASALTO A LAS CÁRCELES Y LA MATANZA DE PRESOS

Este suceso constituyó el mayor baldón que manchó la gestión del Gobierno vasco durante la guerra. Al analizarlo voy a distinguir tres aspectos: los hechos acaecidos, la actitud adoptada por el Gabinete de Aguirre y los autores y responsables de los mismos. Si los dos primeros son suficientemente conocidos, este último sigue dando lugar a polémicas periodísticas [69]. Ello se debe a que el sumario judicial abierto en enero de 1937 no se concluyó antes de la conquista de Bilbao en junio. El haber consultado buena parte de él —conservado en el Archivo de la Guerra Civil en Salamanca— me permite contribuir a su esclarecimiento histórico, al menos en parte.

Los hechos. Como en ocasiones anteriores, la matanza de presos ocurrida el 4 de enero de 1937 se produjo tras un bombardeo de Bilbao por la aviación franquista. Poco después de terminar, a primeras horas de la tarde, una muchedumbre se manifestó por las calles bilbaínas portando el cadáver de un aviador alemán cuyo aparato había sido derribado. Al pasar por delante de la sede de Gobernación en la Sociedad Bilbaína, el consejero Monzón les pidió serenidad y que se disolviese la manifestación. Así lo hicieron. Pero algunos grupos decidieron vengarse en los presos políticos y al grito de «¡a la cárcel!» marcharon hacia el barrio de Begoña, donde estaban las cuatro prisiones. Hacia las cinco, éstas fueron asaltadas por la muchedumbre enfervorecida, entre la que figuraban bastantes milicianos armados, quienes durante tres horas asesinaron a dos centenares de prisioneros fusilándolos por grupos e incluso empleando bombas de mano. Algunos presos se defendieron colocando barricadas y arrojando bombillas y botellas a los agresores. La mayor resistencia se dio en el convento del Carmelo, donde casi todos los más de mil reclusos lograron salvar la vida y donde se produjo un aparatoso incendio sin consecuencias trágicas. Las mayores matanzas tuvieron lugar en la Casa Galera, donde murieron la mitad del centenar de presos existentes, y, sobre todo, en los Angeles Custodios, donde perecieron dos tercios de los cien-

---

[67] Su texto, en AS, Barcelona, 812.

[68] *Ibíd.*

[69] Así, el capítulo dedicado al tema por *Egin* (25 de enero de 1987) en su serial «La guerra de los vascos del 36», reproduciendo varios testimonios históricos, ha sido contestado por el anarquista Angel Aransáez, quien niega la participación de la CNT en las matanzas de presos («Aclarando las responsabilidades de la CNT. Los sucesos del «Quilates» y del «Carmelo», *Egin,* 22 de marzo de 1987).

to sesenta que había y que eran los más indefensos por tratarse de ancianos y enfermos. En Larrínaga cayeron medio centenar del millar de presos. Los asaltantes se dedicaron también al saqueo de la ropa y otros objetos de los detenidos y los vigilantes.

Al ser avisados por funcionarios de prisiones de lo que estaba sucediendo, los responsables del Departamento de Justicia solicitaron el envío de fuerzas de seguridad a los de Defensa y Gobernación. Este mandó a la *Ertzaña*, pero, al tener su cuartel en Las Arenas (Guecho), tardó en llegar. Por parte de Defensa fue un batallón izquierdista, que no puso fin a la matanza y en alguna cárcel participó activamente en ella. Ese día no estaba disponible en Bilbao ningún batallón nacionalista, por lo que sólo pudieron acudir algunos oficiales con unos pocos *gudaris*. La *masacre* cesó entre las ocho y las nueve de la noche al presentarse en el lugar los consejeros Monzón (PNV), Astigarrabía (PCE) y Gracia (PSOE). Este último sufrió un desvanecimiento al contemplar el dantesco espectáculo. Más tarde llegó el consejero de Sanidad, el republicano Espinosa, con médicos. Entre los montones de cadáveres había presos heridos y mutilados, que fueron conducidos a hospitales, y algunos ilesos, que habían salvado la vida haciéndose pasar por muertos.

El balance final, incluyendo los fallecidos posteriormente por las heridas recibidas en el asalto, fue de 224 presos muertos, distribuidos así por cárceles: seis del Carmelo, 53 de la Galera, 56 de Larrínaga y 109 de los Angeles Custodios. Entre ellos estaban los monárquicos Pedro Eguillor, Adolfo Careaga (ex alcalde de Bilbao) y Joaquín Adán (candidato a diputado con las derechas en las elecciones de 1936), y los tradicionalistas José M.ª Juaristi (ex diputado a Cortes) y Juan Olazábal (ex jefe del partido integrista) [70].

La actitud del Gobierno vasco. Este condenó tan graves sucesos y trató de esclarecerlos por las vías administrativas y judiciales para castigar a los culpables. Si inicialmente la censura gubernativa impidió a la prensa de Bilbao informar sobre aquéllos [71], el 10 de enero los diarios publicaban una nota del Gobierno en la que se decía [72]:

> «El Gobierno (...) ha examinado los expedientes que se vienen incoando. Por absoluta unanimidad ha convenido que se sigan los sumarios incoados y que se exijan con rigor las responsabilidades contraídas por los culpables, re-

---

[70] La relación de los presos asesinados figura en AS, Bilbao, 33; en *La Gaceta del Norte,* 4 de enero de 1938 (con errores); en *El Correo Español-El Pueblo Vasco,* 4 de enero de 1962 y 4 de enero de 1987, y en los libros mencionados de Ybarra (primera parte) y Echeandía (segunda parte). El relato de estos sucesos se encuentra en las obras de la nota 63, y también en: *El clero y los católicos vasco-separatistas y el Movimiento Nacional,* Madrid, 1940, cap. VII. STEER, *op. cit.,* cap. VIII. ASTIGARRAGA, A. *op. cit.,* pp. 215-218. ONAINDÍA, A.: *Hombre de paz en la guerra,* Edit. Vasca Ekin, Buenos Aires, 1973, pp. 131-134. BLASCO OLAETXEA, C.: *Diálogos de guerra. Euskadi 1936,* San Sebastián, 1983, pp. 103-111 (entrevista a Francisco Gorritxo, comandante del PNV). Véase también el relato de dos ex presos en *La Gaceta del Norte,* 2 de enero de 1938.

[71] Los diarios bilbaínos del 5 de enero informaron ampliamente del bombardeo del día anterior, pero nada del asalto a las cárceles. En *El Liberal* (de Prieto) y en *Tierra Vasca* (de ANV) había algún trozo «machacado» por la censura, mientras que ésta tachó el titular y el editorial de la primera plana de *Euzkadi* (portavoz oficial del PNV), sin duda por referirse a ello.

[72] *Euzkadi, El Liberal y Tierra Vasca* reprodujeron íntegramente la nota y resaltaron la unanimidad de las fuerzas vascas en condenar lo sucedido. El comentario editorial del *Euzkadi* hizo hincapié —basándose en la nota gubernamental— en la participación de «profesionales del robo» y «elementos enemigos del régimen, fascistas o fascistoides».

forzando las previsiones adecuadas para que no vuelvan a repetirse semejantes hechos.

Las naturales reacciones de indignación que causan en todos los ciudadanos leales los brutales bombardeos de la aviación facciosa pretenden ser aprovechados por los enemigos de la República y por elementos profesionales del crimen y del pillaje para realizar actos que sirven como eficaz instrumento de propaganda para nuestro desprestigio en el extranjero, por la reprobación que merecen a toda conciencia honrada el robo y el asesinato.

El Gobierno vasco (...) se halla dispuesto a impedir con la energía precisa los desmanes que intenten sus enemigos de todas clases, desprestigiando la heroica lucha mantenida por su pueblo en defensa de ideales que no pueden ser mantenidos, y menos defendidos, como pretenden nuestros enemigos, con crímenes y saqueos cometidos por gentes turbias puestas a su servicio.»

El Departamento de Justicia confeccionó la lista de los fallecidos y permitió a sus familiares celebrar funerales en Bilbao. También hubo funerales en las propias cárceles. Los presos fueron concentrados en las más grandes y seguras, el Carmelo y Larrínaga, cuyos directores fueron sustituidos por dos nacionalistas, que mejoraron las condiciones de vida de los reclusos [73]. La guardia exterior de las prisiones fue reforzada y encomendada a *ertzañas* y *gudaris* nacionalistas. En adelante, nunca más se atentó contra la vida de los presos, aunque Bilbao volvió a ser bombardeada varias veces.

Para determinar las responsabilidades, las Consejerías de Defensa, Gobernación y Justicia abrieron sendos expedientes administrativos. Conocemos este último, instruido por la Dirección General de Prisiones, que consta de los informes del director general y los inspectores de prisiones y de las declaraciones tomadas a los directores y los vigilantes de las cárceles, la gran mayoría de los cuales dijeron no conocer a los asaltantes [74].

Además, el director general de Justicia nombró juez especial del caso al diputado nacionalista Julio Jáuregui [75]. En el sumario judicial declararon el *lehendakari* Aguirre, los consejeros que se personaron en las cárceles, altos cargos de Justicia y Gobernación, jefes y agentes de la *Ertzaña* y del Cuerpo de Orden Público, numerosos presos, etc. [76]. A mediados de marzo, el juez especial dictó auto de procesamiento contra 61 personas y lo elevó al Tribunal Popular de Euskadi [77]. Al crearse en abril el Tribunal Militar de Euskadi, se planteó un conflicto de jurisdicción entre ambos tribunales pues muchos de los procesados eran milicianos del ejército vasco, hasta que en mayo el director general de Justicia resolvió que

---

[73] *Euzkadi*, 4 de febrero de 1937, JALÓN, *op. cit.* pp. 235-240.

[74] «Expediente instruido por la Dirección de Prisiones con motivo del asalto a las distintas prisiones de esta villa, el día 4 de enero de 1937», en AS, Barcelona, 812.

[75] Orden de 18 de enero de 1937 (DOPV, 19 de enero de 1937, n.º 103). Jáuregui era un católico ferviente y preocupado por la situación de los presos: había negociado su canje y, tras el asalto en el que murieron doce clérigos, solicitó al presidente del BBB que pidiese al consejero de Gobernación «la inmediata libertad de todos los sacerdotes y religiosos que aún quedan detenidos» (carta publicada por GARCÍA DE CASTRO, R. G. *La tragedia espiritual de Vizcaya,* Prieto, Granada, 1938, pp. 214-215).

[76] El sumario se halla incompleto en AS, serie Madrid, carpeta 175.

[77] *Euzkadi* y *El Liberal,* 16 de marzo de 1937. El diario oficial del PNV elogió la medida adoptada por el juez Jáuregui.

el único competente era el juez especial [78]. La vista del juicio de los procesados (que se hallaban en libertad provisional) ante el Tribunal Popular aún no se había celebrado cuando cayó Bilbao en junio de 1937 [79].

La actuación del Gobierno vasco tras el asalto a las cárceles ha sido considerada como algo excepcional en la Guerra Civil, pues los crímenes cometidos con los prisioneros en las zonas republicana y franquista no fueron reconocidos y condenados públicamente por sus respectivos Gobiernos [80].

Los autores y los responsables. Esta es la cuestión más controvertida y más difícil de aclarar históricamente. Cabe distinguir diversos niveles de responsabilidad por lo sucedido: la política, la contraída por los guardias y los vigilantes de las prisiones y la penal de los autores materiales de la matanza y el saqueo.

La responsabilidad política corresponde al Gobierno de Aguirre, como reconoció éste mismo [81], y dentro de él afecta principalmente a Monzón, ya que de su Consejería de Gobernación dependía la custodia de las cárceles. Así lo entendió la dirección de su partido, el PNV, que solicitó su cese al presidente Aguirre, a lo que éste se opuso [82]. Al parecer, Monzón no había hecho caso de las advertencias de Ajuriaguerra (presidente del BBB) para que reforzase la guardia de las cárceles [83].

Esta tenía orden de impedir el acceso a extraños, pero no de disparar contra el pueblo. Los guardias no se enfrentaron a los manifestantes y en su mayoría optaron por inhibirse y desaparecer, pero algunos les facilitaron el asalto abriéndoles las puertas. El inspector de prisiones Zubiría declaró que estaba satisfecho de la actuación de los funcionarios de prisiones y disconforme con la de la guardia exterior, que abrió la puerta del Carmelo a los asaltantes [84].

Una vez que éstos irrumpieron en el interior de las cárceles, los vigilantes (en

---

[78] Esta documentación, perteneciente también al sumario judicial, está en AS, Tribunal Popular de Euzkadi, carpeta 14.

[79] Por tanto, es erróneo lo que escribió Steer: «Se estableció un tribunal especial secreto para juzgar a los jefes del batallón UGT responsable (...) para finales de enero seis de ellos habían sido condenados a muerte» (*op. cit.*, pp. 124-125).

[80] STEER, p. 124. ONAINDÍA, A., *op. cit.*, p. 133.

[81] AGUIRRE, J. A.: *Cinco conferencias pronunciadas en un viaje por América,* Edit. Vasca Ekin, Buenos Aires, 1944, p. 155, y *Veinte años de gestión del Gobierno Vasco (1936-1956),* Leopoldo Zugaza, Durango, 1978, pp. 86-88: «Por toda América, en conferencias dadas en veintidós Universidades, di frente a este problema diciendo: "Somos culpables nosotros". Yo el primero, en nombre del Gobierno, porque nos fallaron los resortes del mando en aquel momento.»

[82] ONAINDÍA, p. 133. Testimonio de Jesús Solaun (miembro del EBB en la guerra), en el libro de IBARZABAL, E.: *50 años de nacionalismo vasco (1928-1978),* Ediciones Vascas, Bilbao, 1978, pp. 250-251.

[83] Testimonios de Solaun *(ibíd.)* y de Luis Arredondo, también del EBB («Carta abierta a Telesforo Monzón», *Euzkadi,* 30-XI-1978, n.º 104, p. 16), así como del P. Mauro Elizondo al autor (1987). Quizás Monzón no estuvo a la altura de las responsabilidades que exigía su cargo. Varios autores le han atribuido la frase: «¿Qué van a decir en Inglaterra?», al enterarse de la matanza de presos. He aquí la opinión de su compañero Leizaola sobre su actuación en la guerra: «Era un hombre muy impresionable en la exaltación y poco constante (...). Durante el tiempo de la guerra, en los primeros tres meses, tuvo unas misiones que no las sentía y por lo tanto no respondía a ellas. Había otras, en cambio, que le eran muy apropiadas a su carácter, pero en esas cosas José Antonio Aguirre no le empleó». «Le tocó una tarea que era muy poco adecuada para él y además en la parte en la que podía haber tenido significación o haberse distinguido, la cubría José Antonio Aguirre.» (BLASCO OLAETXEA, C.: *Conversaciones. Leizaola, cit.*, pp. 85-86).

[84] AS, Madrid, 175, y Barcelona, 812. YBARRA, *op. cit.*, p. 59 ECHEANDÍA, *op. cit.*, pp. 193-194.

su mayoría, sin armas) poco podían hacer frente a la multitud exaltada, en la que había milicianos armados con fusiles y bombas. Estos desarmaron e incluso maltrataron a algún guardia o vigilante y estuvieron a punto de fusilar al director y al subdirector de los Angeles Custodios [85].

Sobre la filiación política de los autores de la matanza ha habido opiniones discrepantes: unos se la han atribuido a un batallón de la UGT [86] y otros a un batallón de la CNT, en concreto al «Malatesta» [87], mientras que el sacerdote Echeandía —testigo e investigador de los sucesos— inculpa a los «milicianos del Batallón "Malatesta" y de la UGT» [88].

Esta autoría conjunta de milicianos cenetistas y ugetistas se confirma de modo fehaciente con la lectura de numerosas declaraciones, sobre todo de *ertzañas*, que figuran en el sumario instruido por el juez especial [89]. En base a ellas, creemos comprobados los hechos siguientes: Tras el bombardeo de la aviación, milicianos del batallón anarquista «Malatesta» salieron de su cuartel en La Casilla (Bilbao) y se dirigieron a las cárceles. Diversas fuentes atestiguan su participación en el asalto al Carmelo, donde mataron al sargento Bermúdez (al que acusaban de haber intervenido en la represión de la revolución de octubre de 1934). Al trascender lo que ocurría, el 7.º batallón de UGT, denominado «Asturias» y con sede en Deusto, se ofreció voluntariamente al Departamento de Defensa para acudir a restablecer el orden; pero, al llegar a las cárceles, sus milicianos se inhibieron de intervenir en unos casos y en otros se sumaron al pillaje y a la *masacre*, especialmente en los Angeles Custodios [90].

La presencia de unos 40 *ertzañas*, al mando del teniente coronel Bengoa, no

---

[85] AS, Barcelona, 812.

[86] STEER, pp. 121-122. YBARRA, pp. 60-61. SOLAUN, en IBARZABAL, E., *op. cit.*, p. 251. En el Congreso Mundial Vasco, celebrado en París en 1956, Monzón responsabilizó a un batallón de UGT, lo que provocó un grave altercado con la delegación socialista.

[87] HERRERA ORIA, pp. 83, 143, 148 y 156. JALÓN, p. 225. ASTIGARRAGA, p. 216. GRETTON, P.: *El factor olvidado. La Marina Británica y la Guerra Civil española,* San Martín, Madrid, 1984, p. 107. Testimonio del comandante nacionalista Gorritxo, que acudió con algunos *gudaris* a restablecer el orden, en el libro citado de BLASCO OLAETXEA, C.: *Diálogos de guerra. Euskadi 1936,* pp. 108-109. Al «Malatesta» se le ha achacado también el fusilamiento de veintidós presos en Durango el 25 de septiembre de 1936.

[88] *Op. cit.*, pp. 193 y 199. Antonio Montero responsabiliza a «miembros de los batallones Asturias [7.º de UGT], Fulgencio Mateos [1.º de UGT] y «Malatesta» (*Historia de la persecución religiosa en España 1936-1939,* BAC, Madrid, 1961, p. 360).

[89] Excepcionalmente, algunos testigos involucran también a individuos comunistas, pero sin citar ningún batallón del PC, y en un solo caso a un militante de Izquierda Republicana (AS, Madrid, 175).

[90] He aquí varios testimonios entre los muchos conservados en AS, Madrid 175: Al sargento de la *Ertzaña* Agustín Arteche le dijo Joseba Resola, secretario general de Defensa, «que habían sido engañados por el séptimo batallón que se ofreció voluntario para ir.» José M.ª Picaza, comandante de la *Ertzaña,* declaró: «Que está completamente convencido de que las fuerzas militares de batallones que se enviaron a las prisiones con el fin de detener y evitar los asesinatos no solamente no actuaron en este sentido sino que en algunos casos cooperaron directamente a la realización de aquellos hechos.» El *ertzaña* José de Aguirre afirmó «que según le dijeron la fuerza que allí se encontraba era del séptimo batallón de la UGT y que tuvo el convencimiento de que estas fuerzas no sólo no evitaban lo que pasaba sino que realizaban actos de bandidaje, pues no les bastó con matar a los detenidos sino que además los desvalijaban». Joaquín M.ª Zubiría, inspector de prisiones que procuró impedir el asalto al Carmelo, atestiguó que «el comandante del séptimo batallón de la UGT, Segura Jáuregui, les dijo a unos milicianos las frases siguientes «compañeros, esto no es hacer guardia» en sentido de reproche porque estaban saqueando las comidas de los presos». El teniente coronel Saturnino Bengoa señaló que entre los asaltantes del Carmelo «había elementos de la CNT y de la UGT». Etcétera.

fue suficiente, pues era muy superior a ellos el número de asaltantes. La llegada de los consejeros del Gobierno vasco resultó decisiva para poner fin a los fusilamientos de presos.

Gracias a un documento de excepcional importancia, el auto de procesamiento dictado por el Juez Jáuregui y correspondiente a la prisión de los Angeles Custodios, conocemos los nombres y cargos de 48 procesados: 11 eran los guardias del exterior de esa cárcel, encausados por un delito de abandono de servicio, y los 37 restantes pertenecían a la segunda compañía del 7.º batallón de la UGT, mandados por el teniente Feliciano Martínez y acusados de los delitos de sedición, insubordinación militar, asesinato y robo [91].

Además, en varios documentos del Tribunal Popular de Euskadi figuran otros cuatro procesados: un funcionario de prisiones, un miliciano del 3.er batallón de UGT («González Peña»), otro miliciano del batallón «Capitán Casero» (de Izquierda Republicana) y el capitán Ramón Romanega, del «Malatesta». Sobre este último dice el fiscal del Tribunal Popular que le ha llegado el rumor de que «ha pasado al campo faccioso» en mayo de 1937 [92].

Una última cuestión, aún sin resolver, es si hubo o no inductores en esos trágicos sucesos. «¿Quién organizó aquel tumulto de masas que nuestro País dio en Bilbao?», «¿quién dio entonces las consignas para asaltar las cárceles?», se preguntaba Aguirre en su discurso ante el Congreso Mundial Vasco (París, 1956) [93]. Probablemente nunca se sabrá si el asalto se produjo de forma totalmente espontánea, como consecuencia del furor popular desatado por el bombardeo, o si hubo alguna preparación anterior y se aprovechó la ocasión del bombardeo para llevarlo a cabo. El director de prisiones —en un informe elaborado al día siguiente de la matanza— señaló que se iba «creando una atmósfera desfavorable a los presos y al tratamiento que recibían» y mencionó que «por la Dirección de Sólidos alimenticios se prohibió abastecer de pan a las prisiones» [94]. Teniendo en cuenta la filiación político-militar de los procesados, no creemos en la existencia de provocadores fascistas en los sucesos, apuntada en la nota del Gobierno vasco y en los editoriales de los diarios *Tierra Vasca* y *Euzkadi* del 10 de enero de 1937.

La liberación de los presos a la caída de Bilbao

En el polo opuesto del asalto a las cárceles se sitúa la puesta en libertad de los aproximadamente 2.000 presos que quedaban en Larrínaga y el Carmelo la víspera de la entrada del ejército franquista en Bilbao [95].

---

[91] Juzgado especial. (Sucesos Cárceles.) Copia del Auto de Procesamiento, dictado en el sumario arriba indicado y correspondiente a la prisión «ANGELES CUSTODIOS». Bilbao, 5 de marzo de 1937 (AS, Madrid, 175).

[92] AS, Tribunal Popular de Euzkadi, carpeta 14.

[93] *Veinte años de gestión de Gobierno Vasco (1936-1956)*, cit, p. 87.

[94] AS, Barcelona, 812. El director general de comestibles sólidos era el socialista Paulino Gómez Beltrán, concejal de Bilbao.

[95] Como excepción, los grupos de presos que construían fortificaciones en los alrededores de Bilbao fueron conducidos a las Encartaciones, donde la mayoría de ellos escaparon o fueron puestos en libertad por los nacionalistas vascos (Cfr. Ybarra, pp. 82-92).

El respeto a la vida de los prisioneros era tan sagrado para el Gobierno vasco que una de las principales misiones que cumplió Leizaola, como presidente de la Junta de Defensa que gobernó Bilbao los días anteriores a su caída, fue liberarles sanos y salvos, en lugar de llevárselos a Santander, donde correrían serio peligro.

Esta medida fue ordenada por Leizaola, secundada por los directores e inspectores de prisiones y ejecutada por fuerzas nacionalistas (guardianes, *ertzañas y gudaris* de los batallones «Itxas Alde» y «Ochandiano»), que, tras algún intento fallido, en la noche del 18 al 19 de junio de 1937 escoltaron la larga caravana de presos desde Begoña hasta Archanda, donde fueron recogidos por la vanguardia de las tropas mandadas por el general Dávila. Con ello corrieron el riesgo de chocar violentamente con batallones izquierdistas que podían oponerse a la entrega de los presos al enemigo por considerarlo una traición en el momento de su derrota final en Vizcaya.

La operación, que se realizó con pleno éxito, ha sido narrada por algunos de los presos así liberados [96] y por su principal ejecutor, el comandante nacionalista Gorritxo, quien había intervenido también en parar la matanza del 4 de enero [97].

Esto fue una manifestación de la actitud del PNV de rendir las ciudades vascas sin muertes ni destrucciones, rechazando la política de «tierra quemada». Pero sobre todo fue una clara aplicación del principio de humanización de la guerra que caracterizó la efímera vida del Gobierno vasco en Euskadi, como apuntó el presidente Aguirre en su mensaje al mundo democrático al abandonar para siempre el territorio vasco el 3 de julio de 1937 [98]:

> «Hemos obrado noblemente, nuestra conducta no ha variado ni siquiera a última hora. Hemos dejado intacto Bilbao y sus fuentes productoras. Hemos dado libertad a los presos con generosidad que es pagada por el enemigo con fusilamientos y persecuciones».

---

96 HERRERA ORIA, cap. XXII. JALÓN, cap. XV. *In memorian. Mártires de Vizcaya,* cit., pp. 21-24. ESPINOSA Y DEL RÍO, J. M.: *La agonía de la dictadura rojo-separatista en Vizcaya,* Edit. Española, Valladolid, 1938, pp. 84-85.

97 BLASCO OLAETXEA, C.: *Diálogos de guerra. Euskadi 1936,* cit. pp. 111-118. *Vid.* también STEER, pp. 393-394, y ASTIGARRAGA, p. 418. FRASER, R.: *Recuérdalo tú y recuérdalo a otros. Historia oral de la guerra civil española,* Crítica, Barcelona, 1979, tomo II, pp. 147-151 y 158-160 (testimonios del nacionalista Juan Manuel Epalza y del ex diputado de la CEDA Ernesto Castaño).

Justicia ordinaria y Justicia popular durante la guerra civil

GLICERIO SÁNCHEZ RECIO
Universidad de Alicante

1. INTRODUCCIÓN

Este ha sido uno de los temas que más ha tardado en llamar la atención de los historiadores, que durante la última década han procurado estudiar con profundidad las múltiples facetas que encierra la guerra civil española, a pesar de la gran importancia que tuvo la justicia por las nuevas experiencias que se practicaron tanto en la organización como en la ejecución, el alto número de ciudadanos que pasaron ante los tribunales y por la acción represiva que se ejercitó a través de estos organismos.

La justicia, y particularmente las actuaciones de los tribunales populares, ha sido estudiada, aunque sólo tangencialmente, en los últimos años, en algunos trabajos sobre la represión ejercida en la zona republicana durante la guerra civil [1]; pero es aún muy poco lo que se ha hecho acerca de la legislación, organización y actuaciones judiciales, actitud e intervenciones de los magistrados y funcionarios, el papel desempeñado por los jurados populares, y sobre la relación de uno y otro tipo de justicia [2], aunque tampoco han faltado las descalificaciones globales de la justicia popular, partiendo de planteamientos de una corrección más que dudosa [3].

Las fuentes que hasta ahora se han utilizado, aparte de las legislativas, han sido fundamentalmente dos, ambas de gran valor pero sometidas y condicionadas por las circunstancias en que se recopilaron o se originaron. La primera consiste en la documentación producida por los propios organismos de la administración

---

[1] Entre las comunicaciones presentadas en *Historia y memoria de la guerra civil. Encuentro en Castilla y León*. Salamanca, septiembre de 1986, hay algunas que hacen referencia a este tema: QUIROSA MUÑOZ, R.: «Las muertes violentas en Almería durante la guerra civil»; CLARA, J.: «La justicia popular en Girona. La actuación del tribunal popular (octubre-diciembre de 1936)»; ORS MONTENEGRO, M.: «La represión de guerra en la provincia de Alicante: algunas conclusiones provisionales».

[2] Véase a este respecto: SÁNCHEZ RECIO, G.: «Los tribunales populares y su actuación durante la guerra civil en el País Valenciano», comunicación presentada en *Historia y Memoria...*; y «La justicia popular durante la guerra civil» en *Arbor*, n.os 491-492. T. CXXV; pp. 153-180. Noviembre-diciembre de 1986. Madrid.

[3] ALEJANDRE, J. A.: *La justicia popular en España. Análisis de una experiencia histórica: Los tribunales de jurados*. Pp. 243-244. Madrid, 1981.

de la Justicia: Ministerio, Consejerías de Justicia, Tribunal Supremo, Tribunales Populares, etc., que se halla en el *AHN Sección «Guerra Civil» de Salamanca* [4], pero que, en la mayor parte de los casos, aún aparece dispersa y desordenada por causa de los fines políticos para los que se recopiló; pudiéndose suponer, incluso, que exista documentación en el archivo que aún no ha sido localizada. La segunda es la que se halla en la *Pieza Quinta de la Causa General*, y también condicionada por unas circunstancias muy particulares [5]. A pesar de todo, esta segunda fuente es de un gran valor y en ella se contienen los informes enviados por las Audiencias sobre la actividad judicial durante la guerra civil, declaraciones de testigos y magistrados, extractos de sumarios, certificaciones de sentencias y otros documentos procedentes de los tribunales populares. Documentación complementaria es la información que se encuentra en la prensa de la época sobre la actividad judicial y los testimonios transmitidos por testigos cualificados sobre la actividad de los tribunales [6].

Ante la situación descrita, adquieren mayor relevancia estas *Jornadas sobre la Justicia durante la guerra civil* porque, al hallarnos reunidos algunos de los que en la actualidad investigamos sobre este tema, podemos intercambiar no sólo puntos de vista y planteamientos metodológicos sino también información sobre otras fuentes y estado de las mismas.

2. La justicia ordinaria y la justicia popular ante la rebelión

La primera cuestión a dilucidar es la del significado de estos dos tipos de justicia. Entendemos por «justicia ordinaria» la que era ejercida por los llamados «tribunales ordinarios», que seguían la escala jerárquica desde la justicia municipal hasta el tribunal supremo, pasando por las instancias intermedias, y en los que se aplicaban los «códigos ordinarios», el civil y el penal. Junto a la justicia ordinaria existía, en 1936, la jurisdicción especial, una de cuyas ramas era la justicia militar, sometida a una normativa distinta, en la que se aplicaba el Código de Justicia Militar, en cuyo vértice se hallaba también el Tribunal Supremo a través de la Sala de lo Militar [7].

Esta organización de la administración de la justicia fue profundamente alterada por la rebelión militar de julio de 1936, sucediendo en este campo algo semejante a lo ocurrido en el conjunto de la administración del Estado. Sólo en la

---

[4] Son importantes a este respecto las *Secciones PS de Madrid, Alicante, Castellón, Gijón, Cartagena y Bilbao.* Tienen especial interés *las sentencias* de los tribunales populares y en particular las que incluyen el *veredicto* del jurado.

[5] Sánchez Recio, G. y Santacreu Soler, J. M.: «La *causa general,* fuente para el estudio de la rebelión y la guerra civil», en *Arbor,* n.º citado, pp. 217-230. La ponencia de don Jesús Gaite en estas mismas *Actas* es una aportación importante en este campo.

[6] Véase las declaraciones de D.ª Dolores Muñoz Tuero en La guerra civil, n.º 14. *Historia 16.* Pp. 125-129. Madrid, 1987. Pérez Verdú, F.: *Testigo presencial.* Inédito. Casa Museo «Azorín» de Monóvar (Alicante), S/f.

[7] Cardona, G.: *El poder militar en la España Contemporánea hasta la guerra civil.* Pp. 159-160. Madrid, 1983.

medida en que el Estado pudo ir recuperando el poder central se fue restableciendo la administración y reorganizando la justicia, y particularmente a partir de la formación del gobierno de concentración de Largo Caballero, en el mes de septiembre, pero todo esto se realizaría sobre unas bases nuevas.

El vacío dejado por la administradción central del Estado fue cubierto, de forma más o menos autónoma, por las organizaciones revolucionarias conectadas con el Frente Popular, que tomaron determinadas medidas a nivel local, provincial o regional [8]. Las actuaciones llevadas a cabo por las organizaciones revolucionarias en el campo de la administración de la justicia produjeron el efecto de paralizar o «colapsar» la justicia ordinaria [9] y constituyeron las primeras formas de organización de la justicia popular.

Durante el primer mes de la guerra civil, entre el 19 de julio y el 23 de agosto, aparecieron por todas partes «comités revolucionarios de justicia», «tribunales revolucionarios» y «comités de salud pública», que administraban «justicia» aplicando sus propios códigos y sirviéndose de sus organizaciones de vigilancia y de control. En palabras de J. Peirats estos tribunales efectuaron una «labor higiénica» [10]; pero, de hecho, muchas de esas actuaciones constituyeron o encubrieron algunas de las páginas más negras de la reciente historia de España, en las que en nombre de la revolución se llevaron a cabo gran número de asesinatos, «paseos», secuestros, ataques a las personas y a la propiedad, etc., por grupos de incontrolados que confundieron el bien común y la socialización de los medios de producción con sus intereses particulares y los enemigos de la República con los suyos propios [11].

Sin embargo, dentro de ese desorden, en algunas organizaciones revolucionarias se hizo sentir la necesidad de constituir «tribunales revolucionarios» con forma de legalidad, en los que intervinieron abogados y juristas experimentados en la lucha política y sindical, tal como sucedió en Valencia y en Barcelona [12]; en otros casos la institucionalización de los tribunales revolucionarios se llevó a cabo por iniciativa y mandato de los gobiernos regionales, como sucedió en Cataluña y en Asturias; en el primero de los casos, transformando el tribunal revolucionario en *Oficina Jurídica* y determinando sus funciones, primero, y disolviéndola, después, el 18 de noviembre [13], y en Asturias, pocos días antes de la promulgación del decreto del 25 de agosto se constituía el *Tribunal Popular de Gijón*, el 16 de agosto, y al día siguiente recibía del Comité de Guerra las atribuciones reso-

[8] GIRONA I ALBUIXEC, A.: *Guerra i revolució al País Valenciá.* Pp. 46-56. Valencia, 1986; SALAS LARRAZABAL, R.: *Historia del ejército popular de la República.* Vol. I. Pp. 491-504. Madrid, 1973.

[9] «Informe enviado al ministro de justicia por el ex teniente fiscal interino del Tribunal Popular n.º 1 de Valencia, el 16 de agosto de 1937», en *Causa General. La dominación roja en España.* Anexo XI, pp. 11 a - p. 2.ª edición. Madrid, 1943; RUBIO I TUDURI, M.: *La justicia a Catalunya, 19 julio 1936-19 febrero 1937.* Pp. 12-15. Barcelona, 1937.

[10] PEIRATS, J.: *La CNT en la revolución española.* Vol. II; p. 81. París, 1971.

[11] Véase el Informe citado del ex teniente fiscal del Tribunal Popular de Valencia, y la Pieza Quinta de la Causa General, en varias provincias, recoge muchos testimonios en este sentido.

[12] Véase el Informe citado del ex teniente fiscal ..., y la obra de BARRIOBERO Y HERRÁN, E.: *Un tribunal revolucionario. Cuenta rendida por el que fue su presidente.* Barcelona, 1937.

[13] BARRIOBERO Y HERRÁN, E.: Op. cit., pp. 144-146. En *Causa General de Barcelona, Pieza 5.ª* se encuentran muchos testimonios sobre las actividades y la trayectoria de la *Oficina Jurídica* (AHN. CG de Barcelona; Leg. 1.635 [1]).

lutivas respecto a los detenidos «con motivo de la sublevación fascista» [14]. Unos días después, pero antes de la publicación del decreto del gobierno en Asturias, otro decreto del Consejo General institucionalizaba el tribunal popular de Grjón [15].

A través de los anteriores decretos de los gobiernos regionales y del de la República se advierte que la administración del Estado estaba recuperando de nuevo el poder e intentaba controlar la sociedad, aunque para esto tuviera que sancionar e incorporar algunas conquistas populares en la administración de la justicia y enfrentarse y perseguir a los grupos que seguían tomándose la justicia por su mano [16]. La militarización de las milicias por los decretos de septiembre y octubre [17] y la incorporación de la CNT y FAI al gobierno de Largo Caballero, con la entrega de la cartera de justicia a J. García Oliver, fueron elementos importantes para conseguir el pretendido control. A pesar de esto, la sociedad y el Estado hubieron de soportar la ofensiva de algunos grupos de milicianos que se resistían a ser militarizados, y de otros incontrolados que causaron un alto número de asesinatos y asaltos a instituciones penales y organisnos judiciales [18]. Unos meses más tarde el Estado hará ya comparecer ante los tribunales populares a los acusados de haber praticado «paseos» [19].

Como consecuencia de la rebelión militar la justicia ordinaria no sólo quedó colapsada sino que el Estado fue incapaz de responder a esta situación, limitándose a dictar algunos decretos «ante las circunstancias que se hallaba el país» sobre la separación de sus empleos de los funcionarios partidarios del movimiento subversivo o que hayan colaborado con los rebeldes (21 de julio y 21 de agosto), contra las órdenes religiosas partidarias del alzamiento (11 de agosto), sobre la disolución de las audiencias y los juzgados situados en el territorio controlado por los facciosos (11 de agosto), la supresión de los «términos judiciales» (23 de julio) y acerca de la documentación supletoria a utilizar en los contratos matrimoniales ante la falta de los documentos originales por hallarse en territorio enemigo (12 de agosto) [20].

El colapso de la administración de la justicia llevó consigo también la dispersión de los magistrados y funcionarios, la mayor parte de los cuales, y particular-

---

[14] AHN. (S)ección (G)uerra (C)ivil (de Salamanca): *Sección PS de Gijón,* Leg. 6.

[15] AHN. (C)ausa (G)eneral de Oviedo: Pieza especial denominada *Actuación del Consejo General de Asturias y León.* Decreto del 12 de septiembre de 1936. Leg. 1.344.

[16] En los Decretos del 23 y del 25 de agosto se especificaba la representación, el nombramiento y funciones de los jurados populares en los tribunales especiales (*Gaceta de la República,* 24 y 26 de agosto). Véase también *CG de Oviedo,* Pieza y Decreto cit. en *Nota 15;* y *CG de Barcelona, Pieza 5.ª;* Leg. 1.635 [1], hay una relación de condenados en los «tribunales rojos» que comienza el 11 de agosto de 1936.

[17] SALAS LARRAZABAL, R.: Op. y pp. citadas.

[18] En la *CG de Castellón y de Valencia* se recogen testimonios sobre el asalto de la cárcel de Castellón y muerte de los presos políticos por los milicianos de la Columna de Hierro, y del asalto también por los mismos milicianos de la Audiencia de Valencia, realizados en los primeros días de octubre (AHN CG; Legs. 1.393 [1] y 1.405 [2]. Véase también sobre estas mismas cuestiones las comunicaciones citadas de QUIROSA MUÑOZ y ORS MONTENEGRO.

[19] SÁNCHEZ RECIO, G.: «La justicia popular durante la guerra civil», pp. 171-172.

[20] A este respecto resulta de gran interés la obra de recopilación legislativa: MONLEÓN DE LA LLUVIA, A. E.: *Catorce meses de legislación revolucionaria.* Valencia, 1937.

mente los destinados en los juzgados de primera instancia y en los municipales, fueron destituidos por las autoridades locales, acciones que fueron reconocidas por los decretos anteriores. Muchos funcionarios juzgaron conveniente ocultarse y algunos fueron perseguidos e, incluso, asesinados, pero no hasta los límites a los que la propaganda y la fantasía los han llevado [21].

3. La organización de la justicia popular

No trataré aquí de forma minuciosa de la organización de la justicia popular [22] sino que voy a referirme solamente a los que considero caracteres principales de este tipo de justicia y a enumerar brevemente los distintos tribunales y sus competencias.

En primer lugar, se trata de una *justicia especial,* que puede calificarse también como *de excepción,* y que se aplicará «en instantes como el que vivimos, de gravísimo riesgo para la seguridad del Estado, y ante la extensa subversión mantenida por elementos desleales a sus juramentos, que pretenden destruir el régimen político y social que en uso de su soberanía y con absoluta legitimidad se dio el pueblo español» [23]. Ahora bien, la República anteriormente ya había acudido a la legislación especial con la ley de *Defensa de la República,* de 21 de octubre de 1931, en la que se adoptaban medidas gubernativas muy rigurosas y se imponían duras penas a quienes cometieran alguno de los actos enumerados en el artículo primero [24]. Pero, a medida que la guerra se prolongaba, la justicia popular iba desarrollándose hasta convertirse en la base de una nueva administración de la justicia, tal como aparece en los decretos del 7 de mayo de 1937 sobre «la competencia de los tribunales» y sobre «la compilación penal» [25]. Juan García Oliver, ministro de Justicia del gobierno de Largo Caballero, hablaba de la permanencia de esta justicia por ser una de las conquistas revolucionarias, en 20 de enero de 1937 [26].

Tampoco era la primera vez que el pueblo participaba en la administración de la justicia, porque el jurado había funcionado en España desde la ley de 1888 de forma permanente, exceptuados los años de la dictadura de Primo de Rivera [27]; sin embargo, la participación popular en los tribunales especiales revestía unas características nuevas. En primer lugar, se consideraba «de necesidad imprescindible» porque representaba al pueblo, que estaba defendiendo a la República con las armas, «a fin de que el aliento popular sea eficaz soporte de las resoluciones

---

[21] Para el caso de los magistrados y funcionarios de la Audiencia de Valencia, véase: Sánchez Recio, G.: «La justicia popular durante la guerra civil», pp. 156-158.

[22] Sánchez Recio, G.: Comunicación y artículo citados.

[23] Decreto de 25 de agosto de 1936. Preámbulo.

[24] *Gaceta de la República,* 22 de octubre de 1931. Esta ley fue derogada por otra del 29 de agosto de 1933 (*Gaceta de la República,* del día 30).

[25] *Gaceta de la República,* 13 de mayo de 1937.

[26] Peirats, J.: *Op. cit.*, vol. II, pp. 82-83.

[27] Alejandre, J. A.: *Op. cit.*, pp. 219-220.

de los juristas» [28], y con ello, además, se sancionaba la práctica revolucionaria de las primeras semanas de la guerra.

Los representantes populares, que actuaban como jueces de hecho en los tribunales especiales contra los delitos de rebelión y sedición, eran nombrados por los partidos políticos del Frente Popular y por las organizaciones sindicales afectas a él [29], por lo que este tipo de justicia se ha descalificado como política, haciendo erróneamente abstracción de las circunstancias en las que había nacido y se estaba aplicando. Las competencias de este jurado eran muy amplias: Tenía la exclusiva facultad para admitir o no nuevas pruebas durante el acto del juicio [30], emitía el veredicto sobre los hechos que se juzgaban, respondiendo a un cuestionario elaborado por el presidente del tribunal [31], y, una vez dictada la sentencia por la sección de derecho del tribunal, si había sido condenatoria, el jurado, a propuesta del presidente, decidiría si procedía la revisión del juicio, y en el caso de tratarse de condena a muerte, si convenía la solicitud de conmutación por la inmediata inferior [32]. Las sentencias de los tribunales especiales se reforzaban con la prohibición de recurrir contra ellas [33].

Finalmente, esta justicia debía administrarse sin ningún tipo de dilación, el procedimiento será «sumarísimo», se decía en el decreto del 23 de agosto (art. 3.°) y no debía transcurrir más de ocho días entre el principio de la instrucción y la vista oral del juicio [34].

Los tribunales especiales contra la rebelión y la sedición, que se establecieron en cada una de las provincias, fueron los más característicos de la justicia popular y sus competencias se ampliaron posteriormente para conocer, además de los anteriores delitos, de los de espionaje, de los delitos no estrictamente militares, pero definidos en las leyes penales del ejército y de la marina, cuyos autores fueran paisanos, y de los delitos comunes incluidos en el Código Penal [35].

La función asignada a los tribunales especiales se completó con la creación del Tribunal Popular de Responsabilidades Civiles [36], que canalizará los bienes conseguidos con sus actuaciones hacia la Caja General de Reparaciones de los daños derivados de la Guerra Civil (decreto del 23 de septiembre, art. 1.°).

Aparte quedaba la jurisdicción militar, de la que aquí no se trata, y en la que se crearían los tribunales especiales populares de guerra [37] «para la vista y fallo

---

[28] Decreto del 25 de agosto de 1936. Preámbulo.

[29] Decreto del 23 de agosto de 1936, art. 2.°

[30] Cedreto del 25 de agosto, art. 18.°

[31] *Ibíd.*, art. 19.°

[32] *Ibíd.*, art. 21.°

[33] *Ibíd.*, art. 22.°

[34] *Ibíd.*, arts. 11.°, 15.° y 16.°

[35] Decretos del 14 de enero y del 23 de febrero de 1937. (*Gaceta de la República,* 17 de enero y 24 de febrero). El primero de los decretos fue suspendido el 17 de enero (*Gaceta de la República,* 19 de enero).

[36] Decretos del 23 de septiembre y 6 de octubre de 1936 (*Gaceta de la República,* 25 de septiembre y 6 de octubre). Este tribunal actuaría en Madrid y su jurisdicción se extendería a todo el país.

[37] Decretos de 16 de febrero y de 7 de mayo (compilación penal de guerra) de 1937. (*Gac. Rep.*, 17 de febrero y 17 de mayo).

de los sumarios seguidos contra elementos pertenecientes a las fuerzas regulares, milicias voluntarias armadas, a las milicias locales, a las milicias de retaguardia, al ejército voluntario y fuerzas análogas» (decreto del 16 de febrero de 1937, art. 1.º).

Para juzgar otros hechos que «siendo por su naturaleza de hostilidad o desafección al régimen, no revisten caracteres de delito», se crean los *Jurados de Urgencia,* por el decreto del 10 de octubre de 1936 [38]. No analizaré aquí la constitución y la competencia de estos tribunales, pero sí conviene tener en cuenta el papel represor que desempeñaron entre la población, porque ante él desfilaron muchos ciudadanos por el solo hecho de expresar ideas y sentimientos o de adoptar comportamientos contrarios a la República o a la manera de conducir la guerra los militares republicanos. Las penas impuestas por los jurados de urgencia —privación de la libertad en campos de trabajo y multas— revistieron una dureza especial, dada la falta de calificación delictiva de los hechos [39].

Finalmente, por decreto del 17 de octubre de 1936, se creaban en Madrid tres tribunales *Jurados de Guardia* con competencia sobre los delitos que definirían los bandos del Ministerio de la Gobernación e impondrían penas contenidas en el Código de Justicia Militar (art. 2.º). El 31 del mismo mes, por decreto del ministerio, se definían los delitos, asimilándolos a los de adhesión, auxilio y excitación a la rebelión. Los hechos que merecían tal calificación eran los que atentaban contra «el orden público, la seguridad colectiva y la regularidad de los servicios del Estado» [40].

Una vez creados los anteriores tribunales y definidas con precisión las competencias de cada uno, según el decreto citado del 23 de febrero de 1937, el siguiente paso de la organización de la justicia popular fue la integración de los tribunales populares en las Audiencias Provinciales y Territoriales, de acuerdo con los decretos del 30 de enero de 1937 para los establecidos en Valencia [41] y del 7 de marzo del mismo año para los del resto de las provincias «sometidas a la autoridad del Gobierno legítimo de la República» [42]. De esta forma se establecía el fundamento que serviría para convertir a la justicia popular de excepción y provisional en normal y duradera, según el propósito del ministro García Oliver.

En la misma dirección continuarían los decretos sobre la organización judicial del Gobierno de Negrín. Así, por el del 6 de agosto de 1937, se definía y simplificaba la composición de las audiencias provinciales que «se compondrán por ahora de un presidente, uno o más tribunales populares, los jurados de urgencia, de guardia y de seguridad que se hubiesen creado en las mismas» (art. 1.º), y serán presidentes de las audiencias quienes lo sean de uno de los tribunales populares de ella y «conservarán las atribuciones que les confiere la legislación orgánica vi-

---

[38] SÁNCHEZ RECIO, G.: «Los tribunales populares y su actuación...».

[39] SÁNCHEZ RECIO. G.: «La justicia popular durante la guerra civil», p. 160. Véase los decretos del 10 de octubre de 1936, artículo 3.º, y del 23 de febrero de 1937, artículo 3.º

[40] Bando del 31 de octubre de 1936, Preámbulo. En MONLEÓN DE LA LLUVIA, A. E.: *op. cit.*; pp. 114-117.

[41] *Gaceta de la República*, 2 de febrero.

[42] *Gaceta de la República*, 9 de marzo. El proceso legal seguido desde agosto de 1936 hasta marzo de 1937 sería sistematizado por el decreto de compilación penal del 7 de mayo de 1937.

gente (art. 4.º) [43]. Finalmente, el 24 de marzo de 1938, se daba un paso muy importante en la organización de la justicia, al legislar de nuevo sobre las competencias y el funcionamiento de las audiencias [44]. En el preámbulo de este decreto se habla de lograr «de una manera paulatina el restablecimiento de la plena normalidad en la vida judicial española» y de «simplificar los organismos creados en razón de las necesidades del momento armonizando la tendencia de unidad orgánica de los mismos con las peculiaridades que exige la actualidad». En orden a alcanzar los anteriores objetivos, se constituirá de nuevo en las audiencias provinciales la sala de lo criminal con facultades y funciones al mismo nivel que las que tienen los tribunales populares (arts. 1.º y 2.º). Será competencia de dichas salas el conocimiento de los «delitos comunes comprendidos en el Código Penal o en las leyes especiales», con lo que estos tipos de delitos se retraían de la competencia de los tribunales populares. Por este decreto desaparecían, además, los Jurados de Urgencia y de Guardia, debiendo éstos remitir a los tribunales populares las actuaciones que tuviesen en trámite (art. 4.º, 3). Por último, de los delitos en materia de subsistencias conocerán los *Tribunales Especiales de Guardia,* creados por el decreto de 29 de noviembre de 1937, que se adscriben también a las Audiencias Provinciales (arts. 7.º, 8.º y 9.º).

Los distintos tribunales creados por los decretos del Gobierno de la República se constituyeron en cada una de las provincias leales y ajustaron su funcionamiento a las normas establecidas por el Ministerio, excepto en Cataluña, que dictó sus propios decretos sobre la organización de la justicia popular: Los *Jurats populars,* el 24 de agosto de 1936, para conocer de los delitos de rebelión, sedición y los cometidos contra la seguridad del Estado, y los *Tribunals populars,* el 13 de octubre del mismo año, cuyas competencias serán juzgar los actos de colaboración con la rebelión militar y el movimiento faccioso del mes del julio [45]. Estos tribunales guardaban un gran paralelismo con los tribunales populares del resto del Estado, aunque hay algunas diferencias importantes respecto al nombramiento de los jueces de hecho, la revisión de las sentencias y la relación de los tribunales con las audiencias, al menos de carácter formal.

Sin embargo, en Cataluña se aplicaría también la legislación del Estado en esta materia desde finales de abril de 1937. El día 28, en un oficio dirigido por el Conseller de Justicia de la Generalitat al Presidente de la Audiencia Territorial de Barcelona, se le comunicaba la creación de estos tribunales: En Barcelona, dos tribunales especiales populares y dos jurados de urgencia, y en las restantes provincias catalanas, un tribunal especial popular en cada una de ellas [46]. Las audiencias provinciales de Cataluña, además, en 1938, habían ajustado también su organización a lo previsto por los decretos de agosto de 1937 y marzo de 1938 [47].

Así pues, a partir de agosto de 1937 y particularmente después del decreto del 24 de marzo de 1938, puede hablarse de la existencia de un nuevo modelo de la administración de justicia en la España republicana y de la integración en el mis-

---

43 *Gaceta de la República*, 7 de agosto de 1937.
44 *Gaceta de la República*, 26 de marzo de 1938.
45 RUBIO I TUDURI, M.: *Op. cit.*, pp. 27-33. Véase también CLARA, J.: Cumunicación cit.
46 AHN. *CG de Barcelona. Pieza 5.ª*, S/foliar. leg. 1637 [2].
47 AHN. *CG de Barcelona. Pieza 5.ª*, leg. 1635 [1], pp. 45-51.

mo de la justicia popular y de la ordinaria, con lo que podría pensarse en la desaparición de la anterior contraposición entre ambas.

Antes de terminar este apartado, creo conveniente referirme a algunos otros decretos de los Ministerios de Justicia y Gobernación, que aunque no traten de la justicia popular ni directamente sobre la ordinaria, son un reflejo del poder que el Gobierno de la República estaba recuperando. Así, el 28 de agosto, casi al mismo tiempo que se creaban los tribunales populares, se dictaban normas sobre la inscripción en los registros civiles «de los fallecimientos de militares, milicianos y paisanos ocurridos en campaña o de resultas de ésta», y con la documentación que debe adjuntarse «se formarán legajos y archivarán», ya que esto era lo único que podía hacerse en aquellas circunstancias [48]. Pero, a principios de octubre, con un gobierno más fuerte, el ministro de la Gobernación, mediante dos órdenes de los días 6 y 9, establecía las normas para realizar los registros domiciliarios y las detenciones, amenazando a quienes no las cumpliesen con la declaración de «enemigos del régimen» y ser entregados a los tribunales competentes [49]. Con anterioridad, por decretos del 12 y 13 de septiembre, se daban instrucciones sobre el nombramiento de Registradores de la Propiedad y de Notarios para aquellas plazas que estuvieran vacantes previamente o hubieran resultado a partir de la rebelión de julio [50]. El mismo día 23 de septiembre, por un decreto del Ministerio de Hacienda, se creaba la Caja de Reparaciones, como se ha visto antes, prevista en el decreto del 25 de agosto [51]. El establecimiento de este último organismo justifica los decretos anteriores. A lo largo de diciembre de 1936 y enero de 1937, el Ministerio de Justicia se ocupará de dictar normas relativas al «procedimiento judicial» (22 de enero), a los «secretarios judiciales» (12 de diciembre), a los «abogados» (19 de diciembre) y a los «agentes judiciales» (25 de diciembre y 22 de enero) [52].

Por lo tanto, desde las últimas semanas de 1936 el Gobierno no estaba ya sólo preocupado por la organización de los tribunales encargados de reprimir, utilizando los requisitos legales, a los rebeldes y a los desafectos al régimen, sino también por los factores y por las formalidades judiciales.

4. FUNCIONAMIENTO Y ACTUACIONES DE LOS TRIBUNALES POPULARES

Con la creación de los tribunales populares, como se ha dicho, el gobierno de la República pretendía hacerse de nuevo con el control de la administración de la justicia, cortar con la experiencia de los tribunales revolucionarios, y terminar con la práctica indiscriminada de las «sacas» de presos de las cárceles para ser asesinados y con la existencia de las «checas». Todo esto requería una actitud muy fir-

---

[48] *Gaceta de la República*, 29 de agosto de 1936.
[49] *Gaceta de la República*, 7 y 11 de octubre de 1936.
[50] *Gaceta de la República*, 13 y 24 de septiembre de 1936.
[51] *Gaceta de la República*, 25 de septiembre de 1936.
[52] Véase MONLEÓN DE LA LLUVIA, A. E.; *op. cit.*

me y un ejercicio muy tenaz del poder. A cambio el gobierno hubo de otorgar importantes concesiones a los partidos del Frente Popular y a las centrales sindicales en la composición de los tribunales y en las atribuciones a los jueces de hecho. Como consecuencia de ello se produjo una importante ruptura con la práctica anterior, aunque el gobierno, durante los meses de septiembre y octubre, tuvo que asistir aún impotente a espectáculos tales, entre otros, como el asalto de la cárcel de Castellón por los milicianos de la Columna de Hierro, el 2 de octubre, y al asesinato de al menos 53 presos políticos [53], y a las «sacas» de la cárcel de Málaga, a finales de septiembre, como represalia a los bombardeos que se estaban realizando sobre la ciudad [54].

4.1. El funcionamiento de los tribunales populares

No trataré aquí de nuevo de la actitud de los magistrados y de los funcionarios de la administración de la justicia en relación con los nombramientos de los miembros de los tribunales [55]. En general, la mayor parte de ellos mostraron sus reticencias y temores; sin embargo, es de destacar que en Cataluña, en donde se actuó con mayor autonomía, presidía el *jurat popular* el Presidente de la Sala de lo Criminal de la Audiencia Provincial respectiva, y en Bilbao presidió el tribunal popular el Presidente de la Audiencia Provincial [56].

Distinta fue, debemos suponer, la actitud de los miembros del jurado popular por el origen de su nombramiento y por su mayor sensibilidad hacia los hechos que se juzgaban y las repercusiones que acarreaban, algunos de ellos, incluso, pretendieron profesionalizar su cargo, cuando por el decreto del 7 de mayo de 1937 se redujo el número de los jurados populares a ocho y se establecía su renovación cada cuatro meses, dirigiéndose en este sentido al ministro de Justicia, según el acuerdo unánime adoptado en un asamblea de «todos los jurados de los tribunales especiales, de guardia y de urgencia», celebrada el 18 de mayo [57].

Hay, por fin, otra institución de la abogacía profesional que tuvo un papel destacado en la aplicación de la justicia popular, los Colegios de Abogados; pero sus actuaciones fueron diversas en unas provincias y otras. A este respecto, tuvo gran importancia la actividad desempeñada por el Colegio de Málaga, que fue incautado, primero, por un grupo de abogados, que contituyeron una nueva junta directiva, tomaron parte en el nombramiento de la sección de derecho del tribunal popular, establecieron el turno de los abogados defensores y velaron por el correcto funcionamiento de la justicia popular [58]. La junta de gobierno del Colegio de Bilbao, en cambio, presentó la dimisión «para no tener que colaborar en ningún

---

[53] AHN. *CG de Castellón, Pieza 3.ª*; Leg. 1405 [2], fols. 20-24.
[54] AHN. *CG de Málaga. Pieza 5.ª*; leg. 1060 [1], fols. 52-357: «Testimonio de las causas del tribunal popular».
[55] SÁNCHEZ RECIO, G.: «La justicia popular...», p. 163.
[56] AHN. *CG de Vizcaya, Pieza 5.ª*; Leg. 1333 [1], fols. 4-5.
[57] AHN. SGC: *Sección de Madrid, PS*; leg. 581.
[58] AHN. *CG de Málaga. Pieza 5.ª*; Leg. 1060 [1], fol. 46.

modo con las pseudoautoridades de entonces», pero no le fue aceptada, y el Colegio debió elaborar la lista del turno de oficio para intervenir en los tribunales populares [59]. También en Castellón se incautó del Colegio de Abogados «una comisión nombrada por las autoridades marxistas» que dio de baja de la institución a los que actuaron como defensores de los cuatro procesados que fueron condenados a muerte [60].

El procedimiento seguido en la formación de los sumarios y en la vista de los juicios orales se ajustó plenamente a las normas procesales vigentes en la época, según las declaraciones de los magistrados que participaron en los tribunales populares [61]; en cambio, según algunos de los abogados defensores, las normas procesales sólo se cumplían en apariencia «ya que se condenaba por las ideas políticas y no por los hechos realizados [62]. En el resumen de la Pieza Quinta que acompaña a la Causa General de Vizcaya, se dice: «En lo externo, dentro del procedimiento, los encartados gozaban de garantías procesales, pues podían proponer toda clase de pruebas y eran defendidos por letrados libremente designados, pero en realidad, en muchos casos, la sentencia estaba prejuzgaba según la filiación política del acusado. Además, si el tribunal se reunía y funcionaba con apariencia de objetividad jurídica, la pasión política se sobreponía...» [63].

En la misma dirección de la legalidad de los pronunciamientos apuntan las declaraciones actuales de abogados que actuaron ante los tribunales populares [64], alguno de aquéllos, incluso, habla de la plena libertad de la que gozaban los abogados para llevar a cabo la defensa, sin que se ejerciera sobre ellos ningún tipo de coacción o de represalia, aunque indica también que los Colegios de Abogados procuraban «que ningún desafecto al régimen, según su criterio, pudiera ejercer libremente la profesión» [65].

Respecto a la actuación de los jueces de hecho, aparte de los nombramientos de los titulares y de los suplentes para cada uno de los tribunales, la sucesión de los turnos cuatrimestrales, depués del decreto del 7 de mayo de 1937, y de las nóminas y liquidación de haberes por el ejercicio de su función, no se dispone, por ahora, de mucha más información. Existen, naturalmente, aprobaciones generales de su labor, como la que hacía el Fiscal de Castellón, en enero de 1938, y descalificaciones como la del ex-teniente fiscal interino de la Audiencia de Valencia [66]; pero hacia los jurados populares se dirigieron las críticas más duras y las acusaciones más contundentes sobre sus actuaciones en los juicios, particularmente en

---

[59] AHN. *CG de Vizcaya. Pieza 5.ª*: «Informe del Colegio de Abogados de Bilbao». Leg. 1333 [1], fols. 32-33.

[60] AHN. *CG de Castellón. Pieza 5.ª*; fols. 85-87. Leg. 1405 [1].

[61] AHN. *CG de Castellón. Pieza 5.ª*; fols. 67-68. Leg. 1405 [1]. *CG de Málaga. Pieza 5.ª*; fols. 6-8. Leg. 1060 [1]. Se ha consultado también el *Libro de votos reservados del Tribunal Popular de Gijón*, en AHN. SGC: *Sección de Gijón, PS., Leg. 4.*

[62] AHN. *CG de Vizcaya. Pieza 5.ª, fol. 9. Leg. 1333 [1]. Véase también CG de Castellón. Pieza 5.ª*, fols. 85-87. Leg. 1405 [1].

[63] AHN. *CG de Vizcaya: Resumen de la...*, pp. 26-29, leg. 1333 [1].

[64] Véase declaraciones citadas de D.ª Dolores Muñoz Tuero en *Nota 6* (p. 128).

[65] PÉREZ VERDÚ, F.; *Op. cit.*, p. 81.

[66] Véase *Memoria de la fiscalía de Castellón. Año 1937*, en AHN SGC: *Sección de Castellón, PS.*; Leg. 11; véase también «Informe del ex-teniente fiscal Interino del Tribunal Popular de Valencia» cit.

los tribunales especiales. De ellos se dice que insultaban a los detenidos, que amenazaban a los defensores, que no aceptaban o no consideraban las pruebas contrarias presentadas durante el juicio y que la sentencia estaba decidida de antemano [67]. Frente a la actitud de los jueces de hecho se destaca, salvo raras excepciones, la de los magistrados, miembros de la sección de derecho, resaltando su «labor humanitaria», en algunos casos, como en Ciudad Real, de «sabotaje» por el entorpecimiento que hacían en los expedientes y procedimientos, a pesar de no permitirlo la legislación «que establecía plazos rapidísimos y fatales», y en otros más retorcidos, como el de Málaga, en el que condenaban a los procesados a penas de prisión para protegerlos de otros ataques más funestos en la calle [68]. Las expresiones de descalificación y dureza alcanzan su nivel más alto en los informes que la *Comisaría de Investigación y Vigilancia de Gijón* emitió para la *Causa general de Oviedo,* el 23 de octubre de 1940, sobre la personalidad y actuación de varios miembros del jurado del tribunal popular, informando, a la vez, de la represión que sufrieron tras la ocupación de Asturias [69].

Un auténtico caso excepcional es el que constituye la declaración de D. Manuel Ruiz Pérez, que actuó como abogado defensor ante el tribunal popular de Bilbao, quien, al referirse a los jueces de hecho, decía: «... consta por lo que hace al tribunal de hecho que había en él personas generosas y exentas de pasión baja y que sufrían grandemente cuando la pena aplicada era la de muerte...» [70].

Existe un documento en la Pieza Quinta de la Causa General de Murcia que tiene un gran interés porque en él los representantes de la CNT y de la FAI, en el jurado del tribunal popular, reivindican la independencia en sus deliberaciones y decisiones y, en definitiva, el respeto para el tribunal. Entre otras cosas, en ese escrito, se decía: «... para que nuestro fallo, si es grave, no parezca inspirado por la cobardía..., necesitamos la garantía de que en éste, como en todos los juicios, los testigos podrán declarar con arreglo a la verdad, los jurados decidir con arreglo a su conciencia, los defensores defender como dicta su deber, y el tribunal fallar sirviendo conscientemente a la justicia, a la República y a la revolución» [71].

Sin embargo, la actitud de los jueces de hecho en los jurados de urgencia, según las mismas declaraciones, fue distinta. Era una opinión muy extendida la de que estos tribunales actuaron con una mayor benignidad, a pesar de las penas de privación de libertad y de las altas multas que impusieron; en esos tribunales, en cambio, los poderes formales del jurado eran mayores, puesto que participaban en la votación de la sentencia, lo que a nuestro juicio se convierte en su principal debilidad, por la mayor relación que se establecía entre los jueces de hecho y el magistrado que presidía, quien podía imponer con facilidad su criterio legal. De ahí la queja del fiscal de Castellón, en 1938, que hablaba de la lenidad de las sen-

---

[67] AHN. *CG de Castellón y de Vizcaya. Pieza 5.ª*: declaraciones de los testigos (abogados defensores): Legs. citados.

[68] AHN. *CG de Castellón y de Málaga. pieza 5.ª*: Leg. citados. *CG de Ciudad Real. Pieza 5.ª* fols. 458-463. Leg. 1032.

[69] AHN. *CG de Oviedo. Pieza 5.ª*: fols. 135-138. Leg. 1342 [1].

[70] AHN. *CG de Vizcaya. Pieza 5.ª*: fol. 38, leg. 1333 [1].

[71] AHN. *CG de Murcia.* Pieza 5.ª, fols. 8-9. Leg. 1067 [1]. el documento se había publicado en el diario *El Liberal*, de Murcia, el 10 de diciembre de 1936.

tencias y el «espíritu excesivamente legalista, tal vez sin darse cuenta, en algunos casos, de la desmoralización social que lleva consigo una errónea absolución» [72], peligro que ya había advertido el decreto del 23 de febrero de 1937 [73].

Otro dato a destacar es el ambiente que existía en las salas de los juicios, motivado por la presencia de milicianos, muchos de ellos armados, excitados por las circunstancias, y que veían en los procesados a sus enemigos políticos y a los causantes de la rebelión y de la guerra. El ambiente era tal que hasta los magistrados de los tribunales, a veces, vestían el «mono miliciano» en lugar de la toga. Las declaraciones más duras en este sentido están hechas también por los abogados defensores [74], que eran objeto de insultos e, incluso, de amenazas. La prensa contribuía también a mantener el clima de apasionamiento político.

El aspecto relativo a las condiciones materiales en las que los tribunales desempeñaron su función es también importante. Por regla general, los tribunales populares se establecieron en las Audiencias provinciales y se sirvieron de sus salas y dependencias; pero se dieron casos, principalmente en donde los tribunales no actuaron en la capital de la provincia, como los de Cartagena y Gijón, que estuvieron sometidos a todo tipo de limitaciones. Así, los tribunales de Cartagena pasaron por un sucesivo peregrinar entre las dependencias oficiales de la ciudad y de la base naval, y sobre el tribunal especial de Gijón se conoce un informe del secretario del mismo, hecho en mayo de 1937, en el que no se queja sólo de la falta de personal y de la carencia del material más preciso, como de máquinas de escribir, sino que refleja también la necesidad más acuciante de un local adecuado. Según este informe, el tribunal estaba instalado en el Ayuntamiento de la ciudad y disponía de dos salas: El salón de sesiones, en donde se celebraban los juicios, y el salón de recepciones, que cumplía simultáneamente las funciones de secretaría del tribunal, cuarto de deliberaciones del jurado, sala de espera de los procesados, sala de testigos y sala de estudios de causas por los letrados, con lo que el ejercicio de unas interrumpía el cumplimiento de otras. Dicho salón de recepciones se comunicaba, además, por una puerta con el despacho del alcalde, por la que podían tener acceso al tribunal personas ajenas a éste, estando por ello la documentación en un constante peligro [75].

Aceptada la fórmula de los Tribunales Populares y puesta en ejercicio la nueva organización judicial, las agrupaciones y formaciones profesionales, políticas y sindicales, comprometidas con ella, no sólo se integraron en su funcionamiento sino que se dispusieron también para defenderla; de ahí, por lo menos, la existencia de dos proyectos de organización dirigida a ese fin. La primera surgió en una reunión del Colegio de Abogados de Málaga, celebrada el 26 de agosto de 1936, en la que se propuso la disolución del Colegio y su conversión en «un sindicato único de abogados», idea que no se aceptó, después de discutirla, dejando a los abogados libertad para afiliarse a la sindical obrera que prefirieran [76]. El se-

---

[72] *Memoria de la fiscalía...* cit, en AHN. SGC., *Sección de Castellón, PS.; Leg. 11.*
[73] *Gaceta de la República*, del 27 de febrero de 1937; véase el preámbulo.
[74] AHN. *CG de Castellón. Pieza 5.ª*: fols. 86-87. Leg. cit. y *CG de Vizcaya*: resumen cit; Leg. cit.
[75] AHN. SGC: *Sección de Gijón, PS*; Leg. 5.
[76] AHN. *CG de Málaga. pieza 5.ª*: Actas cit.; Leg. 1060 [1].

gundo de los proyectos, que conocemos, es la formación del *Sindicato Provincial de Trabajadores de la Justicia de Asturias,* afecto a la UGT, del que he podido consultar el reglamento que lleva la fecha de 24 de marzo de 1937 [77]. A este sindicato podían pertenecer todos los trabajadores relacionados con la administración de la justicia: magistrados, jueces, fiscales, secretarios, abogados, etc., subalternos de todas clases e, incluso, los que aspiraran a realizar sus funciones en relación con la justicia (art. 3.º), y entre los fines del sindicato, dentro del más genuino internacionalismo proletario, del pacifismo y del antiimperialismo y antifascismo, se incluían la lucha por el mejoramiento intelectual y material de todos los trabajadores de la justicia, la transformación de todos los organismos judiciales para romper con «las rutinas de la justicia histórica» y convertirla en «verdaderamente popular y democrática», y la renovación de los trabajadores de la justicia, en compenetración con los organismos obreros, para librarlos «del servilismo a que estuvieron sujetos en provecho de la burguesía y del capital» (art. 1.º).

4.2. Las actuaciones de los tribunales

Sobre las actuaciones de los tribunales populares existen grandes vacíos en la documentación, no se conocen las series completas de sus actuaciones, más bien podría decirse que sólo se dispone hoy de algunas muestras de las mismas. Hay, incluso, tribunales de los que no se tiene un solo papel, como los Jurados de Guardia. Se cuenta, por otra parte, de mucha documentación que aún no se ha analizado, como las numerosas fichas de los codenados por los tribunales populares, que se conservan en el archivo de Salamanca, y que podrán brindarnos información sobre los tribunales y especialmente de aquellos de cuyo funcionamiento sabemos menos, como los de Valencia y Madrid, desconocimiento que hoy nos impide establecer conclusiones generales con cierta seguridad.

Por las limitaciones indicadas y porque no es ésta la ocasión adecuada, no podemos hacer aquí el seguimiento de todos los tribunales populares, sino que se darán algunos datos sobre los más significativos de aquellos que nos permitirán acercarnos a la realidad que representaron. Para esto me serviré de la información estadística elaborada por los propios tribunales a requerimiento del Tribunal Supremo [78] y, como complemento, de la documentación contenida en la Causa General [79]. Las Audiencias Provinciales, por su parte, concentraban la información sobre los autos incoados en los Juzgados de Primera Instancia; con lo cual el gobierno de la República no sólo legislaba sobre la administración de la justicia y ordenaba poner en funcionamiento los distintos organismos judiciales, sino que también controlaba sus actuaciones mediante las gestiones realizadas por el Tribunal Supremo y las Audiencias Provinciales.

---

[77] AHN. SGC.: *Sección de Gijón, PS.*; Leg. 5.

[78] AHN. SGC: *Sección de Gijón, PS.;* leg. 4; *Sección de Madrid, PS.;* leg. 172; *Sección de Cartagena, PS.;* leg. 48.

[79] Véase la *causa General. Pieza 5.ª* de Barcelona, Málaga, Ciudad Real y Castellón (Leg. cit.). Los datos relativos a Alicante se han obtenido del análisis de las certificaciones de las sentencias y de la incoación de expedientes (AHN. SGC. *Sección de Alicante*, PS; Legs. 9, 10, 11, 12, 13, 33).

Los principales y más característicos tribunales de la justicia popular fueron los *especiales contra la rebelión, sedición y los delitos cometidos contra la seguridad exterior del Estado,* creados por los decretos del 23 y del 25 de agosto de 1936. Estos tribunales estuvieron funcionando hasta el final de la guerra o hasta la ocupación por el ejército franquista de los territorios de su circunscripción, aunque pasaron por distintas etapas en su organización y variaron sus competencias; pero el período más importante de sus actuaciones fue el que se extendió hasta la primavera de 1937, cuando se celebraron la mayor parte de las vistas por los delitos de rebelión, siendo ésta la etapa que está mejor documentada.

En el cuadro n.º 1 (véase apéndice), se han recogido los datos relativos a los tribunales especiales estudiados. En él se aprecia, en primer lugar, la amplia actividad desempeñada por aquellos que actuaban en ciudades que ejercían un peso importante en la vida política, económica y social del país y en los que el número de las máximas penas fue más alto, excepto el caso del tribunal de Cartagena n.º 2, aunque en éste hay que tener en cuenta la fecha tardía en que se constituyó (5 de diciembre de 1936), el funcionamiento en la misma ciudad del tribunal n.º 1 (Murcia y su provincia), al que pasaron los primeros sumarios formados con motivo de la rebelión militar, y un tercer elemento importante es el que este tribunal se inhibiera del conocimiento de los hechos que se produjeron en la Base Naval de Cartagena a partir del 17 de julio de 1936 [80].

Por otra parte, no todas las condenas a muerte fueron ejecutadas. Así, en Bilbao únicamente se ejecutaron 19 de las 172 dictadas, y la mayor parte de estas sentencias fueron impuestas en rebeldía, como puede verse en el cuadro n.º 2; y en Barcelona, de las 140 dictadas se ejecutaron 97, el 69,3 por 100 de ellas.

Finalmente, no es extraño que el impacto de las actuaciones de estos tribunales sobre la población fuera intenso debido a su eficacia y a las penas impuestas, aunque los sobreseimientos y absoluciones, en algunos, fueran también importantes, como los de Alicante y Cartagena, con el 19,2 por 100 y el 33,9 por 100, respectivamente.

Los hechos que se juzgaron ante estos tribunales, como se sabe, fueron los de rebelión, principalmente, y en mucha menor proporción los de espionaje, hasta que se creó el Tribunal Especial contra este delito, el 22 de junio de 1937 [81], y el tipo de personas que pasaron ante ellos lo constituían, en primer lugar, militares que se rebelaron o intentaron hacerlo y miembros de las fuerzas de orden público, principalmente guardias civiles y, posteriormente, personas civiles, militantes de partidos de extrema derecha, como Renovación Española, Falange Española y Comunión Tradicionalista, que conspiraron contra la República o establecieron contactos con el ejército o la guardia civil para colaborar en la rebelión. Sin embargo, aunque la acusación general se basaba en los anteriores hechos, sobre cada uno de los tribunales flotaban unos acontecimientos que habían impactado fuertemente a la población, tales como el comportamiento de los guardias civiles procesados

[80] AHN. SGC: *Sección de Cartagena, PS.*: «Pieza 3.ª: Informe sobre los acontecimientos que tuvieron lugar en la base naval de Cartagena a partir del 17 de julio», en Leg. 52. En el Leg. 4 hay una relación de los militares detenidos con motivo de los anteriores acontecimientos.

[81] *Gaceta de la República*; del 23 de junio de 1937.

en la represión de 1934 en Asturias, los de la Base Naval de Cartagena en julio de 1936, y la fallida intervención de los falangistas para liberar a J. A. Primo de Rivera de la cárcel de Alicante en los primeros días de la rebelión, que se reflejan en la documentación sobre sus actuaciones.

El segundo tipo de tribunales populares, por el número de causas juzgadas y por su prolongada actuación, fueron los *Jurados de Urgencia.* Los hechos de los que entendían estos tribunales, según los decretos de creación y de definición de sus competencias, eran los calificados como de «desafección al régimen», ocultación de alimentos y abuso en los precios de las subsistencias.

Según consta en el cuadro n.º 3 fueron numerosas las causas vistas en los Jurados de Urgencia, pero las absoluciones y sobreseimientos, al menos en los tribunales de Castellón y Cartagena, fueron también muy abundantes, el 75 y el 50 por 100, respectivamente. Las penas impuestas oscilaron entre uno y cinco años de internamiento en campos de trabajo y multas que, en algunos casos, alcanzaron altos niveles.

A partir de marzo de 1938 cambian las competencias de los tribunales populares, llegando a éstos un gran número de causas que habían sido incoadas en los Juzgados de Primera Instancia y que estaban paralizadas [82], y se crearon los *Tribunales Especiales de Guardia.*

De los Tribunales Especiales de Guardia de Barcelona tenemos información a través de las relaciones de sus causas que aquéllos enviaron a petición del Tribunal Supremo [83]. Es sorprendente la actividad desempeñada por estos tribunales en los primeros meses de sus actuaciones. Así, entre el 29 de marzo de 1938, en que se constituyó, hasta el 24 de junio del mismo año, ante el n.º 1 de Barcelona se vieron:

Expedientes	347
Personas incluidas	686
Condenas a muerte	113 (por traición)
Absoluciones	186

Las condenas a muerte se enviaron al *Tribunal Especial de Espionaje* para ser revisadas, según consta en la documentación que dicho tribunal remitió también al Tribunal Supremo [84].

La actividad del Tribunal Especial de Guardia en Murcia fue también importante, habiéndose celebrado 96 juicios desde su constitución hasta principios de agosto de 1938. Según el diario *Nuestra Bandera,* del 9 de agosto, 67 de los juicios se refirieron a delitos de subsistencias y 29 a derrotismo y espionaje, «habiéndose impuesto 63 penas de multa que en total ascienden a 1.217.000 pesetas y 41 penas de privación de libertad que oscilan entre dos meses y un día y treinta años de internamiento en campos de trabajo y en batallones disciplinarios» [85].

---

[82] SANCHEZ RECIO, G.; «La justicia popular durante la guerra civil», pp. 165-167.
[83] AHN. *CG de Barcelona. Pieza 5.ª*: Leg. 1637 [1].
[84] AHN. *CG de Barcelona. Pieza 5.ª*: Leg. 1637 [1].
[85] AHN. *CG de Murcia. Pieza 5.ª*: Fol. 151 Leg. 1067 [1].

Los procesados, además de por los tribunales especiales, pasaban también por el de *Responsabilidades Civiles,* que se encargaba de revisar y de fijar las sanciones pecuniarios impuestas a los inculpados por otros tribunales. Es éste un aspecto muy importante de la justicia popular, aún muy poco conocido y sobre el que la documentación, actualmente, es muy incompleta y está muy dispersa, que podrá permitirnos conocer no sólo los costes de la justicia popular, sino también un capítulo más sobre las repercusiones económicas de la guerra. A título de ejemplo, las multas impuestas por el tribunal popular de Cartagena n.º 2 ascendieron a 9.852.401 pesetas [86].

Antes de terminar, creo que es importante hacer referencia a los hechos incoados por los delitos comunes en los Juzgados de Primera Instancia y que fueron remitidos a las Audiencias Provinciales. En el País Vasco y, probablemente, en Cataluña, la Audiencia enviaba la información a la Fiscalía General de la Región Autónoma [87]. Aquí trataremos de los de la ciudad de Valencia y de los de Asturias, excepto los de Oviedo.

En los cuadros 4 y 5, en el apéndice, aparece, por una parte, el alto número de hechos incoados, particularmente en Asturias, aunque desconocemos los que se llevaron a cabo en los años anteriores y posteriores, para poder realizar un estudio comparativo. Entre los hechos incoados hay dos grupos que sobresalen en una y otra audiencias, los delitos contra la propiedad, con el 36,5 por 100 en la de Valencia y el 37 por 100 en la de Asturias, y los cometidos contra las personas, con el 26 y el 23 por 100, respectivamente. Otro grupo de hechos destaca en cada una de las audiencias, los cometidos por imprudencia en Asturias, con el 14 por 100, y los expedientes por divorcio en Valencia, con el 23,8 por 100. Datos, por lo demás, que coinciden perfectamente con los cometidos en Castellón entre 1937 y 1938 [88].

5. CONCLUSIÓN

Como conclusión de todo lo dicho y tratando de sintetizar lo expuesto, durante la guerra civil se produjo la paralización de la justicia ordinaria y la creación y desarrollo de la justicia especial popular; ahora bien, a medida que el Gobierno de la República fue consolidando el poder central en los territorios leales, las facultades de los nuevos organismos judiciales se ampliaron hasta ocupar parcelas que anteriormente habían pertenecido a la justicia ordinaria, operación que culminó con la integración de los Tribunales Populares en las Audiencias Provinciales.

De los Tribunales Populares que existieron, los principales, por la duración, los casos vistos y las penas impuestas, fueron los especiales contra los delitos de rebelión, sedición y contra la seguridad exterior del Estado, y se convirtieron en el núcleo central de la justicia popular.

[86] AHN. SGC: *Sección de Cartagena, PS*; Leg. 48.
[87] AHN. SGC: *Sección de Madrid, PS*; Leg. 183.
[88] SÁNCHEZ RECIO, G.: Artículo, cit. pp. 166-167. La ponencia de Jesús Gaite hace también importantes aportaciones sobre este tribunal.

La composición de los tribunales y, particularmente, la presencia de los jueces de hecho, el mecanismo de su nombramiento y las facultades que tenían, han sido la causa fundamental de las críticas que se han dirigido a la justicia popular. Por otra parte, la documentación de la que se dispone para estudiar la actitud de los jurados populares procede de dos fuentes antagónicas, la de los detractores, abogados defensores de los procesados ante los tribunales populares, en su mayor parte, y la de los defensores, funcionarios judiciales que informaban sobre la práctica de la justicia popular. Con todo, se ha de tener siempre presente que se trataba de una justicia «de excepción», de la que la politización era inevitable, ya que el trasfondo esencial de los hechos que se juzgaban era también político.

De todos modos, sin embargo, hay que distinguir entre los primeros meses, en los que se juzgaban los delitos de rebelión relacionados con los acontecimientos de julio de 1936, y la época siguiente, en la que la mayor parte de los delitos eran de naturaleza común. Las penas impuestas en una y otra etapas fueron de diversa intensidad, y los procedimientos seguidos en los juzgados y en los tribunales especiales, aun siendo «sumarísimos», fueron mucho menos rigurosos en la segunda.

APENDICE ESTADISTICO

CUADRO 1

ACTUACIONES DE LOS TRIBUNALES ESPECIALES

Tribunales	Fechas	Vistas	P. muert.	Juzg.	Abs./Sob.
Gijón	A 31-V-37	112	37	225	(1)
Bilbao	A 24-III-37	—	172	463	—
Barcelona	11-VIII a 23-XII-36	—	140	427	(2)
Alicante	A marzo-38	—	135	224	43
Castellón	A junio-38	—	4	—	—
Ciudad Real	1936-1939	(3)	4	—	—
Málaga	6-IX-36 a febr.-37	11	1	(4)	—
Cartagena	5-XII-36 a 31-XII-37	121	(5)	343	116

1. Hubo 25 causas más, en las que el fiscal retiró la acusación, no se indica el número de procesados (AHN: SGC).
2. Estos datos están tomados de *La Causa General, pieza 5.ª* En el vapor «Uruguay», entre el 2 de septiembre y el 5 de diciembre de 1936, fueron juzgados 158 procesados, de los que 77 fueron condenados a muerte y 8 absueltos.
3. Se incoaron 67 sumarios, la mayor parte se sobreseyeron y en 11 vistas hubo sentencia condenatoria *(Causa General, pieza 5.ª)*.
4. Se incoaron unos 300 sumarios. La mayor parte fueron sobreseimientos e inhibiciones. Se celebraron 11 juicios y hubo una sola pena de muerte.
5. Corresponde al Tribunal número 2, en el que no hubo condenas a muerte; en cambio del número 1 no se conoce información general, pero de cuatro sentencias estudiadas resulta (septiembre-diciembre 1936): 44 procesados, 24 penas de muerte y 3 absoluciones.

CUADRO 2

ACTUACIONES DEL TRIBUNAL POPULAR DE BILBAO (Hasta el 24 de marzo de 1937)

DELITOS

Abandono de servicio	1
Complicidad en abandono	1
Deserción	1
Espionaje	9
Sedición	1
Rebelión militar	214

CUADRO 2 *(Continuación)*

Rebelión militar frustrada	1
Rebelión militar y traición	10
Auxilio a la rebelión	38
Excitación a la rebelión	1
Traición	152
Conspiración para traición	5
Traición frustrada	3
Conspiración para la rebelión	25
Intento de evasión	1
TOTAL	463

PENAS

A muerte	172
A reclusión perpetua	127
A 20 años de reclusión temporal	8
A 14 años, 8 meses, 1 día, reclusión temporal	47
A 12 años de reclusión temporal	1
A 6 años, 1 día de presidio mayor	1
A 8 años, 1 día de prisión mayor	20
A 4 años, 1 mes y un día de presidio menor	1
A 12 años y un día de reclusión militar temporal	3
A 6 años de presidio correccional	1
A 3 años de presidio correccional	2
	383
Procesados presentes	288
Procesados en rebeldía	172
En rebeldía y luego presentados	3
	463
Condenados a muerte indultados	9
Condenados a muerte conmutados	3
Condenados a muerte ejecutados	19
Condenados a muerte presentes	31
Condenados a muerte en rebeldía	141

Fuente: AHN: SGC, *Sección Madrid PS,* legajo 172.

CUADRO 3

ACTUACIONES DE LOS JURADOS DE URGENCIA (1936-1938)

Tribunales	P. juzg.	Abs./Sob.
Alicante (1)	63	4
Castellón (2)	463	351
Cartagena (3)	419	213
Ciudad Real (4)	352	—

1. AHN: SGC: *Sección Alicante PS,* legajos 9, 10, 11.
2. *Causa General de Castellón.*
3. AHN: SGC: *Cartagena, Tribunal Popular,* legajo 48.
4. Los 352 corresponden a expedientes no a personas. *Causa General de Ciudad Real, pieza 5.ª*, p. 474.

CUADRO 4

HECHOS INCOADOS EN LOS JUZGADOS DE PRIMERA INSTANCIA DE ASTURIAS (1936-1937)

Delitos contra el orden público	10
Falsedades	7
Delitos contra la administración de la justicia	2
Delitos de los empleados públicos en el ejercicio de sus cargos	7
Delitos contra la vida y la integridad corporal	281
Suicidios	38
Delitos contra la honestidad	11
Delitos contra el honor	4
Delitos contra la propiedad y la seguridad	14
Delitos contra la propiedad	437
Imprudencias	170
Hechos por accidente	86
Delitos definidos en leyes especiales:	
— Por medio de explosivos	3
— Por tenencia ilícita de armas	49
— En otras leyes especiales	34
Muertes, lesiones y daños causados por la aviación	5
Apelaciones de juicios de faltas	6
Diligencias judiciales	58
TOTAL	1.222

Nota: No aparecen tipificados los divorcios, que en el Juzgado número 2 de Gijón fueron 38 y en el número 1, 37.

Fuente: Causa General de Oviedo, pieza 5.ª

CUADRO 5

HECHOS INCOADOS EN LOS JUZGADOS DE PRIMERA INSTANCIA DE LA CIUDAD DE VALENCIA

	1936	1937	1938	1939	Total
Delitos contra personas	35	58	75	9	177
Delitos contra la libertad y la seguridad	—	2	8	1	11
Delitos contra la propiedad	23	55	161	11	250
Delitos contra la seguridad interior del Estado	2	5	22	5	34
Delitos cometidos por los funcionarios públicos	—	3	3	—	6
Falsedades	1	2	10	2	15
Delitos contra la honestidad	2	3	4	—	9
Imprudencia	—	1	—	—	1
Delitos contra la seguridad del tráfico	—	—	5	—	5
Divorcio	7	117	38	1	163
Sin calificar	2	9	3	—	14
	72	255	329	29	685

Fuente: AHN: SGC: *Relación de causas de la Audiencia de Valencia.*

El Tribunal Popular de Cartagena

CARMEN BERMEJO MERINO, MAR AYUSO HERRERA, JAVIER MARCOS RIVAS

La creación de los tribunales populares como una nueva forma de administración de justicia durante la Guerra Civil, es un tema que cuenta con algunos estudios que inciden lo suficiente en las causas de su implantación y en sus aspectos organizativos, por lo que no creemos necesario extendernos en este punto [1].

Existen varios factores que hicieron necesaria la creación de un tribunal popular en Cartagena, tanto por la entidad de la ciudad como por la descongestión que supuso para el tribunal de Murcia. Su importancia demográfica —125.000 habitantes en 1937—, junto a la gran actividad económica y comercial desarrollada en torno al puerto y los enclaves industriales —minas de La Unión, constructora naval...— y las distintas instalaciones militares ubicadas en Cartagena y sus alrededores —Base Naval, aeródromo de San Javier, Los Alcázares, Regimiento de Artillería de Costa— hicieron aconsejable la existencia de un tribunal independiente del de la capital. Sin embargo, aparte de estas razones, fue el intento de rebelión y la importancia de los acontecimientos lo que determinó la apertura de investigaciones para dilucidar lo acaecido, especialmente en la Base Navai, diligencias que por su propia envergadura requirieron un tribunal popular en la propia Cartagena [2].

El Alzamiento fracasó porque fallaron los engranajes de interconexión entre sus integrantes. A esto hay que añadir una actitud enérgica de unos pocos oficiales y sobre todo, de la mayoría de los auxiliares y de la marinería que, sabedores del apoyo de buena parte de la población civil [3], aprovecharon la indecisión y la desorganización de un sector de los conjurados [4].

---

[1] Véase al respecto SÁNCHEZ RECIO, G.: «La justicia popular durante la guerra civil», en *Arbor,* n.os 491-492, t. CXXV; pp. 153-180, noviembre-diciembre de 1986, Madrid y «Los tribunales populares y su actuación durante la guerra civil en el País Valenciano», comunicación presentada en *Historia y Memoria de la guerra civil,* Salamanca, 24/27 septiembre de 1986.

[2] AHN: Sección guerra civil: *Sección de Cartagena PS.* El legajo 1 contiene un sumario de instrucción con el resultado de las investigaciones realizadas para aclarar las responsabilidades derivadas del intento de sublevación en las distintas instalaciones militares de Cartagena, especialmente en su Base Naval.

[3] Sobre la efervescencia social de los meses anteriores al estallido de la guerra civil en Cartagena y sobre todo, en lo referente a hechos especialmente relevantes como los sucesos del Jueves Santo de 1936 o la huelga de mediados de julio puede consultarse la obra de BENAVIDES, M.: *La escuadra la mandan los cabos,* México D. F, 1976.

[4] Para una visión pormenorizada de la situación política en Cartagena y de los acontecimientos acaecidos en la misma a partir del 18 de julio de 1936 hasta la caída de la ciudad pueden verse los escritos inéditos de los comunistas Isabel García, *Cartagena el 18 de julio de 1936;* Bartolomé García, *Algunos datos característicos sobre Cartagena* y *Cartagena en el período de nuestra guerra* y de Francisco Galán, *La Base naval de Cartagena.*
Archivo del PCE, *Tesis, manuscritos y memorias,* carpetas 35 y 38.

Tras el malogrado intento de rebelión, la espiral de violencia que se disparó, culminando en agosto, provocó llamamientos a las autoridades, sobre todo por parte de la prensa local, como es el caso del periódico «Nuestra Lucha» que pedía la inmediata formación de tribunales populares alegando el gran número de detenidos y la necesidad de una justicia rápida y ejemplificadora [5].

Idénticas preocupaciones aparecen entre los mandos de la Armada, incluso con anterioridad a los sucesos del buque-prisión «España n.º 3», como consta en la carta dirigida al ministro de Marina, Giral, por el jefe de Operaciones de la Flota, Pedro Prado Mendizábal:

> «El asunto de la justicia está en forma delicadísima; según el auditor, no hay forma legal por el procedimiento en vigor de hacer lo que las dotaciones dicen tienen la firme decisión. Yo había pretendido, con objeto de salvar la vida de aquellos que en justicia no merecen la última pena, que las mismas dotaciones designaran a las personas que habían de actuar como jueces y fiscales, y que el auditor nombrase a estas mismas personas, pero éste dice que no tiene atribuciones legales para ello. El dilema, en lo que se refiere al «Jaime I», los dos cruceros y algún otro, es el siguiente: o se les permite formar un tribunal de tipo revolucionario que los juzgue sumarísimamente, caso en el que yo creo no perderían la vida todos los encartados, o de lo contrario, si ven que se nombran jueces y fiscales de los cuerpos y categorías que corresponden a las leyes vigentes, no se puede responder de la vida de ninguno de ellos, originándose serios conflictos que impedirán, en parte, casi con toda seguridad, la continuidad de las operaciones militares de la flota, por lo menos en algún tiempo. Tengo la impresión de que nadie tendrá influencia suficiente para variar el aspecto de esta cuestión» [6].

CUANTIFICACIÓN Y ANÁLISIS DE LOS DATOS

La presente comunicación ha sido elaborada a partir de la consulta de las 596 causas instruidas por el Tribunal Popular de Cartagena por rebelión, sedición y delitos contra la seguridad del Estado, custodiadas en la Sección de Guerra Civil del Archivo Histórico Nacional. Las dificultades que entraña la cuantificación y la interrelación de las diferentes variables manejadas hacía aconsejable la informatización de los datos. Este método, además de la precisión en el recuento, nos ha proporcionado una gama de combinaciones con las que no hubiéramos podido contar mediante procedimientos manuales. En concreto, hemos articulado este apartado basándonos en las variables utilizadas —fecha de detención y juicio, profesión, afiliación política, edad, cargo, delito, sentencia y sexo— en su evolución temporal y en las ilaciones resultantes.

La cifra total de encausados se desglosa de la siguiente manera: de los 353 detenidos en 1936, fueron juzgados 241; de los 121 de 1937 llegaron a juicio 107 y de los 114 de 1938, se juzgó a 86. En 1939, generalmente, las causas instruidas no llegaron a juicio.

---

[5] AHN: *Causa General de Murcia:* caja 1067, pieza 6.ª, «Prensa Roja». Nuestra lucha, 24 de agosto de 1936.

[6] CERVERA PERY, J.: *Alzamiento y revolución en la Marina*. pp. 142 y 143. Madrid, 1978.

La elevada cantidad de detenidos que no llegan a juicio —264— se debe al buen número de sumarios inconclusos que corresponden a las detenciones preventivas de bastantes militares, a algunos represaliados a espaldas del tribunal y a la puesta en libertad por falta de pruebas concluyentes.

Por las características propias de este estudio, el elevado número de encausados y su diferente origen ha requerido, aunque de forma sucinta y exclusivamente orientativa, la realización de una clasificación profesional. Para ello, hemos elegido el modelo que mejor se ciñe a nuestras necesidades [7]. Aun así, hemos tenido que añadirle nuevas categorías para adecuarla a la realidad de Cartagena —oficios relacionados con el mar— y a la situación concreta de la guerra —mayores matizaciones en la profesión militar y la inclusión de la categoría de soldados, aunque ésta no sea propiamente una profesión—. El resultado es una división en 18 categorías:

1. Oficiales y jefes del Ejército y de la Armada.
2. Militares retirados.
3. Suboficiales.
4. Soldados.
5. Fuerzas del orden.
6. Marineros de la marina mercante.
7. Mandos de la marina mercante.
8. Clero.
9. Industriales, comerciantes y directivos de banca.
10. Altos funcionarios y profesiones liberales.
11. Otros funcionarios y trabajadores de cuello blanco.
12. Propietarios agrícolas.
13. Estudiantes.
14. Oficios artesanales.
15. Obreros.
16. Jornaleros.
17. Sus labores.
18. Profesión desconocida.

A las conocidas dificultades que alberga cualquier intento de tipificación de esta clase, es necesario añadir las propias que entraña el tema: la ausencia de datos económicos que sirvan de pauta y el diferente tratamiento que intentan dar los encausados a su situación social y profesional. A lo largo de todo el período bélico se procura por parte del declarante minimizar o enfatizar su origen social y profesional según sea éste. Los ejemplos son abundantes y abarcan a todas las esferas: oficiales y jefes de la Armada que se declaran asépticamente marinos, altos funcionarios que dicen ser empleados, pequeños industriales o artesanos que se declaran obreros.

No obstante, nuestra pretensión no ha sido hacer una clasificación social, sino tan solo un intento de aproximación a partir del único dato que nos lo ha permitido, la profesión.

[7] Véase González Gómez, S., y Redero San Román, M.: «Aportaciones al estudio de la sociedad salmantina de la Segunda República», en *Revista provincial de estudios,* n.º B, abril-junio, pp. 21-57. Salamanca, 1987.

La gran diversidad profesional de los encausados nos impide marcar una única relación entre un grupo profesional determinado y una sola línea de actuación por su parte durante los tres años de guerra. Su prolongación y el cariz que estaban tomando los acontecimientos provocaron un constante cambio de actitudes y, por consiguiente, de protagonistas. Mientras que en 1936 destacan los jefes y oficiales del Ejército y de la Armada, junto a las capas más acomodadas, diversificadas profesionalmente pero con intereses comunes; en 1937 y 1938 acaparan el protagonismo los estratos sociales más desfavorecidos y más expuestos a las carencias de la guerra y de la retaguardia (soldados, mujeres, obreros). Este cambio parece explicarse por la paulatina desmoralización de los soldados republicanos, puesta de manifiesto a través de los comentarios derrotistas referentes a la marcha de las campañas. Algo similar sucede con las mujeres, tipificadas profesionalmente en «sus labores». Su representación es muy escasa —6,8 por 100—, pero aumenta progresivamente hasta llegar a ser en 1938 el segundo grupo en importancia. Salvo excepciones, también fueron detenidas por comentarios de carácter derrotista, consecuencia, en casi todos los casos, de la fuerte carestía reinante.

Entre los encausados existen afiliados a todos los partidos políticos importantes del momento. Sin embargo, ha sido necesaria la elaboración de tres nuevas categorías que cubrieran toda la gama de posibilidades: afiliación desconocida, no afiliados y simpatizantes de derechas.

La cifra más elevada es la que corresponde a la afiliación desconocida —225 encausados—, lo que supone el 37,7 por 100. En este apartado hemos incluido a los detenidos en cuyos sumarios y documentación aneja no aparecen indicaciones concretas de militancia, y que, por tanto, no podemos afirmar si estaban o no afiliados.

Sin afiliación demostrable, únicamente aparecen 42 personas. Curiosamente, este grupo aumenta con el paso del tiempo, a la inversa de la afiliación desconocida. Un motivo puede ser la progresiva desmovilización política que culmina en 1938.

La expresión «simpatizante de derechas», recogida de la propia documentación, incluye a aquellos procesados que explícitamente son acusados o se declaran como tales. Es el segundo cuantitativamente más importante —100—, cuyo grueso está configurado por militares, lo que justifica el descenso temporal de la cifra. Sobre su conceptualización es necesario hacer algunas precisiones. Hay que recordar que, aunque no estaba permitida la afiliación política de los militares, esto no significaba que no tuvieran actividad, como lo demuestra la propaganda encontrada en los sumarios. La ausencia de carné no implica que estos individuos no tuvieran una posición clara respecto a la sublevación y unas posturas políticas definidas.

Acción Popular es el partido de todo el espectro político con mayor representación —67—, lo que supone el 11,25 por 100. Falange Española es el segundo partido de derechas con 36 afiliados, buena parte de ellos detenidos y juzgados, incluso en 1937.

Resulta problemático el análisis de los encausados de los partidos republicanos, debido a la diversidad de actuaciones de cada uno de ellos. Por un lado, los radicales, los republicanos con mayor número de encausados en 1936, siguieron una postura análoga al bloque de derechas, marcada por su actuación durante el Bienio Negro. En el otro extremo, los republicanos de izquierda, mayoritarios en 1938, se asimilaban más a los otros integrantes del Frente Popular. Los socialistas y los afiliados al sindicato UGT son el grupo de izquierda con la cifra más elevada de procesados —38—, a gran distancia de la CNT con 13 y del PCE con 12 y el segundo tras Acción Popular, pero a diferencia de éste, sus afiliados fueron encausados en 1937 y 1938.

Si en el proceso sumarial era importante la búsqueda de una afiliación política, sobre todo de Falange, no lo eran menos ciertos hechos y relaciones que, por lo general, la acompañan: el maltrato a obreros, la ostentación de un cargo político durante la dictadura de Primo de Rivera o el Bienio Negro, la colaboración con algún cacique o las relaciones con militares. Aunque la constatación de estos hechos no tenía un carácter decisivo en el sumario, sí marcaba la opinión de los jueces. En el mismo sentido, la importancia que podía adquirir la posesión de un carné de un sindicato o partido de izquierdas produjo frecuentes casos de rápidas e incluso dobles afiliaciones:

> «Las personas que mayores odios habían exteriorizado siempre contra las actividades sindicales de la UGT y de la CNT comparecían ante nosotros para pedirnos gollerías exhibiendo a modo de talismán un carné nuevecito. Los más viejos databan del mes de agosto. Y estoy seguro que la mayor parte de estos señores que diligentemente archivaron en julio el sombrero y la corbata, al oírse llamar quince días antes compañeros o camaradas hubiéranse sentido injuriados [8].»

El enorme contraste que se establece entre la acusación por la que es detenido un individuo y el delito por el que finalmente es condenado, nos ha llevado a realizar un análisis conjunto de estas variables. Los cargos más comunes son: participación en la rebelión, con 190 acusados y desafección al régimen, con 175. De los 190, solamente 22 son condenados por participación en la rebelión y 50 por variantes de ésta (auxilio de la rebelión, proposición para la rebelión, etc.). El resto queda repartido entre las absoluciones y los sobreseimientos —35—, los sumarios inconclusos pertenecientes a militares y los 27 represaliados antes de la celebración del juicio. Frente al delito de participación en la rebelión, en el de desafección, o coincide con el cargo, o los procesados son absueltos. En este cargo coinciden varios tipos de acciones delictivas, desde el acopio de metales preciosos, la desobediencia a las autoridades, hasta expresiones y declaraciones de talante derrotista. Otros cargos que aparecen en los sumarios, aunque minoritarios, son: deserción, traición, espionaje, cohecho y asesinato. El tribunal popular de Cartagena juzgó, tal como lo demuestran varios libros de sesiones, gran variedad de delitos comunes [9]. Sin embargo, los sumarios correspondientes no aparecen junto a los delitos de carácter político y militar.

El TEP dictó una amplia diversidad de sentencias, no pudiéndose hablar de bipolarización. La más frecuente es la absolución —23,2 por 100—, mayoritaria

[8] Barriobero y Herrán, E.: *Memoria de un tribunal revolucionario,* pp. 84-85. Barcelona, 1937.
[9] AHN - SBC: *Sección de Cartagena PS:* leg. 48.

todos los años y dictada sin distinción de cargos. La pena menos dictada fue la de reclusión perpetua, seguida de la de pena de muerte, pronunciada exclusivamente en 1936 y siempre por el delito de participación en la rebelión. La sentencia más elevada por un delito de desafección es la de cuatro años, once meses y treinta días de reclusión en campo de trabajo.

Si la descripción de las variables nos aporta un primer acercamiento a la actividad del tribunal popular, sólo un análisis de las relaciones nos permite un conocimiento más completo.

Hemos partido de las características del individuo —edad, profesión, afiliación política— para analizar su repercusión en los elementos puramente judiciales —cargo, delito, sentencia—.

Es posible establecer una relación directa entre el cargo de la profesión militar. Así, la casi totalidad de los oficiales son acusados de cargos relacionados con la rebelión. Sin embargo, esta proporción no se da respecto al delito y, por tanto, tampoco respecto a la sentencia. Sólo cuatro militares —el 5 por 100— son penados por participación en la rebelión y condenados a la máxima pena. Otros ocho por auxilio y proposición para la rebelión —10,5 por 100— y sentenciados a penas de cárcel de muy diferente duración, de lo que se puede deducir que la profesión militar era condición suficiente para que un individuo fuera sospechoso y, por consiguiente, detenido, pero no para que fuera condenado. Los integrantes de las clases acomodadas —industriales, comerciantes, profesiones liberales— afiliados mayoritariamente a partidos de derechas, sobre todo a Acción Popular son detenidos por cargos de rebelión —42 por 100—, de los que seis el 9,6 por 100 son penados por participación en la rebelión y condenados a muerte y 36, el 58 por 100, por otros delitos relacionados con la rebelión y sentenciados a diversas penas de prisión.

De estos datos se desprende una relación directa entre cargo-delito y sentencia y una mayor rigurosidad en las detenciones que en el caso de los militares.

Entre ambos grupos pueden situarse los 28 militares retirados por las leyes de Azaña, dado que tienen características de ambos. Es destacable que de los seis afiliados, cinco lo fueran a Acción Popular y tan solo uno a Renovación Española. Formaban un grupo muy activo, con un papel destado en la preparación de la sublevación en Cartagena. veinticuatro fueron acusados de rebelión y, aunque hay algún caso de absolución, la mayor parte fueron fuertemente penados: dos a muerte, cuatro a reclusión perpetua y el resto a otras penas de cárcel.

La represión ejercida sobre los miembros de la Guardia Civil en agosto de 1936, puede ser la razón que explique el reducido número de componentes de las fuerzas del orden —quince— juzgados por el tribunal popular.

Una cifra similar es la correspondiente al clero, 12 curas y 2 monjas, de los que 11 fueron detenidos por rebelión y un solo penado, acusado de realizar propaganda desde el púlpito. A pesar de tener constancia de la existencia de nueve represaliados al margen del tribunal, no nos parece una cifra lo suficientemente representativa como para hablar de persecución religiosa.

De los 27 estudiantes, 18 tenían un carné político de derechas, siendo el grupo con mayor número de militantes en Falange Española —12—. El 77,7 por 100 son acusados de rebelión, de los cuales el 51,4 por 100 son penados por estos delitos.

Aunque no se pronunció ninguna pena de muerte, se dictaron tres cadenas perpetuas y varias de 10 a 20 años. No obstante, en algunos juicios en los que se esgrimió la edad como atenuante, las penas fueron menores.

Entre los jornaleros no aparece una afiliación política única, ya que aunque el bloque de derechas es mayoritario, aparecen también militantes de partidos del Frente Popular, dándose un cierto paralelismo entre el tipo de acusación y la tendencia política: de los 28 detenidos por cargos de rebelión, 22, o bien tenían carné o eran simpatizantes de derechas y todos son condenados por delitos de rebelión, dictándose una pena de muerte y fuertes condenas de cárcel. En el otro extremo, de los 11 individuos detenidos por desafección, la mayoría pertenece al Frente Popular y sus sentencias son absolutorias.

Con el resto de los individuos relacionados con el medio rural, agricultores propietarios, ocurre algo similar en cuanto a la diversidad de delito y de afiliación, aunque el número de militantes de izquierda es menor. Pese a tener constancia de que hubo en este ámbito individuos relacionados en la sublevación, por el hecho de ser juzgados en 1937, las sentencias son menos severas.

Con el resto de las profesiones, puede hacerse un comentario común, ya que en su mayoría coinciden en el cargo —desafección—, en el tiempo —años 1937 y 1938— con variada afiliación política pero desbancando a las derechas y con una generalizada suavidad en las sentencias.

Funcionamiento y composición del Tribunal Popular

Los primeros expedientes sumariales fueron realizados por el tribunal popular número 1 de la provincia de Murcia desde principios de septiembre de 1936 hasta el día 5 de diciembre que se constituyó como tribunal autónomo, funcionando hasta el final de la guerra. Es necesario tener en consideración que los primeros sumarios instruidos por el TEP número 1 sobre la sublevación en Cartagena incluyen todas las penas de muerte dictadas, por lo que, aunque falladas desde Murcia hacen referencia a hechos ocurridos en Cartagena y por tanto, pasaron a formar parte de la documentación del tribunal de esta ciudad cuando fue creado en diciembre de 1936.

Es claramente perceptible que la mayor laboriosidad del tribunal popular se produce en 1936 y en los primeros meses de 1937, no sólo por el número de juicios celebrados sino también por el celo con el que se efectuaron las diligencias sumariales. Tal vez los motivos radiquen en la importancia de los sucesos juzgados, en la marcha de la guerra y en sus implicaciones en la retaguardia. De esta forma, en 1939 se llega al máximo en esta situación. La inminente terminación de la contienda justifica la actitud de los inculpados de evitar con cualquier pretexto —certificados médicos más o menos dudosos, incomparecencias...— y con una creciente pérdida de temor hacia el tribunal, la celebración del juicio. Igualmente, estos hechos se pueden observar a través de la reducción y brevedad de los trámites procesales practicados por el tribunal.

Llama la atención la similitud en el número de encausados en 1937 y 1938, teniendo en cuenta que el cargo más extendido durante estos años, la desafección, era competencia del jurado de urgencia durante el tiempo que estuvo en vigor.

En este período y a pesar de sus atribuciones específicas, el tribunal popular sigue juzgando a presuntos desafectos y las interferencias y el choque de competencias entre ambos tribunales son constantes. Quizá sea ésta una de las razones de la supresión de los jurados de urgencia en marzo de 1938.

En cuanto a la agilidad en la instrucción de las causas, es necesario apuntar que el tiempo transcurrido entre la apertura del sumario y la vista oral no suele ser excesivo, pero siempre superior al plazo de ocho días que implicaba el carácter sumarísimo de los procesos.

Una anomalía importante por la transcendencia que tuvo para los implicados, fue la de su estancia indefinida en la cárcel sin que se iniciara la apertura del sumario. Hay varios ejemplos de detenidos en el 36 que no fueron juzgados hasta el 38, como es el caso de 5 miembros de la familia Cabanellas que fueron puestos en libertad en junio del 38, por falta de indicios racionales de criminalidad, según el juez instructor.

Algunas razones para explicar esta irregularidad pueden ser: la excesiva acumulación de trabajo que impide la rapidez en las tramitaciones necesarias, el posible intercambio con presos de la zona nacional o la circunscripción preferentemente urbana del tribunal, que juzgó con posterioridad a los implicados del campo. Como en otros tribunales populares, el de Cartagena limitó primero su actuación al medio urbano, para pasar después al rural —Totana, La Unión, Caravaca, Calasparra— [10].

La influencia del Frente Popular en el funcionamiento del tribunal no sólo se hacía patente en su representación mediante los jurados, sino que también se puede rastrear a través de las denuncias y de los avales.

En los primeros meses de la guerra, la práctica totalidad de las denuncias parten de los partidos, sindicatos y comités del Frente Popular. A partir de 1937, la naturaleza de las mismas se diversifica: agentes judiciales, autoridades locales e individuos. Las denuncias de organizaciones políticas disminuyen en la misma medida que el poder central consigue reorganizarse tras la confusión de los primeros meses provocada por el levantamiento.

Es interesante comprobar la importancia que adquirieron los avales sindicales y políticos a la hora de aportar pruebas de inocencia y culpabilidad. Al igual que las denuncias, su prodigalidad coincidió con los primeros meses de la guerra. Aunque es innegable el papel exculpatorio que en algunos casos tuvieron, no sirvieron en todos los sumarios para decretar la libertad del detenido o para minimizar su pena.

---

[10] Coincidimos en esta valoración con CLARA, J.: «La justicia popular en Gerona. La actuación del tribunal popular (octubre-diciembre de 1936)», comunicación presentada en *Historia y memoria de la guerra civil*. Salamanca, septiembre de 1986.

La nueva forma de justicia que supone el comienzo de las actividades del tribunal popular fue valorada desde diferentes perspectivas, tanto jurídicas como ideológicas. La actitud al respecto del fiscal de este tribunal José Gomis Soler, fue expresada en estos términos:

> «Hoy para juzgar a los delincuentes que se han levantado contra las libertades de España, se constituyen tribunales populares, que no son de castas, porque en la república democrática no hay castas ni privilegios. Antes, la defensa correspondía casi siempre a elementos militares que nada sabían de leyes y hoy, en cambió, todo procesado puede ser defendido por un abogado, dándose a todos las máximas garantías de seguridad» [11].

Esta fue la actitud de un sector del funcionario judicial que ejerció en el TEP de Cartagena y que, por su firme postura respecto a la necesidad de creación de los tribunales populares y por los cargos que desempeñaron, tuvieron una proyección dentro de la justicia republicana. Es el caso de los primeros magistrados Marino López Lucas, José Balboa López y Mariano Sánchez Roca. Este último, prestigioso abogado, defensor de implicados en los sucesos de Asturias de 1934, ostentó la subsecretaría de justicia bajo el ministerio de García Oliver [12]. Su pensamiento sobre el estado de la justicia en estos momentos queda reflejado en estas declaraciones a «Fragua Social»:

> «Eran los días de mediados de agosto de 1936. La criminal sublevación militar había determinado la crisis de todos los órganos del estado, a la que, naturalmente, no se sustrajo la administración de justicia. En circunstancias harto trágicas, y después de vencer no pocas resistencias en el gobierno, se logró constituir el primer tribunal popular, que comenzó a actuar en la cárcel modelo madrileña una tarde de imborrables y trágicos recuerdos para cuantos la vivimos. Y así, improvisadamente, nació a la vida pública el primer órgano judicial de la revolución. El pueblo, con certero instinto adaptaba a su concurso un nuevo sistema revolucionario de enjuiciar y se iniciaba un orden jurídico susceptible de perfeccionamiento, pero pletórico en garantía» [13].

Distinta fue la postura adoptada por el magistrado Francisco Escribano Bueno y por Francisco Yúfera Hernández, presidente del TEP de Cartagena al independizarse del de Murcia el 5 de diciembre de 1936, que probablemente, arrastrados por la situación, colaboraron con el tribunal popular. De ellos no hemos encontrado ninguna declaración acerca de esta nueva forma de justicia, desempeñando sus cargos con aparente corrección.

Existen indicios para pensar que hubo reticencias por parte de los abogados defensores a la hora de colaborar con el tribunal popular. De la lectura de los sumarios se deduce que, previo acuerdo decidieron negarse a defender por libre designación a los implicados más directos en la sublevación. Finalizados los juicios

[11] AHN: *Causa General de Murcia,* caja 1067, pieza 6.ª, «Prensa Roja». Nuestra Lucha, 12 de septiembre de 1936.

[12] Para mayor información sobre la actuación de Mariano Sánchez Roca como subsecretario de Justicia consúltese GALLEGO, G.: *Madrid, corazón que se desangra,* pp. 335-336. Madrid, 1976 y BARRIOBERO HERRÁN, E.: *Op. cit.,* pp. 173-180.

[13] AHN: SGC: expediente de secretaría n.º 35.438.

más comprometidos, fueron abandonando el estricto cumplimiento de la defensa por turno de oficio para pasar un reducido número de abogados a acaparar «sospechosamente» las defensas designadas. En tales circunstancias, la junta de gobierno del colegio de abogados de Cartagena, decidió la conveniencia de afiliarse a UGT [14]. A este hecho hay que añadir el considerable número de abogados procesados por el tribunal popular. Algunos letrados entorpecieron la agilidad judicial, sirviéndose de certificaciones médicas de sus patrocinados, con el objeto de alargar indefinidamente la celebración de los juicios —método que dio excelentes resultados—, sobre todo a partir de 1938.

La oposición a la justicia popular por parte de estos abogados y miembros del cuerpo judicial no pasó inadvertida a uno de sus más firmes defensores:

> «Sobre todo en la primera época de la guerra, las defecciones fueron ininterrumpidas. Los nombramientos de jueces interinos suplieron aquella actitud vergonzosa de un cuerpo que se había plegado con servilismo y bajunamente a todas las situaciones políticas y que era incapaz de prestar a la República el primer servicio que implicaba sacrificio» [15].

Sobre otro componente del tribunal popular, el jurado, es difícil hacer consideraciones generales. La escasa documentación y su insuficiencia informativa limita la capacidad de análisis. Sin embargo, a través de las listas de actuaciones, hemos observado que, en algunos casos, no se cumplían los plazos fijados para el ejercicio de esta función. Así, curiosamente, el principal protagonista de cohecho, al que más adelante haremos referencia, estuvo ejerciendo desde junio hasta noviembre de 1937, fecha en que fue detenido, a pesar de que el decreto del 26 de mayo del mismo año obligaba a la renovación de los miembros del jurado cada cuatro meses. Esta medida del Ministerio de Justicia provocó la oposición de los partidos del Frente Popular de Cartagena, argumentando que aquellos eran de su propia confianza y que habían adquirido experiencia en su reiterada labor que no se lograría con los cambios cuatrimestrales. Fue necesaria la amenaza de disolución del tribunal popular por parte del ministerio para que los partidos accedieran a la renovación.

La documentación que más información nos ha proporcionado sobre los componentes del tribunal popular ha sido la registrada en la pieza quinta de la Causa General, «Justicia Roja». Los datos son contradictorios en ocasiones por lo que, los hemos utilizado con precaución, teniendo en cuenta los fines para los que fue creada.

En líneas generales, se puede calificar de profesional la actuación de los magistrados del TEP de Cartagena. Las descalificaciones iniciadas en la CG y defendidas todavía hoy en algún artículo [16], sobre la no titulación de los magistrados, nos parece que no pueden aplicarse al TEP de Cartagena. Así, aunque en la CG

---

[14] AGULLO BENEDI, C.: *Pequeña y verídica historia del colegio de abogados de Cartagena*, pp. 205-206. Cartagena, 1986.

[15] AHN: SBC: expediente de secretaría n.º 35.438.

[16] ALEJANDRE, J. A.: «La justicia penal». En *Historia 16:* La guerra civil n.º 14: Sociedad y guerra, pp. 84-85. Madrid, 1987.

se niega que el fiscal NGD tuviese estudios de Derecho, en su expediente policial consta su condición de licenciado.

La profesionalidad de los miembros del tribunal no puede valorarse únicamente en función de la titulación, siendo necesario considerar su actuación. A través de los sumarios se puede rastrear el esfuerzo por ajustarse a la normativa legal vigente, a pesar de las presiones a las que estaban sometidos por las circunstancias del momento. En la prensa de la época puede leerse:

> «Esperamos que los miembros del tribunal popular no se llenen de legalismos... y que la mano de justicia se posará enérgicamente, no sólo sobre los que han actuado contra el pueblo, sino los que de forma directa o indirecta han contribuido a esa actuación. La pena debe ser igual para el inductor que para el ejecutor en buena justicia revolucionaria. Ningún sentimentalismo hacia los que no lo han tenido con nosotros» [17].

No obstante y a la vista de las sentencias dictadas, puede decirse que el tribunal no se dejó influir de forma ostensible por opiniones de este tipo.

En contraposición a la aparente rectitud de los magistrados, se encuentra la diferente actitud de algunos miembros del jurado, observable en un delito de cohecho juzgado por el TEP. La excepcionalidad del hecho no radica sólo en la gravedad del delito en sí, sino también en que es una inestimable fuente de información sobre los jurados y algunos aspectos del funcionamiento interno del tribunal [18].

En el juicio, que tuvo gran resonancia en la prensa de Cartagena por el matiz de ejemplaridad que se intentó dar, estuvieron encartados tres jueces de hecho, uno de los cuales ostentó el cargo, sospechosamente, más tiempo del marcado por la ley. La trascendencia real de los hechos y su repercusión en las sentencias es difícil de calibrar, aunque en la propia documentación se hace referencia a sentencias compradas. La pena impuesta no se sustrae al carácter de ejemplaridad que se intentó imprimir a todo el proceso. A los jurados, principales implicados, se les condenó a dos años de internamiento en campo de trabajo por un delito de cohecho y dos penas de veinticinco años y otra de veinte por adhesión a la rebelión. Por disconformidad con esta última pena los procesados recurrieron al Tribunal Supremo, que la anuló, considerando que no procedía una acusación de este tipo [19].

Una vez suprimidos los tribunales la suerte que corrieron sus miembros fue muy distinta. Mientras que algunos no tardaron en incorporarse al servicio del aparato judicial del nuevo régimen, como es el caso del presidente F. Yúfera y del magistrado F. Escribano que fueron readmitidos en 1941 y sancionados con traslado forzoso, prohibición de solicitar cargos vacantes durante un año con postergación para el ascenso por un plazo idéntico de tiempo. El secretario J. Heredero fue depurado con propuesta de admisión sin sanción e incorporado al servicio en 1941 con postergación durante dos años.

---

[17] AHN: *Causa General de Murcia:* caja 1067, pieza 6.ª «Prensa Roja». Nuestra lucha, 2 de septiembre de 1936.

[18] AHN: SGC: *Sección de Cartagena PS:* leg. 18, exp. 41.

[19] Estas afirmaciones contradicen lo expuesto por ALEJANDRE, J. A.: *Op. cit.,* pp. 84-85.

La mayoría de los jueces instructores de los municipios dependientes del tribunal de Cartagena fueron depurados sin sanción e incluso un grupo importante consiguió ascender al pasar de dichas localidades a capitales de provincia.

Los fiscales N. Domingo, J. Gomis y el magistrado Medina Ríos, según las informaciones de la CG se encontraban en paradero desconocido.

J. Balboa, juez instructor de la flota y magistrado del tribunal número 1 de la provincia de Murcia, fue condenado por un consejo de guerra a la máxima pena y fusilado el veintisiete de mayo de 1939 [20].

De los miembros del jurado no tenemos datos sobre su destino. Por referencias indirectas, sabemos que un importante número fue represaliado de una u otra forma, o bien con el exilio, la cárcel o las ejecuciones. Solamente tenemos constancia documentada del cumplimiento de tres penas de muerte [21].

La represión incontrolada y las competencias desbordadas del Tribunal Popular de Cartagena

La principal fuente documental sobre la represión en Cartagena es la Causa General. Sin embargo, las abundantes contradicciones que alberga nos ha obligado a manejarla con reservas. Como expresión de lo anterior y a modo de ejemplo, baste indicar que en un informe aparece la cifra global de mil quinientas víctimas de la represión —sin especificar datos personales ni circunstancias de la muerte—, mientras que en una relación nominal cursada por el Ayuntamiento de Cartagena se contabilizan cuatrocientas dieciséis, entre las que se incluyen sesenta personas muertas en los acontecimientos de marzo de 1939. Esta última cifra, una vez contrastada con otra documentación, parece más acorde con la realidad [22].

Como consecuencia del frustrado levantamiento, fueron encarceladas una importante cantidad de personas. Sin embargo, la represión ejercida no fue inmediata, ya que en el mes de julio sólo se tiene constancia de dos víctimas. La exacerbación de los ánimos y la clara delimitación de las posturas son, entre otras razones, causas del desencadenamiento de la ola de violencia que alcanza su cenit en agosto y octubre. Al igual que en el resto de España, agosto fue el mes más sangriento, contabilizándose un total de doscientos cuarenta y cuatro muertos, de los que doscientos veintitrés corresponden a los días 14 y 15.

A pesar de los intentos de canalización de la justicia mediante la implantación de un tribunal popular, no se logró eliminar hasta noviembre la represión incontrolada, además de las dieciséis penas de muerte dictadas en septiembre por el tribunal, siguieron funcionando los paseos.

---

[20] Según Benavides, José Balboa López fue agente del Socorro Blanco. Véase: Benavides, M.: *Op. cit.*, p. 389.

[21] Egea Bruno, P. M.: *La represión franquista en Cartagena*, 1987. Esta obra incluye una relación de fusilados en Cartagena entre 1939 y 1945, ejecuciones que cifra en 177. En esta lista se nombra al juez instructor de la flota, José Balboa y a tres jueces de hecho.

[22] AHN: *Causa General de Murcia:* caja 1063. «Relación de personas que fueron asesinadas durante la dominación roja en el término municipal de Cartagena».

El número de víctimas —sesenta y una— se incrementa en el mes de octubre a resultas de dos sacas de presos los días 18 y 20. El comisario jefe de Cartagena en un informe remitido a la Causa General atribuye estos sucesos a las represalias tras un bombardeo [23]. De esta forma, las competencias del tribunal fueron desbordadas por doble vía: no sólo no consiguieron controlar la represión en los primeros meses, sino que no pudieron salvaguardar las mínimas garantías procesales. Las investigaciones que sobre estos hechos intentaron realizar los magistrados del tribunal fueron obstaculizadas por integrantes de comités del Frente Popular. A partir de esta fecha no tenemos más noticias de la existencia de otras sacas o paseos.

La oficialidad militar es la categoría profesional más represaliada, ya que sólo en el buque-prisión «España número 3» se contabilizan 151 víctimas.

En importancia numérica le sigue la Guardia Civil, con 45 represaliados. En la mayor parte de la población civil asesinada coinciden unas características comunes: la afiliación a partidos de derechas, ostentación de cargos públicos de relevancia —alcaldes, concejales, diputados, diplomáticos, etc— y una gama profesional restringida, como profesiones liberales, propietarios y estudiantes.

La reorganización del poder central por el gobierno de Largo Caballero parece que influyó en el control de la situación, pues otros cambios operados apoyan esta idea. Las denuncias e informes que en los primeros juicios provenían de miembros del Frente Popular serán paulatinamente sustituidos por los policiales. Del mismo modo, los intentos de disolución de los comités revolucionarios con la consiguiente desaparición de la violencia incontrolada, permitió al tribunal canalizar directamente la justicia. Parece claro que, tanto la mayoría de los miembros del TEP como los organismos superiores de la administración de justicia, procuraron que se cumplieran los trámites legales a través de los tribunales populares para acabar con los sangrientos acontecimientos del verano del 36. Esta circunstancia queda ilustrada en un documento que alude a las peticiones realizadas por el fiscal Nicolás González Domingo al comisario jefe de investigación y vigilancia, fechado en Cartagena a 20 de marzo de 1937:

> «En cumplimiento de orden del excelentísimo fiscal de la República me dirijo a V. S.:
>
> 1.° Deberá comunicarme los detenidos que existen en el centro y los motivos de su detención.
>
> 2.° Se servirá de darme cuenta de las detenciones por los agentes de esa plantilla, expresando motivos... Así mismo, la autoridad a cuya disposición sean puestos.
>
> 3.° Con urgencia realizará investigaciones para averiguar si en esta ciudad al margen de la legalidad funcionan brigadas o comisarías especiales sin control oficial, aún cuando aleguen supuesta representación de entidades sindicales y políticas.
>
> 4.° Procurarán V. S. y sus funcionarios su actuación policial con el respeto más escrupuloso a las normas judiciales...» [24].

---

23 AHN: *Causa General de Murcia:* caja 1067, pieza 3.ª, folio 9.
24 AHN: SGC: *Sección de Cartagena PS:* leg. 48.

	Oficiales y jefes	Soldados	Varones	Mujeres
1936	112	13	340	13 (3,8%)
1937	6	6	112	9 (8,1%)
1938	7	19	99	15 (15,1%)
1939	—	1	4	4 (50%)

En el apartado «oficiales y jefes» se incluyen a los militares retirados por las leyes de Azaña.

En el apartado «sin sentencia incluimos a todos los encausados cuyos procesos no terminaron en juicio sin que se decretara su libertad. Entre ellos se cuentan los sumarios cortados bruscamente sin razón aparente —sobre todo de militares— o el caso de los dieciocho represaliados poco antes del juicio.

RELACION SENTENCIA/AFILIACION POLITICA

	A.P.	R.E.	TR.	F.E.	REP.	PSOE-UGT	PCE	CNT	S.D.	S.A.	A.D.	Total
Meses	13	—	2	2	2	1	—	—	16	5	11	52
1-3 años ...	8	2	1	4	5	1	1	—	16	2	12	52
3-5 años ...	1	1	—	3	—	—	—	2	8	1	6	22
5-10 años ..	15	3	1	5	1	—	—	—	8	1	13	47
10-15 años .	2	2	1	7	4	1	—	—	8	3	12	40
15-20 años .	3	2	—	4	—	—	—	—	—	—	2	11
+ 20 años ..	5	—	—	—	—	—	—	—	—	—	4	9
R.P.	1	—	—	3	—	—	—	—	5	—	—	9
P.M.	6	5	—	1	—	—	—	—	4	—	—	16
ABS.	5	1	4	3	12	23	7	5	11	21	44	136
INH.	—	—	1	—	1	—	—	—	3	—	3	8
SOB.	2	1	—	—	3	4	1	3	6	6	24	50
S.S.	6	3	1	3	1	6	3	2	13	3	82	123
L.P.	—	1	—	1	2	2	—	1	2	—	12	21
Total	67	21	11	36	31	38	12	13	100	42	225	596

A.P.: Acción Popular.
R.E.: Renovación Española.
TR.: Tradicionalistas.
F.E.: Falange Española.
REP.: Republicanos.
PSOE: Partido Socialista Obrero Español.
UGT: Unión General de Trabajadores.
PCE: Partido Comunista de España.
CNT: Confederación Nacional del Trabajo.
S.D.: Simpatizantes de derechas.
S.A.: Sin afiliación.
A.F.: Afiliación desconocida.

EVOLUCION TEMPORAL DE LAS SENTENCIAS

	AÑOS														
	Meses	1-3	3-5	5-10	10-15	15-20	+20	R.P.	P.M.	Abs.	Inh.	Sob.	S.S.	L.P.	Total
1936 ...	29	23	9	41	31	8	9	9	16	45	3	25	94	11	353
1937 ...	11	21	4	6	9	2	—	—	—	44	4	13	3	4	121
1938 ...	12	8	9	—	—	1	—	—	—	47	1	12	18	6	114
1939 ...	—	—	—	—	—	—	—	—	—	—	—	—	8	—	8

R.P.: Reclusión perpetua.
Abs.: Absolución.
Inh.: Inhibición.
Sob.: Sobreseimiento.
S.S.: Sin sentencia.
L.P.: Libertad provisional.

DISTRIBUCION ANUAL DE DETENIDOS POR PROFESIONES

	Of. Ej. y Arm.	Mil. ret.	Subof.	Sold.	F. orden	Mar. M.M.	Man. M.M.	Clero	In-co-ban.
1936 ...	76	26	15	13	2	3	2	12	33
1937 ...	4	2	1	6	7	7	3	—	10
1938 ...	7	—	4	19	6	4	—	2	11
1939 ...	—	—	—	1	—	—	—	—	3
Total ..	87	28	20	39	15	14	5	14	57

	A.f.-P.l.	Of.-t.cb.	Pr. agr.	Estud.	Of. art.	Obr.	Jornal.	S. lab.	P. des.	Total
1936	32	26	20	15	14	18	26	7	13	353
1937	4	17	5	9	13	12	10	7	4	121
1938	5	7	14	3	8	2	6	14	2	114
1939	—	—	—	—	—	—	—	4	—	8
Total ...	41	50	39	27	35	32	42	32	19	596

Of. Ej. y Arm.:	Oficiales y jefes del Ejército y de la Armada.
Mil. ret.:	Militares retirados.
Subof.:	Suboficiales.
Sold.:	Soldados.
F. orden:	Fuerzas del orden.
Mar. M.M.:	Marineros de la marina mercante.
Man. M.M.:	Mandos de la marina mercante.
In-co-ban.:	Industriales, comerciantes y directivos de banca.
A.f.-P.l.:	Altos funcionarios y profesiones liberales.
Of.-t.cb.:	Otros funcionarios y trabajadores de cuello blanco.
Pr. agr.:	Propietarios agrícolas.
Estud.:	Estudiantes.
Of. art.:	Oficios artesanales.
Obr.:	Obreros.
Jornal.:	Jornaleros.
S. lab.:	Sus labores.
P. des.:	Profesión desconocida.

RELACION CARGO/DELITO

DELITO	CARGO														
	P.R.	A.R.	C.R.	PR.R.	E.R.	AD.R.	DES.	DER.	ASES.	COH.	DESER.	TR.	ESP.	C.DES.	TOTAL
P.R.	22	—	—	—	—	—	—	—	—	—	—	—	—	—	22
A.R.	6	15	—	—	—	—	—	—	—	—	—	—	—	—	21
C.R.	9	1	23	—	—	—	—	—	—	—	—	—	—	—	33
PR.R.	10	4	—	29	—	—	—	—	—	—	—	—	—	—	43
E.R.	5	—	—	—	12	—	—	—	—	—	—	—	—	—	17
AD.R.	1	—	—	—	—	5	—	—	—	—	—	—	—	—	6
C.AD.	12	—	15	—	—	—	—	—	—	—	—	—	—	—	27
C.A.	7	—	18	1	—	—	—	—	—	—	—	—	—	—	26
DES.	—	2	—	—	—	2	47	—	—	—	—	—	—	—	51
DER.	—	—	—	—	—	—	—	—	—	—	—	—	—	—	—
ASES.	—	—	—	—	—	—	—	—	—	—	—	—	—	—	—
COH.	—	—	—	—	—	—	—	—	—	6	—	—	—	—	6
DESER. ...	—	—	—	—	—	—	1	—	—	—	5	—	—	—	6
TR.	—	—	—	—	—	—	—	—	—	—	—	—	—	—	—
ESP.	—	—	—	—	—	—	—	—	—	—	—	—	2	—	—
S.D.	35	12	7	3	10	1	79	1	5	4	—	3	—	14	174
D.DES. ...	83	4	5	7	—	8	48	—	—	—	—	—	—	7	162
TOTAL ..	190	38	68	40	22	16	175	1	5	10	—	3	2	21	596

P.R.: Participación en la rebelión.
A.R.: Auxilio a la rebelión.
C.R.: Conspiración para la rebelión.
PR.R.: Proposición para la rebelión.
E.R.: Excitación a la rebelión.
AD.R.: Adhesión a la rebelión.
C.AD.: Conspiración para la adhesión a la rebelión.
C.A.: Conspiración para el auxilio a la rebelión.
DES.: Desafección.
DER.: Derrotismo.
ASES.: Asesinato.
COH.: Cohecho.
DESER.: Deserción.
TR.: Traición.
ESP.: Espionaje.
S.D.: Sin delito. En este apartado se incluyen a los juzgados absueltos, a los sobreseimientos, inhibiciones y libertades provisionales, y por otra parte, a los detenidos que, por alguna de las razones anteriormente apuntadas, no llegan a juicio.
C.DES.: Cargo desconocido.
D.DES.: Delito desconocido.

La justicia republicana en la provincia de Jaén durante la guerra civil. La actuación de los Tribunales especiales populares (1936-1939)

FRANCISCO COBO ROMERO
Universidad de Granada

El acontecimiento, de matiz marcadamente trágico, que precipitó la adopción de una firme decisión por parte del gobierno Giral encaminada a la constitución de los denominados «TRIBUNALES POPULARES» no fue otro que la matanza de presos en la Cárcel Modelo de Madrid. Los 3.000 presos que allí se encontraban se amotinaron, provocando un incendio. Las causas del infortunio pueden hallarse en un intento premeditado de fuga o en la provocación procedente de numerosos delincuentes comunes estimulados por milicianos «cenetistas» [1].

Lo cierto es que entre el 23 y el 24 de agosto de 1936 fueron ejecutados 70 prisioneros, entre los que se encontraban destacados miembros de organizaciones políticas derechistas.

El aciago acontecimiento provocó la lógica consternación entre las autoridades republicanas, que decidieron atajar inmediatamente la situación mediante la promulgación, el mismo día 23, del decreto de constitución del Tribunal especial encargado de «... juzgar los delitos de rebelión y sedición y los cometidos contra la seguridad del Estado por cualquier medio...» [2]. El referido Tribunal, que actuaría en Madrid, estaría presidido por el funcionario judicial de superior categoría, y resultaría compuesto por tres funcionarios judiciales que juzgarían como jueces de Derecho y 14 Jurados que decidirían sobre los hechos de la causa. Los jueces populares serían designados por los partidos que integraban el Frente Popular y organizaciones sindicales afectas al mismo [3].

La creación de los Tribunales populares pudo responder, en buena medida, al deseo latente entre diversos componentes del gobierno republicano de apaciguar los exaltados ánimos de las masas radicalizadas, dirigidos contra los presidiarios derechistas de toda clase [4]. De otra parte, no podemos omitir que la medida vino a socorrer una situación de precariedad acusada y de irregularidad manifiesta en

[1] THOMAS, H.: *La guerra civil española,* vol. I, p. 437. Barcelona, 1981.

[2] DÍAZ-PLAJA, F.: «La España política del siglo XX», en *Fotografías y documentos,* vol. III, p. 142. Barcelona, 1972.

[3] *Ibíd.*

[4] VIDARTE, J. S.: *Todos fuimos culpables,* vol. I, p. 426. Barcelona, 1977.

el funcionamiento del aparato judicial de la España Republicana, pues en la mayor parte de los casos los jueces, o bien habíanse trasladado a la zona insurgente o bien habían sido destituidos por los poderes de la España leal al ser considerados poco merecedores de confianza [5].

El procedimiento seguido por los Tribunales populares fue el sumarísimo, estando asistidos los inculpados del uso de ciertas formas elementales de defensa. No obstante, es preciso apuntar que, al menos durante los primeros meses de actuación de los nuevos tribunales, los falangistas y miembros de la CEDA eran generalmente fusilados [6].

I. LA CONSTITUCIÓN DE LOS JUZGADOS ESPECIALES DE JAÉN

Durante los primeros días del mes de septiembre de 1936 quedaron constituidos dos Juzgados especiales en Jaén y su provincia, para hacerse cargo del enjuiciamiento de los delitos de sedición y rebelión y contra la seguridad del Estado. Los Juzgados respondían a lo dispuesto en el decreto de 25 de agosto de 1936 y sus componentes eran los siguientes:

— JUZGADO N.º 1: Juez: Don Diego Vadillos Lechuga.
Secretario: Don Antonio Cruz Fernández.

— JUZGADO N.º 2: Juez: Don José del Cerro Cerrojillo.
Secretario: Don Felipe Recio Cebrián [7].

Asimismo, es preciso indicar la existencia de otro Tribunal popular con jurisdicción sobre la provincia de Jaén y la porción del territorio de la provincia de Córdoba que permaneció bajo obediencia de las legítimas autoridades republicanas.

El referido tribunal, integrado por José Miura Casas como presidente (igualmente presidente de la Audiencia Provincial de Jaén), José Osuna como secretario, Pedro Jiménez Espejo como fiscal, Burgos Gálvez como magistrado y Camacho Galindo como defensor [8], se trasladó a Pozoblanco el día 16 de septiembre de 1936 para juzgar la causa de 22 detenidos por la sublevación fascista, triunfante en un primer momento en aquella localidad [9].

Los jueces populares que actuaron en la mencionada vista fueron los siguientes: José Aroca Núñez, Francisco Tello López, Manuel Valenzuela Cuevas, Pedro

[5] BORKENAU, F.: *El reñidero español. Relato de un testigo de los conflictos sociales y políticos de la guerra civil española,* p. 100. Barcelona, 1977.

[6] THOMAS, H.: *Ob. cit.*, p. 438.

[7] *La mañana,* (Jaén), de 4 de septiembre de 1936.

[8] MORENO GÓMEZ, F.: *La guerra civil en Córdoba (1936-1939),* p. 486. *Vid. Renovación*, (Jaén), de 21 de septiembre de 1936. MORENO GÓMEZ señala como fiscal a Angel de la Fuente. De acuerdo con los datos consultados por nosotros, y contenidos en la Causa General de Jaén, así como en la información aparecida en la publicación periódica *Renovación*, hemos podido comprobar que fue Jiménez Espejo quien actuó como fiscal en el juicio en cuestión. *Vid.* ARCHIVO HISTÓRICO NACIONAL (Madrid). Causa General de la provincia de Jaén. Caja 1009, Pieza 5, Justicia Roja. *Vid. Renovación*, de 21 de septiembre de 1936.

[9] *Vid.* MORENO GÓMEZ, F.: *Ob. cit.*, p. 336. *Renovación,* de 21 de septiembre de 1936.

Martínez, José García Pérez, José Siles Quesada, Carmelo Resca Emanuel, Tomás Vílchez Gutiérrez, Agustín Cantero Fernández, Juan Ramón Carpio Estringana, Juan Gámez Plaza, Antonio Lendínez Cortes, Manuel Díaz Prieto y Cristóbal Martínez Cobo, muchos de ellos destacados dirigentes provinciales y locales de las organizaciones políticas socialista y comunista [10].

Las competencias asignadas a los Tribunales especiales populares se vieron ampliadas mediante la promulgación del decreto del Ministerio de Justicia, hecha pública en *La Gaceta* del día 7 de octubre de 1936. En el mencionado Decreto se extendía el campo de actuación de los Tribunales populares al conocimiento de los delitos de traición y espionaje previstos y penados en el título V del Tratado segundo del Código de Justicia Militar [11].

Mediante decreto del Ministerio de Justicia hecho público en *La Gaceta* del día 11 de octubre de 1936 se constituían los Jurados de urgencia para conocer de los hechos de hostilidad y desafección al régimen, integrados por un presidente juez de derecho, designado entre los jueces o magistrados, y dos jueces de hecho designados por turno por los partidos del Frente Popular [12].

De acuerdo con lo preceptuado por esta última disposición, el 11 de diciembre de 1936 fue instalado en Jaén el Jurado de urgencia, con jurisdicción sobre los territorios de las provincias de Jaén, Córdoba y Granada afectos al régimen republicano y presidido por Angel de la Fuente [13].

El carácter eminentemente político con que fueron investidos los Jurados de urgencia, inspirados para servir de instrumento en la represión efectiva de cuantos fuesen considerados sospechosos de practicar actos hostiles al gobierno y a las instituciones administrativas republicanas, queda plasmado de forma irrefutable en el comunicado hecho público por el presidente del Jurado de Jaén, cuando anuncia que es deber suyo juzgar «... a todos los enemigos del régimen, ya que ésta es una de las formas que el Gobierno legítimo de la República estima más eficaces para acabar con la reacción enemiga del proletariado y de la causa antifascista...» [14].

II. LA ACTUACIÓN DE LOS TRIBUNALES POPULARES DE JAÉN

El primero de los juicios celebrados por los Tribunales Populares de Jaén tuvo lugar el día 7 de septiembre de 1936, en la capital provincial. Se juzgó en aquella ocasión al que fuera abogado y juez municipal de Montoro (Córdoba), por el supuesto delito de rebelión contra el poder constituido. Actuaba como presidente José Miura Casas y como fiscal el letrado Pedro Jimeno [15].

La atmósfera que rodeaba las primeras vistas públicas de los Tribunales Espe-

[10] AHN: (Madrid), *CG Provincia de Jaén.* Caja 1009, Pieza 5, Justicia Roja.

[11] Centro Documental de Jaén: Excma. Diputación Provincial. Jaén. *Boletín Oficial de la Provincia de Jaén,* de 13 de octubre de 1936.

[12] *Boletín Oficial de la Provincia de Jaén,* de 16 de octubre de 1936.

[13] *La Mañana,* de 13 de diciembre de 1936.

[14] *Ibíd.*

[15] *Vid. La Mañana.* de 8 de septiembre de 1936. *Venceremos,* (Jaén), de 11 de septiembre de 1936.

ciales Populares estuvo muy probablemente saturada de apasionadas manifestaciones de claro matiz político, así como anormalmente teñida de vehementes declaraciones vindicativas, naturalmente derivadas de la desmedida tensión que reinaba en un momento histórico en que el proletariado decidió aniquilar definitivamente a sus enemigos de clase. En este sentido, cabe destacar el modo de proceder con que se conducían algunos miembros del Tribunal Popular de Jaén en el transcurso de algunos de los juicios llevados a cabo por este último organismo. En el seguido contra el juez de Montoro, anteriormente mencionado, el abogado defensor saludó con el puño en alto al Tribunal, al tiempo que, una vez conocida la sentencia, todo el público asistente «... con el puño en alto [dio] un viva a la República, al Tribunal del Pueblo y a los héroes caídos en la lucha, a los que en su memoria y a petición del Fiscal, se les guardó un minuto de silencio con el saludo del proletariado...» [16].

Los Tribunales Populares fueron acogidos como el instrumento en manos de los trabajadores dirigido necesariamente hacia el exterminio físico del enemigo de clase y la salvaguardia del régimen Republicano, única garantía de las libertades y conquistas democráticas obtenidas a través de una incansable lucha. Refiriéndose a ellos y a la labor que se les había encomendado, la prensa jienense resaltaba lo siguiente: «Frente a la insurrección, la justicia es implacable. Frente a toda injerencia subversiva, nada como el pueblo mismo, en legítima defensa de su fe y de los postulados de la República» [17].

Durante los meses finales del año 1936, los Tribunales Populares de Jaén desplegaron una actividad febril en el enjuiciamiento de los delitos de sedición y rebelión, especialmente los cometidos por los dirigentes y destacados derechistas de aquellas localidades de la provincia de Córdoba que, como el caso de Pozoblanco, tras permanecer por un breve lapso de tiempo adheridas a la causa de los sublevados, volvieron a reintegrarse a la obediencia republicana gracias a la actuación conjunta de las milicias «frentepopulistas» y efectivos de la «columna Miaja» que, desde el 28 de julio de 1936, operaba en tierras cordobesas [18].

A lo largo del mes de agosto de 1936, además de Pozoblanco fueron recuperadas para la República las localidades de Añora, Belalcázar, Alcaracejos, Villanueva del Duque, Hinojosa del Duque y Dos Torres, con lo que numerosos derechistas acusados de instigar y promover, incluso mediante el recurso a las armas, el levantamiento de la población contra el régimen legalmente constituido, fueron encarcelados y juzgados posteriormente por las autoridades judiciales radicadas en Jaén. De acuerdo con lo establecido por Moreno Gómez, fue a partir de agosto de 1936 cuando se iniciaron las expediciones de presos derechistas hacia Jaén, a donde llegaron, listos para ser procesados, procedentes de Montoro, Pozoblanco, Villanueva de Córdoba, Dos Torres, El Viso y Villa del Río.

Ya tuvimos oportunidad de conocer anteriormente la identidad de los componentes del Tribunal Popular de Jaén que se trasladó a Pozoblanco al efecto de juzgar a 22 derechistas acusados del delito de rebelión. La vista de la causa registró

[16] *Vid. Venceremos,* de 11 de septiembre de 1936.

[17] *Vid. La Mañana,* de 8 de septiembre de 1936.

[18] Las operaciones orientadas hacia la recuperación de Pozoblanco por parte de las fuerzas leales aparecen descritas por MORENO GÓMEZ, F., *ob. cit.,* pp. 329 a 340.

una desmedida asistencia de público [19], e incluso algunas muestras de júbilo popular al conocerse la sentencia, que condenó a la última pena a 18 de los 22 encausados. Los odios de clase y la intensa politización que acusaron los juicios protagonizados por los Tribunales Populares se pusieron una vez más de manifiesto cuando «al terminarse y conocerse la sentencia, el público dio vivas [extentóreos] (sic.) al Tribunal» [20].

En el transcurso de los días 8, 9, 10 y 11 de septiembre de 1936 tuvieron lugar en Jaén sendos juicios contra personas comprometidas en la rebelión y sedición contra las legítimas instituciones republicanas, todas ellas residentes en Montoro. De la vista de las sentencias enunciadas, cinco personas fueron condenadas a muerte y ejecutadas [21].

El 25 de septiembre se celebró la vista de la causa instruida contra cinco vecinos de Montoro, de los que cuatro (Rafael Roa Madueño, Bartolomé Madueño Ruano, Pablo Serrano Hernández y Antonio Arenas Román) fueron condenados a muerte y ejecutados [22].

Los cuatro vecinos de El Viso juzgados por el Tribunal Popular de Jaén el día 5 de octubre de 1936, y acusados del delito de rebelión militar, fueron ejecutados asimismo y enterrados en el cementerio de Jaén el día 8 del mismo mes [23].

El proceso seguido contra 10 vecinos de Villanueva de Córdoba, el 29 de octubre de 1936, dio como resultado la condena a muerte de dos de ellos, Bernardo Valero Martos (propietario) y Juan Muñoz Fernández (dueño del bar donde se reunían los derechistas) [24].

Sin lugar a dudas, uno de los procesos que se cobraron mayor número de sentencias de muerte (posteriormente ejecutadas) fue el celebrado el 4 de noviembre de 1936, donde se juzgaba a siete inculpados de Villanueva de Córdoba, acusados del delito de rebelión y condenados todos ellos a la última pena. Los encausados eran: Matías Moreno Blanco, Fernando Sepúlveda Ayllón, Andrés Fernández Muela, Isidoro Martos Escudero, Juan A. Delgado Fernández, Manuel Díaz Torralbo y Alfonso Díaz Fernández, pertenecientes a la CEDA y algunos de ellos a la burguesía agraria cordobesa [25].

El juicio llevado a cabo el 9 de diciembre de 1936 dictó pena de muerte contra cinco más de Villanueva de Córdoba, ejecutados el día 14 del mismo mes. Los condenados fueron: Alejandro Yun Torralbo (médico, miembro del Partido Radical, ex juez municipal), Andrés Cerezo Mora, Rafael Pacheco Pérez (comerciante), José García Montoro (miembro de Acción Católica) y Juan Cazalilla Delgado (activista de la sublevación) [26].

---

[19] Un corresponsal del periódico *Venceremos* indicaba que más de 3.000 personas integraban el público asistente. *Vid. Venceremos,* de 22 de septiembre de 1936, mientras MORENO GÓMEZ, *ob. cit.*, p. 336, estima que el público estaba compuesto solamente por unas 2.000 personas.

[20] *Vid. Venceremos,* de 22 de septiembre de 1936.

[21] *Vid. Venceremos,* de 13 de septiembre de 1936.

[22] *Vid. La Mañana,* de 26 de septiembre de 1936.

[23] *Vid. La Mañana,* de 6 de octubre de 1936.

[24] *Vid. La Mañana,* de 30 de octubre de 1936. MORENO GÓMEZ, F., *ob. cit.*, pp. 487-488.

[25] *Vid. La Mañana,* de 5 de noviembre de 1936 y MORENO GÓMEZ, F., *ob. cit.*, p. 488.

[26] MORENO GÓMEZ, F.: *Ob. cit.*, p. 489.

CUADRO 1
RESUMEN DE LA ACTUACION DE LOS TRIBUNALES POPULARES DE JAEN
(Septiembre-diciembre de 1936)

Fecha de la vista	Número de encausados	Natural(es) de, residente(s) en.	Sentencias de muerte
8-IX-1936	1	Montoro (Córdoba)	1
9-IX-1936	1	Montoro (Córdoba)	1
10-IX-1936	1	Montoro (Córdoba)	1
11-IX-1936	2	Montoro (Córdoba)	2
16-IX-1936	22	Pozoblanco (Córdoba)	18
22-IX-1936	2	Santiago de la Espada (Jaén)	1
23-IX-1936	2	?	2
24-IX-1936	1	Montoro (Córdoba)	1
25-IX-1936	5	Montoro (Córdoba)	4
30-IX-1936	2	Córdoba	0
5-X-1936	4	El Viso (Córdoba)	4
6-X-1936	8	Dos Torres (Córdoba)	0
7-X-1936	9	Dos Torres (Córdoba)	1 (*)
9-X-1936	11	Pozoblanco (Córdoba)	1
14-X-1936	10	Dos Torres (Córdoba)	0
16-X-1936	10	Pozoblanco (Córdoba)	0
17-X-1936	11	Pozoblanco (Córdoba)	0
22-X-1936	8	Pozoblanco (Córdoba)	0
24-X-1936	9	Dos Torres (Córdoba)	2
28-X-1936	8	Pozoblanco (Córdoba)	0
29-X-1936	10	Villanueva de Córdoba (Córdoba)	2
30-X-1936	1	?	1
4-XI-1936	7	Villanueva de Córdoba (Córdoba)	7
5-XI-1936	8	Pozoblanco (Córdoba)	0
6-XI-1936	10	Dos Torres (Córdoba)	1 (*)
18-XI-1936	8	Dos Torres (Córdoba)	0
30-XI-1936	9	?	0
1-XII-1936	4	Villa del Río (Córdoba)	0
3-XII-1936	4	Orcera (Jaén)	2
7-XII-1936	9	Dos Torres (Córdoba)	0
10-XII-1936	3	Villanueva de Córdoba (Córdoba)	2
17-XII-1936	4	Villanueva de Córdoba (Córdoba)	0
TOTALES	204		54

Fuentes: Diarios *La Mañana, Venceremos* y *Renovación,* de Jaén. *Causa General de Jaén.* MORENO GÓMEZ, F.: «La guerra civil en Córdoba». Elaboración propia [28].
(*) Sentencia conmutada.

[28] *Vid. La Mañana,* 11, 12, 23, 24, 25 y 26 de septiembre; 1, 6, 7, 8, 10, 15, 17, 23, 25, 29, 30 y 31 de octubre; 5, 6, 7 y 19 de noviembre y 1, 2, 4, 8 y 11 de diciembre de 1936. *Venceremos,* 11, 13 y 22 de septiembre, 30 de octubre y 6 de noviembre de 1936. *Renovación,* de 21 de septiembre de 1936. *Vid.* MORENO GÓMEZ, F., *ob. cit.,* pp. 486-489.

Casi todos los juicios llevados a cabo contra inculpados procedentes de la provincia de Córdoba estuvieron presididos por el magistrado José Miura Casas, aun cuando en algunas ocasiones la presidencia fuese ocupada por los señores Fernández del Pozo o Burgos Gálvez [27].

En un total de 31 juicios analizados, celebrados entre el 8 de septiembre y el 17 de diciembre de 1936, los Tribunales Populares de Jaén procesaron a 202 inculpados, condenando a pena de muerte a 54 de ellos. Hemos podido comprobar que todas las sentencias de muerte fueron ejecutadas, excepto las recaídas sobre Rafael Galán García y Antonio Bioque García, vecinos de Dos Torres, juzgados el 7 de octubre y el 6 de noviembre, respectivamente.

Así pues, a la vista de las cifras precedentes, podemos afirmar que las sentencias de muerte afectaron al 26,47 por 100 de los ajusticiados, siendo el porcentaje de ejecutados sensiblemente menor al representar un 25,49 por 100 del total de los reos analizados.

Las absoluciones alcanzaron a 73 de los procesados, es decir, al 35,78 por 100 del total. Consecuentemente, los procesados condenados a penas de reclusión temporal fueron 79, o lo que es lo mismo, el 38,72 por 100 del total [29].

Si bien es cierto que los ejecutados alcanzan un elevado porcentaje en el total de los procesados estudiados, no lo es menos que la cifra de los absueltos resulta igualmente abultada, sobre todo si tenemos en cuenta que el clima político en que tuvieron lugar los procesos estaba sobrecargado y enrarecido por los odios de clase confluyentes sobre los dirigentes derechistas encausados.

La inmensa mayoría de los ajusticiados procedían, como ya adelantábamos anteriormente, de diversas localidades cordobesas donde después de un triunfo inicial de los rebeldes, las fuerzas leales a la República se hicieron de nuevo con el control de sus órganos administrativos y de poder. En concreto, los jienenses encausados tan sólo representan el 2,94 por 100 del total de los de procedencia identificada, mientras los provenientes de distintas localidades cordobesas representan el 91,17 por 100.

La actuación inicial de los Tribunales Populares jienenses puede considerarse contundente en la emisión de sus veredictos, encaminada sobre todo a inflingir severos castigos, sobre todo a cuantos, significadamente, ejecutaron acciones atentatorias contra la integridad del Estado y las instituciones republicanas, en un momento en que los desafueros y desmanes desencadenados por la oleada revolucionaria de los primeros meses de la guerra todavía no habían remitido de una manera definitiva y concluyente.

---

[27] AHN: (Madrid), *CG de la Provincia de Jaén.* «Sentencias del Tribunal Popular con expresión de sus componentes». Caja 1009. Pieza 5, Justicia Roja. *Vid.* MORENO GÓMEZ, F., *ob. cit.*, p. 488.

[29] Téngase en cuenta que los procesos estudiados no constituyen la totalidad de los registrados en el período de tiempo descrito, aunque sí la mayor parte de los mismos, pues, de acuerdo con la información aportada por MORENO GÓMEZ, F., la causa número 38 se sometía a examen en el transcurso del juicio celebrado el 17 de diciembre de 1936. En consonancia con esta última precisión, las causas por nosotros analizadas alcanzan el nada desdeñable porcentaje del 84,21 por 100 del total de las abordadas por los Tribunales Especiales Populares de Jaén en el período transcurrido entre septiembre y diciembre de 1936, índice que confiere suficiente solidez a las conclusiones extraídas en nuestro trabajo. *Vid.* MORENO GÓMEZ, F., *ob. cit.*, p. 489.

El número total de ejecuciones derivadas de la emisión de sentencias de muerte dictadas por los Tribunales Populares de Jaén, durante todo el período de la guerra, fue de 71 [30], repartidas de la siguiente forma:

CUADRO 2

EJECUTADOS A CONSECUENCIA DE LAS SENTENCIAS DE MUERTE DICTADAS POR LOS TRIBUNALES POPULARES DE JAEN

Año	**N.º de ejecutados**	**% del total**
1936	67	94,36
1937	4	5,63
1938	0	0,00 [31]
1939	0	0,00

Fuentes: Libros de Cementerio de la ciudad de Jaén. *Causa General de Jaén.* Elaboración propia [32].

[30] En el órgano de prensa del Batallón de Milicias de Jaén aparece una información referida a la vista de la causa seguida contra 11 acusados de Pozoblanco, celebrada, según se indica, en la mencionada localidad cordobesa el día 29 de septiembre de 1936. De la promulgación del veredicto resultaron tres condenados a muerte, dos a cadena perpetua, cuatro condenados a ocho años de reclusión y dos absueltos. De los tres ejecutados no tenemos noticia alguna, pues, no aparecen inscritos en el Libro de Defunciones del cementerio de Jaén. Esta última circunstancia nos induce a pensar que el supuesto juicio fue celebrado, efectivamente, en Pozoblanco, derivándose en consecuencia la posibilidad de que los ejecutados fuesen inhumados en idéntico lugar.

No estamos seguros de que la vista de la causa fuese seguida por alguno de los dos Tribunales Populares jiennenses actuantes en ese momento. Lo cierto es que, a excepción del juicio celebrado el día 16 de septiembre de 1936 contra 22 derechistas de Pozoblanco, no tenemos más noticias del traslado a tierras cordobesas de los Tribunales Populares de Jaén. De confirmarse el hecho de que el juicio en cuestión fuese presidido por uno de los Tribunales Populares jiennenses, la cifra total de ejecutados como consecuencia de la emisión de condenas a muerte por parte de tales organismos sería de 74, extremo este último que no podemos sustentar debidamente a falta de pruebas documentales fehacientes. *Vid Venceremos,* de 30 de septiembre de 1936.

[31] SALAS LARRAZABAL, R., señala una ejecución judicial correspondiente al año 1938 e imputable a las decisiones adoptadas por los Tribunales Populares de la provincia de Jaén. De las numerosas sentencias consultadas por nosotros, insertas en la documentación de la Causa General de la provincia jiennense, así como en las colecciones de prensa consultadas, no hemos podido localizar ninguna condena a la última pena correspondiente al año en cuestión. Los ejecutados lo fueron en la capital provincial (pues allí era donde los Tribunales Populares celebraban sus juicios) y lo más probable es que todos ellos fuesen sepultados en el cementerio de la ciudad jiennense. De no ser que el hipotético ejecutado en el año 1938 fuese inhumado en cualquiera otro cementerio (supuesto que consideramos poco plausible por el hecho mismo de haber sido enterrados en el cementerio de Jaén el resto de los ejecutados localizados, a excepción de los 18 ejecutados en Pozoblanco el 20 de septiembre de 1936), consideramos acertada la valoración numérica que nosotros asignamos a las ejecuciones practicadas en Jaén durante el año mencionado, y a instancias de los Tribunales Populares allí radicados.

Por lo común las sentencias dictadas por los Tribunales Populares y Juzgados de Urgencia de la provincia de Jaén, al menos durante buena parte del año 1937 y durante el año 1938, consistían en el internamiento en campos de trabajo, la satisfacción de una determinada cantidad de dinero o el simple sobreseimiento de la causa. *Vid. Frente Sur,* (Jaén), de 12 de mayo de 1938, de 12 de agosto de 1938, de 3 de septiembre de 1938, de 17 de septiembre de 1938, de 2 de noviembre de 1938 y de 19 de noviembre de 1938.

Vid. SALAS LARRAZABAL, R.: *Pérdidas de la guerra,* p. 216. Barcelona, 1977.

[32] ARCHIVO HISTÓRICO MUNICIPAL DE JAÉN. Libros de Cementerio. Libro 41 (años 1935 a 1937).

Puede observarse con claridad cómo la mayor parte de los ejecutados lo fueron en el transcurso del año 1936, en el período inicial de actuación de los Tribunales Populares y justo después de que fuesen encarcelados y trasladados a la prisión provincial jienense los integrantes del contingente de derechistas implicados en los sucesos de rebeldía registrados en sus respectivas localidades de origen.

A través de la observación atenta de los datos arriba expuestos, se deduce con facilidad que los Tribunales Populares jienenses practicaron una intensa labor de depuración de la retaguardia republicana de la provincia cordobesa, una vez que extensas zonas correspondientes a las comarcas de la Sierra de Córdoba y el valle de los Pedroches fueron definitivamente reintegradas a la obediencia republicana. Esta particularidad nos induce a pensar que en la provincia jiennense, o bien el desbordamiento popular de las primeras jornadas de la revolución se encargó de exterminar a cuantos eran considerados sospechosos de adhesión a la causa de los sublevados, o bien las acciones sediciosas fueron nulas e inmediatamente controladas, pues la justicia popular encarnada en los Tribunales Especiales apenas si contó entre los encausados con destacados derechistas de los distintos pueblos y ciudades diseminados por la extensa geografía provincial.

Si los Tribunales Populares jiennenses se mostraron implacables en la aplicación de la ley, tal y como hemos tenido ocasión de comprobar, ello se debió fundamentalmente al espíritu revanchista que rebosaban las masas populares de la retaguardia republicana durante el ciclo inicial de la contienda, cuando aún no había podido ser recompuesto, en su integridad, el aparato estatal democrático-burgués que quedó desbordado ante los acontecimientos revolucionarios de las jornadas de julio. Una buena prueba de la intensa presión que debió ejercer la opinión pública (en cierto modo difundida por los medios de comunicación de la época) sobre las nuevas instituciones judiciales, es la aportada por las continuas alusiones que trasluce la prensa de los primeros meses de la guerra en torno a las obligaciones que deberían corresponder a los recién instaurados Tribunales Populares.

La exigencia de una actuación contundente aparece manifiestamente expresada en las siguientes palabras, insertas en un editorial de un diario jiennense: «... es necesario que este pueblo vejado, este pueblo vilmente agredido, que tiene sed de justicia, pero de una justicia estricta, tenga confianza plena en la actuación de sus Tribunales. Y que sea a ellos a los que se entregue inmediatamente a los enemigos peligrosos, para que los juzgue y les haga sentir implacable el peso máximo de la ley, que es lo que se merecen» [33].

Los Tribunales Populares son entendidos como el brazo ejecutor de la «justicia revolucionaria», como los órganos del Poder Judicial Popular dirigido contra los miembros de la clase burguesa. El contenido de clase que adquiere el ejercicio

---

Libro 19 (años 1937-1938) y Libro 42 (años 1938 a 1940). AHN (Madrid). *CG de la Provincia de Jaén*. «Sentencias del Tribunal Popular con expresión de sus componentes» e «Informe del Director de la Prisión Provincial de Jaén», Caja 1009, Pieza 5. Justicia Roja.

Los 18 ejecutados como consecuencia del juicio efectuado contra 22 derechistas de Pozoblanco (Córdoba) lo fueron en la misma población donde tuvo lugar la vista, de lo que deducimos que debieron ser enterrados en el cementerio de Pozoblanco, por cuanto no se hayan inscritos en los Libros de Cementerio de la ciudad de Jaén. *Vid.* MORENO GÓMEZ, F., *ob. cit.*, pp. 336-337.

[33] *Vid. La Mañana*, de 8 de septiembre de 1936.

mismo de la justicia es defendido incluso por el juez-presidente del Juzgado Especial Popular número 1 de Jaén, Diego Vadillos, Lechuga, cuando afirma: «Existen actualmente los Tribunales de Justicia Popular con jueces técnicos que aplican el Derecho. Junto con ellos están, asimismo, los jueces nacidos de las entrañas populares que son los encargados de enjuiciar los hechos. Y está patente y no existe la más ligera duda de que dichos Tribunales harán una justicia en el más amplio sentido de la palabra, que dicha Justicia será inexorable y que por ello ordenada la vida jurídica de la revolución no hay quien individualmente pueda encontrar argumento alguno para salirse del camino que trazan los Tribunales Populares, la Justicia del Pueblo» [34].

Por último, obsérvese en las siguientes frases el afán vindicativo visceralmente sostenido por los sectores más radicalizados del proletariado, quienes trataban de conferir al sistema judicial un papel exterminador de cuantos apareciesen identificados con la causa sostenida por los rebeldes: «¡Luchadores en el frente!, tened confianza; que si vosotros hacéis (sic.) justicia arrollando al fascismo en el frente, no faltará quien en la retaguardia os ayude a tan penosa y justiciera labor de barrer de España a esa canalla que trató de someteros al yugo de las hordas fascistas» [35]. Tan vigorosa soflama se situaba como colofón a una extensa información acerca de la actuación de los Tribunales Populares de Jaén en su labor de acusación contra numerosos derechistas.

Si los Tribunales Populares nacieron con la esperanza de poner coto de manera definitiva a los desmanes de toda clase cometidos por las masas populares, en el momento de mayor auge y empuje de la rebeldía ancestral de las clases dominadas dirigida contra sus seculares opresores, es preciso apuntar que, al menos en la fase inicial de su actuación, los componentes puramente políticos e incluso pasionales adquirieron una pujanza nada deseable, que sin lugar a dudas provocó un sensible deterioro en la fría objetividad que debería preponderar en su labor procesal. A ello contribuyó la presencia misma de un abultado número de componentes radicalizados (adscritos a las organizaciones políticas y sindicales integrantes del Frente Popular) en los órganos encargados de emitir el veredicto final en cada uno de los actos de procesamiento, así como la atmósfera social, sobrecargada de intenciones y deseos ardientemente opuestos a la mantención del orden preexistente, y visceralmente enfrentada a cuantos representaban las viejas instituciones. Si bien es preciso matizar debidamente las siguientes estimaciones, provenientes de un letrado conservador y emitidas en un momento histórico donde la descalificación de la experiencia republicana y de sus más destacados protagonistas significaba la garantía misma de la supervivencia, es preciso sostener que las mismas proporcionan una imagen aproximada del intenso odio de clase que debieron transpirar cada una de las vistas realizadas con inculpados por el delito de rebelión y sedición contra el legítimo Gobierno republicano. Refiriéndose a la falta de ecuanimidad que impregnaba los juicios celebrados por los Tribunales Populares jiennenses, el letrado aludido manifiesta: «Todas las causas iban ya de antemano pre-

[34] *Vid. La Mañana,* de 26 de septiembre de 1936.
[35] *Vid. Venceremos,* de 11 de septiembre de 1936.

juzgadas, sometidas faltamente al fallo inexorable de unos hombres sañudos y rencorosos, que entraban "a hacer justicia" embriagados de ferocidad»[36].

Sea como fuere, lo verdaderamente incuestionable es que tras el «fervor revolucionario» y el apasionamiento sin límites registrado a lo largo de los meses iniciales del conflicto bélico y verdadero causante de los auténticos estragos localizados en toda la extensión de la retaguardia republicana, en cuanto a asesinatos despiadados de enemigos políticos y de clase se refiere, la actuación de los Tribunales Populares moderó sensiblemente la emisión de sentencias de muerte, hallándose dicho viraje de comportamiento en estricta correspondencia con los deseos del Gobierno republicano de erradicar definitivamente todas las manifestaciones de «revolucionarismo», así como con su evidente propósito de «despolitizar» la vida e instituciones de la retaguardia.

III. Conclusiones

Tras la culminación del análisis precedente, podemos establecer las siguientes líneas resolutorias en torno a los Tribunales Especiales Populares jiennenses y su trayectoria durante el período 1936-1939:

1.° Los Tribunales Populares de Jaén fueron los encargados de juzgar a cuantos derechistas realizaron una irrefutable labor ofensiva contra el gobierno y las instituciones republicanas en numerosas localidades de la provincia de Córdoba que, tras adherirse de manera momentánea y transitoria a la causa de los rebeldes, fueron reintegradas a la obediencia de las legítimas autoridades republicanas. El hecho mismo de la abrumadora mayoría de inculpados cordobeses en las causas seguidas por los Tribunales Populares jiennenses, así como aquel otro de la escasa presencia de inculpados de la provincia de Jaén, pueden probar la práctica inexistencia de acciones sediciosas en favor del alzamiento observadas en las distintas localidades de esta última.

2.° Los procesos seguidos contra encausados por el delito de sedición y rebelión debieron acusar un intenso grado de politización, al tiempo que afloraron, con seguridad, en las vistas realizadas, agudos brotes de odio de clase contra los distintos inculpados, extremos estos que contribuyeron de manera decisiva en el menoscabo de la imparcialidad y objetividad exigibles en todo acto judicial fiable.

3.° El número de ejecuciones disminuyó sensiblemente después de diciembre de 1936, en consonancia con el proceso de reorganización del poder político central y de despolitización de la retaguardia republicana a través de la desarticulación progresiva de las formas de poder arbitradas por los partidos y sindicatos proletarios.

4.° Durante la primera fase de su actuación, que puede considerarse concluida al finalizar el año 1936, los Tribunales Populares jiennenses se comportaron

[36] AHN: (Madrid). *CG de la Provincia de Jáen.* Caja 1009. Pieza 5. Justicia Roja. «Jaén durante el período rojo. 18 de julio de 1936 a 28 de marzo de 1939». Folio n.° 6. Informe remitido al Fiscal Instructor de la Causa General de Jaén por Luis Ramos.

como el instrumento judicial en manos del proletariado y sus organizaciones, empleado en la aniquilación física de sus enemigos de clase. Ello fue posible mientras los partidos y sindicatos proletarios dominaron la vida política de la retaguardia jiennense, aún cuando el comportamiento aludido perdiese toda entidad a medida que el gobierno republicano y las viejas formas de poder político volviesen a instalarse definitivamente en el control de todas y cada una de las situaciones planteadas.

APENDICE

RELACION DE EJECUCIONES JUDICIALES DICTADAS POR LOS TRIBUNALES POPULARES DE JAEN

(Años 1936-1939)

Nombre de la víctima	Fecha de ejecución o de inhumación del cadáver
Pedro Alba Lechina	8-IX -1936
Mariano Molina Benítez	9-IX -1936
Emilio Blanco Argudín	19-IX -1036
José Romero Gutiérrez	11-IX -1936
Mariano López Caña	12-IX -1936
Juan Reyes Arroyo	12-IX -1936
Juan Fernández Peralbo	20-IX -1936
Juan Alcaide Dueñas	20-IX -1936
Victoriano Cobos Fernández	20-IX -1936
Bartolomé Villareal Morales	20-IX -1936
Feliciano Cabrera Calero	20-IX -1936
Manuel Cano Damián	20-IX -1936
Fernando López Cabrera	20-IX -1936
María del Carmen Cabrera Llergo	20-IX -1936
Teresa Cejudo Redondo	20-IX -1936
Rafael Muñoz Cabrera	20-IX -1936
Antonio Torralbo Muñoz	20-IX -1936
Antonio Ruiz Muñoz	20-IX -1936
Acisclo Ruiz Sánchez	20-IX -1936
Manuel Bejarano García	20-IX -1936
Antonio Blanco Muñoz	20-IX -1936
Antonio Fernández Pozuelo	20-IX -1936
Bartolomé Muñoz Ruiz	20-IX -1936
Antonio Escribano Olmo	20-IX -1936
Juan María Torres Pérez	25-IX -1936
Joaquín Fiestas Contreras	26-IX -1936
Antonio Fiestas Contreras	26-IX -1936
Francisco del Prado y García del Prado	27-IX -1936
Pedro Serrano Fernández	28-IX -1936
Antonio Arenas Román	28-IX -1936
Rafael Roa Madueño	28-IX -1936

(Continuación)

Nombre de la víctima	Fecha de ejecución o de inhumación del cadáver
Bartolomé Madueño Ruano	28-IX -1936
Manuel Cardador Fernández	2- X -1936
Bartolomé Blanco Márquez	2- X -1936
José Moreno Cabrera	4- X -1936
Enrique Villegas Jaén	4- X -1936
Rafael Tuñón Sevillano	4- X -1936
Francisco Párraga Saeta	6- X -1936
Francisco Alarcón Rubio	8- X -1936
Juan Manuel Risquez Jurado	8- X -1936
Felipe Linares Linares	8- X -1936
Alfonso Linares Linares	8- X -1936
Emilio Herrero Guijo	12- X -1936
Juan Muñoz Fernández	4-XI -1936
Bernardo Valero Martos	4-XI -1936
Antonio Ruiz Jimenez	4-XI -1936
Rafael Torrellas Calzadilla	19-XI -1936
Andrés Cerezo Mora	4-XII-1936
Juan Herrero Martos	4-XII-1936
Miguel Cazalilla Illescas	4-XII-1936
Bartolomé Sánchez Blanco	4-XII-1936
Juan José Serrano Cantador	4-XII-1936
Ignacio de la Parra González	11-XII-1936
Modesto de la Parra González	11-XII-1936
Antonio Alfaro Gironda	12-XII-1936
Jenaro de la Parra y de la Parra	12-XII-1936
Alejandro Yun Torralbo	14-XII-1936
Rafael Pacheco Pérez	14-XII-1936
José García Montoro	14-XII-1936
Juan Cazalilla Delgado	14-XII-1936
Juan Antonio Delgado Fernández	20-XII-1936
Fernando Sepúlveda Ayllón	20-XII-1936
Matías Moreno Blanco	20-XII-1936
Manuel Díaz Torralbo	20-XII-1936
Alfonso Díaz Fernández	20-XII-1936
Andrés Fernández Muela	20-XII-1936
Isidoro Martos Escudero	20-XII-1936
José Gómez Mota	19-I -1937
Pedro Polidura Ortega	19-I -1937
Miguel Marín Bueno	19-I -1937
Fernando Salido Salido	10-II -1937

Justicia popular republicana: procesos contra militares en Girona (1936-1937)

JOSEP CLARA I RESPLANDIS

Para castigar el movimiento subversivo que en julio de 1936 se alzó contra el régimen legal y al mismo tiempo para sobreponerse a la violencia ciega de los revolucionarios que no controlaban sus instintos primarios de venganza, el Gobierno de la República creó por decreto de 23 de agosto de 1936 los tribunales que llamó populares. Esta institución estaba compuesta por tres funcionarios judiciales y 14 jurados del pueblo, los cuales tenían como misión básica entender sobre los delitos de rebelión y sedición y los cometidos contra la seguridad del Estado [1].

En Cataluña, el Gobierno de la Generalitat dictó una serie de disposiciones en el mismo sentido, las cuales fueron tácitamente legitimadas por el Gobierno de la República. Hasta el 1 de mayo de 1937 no fueron sustituidas por las decretadas por el Gobierno de la República para todo el territorio leal [2].

La primera de las disposiciones emanadas del Gobierno catalán es el decreto de 24 de agosto de 1936 sobre la creación de los Jurados Populares para la represión del fascismo. Su composición era casi similar a la de los tribunales propuestos por el Gobierno de Madrid, ya que debían estar compuestos por un presidente y dos adjuntos, magistrados, con el carácter de jueces de derecho, y 12 jurados populares, mayores de treinta años, en representación de los partidos políticos y los sindicatos [3].

En realidad su cometido se limitó a ver las causas de rebelión militar activa de los jefes y oficiales que el 19 de julio se alzaron en las diversas plazas de Cataluña.

Por decreto de 13 de octubre de 1936 y con la firma de Andreu Nin, consejero de Justicia del poder autónomo, la Generalitat instituyó los tribunales populares para llenar el vacío existente para la nueva situación de la guerra civil. Entraban en sus competencias los actos que directa o indirectamente coadyuvaran a la rebelión militar y al movimiento del 19 de julio, y además los actos contrarrevolu-

---

[1] A este decreto debe añadirse el que lo complementó en 26 del mismo mes y el de 10 de octubre de 1936 sobre los jurados de urgencia.

[2] En el *Diari Oficial de la Generalitat de Catalunya* (DOGC), de 1 de mayo de 1937 se publicaron para su aplicación en Cataluña las disposiciones del gobierno de la República sobre tribunales especiales populares y jurados de urgencia y los decretos de febrero de 1937.

[3] DOGC, 26 de agosto de 1936.

cionarios dirigidos contra la estructuración político-social derivada de la transformación iniciada o que intentaran destruir o perturbar el orden jurídico surgido a su amparo. En su artículo 22 se establecía que el Jurado Popular creado por decreto del 24 agosto de 1936 continuaría actuando con competencia exclusiva para los delitos de rebelión militar cometidos antes de la institución de los tribunales populares [4].

Situados en este contexto de justicia popular republicana, sobre la cual existen pocas aportaciones [5], en esta comunicación tratamos de reseguir los procesos a que fueron sometidos los militares en las comarcas gerundenses por haber hecho causa común con los sublevados del resto del Estado español en julio de 1936 y extendemos también la mirada a otro proceso sumarísimo en el que se vieron comprometidos militares y guardias civiles —llamados entonces guardia nacional republicana— por el hecho de querer cruzar la frontera de Francia en un intento frustrado de evasión a la zona controlada por los rebeldes. Pretendemos además valorar la legislación aplicada en cada caso y señalar las circunstancias específicas que rodearon cada uno de los tres juicios aquí presentados.

LOS MILITARES DE GIRONA

Componían la guarnición de Girona el batallón de montaña número 2 y el regimiento de artillería pesada número 2. También estaban radicados en la ciudad, el cuartel general de la I Brigada de Montaña, la Plana Mayor de la primera media Brigada de Montaña, los servicios de Intendencia e Intervención, una sección móvil de evacuación veterinaria, la Caja de Recluta número 29 y la comandancia de la Guardia Civil. Era comandante militar de la plaza el general de brigada Jacinto Fernández Ampón, residente en la misma desde 1934.

La práctica totalidad de los jefes y oficiales se había comprometido en secundar el movimiento que dirigía el general Mola. En Girona era su principal impulsor el teniente coronel Alcubilla, quien desde mayo estaba en contacto con el capitán López Varela, gran animador de la UME en Cataluña. La consigna para la sublevación la trajo de Barcelona el teniente Borbón el día 18. Girona debía pronunciarse al mismo tiempo que lo hiciera la capital catalana [6].

Efectivamente, a las siete de la mañana del día 19, una compañía al mando del capitán Ruiz de Porras proclamó el estado de guerra, y los militares, sin nin-

---

[4] DOGC, 15 de octubre de 1936.

[5] Sobre Cataluña existen estos trabajos: RUBIÓ i TUDURÍ, M., *La Justícia a Catalunya,* Barcelona, Imprenta Clarasó, 1937; BARRIOBERO y HERRÁN, E., *Un tribunal revolucionario,* Barcelona, Imprenta y Librería Aviñó, 1937; AVILÉS, G., *Tribunales rojos,* Barcelona, Destino, 1939; BONAMUSA, F., «L'administració de justícia a Catalunya (setembre-desembre 1936)», en *Recerques,* 4 (1974), pp. 191-222; CLARA, J., «La justicia popular en Girona. La actuación del tribunal popular (octubre-diciembre de 1936)», comunicación presentada al congreso Historia y Memoria de la Guerra Civil. Encuentro en Castilla y León, Salamanca, septiembre de 1986.

[6] Sobre la preparación y realización del movimiento en Girona, véase la narración de ARRARÁS, J., *Historia de la Cruzada Española,* Madrid, Ediciones Españolas, 1942, vol. 5, t. 22, pp. 258 y ss. Sobre los enlaces de la UME aporta algunos datos LACRUZ, F., *El alzamiento, la revolución y el terror en Barcelona,* Barcelona, Librería Arysel, 1943, pp. 7-9.

guna dificultad, se apoderaron de los centros claves de la ciudad, como la comisaría de la Generalitat, la de Orden Público, la emisora local, los edificios de teléfonos y correos, la central eléctrica y las estaciones del ferrocarril. Las autoridades del Gobierno legítimo fueron apartadas de sus cargos, y por la radio se leyeron comunicados favorables al movimiento rebelde. La extrema derecha civil colaboró con los insurrectos para controlar las calles.

El triunfo había sido fácil, pero era sólo provisional. Los acontecimientos de Barcelona determinaron un cambio radical de la situación. Las palabras de Goded significaron el fracaso del movimiento en Cataluña, y el general de Girona ordenó el repliegue de las tropas que habían ocupado la ciudad. Antes lo habían hecho las fuerzas de la Guardia Civil, cuyo comandante —Felipe Moragriega— no dudó en huir hacia la frontera [7].

La mayoría de los jefes y oficiales de la guarnición quedó detenida. Algunos intentaron huir, pero fueron capturados en la población ampurdanesa de l'Escala o en Barcelona. En un primer momento se habilitó el convento de las Adoratrices como cárcel y después pasaron al Uruguay, la prisión flotante de Barcelona. De ella fue sacado en septiembre de 1936, el general Fernández Ampón, que murió en Montcada a manos de los milicianos.

La vista de la causa por el delito de rebelión militar en Girona se celebró del 7 al 12 de octubre de 1936, en la Audiencia de la capital, en sesiones de mañana y tarde [8].

El tribunal estaba formado por tres magistrados: Abel Velilla, como presidente; Juan A. Gómez Alarcón y Josep Calveras. Actuó de fiscal, el titular de la Audiencia, Enrique Fernández. Las defensas fueron confiadas a los abogados barceloneses Aymar y Xammar y a los gerundenses Domingo, Franquesa, Romaguera y Roura. Doce representantes de los partidos políticos y sindicatos constituían el verdadero jurado popular.

El secretario del tribunal, Ponç Sabater, leyó la relación de los hechos protagonizados por los encausados, en la que constaba que se habían levantado contra el régimen legítimo y la República, declarando el estado de guerra faccioso e intentando suplantar el gobierno auténtico del pueblo por otro de signo fascista y opresor.

En principio estaban encartados en esta causa: un general, dos coroneles, dos tenientes coroneles, cuatro comandantes, 13 capitanes, 14 tenientes y 14 alféreces. Faltaron a la cita el general asesinado, el comandante Moragriega, huido como hemos dicho, y el capitán Conejos, que se encontraba en el frente aragonés luchando con la columna Rojo y Negra, según un telegrama del coronel Villalba.

Los procesados fueron interrogados individualmente y manifestaron que cumplieron órdenes superiores. Muchos de ellos declararon que estaban dispuestos a

---

[7] La versión de Arrarás sobre el desarrollo de los hechos del 19 de julio en Girona puede ser completada y matizada con el informe de Eduard Layret, enviado a la Audiencia de Barcelona el 31 de agosto de 1936, y copiado en el «Llibre registre de ressolucions, 1936», folios 321-323, de la Comisaría Delegada de la Generalitat.

[8] Existe una reseña extensa y detallada del juicio en el diario *L'Autonomista*, 7 a 11 de octubre de 1936.

luchar por la República y que fueron engañados. En el transcurso de la vista debía declarar como testigo el teniente coronel Luis Busquets, jefe del regimiento de Artillería, que no había sido detenido con sus compañeros. Al no presentarse cuando fue requerido, se ordenó su búsqueda y captura, y aunque sus compañeros de cuartel le atribuyeron las mismas responsabilidades ya no fue posible su localización.

Durante el juicio desfilaron en calidad de testigos las primeras autoridades de la ciudad, como los delegados de la Generalitat y Orden Público, Eduard Layret y Amadeu Oliva, el jefe de la policía José Gómez Serrano, el capitán Enrique Justo Luengo, que después de los acontecimientos se hizo cargo de la comandancia militar, los diputados Puig Pujades y Ragassol, diversas personas inculpadas en los sucesos de octubre de 1934, militares y ciudadanos que aportaron noticias favorables o desfavorables de los acusados.

El capitán de ametralladoras de la columna Del Barrio-Trueba, Matías de Inés declaró en favor del capitán Jaime Serrano, el comandante Guarner lo hizo para favorecer al coronel Villamide, el teniente coronel Bosch habló bien del capitán Cobas y el coronel Giménez de la Beraza manifestó su confianza en el teniente coronel Alcubilla, puesto que después de la sublevación de 1934 se prestó a defender a los militares prisioneros con alto valor moral. Igualmente resultaron elogiosos de la conducta de Alcubilla los telegramas enviados por Teodomiro Menéndez y el coronel Moreno Molina, los cuales referían la actitud humana del procesado en la represión de Asturias. Por otro lado se recibieron telegramas del coronel Villalba, Durruti y otros recordando al tribunal que en el frente se necesitaban jefes militares.

Una vez concluida la ronda de testigos, el fiscal retiró la acusación que pesaba sobre seis procesados: los capitanes Miñana y Conejos (el último, como se ha dicho, estaba en el frente), el teniente de Intendencia, Miguel Alonso, los alféreces Palancar y Durán y el teniente Franco. El presidente los exhortó para que marcharan al frente a defender la bandera tricolor, poniéndose a disposición de la Consellería de Defensa.

El fiscal modificó luego algunas de sus conclusiones y finalmente el juicio acabó el día 12 con la lectura de esta sentencia:

«Que debemos condenar y condenamos a los procesados Jacinto Fernández Ampón, Antonio Alcubilla Pérez, Feliciano Montero Dalmases, Joaquín Ruiz de Porras, José Borbón Rich, Felipe Moragriega Carvajal, Luis Busquets Codina, como autores de un delito de rebelión militar al frente de las tropas armadas, a la pena de muerte, la que se cumplirá en la forma prevenida por la Ley, una vez recibida la conformidad de los Gobiernos de la Generalidad y de la República, a los que se comunicará a este fin esta sentencia por el medio más rápido posible; que asimismo debemos condenar y condenamos a los procesados José Serrano López, Jorge Villamide Salinero, Antonio Patiño Montes, Rafael Echevarría Román, Miguel Aparicio Caja, Mamerto Ramírez Boussinet, Trinidad Saltos García-Margallo, Vicente Millán Blanco, Ernesto Orensanz Taronge, Carlos Iglesias Mas, Francisco Rosas Garrido, Manuel Segura Esteve, Manuel Martín Crespo, Jesús Masiá Oltra, Antonio Pons Lamo Espinosa, Ricardo Soria Valero, Guillermo Frau

Figarola, Angel Lara del Cid, José Folchi Llopart, Enrique Calabuig Pou, Juan Santofimia Rodríguez, Gabriel Oliver Oliver, Francisco Bergareche Maritorena y Joaquín Herrera Martínez, como autores de otro delito de rebelión militar, no yendo al mando de fuerzas armadas, a la pena de treinta años de reclusión militar, con las accesorias de interdicción civil; que debemos condenar y condenamos asimismo a los procesados Fernando Muñoz Avera, Leopoldo del Moral Santiago, Juan Covas Mateu, José Lloret Xicoy y Alfonso Marcos Martín, como autores de un delito de auxilio a la rebelión sin la concurrencia de circunstancias modificativas, a la pena de catorce años, ocho meses y un día de reclusión temporal con las accesorias correspondientes; al procesado Carlos Fina Caralt, como autor del mismo delito, con la concurrencia de una circunstancia atenuante, a la pena de doce años y un día de reclusión temporal; que debemos condenar y condenamos a los procesados Miguel Fernández Capote, Feliciano Gutiérrez Bárcena, César Martínez Sastre, Juan Tur Juan, José Rodríguez Rodríguez, José María Gracia y Manuel Quintero Domínguez, como autores de un delito de negligencia, a la pena de ocho años y un día de prisión militar mayor con sus accesorias correspondientes; y que debemos absolver como absolvemos libremente al procesado Jaime Serrano López del delito de rebelión militar del que en esta causa venía acusado, declarando de oficio la parte de costas a él referente» [9].

El jurado solicitó que la pena de muerte dictada para el teniente coronel Alcubilla fuera conmutada por la de reclusión perpetua por el consejero de Justicia y el Consell de la Generalitat.

El 13 de octubre de 1936, a las seis y media de la mañana, los condenados Montero, Ruiz de Porras y Borbón fueron pasados por las armas en el castillo de Sant Juliá de Ramis. Busquets y Moragriega no pudieron ser hallados y Fernández Ampón ya había sido asesinado con anterioridad.

Se ha escrito que este juicio fue una farsa y «sirvió para acumular durante tres días seguidos (sic) terribles cargos sobre los procesados, a pesar de la forma incruenta y hasta amable en que se había desarrollado la rebelión militar» [10]. Nosotros, en cambio, pensamos que el tribunal actuó con bastante moderación y que las tres ejecuciones tuvieron un valor simbólico, sobre todo si tenemos en cuenta que la tensión del momento era alta y que en la otra zona se actuaba sin miramientos. Al teniente Borbón lo condenó no sólo su apellido, sino también su actuación en el edificio de Correos y aledaños, donde se produjeron disparos [11]. El teniente coronel Montero fue castigado con la máxima pena por haber ocupado la delegación de Orden Público, suplantando a su titular, y ser responsable de las detenciones de la jornada. Finalmente al capitán Ruiz de Porras le perjudicó el hecho de haber salido al frente de la compañía que proclamó el bando de guerra

[9] Jaime Serrano fue absuelto porque tenía servicio en el cuartel y no salió de aquel recinto.

[10] ARRARÁS, *op. cit.*, p. 269.

[11] Según el informe de Layret citado, cuando el general Fernández Ampón y las autoridades legales habían pactado la vuelta a la normalidad, «al poco rato nos informamos de que el teniente Sr. Borbón, con los soldados a sus órdenes, se resistía en el edificio de Correos y Telégrafos, a pesar de las reiteradas órdenes que se le dieron desde la Comandancia Militar, e hicieron varios disparos contra los paisanos que se acercaban hasta que, habiendo mandado fuerzas de seguridad para reducirlos, se consiguió que abandonaran el edificio, habiendo el Sr. Borbón previamente desaparecido».

y manifestar en el juicio que la declaración del estado de guerra le parecía correcta [12].

Pero el máximo organizador del movimiento en Girona, Alcubilla, fue indultado como premio a su actuación en Asturias después de los sucesos de octubre de 1934. Más tarde fue canjeado por un republicano, y en el régimen de Franco llegó a teniente general y a director general de la Guardia Civil.

Asimismo hubo una buena dosis de comprensión en la condena del coronel Masiá, que usurpó las funciones del comisario delegado de la Generalitat. Y no digamos nada de lo que ocurrió con el teniente coronel Busquets, que era el máximo dirigente del cuartel de Artillería y quedó al servicio de la República hasta que desapareció de Girona al prever que sus compañeros explicarían su comportamiento en las sesiones del juicio.

LOS MILITARES DE FIGUERES

En Figueres existían el batallón de montaña Chiclana número 1, una compañía de Intendencia y una sección ambulancia, ambas de la I Brigada de Montaña, y fuerzas de la guardia civil y de carabineros. Era comandante militar de la plaza el teniente coronel de Infantería, Agustín Monasterio Bustos, llegado en los primeros meses de 1936 para suceder a Pablo Martín Alonso, que había ascendido a coronel y cambiado de destino.

Como en todas las guarniciones de Cataluña, en Figueres había militares comprometidos en el alzamiento que se preparaba [13], pero no todos los jefes y oficiales disponían de la misma información. En la madrugada del 19 de julio, Monasterio leyó a la guarnición un telegrama fechado en Barcelona, en el que se advertía que la fuerza que declarara el estado de guerra sería considerada facciosa. Sin embargo, pocas horas después llegó otro telegrama, procedente de la comandancia militar de Girona, en que se ordenaba al teniente coronel que pusiera la plaza en estado de guerra.

Después de una reunión se acordó cumplir las órdenes del segundo telegrama cursado por el superior inmediato. El teniente coronel Monasterio firmó el bando correspondiente y, a las siete de la mañana, una compañía al mando del capitán Lluís Jubert bajó del castillo para proclamar la nueva situación. Al acabar la lectura del texto, los testigos escucharon los gritos del capitán Jubert diciendo: «Ahora más que nunca, ¡viva la República!», que no aparecían escritos en el documento original.

En contraste con lo sucedido en Girona, en Figueres no se destituyó a la autoridad civil ni se produjeron detenciones. Es más: el alcalde dialogó con el teniente coronel y éste afirmó que estaba con el gobierno de la República y reco-

[12] El citado ARRARÁS apunta que Ruiz de Porras fue condenado a muerte por su acendrado españolismo.

[13] El caso del teniente Montúa es claro. Los acontecimientos le sorprendieron en Barcelona y en seguida se presentó en el cuartel de Pedralbes para sumarse a las fuerzas que salieron a la calle. Cfr. LACRUZ, F., *op. cit.*, p. 32. Fue ejecutado en la capital catalana.

mendó al alcalde que procurara evitar los desórdenes, responsabilidad que no aceptó la autoridad civil.

A primeras horas de la tarde bajó una compañía para mantener el orden y ocurrieron algunas escenas —gestos provocadores y amenazas de los militares— que podían acabar con un balance lamentable. Después de una nueva entrevista entre la autoridad militar y la civil, se dio la orden de que el destacamento regresara al castillo. El teniente coronel recibió nuevamente al alcalde y a una representación de las organizaciones políticas y dio las mismas explicaciones de la primera entrevista: que el estado de guerra no era faccioso y que prefería vestir uniforme de presidiario que el de verdugo del pueblo. Hacia las siete de la tarde, bajo su responsabilidad, ordenó levantar el estado de guerra.

Todo parece indicar que el teniente coronel estaba al margen de la conspiración militar, pero ante la situación de colocarse a favor o en contra del movimiento actuó con cautela y la declaración del estado de guerra se hizo a medias, esperando tal vez qué ocurría en otros lugares y principalmente en Barcelona. Las fuerzas se retiraron antes que en Girona, pero el hecho de proclamar el estado de guerra había colocado a los militares en una posición difícil. Para superarla o mejorarla en parte, el día 20 aquéllos manifestaron su apoyo oficial al régimen republicano firmando un documento en que se comprometían a defenderlo hasta morir [14].

Los militares sospechosos de simpatizar con el movimiento rebelde fueron detenidos el día 23. Más tarde, para mayor seguridad, pasaron a Girona y a Barcelona hasta que se celebró el juicio. Pero algunos de los que estaban de servicio el día de la proclamación del estado de guerra, como el capitán Jubert, el teniente Gómez Padrosa y el capitán Chinarro, que eran considerados como republicanos, continuaron en sus puestos y marcharon al frente de Aragón para defender el régimen legal.

La causa seguida contra los 10 militares detenidos de Figueres se vio los días 28 a 30 de diciembre de 1936, en sesiones de mañana y tarde celebradas en la capital provincial. El tribunal fue presidido por el abogado barcelonés Marian García Villas, presidente suplente del Tribunal Popular de Girona. En el puesto de fiscal repitió Enrique Fernández, mientras que las defensas correspondieron a los abogados Josep Saus, Joaquim Bech de Careda, Alvar Romaguera y Antoni Lloveras. No faltaron los jurados populares en representación de los partidos y organizaciones sindicales [15].

Después de ser leído el apuntamiento del sumario desfilaron numerosos testigos, que declararon en general a favor de los acusados. Debemos destacar las intervenciones del diputado Puig Pujades y del comisario de Orden Público de Girona, Amadeu Oliva.

El figuerense Ramón Canet reveló que, con ocasión de la liberación del citado

[14] Para los detalles de la proclamación del estado de guerra y de las entrevistas del ayuntamiento y los militares, véase DEULOFEU, A., *Memòries de la revolució, de la guerra i de l'exili,* Figueres, Ed. Emporitana, 1974, pp. 11-15.

[15] La crónica periodística del juicio apareció en *L'Autonomista,* 29 y 30 de diciembre de 1936, y con más detalles en *L'Espurna,* de las mismas fechas.

Puig Pujades en febrero de 1936, se celebró una audición de sardanas y vio cómo el teniente coronel Monasterio aplaudía la titulada «La Santa Espina», cosa poco corriente en un militar. Se leyó una carta de la señora viuda del capitán Jubert, fallecido heroicamente en el frente de Lécera, en la que exponía la confianza de su marido en la oficialidad del batallón y pedía al tribunal que fuera justo [16]. También declararon favorablemente los militares José M.ª Escassi, Luis Quiroga, Francisco Gómez Padrosa y Magín Doménech.

En sentido contrario, otros testigos aportaron opiniones que no favorecían a los capitanes Villoria y Díaz y al alférez Uxó. Se recordó lo sucedido después de los hechos de octubre de 1934 y los incidentes del día 19.

El fiscal dijo en su informe que lo que se juzgaba eran los hechos del 19 de julio y que la declaración del día 20 no interesaba. De acuerdo con esta idea solicitó pena de muerte para el teniente coronel Monasterio y el alférez Uxó, reclusión perpetua para el resto, a excepción del alférez Jou, a quien debía corresponderle la pena de catorce años de trabajos.

Los abogados hablaron de la bondad de la guarnición de Figueres, ratificada por el general Llano de la Encomienda en la declaración hecha con motivo de la causa seguida contra la guarnición de Mataró, y se esforzaron en demostrar que en Figueres no había habido delito de rebelión, que las tropas se retiraron voluntariamente al ver que podían ser consideradas facciosas y que seis de los acusados estaban de permiso cuando sucedieron los hechos del 19 de julio. También se puso de relieve que la declaración del bando fue efectuada por el capitán Jubert y otros militares que luchaban en el frente de Belchite.

Al final se dictó sentencia, la cual dejó en libertad a seis de los inculpados y penó con castigos menores al resto. El teniente coronel Monasterio fue condenado a doce años por negligencia en el cumplimiento de sus deberes. El alférez Uxó lo fue a seis años por negligencia (protagonizó un incidente cuando la tropa que mandaba fue increpada por elementos populares), y los capitanes Díaz y Villoria a un año por simple negligencia. Los cuatro quedaron a disposición del Consell de Defensa por si eran útiles al movimiento revolucionario.

DOS EXPEDICIONES DE FUGITIVOS

La tercera causa instruida contra militares en Girona no tuvo como origen la proclamación del estado de guerra en julio de 1936, sino el hecho de disponerse a cruzar la frontera, en plena montaña, para pasarse al enemigo.

En realidad coincidieron sobre un mismo terreno —la Alta Garrotxa, cerca de Olot— dos expediciones distintas y sin conexión, pero animadas por el mismo deseo.

La primera partió de Girona el día 13 de febrero de 1937, compuesta por 10 individuos: dos militares absueltos de la guarnición de Figueres (Asensio y Jou), cinco guardias civiles y tres paisanos, uno de ellos sacerdote y hermano del militar

[16] Publicada íntegra en *L'Autonomista,* 29 de diciembre de 1936.

Jou. La expedición llegó hasta Olot en auto de línea y durmió en Begudá, en casa de unos familiares de los Jou. Al día siguiente, al anochecer, en grupos de a dos, los fugitivos se dirigieron hacia Castellfollit de la Roca. Iban solos, porque el guía precontratado se negó a acompañarles, y sin saber el camino exacto de la frontera se internaron por el término municipal de Oix [17].

La segunda expedición, compuesta de una treintena de guardias civiles salidos de Barcelona, fue descubierta —se tenían ya noticias de ella— el 15 de febrero, por la noche, en Castellfollit de la Roca, donde los coches en que viajaban fueron tiroteados. Dos de los ocupantes resultaron alcanzados por los disparos y el resto se emboscó hacia la frontera valiéndose de la nocturnidad reinante [18].

Conocida la noticia de la segunda expedición, la milicia emprendió su persecución hasta dar con ellos. La concentración de efectivos llegados de diferentes puntos de las comarcas gerundenses, batió a los fugitivos y dio muerte a un grupo numeroso en Tortellá, y detuvo también a la primera expedición cerca del Puig de les Bruixes. Los 10 integrantes de la primera partida más cuatro guardias civiles de la segunda fueron sometidos al juicio sumarísimo que se celebró en Girona el 18 de febrero de 1937.

El tribunal especial estaba formado por Pere Pey, comisario delegado de Defensa y miembro de la CNT-FAI, como presidente, Ponç Sabater en calidad de vocal jurídico, otros cinco vocales entre militares y civiles y Eduard Pardo, fiscal del tribunal popular. La defensa de los procesados correspondió al militar Laguna y a los abogados gerundenses Romaguera, Franquesa, Roura y Domingo [19].

La vista empezó a las once menos cuarto de la noche, envuelta de gran expectación. En el transcurso de la misma, los procesados declararon que tenían la intención de cruzar la frontera porque vivían en un ambiente hostil, querían trabajar en el extranjero o les daba miedo el hecho de tener que ir al frente de batalla. Los defensores, por su parte, pidieron clemencia y pusieron de relieve que los acusados no habían disparado contra los milicianos que los perseguían. Sugirieron que se les condenara a cadena perpetua y a trabajos forzados.

El informe del fiscal resultó duro y contundente. Dijo que el miedo que los dominaba era de tener que luchar en el frente republicano, que la intención de los inculpados era ponerse a las órdenes de un cabecilla rebelde para actuar después como elementos de la quinta columna. Manifestó que no podían trasladarse a Francia para trabajar, puesto que les fueron encontrados planos, señales, mapas del terreno donde debían concentrarse. Si se entregaron —añadió— fue porque no llevaban municiones para sostener una lucha de larga duración. Concluyó pidiendo que fueran fusilados los 14 acusados.

La sentencia, conocida a primeras horas de la mañana del día 19, señaló 11

---

[17] Un relato detallado de esta expedición se encuentra en las memorias de uno de sus protagonistas, JOU, E., *Memòries d'un gironí,* vol. II, pp. 237-263, según la copia mecanografiada del Archivo Diocesano de Girona.

[18] *L'Autonomista,* 17 y 18 de febrero de 1937. Véase además JUANOLA BENET, M., «Odisea espeluznante», en *¡Arriba España!*, n.os 265-271 (8 de marzo a 20 de mayo de 1944).

[19] *L'Espurna,* 19 de febrero de 1937 y *L'Autonomista* del mismo día.

penas de muerte para los militares y guardias civiles y tres de reclusión perpetua para los civiles [20].

Sin duda en este fallo influyó el ambiente de excitación que se notaba en aquellos momentos por la muerte, en accidente de circulación, del dirigente sindical Josep Creixans, y del miliciano Félix Barreiro, víctima de los sucesos de Tortellá, cuando perseguía a los guardias fugitivos. Esta contrariedad explica también el retraso que sufrió la ejecución de los condenados, la cual no fue cumplida hasta las diez y media de la mañana del día 19. Un piquete de guardias de asalto y de milicianos se encargó de ello en el marco, ya habitual, del castillo de Sant Juliá de Ramis.

CONSIDERACIONES FINALES

La actuación de los militares de Girona y Figueres con motivo del alzamiento de julio de 1936 fue desigual. Mientras que en la capital no hubo vacilaciones y la práctica totalidad de los jefes y oficiales se echó a la calle para controlar los puntos claves de la ciudad, en Figueres no se tomó una decisión firme por prudencia o por falta de información. Pero es evidente que con la proclamación del estado de guerra, unos y otros se sumaron al movimiento subversivo.

Para detener a los militares que serían encausados influyó bastante —sobre todo en Figueres— el concepto que de antemano se tenía de ellos. En Girona fue procesada la mayoría de la plantilla, pero en un primer momento quedó excluido el teniente coronel Busquets por sus antecedentes republicanos. En Figueres observamos claramente cómo algunos de los autores materiales de la proclamación del bando de guerra quedaron libres y encabezaron fuerzas republicanas para luchar en el frente de Aragón.

De una manera bastante general, los militares de ambas guarniciones contaron con el apoyo de gentes cualificadas, que en el momento del juicio declararon favorablemente para disminuir las penas previstas en el Código de Justicia Militar para los casos de rebelión y relacionados con ella [21]. Se recordaron antecedentes y muy especialmente el comportamiento con los presos y acusados del movimiento de octubre de 1934. Así el máximo dirigente del alzamiento en Girona, Antonio Alcubilla, pudo salvar su vida. A pesar de ello hay que registrar los tres fusilamientos de Girona como un acto grave pero simbólico, justificado en parte para calmar a las masas que pedían la venganza y sabían cómo se trataba a los enemi-

---

[20] Además del sacerdote Esteve Jou, los paisanos eran Lluís Adroher Riera y Joaquim de Llobet Llavari.

[21] Artículos 237-242 del Código de Justicia Militar. En el 238 se establece que los reos del delito de rebelión militar serán castigados: «1.º Con la pena de muerte el jefe de la rebelión y el de mayor empleo militar, o más antiguo, si hubiere varios del mismo, que se pongan a la cabeza de la fuerza rebelde de cada Cuerpo y de la de cada Compañía, escuadrón, batería, fracción o grupo de estas unidades. 2.º Con de la reclusión perpetua a muerte los demás no comprendidos en el caso anterior, los que se adhieran a la rebelión en cualquier forma que lo ejecuten y los que valiéndose del servicio oficial que desempeñen, propalen noticias o ejecuten actos que puedan contribuir a favorecerla». Cfr. GRANADOS, M. y PECES-BARBA, G., *Legislación española. Leyes penales* (conforme a los textos oficiales), Madrid, Ed. Lex, 1934, p. 48.

gos en la zona rebelde. Con todo, si comparamos la sentencia de Girona con la de otras poblaciones, veremos que el modo de ser de los gerundenses ahorró sangre y lágrimas a la hora de castigar [22].

Tanto el juicio sobre lo acontecido en Girona como en Figueres tuvo lugar meses después —tres y cinco, respectivamente— del día de autos. Por tanto, no se actuó con precipitación y aunque se sabían las dramáticas consecuencias del movimiento rebelde, el tribunal dio muestras de querer aplicar una justicia popular ejemplar más que revanchista, pero indudablemente condicionada por las circunstancias de guerra y del proceso revolucionario que se vivía.

En cambio, lo que aconteció en el tercer juicio, que reportamos en nuestra comunicación, ya fue totalmente distinto. El sumarísimo dio como resultado 11 penas de muerte, que fueron ejecutadas con prontitud, por tratarse de una fuga en grupo y por las muertes que pesaban en el ambiente.

Las 14 ejecuciones judiciales que se deducen de nuestro trabajo representan el 77,7 por 100 de las que se produjeron en las comarcas gerundenses durante los años 1936 y 1937. Para completar el cuadro represivo total deberíamos sumar a ellas las de cuatro paisanos en 1936 y las de otros cuatro que fueron fusilados en Barcelona en 1938 por el Tribunal de Espionaje y Alta Traición. Ello confirma lo dicho anteriormente: en el caso de Girona, la justicia republicana popular no prodigó el castigo máximo, como ocurrió en Barcelona, y en el caso de los paisanos la Generalitat conmutó seis penas de muerte.

RELACION DE MILITARES SOMETIDOS A LOS TRIBUNALES POPULARES EN GIRONA

	Edad	Empleo	Pena
7 a 12 de octubre de 1936			
Alcubilla Pérez, Antonio	39	Teniente coronel Infa.	Muerte conmutada
Alonso Quesada, Miguel	35	Teniente Intend.	Retirada acusación
Aparicio Caja, Miguel	41	Teniente Infa.	30 años
Bergareche Maritorena, Francisco	40	Comandante Art.	30 años
Borbón Rich, José de	25	Teniente Infa.	Muerte
Busquets Codina, Luis	58	Teniente coronel Art.	Muerte en rebeldía
Calabuig Pou, Enrique	—	Alférez Infa.	30 años
Conejos Fernández, José	30	Capitán Art.	Retirada acusación
Covas Mateu, Juan	36	Capitán Infa.	30 años
Durán Fernández, José	43	Alférez Art.	Retirada acusación
Echevarría Román, Rafael	36	Capitán Infa.	30 años
Fernández Ampón, Jacinto	60	General de brigada Infa.	Muerte en rebeldía
Fernández Capote, Miguel	45	Alférez Art.	8 años, 1 día

[22] Del regimiento de artillería de Mataró 8 militares fueron ejecutados, 4 vieron la pena de muerte conmutada por la Generalitat, 6 sufrieron penas de cárcel y 1 quedó absuelto. En Barcelona la cifra de militares ejecutados es bastante más crecida.

	Edad	Empleo	Pena
Fina de Caralt, Carlos	43	Capitán Infa.	12 años, 1 día
Franco Martínez, Julián	45	Teniente Art.	Retirada acusación
Frau Figuerola, Guillermo	50	Capitán Infa.	30 años
Folchi Llopart, José	27	Teniente Infa.	30 años
Gracia Gracia, José María	42	Alférez Infa.	8 años, 1 día
Gutiérrez Bárcena, Feliciano	47	Alférez Art.	8 años, 1 día
Herrera Martínez, Joaquín	23	Teniente Art.	30 años
Iglesias Mas, Carlos	33	Capitán Art.	30 años
Lara del Cid, Angel	22	Teniente Infa.	30 años
Lloret Xicoy, José	46	Alférez Infa.	14 años, 8 meses, 1 día
Marcos Martín, Alfonso	43	Alférez Art.	14 años, 8 meses, 1 día
Martín Crespo, Manuel	24	Teniente Art.	30 años
Martínez Sastre, César	28	Teniente Art.	8 años, 1 día
Masiá Oltra, Jesús	57	Coronel Infa.	30 años
Millán Blanco, Vicente	33	Teniente Infa.	30 años
Miñana de la Concepción, Pascual	33	Capitán E. M.	Retirada acusación
Montero Dalmases, Feliciano	54	Teniente coronel Infa.	Muerte
Moral Santiago, Leopoldo del	42	Alférez Art.	14 años, 8 meses, 1 día
Moragriega Carvajal, Felipe	54	Comandante g. c.	Muerte en rebeldía
Muñoz Acera, Fernando	23	Alférez Art.	14 años, 8 meses, 1 día
Oliver Oliver, Gabriel	37	Alférez	30 años
Orensanz Taronge, Ernesto	42	Comandante Art.	30 años
Palancar Gil, Estanislao	40	Alférez Art.	Retirada acusación
Patiño Montes, Antonio	31	Capitán Infa.	30 años
Pons Lamo de Espinosa, Antonio	43	Comandante Infa.	30 años
Quintero Domínguez, Manuel	30	Teniente Infa.	8 años, 1 día
Ramírez Boussinet, Mamerto	44	Teniente Infa.	30 años
Rodríguez Rodríguez, José	41	Alférez Infa.	8 años, 1 día
Rosas Garrido, Francisco	36	Capitán Art.	30 años
Ruiz de Porras Santaella, Joaquín	51	Capitán Infa.	Muerte
Saltos García-Margallo, Trinidad	39	Teniente Infa.	30 años
Santofimia Rodríguez, Juan	39	Alférez Infa.	30 años
Segura Esteve, Manuel	42	Teniente Art.	30 años
Serrano López, Jaime	30	Capitán Infa.	Absuelto
Serrano López, José	35	Capitán Infa.	30 años
Soria Valero, Ricardo	38	Capitán Infa.	30 años
Tur Juan, Juan	36	Alférez Infa.	8 años, 1 día
Villamide Salinero, Jorge	59	Coronel Infa.	30 años

28 a 30 de diciembre de 1936

Asensio Ponceliz, Juan	34	Capitán Infa.	Absuelto
Capitán Ramón, Eduardo	—	Teniente Infa.	Absuelto
Cots Frigola, Evaristo	—	Alférez Infa.	Absuelto
Díaz Romañach, Narciso	31	Teniente Infa.	1 año

	Edad	Empleo	Pena
Gazules Gazules, Anselmo	51	Alférez Infa.	Absuelto
Jou Parés, Francisco	42	Alférez Infa.	Absuelto
Monasterio Bustos, Agustín	52	Teniente coronel Infa.	12 años
Tomás Caresmar, Domingo	41	Alférez Infa.	Absuelto
Uxó Julvé, José	41	Alférez Infa.	6 años
Villoria Camps, Alvaro	42	Capitán Infa.	1 año
18 de febrero de 1937			
Asensio Ponceliz, Juan	35	Capitán Infa.	Muerte
Carceller Querol, Manuel	48	Brigada g. c.	Muerte
Casado Coca, Luciano	21	Guardia civil	Muerte
Casado Coca, José	23	Guardia civil	Muerte
Fernández Portella, Eliodoro	31	Cabo g. c.	Muerte
Gascón Guillem, José	42	Cabo g. c.	Muerte
Hernández Herrero, Moisés	54	Brigada g. c.	Muerte
Jou Parés, Francisco	43	Alférez Infa.	Muerte
Parera Romero, Juan	21	Guardia civil	Muerte
Peláez Nieto, Luis	25	Guardia civil	Muerte
Sáez de Tejada Sevilla, Francisco	26	Guardia civil	Muerte

Procedencia social de las víctimas originadas por la represión en la provincia de Almería durante la guerra civil *

RAFAEL QUIROSA-CHEYROUZE Y MUÑOZ

Las muertas violentas que se sucedieron en la retaguardia durante la guerra civil suponen un capítulo ineludible a la hora de realizar cualquier estudio de conjunto sobre el período. El análisis de esta cuestión ha de hacerse, creemos, con rigor y exhaustividad, sin caer en el dramatismo o en las descripciones morbosas de algunos libros publicados.

Somos partidarios, asímismo, de los estudios realizados sobre marcos territoriales como la provincia o la región. Ello permite una mayor profundización y un mejor conocimiento del tema, en este caso de la represión. Estudios como el de Josep M. Solé i Sabaté sobre Cataluña justifican perfectamente la teoría [1].

Sin embargo, este tipo de trabajos, para que tengan una validez más allá de los límites de la provincia o la región, han que tener una metodología común, con la finalidad de que, a partir de ellos, pueda realizarse una síntesis fiable del tema a nivel estatal [2].

La comunicación pretende analizar cómo fue la represión en la provincia de Almería durante la guerra civil, prestando especial atención al origen socioprofesional de las víctimas. Para ello, distinguiremos primero entre los procedimientos que podían originar una ejecución: la sentencia de un tribunal legalmente formado (tribunales populares) o la actuación de un grupo violento que sacaba a las vítimas de su domicilio o de una prisión para darles muerte. A continuación, estudiaremos cuáles eran las profesiones de los ejecutados, basándonos en unos grupos previamente definidos. También comentaremos las zonas geográficas de donde procedían (la capital, las comarcas o localidades de otras provincias). En este sentido, debemos destacar que se han contabilizado las muertes ocurridas dentro de los límites provinciales de Almería, aunque la víctima procediera de otra provincia [3].

---

* Esta comunicación es un adelanto de las conclusiones que presentamos a la Tesis Doctoral que estamos elaborando sobre la guerra civil en la provincia almeriense.

[1] SOLE I SABATE, J. M.: *La repressió franquista a Catalunya. 1938-1953,* Barcelona, Ed. 62, 1985.

[2] Confiamos en que los proyectos de comisiones de trabajo para los investigadores de la guerra que impulsa la SEGUEF logren sus objetivos.

[3] Utilizar este criterio metodológico evita posibles duplicaciones al realizar la suma de los datos de varias provincias. Además, es más fácil y seguro recoger la información de los cadáveres aparecidos

Para la redacción del trabajo, hemos acudido a fuentes como la Causa General de Almería (AHN), sobre todo, el Registro Civil de Almería y la prensa de la época. Por fortuna, esta documentación está al alcance del investigador, lo que no ocurre con los legajos que contienen los consejos de guerra celebrados por las autoridades militares franquistas. Aunque se puede acudir a vías indirectas, el resultado nunca tendrá el rigor deseado [4]. Esperamos que estas jornadas, entre otras cosas, consigan aunar los esfuerzos para que todos los archivos sean abiertos a los investigadores.

1. Penas de muerte dictadas por el Tribunal Especial Popular de Almería

El 25 de agosto de 1936, el Gobierno de la República creaba los tribunales populares con la finalidad de someter a juicio a todos los sospechosos de participación en el reciente levantamiento militar. El decreto que les daba forma legal acusaba a los comprometidos en la rebelión de ser «elementos desleales a sus juramentos, que pretenden destruir el régimen político y social que en uso de su soberanía y con absoluta legitimidad se dio el pueblo español». El preámbulo del decreto, asímismo, justificaba los nuevos tribunales por la necesidad de, «sin salirse de la ley, acelerar trámites y suprimir obstáculos de mera fórmula» [5].

En cuanto a su estructura interna, el mencionado decreto disponía que los tribunales estuviesen formados por tres funcionarios judiciales (sección de Derecho) y un jurado con catorce miembros. Los jueces profesionales eran designados por el ministro de Justicia y los componentes del jurado por los distintos partidos y organizaciones sindicales afectas al Frente Popular. La presidencia era ostentada por el funcionario judicial de superior categoría, quedando los otros dos magistrados como vocales del tribunal [6].

La rapidez en la tramitación de los sumarios, el carácter político de las designaciones para configurar el jurado y la no posibilidad de recurrir el proceso de instrucción ni la sentencia final, eran las principales características que definían a los tribunales populares.

En Almería, el Tribunal Especial Popular se constituyó en la madrugada del día 29 de agosto (a la una y treinta horas). Los magistrados designados fueron Agustín Salcedo (con las funciones de Presidente), Vicente Sarthous y Salvador Higueras (vocales). El jurado estaba compuesto por representantes de Izquierda Republicana (José Muñoz Lara y Juan Muñoz Gómez), Confederación Nacional del Trabajo (José Muñoz Díaz y José Hernández Barroso), Unión General de Trabajadores (Manuel Alférez Samper y Francisco Soler Ibáñez), Partido Comunista (Agustín Luque Rubio y Amador Sánchez Abad), Partido Socialista (Pedro Or-

---

en un determinado lugar que buscar el lugar de la muerte de posibles víctimas de la zona estudiada en otras regiones o provincias.

[4] Para estudiar la represión franquista, hemos acudido al Registro Civil y a los libros del Cementerio. A pesar de encontrar la mayor parte de las muertes, los datos no son precisos ni conocemos los cargos o el procedimiento utilizados contra las víctimas.

[5] *La Gaceta de la República,* 26 de agosto de 1936.

[6] *Ibíd.*

tega Espinosa y Benito Vizcaíno Vita) y Juventudes Socialistas Unificadas (Antonio Carmona Carrasco y Luis Pérez López) [7].

El acto de constitución del Tribunal Popular almeriense tuvo lugar inmediatamente antes de la celebración del primer juicio. Los acusados eran cinco militares de Artillería implicados en los planes de la insurrección en Cartagena. Actuó como fiscal en la vista Enrique Fornovi Martínez, mientras la defensa fue ejercida por el abogado Antonio García García. La sentencia fue de cuatro penas de muerte y una de reclusión perpetua. Las ejecuciones se llevaron a cabo en el cementerio de Almería a las dieciocho horas del día 30 de agosto, es decir, al día siguiente del juicio [8].

El mismo día 29, a las dieciséis y cuarenta y cinco horas, tuvo lugar la segunda actuación del Tribunal Popular. Los acusados también procedían de la guarnición cartagenera (de la Marina, Infantería, Artillería, Guardia Civil y retirados). La acusación fue realizada por Luis Cañadas Martínez y la defensa por Miguel Naveros Burgos. El juicio terminó condenando a la máxima pena a ocho de los inculpados y a cadena perpetua a otros tantos. Las penas de muerte se cumplieron (excepto una) junto a las del juicio celebrado pocas horas antes, en la tarde del 30 de agosto de 1936 [9].

Tras estas dos causas, debían celebrarse otras que juzgaran a un buen número de jefes y oficiales de las guarniciones de Cartagena, Murcia y Alicante. Sin embargo, el día 1 de septiembre, el Tribunal Especial Popular de Alicante envió un telegrama al de Almería comunicando que eran de su competencia los hechos ocurridos en aquella provincia. El presidente del tribunal almeriense planteó que ello implicaba un requerimiento de inhibición. El fiscal que iba actuar en esa causa, Francisco Peral Díaz, se mostró partidario de la inhibición y de que allí sólo se juzgara lo ocurrido en Almería. El abogado defensor, Antonio Villegas Murcia, consideró irrelevante la cuestión planteada «por no ser culpables sus defendidos». El jurado aprobó por unanimidad lo planteado por el fiscal y no se celebraron más juicios contra los militares de las guarniciones citadas [10].

La causa número tres del Tribunal Popular de Almería se celebró el 17 de septiembre y juzgó a los militares sublevados en esta capital el 21 de julio. Peral Díaz actuó como fiscal y los abogados Pérez Almansa, Pérez Sevilla y Jaramillo como defensores de los procesados. El resultado fue de dos retiradas de acusación por parte del fiscal, cuatro absoluciones, una cadena perpetua y 36 penas de muerte. Sin embargo, las sentencias no pudieron ser cumplidas por haber sido asesinados todos los acusados en Cartagena a mediados del mes anterior. Por este motivo, el juicio se celebró «en rebeldía» [11].

Sí fue cumplida la pena de muerte dictada contra el guardia de Seguridad Francisco González Callejón en la causa número nueve del Tribunal Popular, cuya vis-

[7] *Diario de Almería,* 30 de agosto de 1936.
[8] *Ibíd.*
[9] *Adelante,* 30 de agosto de 1936.
[10] *Diario de Almería,* 2 de septiembre de 1936.
[11] Para el juicio sobre la sublevación en Almería, vid. AHN, sección Causa General, cajas 1/034-1.037.

ta tuvo lugar el día 5 de octubre del año 36. La ejecución se llevó a cabo, públicamente, un día después en las inmediaciones del cementerio almeriense [12].

Sólo tres causas más concluyeron con penas de muerte: las celebradas «en rebeldía» contra un capitán y un cabo de la Guardia Civil el 9 de diciembre de 1936 (sentencia n.º 42), un alférez del mismo Cuerpo el 24 de marzo de 1937 (sentencia n.º 4 de ese año) y la que tuvo como principal encausado al teniente coronel en situación de retirado Francisco Villegas Martín, celebrada el 12 de junio de 1937 (sentencia n.º 10). Tampoco pudieron cumplirse. En el último caso por ser indultado el citado militar y en el de los miembros de la Guardia Civil por haber sido previamente asesinados [13].

Así pues, las muertes ocurridas en la provincia de Almería como consecuencia de la actuación del Tribunal Popular se limitaron a 12 personas, lo que representa sólo un 2,62 por 100 respecto al total de la represión llevada a cabo en la provincia. Las «sacas» incontroladas de presos, como veremos más adelante, fueron la causa de la inmensa mayoría de las muertes.

En relación con la actividad socioprofesional de los ejecutados, comprobamos como todos, es decir, el 100 por 100, son miembros de las fuerzas armadas o de orden público. En cuanto a su procedencia geográfica, observamos que, con la excepción del guardia de Seguridad Francisco González Callejón, los ejecutados habían participado en el movimiento insurreccional fuera de la provincia de Almería.

2. LA REPRESIÓN «ILEGAL»

Un Estado cuenta, normalmente, con unas fuerzas garantes para el mantenimiento y cumplimiento de sus leyes: el Ejército y los cuerpos de orden público. Si esas fuerzas se rebelan contra el propio Estado y la mayoría de las que le son leales tienen que acudir a los frentes a defenderlo, la retaguardia carecerá de esas fuerzas garantes y, por tanto, el Estado se hundirá o, al menos, correrá el peligro de hundirse. En este sentido, suscribimos completamente las palabras de Broué y Témime cuando dicen que «entre su ejército rebelado y las masas populares armadas, el Estado republicano había saltado en pedazos» [14].

Este planteamiento teórico puede ser utilizado perfectamente para explicar algunos de los acontecimientos más destacados que ocurrieron en la zona republicana durante la guerra civil. Entre ellos, los asesinatos por motivos ideológicos que se sucedieron durante los primeros meses de la contienda. Como señala el profesor Aróstegui, refiriéndose a la violencia, «un Estado prácticamente inerme, enfrentado a una insurrección de su propio aparato de coerción, era incapaz de controlarla» [15].

---

[12] *Causa General de Almería,* pieza 5 («Justicia Roja») t. II, AHN, sección Causa General, caja 1.161-2.

[13] *Ibíd.*

[14] BROUE, P., y TEMIME, E.: *La revolución y la guerra de España,* t. I, Madrid, FCE, 1977, p. 132.

[15] AROSTEGUI, J.: «Los componentes sociales y políticos», en TUÑON DE LARA, M. *et al.: La guerra civil española 50 años después.* Barcelona, Ed. Labor, 1985, p. 58.

Al fracasar la sublevación de julio, a nivel político se produce un vacío de poder en la provincia. Las fuerzas obreras que han combatido la insurrección intentan solucionar esa situación creando una serie de comités que van a controlar, o al menos intentarlo, todos los sectores de la administración y la producción. Los sublevados habían propiciado lo que decían querer evitar: la revolución (aunque esto habría que matizarlo). Los gobernantes republicanos pasaron a tener un papel decorativo. El propio gobernador civil, Juan Peinado Vallejo, no tenía ninguna autoridad efectiva. Lo mismo ocurría con multitud de alcaldes en los pueblos de la provincia. El poder se atomiza y pierde efectividad [16].

Con el fin de coordinar y orientar a los comités que habían surgido o iban a surgir, las fuerzas obreras almerienses crearon el denominado «Comité Central Antifascista», que llegaría a ser el organismo más poderoso de la provincia durante algunos meses. En el Comité Central no estuvieron presentes los partidos republicanos, marginados totalmente de la política real, formándose con representantes del PSOE, PCE, UGT, JSU, CNT, FAI y JJLL.

Uno de los primeros problemas planteados fue el destino de los partidarios de la insurrección militar. Fueron detenidos, en la capital y en muchos pueblos, militares, guardias civiles, policías, afiliados o simpatizantes de Falange, Acción Popular, Juventudes de AP, Comunión Tradicionalista y, en general, todas las personas que hubieran tenido una actitud proclive al movimiento armado o fueran sospechosas de ello. Las detenciones, en la mayoría de los casos, eran efectuadas por grupos de paisanos armados, quienes conducían los presos a las cárceles más próximas o, en algunas ocasiones, directamente los asesinaban.

Para controlar esas detenciones irregulares se creó el Comité de Presos, vinculado al Comité Central y controlado por la FAI, aunque había representantes de otras organizaciones. Este comité y las milicias faístas, principales defensores de los métodos violentos, iban a ser los responsables directos de la mayoría de las muertes [17].

El primer problema surgió con la capacidad de las cárceles. La Prisión Provincial resultaba insuficiente para dar cabida a todos los detenidos y la situación se agravaba con la llegada de nuevos presos procedentes de los pueblos de la provincia. Los dirigentes obreros locales decidieron habilitar algunos edificios que, provisionalmente, hicieran las funciones de centros penitenciarios. Así, el convento de las Adoratrices, una planta del Colegio de la Salle, las bodegas de los barcos mercantes *Astoy-Mendi* y *Capitán Segarra,* anclados en el puerto, y una antigua fábrica de azúcar («El Ingenio»), albergaron a cientos de detenidos durante varios meses.

A través de excarcelaciones (conocidas como «sacas») de esas prisiones, realizadas por elementos al servicio del comité de presos, fueron asesinados alrededor de un 60 por 100 de las víctimas producidas sin juicio previo en Almería durante toda la guerra.

---

[16] Para ampliar información sobre este período en Almería, vid. QUIROSA-CHEYROUZE Y MUÑOZ, R.: *Política y guerra civil en Almería,* Almería, Ed. Cajal, 1986, capítulo IV.

[17] El Comité Central no llegó a controlar al de presos, sino que éste actuaba de un modo autónomo.

Las «sacas» se desarrollaron desde el 14 de agosto hasta principios de diciembre de 1936. El procedimiento fue muy parecido en todos los casos: presencia de un grupo armado en una de las cárceles (normalmente a altas horas de la noche), lectura de una lista de presos, conducción de los mismos en autobuses o camiones a los lugares de ejecución, asesinatos y ocultamiento de los cadáveres. Las ejecuciones de las principales «sacas» se llevaron a cabo en la playa de la Garrofa (28 víctimas), barranco del Chisme (18), pozos de Tabernas y Tahal (152) y cementerio de Almería (51) [18].

Además de las citadas excarcelaciones, en algunos pueblos de la provincia también se produjeron asesinatos en grupos. En este sentido, podemos destacar, por el número de víctimas, los casos de Berja, Adra, Garrucha, Vélez Rubio y Serón. Una serie de muerte aisladas, repartidas por casi toda la geografía provincial, completan el panorama de represión «ilegal» en Almería.

Antes de finalizar el apartado, debemos señalar que la cronología de las ejecuciones sin juicio previo, en más del 90 por 100 de los casos, se extiende desde el inicio de la guerra hasta los primeros días de diciembre de 1936. En estas fechas, el gobernador civil nombrado por el gabinete de Largo Caballero, Gabriel Morón (socialista), ya se había hecho con los resortes del poder en la provincia, desautorizando a los comités y devolviendo sus competencias a las instituciones del Estado [19]. A partir de entonces, sólo se producirían hechos aislados en el Campamento de Viator (enero de 1937), tras la caída de Málaga (febrero de ese año) o por represalias contra desertores realizadas por fuerzas militares (diciembre de 1937 y febrero de 1938). En su totalidad no alcanzaron el 8 por 100 del conjunto de víctimas sin juicio.

3. ACTIVIDAD SOCIOPROFESIONAL DE LAS VÍCTIMAS

Para realizar el apartado hemos establecido previamente una división de las profesiones en 7 grandes grupos:

A) Propietarios. En este bloque incluimos tanto a los propietarios de tierra como a los dueños de industrias o comercios. En la provincia de Almería, la gran propiedad agrícola, industrial o comercial no existía, por lo que debemos considerarles siempre como pequeños y medianos propietarios.

B) Militares y fuerzas de seguridad. Aquí son contabilizados los miembros del Ejército, la Marina, Carabineros, Guardia Civil, Cuerpo de Vigilancia, Seguridad y Asalto, tanto en activo como retirados.

C) Funcionarios y empleados. Son considerados, respectivamente, como tales los que estuvieran al servicio de cualquier administración pública (local, pro-

[18] Todas las «sacas» realizadas de las prisiones almerienses pueden estudiarse detalladamente en *Causa General de Almería,* pieza 4 («Cárceles y sacas»). AHN, sección Causa General, cajas 1.159-2 y 1.160.

[19] Sobre la recuperación del poder por las autoridades del Estado y el período de Morón, vid. QUIROSA-CHEYROUZE, R. *op. cit.,* capítulo V.

vincial o estatal) o trabajaran por cuenta ajena en algún comercio o empresa. Con este grupo tratamos de destacar los trabajadores con un sueldo estable.

D) Asalariados. Los jornaleros del campo, albañiles, peones y, en general, todos los que percibieran un salario por su trabajo. El grupo queda definido por reducidos y no siempre seguros ingresos.

E) Profesiones liberales. Nos ocupamos en este grupo de los médicos, farmacéuticos, ingenieros y licenciados en Derecho (ya fueran simplemente abogados, fiscales, jueces, notarios, registradores...), así como de los maestros y profesores.

F) Religiosos. Se incluyen todas las personas que aparezcan vinculadas a la Iglesia: clero secular, miembros de las distintas órdenes regulares, sacristanes...

G) Otros. Reservamos este último apartado para aquellas víctimas cuya profesión no aparece en los documentos de la época, su cadáver no fue identificado o, simplemente, fueran todavía estudiantes en el momento de la muerte.

Con estos grupos y con los datos que poseemos de cada una de las víctimas, hemos podido elaborar los cuadros que se adjuntan a la comunicación [20].

3.1. Los propietarios

Este grupo es el que más padeció la represión en la retaguardia almeriense, sobrepasando el 28 por 100 del total provincial. Aunque el tipo de propiedad no se especifica en todos los casos, la mayoría son propietarios de tierras en los municipios donde habitan. Otros poseen pequeños negocios o industrias locales. No se puede hablar de grandes fortunas, aunque gozaran de una situación privilegiada respecto a los sectores más necesitados de la población, sobre todo en los pueblos.

En cuanto a su origen geográfico, es importante destacar que casi un tercio (31,25 por 100) del total de víctimas pertenecientes al grupo eran vecinos de pueblos de Granada, sobre todo de Huéscar, Galera, Guadix y Caniles. Dentro de los límites provinciales, debemos señalar que en la comarca del Campo de Dalías residían cerca del 20 por 100 de los propietarios asesinados, sobresaliendo la localidad de Berja por el número de muertes, y que en el municipio de Almería vivían algo más del 15 por 100 de estas víctimas. El resto se repartía en las otras comarcas almerienses en inferior proporción, excepto en los Vélez, zona en la que no vivía ningún propietario ejecutado durante la guerra en la provincia.

---

[20] Todos los datos de las víctimas han sido recogidos, principalmente de la Causa General (piezas ya citadas y pieza 1) y en el Registro Civil de Almería, libros de defunciones (distrito de la Audiencia, t. 163 a 169, y distrito de San Sebastián, t. 11 a 21). En adelante, nos evitaremos citar su procedencia.

CUADRO 1

PROFESIONES DE LAS VICTIMAS ORIGINADAS EN ALMERIA DURANTE LA GUERRA CIVIL. TOTAL PROVINCIAL

Grupos de profesiones	Número de víctimas	Porcentajes sobre el total (%)
Propietarios	128	28,01
Militares y fuerzas seguridad	57	12,47
Funcionarios y empleados	62	13,57
Asalariados	8	1,75
Profesiones liberales	53	11,60
Religiosos	102	22,31
Otros/no consta	47	10,29
TOTAL	457	100

Fuente: Elaboración propia a partir de los datos recogidos en la *Causa General de Almería.* AHN, Madrid.

3.2. Los militares y fuerzas de seguridad

Pese a ser los protagonistas de la insurrección armada contra la República, las ejecuciones de militares y miembros de los cuerpos de orden público no alcanzaron el 13 por 100 del total de las víctimas. Esto puede explicarse si recordamos que casi toda la oficialidad de las fuerzas sublevadas habían sido trasladados a Cartagena y allí asesinados.

Destaca la nutrida presencia de militares retirados (28 por 100), más significados quizá por sus vinculaciones políticas que por el hecho de haber pertenecido al Ejército. También son numerosos los miembros del Cuerpo de Investigación (21 por 100), la mayor parte de los cuales habían sido muy criticados por los partidos obreros debido a su actuación durante el «bienio negro».

Otro 26 por 100 de estas víctimas correspondía a fuerzas de la Guardia Civil. Aquí es interesante señalar que si bien los jefes y oficiales de este Cuerpo sublevados en la capital habían sido trasladados a Cartagena a bordo del destructor *Lepanto,* no sucedió lo mismo con los oficiales jefes de líneas de la provincia que se mostraron partidarios de la insurrección o fueron sospechosos de ello. Junto a otros suboficiales y números, fueron encarcelados en Almería y sacados para su ejecución ilegal. Los procedentes de Cartagena y algún caso aislado de Almería fueron los únicos miembros del Ejército, en activo, pasados por las armas en la provincia. Estos y un cabo de Asalto y guardia de Seguridad completan el segundo grupo.

CUADRO 2

PROFESIONES DE LAS VICTIMAS ORIGINADAS EN ALMERIA DURANTE LA GUERRA CIVIL. DIVISION COMARCAL

	Propietarios	Militares f. seguridad	Funcionarios y empleados	Asalariados	Profesionales liberales	Religiosos	Otros/ no consta	Totales comarcales
Almería capital	21 (16,41 %)	26 (45,62 %)	23 (37,10 %)	4 (50,00 %)	20 (37,74 %)	42 (41,18 %)	9 (19,15 %)	145 (31,73 %)
Bajo Andarax	5 (3,91 %)	1 (1,75 %)	2 (3,23 %)	1 (12,50 %)	—	6 (5,89 %)	2 (4,26 %)	17 (3,72 %)
Campo de Dalías	25 (19,53 %)	2 (3,51 %)	4 (6,45 %)	—	4 (7,55 %)	5 (4,90 %)	9 (19,15 %)	49 (10,72 %)
Alto Andarax	10 (7,81 %)	1 (1,75 %)	4 (6,45 %)	1 (12,50 %)	2 (3,77 %)	8 (7,84 %)	—	26 (5,69 %)
Río Nacimiento	7 (5,47 %)	2 (3,51 %)	4 (6,45 %)	—	1 (1,89 %)	5 (4,90 %)	—	19 (4,16 %)
Campo de Tabernas	7 (5,47 %)	3 (5,26 %)	—	—	4 (7,55 %)	4 (3,92 %)	3 (6,38 %)	21 (4,59 %)
Bajo Almanzora	4 (3,12 %)	3 (5,26 %)	7 (11,29 %)	1 (12,50 %)	6 (11,32 %)	13 (12,75 %)	4 (8,51 %)	38 (8,31 %)
Alto Almanzora	9 (7,03 %)	4 (7,02 %)	7 (11,29 %)	—	5 (9,43 %)	9 (8,82 %)	3 (6,38 %)	37 (8,10 %)
Los Vélez	—	1 (1,75 %)	—	—	—	2 (1,96 %)	—	3 (0,66 %)
De otra provincia	40 (31,25 %)	14 (24,57 %)	11 (17,74 %)	1 (12,50 %)	11 (20,75 %)	8 (7,84 %)	17 (36,17 %)	102 (22,32 %)
TOTAL	128 (100 %)	57 (100 %)	62 (100 %)	8 (100 %)	53 (100 %)	102 (100 %)	47 (100 %)	457 (100 %)

Fuente: Elaboración propia a partir de los datos recogidos en la *Causa General de Almería*. AHN, Madrid.

Estudiando la procedencia geográfica de todas las víctimas, observamos que casi la mitad residían en Almería capital y una cuarta parte procedían de otras provincias (sobre todo de Cartagena). El resto se distribuía en muy parecida proporción por las comarcas almerienses.

3.3. Funcionarios y empleados

Este sector de la población supone casi el 14 por 100 de las muertes violentas en Almería a lo largo de la contienda. Casi un 75 por 100 son empleados, aunque en pocas ocasiones se especifica el tipo o lugar de empleo. Entre los funcionarios, sobresalen los secretarios de juzgados y los oficiales de prisiones.

Los empleados y funcionarios asesinados, en una significativa proporción, estaban relacionados con Falange Española y algunos desempeñaban, o habían desempeñado, cargos en su dirección y organización.

Si nos atenemos al lugar de residencia, en la capital vivían casi el 40 por 100 de las víctimas, repartiéndose el resto todas las comarcas, excepto la del campo de Tabernas y la de los Vélez. En ellas no residía ningún funcionario ni empleado ejecutado.

3.4. Asalariados

Por razones obvias, es el grupo que menos bajas sufrió en la represión desarrollada en Almería durante la guerra. El total de fusilados en la provincia fue de ocho personas, es decir, el 1,75 por 100 de todas las muertes. Políticamente, aparecen vinculados a Falange y Acción Popular, encontrándose entre ellos también el presidente de los sindicatos libres.

La mitad de los asalariados vivían en Almería, residiendo los restantes en los pueblos de Gádor (Bajo Andarax), Terque (Alto Andarax), Garrucha (Bajo Almanzora) y Huéscar (Granada).

3.5. Profesiones liberales

Este grupo engloba el 11,60 por 100 de las víctimas de la guerra. Destacan especialmente los profesionales del Derecho (abogados, jueces, fiscales, registradores y un notario), los cuales alcanzan casi el 60 por 100 del total. También aparecen, aunque en menor cantidad, farmacéuticos, ingenieros, periodistas, maestros y médicos.

En el apartado de su origen geográfico, la mayoría de ellos residían en Almería capital o procedían de pueblos granadinos. En los municipios de la provincia no abundaban esas profesiones.

3.6. Religiosos

Tras los propietarios, es el sector de la población que más muertes sufrió durante la guerra, sobrepasando el 22 por 100 del total. La persecución religiosa, fenómeno común en toda la España republicana, también se desarrolló en todos los pueblos de la provincia de Almería, alcanzando desde el obispo hasta sacristanes, pasando por todo el clero secular y las órdenes regulares.

Destacan los asesinatos de curas párrocos y de coadjutores, así como todos los vinculados al Obispado y a la Catedral (deán, canónigos y beneficiados). El propio obispo, junto al de la diócesis de Guadix, fue víctima de este período de violencias. Así, el clero secular alcanza el 86 por 100 de todos los religiosos muertos en la provincia.

Las órdenes religiosas fueron afectadas en menor proporción, porque menores eran sus efectivos. Dominicos, jesuitas y un franciscano se encontraban entre las víctimas. Cinco hermanos de las Escuelas Cristianas completaban el grupo.

Almería capital era el punto de origen de la mayor parte de las víctimas religiosas (41 por 100), justificándose esto por ser la sede del Obispado, la Catedral y las órdenes regulares, además de núcleo más poblado de la provincia. Entre las comarcas destacan las del Almanzora, sobre todo en los pueblos de la cuenca baja del río, en las que residían la quinta parte de los religiosos asesinados.

3.7. Otros

Como advertíamos anteriormente, este apartado lo hemos reservado para aquellas personas sin profesión definida (el caso de los estudiantes), que no constara en los archivos consultados o cuyo cadáver no hubiera sido siquiera reconocido al terminar la guerra. La totalidad de víctimas incluidas en este apartado supone poco más del 10 por 100 de las muertes.

Los que aparecen registrados como estudiantes (cerca del 60 por 100), la mayoría entre dieciocho y veinte años de edad, eran miembros de Falange Española (o del SEU). Algunos habían sido detenidos antes de la guerra, en el período del Frente Popular, por propiciar incidentes en manifestaciones o en el Instituto de Segunda Enseñanza y estaban especialmente significados. Otros fueron asesinados por pertenecer a determinadas familias derechistas.

La procedencia estaba repartida, principalmente, entre la capital almeriense y los pueblos granadinos de Huéscar, Guadix y Galera. En el Alto y Bajo Almanzora, el Bajo Andarax y el campo de Dalías residían el resto de estudiantes.

Suspensión de jueces y fiscales municipales por ideología política (Vizcaya, 1936)

GERMÁN RUEDA HERNANZ
Departamento Historia Moderna y Contemporánea. Universidad de Santander

Durante la Guerra de 1936-39, el Gobierno Civil en Vizcaya fue depurando los jueces y fiscales de los pueblos según la filiación política que tuvieran. La sustitución se hizo colocando en su lugar a otras personas de ideología próxima a la República. En muchos casos se trataba de militantes de partidos políticos que permanecieron fieles al Gobierno de Madrid y que, lógicamente, se opusieron a las fuerzas que propiciaron el Golpe de Estado de julio de 1936.

A través de los expedientes [1] se puede concluir que esta depuración se hizo con cierto orden: la decisión de sustituir a jueces y fiscales no se tomaba hasta que no había cierta seguridad —mediante informe del Comité de Defensa del Ayuntamiento— de la filiación o ideología política de los jueces. En todo caso no debían cesar de sus cargos hasta que los nuevos no se incorporan a los mismos.

El procedimiento era el siguiente.

— El Gobierno Civil enviaba un oficio al *Comité de Defensa* de cada Ayuntamiento en el que se pedía la ideología o, en su caso, afiliación de los jueces y fiscales.

— En el caso de que fuese dudosa su afiliación a un determinado partido, o si no era de ninguno, se pedía al *Comité de Defensa* [2] su parecer sobre si debería ser sustituida tal persona.

— Cuando el informe del *Comité* era favorable a suspensión, siempre se pedía el nombre y afiliación política de la persona que podría sustituirlo.

— El Gobernador Civil, previo acuerdo del *Comité Provincial del Frente Popular*, remitía la lista de propuestas al Ministerio de Justicia para su refrendo [3].

---

[1] ARCHIVO HISTÓRICO NACIONAL. Sección Guerra Civil, Salamanca, Sección Político-Social (Madrid, leg. 241).

[2] Estos Comités estaban formados por personas de los pueblos y, por tanto, era previsible que tuviesen un cierto conocimiento de la ideología de los jueces y fiscales.

[3] El acuerdo con el llamado *Comité Provincial del Frente Popular* tuvo problemas a juzgar por el telegrama enviado el 11 de septiembre de 1936, por el subsecretario del Ministerio de Justicia al Gobierno Civil de Bilbao: «Sírvanse ponerse de acuerdo urgentemente con el Comité Provincial Frente Popular a fin de remitir telegráficamente relación personas de confianza que deban ocupar cargos justicia municipal previamente solicitados. No habiendo cumplido estas órdenes requiero a V.E. para su

— Posteriormente el Gobernador mandaba una nota haciendo efectiva la suspensión y comunicando el nombramiento de un sustituto.

Durante agosto y septiembre de 1936, por el sistema anteriormente descrito, son destituidos en Vizcaya, al menos 193 jueces y fiscales tanto titulares como suplentes. Posteriormente, entre septiembre y diciembre del mismo año se realizaron los nuevos nombramientos. Esto afectó a un buen número de localidades [4].

Los suspendidos en su mayoría son calificados como «tradicionalistas». Un buen número como «monárquicos» y «derechistas». En mucha menor cantidad se califican también como «antiguos afiliados a la Unión Patriótica», «fascistas», «radicales», «fueristas» y «carlistas». Bastantes aparecen en los informes como «independientes», «ninguna afiliación» o «dudosa afiliación». En estos últimos casos la destitución se explica por no ser claramente «afectos a la República».

Los nuevos jueces y fiscales en su inmensa mayoría pertenecían al Partido Nacionalista Vasco, y algunos (muy pocos) a Izquierda Republicana y Unión Republicana.

Por supuesto también hay muchos jueces y fiscales que continúan, sobre todo «nacionalistas» (especialmente del PNV), algunos «republicanos de izquierdas» («Izquierda republicana», «Unión Republicana» y «Acción Republicana») y muy pocos «socialistas».

Algunos ejemplos, obtenidos de expedientes [5], quizá pueden ilustrar lo ocurrido.

En la ciudad de Bilbao se dividen los cuatro Juzgados entre las principales fuerzas políticas del Frente Popular: socialistas (Juzgado n.° 1), comunistas (Juzgado n.° 2), nacionalistas (Juzgado n.° 3), y republicanos de izquierda (Juzgado n.° 4). El Gobierno Civil pregunta a cada uno de los partidos quiénes son sus candidatos y aquéllos envían sus listas.

El *Comité* del ayuntamiento de la Anteiglesia de Munguía informa que un juez municipal, un fiscal titular y otro suplente son «tradicionalistas», de un segundo juez (de nombre Alazaga) se dice que fue «monárquico» «pero después de la implantación de la República, no se ha notado en él actividad política alguna, y después del movimiento faccioso se presentó expontáneamente ante este Comité, poniéndose a su entera disposición». El Gobierno Civil suspende a los tres «tradicionalistas» y pregunta si es deseo del Comité suspender a Alzaga. El *Comité* res-

---

inmediato e inexcusable cumplimiento en el plazo de 72 horas» Archivo Histórico Nacional. Sección Guerra Civil. Salamanca. Sección Político-Social (Madrid, leg. 241).

[4] Ondarroa, Narvarniz, Munguía, Mundaca, Miravalles, Meñaca, Mallavia, Mendeja, Maruri, Ibarruri, Ibarranguelva, Ispaster, Galdácano, Gordejuela, Forua, Gautéguiz de Arteaga, Fruniz, Ea, Elanchove, Baquio, Berango, Barrica, Berriatúa, Abadiano, Abanto y Ciérvana, Arceniega, Amurrio, Bilbao, Bermeo, Basauri, Cenarruza, Busturia, Zaldívar, Elgueta, Ermua, Amoroto, Arakaldo, Orozco, Plencia, Portugalete, Ubidea, Zaratamo, Zamudio, Yurre, San Salvador del Valle, Sondica, Rigoitia, Ochandiano, Múgica, Murueta, Marquina, Mendata, San Julián de Musques, Lemona, Larrabezua, Izurza, Garay, Gamiz, Fica, Erandio, Ereño, Durango, Carranza, Valmaseda, Apatamonasterio, Ajanguiz, Arrigorriaga, Arrazua de Vizcaya, Aránzazu, Castillo y Elejabeitia, Lemóniz, Lequeitio, Lezama, Mañaria...

[5] ARCHIVO HISTÓRICO NACIONAL. Sección Guerra Civil. Salamanca. Sección Político-Social (Madrid, leg. 241).

ponde que sí a lo que accede el Gobernador. Todo ello en notas enviadas entre agosto y septiembre de 1936.

En el Ayuntamiento de Baquio, señala el *Comité de Defensa,* el juez municipal (Lope Inchausti) no tiene ninguna filiación, es decir, según la interpretación del *Comité*; no es claramente partidario del Régimen por lo que se pide la suspensión. Es el mismo caso de Zamudio en el que los magistrados son independientes y se les suspende de sus funciones. En Oquendo, sin embargo, aunque jueces y fiscales tampoco están afiliados a ningún partido, se les considera «afectos a la República» y no se les sustituye. En otros casos no se les sustituye debido a su afiliación claramente favorable a la República, caso de Llodio, donde continúan por ser el del PNV o de Morga, lugar donde la afiliación de los jueces era a Acción Republicana.

En Valmaseda el *Comité* comunica que el juez y el fiscal municipales se autocalifican de nacionalistas «pero los hechos y la actuación de dichos señores hacen que les califiquemos de reaccionarios, tan es así, que el Juez, en las elecciones de febrero decía que tenía que votar a los Gil Robles para defender su capital». Los suplentes son tradicionalistas. Todos son cambiados de sus puestos.

Esta purga se hizo igualmente con otros funcionarios municipales y diversos cargos de la administración provincial y nacional. Según se trasluce de la documentación [6] se hizo de forma muy similar a la descrita para jueces y fiscales.

[6] ARCHIVO HISTÓRICO NACIONAL. Sección Guerra Civil. Salamanca. Sección Político-Social (Madrid, leg. 241).

Justicia militar en la España Republicana durante la Guerra Civil Española (1936-1939)

ANTONIO GONZÁLEZ QUINTANA
Archivo Histórico Nacional, Sección «Guerra Civil»

INTRODUCCIÓN

¿Hubo justicia militar en la España Republicana durante la Guerra Civil Española? o, para plantear la cuestión en su justo término, ¿existió la jurisdicción militar en el Bando Republicano?

La respuesta debe ser concluyente en sentido afirmativo. Como muestra baste indicar los 6.750 encausados por el Tribunal Permanente del II Cuerpo de Ejército entre noviembre de 1937 y marzo de 1939 y del que se conservan, prácticamente en su integridad, todas las causas, expedientes y diligencias previas que tramitó, en la Sección «Guerra Civil» del Archivo Histórico Nacional [1]. Su existencia, pues, es obvia e indiscutible. Ahora bien, otra cuestión a plantear es la dimensión que tuvo y su peso específico en relación con el resto de jurisdicciones. Para dar respuesta a esta segunda pregunta necesitaremos de un estudio más profundo, que trataremos de abordar en las siguientes páginas.

El hecho de suscitar la cuestión lo motiva la aseveración, en algún caso mantenida, de que las peculiares formas de justicia que se dieron en la España Republicana en este período anularon la tradicional configuración del reparto de jurisdicciones: *«el conjunto de los nuevos tribunales ... privó de sus principales competencias a los preexistentes órganos jurisdiccionales que quedaron así como residuales»* [2]. Como uno de los argumentos justificativos de este planteamiento se indica, en lo tocante al supuesto carácter residual de la jurisdicción militar, *«la dificultad de construir, al revés que en el Bando Nacionalista, tribunales de guerra, ya que los militares en su mayor parte se habían sublevado, eran sospechosos o los adictos eran necesarios en el frente...» «Se trataba de organizar una justicia que gozase*

[1] Libro de encausados por el Tribunal Permanente del II Cuerpo de Ejército (27-XI-1937/26-III-1939). Archivo Histórico Nacional, Sección «Guerra Civil», Sección Militar, Carpeta 5.120. Como buen ejemplo estadístico del alcance de esta jurisdicción véanse las comnicaciones presentadas a estas jornadas por Guadalupe Murillo, David Valle, Teresa Flores y Cristina Almendral sobre la Auditoría de Guerra de Gijón.

[2] ALEJANDRE, J. A.: «La justicia penal», *Historia 16: la Guerra Civil,* n.º 14: Sociedad y guerra. Madrid, 1987, p. 87.

de toda la confianza del Frente Popular, que... recelaba de los jueces profesionales, del jurado ordinario y de la jurisdicción militar» [3].

En cualquier caso, e independientemente de cualquier otra apreciación, habría que decir que si bien buena parte de lo citado es aplicable al primer período de la guerra (julio de 1936-febrero de 1937) la situación es completamente distinta en los siguientes meses del conflicto; es decir, veinticinco meses frente a siete, haciendo un burdo balance cronológico.

Si bien es cierto que la jurisdicción militar tuvo carácter meramente residual en un primer momento, más por imperativos circunstanciales —como indica el preámbulo del decreto de 15 de septiembre de 1936 que amplía las competencias de los tribunales populares a los delitos cometidos por militares o paisanos con ocasión de la campaña— [4], a partir de la creación de los tribunales populares especiales de guerra, en febrero de 1937, las competencias de la justicia militar no hicieron sino aumentar paralelamente al fortalecimiento de los resortes del estado republicano. En efecto, la jurisdicción militar se afianzó, recuperó, con mucho, el terreno perdido al inicio de la guerra e, incluso, al calor de los acontecimientos, ganó posiciones perdidas en el primer bienio de la República, en el que se le restaron importantísimas competencias.

La realidad, que a simple vista se puede intuir con un mínimo repaso a las numerosas disposiciones legislativas de los gobiernos republicanos, y que se podrá corroborar tras un minucioso estudio de la abundante documentación que los tribunales militares republicanos han dejado en los archivos, parece orientarse a presentar, históricamente, una situación cambiante y compleja que, básicamente, se mueve en la dirección apuntada: de menos influencia de la jurisdicción militar a más, al igual que sucede con el conjunto de la institución castrense que, de la licencia de tropas y disolución de unidades donde hubo brotes de rebelión, pasó al control absoluto del poder en el lado republicano, consumado este ascenso con el golpe de estado del coronel Casado en marzo de 1939, marcando, de manera definitiva, el intervencionalismo militar el final de la guerra en la España Republicana [5].

La justicia militar española antes de julio de 1936. Los antecedentes inmediatos: la II República

Si es necesario, para analizar la administración de justicia, comenzar estudiando la cúpula política de la misma, es decir, los ministerios de justicia de los estados beligerantes (en lo que concierne al periodo de la Guerra Civil) y, en el caso republicano también las consejerías de justicia de las comunidades autónomas vasca y catalana, en el campo de la jurisdicción militar es obligado, de igual modo, profundizar, previamente a cualquier estudio institucional, en el devenir político

[3] ALEJANDRE, J.: *Op. cit.*, p. 87.

[4] *Gaceta de Madrid,* n.º 260, de 16 de septiembre de 1936, p. 1832.

[5] SALAS LARRAZABAL, R.: «Reformismo e intervencionismo militar durante la Guerra Civil», en *Studia Historica,* vol. III, n.º 4. Salamanca, 1985, p. 75.

de la cúpula militar, en concreto de los diversos ministerios y consejerías que dirigieron la política bélica en el estado republicano entre 1936 y 1939. Cualquier estudio que se aleje de ese marco obligado de referencia, el de los avatares políticos, reflejo de la dinámica de la lucha de clases, llevará necesariamente a la generación de un magma de confusión o a una relación de organismos variados y variables que, en sí vistos, no arrojarán más que un panorama nublado de confusión orgánica.

Si partimos de la base de que la Administración de Justicia y el Ejército son dos de los más potentes instrumentos del Estado y compartimos que éste es, en resumen, el conjunto de elementos cohercitivos de que dispone una clase social o clases sociales para perpetuar el status social que garantice su preponderancia, llegaremos a la conclusión de que la justicia militar, partícipe de esos dos pilares básicos del Estado (Administración de Justicia y Ejército), nos deberá proporcionar, como barómetro social de primer orden, un gráfico ilustrativo del desarrollo de la conflictividad política y social.

En el marco de la Guerra Civil Española, no obstante, no dejaremos de tener en cuenta que el proceso es más complejo en tanto que la lucha se fragua en dos vertientes: la de estado contra estado, que provoca una primera falla de enfrentamiento entre clases, y, a la vez, la de las heterogéneas clases presentes en el seno del frente popular. Esta segunda faceta del enfrentamiento definido entre clases va a marcar el carácter cambiante que define a la justicia militar republicana de guerra, en clarísimo contraste con la justicia militar «nacional», que nos evidencia la existencia de un Estado mucho más homogéneo en cuanto a la defensa de intereses de clase.

La trayectoria seguida por los acontecimientos políticos en la España contemporánea está jalonada de famosos procesos seguidos por la jurisdicción militar con los que, generalmente, se zanjan los momentos más intensos de enfrentamientos entre las clases. Por citar sólo algunos de los más comentados, recordaremos el proceso contra Ferrer Guardia, a raíz de los sucesos del verano de 1909; el seguido contra el Comité de Huelga en agosto de 1917; la causa contra los militares sublevados en 1932 o los procesos contra los implicados en la revolución de octubre de 1934. Podemos afirmar que el Estado español tuvo, en su etapa contemporánea, en la jurisdicción militar, un instrumento especializado de defensa contra los movimientos sociales organizados con aspiraciones de transformaciones políticas de envergadura o de conquista del propio poder político y que, fundamentalmente, se utilizó contra las organizaciones del proletariado.

Quizá este protagonismo de la justicia militar en la resolución de los conflictos sociales y políticos lo podemos atribuir a lo que caracterizó a esta jurisdicción desde la promulgación, el 10 de marzo de 1884, de la Ley de Organización de los Tribunales de Guerra, y, unos meses después (el 17 de noviembre) del Código Penal del Ejército [6]: el principio de que «el que manda debe juzgar». Este dogma, que constituirá, precisamente, el principal caballo de batalla ideológica en torno a la

[6] Para una panorámica histórica de la jurisdicción militar en España véase: GONZÁLEZ-DELEITO y DOMINGO, N.: «La evolución histórica de la Jurisdicción Penal Militar en España». Madrid, IMPHOE, (s.a.)

justicia militar durante la II República, aseguraba que los fallos judiciales fueran de «plena garantía» para la defensa de los planteamientos que hemos apuntado anteriormente.

Por otra parte, y aunque como establece en su preámbulo el Código Penal del Ejército de 1884 (primer intento de codificación penal militar) era necesario «... el estorbar con el rigor saludable y pronto de la Justicia que una parte cualquiera del Ejército venga a echar el peso de su fuerza en las contiendas políticas...» [7], en la práctica, la atribución a la jurisdicción militar del conocimiento de este delito de rebelión militar («rebelión de los militares» según el código de 1884), tanto por razón del mismo como por razón de la persona —fuero militar—, daba lugar a una posible mayor benevolencia ante procesados militares si se actuaba con un mal entendido sentido de cuerpo. La tendencia histórica ha sido hacia el paso de los delitos contra la seguridad del Estado a la competencia de la jurisdicción ordinaria. Hoy día el delito de rebelión militar es una «rara avis» en la legislación penal militar, sólo superviviente en algunos códigos de justicia militar latinoamericanos [8].

Por otra parte, y analizados como complemento de salvaguardia del sólido pilar cohercitivo que constituyó la jurisdicción militar en España en las décadas anteriores a la Guerra Civil, hemos de estudiar los mecanismos defensivos que la codificación penal militar y la legislación complementaria establecieron, vedando de la crítica política, a través de la imprenta principalmente, a la institución castrense. Al respecto ha de mencionarse la extraordinariamente polémica Ley de Jurisdicciones de 1906 que, tras un efímero paréntesis de seis años, dejaba en manos de la jurisdicción militar la competencia para conocer «... de las causas que, contra cualquier persona, se instruyan por... los delitos de atentado y desacato a las autoridades militares y los de injuria y calumnia a éstas o a las corporaciones o colectividades del Ejército cualquiera que sea el medio para cometer el delito...» [9]. Esta potestad jurisdiccional daría lugar a la formación de innumerables causas contra periodistas y publicistas; evidentemente, la más castigada fue la prensa proletaria. Entre las organizaciones obreras en general y las socialistas en particular la solicitud de derogación de la Ley de Jurisdicciones constituyó un clamor constante a lo largo casi tres décadas.

Ante esta «herencia» los gobiernos republicanos del primer bienio se van a plantear dos objetivos básicos, haciéndose eco de la citada demanda social: por un lado la «profesionalización» de la justicia militar, detrayendo la capacidad judicial a los mandos militares y, por otro, la finalización de lo que se entendían como privilegios militares, a saber, el fuero militar, y la potestad de entender en asuntos claramente referidos a la libre expresión de las ideas, aunque éstas se refirieran a la institución militar.

La primera medida en tal sentido es la que adopta, ya en mayo de 1931, el Gobierno Provisional Republicano, siendo ministro de justicia el socialista Fer-

---

[7] «Exposición de motivos del Código Penal del Ejército», citado por JIMÉNEZ y JIMÉNEZ, F. en *Introducción al Derecho Penal Militar*. Madrid, Civitas, 1987.

[8] JIMÉNEZ Y JIMÉNEZ, F.: *Op. cit.*, p. 220.

[9] Código de Justicia Militar de 1890, artículo 7.7.°

nando de los Ríos Urruti, mediante el decreto de 11 de mayo que determina la jurisdicción de los Tribunales Militares y de la Marina [10]. En esta disposición, a la que se daría posteriormente rango de ley, y en lo que respecta al conflictivo tema de la potestad judicial de los mandos militares se establece: «los capitanes generales dejarán de ejercer intervención como autoridad judicial en los asuntos reservados a las jurisdicciones de Guerra o de Marina» [11]. Al mismo tiempo, y con un alcance todavía mayor, ligando por la cúpula jurisdicción especial y ordinaria, en franco avance hacia una justicia unitaria, se hace desaparecer el máximo órgano de la jurisdicción militar, el Consejo Supremo de Guerra y Marina, estableciéndose en el Tribunal Supremo una Sala de Justicia Militar, la VI, compuesta por dos magistrados del propio TS más tres procedentes del Cuerpo Jurídico del Ejército y uno de la Armada [12]. Un posterior decreto regula las funciones de los auditores que pasan a asumir todas las funciones judiciales anteriormente atribuidas a los mandos: «Los auditores de las Regiones, Distritos y Ejércitos,... asumirán todas las funciones judiciales que el Código de Justicia Militar atribuye a los capitanes generales...» [13].

Asunto fundamental será también el de la «unidad de fueros». Aunque el tema tendrá una sanción definitiva en la Constitución de 1931, ya en el mencionado decreto de 11 de mayo del Gobierno Provisional se reducía la jurisdicción de los Tribunales de Guerra a los hechos o delitos esencialmente militares de que aquélla conoce por razón de la materia, desapareciendo la competencia basada en la calidad de la persona o el lugar de ejecución [14]. El preámbulo del decreto dibuja claramente los antecedentes históricos que ya hemos esbozado: «La República Española, como todo régimen de su misma tendencia, ha de significar un progreso resuelto hacia la unificación de fueros y restablecimiento, en sus naturales límites, de la jurisdicción ordinaria completando así la obra que ya iniciara la revolución española de 1868.» Y, añade el preámbulo: «Entre los acuerdos que reflejaron ha tiempo la coincidencia de todas las fuerzas políticas triunfantes en el movimiento revolucionario y representadas en el Gobierno Provisional, figura, como lógicamente debía suceder, el propósito de reducir la jurisdicción militar a aquéllo que le es propio, o sea, al delito esencialmente militar también». Como indicábamos, la Constitución Republicana sancionaría definitivamente la unidad de fueros: «La Administración de Justicia comprenderá todas las jurisdicciones existentes, que serán reguladas por las leyes. La jurisdicción penal militar quedará limitada a los delitos militares, a los servicios de armas y a la disciplina de todos los institutos armados. No podrá establecerse fuero alguno por razón de las personas ni de los lugares. Se exceptúa el caso de estado de guerra, con arreglo a la Ley de Orden Público...» [15].

Esta intensa labor reformadora en el profundo proceso de polarización social que vive el país en los años de la República se vería, rápidamente, sometida a la crítica y la revisión.

---

[10] *Gaceta* de 12 de mayo de 1931. Decreto de 11 de mayo.
[11] Idem. artículo 4.º
[12] Idem. artículo 5.º
[13] Decreto de 2 de junio de 1931 (*Gaceta* 4 de junio de 1931). Artículo 1.º
[14] Código de Justicia Militar de 1890, artículo 4.º
[15] Constitución de la República Española, 1931, artículo 95.

Una de las primeras medidas dictadas durante el bienio radical-cedista fue la concesión de una amnistía, entre otros, a los implicados en la «sanjurjada», procesados y condenados por el delito de rebelión militar (aunque no se les reintegraba a sus destinos) [16], ampliada luego, mediante Orden Circular de 1 de diciembre de 1934 al delito de usurpación de atribuciones con motivo u ocasión de conflictos sociales [17]. Ambas medidas de gracia suponen un claro exponente de acercamiento, por parte del nuevo Gobierno al estamento militar. No obstante, las auténticas medidas de contrarreforma serán algo posteriores y sobre todo tendrán mayor razón de ser a raíz de los sucesos revolucionarios de octubre. Así, en enero de 1935 se reestablece el articulado del Código de Justicia Militar referido a recursos ante la Sala VI del TS, derogando las disposiciones reformadoras por decreto de 3 de julio de 1931 [18]. Pero la medida modificadora fundamental la constituye la Ley de 17 de julio de 1935 por la que se reorganiza la justicia militar, derogando parte de los decretos de 11 de mayo y 2 de junio de 1931, sobre todo en lo referido a la intervención en materia judicial de las autoridades militares, a las que se devuelve una gran parte sus prerrogativas, tanto en tiempo de guerra como en tiempo de paz [19].

Ambas disposiciones, la de enero y la de junio, llevarían al ejecutivo, en un intento de clarificar el panorama legislativo a nombrar una comisión para armonizar las disposiciones o restos de disposiciones existentes sobre justicia militar [20].

Quizá el hecho que va a tener una mayor trascendencia de cara a la organización y atribuciones de la jurisdicción castrense en la España Republicana durante la guerra civil lo constituya el comportamiento que ésta tuvo para con los encartados por los sucesos de octubre. Las medidas reformadoras del primer bienio no alcanzaron al Código de Justicia Militar en su conjunto. Ello determinó la pervivencia de la tipificación de algunos delitos, como el de rebelión militar aplicado a paisanos [21], que jugaban un papel clave en el sostenimiento del Estado, del modo que hemos indicado. El delito de rebelión militar, entre otras razones por el recelo y prejuicio que las organizaciones obreras van a heredar de esta etapa inmediatamente anterior a la guerra, va a quedar al margen de la jurisdicción militar republicana durante prácticamente toda la guerra, en algunos momentos junto con otros delitos tenidos como «contra la seguridad del Estado y el Ejército»; y ello sin llegar a poner en práctica un nuevo código penal militar, aunque tal tarea llegó a asumirse, y muy seriamente, como veremos.

Este recelo, para los partidos y sindicatos obreros tendría una doble y clara justificación: mientras el Estado perdonaba a los sublevados en 1932 —auténticos protagonistas de una rebelión de militares—, no solamente juzgaba y condenaba por el mismo delito, aplicado a no militares, a un importante número de militantes obreros sino que, además, endurecía los procesos reduciendo las posibilidades de recursos.

---

[16] Ley de 24 de abril de 1934.

[17] Orden circular de 1 de diciembre de 1934.

[18] Ley de 30 de enero de 1935.

[19] Ley de 17 de julio de 1935, artículo 3.°

[20] Orden circular de 2 de agosto de 1935.

[21] Definido en el artículo 237 del CJM de 1890.

LA «DESAPARICIÓN» DE LA JURISDICCIÓN MILITAR ENTRE EL 19 DE JULIO DE 1936 Y EL 16 DE FEBRERO DE 1937

Con motivo de la sublevación militar el 18 de julio de 1936 surge, casi inmediatamente, un proceso revolucionario, protagonizado por las masas obreras radicalizadas, ante un gobierno titubeante y en permanente crisis que se ve obligado a contemplar, impasiblemente, el desmoronamiento casi absoluto de todos los tradicionales resortes del Estado. Surgen así, espontáneamente, y en lo referente a la justicia, los comités de Salud Pública o simplemente una caótica, y a veces indiscriminada, «limpieza» de la retaguardia en aquellos puntos del país en los que el levantamiento es sofocado en un primer momento. La situación requería de urgentes medidas de actuación. El asalto a la Cárcel Modelo de Madrid por la población civil sería el detonante para afrontar las reformas que garantizaran el control gubernamental de la situación. Al respecto consideramos extraordinariamente ilustrativo el testimonio del presidente, por aquel entonces, de Izquierda Republicana, Régulo Martínez, recogido por R. Fraser: «... todos saben las amenazas que se ciernen sobre la república a causa de este asalto y de estos asesinatos...» y recuerda que propuso: «que nadie salga de esta habitación hasta que hayamos llegado al acuerdo de instaurar tribunales en los que, "de facto y de jure", el pueblo está representado a través de sus partidos políticos y organizaciones. Así se estará seguro de que los tribunales no son blandos al aplicar la ley» [22]. En efecto, el día 23 de agosto se creaba en Madrid, por decreto del Ministerio de Justicia, un Tribunal Popular, compuesto por tres jueces de derecho y catorce de hecho (representantes de las organizaciones del Frente Popular) para juzgar los delitos de rebelión, sedición y los cometidos contra la seguridad del Estado. Dos días después, mediante un nuevo decreto se creaban sendos Tribunales Populares en el resto de las capitales de provincia bajo control republicano [23]. Se trata, como se puede observar de delitos todos ellos definidos por el Código de Justicia Militar, de los que pasa a entender una nueva jurisdicción especial —la popular—, genuina creación de la España revolucionaria, o mejor, de la España en revolución.

Las razones para explicar la creación de esta nueva jurisdicción especial, con tendencia a hacerse ordinaria y única, como veremos, sobre todo en los tiempos de ministro de Juan García Oliver, son claras. En primer lugar por imposibilidad manifiesta ante la desaparición del Ejército de usar ese instrumento de soporte represivo del Estado Republicano y, con él de su jurisdicción militar; como elemento añadido a esa práctica desaparición de la institución castrense y que explicará en parte las dificultades del ejecutivo para reconstruir, posteriormente, la jurisdicción militar, habría que indicar la incorporación, prácticamente total, de los jefes y oficiales del Cuerpo Jurídico Militar a la sublevación: «Entre las muchas anécdotas sangrantes de nuestra lucha está la de que fueron los Oficiales del Cuerpo Jurídico Militar quienes en mayor proporción se sumaron al movimiento subversivo. En poco más que unidades pueden contarse quienes quedaron física y espiritualmente a un tiempo al lado de la legitimidad republicana» [24].

---

[22] FRASER, R.: *Recuérdalo tú y recuérdalo a otros...* Barcelona, Crítica, 1979.

[23] Decreto de 25 de agosto de 1936, *Gaceta* de 26 de agosto.

[24] BALLESTER GOZALVO, J.: «Bibliografía: la Justicia Militar en España...», en *España en Armas*, Barcelona, febrero 1938.

No obstante este «inevitable» proceso de deterioro de la jurisdicción de guerra, el gobierno republicano confiaba en que estos tribunales tuvieran un carácter provisional y pudiera, en un futuro que se deseaba cercano, recuperar el tradicional reparto de competencias entre jurisdicciones. Así se manifiesta en el preámbulo de un decreto firmado por M. Azaña y su ministro de justicia Mariano Ruiz Funes el 15 de septiembre de 1936 por el que se amplía el conocimiento de los Tribunales Populares, creados en agosto, a los delitos militares o comunes que pudieran ser cometidos por militares o paisanos con ocasión de la «actual» campaña. En él se recoge el propósito del gobierno de establecer consejos de guerra especiales que actúen en los lugares en que se desarrolle la campaña y en los que tengan presencia —por primera vez surge la idea de exportar a los tribunales militares el jurado— «aquellos beneméritos ciudadanos que, juntamente con las fuerzas leales del Ejército, y formando parte de las Milicias populares, defienden a la República con las armas en la mano» [25].

Independientemente de sus inmensas carencias, sobre todo en la capacidad de actuación, la justicia militar continuó existiendo y jugó un importante papel, allí donde se pudieron establecer auditorías de guerra, haciendo de auxiliar importante de la justicia popular, sobre todo en la realización de diligencias previas o en la inhibición en favor de aquélla pero aportando ya labores procesales que redujeron el trabajo de muchos juzgados especiales. Especial mención merecen al respecto los juzgados militares dependientes de la Auditoría de Guerra del Ejército del Norte, siendo auditor jefe José Antonio Azpiazu Echevarría, y que se constituye en septiembre de 1936 [26]. Consultando al respecto las causas falladas por el Tribunal Popular de Bilbao en 1936 encontraremos, en casi todas ellas, testimonios documentales de la participación de la citada Auditoría de Guerra [27].

Lo que no quedaba resuelto y requería urgente resolución era el problema que hasta entonces se había considerado menor en la valoración de la jurisdicción militar y que era el de dotar a las fuerzas republicanas en combate de instrumentos disciplinarios, necesarios sin duda para oponer una fuerza armada cohesionada al enemigo. Ese va a ser el gran reto del gobierno Largo Caballero, unido, lógicamente, al de crear un Ejército regular. Se trata, en definitiva de reconstruir el Estado. Pero, llegados a este punto el problema lo planteará el enfrentamiento de intereses de clase o las distintas formas de entender, en el seno de las organizaciones proletarias el papel del Estado y la utilización de los resortes de éste. El primer enfrentamiento será el de las concepciones socialista y anarquista.

En el fondo se trata de construir un nuevo modelo de Estado y situar en él el correspondiente modelo de Administración de Justicia y, al tiempo, dentro de ésta, ajustar el papel de la jurisdicción militar.

El intento más serio al respecto va a partir de la Consellería de Defensa de la Generalitat de Catalunya que, en octubre de 1936, crea una Comisión Jurídica

---

[25] Decreto de 15 de septiembre de 1936, *Gaceta* de 16 de septiembre, preámbulo.

[26] «Proyecto de reorganización del Cuerpo Jurídico Militar en el Ejército del Norte». AHN (GC), serie Auditoría de Guerra de Gijón, carpeta 32.

[27] Consúltese «Inventario de la serie "Tribunal Popular de Bilbao" de la Sección Guerra Civil del Archivo Histórico Nacional.

para la redacción de un nuevo Código Penal de las Milicias y una Ley de Enjuiciamiento de las mismas [28]. La Comisión la componían: Santiago Vivancos Ferrer, de la Asesoría Jurídica de la Consellería; Juan Plaza Ortiz, comandante de la Escuela Popular de Instructores de Guerra; José Costell Salido, capitán de infantería agregado al EM de la Consejería y Manuel del Nido Idígoras, auditor de la 4.ª División. El proyecto redactado por esta comisión merecería, por sí mismo, un estudio jurídico desde el punto de vista doctrinal por cuanto contiene importantísimas novedades, quizá la principal sea el separar, huyendo del vigente código-vademecum, los aspectos penales de los puramente procesales. No es nuestro propósito, y además sin ser experto en la materia resultaría difícil hacerlo, afrontar tal estudio pero sí vamos a analizarlo, aunque sea someramente, porque, si bien este proyecto no se convirtió en realidad, muchos de sus principios doctrinales básicos se aplicaron en el proceso de reconstrucción de la jurisdicción militar llevado a cabo a nivel estatal. Por ello consideramos fundamental entrar en las argumentaciones del informe de la comisión, en un breve repaso a los textos y ejemplos concretos que sirvieron de apoyo para su redacción y, por supuesto, en el resumen de lo que hemos considerado disposiciones fundamentales.

La comisión, en su informe, después de dejar claro que se trata sólo de «reformar el Código, con arreglo a las circunstancias y al tiempo...» tras «... desguazar y reconstruir sobre los materiales aprovechables, las bases de un nuevo Derecho Penal Militar...», pasa a fijar los postulados sobre los que se habría de asentar la obra reformadora, indicando como tales los siguientes: humanización del código (sin llegar a suprimir la pena de muerte); admisión del principio de analogía; imputabilidad basada, en la mayoría de los casos, en la peligrosidad; negación del principio de retroactividad de la ley penal; reducción de la extensión de penas y disminución del número de las mismas; abono de prisión preventiva; regulación de la rehabilitación especial militar; reducción a cinco grupos de los delitos militares: delitos contra la seguridad militar del proletariado, delitos contra la seguridad del ejército del proletariado, delitos contra la disciplina del ejército, delitos contra la dignidad del ejército y delitos contra los intereses del Estado; creación, para la corrección de faltas, de Consejos de Disciplina, tomados de la legislación penal de la Marina.

Por lo que respecta a los textos utilizados básicamente para el estudio y redacción del proyecto, la comisión cita, entre otras, las siguientes obras: «Principios de derecho soviético», de Horacio de Castro; «Tratado de Derecho Penal», de F. Von Listz; «Proyecto preliminar de Código Penal» —junto con otras obras— de Ferri; el «Derecho Penal en la Rusia Soviética», de Cuello Calón —además de otras cosas del mismo—; «el Nuevo Derecho Penal» de L. Jiménez de Asúa —y otros textos del mismo autor—; «El Nuevo Derecho Penal de la Rusia Soviética» de José Arturo Rodríguez Muñoz; «Une legislation communiste» de Labri; y, por último, «todos los textos legales vigentes en nuestra nación, respecto a materia penal y procesal» [29].

---

28 «Proyecto de Código Penal del Ejército del Proletariado y de Ley de Atribuciones, Organización y Enjuiciamiento. Barcelona, noviembre de 1936». Servicio Histórico Militar, legajo 554, carpeta 2, documento 3.

29 «Proyecto Código Ej. Proletariado...» p. 3.

Por lo que respecta al Código Penal del Ejército del Proletariado que se proyecta, nos interesa destacar, en relación con la argumentación que hemos ido manteniendo, la nueva redacción que se da al delito de rebelión militar: «Son reos de rebelión militar, los que se alcen en armas para destruir o menoscabar el poder de la Institución Estatal Popular, o las fundamentales conquistas económicas, políticas o nacionales de la revolución proletaria, o la entrada de bandas armadas en el territorio nacional con fines contrarrevolucionarios, siempre que lo verifiquen concurriendo alguna de las circunstancias siguientes:...» [30], y recoge, prácticamente las mismas que enumera el Código de Justicia Militar de 1890. La mención expresa a la Institución Estatal Popular y a las conquistas de la revolución proletaria, sitúan el proyecto en los inicios de creación de las bases de un nuevo Estado, claramente al servicio de la clase obrera. Quizá por ello y porque se afronta en las vísperas de la disolución del Comité de Milicias Antifascistas y para un ámbito no estatal, desbordando ampliamente la capacidad legislativa de la Generalitat (aunque precedentes había) y, tal vez, porque la orientación del nuevo gobierno central presidido por Largo Caballero, con muchas contradicciones en su seno, no sigue con claridad los derroteros que algunos habían previsto, este proyecto no llega a ver la luz.

En lo concerniente a la «Ley de Atribuciones, Organización y Enjuiciamiento de las Milicias», las novedades que se incorporan son también muy importanes. En su informe la comisión indica como las más importantes: que toda la función judicial pasa a manos del auditor (volviendo al espíritu del decreto de 11 de mayo de 1931); que en tiempo de paz los paisanos no queden sometidos a los consejos de guerra; reducción a uno solo de los tres tipos de consejos preexistentes; otorgamiento del recurso de apelación ante la Sala Militar; composición del consejo de guerra por un Jefe u Oficial del Cuerpo Jurídico, que lo presidirá, más 8 vocales pertenecientes a los partidos políticos u organizaciones sindicales integrantes del Ejército Popular y 4 suplentes [31].

Si nos hemos detenido en el análisis de este interesante proyecto ha sido porque la mayoría de sus innovaciones serán recogidas por la legislación que al respecto desarrolle definitivamente el Gobierno Caballero, y en estos documentos analizados se citan las bases ideológicas utilizadas. No podemos concretar que fuese utilizado por los asesores del Ministerio de Defensa pero, vistas las similitudes, parece muy probable.

Las diferencias ideológicas naturales entre anarquistas y socialistas que reflejarán en sus actuaciones Juan García Oliver y Francisco Largo Caballero, ministros de justicia y guerra, respectivamente, sobre todo en la concepción del Estado constituirán la gran dificultad que imposibilita una rápida reorganización de la jurisdicción militar.

Otro dato que explica el raquitismo de la jurisdicción militar republicana está en que el día 17 de octubre de 1936 por un decreto de Presidencia del Consejo de

---

[30] Idem, artículo 70, p. 27.

[31] «Proyecto de Ley de Atribuciones, Organización y Enjuiciamiento de las Milicias». Servicio Histórico Militar. Legajo 554, carpeta 2, documento 3 (junto con «Proyecto de Código Penal del Ejército del Proletariado»).

Ministros se transfieren al Ministerio de la Gobernación las facultades que el artículo 171, relativo a la publicación de bandos de guerra, confiere a las autoridades militares [32], de la misma fecha. Es un decreto del Ministerio de Justicia que dispone, precisamente para conocer de los delitos configurados en los bandos, la constitución de 3 jurados de guardia en Madrid integrados por un presidente, juez de derecho, y 6 jurados, jueces de hecho. De este modo se integran en la que hemos denominado jurisdicción popular nuevas competencias de las que anteriormente conocía la militar, además, en lo relativo a los bandos de guerra, una de las más caracterizadas fuentes del derecho penal castrense. Hemos de destacar que esta competencia, ahora atribuida a las autoridades civiles, se mantendrá a lo largo de casi toda la guerra, en concreto hasta que, el 23 de enero de 1939, se declara el estado de guerra y se devuelve a los militares la facultad de dictar bandos.

El período que estamos analizando concluye con un momento de gran tensión entre las posturas anarquista y socialista, ya apuntadas. Así, Juan García Oliver, el 17 de enero de 1937 (decreto de 14 de enero), publica un proyecto sobre competencia de los tribunales populares. En él se amplían extraordinariamente las competencias de esta jurisdicción, dejando sólo al ámbito de los tribunales militares el conocimiento de los delitos comprendidos en el Código de Justicia Militar o en el Penal de la Marina de Guerra «... cuando por haber sido cometidos en buques o unidades aisladas... o en lugares de difícil comunicación con las localidades en que radiquen los Tribunales Populares, sea imposible el desplazamiento de éstos y merezcan aquellos por su gravedad, una más rápida y ejemplar sanción» [33]. Sólo en estos casos se autoriza la constitución de Tribunales Populares Militares integrados por el delegado del comisariado general de guerra (presidente), 3 ó 5 vocales miembros de las milicias y del Ejército y un vocal técnico, funcionario jurídico o miliciano letrado. Para el resto de los casos «los Tribunales Populares, creados por los decretos de 23 y 25 de agosto de 1936, serán los únicos competentes para conocer contra toda clase de reos, presentes o ausentes, de todos los delitos comprendidos en los Códigos de Justicia Militar, Penal de la Marina de Guerra, Penal Ordinario y leyes penales especiales» [34].

Este proyecto quedaba anulado días después, por decreto de 17 de enero. Se abría, manifiestamente, una etapa de debate interno en el seno del Gobierno para zanjar la polémica cuestión. Al efecto se acuerda constituir una Comisión Judicial [35].

El Gobierno «Sindical» y la reconstrucción del Estado

Las distintas formas de entender el carácter del Estado que apuntábamos en el capítulo anterior tomarán forma, en la polémica política sobre la jurisdicción de guerra entre anarquistas y socialistas, en el debate que surgirá sobre la unidad

[32] Decreto de 17 de octubre de 1936, *Gaceta*, de 18 de octubre.

[33] Artículo 5.º del Decreto de 14 de enero de 1937, *Gaceta*, de 17 de enero.

[34] Artículo 1.º del Decreto de 14 de enero de 1937, del Ministerio de Justicia. («Proyecto sobre competencia de los Tribunales Populares»).

[35] Decreto del Ministerio de Justicia, de 17 de enero de 1937, *Gaceta*, de 19 de enero.

de fueros. En efecto, una posición doctrinal como la socialista, con una clara concepción del papel instrumental del Estado abogará por la presencia de la jurisdicción militar, a la vez que se va construyendo un auténtico ejército, en sustitución de las desconexas milicias.

Por decreto de 16 de febrero de 1937, del Ministerio de la Guerra, se restablecen, claramente, los tribunales militares, creándose los Tribunales Populares Especiales de Guerra: «Decretado por el Ministerio de la Guerra en 29 de septiembre último que, a partir del 10 de octubre, las fuerzas de milicias voluntarias del Ejército del Centro, y desde el día 20 todas las demás, tendrán en tanto duren las actuales circunstancias, carácter, condición y fuero militar... se hace preciso dictar normas de organización de los tribunales que respondan a los fines que el espíritu de dicho decreto entraña» [36]. Estos tribunales mantienen, básicamente, la estructura ya señalada por García Oliver en el proyecto del mes de enero pero, y en ello reside una de las novedades fundamentales, ampliando sus competencias a todos los delitos que pudieran haber sido cometidos por militares: «... el camarada Largo Caballero presentó un decreto sosteniendo y volviendo, para muchos equivocadamente, a la antigua Ley de Jurisdicciones *, sometiendo a fuero especial, a fuero de guerra, a todos los militares, por todos los delitos e incluso a los paisanos...» [37]. Recuperando terreno con relación a 1931, se establece como necesaria, en los casos en que la sentencia no se dicte por unanimidad y se exprese la necesidad de ejecución inmediata de la misma, la aprobación del fallo por el general jefe que mande las tropas del Ejército del territorio y la del comisario general delegado del Ministerio de la Guerra.

Ante tan radical cambio de postura en relación con el proyecto de «Justicia», la nueva reacción de éste será la publicación, en *La Gaceta* del 24 de febrero de 1937, de un nuevo decreto, esta vez repartiendo competencias. Al efecto concreta que «Conocerán las jurisdicciones de guerra y marina los delitos y faltas militares que definen y sancionan los códigos de justicia militar y de la marina de guerra, *siempre que los autores principales sean militares, marinos o individuos pertenecientes a las milicias o militarizados... y que las infracciones de que se trate no estén atribuidas a la competencia de los Tribunales Populares Especiales...»* [38]. Esos delitos atribuidos a los Tribunales Populares son, además de los ya recogidos en los decretos de 23 y 25 de agosto de 1936 (rebelión y sedición) los de espionaje (definidos en un decreto publicado en febrero de 1937) [39], los comunes definidos por el Código Penal común y leyes penales especiales así como de los no estrictamente militares definidos en las leyes penales del Ejército y la Marina.

La tácita aceptación del fuero militar por García Oliver parece conducir a la definitiva regulación que las distintas jurisdicciones habrían de tener por los decretos de 7 de mayo. La polémica se saldaba en favor de las posiciones de Caba-

---

[36] Preámbulo del Decreto del Ministerio de la Guerra, de 16 de febrero de 1937, *Gaceta*, de 17 de febrero.

[37] «Juan García Oliver explica su gestión en el Ministerio de Justicia...» Reus, CNT-FAI, 1937. p. 13.

* Fue derogada en 1932.

[38] Art. 1.º del Decreto del Ministerio de Justicia de 23 de febrero de 1937, *Gaceta* de 24 de febrero.

[39] Decreto del 13 de febrero de 1937 del Ministerio de Juscitica, *Gaceta* de 14 de febrero.

llero, si bien al ministro anarquista le quedaba la satisfacción de que, en su opinión, quedaría clara la superioridad del fuero civil sobre el castrense: «... quedan solamente sometidas al fuero de guerra lo que podríamos llamar medidas disciplinarias por delitos cometidos sola y exclusivamente por militares en actos de servicio. Todo lo demás pasa a un solo fuero: el fuero civil» [40]. Así, aunque el resultado dispositivo final casi planteaba una entente cordiale entre ambas posturas la reorganización y el reconocimiento de la jurisdicción militar no tendría ya vuelta atrás a o largo de toda la guerra. Ahora se plantea la extensión de la misma y su organización; en este aspecto las posturas de los socialistas de izquierda no habían podido llegar tan lejos como pretendían, de hecho entre el decreto de febrero y los de mayo hay una sustancial diferencia.

Entre ambos decretos, el Departamento de Defensa del Gobierno Vasco, a través de su consejero de defensa, a la sazón Presidente del Gobierno de Euzkadi, publica un decreto, en marzo, por el que se crea el Tribunal Militar de Euzkadi. Los nacionalistas vascos, con esta disposición, dejan también patente su afán instrumentalista de esta jurisdicción, ya que, si bien copian casi textualmente el decreto del Gobierno Caballero del mes de febrero, al que se remite en el preámbulo, y mantienen principios como el sometimiento al fuero militar de todos los combatientes por cualquier tipo de delito y el juicio sumarísimo para la tramitación de todos los sumarios, sin embargo introducen grandes diferencias con relación a aquél. En primer lugar, y con relación a la constitución del tribunal, éste estará presidido por persona designada libremente por el Consejero de Defensa, igualmente los vocales son designados directamente por el Gobierno, exigiéndoseles la condición de comandantes o capitanes del Ejército o las Milicias. Por lo que respecta a las sentencias no dictadas por unanimidad o no consignadas como de ejecución inmediata, la aprobación de las mismas se atribuye al Jefe del Ejército de Euzkadi y al Consejero de Defensa. En resumen, podríamos decir, desconfianza absoluta en los jurados que, de una u otra forma han constituido el eje fundamental de la reforma judicial republicana hasta el momento, exactamente el mismo planteamiento que meses más tarde adoptará al Gobierno Negrín, manifiestamente partidario de una «vuelta» a la República del 14 de abril. Es más, la rectificación sobre la composición del tribunal debió ser introducida en instancias políticas, bien gobierno o partido, puesto que, según el «Proyecto de constitución de Tribunales Populares de Guerra para el Territorio de Euzkadi», el Tribunal Popular Especial de Guerra (como puede observase aún no había recibido una denominación particular) estaría integrado de la siguiente forma: «PRESIDENTE: el Jefe Militar de la Zona donde el hecho delictivo ocurra o bien la persona en quien esta autoridad delegue sus funciones, siempre que la misma ostente la categoría de Jefe del Ejército o Milicia y sea de categoría superior a la del acusado; VOCALES: cinco elementos pertenecientes a las milicias o Ejército indistintamente, siempre que sean mayores de veinticinco años. Cuatro de estos vocales tendrán carácter permanente [41]... La designación de los cuatro vocales permanentes

[40] «Juan García Oliver explica...» *(op. cit.)*, p. 14.

[41] «Proyecto de constitución de Tribunales Populares de Guerra para el territorio de Euzkadi». AHN. (GC), serie Auditoría de Guerra de Gijón, carpeta 32.

del reseñado tribunal se efectuará por el señor Consejero de Defensa de acuerdo con las organizaciones que componen el frente popular antifascista... [42]. En concreto esta última frase desaparece del decreto de 11 de abril del Gobierno Vasco [43].

Largo Caballero, en su batalla por la reconstrucción de la jurisdicción militar, a pesar de las diferencias con García Oliver, no puso nunca en duda la vital importancia que la presencia de los jurados populares tenía en la nueva administración de justicia, se pretendía la reconstrucción del Estado pero, aunque tal vez tímidamente, sobre nuevas bases. De hecho, el decreto de 7 de mayo, con cuyo análisis concluiremos el presente capítulo, servirá de base a la posterior legislación sobre la materia como texto complementario. Es decir, será útil a nuevos gobiernos, eso sí, los moderados que desplazan al que hemos llamado «Gobierno Sindical» modificarán la composición de los tribunales militares, abandonando éstos su carácter «popular», con participación de clases y tropa.

Son dos los decretos de 7 de mayo que, de una u otra manera, se refieren a la justicia militar [44]. El primero de ellos, firmado por Largo Caballero, regula el reparto de competencias entre jurisdicciones y dibuja un panorama acabado de la administración de justicia en su conjunto; lo suscribe como Presidente del Consejo de Ministros y es, quizá, la más importante disposición en materia judicial de los gobiernos republicanos durante la guerra. El segundo de ellos, firmado también por el Presidente del Consejo de Ministros regula exclusivamente la jurisdiscción de guerra.

En lo referente a la delimitación de jurisdicciones se atribuye a las jurisdicciones de Guerra y Marina el conocimiento de los delitos esencialmente militares, los que afectan a los servicios de armas y a la disciplina. «Quedan así restauradas las jurisdicciones militares en la integridad de la competencia que es materia propia de su especialidad, sin hacerlas penetrar en zonas de la delincuencia común y política que, por tantos conceptos ha de mantenerse atribuida a la jurisdicción de los Tribunales Populares Civiles...». Creados los Tribunales Populares de Guerra y los Consejos de Disciplina (ya estos últimos incorporaban en el decreto de febrero, siguiendo los pasos marcados por la «comisión catalana») para el conocimiento de los delitos y faltas militares conocerán los primeros, con exclusión de las demás jurisdicciones, de los delitos cometidos por militares siguientes: Sedición (recuperado de la jurisdicción popular civil), insubordinación, extralimitaciones en el mando, abandono de servicio, negligencia, denegación de auxilio, delitos contra los deberes del centinela, abandono de destino o residencia, deserción, delitos contra el honor militar, fraude. También se les atribuyen los otros delitos militares recogidos por el Código de Justicia Militar más los de espionaje que sanciona el decreto de 13 de febrero *. A los Consejos de Disciplina se otorga el conocimiento de las faltas graves. En cuando a la autoridad judicial se vuelve a dar un papel protagonista al auditor pero manteniéndose la aprobación de sentencias, ahora en

---

42 Idem art. 2.º

43 Decreto de 11 de marzo de 1937, *Diario Oficial del País Vasco*, n.º 180 (6 de abril de 1937).

44 *Gaceta* de 13 de mayo.

* El delito de espionaje se atribuye tanto a la competencia de los Tribunales Populares Civiles como a los Militares.

todos los casos, además de por el propio auditor, por el jefe militar correspondiente y el delegado del Comisariado de Guerra. Los tribunales quedan compuestos por el delegado del Comisariado General de Guerra, que los preside, un vocal técnico y tres vocales militares, de igual o superior categoría que el encausado, designados por sorteo entre las fuerzas militares de la respectiva demarcación de la Auditoría correspondiente. Los Consejos de Disciplina quedan compuestos por un jefe u oficial designado por el Jefe Militar del Sector, División o Cuartel General y dos vocales, al menos suboficiales, entre los de la categoría del culpable. Se establece como procedimiento el regulado por el Código de Justicia Militar, con ligeras variaciones. Se introduce el principio de la rehabilitación militar. Aunque no se pone en cuestión la transferencia de facultades que el decreto de Presidencia de 16 de octubre de 1936 supuso en relación con los bandos militares, se manifiesta que las autoridades militares conservarán la facultad de dictar bandos en casos excepcionales y previa autorización del Ministerio de la Guerra. Se deroga, por último, el decreto de 16 de febrero.

EL AUGE DE LOS MODERADOS: EL REGRESO AL «ESTADO REPUBLICANO»

La caída del Gobierno Caballero y su sustitución al frente del Consejo de Ministros por el doctor Negrín tras los sucesos de mayo de 1937 supuso el fin, en la práctica, de un proceso revolucionario, iniciado al calor de la radicalización provocada por la sublevación militar, que daba paso a un intento no tanto de recuperación de terreno perdido por la burguesía demócrata, sino, principalmente por parte de comunistas y socialistas moderados o socialistas de derecha, de retornar al Estado surgido con el advenimiento de la República, al servicio de los intereses de la burguesía y la pequeña burguesía, en la esperanza, en un caso, de ganar la credibilidad de franceses e ingleses y poder gozar de su ayuda en la contienda, y, en otro, fundamentalmente, por razones de orden estratégico-político. La burguesía por sí misma no habría sido capaz de quemar esta etapa.

En el aspecto puramente militar, la incorporación de Indalecio Prieto al nuevo Ministerio de Defensa Nacional supone básicamente la recuperación de muchas de las tradiciones de los ejércitos clásicos: distintivos, saludos, condecoraciones... La justicia militar, obviamente sufrirá importantes transformaciones. La obra, con tanto esfuerzo parida por Caballero-García Oliver duraría apenas cinco meses si consideramos la fecha de la estructuración definitiva de la jurisdicción castrense, es decir, el 7 de mayo.

Entre las primeras medidas en torno a la justicia militar adoptadas por Prieto destacaremos los decretos dados por su departamento el 18 de junio, uno de ellos sobre la agravación de penas para los delitos contra la disciplina militar, sobre todo la deserción y, otro, estableciendo la necesidad del procedimiento sumarísimo y las reglas a las que habrá de ajustarse [45]. La deserción, en concreto, va a constituir una constante preocupación de los últimos ministros de defensa repu-

---

[45] *Gaceta* de 19 de junio de 1937.

blicanos, problema que se irá agravando a medida que se vayan incrementando los fracasos militares republicanos. Creemos que la publicación en la misma fecha de los dos decretos obedece a un intento de ofrecer solución al problema por la vía punitiva.

Pero sin duda el más importante cambio efectuado por Prieto en la jurisdicción militar lo constituye la definitiva liquidación de los Tribunales Populares en el Ejército. Los fines de «homologación democrática» eran completamente incompatibles con los mismos.

Hasta llegar cronológicamente a la legislación que crea y regula en su funcionamiento los Tribunales Permanentes del Ejército (decreto de 21 de octubre e instrucción de 15 de diciembre) se producen dos disposiciones, una del Ministerio de Justicia y otra del propio Ministerio de Defensa, que si no relacionadas directamente con la jurisdicción militar sí van a tener gran influencia sobre la justicia castrense. La primera de ellas la constituye la creación del Tribunal Especial de Espionaje y Alta Traición, creado por decreto de 22 de junio [46], la segunda la aparición de una policía especial de gran trascendencia en la represión de delitos militares y no militares: el Servicio de Investigación Militar (SIM) [47].

La creación del Tribunal de Espionaje y Alta Traición supone, a nuestro entender, una ampliación, absolutamente fuera del espíritu de las medidas que habían venido adoptando los gabinetes precedentes, de las competencias de la jurisdicción militar, haciendo una incursión en los delitos de tipo político. No de otra manera se pueden calificar delitos como «... emitir juicios desfavorables a la marcha de las operaciones de guerra o al crédito de la autoridad del gobierno en el interior o en el exterior...» [48], además de otros de similar inconcreción y arbitrariedad obligada a la hora de ser interpretados. La práctica del Tribunal vendría a dejar clara esta aplicación a la represión política. Hablamos de ampliación, un tanto encubierta, de la jurisdicción militar por cuanto de los cinco magistrados del Tribunal dos han de ser militares, siguiendo en parte el modelo de la Sala VI del Tribunal Supremo, última instancia de la justicia militar y, además, en el artículo 13 del decreto de creación del Tribunal se indica: «El Tribunal y los jueces especiales para conocer de estos delitos mantendrán la relación precisa con las autoridades militares...» [49].

Pero, como indicábamos unas líneas antes, la gran transformación la constituyen los Tribunales Permanentes.

Nos vamos a fijar, sobre todo en su composición, ya que van a estar constituidos por: auditor presidente —perteneciente al Cuerpo Jurídico Militar—, vocal militar, vocal comisario político y secretario-relator-instructor, también perteneciente al Cuerpo Jurídico Militar. Estos Tribunales Permanentes estarán divididos en tres grupos: 1. Tribunales Permanentes de Ejército; 2. Tribunales Permanentes de Cuerpo de Ejército, y 3. Tribunales Permanentes de unidades independientes

[46] *Gaceta* de 23 de junio.
[47] *Diario Oficial* de 9 de agosto de 1937.
[48] Artículo 6.° - 2.° del Decreto de 22 de junio.
[49] Artículo 13.° del Decreto de 22 de junio.

y de las zonas del interior. Los del primer grupo, en la práctica, funcionarán como los antiguos Consejos de Guerra de Cuerpo y como los de Plaza los Tribunales de Cuerpo de Ejército. Los de unidades independientes y zonas del interior los equivalentes correspondientes a cada caso. En cuanto a competencias se mantienen las mismas establecidas definitivamente en mayo de 1937.

A pesar de todos estos intentos de endurecimiento, celeridad, ejemplaridad... no deja de ser curioso que el propio gobierno Negrín, si bien ya sin Prieto en Defensa, promulgue, el 16 de agosto de 1938, una gracia amnistiante para los desertores que se presenten antes del 15 de septiembre del mismo año [50]. La concesión de esta amnistía refleja el fracaso gubernamental en su política disciplinaria, a pesar de todos los cambios.

EL «ESTADO DE GUERRA» Y EL APOGEO DE LA JURISDICCION MILITAR

Con la declaración del estado de guerra * las competencias de la jurisdicción militar se verán ampliadas al máximo, fundamentalmente al volver la capacidad de dictar bandos a las autoridades militares. Así, en un informe de la Asesoría Jurídica e Inspección de Tribunales Militares del Ejército del Centro se señala que, a partir del decreto que declara el estado de guerra el día 23 y del subsiguiente bando del día 24, los Tribunales Militares conocerán, además de los delitos que ya tenían atribuidos, de los de: «Traición, espionaje... rebelión... sedición... cuantos actos causen o tiendan a causar desperfectos en las vías de comunicación o líneas telefónicas o telegráficas... incendio o robo... agresión, injuria, insulto o amenaza a todo militar o asimilado que desempeñen funciones propias del servicio...» [51].

Ampliando lo que decíamos en la introducción, concluiremos con que la jurisdicción militar en la España Republicana pasó de la práctica inexistencia a la saturación en su actividad, del mero apoyo en las escasas auditorías y juzgados militares (citábamos el caso de Bilbao) a los Tribunales Populares en los procedimientos previos pasó a la situación contraria en que hubo de recurrirse al concurso de los juzgados de instrucción ordinarios para la finalización o la instrucción de sumarios, tal y como, por poner un ejemplo, garantizaba a la autoridad militar la Audiencia Provincial de Murcia [52].

---

[50] Decreto de 16 de agosto de 1938, *Gaceta* de 18 de agosto.

[51] Grupo de Ejércitos de la Región Central. Estado Mayor. 1.ª Sección: Organización. «Aclaraciones complementarias al Bando» (enero 1939). Servicio Histórico Militar (ZR), legajo 562, carpeta 9.

[52] Idem (comunicaciones en torno al Bando).

* Hasta el 23 de enero de 1939 la situación en cuanto a garantías constitucionales es la de «estado de alarma», vigente desde febrero de 1936 y que se prorroga mensualmente hasta la declaración del «estado de guerra».

Auditoría de Guerra de Gijón: Causas instruidas por los jueces militares de Gijón

CRISTINA ALMENDRAL PARRA, TERESA FLORES VELASCO, DAVID VALLE SÁNCHEZ

De las siete divisiones que componen la Auditoría de Guerra de Gijón (Gijón, Avilés, Mieres, Trubia, Lugones, La Manjoya y Las Caldas), cuyos fondos están custodiados en la Sección Guerra Civil del Archivo Histórico Nacional, nos vamos a centrar en el estudio y contenido de las causas abiertas por los jueces militares de Gijón, con jurisdicción sobre toda la retaguardia.

Al contrario de lo que ocurre con otros tribunales (Mieres, Trubia y Avilés), la mayoría de las causas vistas en el presente trabajo se instruyen por el procedimiento decretado el 7 de mayo de 1937 [1] —gráfico 1.

A partir de los decretos de 18 de junio —*Gaceta* de 19 de junio de 1937—, y debido a problemas de disciplina, se introducen modificaciones en el procedimiento, con la implantación de los juicios sumarísimos, proceso que se seguirá a partir de esta fecha [2]; y en la cuantía de las penas.

El número de legajos que componen esta división es de 25 [3] y una vez vistas las causas que contienen, nos encontramos con un total de 600, de las cuales el 58,5 por 100 están abiertas por el delito de deserción, siguiéndoles en importancia numérica, con bastante diferencia, la inutilización voluntaria para el servicio, con el 9,5 por 100. Los abandonos de servicio con el 5,5 por 100, insultos y amenazas a los superiores con el 4,3 por 100 y el resto —el 21,8 por 100— se reparte desde el 3 por 100 del hurto y robo a las dos causas abiertas por abusos deshonestos —gráfico 2.

Cronológicamente, las causas encontradas van desde noviembre de 1936, muy

---

[1] Los decretos por los que se rige la Auditoría de Guerra de Gijón, así como su fundación y funcionamiento, han sido estudiados por Guadalupe Murillo Pérez, en otra comunicación presentada a estas Jornadas bajo el título de «Auditoría de Guerra de Gijón: causas instruidas por el TPEG de Avilés, Mieres y Trubia en 1937.

[2] Después de seguir todo el proceso expresado en el Decreto de 7 de mayo, se forma el juicio sumarísimo. Ej.: en Las Caldas a las 23 h. del día 16 de junio de 1937, reunido el TPEG en juicio sumarísimo cuyos componentes obran al margen... AHN. Sección Guerra Civil de Salamanca: serie AG/Gijón, legajo 17, causa 1.195 A.

[3] El total del fondo documental está compuesto por 50 legajos, de los caules Avilés, Mieres y Trubia, 21, han sido estudiados por Guadalupe Murillo Pérez, los 26 de la división de Gijón se estudian en el presente trabajo y el resto, 3, instruidos por diversos juzgados militares correspondientes a la Manjoya, Lugones y Las Caldas, están sin estudiar.

GRAFICO 2

RELACION PORCENTUAL DE LAS CAUSAS

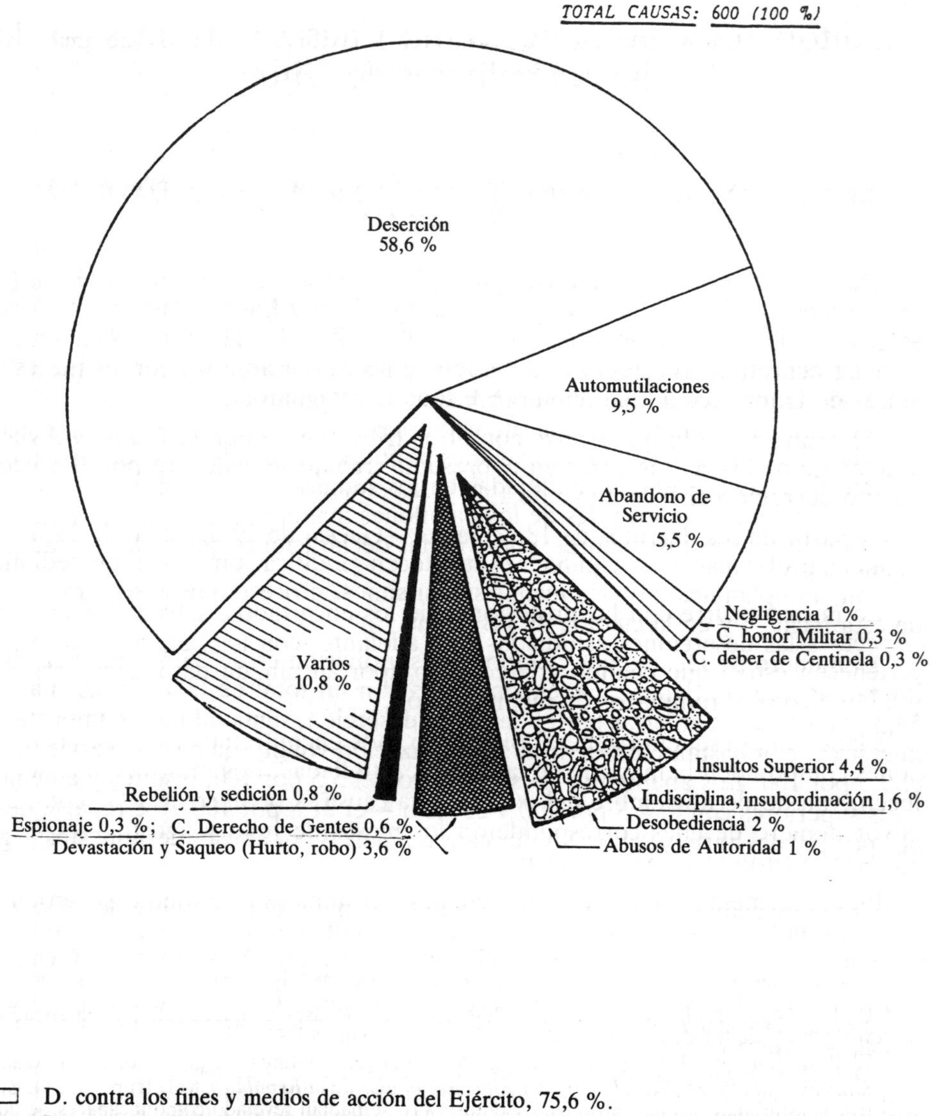

D. contra los fines y medios de acción del Ejército, 75,6 %.
D. contra la disciplina militar, 9 %.
D. contra la seguridad de la patria, 3,6 %.
D. contra la seguridad del Ejército, 10,8 %.
Delitos varios, 10,8 %.

escasas, a octubre de 1937, momento en el que desaparece la Auditoría de Guerra de Gijón, por la caída de dicha ciudad y con ella de todo el frente del norte.

La agrupación de los delitos se ha realizado basándonos en el Código de Justicia Militar y siguiendo los decretos y órdenes emanados de los distintos Ministerios; y así tenemos:

> Delitos «contra los fines y medios de acción del Ejército» (deserción, abusos de autoridad, inutilizaciones voluntarias, negligencias, contra el honor militar y contra los deberes del centinela) con un total del 75,6 por 100.
>
> Delitos «contra la disciplina militar» (insubordinación, insultos y amenazas al superior, desobediencia, abusos de autoridad) que supone el 9 por 100.
>
> Delitos «contra la seguridad de la Patria» (contra el derecho de gentes, devastación y saqueo, y espionaje) con el 3,6 por 100.
>
> Delitos «contra la seguridad del Estado y del Ejército» (rebelión y sedición) el 0,8 por 100.
>
> Y una serie de delitos encuadrados bajo el epígrafe de varios, ante sus peculiaridades; representando el 10,8 por 100 del total.

Una vez estudiadas estas causas, nos hemos visto obligados a prescindir del estudio de algunos datos que pudieran haber sido significativos para un mejor entendimiento y conocimiento de la situación planteada o existente en el Ejército de Asturias. Dichos datos son las afiliaciones políticas y sindicales, que debido al bajo número de ellas que quedan reflejadas en los sumarios, tanto en las filiaciones o medias filiaciones que los jefes de los batallones mandan, cuando éstas son solicitadas por los jueces instructores, como en las declaraciones que se les toman a los inculpados [4].

Lo mismo ocurre con las profesiones de los encartados, salvedad hecha, con respecto a las deserciones estudiadas más adelante, con los batallones a los que pertenecen éstos, que cuando aparecen no aportan ningún dato significativo, al igual que con los remplazos de incorporación.

Siguiendo el esquema general planteado, nos encontramos con que las deserciones comprenden la mayoría de las causas estudiadas. Los meses en que se producen, van desde noviembre del 36, con una causa, a octubre de 1937 con 22; el mayor número de ellas corresponden a los meses de julio y agosto —el 71 por 100— (156 en julio y 134 en agosto).

Indudablemente los motivos principales del aumento del delito se producen por el avance de las tropas franquistas en los frentes de Euskadi y Santander [5] y de la desmoralización producida por el desgaste continuo en el frente de Oviedo [6].

---

[4] De los 514 encartados por el delito de deserción, en 476 casos no queda reflejada la afiliación a partido alguno y en 461 de ellos no aparece referencia ninguna a los sindicatos.

[5] El 19 de junio cae Bilbao y el 21 de agosto Santander, continuando el avance hacia Asturias.

[6] SALAS LARRAZÁBAL, R.: *Historia del Ejército Popular de la República,* vol. II, p. 975: «Las mejores tropas asturianas, las más ardorosas y entusiastas, se habían revelado como incapaces de dominar la voluntad de sus adversarios. La tentativa de quebrantar su moral con la destrucción de la ciudad (Oviedo), se quedó casi totalmente arrasada, fue igualmente vana y demostró una vez más que no es éste el mejor sistema de conquistarla. Todo junto creó un estado de frustración que iba minando el espíritu de combate de los revolucionarios asturianos. Hicieron su aparición los síntomas claros de una desmoralización que se iba extendiendo y se manifestaba en las cada vez más frecuentes deserciones (...)».

Observando el gráfico de los distintos tipos de deserciones, podemos ver que la considerada como traición (paso al campo enemigo) que en un principio podría suponerse que fuera mayor el número, incluidas las causas archivadas por encontrarse el procesado en rebeldía, no suponen más que el 18,4 por 100.

Las deserciones con circunstancias calificativas (con armas y munición y ocultos), tampoco suponen un número destacado con respecto a las tipificadas como simples que son la mayoría —3,5 por 100— [7].

En el grupo de las deserciones simples, hemos incluido las faltas de incorporación a filas —23 por 100—, producidas por enfermedad, no se han enterado de su llamamiento, inutilidad cuando tuvieron que hacer el Servicio Militar, etc.; y las producidas como consecuencias de las retiradas del frente de Euskadi —12,6 por 100—, en donde todos (con alguna excepción) alegan que han perdido a su batallón, bien en alguna retirada o bien después de un fuerte ataque enemigo, siendo detenidos cuando buscaban a su batallón o cuando se presentan a las autoridades (asturianos).

Los procedimientos por estos dos motivos, son en su mayoría sobreseídos, con su inmediata incorporación, bien al frente bien a servicios auxiliares, en el primero de los casos.

En el segundo, gran cantidad de causas no tienen la sentencia, en aquellas en las que consta, cuando son dadas antes del mes de septiembre son de Vista y Fallo, (no existiendo sentencia de los tribunales populares) o bien el Auditor decide inhibirse a favor de la jurisdicción del primer Cuerpo de Ejército [8]. A partir del mes de septiembre, decide el Auditor directamente el sobreseimiento definitivo de la causa y archivo de la misma, teniendo en cuenta «las actuales circunstancias de la guerra» [9], o bien por ser «necesarios sus servicios en el frente» [10], según lo establecido en el decreto de 7 de mayo de 1937.

Las deserciones por muda, enfermedad o motivos familiares, suponen el mayor número dentro de este grupo, con el 30 por 100 (muda, 15,5 por 100; enfermedad, 8,7 por 100, y motivos familiares, 6,6 por 100).

Está claro que si bien se abre la causa por deserción, no lo es tanto como la necesidad de higiene [11], cuidados sanitarios o simplemente emotivos, producidos por el cansancio de la guerra, la falta de organización y abastecimiento, la larga estancia en el frente, etc...

Al igual que en el caso anterior, las sentencias de este grupo, no aparecen en las causas y cuando así suceden, son del Auditor y dependen de los meses en que se dan; así las dadas en los meses anteriores a septiembre: Vista y Fallo (sin respuesta del tribunal popular), ampliación de diligencias, sobreseimiento.

---

[7] En el grupo de las circunstancias calificativas, no hemos contabilizado las producidas en la retirada del frente de Euskadi, ya que son abiertas como simples aunque la mayoría llevan armamento que es entregado cuando se presentan a las autoridades o son detenidos.

[8] AHN: Secc. Guerra Civil, Salamanca: serie Auditoría de Guerra de Gijón, legajo 10, causa 271 A; 208.

[9] *Ibíd.*, legajo 13, causa 483 A; legajo 13, causa 589 A.

[10] *Ibíd.*, legajo 14, causa 736 A.

[11] *Ibíd.*, legajo 17, causa 1169 A. Declaran que llevan cuatro meses sin cambiarse.

A partir de septiembre y sobre todo en el mes de octubre, las sentencias que da el Auditor, son sobreseimiento definitivo y archivo, excepto en aquellos casos que son detenidos en su domicilio después de varios meses, a los que se les aplica el Decreto de 18 de junio sobre juicios sumarísimos, con sentencias de once años en un campo de trabajo, por causa de las actuales circunstancias de la guerra, cumplirá su pena en un batallón disciplinario [12].

Las deserciones al campo enemigo, consideradas como traición, incluidas las archivadas por encontrarse el encartado en rebeldía, como anteriormente queda dicho, suponen el 18,4 por 100 [13].

A partir del Decreto de 7 de mayo de 1937, el Auditor ordena el archivo, previo requerimiento en el «Boletín Oficial de la Provincia de Oviedo» y algunas veces en los periódicos «Avance» y «CNT».

Las sentencias anteriores a esta fecha, dadas por el Tribunal Popular Especial de Guerra suponen entre otras las únicas penas de muerte —9— que nos encontramos no sólo en este delito, sino en el total de las causas existentes en el Fondo de la Auditoría de Guerra de Gijón.

De las 9 penas de muerte —3 causas— 4 de ellas —2 causas— no se llevan a cabo por estar los procesados evadidos. En la otra causa hay un total de 14 encartados, 9 de los cuales son condenados a treinta años y a muerte los 5 restantes. Todos ellos declaran su intención de pasarse al enemigo y de estar escondidos hasta lograrlo.

Los cabecillas y autores de un escrito denigrando a la República y al frente popular son condenados a muerte, cuya sentencia se llega a ejecutar [14].

Las deserciones con circunstancias calificativas, aunque suponen el 3,5 por 100 están integradas en las estudiadas anteriormente, (deserción al campo enemigo con armamento o cuando son detenidos al intentarlo y lo llevaban consigo).

Hay una serie de deserciones que hemos considerado en el apartado de varios por sus peculiaridades: muerte cuando se está evadiendo, cambio de batallón, miedo, que van a examinarse de pilotos a Santander y se quedan en casa hasta que se les notifique su incorporación al Ejército del Aire, siendo todas sobreseídas o no constando sentencia.

En cuanto al grado militar de los desertores, es precisamente la ausencia de mandos lo más destacable. La mayoría de los encartados son soldados, siendo difícil hacer la diferenciación entre miliciano y soldado ya que a partir del 26 de marzo de 1937 se ordena la militarización general por Belarmino Tomás, jefe del Consejo de Asturias y León, desapareciendo así el carácter voluntario de los milicianos.

Los oficiales y suboficiales son un capitán, 7 tenientes y 4 sargentos, siendo 9 los cabos y el resto soldados —440— y habiendo 53 encartados más sin categoría

---

[12] *Ibíd.*, legajo 18, causas 1404 A y 1420 A.
[13] Algunos están en el campo enemigo, ratificando por ellos mismos de trinchera a trinchera.
[14] AHN: Secc. Guerra Civil, Salamanca: serie AG/Gijón, legajo 5, causa 48. Constando incluso en el sumario los certificados de defunción.

militar que suponemos sean soldados, puesto que cuando comete una deserción algún mando los partes son inmediatos y muy claros.

En las diligencias llevadas a cabo en la instrucción de los sumarios, el dato correspondiente a las profesiones, tenemos que en el 21,5 por 100 de los casos no nos aparece reflejada, ahora bien, la gran mayoría de los encartados son: labradores, con el 27,5 por 100 [15], seguidos de los mineros, con el 11 por 100 [16] y de los jornaleros también con el 11 por 100 [17], siguiéndoles un gran abanico de profesiones entre las que en mayor número se encuentran los dependientes, con el 3 por 100 o los carpinteros, ebanistas, con el mismo porcentaje, siendo los industriales el de menor número con un sólo procesado.

El abandono de servicio, delito también dentro del Título VIII del Código de Justicia Militar (contra los fines y medios de acción del Ejército) revisten importancia en las causas estudiadas ante las consecuencias que éste conlleva.

El número de éstas que nos han aparecido son de 33 con un total de 102 acusados. Cronológicamente desde diciembre de 1936 a agosto de 1937, destacando julio con el 24,5 por 100 de las mismas.

Decimos que tienen importancia por las consecuencias ante la acción del delito, porque si bien, los permisos verbales, muda, enfermedad, son razones dadas por algunos encartados cuando declaran —normalmente soldados— sin embargo hay una serie de causas abiertas contra comandantes, capitanes, tenientes, e incluso contra 60 hombres de un batallón —Asturias 222— donde su conducta implica la pérdida y toma, por parte del enemigo, de posiciones importantes.

Así, tenemos: contra dos Comandantes que abandonan su posición en un puesto destacado sin causa aparente; aducen en su defensa falta de medios [18].

La causa abierta contra 60 hombres del batallón A.222 por abandonar sus posiciones y como consecuencia la pérdida del monte Cimera; si bien el juez instructor en sus conclusiones dice ser falta de organización y poca energía en los mandos. Los acusados se defienden diciendo que la presión del enemigo era fuerte y fallaron las ametralladoras [19].

Otra causa [20] se abre contra dos capitanes y un cabo que abandonan 3 posiciones a lo largo del frente de Uña. Las razones para su abandono son las mismas que las aducidas por los anteriores: falta de medios.

En esta causa está incluida en el sumario la «Orden del día» 30 de mayo del Jefe del Tercer Cuerpo de Ejército donde dice: «son repetidos los casos de retiradas de posiciones inexplicables, que ocasionan catástrofes en los frentes (...). En el contraataque deben participar necesariamente todos los jefes y oficiales de

---

[15] Parece que queda así ratificada la idea general del conservadurismo de los labradores.

[16] Aunque la zona minera era reconocida frente populista las alegaciones de exención por motivos de trabajo aumentan con el tiempo considerablemente por parte de los mineros.

[17] Nivel alto, pero en este concepto están incluidos tanto los jornaleros del campo como todos los denominados actualmente trabajadores por cuenta ajena.

[18] AHN: Secc. Guerra Civil, Salamanca: serie AG/Gijón, legajo 13, causa 9.

[19] *Ibíd.*, legajo 1, causa 14.

[20] *Ibíd.*, legajo 3, causa 31 A.

la posición abandonada o perdida que no estén heridos, caso de negarse o resistir a hacerlo deben ser pasados inmediatamente por las armas (...)» [21].

Hay una cuarta [22], contra un comandante y un capitán, donde no sólo son acusados de abandono de puesto de mando, sino también de desobediencia y negligencia. Con su actuación se perdió la posición de Lomas Negras. En ésta, la declaración del comisario político pone de relieve la ineptitud del comandante, siendo menor la culpabilidad del capitán aunque éste no supiera organizar las tropas. Es destacable que el comandante admite, en cierto modo, la desobediencia, cuando reconoce que no acude con las tropas bajo su mando donde se le había ordenado.

Las sentencias no se ajustan, ni a las penas impuestas por el Código de Justicia Militar, artículo 271 (incurriendo en la pena de muerte) artículo 272 y artículo 273 y mucho menos se cumple la orden del Jefe del Tercer Cuerpo de Ejército comentada anteriormente, siendo en este caso concreto la sentencia dictada por el Tribunal Popular de Guerra el día 19 de junio de absolución para todos los procesados. A lo largo del proceso parece ser que se comprobó la declarada falta de medios: resistieron hasta que se acabaron las bombas de mano, municiones, etc. Por otra parte no había comunicación a lo largo del frente de Uña, por lo que los capitanes de las distintas posiciones no sabían a ciencia cierta lo que estaba ocurriendo en la otra posición [24].

La absolución para los dos comandantes procesados en la causa número 9, es la sentencia dada por el Tribunal Popular Especial de Guerra. Mientras que para los 60 hombres del Batallón A.222 el Fiscal no entiende que exista delito y por lo tanto se produce el sobreseimiento y así lo firma el Auditor.

Sin embargo, la causa abierta contra el comandante y capitán del Batallón A.266 y juzgados por el Tribunal Popular Especial de Guerra, son condenados a treinta y veinte años, respectivamente, no hay que olvidar que implícitamente admiten que han desobedecido. Aquí también se pide responsabilidades civiles con una cuantía en depósito de 50.000 pesetas.

Los grados militares, lógicamente, aumentan en este delito, teniendo 4 comandantes, 5 capitanes, igual número de tenientes, 1 alferez y 6 suboficiales, que generalmente se deben a las órdenes de retirada de las posiciones dadas a la tropa a su mando.

Por otro lado tenemos a los 60 hombres del Bón. A.222, 10 milicianos y 12 soldados que son los que abandonan la posición por muda, enfermedad, visita a la familia, etc., en este tipo de abandono de posición la causa más significativa es aquélla en la que se ausentan sin permiso el oficial y soldados del Bón.220 destacado en Las Caldas; las razones de su ausencia no son otras que la suciedad e incluso la sarna que algunos habían contraído. Hay que señalar que sólo se encarta al oficial como responsable directo de la acción a una pena de internamiento durante seis años en un campo de trabajo dada por el TP Especial de Guerra [25].

[21] *Ibíd.*, legajo 3, causa 31 A, pp. 4 y 5.

[22] *Ibíd.*, legajo 6, causa 78.

[24]. El problema de los enlaces entre las distintas posiciones, y su solución, también se encuentra en la orden del día 30 de mayo de 1937, del jefe del Tercer Cuerpo del Ejército, incluida en dicho sumario.

[25] AHN: Secc. Guerra Civil, Salamanca; serie AG/Gijón, legajo 17, sumario 1195 A.

Con 57 causas abiertas y un total de 62 encartados, nos encontramos con el tercer grupo de delitos en importancia incluido también en este apartado.

Las causas se comienzan a abrir en diciembre del 36 hasta septiembre de 1937. Su mayor número se produce en el mes de mayo con el 44 por 100 de ellas. Ahora bien, aunque se abran en mayo no significan que los hechos ocurrieran en fechas anteriores próximas, debido a un problema de abastecimiento de papel oficial [26].

Los hechos ocurrieron en los meses de febrero, marzo y algunos en abril, que sumadas a las causas realmente abiertas en estos meses son un total del 77 por 100 de las inutilizaciones voluntarias.

Pasados estos meses, las inutilizaciones voluntarias dejan prácticamente de aparecer, coincidiendo con el aumento vertiginoso de las deserciones.

Evidentemente, tras el Decreto del 12 de marzo de 1937, del Gobierno General de Asturias, donde se condena con la pena de muerte a los soldados que se produzcan inutilizaciones voluntarias [27], no es factible ya este sistema para eludir la línea de fuego. Intentar desertar será más sencillo y de hecho la deserción es por lo que algunos optan, así el 38,5 por 100 de las sentencias sobre este delito son archivadas por encontrarse el encartado en rebeldía.

Cuando hay un leve indicio de que el hecho es realmente accidental la sentencia será de sobreseimiento ante la inexistencia del delito, o la absolución cuando falla el TP Especial de Guerra [28].

En las sentencias dictadas en septiembre no se cumple la orden del Gobierno General de Asturias, pues, una vez curado tiene que volver al frente ante las actuales circunstancias de la guerra [29].

Los tres últimos delitos que completan el grupo «contra los fines y medios de acción del Ejército» son: negligencia, 1 por 100; contra el honor militar, 0,3 por 100, y contra los deberes del centinela, 0,3 por 100.

Contra los deberes del centinela, son solamente dos las causas abiertas aunque son 11 los procesados, no existiendo sentencia en ninguna de ellas. No se puede aportar ningún dato por la escasa información que contienen.

Contra el honor militar, dos causas abiertas por abusos deshonestos con varón y una contra un teniente, ésta última abierta por abandonar a varios soldados en una posición avanzada, no existiendo sentencia, sólo el informe fiscal en el que se solicita la pena de muerte según el artículo 294 del Código [30].

En cuanto a los otros dos procesados, según el artículo 298 [31] sólo existe la sen-

---

[26] Diligencia: seguidamente pongo, yo, instructor secretario, para hacer constar, no haberse podido incoar con anterioridad al día de hoy el presente sumario por carecer en absoluto del correspondiente papel. Doy fe. *Ibíd.*, legajo 4, causa.

[27] *Ibíd.*, serie «I», legajo 70.

[28] *Ibíd.*, serie AG/Gijón, legajo 3, causa 24.

[29] *Ibíd.*, legajo 18, causas 1386 A, 1396 A.

[30] Al que por cobardía sea el primero en volver la espalda al enemigo, incurrirá en la pena de muerte...

[31] El militar que cometa actos deshonestos con individuo de su mismo sexo, será castigado con pena de presidio correpcional.

tencia de una de ellas dictada por el TP Especial de Guerra con condena a doce años de prisión mayor [32].

Las de negligencia van desde negligencia médica por la muerte de un miliciano, o el exceso de celo de un teniente al comprar productos a mayor precio de lo estipulado para sus subordinados, a una leve imprudencia cometida por un miliciano al comentar a un civil amigo suyo como realizaban las fortificaciones.

En el primer caso no hay sentencia aunque el informe pericial hace hincapié en la inocencia de los médicos por «ser un caso de gangrena irreversible». Los demás casos son sobreseídos.

Los delitos incluidos dentro del segundo apartado «contra la disciplina militar» (Título VII del Código). Insultos y amenazas al superior, 4,4 por 100; desobediencia, 2 por 100; insubordinación, 1,6 por 100, y abuso de autoridad, 1 por 100.

Los insultos y amenazas se producen generalmente en estado de embriaguez o en situación de trastorno mental transitorio. La embriaguez, considerada en el ejército una agravante, en estos casos se considera atenuante por lo que se desprende de las sentencias, sobreseimientos y absoluciones.

Las desobediencias son dejar de realizar trabajos adicionales, normalmente por soldados, siendo sobreseídas la mayoría. Las que se producen por mandos son al negarse a cumplir órdenes de tipo estratégico para los cuales las penas oscilan entre treinta años y seis años en batallón desciplinario, o bien la producida por un soldado que no respeta ninguna norma de disciplina para la que el Fiscal pide diecisiete años de prisión mayor y cuando es juzgado por el TP Especial de Guerra, es condenado a seis años y un día en un campo de trabajo [33].

Los abusos de autoridad se producen generalmente por los mandos, como por ejemplo una presunta violación de correspondencia por un comandante, malas formas de palabra a soldados, etc. siendo todas sobreseídas.

En el apartado de «Delitos contra la seguridad de la Patria»; devastación y saqueo, robo y hurto el 3,5 por 100, contra el derecho de gentes, 0,6 por 100 y espionaje, 0,3 por 100.

Las causas que se abren por devastación y saqueo, así como las de hurto no son sino pequeños robos, como comida, ropa, dinero no mereciendo ninguna importancia su estudio.

Aunque en la mayoría de los casos no existe la sentencia, en las que la hay, son sobreseídos o absueltos los procesados.

Un problema serio, es el delito contra el derecho de gentes; aunque su número no es más que 5 causas, sin embargo 2 de ellas se abren contra el comandante del Bón. 261 [34] y el comandante y un teniente del Bón. D de Trabajadores [35]. Son importantes por cuanto se inician por haber mandado fusilar a un soldado en

[32] Han tenido en cuenta la sentencia dada por el Consejo Supremo del 7 de diciembre de 1896 por la que el delito se consuma, logre o no el mismo la satisfacción de sus apetitos.

[33] AHN: Secc. guerra civil, Salamanca: serie AG/Gijón, legajo 6, causa 1932.

[34] *Ibíd.*, legajo 13, causa 600 A.

[35] *Ibíd.*, legajo 3, causa 33.

el primero de los casos, e intentar fusilar a 7, en el segundo. Aducen necesidad de escarmiento, y si bien en el primero no hay más que la denuncia y el inicio de las actuaciones judiciales, en el segundo pasa al TP Especial de Guerra rebajado al delito de abuso de autoridad, con el fallo de un año en un campo de trabajo.

Solamente nos hemos encontrado 2 causas por el delito de espionaje, aunque sin sentencia y sin quedar reflejado que ni tan siquiera se cometiera el delito.

Encuadrado en el Título VI del Código de Justicia Militar está el delito de sedición.

Si en principio el delito de sedición podía parecer interesante por la desmoralización que se pudiera intuir en las tropas, sin embargo no se ve así en las causas abiertas por esta razón, son tan sólo 5, de las cuales algunas son claros abandonos de posición [36], otras simple insubordinación o desobediencia [37] (se niegan a comer o protestan contra el rancho) o se van a dar un paseo los heridos de un hospital [38] por estar aburridos. Evidentemente, ante esto, las sentencias, cuando aparecen, son de sobreseimiento.

Por último tenemos que tratar aquellas causas, que por no encuadrar en los apartados anteriores, o no encontrarse expresamente tipificadas en el Código, hemos incluido en el apartado de varios; entre ellas destacan las de lesiones y homicidios y las de falsificación de documentos.

El homicidio, según el artículo 175 del Código de Justicia Militar, será juzgado por el Código Penal ordinario, aunque estos casos no revisten importancia por ser causas que se abren por hallazgos de cadáveres, en cuyo caso no se llega a demostrar quien es el autor material del hecho y normalmente o no tienen sentencia o son sobreseídas por falta de pruebas o de inculpado.

En cuando a la falsificación de documentos, encuadrada también en el mismo artículo que las anteriores, generalmente se producen al alterar la fecha de reincorporación de los pases, para poder estar unos días más en casa; exceptuando uno que es condenado por el TP Especial de Guerra a seis meses y un día en un campo de trabajo, en el resto o no consta sentencia o son sobreseídos.

El resto de las causas de este apartado son de lo más variado y van desde el exceso de confianza de un mecánico de aviación que se creía preparado para pilotar un avión y lo destroza al despegar [38], o un estudiante de medicina que en un reconocimiento médico se adhiere una pequeña placa de plomo al tórax con el fin de falsificar así las radiografías para librarse del frente [39] hasta una causa abierta para esclarecer los hechos de la explosión de un polvorín, el de Or, en la que

---

[36] *Ibíd.*, legajo 4, causa 42.

[37] *Ibíd.*, legajo 6, causa 63.

[38] Aunque aquí el problema es mayor, pues parece ser que se pasan por alto absolutamente todas las normas del hospital, teniendo que intervenir el jefe de la Primera Sección de Sanidad Militar para poder poner orden. *Ibíd.*, legajo 12, causa 335 A.

[38 bis] *Ibíd.*, legajo 15, causa 771 A.

[39] En este caso concreto, no hay sentencia, pero el fiscal pide en su informe al TP Especial de Guerra la pena de muerte para el procesado. *Ibíd.*, legajo 9, sumario 226 A.

no hay inculpados y como se trata de una investigación judicial más que de un proceso se archiva sin más [40].

Otra cosa muy diferente es la causa abierta el día 7 de junio de 1937 contra el teniente coronel Luis Flórez y el personal directamente a su mando del Parque Central de Artillería de Asturias y sus dependencias anejas, incluidos capitanes, jefes de taller, secretarias, etc. La acusación es de negligencia y fraude, eleva las mismas al Auditor de Guerra, el Interventor Civil, Enrique Cabal, en un informe muy detallado del Parque, en el cual se acusa muy especialmente al ajustador del CASE Ricardo Murillo Salas, que desempeña funciones de jefe de varios talleres y dependencias, con acusaciones desde ladrón hasta solapadamente quintacolumnista; al teniente coronel Flórez de inútil, de inepto y al resto del personal con acusaciones varias pero de menor importancia; sobre todo hace hincapié en el mal funcionamiento y la ineficacia del citado parque y su jefe [41].

Se nota a lo largo del informe que lo único que recoge el interventor son acusaciones, declaraciones etc., pero pocas pruebas sobre lo que está informando. Abierto el proceso e interrogados los encartados, el juez instructor en este caso un teniente coronel de la Guardia Nacional Republicana, cuando eleva su informe a la Auditoría llega a la conclusión de que no existe delito aunque si ciertas deficiencias y faltas en el funcionamiento del Parque por lo que propone el sobreseimiento definitivo y que pasen al jefe del sector para subsanar las mismas, así informa el fiscal y es sobreseído por parte del Auditor el día 28 de agosto [42].

Una vez efectuado el estudio de estas causas, hemos podido observar que a lo largo de la incoación de los sumarios, se siguen todos los pasos del procedimiento judicial según lo prescribían los distintos Decretos que fueron apareciendo a lo largo de estos meses, independientemente de que las sentencias fueran benévolas y condicionadas por la situación concreta de estos frentes, a pesar de esto, cuando se demuestra claramente la existencia del delito, normalmente por la autoinculpación, se sentencia conforme a la ley.

Es significativa la lentitud en la incoación de los sumarios, tal vez debido a que al ser sumarios «instruidos por los Jueces Militares de Gijón» encontrándose en la retaguardia, tenían que estar pendientes de los informes de los comandantes y jefes de los distintos batallones, por lo que la espera de los mismos alargaba en sobremanera dichos procesos, uniendo a esto las insuficiencias de material —como falta de papel oficial— que a veces hacía aún más lento el procedimiento.

Ha quedado clara, según el contenido de las causas, la falta de organización y disciplina en el ejército, como consecuencia de la falta de profesionalidad de los mandos, aunque la concienciación, creemos que, era grande pues el número de procesados entre estos es mínimo —sobre todo en las deserciones— y la falta de disciplina en la tropa lo que hace que aumenten extraordinariamente las deserciones

---

[40] *Ibíd.*, legajo, 9 sumario 296.

[41] Cosa por otro lado extraña ya que el teniente coronel Florez debía tener buena consideración profesional al encargársele la organización del Parque de Artillería de Santander: «El teniente coronel Florez después de una breve estancia en Santander donde fue a organizar la artillería de aquel Cuerpo de Ejército, volvió a hacerse cargo de la Jefatura de los servicios de Artillería de Asturias». Ramón Salas Larrazabal: ob. cit. vol. II p. 961.

[42] AHN, secc. Guerra Civil, Salamanca: serie AG/Gijón, legajo 1 A, causa 2 A.

que se dan; deserciones que no lo son tanto como la falta imperiosa de higiene y de cuidados sanitarios, teniendo que recurrir a la propia familia para solucionarlos, reflejo de la falta de organización y abastecimiento en el ejército.

En definitiva, queda claro que la justicia aunque lenta y muy condicionada por las circunstancias de la guerra, en este territorio funcionaba y el mayor problema con el que se encuentra el ejército asturiano es la falta de un orden disciplinario que los mandos no supieron inculcar en la tropa a lo que hay que unir el desgaste de la moral por la dureza y amplitud con que se lucha en estos frentes.

GRAFICO 1

PROCEDIMIENTO JUDICIAL DE LA AUDITORIA DE GUERRA, SEGUN EL DECRETO DE 7 DE MAYO DE 1937

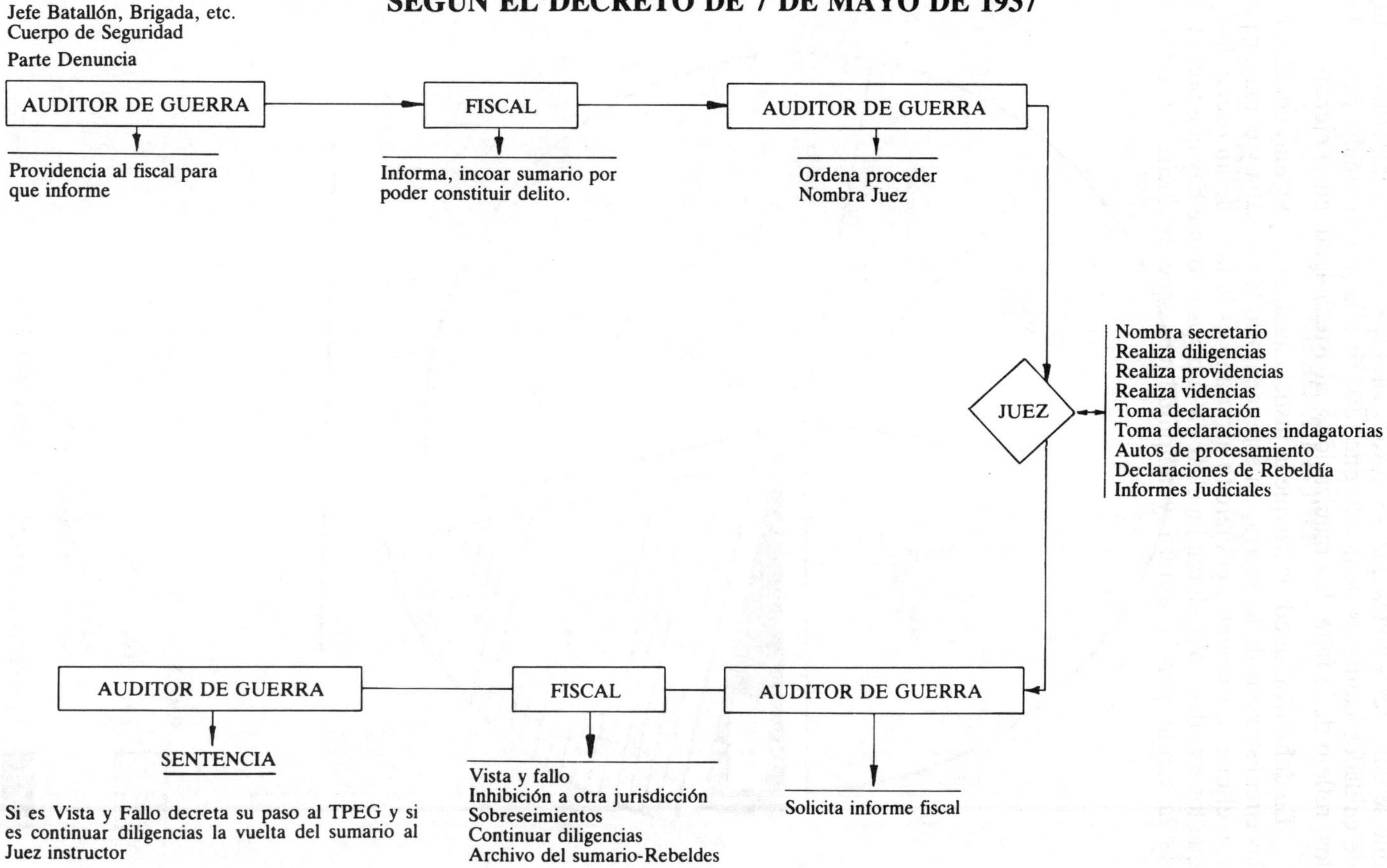

GRAFICO 3

TIPOS DE DESERCION

Total procesados: 514 (100 %)

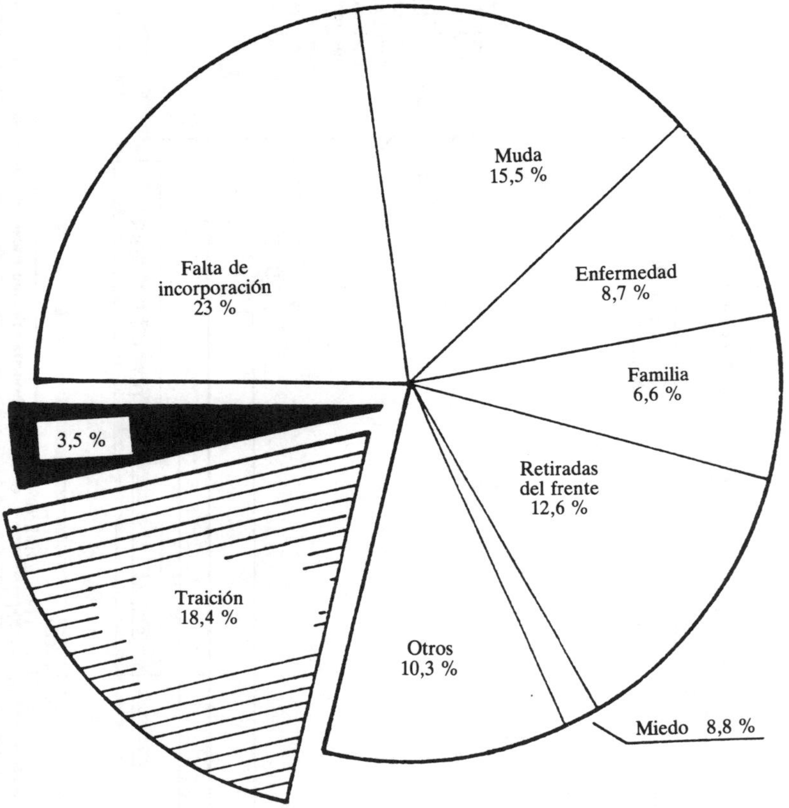

SIMPLE: 77,6 %

TRAICION: 18,4 %

Al enemigo, 10,7 %
Archivo por Rebeldía, 7,7 %

CON CIRCUNSTANCIA CALIFICATIVAS, 3,5 %

GRAFICO 4

MESES EN LOS QUE SE INICIAN LAS CAUSAS POR EL DELITO DE DESERCION

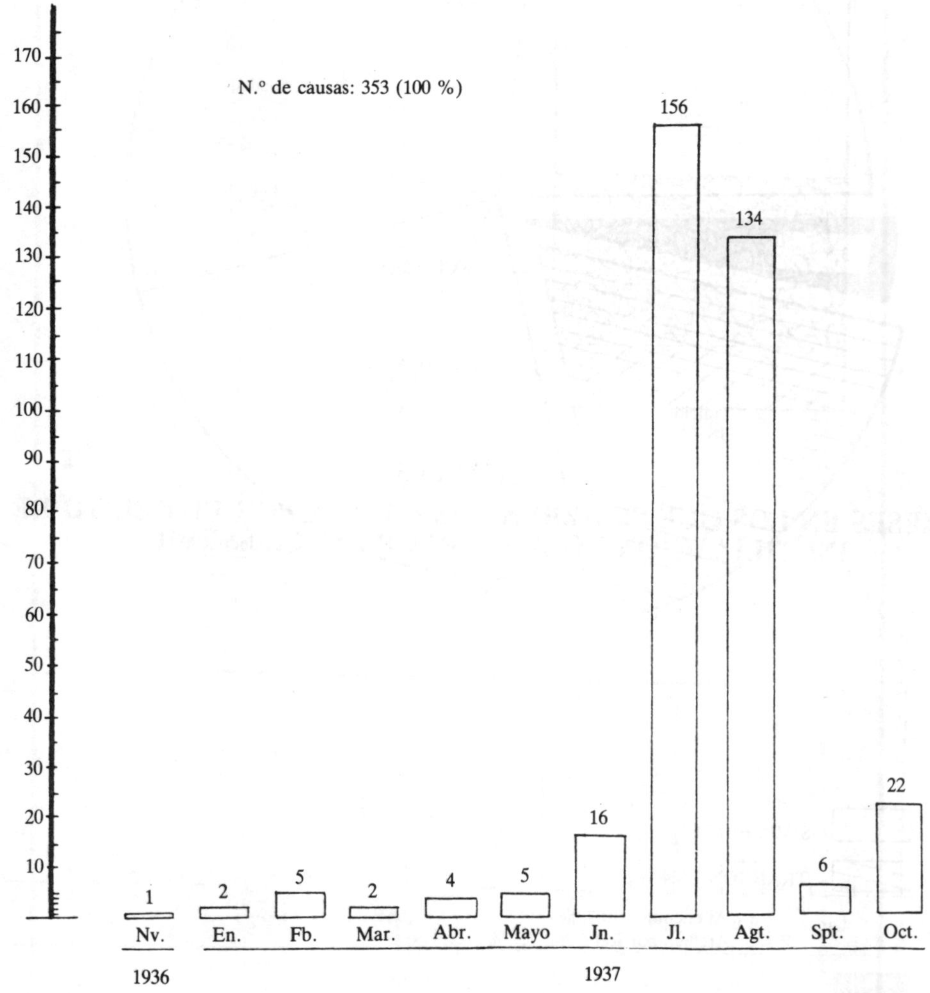

GRAFICO 5

GRADO MILITAR DE LOS ENCARTADOS POR EL DELITO DE DESERCION

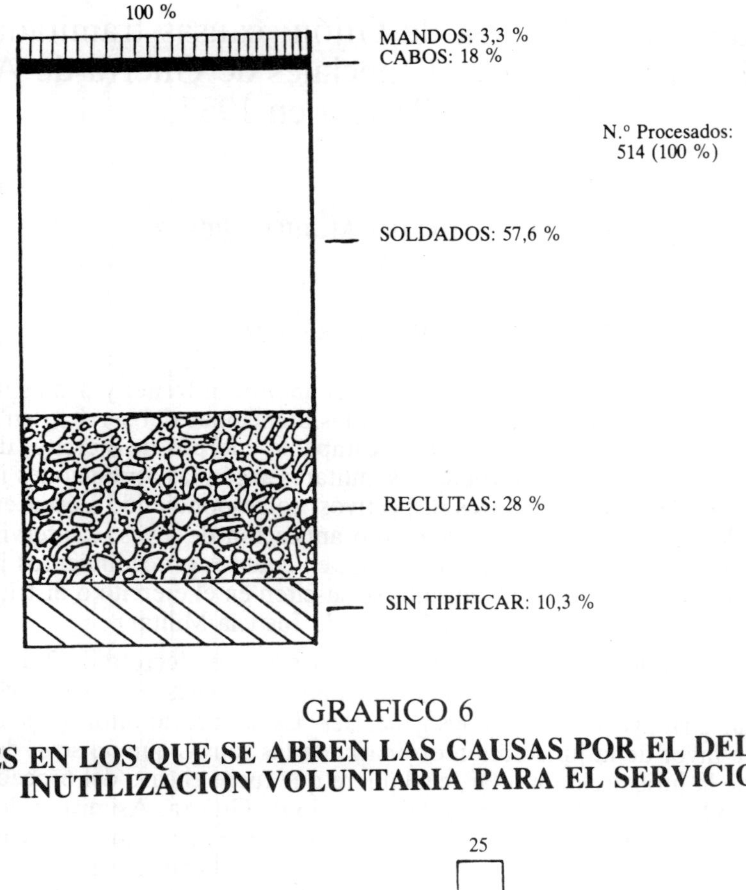

GRAFICO 6

MESES EN LOS QUE SE ABREN LAS CAUSAS POR EL DELITO DE INUTILIZACION VOLUNTARIA PARA EL SERVICIO

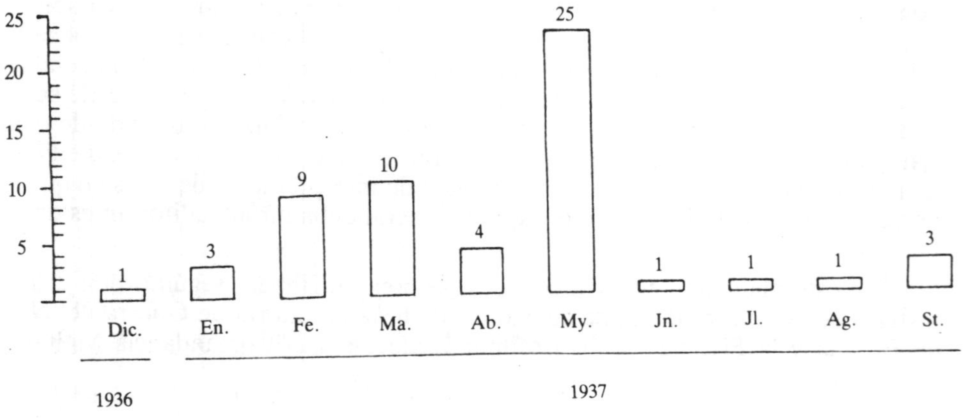

La Auditoría de Guerra de Gijón: causas tramitadas por los Tribunales Populares Especiales de Guerra de Avilés, Mieres y Trubia en 1937

MARÍA GUADALUPE MURILLO PÉREZ

I. LA AUDITORÍA DE GUERRA DE GIJÓN

Se crearán las auditorías de guerra con el auditor al frente y demás funcionarios del cuerpo jurídico militar que exijan las atenciones del servicio en las capitanías generales de distrito, ejércitos en campaña, cuerpos de ejército, divisiones o brigadas, plazas de guerra y gobiernos militares según las atribuciones judiciales de las autoridades o jefes militares respectivos, correspondiendo a éstas emitir juicios en todos los casos de interpretación o aplicación de leyes, e interviniendo y proponiendo la resolución que corresponda, en cuantos procedimientos judiciales se instruyan e incidencias de los mismos se susciten en el ejército o distrito en que tengan su destino (arts. 38 y 39 del Código de Justicia Militar).

La actuación de los auditores se va a regir según el decreto de 2 de junio de 1931, en el que se les otorga todas las funciones judiciales que el Código de Justicia Militar atribuye a los capitanes generales. Estos, previo informe del fiscal, se inhibirán a favor de la jurisdicción ordinaria en las causas que no sean de la competencia de la jurisdicción militar, cualquiera que fuere el caso del procedimiento, mientras no haya recaído sentencia del Consejo de Guerra. Asimismo, les corresponderán facultades respecto a indultos, invalidaciones de notas desfavorables en virtud de condena por razón de delito o falta grave, licenciamiento de penados, así como las que les concedan las leyes especiales de libertad y condena condicionales. Serán también, asesores de los capitanes generales sin perjuicio de sus facultades judiciales, en los expedientes de expropiación forzosa, pérdida de material, ganado o efectos de guerra y en general; en todos los asuntos o expedientes de naturaleza gubernativa o administrativa o de interpretación de leyes en que sea perceptivo o potestativo el que el capitán general deba oír al auditor antes de dictar resolución.

Con este planteamiento y facultades, se crea en Bilbao, según orden del Ministerio de la Guerra de 20 de agosto de 1936, la Auditoría de Guerra del Norte de España y la Fiscalía Jurídico Militar [1], afectas a la Comandancia Militar de

[1] Organismo dependiente en cuanto a su función de la Fiscalía de la República y con total inde-

aquella plaza, con jurisdicción a estos efectos en las provincias de Oviedo, Santander, Vizcaya, Guipúzcoa y Alava.

El personal de las mismas estará integrado por abogados en ejercicio, designados por el comandante militar de Bilbao [2]; la plantilla de la Auditoría por un auditor-jefe y un auditor a sus órdenes y la Fiscalía estará desempeñada por un letrado. El auditor-jefe y el fiscal tendrán consideraciones, haberes, derechos y obligaciones de teniente auditor de primera del cuerpo jurídico militar y el auditor a sus órdenes las de teniente auditor de segunda. La Comandancia Militar de Bilbao facilitará el personal administrativo y subalterno que estime indispensable para ambos organismos. Las dos tendrán carácter provisional, así como las facultades jurisdiccionales de la Comandacia Militar, en tanto que se disponga el cese por el Ministerio de la Guerra.

Sin embargo, la constitución y el funcionamiento de esta Auditoría de Bilbao sufrirán diversas dificultades que obstaculizarán su normal funcionamiento, siendo necesaria una nueva organización, con la que a través de un informe emitido por la Auditoría de Guerra del Norte de España ante el jefe militar del Ejército de Operaciones del Norte, se pide la creación de una auditoría de guerra en Santander y otra en Gijón, dependientes de la Auditoría de Bilbao e integradas por un teniente auditor y un teniente fiscal cuyo nombramiento corresponderá al jefe del Ejército de Operaciones del Norte. Esto conllevará a considerar a la Auditoría del Norte como Auditoría de división orgánica y a las de Asturias y Santander como delegaciones de ésta con jurisdicción respectiva en los Cuerpos de Ejército 3.° y 2.°

Así, el 18 de diciembre de 1936, Francisco Llano de la Encomienda, general jefe del Ejército de Operaciones del Norte dispone a través de una orden [3] que se amplíe la plantilla de la Auditoría de Guerra del Norte con un teniente auditor y un teniente fiscal con residencia en Gijón y con jurisdicción a todo el cuerpo de ejército de Asturias, con la categoría de tenientes auditores de segunda y con la asimilación al grado de capitanes del Ejército. Los haberes devengados serán incluidos en la nómina de la Auditoría del Norte, previos los justificantes de revista ante el jefe de la Comandancia de Gijón con las siguientes atribuciones en materia judicial:

a) Ordenar la iniciación de todos los procedimientos previos, expedientes judiciales por faltas graves y causas por delitos que deba conocer la jurisdicción de guerra en el territorio y fuerzas de su competencia, nombrando a los jueces instructores para los mismos y dando cuenta de ello a la autoridad judicial de Asturias.

b) Una vez conclusos los sumarios, ordenar la ampliación de los mismos de acuerdo con lo dispuesto en el artículo 533, número 1, del Código de Justicia Militar [4], y cuando estime que la resolución procedente pueda ser la de sobresei-

pendencia de la Auditoría de Guerra, aunque ejercerá cerca de ella, promoviendo la acción de la justicia y pidiendo la aplicación de las leyes, con jurisdicción a las mismas personas y territorios a que se extienda la autoridad competente.

[2] Con arreglo a lo dispuesto en el artículo n.° 6 del Reglamento del Cuerpo Jurídico Militar de 5 de junio de 1920 (Colección Legislativa n.° 106).

[3] AHN Sección «Guerra Civil» de Salamanca: Serie Tribunal Popular de Gijón, legajo 10, n.°61.

[4] Se ampliará el sumario cuando se advierta en él omisiones importantes que afecten a la validez legal del procedimiento, señalando las diligencias que deban ampliarse o practicarse de nuevo.

miento pasará los autos a la autoridad judicial o al auditor jefe para los fines que proceda.

c) Inhibirse, previo informe del teniente fiscal, a la jurisdicción que corresponda en las causas que no sean de la jurisdicción militar.

d) Acordar la elevación a causa o expediente judicial de las diligencias previas si de éstas resultasen méritos para suponer la existencia del delito o falta militar grave.

e) Resolver las consultas formuladas por los jueces instructores en orden a la tramitación del procedimiento.

f) Proponer a la autoridad judicial la resolución que estime en los expedientes incoados por faltas graves.

g) Resolver las propuestas formuladas por los jueces instructores militares sobre concesión de libertades provisionales y prisiones atenuadas.

h) Someter directamente a la resolución de la autoridad judicial, previo dictamen, los casos que en diligencias previas no resulte responsabilidad civil ni criminal.

i) Resolver los casos de incompatibilidades, exenciones y excusas.

j) Remitir dentro de los cinco primeros días de cada mes a la Auditoría del Ejército del Norte una relación del estado en que se encuentran los asuntos en tramitación.

k) Ordenar la tramitación de juicios sumarísimos.

l) Nombrar el personal subalterno y administrativo que estime necesario.

Y, finalmente, el teniente fiscal jurídico militar del Cuerpo de Ejército de Asturias ostentará una delegación permanente del fiscal jefe.

Sin embargo, van a surgir problemas de funcionamiento dentro de la propia Auditoría, tanto de infraestructura, carencia de local, mobiliario, como de plantilla, escasez de personal y sobre todo de jueces instructores militares, insuficientes para las ya 21 causas mandadas instruir desde su creación, plasmados en un informe que emite el teniente auditor al comisario de guerra de Asturias en diciembre de 1936 [5]; pero sobre todo de índole legal y judicial, pues, se va a plantear si puede subsitir legalmente una auditoría de guerra después de promulgarse ciertos decretos que crean otros organismos judiciales y que invaden todo el campo de acción de la auditoría, pudiendo anular su competencia. Como el de 25 de agosto de 1936, creando los llamados Tribunales Populares que han de entender en el conocimiento de los delitos de rebelión, sedición y de los cometidos contra la seguridad exterior del Estado, cualquiera que sea la ley penal en que se hallen previstos [6]; a partir del 15 de septiembre del mismo año posterior a la creación de la Auditoría de Guerra del Norte, se amplían sus competencias para conocer de los delitos militares o comunes cometidos por militares o paisanos durante las

[5] AHN Sección «Guerra Civil» de Salamanca: Serie Tribunal Popular de Gijón, legajo 11, n.º63.

[6] Concretamente por lo que respecta al territorio comprendido en la Jurisdicción de la Auditoría de Guerra del Norte, se crearon Tribunales Populares en Bilbao, Santander y Gijón, con fecha 1 de septiembre de 1936.

operaciones de la actual campaña, con ocasión de las mismas o en territorios donde dichas operaciones se realicen y que por la índole de la infracción fueran susceptibles de perturbar el normal desarrollo de ellas, es decir, que desaparece de una manera indubitable el fuero militar por razón de materia, de persona y de territorio, invadiendo toda competencia el Tribunal Popular; y finalmente el 6 de octubre se dicta por el Ministerio de Justicia otro nuevo decreto ordenando que los referidos tribunales conozcan también de los delitos de traición y espionaje. Estos decretos vienen, por tanto, a recalcar la amplitud del campo de competencia que invaden y donde están incluidos sin excepción todos los delitos militares que en criterio más restringido puedan corresponder por exclusión a la competencia de los Consejos de Guerra ordinarios. De tal manera, que se producen conflictos de competencia entre el Juzgado especial número 1 afecto al Tribunal Popular de Gijón y a la Auditoría de Guerra de dicha plaza, por tanto, se hace necesario delimitar sus campos de actuación, ya que el referido Juzgado no comparte la sala del Tribunal Popular de los delitos militares y sostiene que compete a estos conocer tales delitos.

Ante tal situación, se va a plantear la urgente necesidad de crear Tribunales o Consejos de Guerra Especiales, que ya en su momento el Gobierno había mostrado el propósito de establecer a través de un decreto del Ministerio de Justicia de 15 de septiembre de 1936, que por procedimiento sumarísimo actuaran en los lugares donde se realizasen las operaciones de campaña, para conocer de los delitos militares o comunes que se cometiesen con ocasión de los mismos. Pero la organización de los tribunales y de la justicia en general se hace ya imprescindible, no tanto por las peticiones de las auditorías como por las nuevas normas que va a decretar el Ministerio de la Guerra el 29 de septiembre y el 15 de octubre de 1936, determinando que las fuerzas de las milicias voluntarias deberán tener carácter, condición y fuero militar en todas las categorías y clases que las componen, y creando el Comisariado General de Guerra, lo que hace ya necesario que la justicia se ejecute con rapidez y ejemplaridad para el mantenimiento de la disciplina y más exacto cumplimiento.

De tal manera, que el 16 de febrero de 1937, en virtud de un acuerdo del Consejo de Ministros y a propuesta del de la Guerra se decreta la creación de los Tribunales Populares Especiales de Guerra, con competencia para toda clase de delitos previstos y penados en el Código Castrense.

II. Los Tribunales Populares Especiales de Guerra

Entenderán en la vista y fallo de los sumarios seguidos contra elementos pertenecientes a las fuerzas regulares, milicias voluntarias armadas, milicias locales, milicias de retaguardia, ejército voluntario y fuerzas análogas, que cometan delitos definidos y sancionados por el Código de Justicia Militar y demás Leyes Penales del Ejército, siempre que dichos delitos no sean los de rebelión, sedición y los cometidos contra la seguridad exterior del Estado que quedarán dentro de la competencia de los Tribunales Populares, pasando a corresponder a la jurisdicción militar, según decreto del 23 de febrero del mismo año, los siguientes delitos: traición; devastación y saqueo y contra el derecho de gentes; insulto a centinelas, salvaguardias y fuerzas armadas; insubordinación; insulto a superiores; desobediencia; abuso de autoridad; usurpación de atribuciones; abandono de servicio; negligencia; denegación de auxilio; delitos contra los deberes del centinela, abandono de destino y residencia; deserción simple, al extranjero y calificada; inducción de auxilio y encubrimiento para la deserción; inutilización voluntaria; delitos contra el honor militar; fraude, falsificación o adulteración de víveres para el Ejército y falta de suministro de los mismos; propagación de noticias alarmantes y órdenes sobre modificación de situaciones militares que no hayan recibido; y reincidencia en faltas graves previstas y penadas en el Código de Justicia Militar.

Estarán integrados por un presidente, el delegado del Comisariado General de Guerra que funcione en el sector en que ocurran los hechos. Vocales, tres o cinco elementos de las milicias y del Ejército; uno al menos de igual categoría que el acusado, mayores de veinticinco años y que sepan leer y escribir, designados de acuerdo por el jefe del sector o columna militar en que ocurran los hechos y el delegado del Comisariado de Guerra. Un vocal técnico, funcionario jurídico y, en su defecto, un miliciano en quien concurra la cualidad de letrado. Las funciones de fiscal las desempeñará un funcionario jurídico y, en su defecto, un miliciano también letrado. Al vocal técnico y al fiscal, tanto sean funcionarios jurídicos o milicianos letrados en ejercicio, les designará o tendrá previamente nombrados el Ministerio de la Guerra. La defensa estará atribuida a un elemento del Ejército o de las milicias, letrado o no, o simplemente a un hombre bueno, mayor de edad, que designe el acusado o el presidente del Tribunal, si aquél no hiciera uso de su derecho a nombrarlo. Y finalmente, el instructor-secretario nombrado de categoría de jefe u oficial del Ejército o de las milicias.

Cada miembro del Tribunal ejercerá unas atribuciones determinadas. Al presidente le corresponderán las siguientes:

a) Señalar el local, día y hora en que ha de reunirse el Tribunal, procediendo a la lectura del parte y diligencias practicadas por el Instructor.

b) Admitir o no las preguntas que a los testigos les dirija el fiscal, defensores, miembros del Tribunal y peritos.

c) Suspender el acto por quince minutos, una vez practicada la prueba, con el fin de que el fiscal y la defensa puedan ordenar sus notas.

d) Permitir que las partes rectifiquen oralmente, siempre que no excedan de diez minutos, y preguntando al acusado si tiene algo que exponer.

e) Declarará terminado el acto, reuniéndose el Tribunal en sesión secreta.

f) Autorizará con media firma el acta levantada por el secretario-instructor, en la que se consignarán los componentes del Tribunal, fiscal, defensa y procesados, sinténtica relación de la prueba practicada, conclusiones y hechos importantes ocurridos, además de las protestas formuladas por las partes.

g) Votará en último lugar en el momento de dictar sentencia, oyendo las observaciones que sobre los hechos haga el vocal técnico, quien las expondrá a los demás vocales. La votación para la sentencia comenzará por el de menos categoría y antigüedad, no podrá ser interrumpida y se decidirá por mayoría absoluta.

h) Autorizará con media firma los votos particulares, con firma entera, al igual que los demás miembros, la sentencia, que será redactada por el vocal técnico.

i) Presenciará la notificación de la sentencia a las partes. No se hará ésta al inculpado cuando se trate de la pena de muerte, sino hasta el momento de entrar en capilla.

A los vocales le competen:

a) Dirigir preguntas a los testigos y peritos, siempre que se declaren admisibles por el presidente y examinar los objetos y documentos de las pruebas.

b) Deliberar sobre los hechos y pruebas del jucicio, oyendo los razonamientos que haga el vocal técnico.

c) Firmar la sentencia, pudiendo formular votos particulares, que firmará el que lo emita, uniéndose a las actuaciones.

Para el instructor-secretario las atribuciones serán:

a) Recoger los datos y efectos en su caso, necesarios para la comprobación del delito, recibiendo las declaraciones esenciales, a la vez que practicará las diligencias más urgentes, entre otras las de requerir al inculpado para que designe defensor.

b) Citar a las personas que hayan de declarar ante el Consejo.

c) Dar lectura del parte y de las breves diligencias practicadas por el mismo.

d) Levantar la correspondiente acta de todo lo que suceda en la sesión, sometiéndola a la conformidad del presidente, que unirá a las breves diligencias sumarias practicadas.

e) Notificar la sentencia a las partes, extendiendo la oportuna diligencia de notificación, que firmarán los aludidos.

f) Cuando se trate de faltas graves, instruir el oportuno expediente, con la celeridad que requieran las circunstancias.

g) Procurarán que la tramitación de los procedimientos no exceda de ocho días, contados a partir del inicio de la sentencia [7].

Todos los sumarios por los delitos cometidos por personas, cualquiera que sea su categoría o clase, se tramitarán por procedimiento sumarísimo ante el Tribunal competente, con citación de testigos y aportación de documentos, acusación, defensa y manifestación del procesado, con el siguiente procedimiento:

Todo parte o denuncia que se deduzca contra un presunto responsable y que será formulado por quien lo haya presenciado o tenga conocimiento del hecho, cualquiera que sea su categoría militar, será remitido o entregado al jefe militar de la columna o sector, donde se haya cometido el hecho, quien al considerarlo constitutivo de delito, lo decretará al secretario-instructor, al tiempo que acuerda

---

[7] AHN Sección «Guerra Civil» de Salamanca: Serie Tribunal Popular de Gijón, legajo 7, n.º 44.

la prisión del inculpado. Paralelamente interesará del delegado del Comisariado de Guerra que actúe cerca de la unidad, y al que dará cuenta del hecho, la constitución del Tribunal, facilitándole el nombre de los vocales propuestos para su designación, y al ministro de la Guerra el del fiscal y vocal técnico que deban asistir al acto.

Recibida por el instructor la orden del jefe del sector para la incoación de la causa, comenzará a instruir el sumario, practicando aquellas diligencias que juzgue estrictamente necesarias, teniendo en cuenta la índole sumarial del procedimiento. Procederá con la máxima urgencia a recoger los datos y efectos para la comprobación del delito y a recibir las declaraciones esenciales, en la forma prescrita en el artículo 653 [8] del Código Castrense. Al interrogar al inculpado por primera vez se le harán las preguntas según lo que dictamina el artículo 460 [9] del mismo Código.

Cuando de la prueba practicada resulten indicios de responsabilidad contra el procesado, el instructor dictará auto de procesamiento, notificándoselo y requiriéndole para que nombre defensor y si no lo hiciere, dará cuenta al presidente del Tribunal para que se lo designe. Cuando haya varios encartados y la defensa de uno de ellos fuera incompatible con la de algún otro, se designarán tantos defensores como sean necesarios.

Terminadas las diligencias se pasarán al fiscal para su calificación, que formulará por escrito si los hechos perseguidos no son constitutivos de delito o siéndolos no corresponden a la Jurisdicción de Guerra, pasando la causa al vocal técnico, quien en escrito fundamentado propondrá al jefe militar del sector de los siguientes acuerdos:

1.º Que siga tramitándose el procedimiento por la Jurisdicción Militar.

2.º La ampliación o práctica de nuevas diligencias si las practicadas no resultasen suficientes para poder decidir, o si se observasen omisiones esenciales en el procedimiento, señalar las que han de ampliarse o practicarse.

3.º El sobreseimiento o declaración de que los hechos son constitutivos de falta.

4.ª Inhibirse en el conocimiento del asunto a favor de la jurisdicción competente.

Si el fiscal formulase escrito de acusación, el instructor enterará al reo, asistido de su defensa de los cargos del sumario, leyéndole las declaraciones y diligencias en que se funde, así como las que pidiera el fiscal y la defensa. Acto seguido

---

[8] Regla 2.ª Las declaraciones de los procesados se recibirán sin intervalo alguno, en cuanto sea posible, aunque siempre separadamente.

Regla 3.ª Cuando asistan varios testigos presenciales, sólo se comprobarán las declaraciones de los más importantes. Se podrá carear a los testigos entre sí o a alguno de éstos con el procesado.

Regla 4.ª Cuando no puedan traerse a los autos las hojas de servicio o filiación de los procesados, se suplirán con declaraciones o informes de los jefes inmediatos, que expondrán lo que supieren acerca de la conducta y antecedentes de aquéllos.

[9] Se interrogará al procesado, en primer lugar, por su filiación personal, empleo, a qué clase de tropa, cuerpo, compañía, etc., pertenece y si se le han leído las leyes penales. Se consignarán también sus señas personales a fin de poder identificarle en cualquier tiempo.

se le harán las preguntas que determina el artículo 548 [10] del Código, haciéndolas constar en las diligencias.

Finalmente pondrá los autos de manifiesto al defensor por espacio de tres horas, procediendo a la celebración del Consejo, en el lugar, hora y día señalado por el presidente, citándose por el instructor al acto de la vista a todas las partes.

Constituido el Tribunal, el instructor dará lectura íntegra de todas las diligencias, pasando éste a deliberar en sesión secreta, notificando al instructor la sentencia, haciéndola llegar al reo, si ésta no fuera la de muerte. Se dará también cuenta de ella al jefe de la unidad, al jefe militar del sector y al jefe del Estado Mayor de Asturias. Después de hechas las comunicaciones se remitirá la causa a la Auditoría de Guerra de Gijón, y hoja de la sentencia al Registro Central de Penados y Rebeldes [11].

Cuando la pena impuesta sea la de muerte, pero no se haya adoptado por unanimidad de todos los vocales, el instructor la remitirá, por conducto del jefe militar del sector, al general jefe del Ejército del Norte, quien con el comisario general decidirá si se remite al Tribunal Supremo.

Para el conocimiento de las faltas que no revisen caracteres de delito, se constituirán Juntas o Consejos de Disciplina, pudiendo imponer la pena de privación de libertad que no exceda de seis meses. Estarán formadas por un presidente y dos vocales siempre de la misma categoría que el acusado y designados por el jefe de la Unidad de acuerdo con el delegado del Comisariado de Guerra. Cuando el acuerdo sobre la sentencia no fuera unánime, se someterá a la ratificación, rectificación o anulación de otra Junta que se formaría con el propio jefe de la Unidad y la delegación del Comisariado y ésta ya sería inapelable.

Con el decreto del Ministerio de la Guerra de 7 de mayo de 1937, quedarán suprimidos los Tribunales Populares Especiales de Guerra y se creará un solo Tribunal Popular de Guerra para todo el III Cuerpo del Ejército, que se constituirá en Gijón o en los lugares que la autoridad militar determine, como divisiones, cuarteles o sector donde se haya realizado el hecho. Conocerán de los mismos delitos que los anteriores, si bien se amplía su competencia a los de sedición y espionaje.

El referido decreto lleva a una gran reforma de la administración de la justicia militar, suprimiendo el rígido y autocrático Consejo de Guerra por este más sencillo. Su formación será análoga a los anteriores, aunque los jueces instructores estarán designados por el auditor al que se le asignarán muchas más competencias de las ejercidas en los especiales. Las causas que instruyan se tramitarán con arreglo a las normas ya establecidas, sin otras modificaciones que las siguientes:

El auditor, previo informe del fiscal dictaminará ante la denuncia formulada, si el hecho es constitutivo de delito o falta, o si no existe materia delictiva, inhi-

[10] 1.° Si tiene que alegar incompetencia de jurisdicción.
2.° Si tiene que ampliar o enmendar sus declaraciones.
3.° Si se conforma con los cargos que se le hacen.
4.° Si interesa a su defensa que se ratifique en sus declaraciones algún testigo o se practique alguna diligencia de prueba.

[11] Centro creado por Decreto el 19 de diciembre de 1936 en Valencia, sustituyendo a la Dirección General de Prisiones. AHN Sección «Guerra Civil», Serie Tribunal Popular de Gijón, legajo 27, n.° 142.

biéndose a favor de otros tribunales si diera lugar. Terminado el sumario, el juez lo elevará al auditor, quien con el informe del fiscal, podrá acordar el sobreseimiento, la práctica de nuevas diligencias o la vista y fallo de las mismas. Las sentencias que firmen estos Tribunales serán sometidas a la aprobación del auditor, del jefe militar y del delegado del Comisariado. Si la pena fuera la de muerte no será firmada ni ejecutada hasta que no se reciba el enterado del Gobierno.

Una de las modificaciones más profundas que realizarán estos Tribunales será la referente a los reos declarados en rebeldía, basada en el artículo 665 del Código Castrense, en el que se dictamina el archivo del sumario por parte del fiscal y el auditor, sin celebración de juicio, hasta que el procesado se presente, no siguiendo por tanto el procedimiento de los Consejos Especiales, que se juzgaba y sentenciaba a éstos aunque no estuvieran presentes.

En los procesos estudiados durante este período no vamos a encontrar las referidas modificaciones —según el nuevo decreto— hasta agosto de 1937, actuando con sus procedimientos los Tribunales Especiales.

III. Causas tramitadas por los Tribunales Populares Especiales de Guerra de Avilés, Mieres y Trubia en 1937

En la serie Auditoría de Guerra de Gijón, del archivo de la guerra civil, se encuentran depositados sumarios instruidos por Tribunales Populares Especiales de Guerra, procedentes del registro efectuado por las tropas franquistas en los locales de dicha Auditoría.

Estas causas están relacionadas con la división judicial militar de Asturias, que se estructuró en siete sectores o divisiones: Gijón —con jurisdicción también, sobre toda la retaguardia—, Avilés, Mieres, Trubia, Lugones, La Manjoya y Las Caldas, a las que se le asignó el funcionamiento de un Tribunal para cada una de ellas, desplegando una actividad difícil de igualar; siendo los únicos que se formaron y actuaron dentro del Ejército del Norte.

El mayor número de causas instruidas por dichos Tribunales es el de Gijón, seguido de Avilés, Mieres y Trubia, y en menor proporción el resto.

Se ha centrado este estudio en los Tribunales de Avilés, Mieres y Trubia con jurisdicción en la 1.ª, 6.ª y 4.ª división, que van a desarrollar su actividad de febrero a octubre de 1937, y con aspectos muy similares dentro de las causas. Así, se observa, que la extracción militar de los procesados proviene casi toda de la tropa, reclutada de los remplazos de 1931 a 1936, siendo muy difícil de precisar los integrantes voluntarios, debido a que el 26 de marzo de 1937, Berlarmino Tomás, gobernador general de Asturias y León ordena la movilización general, con la que desaparece el carácter voluntario de los milicianos y por lo tanto todos quedan clasificados como soldados del Ejército regular en plena sujección al Código de Justicia Militar. En el grupo de suboficiales y oficiales destaca algún sargento, brigada, tenientes y capitanes; con una ausencia total de analfabetos, a pesar de que el origen socio-profesional es prácticamente proletario, destacando en su mayoría labradores, mineros, jornaleros, peones, zapateros, algún estudiante y una variada gama de profesiones del mundo obrero, con predominio de afiliación sindical a la CNT y UGT —muy fuerte en toda la zona de Gijón y en el sector de la costa—, y a los partidos socialista y comunista, éste en minoría hasta 1934 en que experimenta un gran auge e influencia, aunque se mantiene a niveles relativamente modestos.

EXTRACCION PROFESIONAL Y POLITICO-SINDICAL DE LOS PROCESADOS

	Avilés	Mieres	Trubia	Total
Labradores	29	11	12	52
Mineros	13	8	11	32
Jornaleros	18	5	6	29
Peones	7	—	—	7
Estudiantes	5	—	—	5
Pescadores	2	—	—	2
Zapateros	3	1	2	6
Dependientes	3	—	—	3
Chóferes	1	2	2	5
Marineros	2	—	—	2
Oficinistas	1	2	—	3
Prof. mercantil	1	—	—	1
Barberos	1	—	—	1
Obreros varios	4	3	3	10
CNT	20	3	6	29
UGT	15	7	4	26
JS	7	2	1	10
PC	6	3	5	14
PS	8	1	5	14
IR	3	1	1	5
UR	1	—	—	1

Los procesados están encuadrados en casi todos los Batallones del Ejército de Asturias, si bien los de deserción afectan en mayor número a los Batallones 201, 203, 229, 232, 235 y 242, las inutilizaciones al 267, 268, 235, y la indisciplina y desobediencia al 248 y 229.

Referente a la variada tipología de delitos que se contempla en los tres Tribunales, se han estructurado siguiendo el Código de Justicia Militar, así, se destaca un primer grupo de delitos contra los fines y medios de acción del ejército, en el que se han introducido los de deserción, el más numeroso, representando el 73,83 por 100 del total, sigue en importancia las inutilizaciones voluntarios con el 9,06 por 100, negligencia y lesiones el 1,29 por 100 y contra el honor militar ya prácticamente inexistente.

En cuanto a los delitos por deserción hay que distinguir varias modalidades: las deserciones al campo enemigo, consideradas con el agravante de traición (art. 222, n.º 6 del Código de Justicia Militar), muy significativas en los tres tribunales, con el 13 por 100 para Avilés, en 33,33 por 100 para Mieres y el 12,5 por 100 para Trubia, en la mayoría de las veces se efectúa con armamento —fusil, municiones y bombas— y proceden de soldados labradores, jornaleros, mineros, y algún estudiante, afiliados en su mayoría a la UGT, CNT y FUE, a los que se le han leído las Leyes Penales y están declarados en rebeldía [12], circunstancias que agravan el delito y, por tanto, condenados a la pena de muerte, la misma para los que desertan sin armas. Estas deserciones son corroboradas a veces por los mismos enemigos, que de trinchera a trinchera dan nombres de los que se han fugado, así como de oficiales del Ejército republicano [13]. Los delitos por incitación a la deserción son prácticamente nulos, contabilizándose sólo uno para el Tribunal de Avilés, en el que se alega que se ha realizado «por miedo, falta de armamento y comida, mal trato y excesivas carnicerías, teniendo el enemigo mejores armas y comiendo mejor» [14], la pena es de veinte años en campo de trabajo [15].

Las deserciones con circunstancias calificativas representan el 4,5 por 100 para Avilés y el 8,33 por 100 para Mieres, delito tipificado en el artículo 289, número 2 del Código Castrense, como «la de llevarse armas al desertar». Los declarados en rebeldía son sentenciados a muerte, los que son detenidos con penas de doce a veinte años de internamiento en campos de trabajo, superior a la que contempla el Código de ocho a doce años. En este delito los Tribunales son más severos en sus sentencias, debido al grave problema de armas que tiene Asturias por su escasez, «pues hay más hombres que fusiles», ya que inicialmente sólo se pudo contar con las correspondientes a las fuerzas de Carabineros, Guardia de Asalto, Guardia Civil de Langreo y Sama, dos regimientos de Infantería y el de guarnición de la fábrica de Trubia, en conjunto unos 2.000 fusiles [16], a los que había que añadir los retenidos en poder de los sindicalistas a partir de octubre de 1934, pero totalmente insuficientes y escasos para el número de hombres que formaban los batallones asturianos.

Un número importante, el 82,48 por 100, el 58,33 por 100 y el 87,5 por 100 para los tres Tribunales, representan las deserciones simples o sin circunstancias calificativas, aunque a partir del decreto del Ministerio de Defensa de 18 de junio de 1937 se denominarán frente al enemigo. Dentro de este grupo hay que destacar las deserciones al ser llamados a filas, procedentes de los remplazos de 1922

[12] El Tribunal Popular Especial de Guerra llamará por requisitoria a los desertores a través del diario socialista «Avance» y el diario independiente «La voz de Avilés», o bien por Boletín Oficial, dándoles un plazo de cuarenta y ocho horas para incorporarse, de no hacerlo así, serán declarados en rebeldía.

[13] AHN Sección «Guerra Civil»: Serie Auditoría de Guerra de Gijón, legajo 10 de Avilés, causa n.º 805.

[14] *Ibíd.*, legajo 1 de Avilés, causa n.º 22.

[15] A partir del decreto de 26 de diciembre de 1936, las penas de reclusión militar perpetua, temporal, mayor, menor y correccional de más de seis meses y un día, serán sustituidas por las de internamiento en campos de trabajo de igual duración que la establecida para aquellas penas por el Código de Justicia Militar. AHN Sección «Guerra Civil»: Serie Tribunal Popular de Gijón, legajo 19, n.º 101.

[16] SALAS LARRAZÁBAL, R.: *Historia del ejército popular de la República,* vol. I, p. 388, Madrid, 1973.

TABULACION TIPOLOGICA DE LOS DELITOS

Delitos	TRIBUNALES Avilés (%)		Mieres (%)		Trubia %		Totales %	
Deserción	76,29	177	68,96	60	71,64	48	73,83	285
Inutilización	11,63	27	2,29	2	8,95	6	9,06	35
Negligencia	—	—	4,59	4	1,49	1	1,29	5
Lesiones	1,29	3	2,29	2	—	—	1,29	5
Contra el honor	—	—	—	—	1,49	1	0,25	1
Contra deberes de centinela	0,43	1	—	—	—	—	0,25	1
Desobediencia	1,72	4	2,29	2	5,97	4	2,59	10
Indisciplina	2,58	6	4,59	4	4,47	3	3,36	13
Insultos	2,58	6	8,04	7	—	—	3,36	13
Abuso de autoridad	0,86	2	2,29	2	1,49	1	1,29	5
Quebrantamiento de la moral	0,43	1	—	—	—	—	—	1
Saqueo	1,72	4	2,29	2	—	—	2,00	6
Contra el derecho de gentes	—	—	2,29	2	4,47	3	1,29	5
Actos deshonestos	0,43	1	—	—	—	—	0,25	1
TOTALES	—	232	—	87	—	67	—	386

a 1936, provienen de labradores, marinos, jornaleros, comerciantes; alegan miedo a las armas enemigas y a la guerra [17], con penas que oscilan de seis a veinte años en campos de trabajo, sirviendo de abono la prisión preventiva, la máxima que estipula el decreto.

Será también considerada deserción simple o frente al enemigo «la falta a tres listas consecutivas de ordenanza de su cuartel o residencia por parte de cualquier soldado o clase del Ejército» (art. 286 del Código de Justicia Militar y art. 1.° del decreto de 18 de junio). En este grupo hay un gran número de procesados que lo hacen por ir a mudarse de ropa y por calzado, pues según frases textuales «están llenos de miseria y con la ropa destrozada» [18], llevan de uno a seis meses sin mudarse, y se quejan de falta de permiso para hacerlo [19]. Por lo general, no se les han leído las Leyes Penales, lo que les sirve de atenuante para la pena. Muchos no creían que cometían delito, pues lo habían hecho otras veces y no habían sido procesados por ello, esta circunstancia unida a que suelen ser buenos combatientes, leales y de ideología marcadamente de izquierdas, según los informes del comisario político del Batallón hace que el delito se quede en falta grave, inhibién-

[17] AHN Sección «Guerra Civil»: Serie Auditoría de Guerra de Gijón, legajo 9 de Avilés, causa n.° 1.407.

[18] *Ibíd.*, legajo 1 de Trubia, causa n.° 52 y legajo 8 de Avilés, causa n.° 530.

[19] *Ibíd.*, legajo 9 de Avilés, causa n.° 607.

CLASES DE DESERCIONES

(En %)

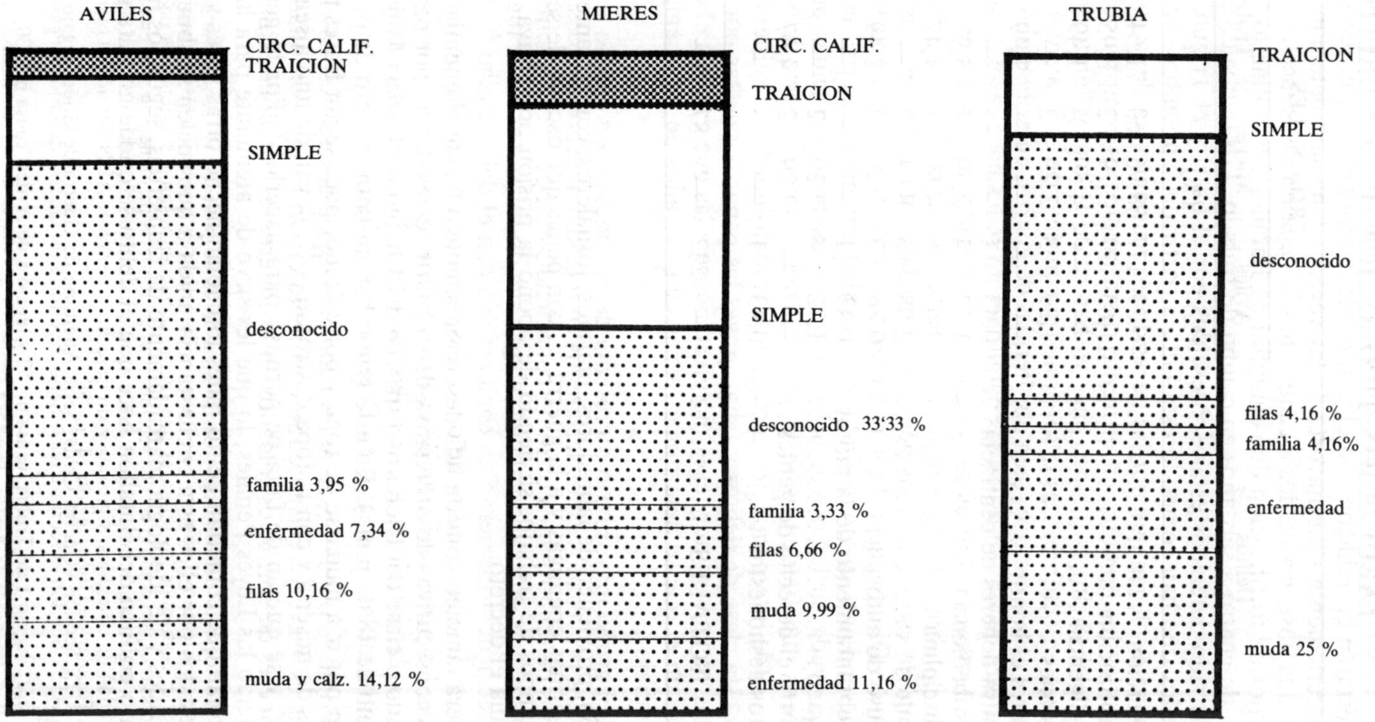

dose el fiscal en favor de la Junta de Disciplina que será la que sentencie. Las penas estarán en relación con el tiempo de la ausencia o si el reo se ha presentado voluntariamente —la mayoría de las veces— o ha sido detenido en su domicilio. Para una ausencia de dos a cuatro días la pena irá de quince días a dos meses de trabajos de fortificación que cumplirá en Batallón Disciplinario [20], más de veinte días, de cuatro a seis años en campo de trabajo. Los que vuelven en seguida sin haber sido detenidos están sobreseídos por el fiscal y el Tribunal, lo mismo que para los que han cometido esta falta a partir de septiembre, ya que los propios Tribunales alegan que por las necesidades acuciantes ya de la guerra son necesarios todos los hombres en el frente. Esta medida es comprensible dada la situación del Ejército asturiano, pues ya han caído Bilbao y Santander y Asturias sucumbirá en octubre. Las deserciones por motivo de enfermedad, es decir los que se van a casa a curarse, bien por heridas de guerra, enfermedades venéreas o cualquier otra lesión, «pues en los batallones no se les hace caso» [21] son la mayor parte de las veces sobreseídas, ya que los procesados alegan haber recibido el permiso de palabra, olvidado o perdido. En estos casos siguen también las Juntas de Disciplina estipulando las penas, que oscilarán de dos a seis meses de arresto en Batallón Disciplinario. La familia también juega un papel importante a la hora de las deserciones, predominan las enfermedades y muerte de padres y hermanos, así como ayuda en las faenas del campo, igualmente sobreseídas provisionalmente. La pena más fuerte que se ha contabilizado en este aspecto ha sido de seis años y un día de internamiento en campo de trabajo por faltar veinte días. En general, para esta clase de delitos y faltas graves las penas impuestas por los Tribunales y Juntas suelen ser muy leves, no ajustándose a las que estipula el decreto de 18 de junio, en el que se determinan penas de once años de internamiento en campos de trabajo.

Un grupo mayoritario representa deserciones de las que no se sabe el motivo, pues los procesados están declarados en rebeldía, muchos han desertado al ser evacuados de un hospital a otro, desconociéndose su paradero y sentenciados a muerte; a los que se les ha detenido alegan miedo a las armas enemigas, mala comida y carecer de armamento en comparación con el del enemigo [22]. Los que vuelven después de una ausencia de ocho días, estando en posición de trecha o servicio de armas, las penas oscilarán de cuatro a veinte años de internamiento en campos de trabajo, las inferiores a estos días pasarán a Junta de Disciplina con quince días a cuatro meses de arresto en Batallón Disciplinario.

Como se puede observar, el problema de las deserciones en el Ejército de Asturias es grave y acuciante. Se corrobora en las causas consultadas que al mes o dos meses de entrar los soldados en los diferentes batallones comienzan todo tipo

[20] Por decreto del Ministerio de Defensa de 28 de junio de 1937, se crearán en cada Ejército o Cuerpo de Ejército el número de batallones disciplinarios que exijan las cicunstancias. A estas unidades serán destinados los militares que fueran condenados por los Tribunales de Guerra o Juntas de Disciplina, organizándose en dos secciones: *a)* diciplinaria-penitenciaria y *b)* en la que el trabajo, disciplina y organización es igual que en los batallones ordinarios, si bien en ésta sus componentes están en calidad de detenidos, vigilados y sin derecho a permiso. AHN Sección «Guerra Civil»: Serie Tribunal Popular de Gijón, legajo 14, n.° 89.

[21] AHN Sección «Guerra Civil»: Serie Auditoría de Guerra de Gijón, legajo 9 de Avilés, causa n.° 735.

[22] *Ibíd.*, legajo 3 de Trubia, causa n.° 1.505 y legajos 1 y 4 de Mieres, causas n.^{os}20 y 173.

de deserciones. A parte de la desmoralización que supuso para él las pérdidas de Bilbao y Santander —en julio y agosto de 1937—, hay que resaltar también otros factores importantísimos, como la tendencia de ciertas zonas sobre todo rurales y marineras al conservadurismo y la tradición que difieren de las mineras más frente-populistas. En general, las derechas habían ganado ampliamente las elecciones de 1933 y perdieron por muy poco margen las del 36, ello explica también que las deserciones al bando franquista fueran más elevadas, aumentando considerablemente en ocasión de las últimas incorporaciones de reclutas, que experimentaban menos deseos en la lucha y muy quebrantados, bien por las pérdidas ocasionadas, bien por su propia desorganización. El núcleo minero se sentía muy proclive a continuar en el frente y movían todo tipo de influencias para abandonar las filas y volver a las galerías, alegando que lo exigía la economía de guerra, acogiéndose muchos a las exenciones por motivos de trabajo [23]. Estas deserciones, la moral de la retaguardia y la desmoralización del Ejército fueron acrecentando todavía más las fugas y las inutilizaciones voluntarias, otro de los delitos mayoritarios en los tres Tribunales, obligando al delegado general del Gobierno de Asturias a dictar una orden el 12 de marzo de 1937 condenándolas a muerte [24]. Los condenados por este delito son soldados y algún sargento y capitán, jornaleros y mineros afiliados a las JS, UGT y PC; las lesiones son producidas por armas de fuego en manos, dedos, brazos y pies, al limpiarlas, por correr o efectuadas por el enemigo. Todas son sobreseídas provisionalmente o absueltos por los Tribunales, alegando no estar suficientemente justificado la perpetuación del delito que se persigue, aunque los informes de los médicos son tajantes al manifestar las características de autolesión por existir incrustaciones de pólvora (tatuaje) en la herida. El fiscal suele solicitar de cuatro a seis años de prisión correccional antes del decreto, la misma que tipifica el artículo 292 del Código de Justicia Militar.

Tanto las deserciones como la inutilización van a experimentar un gran auge a partir de finales de julio de 1937, la caída de Bilbao será uno de los factores que desencadene estos delitos, así, se ha contabilizado que el 66,31 por 100 del total de las deserciones cometidas en los tres Tribunales se realizan a partir de este momento, de igual manera que las inutilizaciones con el 57,14 por 100 del total.

El resto de los delitos dentro de este primer grupo son por negligencia, cometidos por tenientes y capitanes, por falta de asistencia adecuada a heridos en los hospitales y por no poner la debida resistencia al enemigo en la lucha, llegando incluso a abandonar material de guerra y compañeros muertos, y retirándose de sus posiciones sin autorización. El fiscal solicita de seis meses y un día de prisión correccional a veinte años de internamiento para los segundos, los Tribunales absuelven todos por no encontrar indicios de delito o por falta de pruebas.

Y ya muy escasos son los que se refieren a lesiones por imprudencia o con intento de suicidio, sobreseídos todos; sólo un sumario se refiere al apaleamiento de un capitán y soldado de la UGT a otro de la CNT, para los que el fiscal solicita la pena de veinte años en campos de trabajo. Contra el honor militar y contra los deberes del centinela, se ha contabilizado sólo un sumario, este último por que-

---

[23] SALAS LARRAZÁBAL, R.: *op. cit.*, vol. II, p. 1.520.

[24] AHN Sección «Guerra Civil»: Serie Tribunal Popular de Gijón, legajo 14, n.º 84.

CUANTIFICACION DE LAS DESERCIONES E INUTILIZACIONES (1937)

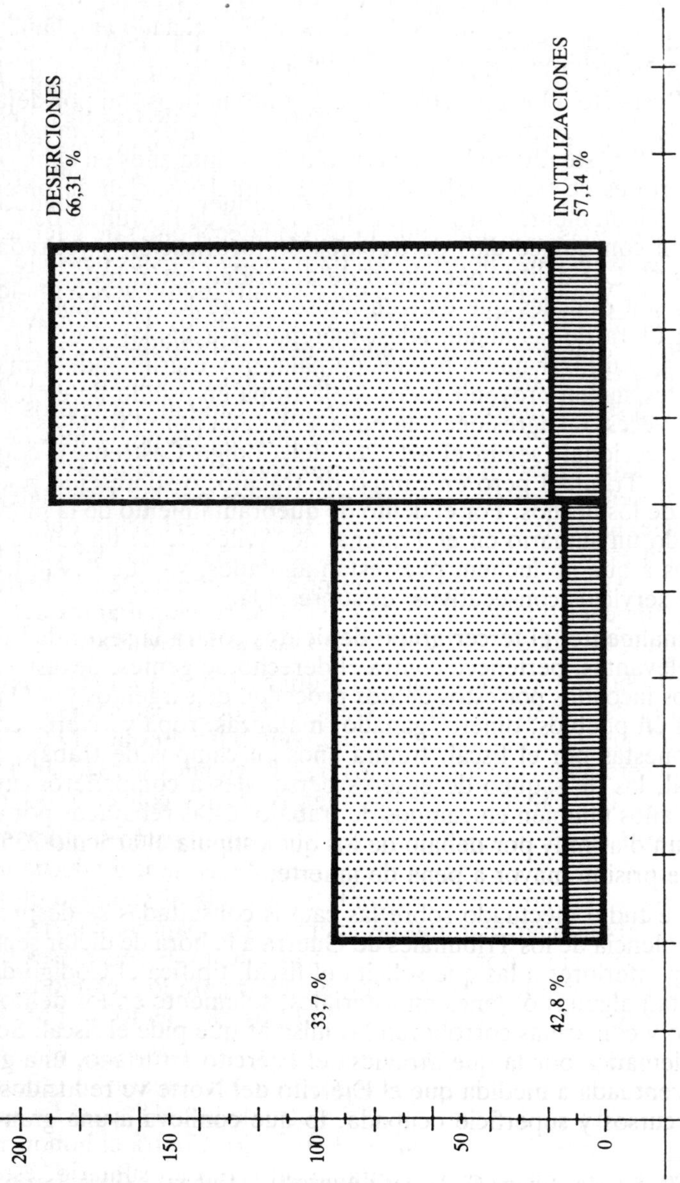

darse dormido mientras hacía la guardia, con una pena de seis a doce años de internamiento, el otro sobreseído.

Un segundo grupo, también muy significativo dentro de las causas, lo componen los delitos contra la seguridad del Estado y del Ejército, en los que se ha introducido los de desobediencia con el 2,59 por 100, indisciplina e insultos a superior el 3,36 por 100, abuso de autoridad y quebrantamiento de la moral muy escasos. Respecto a los primeros, los más sintomáticos son por dejar de realizar trabajos, de hacer guardias, servicio de armas y negarse a combatir por no tener zapatos [25]. Por este último las penas serán de treinta años en campos de trabajo para los anteriores de tres a seis años, los Tribunales suelen absolver algunos por no estar suficientemente claros o inhibirse a favor de las Juntas de Disciplina que sentenciarán con quince días de trabajos de fortificación y retirada de parte de los haberes [26]. Los delitos por abuso de autoridad están todos sobreseídos, los procesados son oficiales que ejercen abusos sobre los soldados como mandar hacer guardia fuera de las alambradas, increparles a hablar sobre las deserciones con amenazas y utilizar malas formas de palabra y esgrimiendo armas. Los insultos a superiores suelen provenir todos de la tropa en estado de embriaguez y acompañado, a veces, de agresiones, la pena solicitada por el fiscal es de seis años de prisión correccional (según el art. 266 del Código Castrense), corrobora el mismo tiempo el Tribunal pero en campo de trabajo, o sobreseído por falta de demostración de los hechos. Por el delito de quebrantamiento de la moral sólo se ha contabilizado un sumario en el Tribunal de Avilés [27], de un capitán que incita a los soldados a que no luchen, pues están agotados, ya que llevan treinta y cinco noches de servicios consecutivos, es sobreseída.

Y finalmente, el tercer grupo de delitos contra la seguridad de la Patria, muy poco relevantes, pertenece contra el derecho de gentes, devastación y saqueo; los sumarios incoados por estos delitos proceden de sargentos y soldados que saquean y roban en pueblos, dinero, ganado, matanzas, ropa y víveres en general, las penas impuestas por el fiscal, treinta años en campos de trabajo que corrobora el Tribunal, las de saqueo de enseres personales a compañeros muertos de doce a catorce años también en campos de trabajo, éstas rebajadas por el Tribunal a seis años y un día, muy por debajo de los que estipula el artículo 235 del Código, que serán de prisión mayor a pena de muerte.

Del estudio efectuado sobre las causas consultadas se desprende la debilidad y benevolencia de los Tribunales de Guerra a la hora de dictar sentencia, casi siempre muy inferiores a las que solicita el fiscal, tipifica el Código de Justicia Militar o decretan algunas órdenes ministeriales, solamente en los delitos de deserción al enemigo y con armas corroboran las mismas que pide el fiscal. Son conscientes de la problemática por la que atraviesa el Ejército asturiano, una gran debilidad interna acentuada a medida que el Ejército del Norte ve reducidos sus efectos, medios, recursos y superficie ocupada, lo que conlleva a una gran desmoralización

[25] AHN Sección «Guerra Civil», Serie Auditoría de Guerra de Gijón, legajo 1 de Mieres, sumario n.° 4 y legajo 6 de Avilés, causa n.° 178.

[26] Se le retirará un quinto para su sustento y el resto se le entregará a la familia.

[27] AHN Sección «Guerra Civil»: Serie Auditoría de Guerra de Gijón, legajo 6 de Avilés, causa n.° 178.

de la tropa a la hora de la lucha, después de la caída de Bilbao y Santander en las que las deserciones e inutilizaciones se acrecientan sobremanera.

Esta situación determina también, que en los propios Tribunales a la hora de la sentencia, prive más que el delito cometido la ideología política del procesado, acompañados de informes de buena conducta y valentía de los jefes y comisarios políticos de los respectivos batallones, que también efectuarán indagaciones sobre los antecedentes políticos de la familia. Indudablemente si éstas son satisfactorias, las penas quedarán muy reducidas, convirtiéndose algunos delitos en meras faltas graves.

El contenido de las causas nos ha mostrado también un Ejército desorganizado e indisciplinado por la carencia de oficiales profesionales y de baja calidad, con una preparación muy deficiente para la lucha, sobre todo la tropa, que ya es reclutada forzosamente y carece de una total preparación militar y más aún moral para la contienda; incapaz de someterse a una disciplina por su falta de instrucción a todos los niveles, debida en parte a su extracción social eminentemente proletaria. Estas circunstancias influenciadas y acentuadas por la falta de una organización seria y eficaz van a eliminar la confianza en los cuadros y mandos del Ejército, que se va a traducir en dejadez en algunos aspectos de su actividad militar.

Los diversos procesos reflejan unas condiciones higiénicas y sanitarias desastrosas, con un deficiente avituallamiento, teniendo que recurrir para solventar sus necesidades tanto a nivel de salud como de ropa a la propia familia, de ahí que las deserciones en parte también se acrecienten. Reflejo de esta situación es también la falta de una burocracia ordenada, pues los permisos por escrito son prácticamente inexistentes, dando lugar a situaciones conflictivas.

De esta situación se desprende que los soldados republicanos, en parte, mantienen un constante punto de mira en el Ejército enemigo, centrado sobre todo en sus mejores condiciones —equipamiento, armas, comida, etc.—, sintiéndose inferiores ante ellos.

En definitiva, si el Ejército asturiano careció de recursos materiales para la lucha, también es verdad que fue grande la falta de madurez y preparación de sus dirigentes que fueron incapaces de conseguir un orden moral, jurídico y disciplinario.

De los Tribunales Populares al Tribunal Especial

VÍCTOR ALBA
Profesor emeritus de Ciencias Políticas. Universidad de Kent, USA

Casi todo lo que se ha escrito sobre la guerra civil en la zona republicana trata de los aspectos políticos. No hay una buena historia militar de la guerra vista desde el bando republicano. No hay estudios de la economía de guerra (aparte de un par sobre las colectivizaciones y uno sobre la supuestas «generosidad» soviética). Lo demás son novelas rosas o cuentos de miedo disfrazados de historia. No hay estudios sobre la actividad de ministerios como los de agricultura e instrucción pública, en los que se llevaron a cabo algunas innovaciones, ni sobre el CENU («Escuela nueva Unificada» catalana), ni sobre la medicina de guerra, en la que se hicieron algunos avances. En un país tan dado como el nuestro a las minucias jurídicas, no hay estudios jurídicos sobre los cambios en la administración de justicia. Las presentes jornadas pueden comenzar a llenar este vacío.

Como en muchos otros aspectos de la vida durante la guerra civil, la documentación que queda, por explorar todavía, no aportará más que la teoría de lo que se quiso hacer, pero raramente la práctica. Nada tan condicionado por el estado de ánimo colectivo, por los prejuicios colectivos y los vaivenes de los acontecimientos como la administración de justicia, aunque esto desagrade a magistrados y jueces que quieren creer en su absoluta independencia en todos los tiempos. De estos factores condicionantes, no queda nada en negro sobre blanco. Hay que recurrir a los testimonios de la época —con lo que puedan tener de parcialidad— y a las memorias y anécdotas para reconstruir la atmósfera en que se administra la justicia. Si eso es siempre así, mucho más lo es en período de guerra.

Estas notas se basarán, pues, no sólo en bibliografía —muy escasa—, sino también en recuerdos de quien pudo observar como periodista pero con ojos de estudiante de derecho la administración de justicia en Cataluña durante la guerra civil. Cataluña, por circunstancias del momento, fue el punto de la zona republicana donde hubo más cambios y más profundos, y la administración de justicia no podía quedar al margen de los mismos. Naturalmente, hablaré solo de la justicia civil, pues la militar —en la medida en que, durante una contienda, pueda merecer ese nombre— es asunto que deberá concernir a los historiadores militares.

LA DESCONFIANZA POPULAR

De los treinta mil proverbios españoles cuya existencia exasperabaa Manuel Azaña, no pocos se refieren a la justicia y los jueces, y siempre con desconfianza:

«La justicia de Almúdevar: páguelo el que no lo deba», «La justicia de Peralvillo, que después de asaeteado el hombre, le forma proceso», son dos que indican cuan antigua era esa la desconfianza.

La República no hizo nada para aliviarla. En Cataluña, se agravó, porque muchos jueces, monárquicos de convicción y centralistas, usaron sus cargos para tratar de desacreditar el nuevo régimen y la autonomía. Fueron muchas las veces que la policía autonómica se quejó de que los jueces dejaban en libertad a atracadores con el único fin de que siguieran dedicándose a su «profesión» y con ello aumentaran la sensación de desorden que querían que caracterizara al nuevo régimen. Hubo incluso incidentes en el Palacio de Justicia entre miembros de la policía autonómica y un juez bien conocido por su militancia monárquica, cuyo nombre se convirtió en símbolo de esta situación: don Jovino. Aunque quienes se beneficiaban de esa actitud eran, a veces, jóvenes libertarios, en los medios cenetistas la justicia no gozaba de buena prensa, tanto por el recuerdo de antiguas persecuciones en las que la magistratura fue encubridora de las brutalidades policiacas, cuanto por ideología. La República ni siquiera restableció el jurado, pese a estar consagrado en la Constitución, con lo que las sentencias aparecían, a los ojos del público, como caprichosas decisiones de personas a las que consideraba enemigas de cualquier cambio y nada dispuestas a aplicar con eficacia las leyes que pudieran favorecer al hombre del común.

Eran frecuentes las reclamaciones de una reforma a fondo de la administración de justicia y de un rejuvenecimiento de la magistratura, lo mismo que de una reforma del sistema penitenciario, con ser éste —en el contexto de la época— de los más suaves de Europa, gracias, sobre todo, a la labor, muchos años antes, de Concepción Arenal y Rafael Salillas. Pero el inmovilismo del aparato judicial era tal que ni siquiera el espíritu reformador de Victoria Kent en la Dirección General de Prisiones pudo introducir cambios de cierta envergadura. Con el 19 de julio, surgieron, de repente, las condiciones en que esas reformas podían efectuarse casi de la noche a la mañana.

«JUSTICIA» POR CONSENSO

En los primeros días después del 18 de julio —las primeras semanas en algunos lugares— hubo lo que, con la escéptica sinceridad indispensable al historiador, yo llamaría «justicia» por consenso: ejecuciones en el lugar de la lucha, «paseos», incautaciones, requisas. No se seguían desde luego, los procedimientos judiciales, no había juicios, no se daba ocasión de defensa, no se aplicaba otra ley que la de «pasar cuentas», cuentas a veces ideológicas, a veces de trato en el trabajo, a veces personales, a veces simplemente de imagen.

Se conocen cifras y anécdotas de esta «justicia». Pero lo que no suele decirse es que fue aceptada por la mayoría de la gente de la zona republicana. Las personas cercanas a las víctimas, las que se consideraban víctimas en potencia, los afines ideológicamente a ellas, la calificaban, claro está, de represión, asesinato, robo. Pero la masa de la población veía en ello lo mismo que quienes daban los «paseos» o requisaban: una serie de actos de justicia, que la gente se tomaba por su mano porque no podía confiar en la justicia institucional. Por esto la he llamado «justicia» por consenso, con las comillas para indicar que era una forma peculiar, no institucionalizada, de una actitud que para ser reconocida como legítima debe tener caracteres formales muy definidos.

Más tarde, muchos que en los primeros tiempos habían aceptado este tipo de «justicia», lo reprobaron y lo achacaron a los anarquistas en unos lugares, a los comunistas en otros. Pero la verdad, para quien vivió aquellos días, es que no hubo voces de reprobación ni intentos de oponerse a esa «justicia», sino, cuando más, tentativas —casi siempre con éxito— de salvar a víctimas posibles ocultándolas, haciéndolas marchar al extranjero o asilándolos en embajadas. Pero en el fondo de los sentimientos del hombre de la calle, estaba la convicción tácita de que, fuera de los casos de provecho personal o de venganza, se trataba de una forma de justicia, por mucho que le molestara que la justicia adoptara esta forma.

Estas son cosas desagradables de decir, que sin duda desmentirán muchos de los que entonces callaron y luego se escandalizaron públicamente, pero son cosas que deben decirse. Es de esperar que cierto grado de escéptica sinceridad también prevalezca en quienes traten de la justicia y la «justicia» en la zona donde dominaron los alzados.

No debe olvidarse —y supongo que esto es válido para ambas zonas— que los sentimientos colectivos y los juicios de valor de la masa responden a lo que sienten y piensan minorías activas, que, al sucederse unas a otras, hacen que sentimientos y valores cambien. Hay en esto una especie de ósmosis, de la que no está ausente el miedo, pero de la cual éste no es, ni con mucho, el factor principal.

Para los militantes y simpatizantes de las organizaciones que de un día para otro —del 18 al 19 de julio— pasaron a ser decisivas en la zona republicana (pues, no se olvide, ellas hicieron fracasar el golpe en media España, ya que sin su presencia en la calle ni policía ni guardia civil hubieran salido de sus cuarteles), para la gente que estas organizaciones arrastraban y con la fuerza de persuasión que poseen el poder o la simple victoria transitoria, el «paseo» de un patrón que había declarado el «pacto del hambre» a algunos de sus obreros, por haber participado en huelgas, era justo aunque no se ajustara a derecho, y para los mineros asturianos era justo el asesinato y decapitación del general López Ochoa, que había tolerado la brutal represión de octubre de 1934 por fuerzas a sus órdenes.

No se trate aquí de discutir la cuestión metafísica de la existencia de la justicia abstracta, ni siquiera de saber si eran justos, en términos relativos e inmediatos, los «paseos» (por paradoja, obra de gentes que siempre habían sido adversarias de la pena de muerte), sino, simplemente, de constatar un estado de ánimo colectivo, sin formular sobre él ningún juicio.

SEMÁNTICA E IMAGEN

A los «paseos» se les acabó el consenso de la calle cuando sus víctimas dejaron de ser personajes conocidos y pasaron a ser gentes anónimas, del montón. La «justicia» por consenso perdió el consenso y se convirtió en actos de «incontrolados». Entonces aparecieron en las conversaciones y discusiones frases que antes no se habían oído, como la tradicional de que no se pueden hacer tortillas sin romper huevos y otras supuestas «justificaciones» por el estilo. Cuando hubo algunos casos de «paseos» que eran evidentemente decididos por interés de organización y cuyas víctimas pertenecían a otras organizaciones, surgieron tímidas protestas y se habló de la mala imagen que daban de la causa republicana. No se hablaba de injusticia o de asesinato, sino de imagen. Esto era cierto: en los países en situación normal, no se podía admitir la idea de una «justicia» sin leyes ni procedimiento, que en vez de reflejar la ley —ley que en la zona republicana había quedado automáticamente sin validez, sin legitimidad en el ánimo popular—, reflejara sentimientos o juicios de valor espontáneos.

La calle comenzó a percibir —sentir sería el verbo adecuado, aquí— que una «justicia» por consenso pero ya sin consenso podía ser una amenaza para todos, para cualquiera. Con los «incontrolados» no quedaba más que una ley, la del vencedor del momento, es decir, la del que disponía de un arma, sin posibilidad de reparación y con plena impunidad. La ley del vencedor no busca justicia, sino la eficacia entendida como lo que conviene al vencedor. Supone la desaparición del pueblo como fuente de la ley o del consenso. Y, en efecto, en cuanto los «paseos» dejaron de ser «justos» para convertirse en «eficaces», es decir, en beneficio de una organización —la que fuera—, ya no funcionó el concepto de que era el pueblo quien ejercía la «justicia». Los «incontrolados» estaban destruyendo la base misma de la «justicia» por consenso.

Por imagen, pues, y también por seguridad, era preciso restablecer una administración de justicia engullida por el vacío abierto por el torbellino del 19 de julio. Para eso se recurrió a un procedimiento que ya había sido puesto en práctica por el dictador mejicano Porfirio Díaz —aunque probablemente este ejemplo no se conocía ni inspiró la solución de 1936—. Cuando Porfirio Díaz subió al poder, se encontró un país asolado por el bandolerismo. Tuvo la audacia de enrolar a los bandidos en la guardia rural y convertirlos en defensores del orden. Lo mismo se hizo en Cataluña. Se formaron las Patrullas de Control, en las que se alistaron, entre otros, a los «incontrolados», que se encontraron así controlados. El jefe de las patrullas pertenecía a la muy moderada Acció Catalana y aunque las patrullas cometieron abusos, los «paseos» cesaron muy pronto y más tarde desaparecieron las mismas patrullas.

Aquí hay que insistir en que la «justicia» por consenso y los «incontrolados» no fueron ejercicio de una sola organización —la CNT-FAI— como luego pretendieron los que se habían mantenido callados en los primeros días, sino de todas las organizaciones. Incluso en las más moderadas había grupos «incontrolados», pero, claro está, eran más numerosos en las organizaciones de mayor volumen y la más amplia era, desde luego, la CNT. Pero nadie, absolutamente nadie, podía considerarse exento de haber participado, por acción u omisión, en la «justicia» por consenso.

Esta había penetrado incluso en lo que quedaba del andamiaje de la administración de justicia tradicional. Se encargó de ponerle término Andrés Nin, cuando lo nombraron consejero de justicia del primer gobierno de la Generalidad que trató de representar a las fuerzas del 19 de julio, en vez de contentarse con reflejar el resultado de las elecciones de febrero de 1936.

El comité-Oficina

Los funcionarios de la administración de justicia de Barcelona siguieron en sus puestos después del 19 de julio, pero a los pocos días se presentó en el Palacio de Justicia un grupo de milicianos, encabezado por el escritor semiácrata Angel Samblancat y el abogado Eduardo Barriobero, que había sido a menudo defensor de cenetistas detenidos. Aprovechando el hecho de que el Comité de Milicias no se ocupó de la justicia civil, sino sólo de la militar, instalaron en el Palacio un Comité Superior de Justicia de Cataluña, que presidía Samblancat. José Quero Molares, entonces consejero de justicia —fue él quien para solucionar el problema de los apartamentos y casas abandonados o incautados, instituyó un Comisariado de la Vivienda que los administró hasta el final de la guerra—, creó una oficina jurídica al frente de la cual, puso, sobre el papel, al mismo Samblancat. Se cubrían así las apariencias, pero el hecho era que el Palacio de Justicia estaba en manos de un grupo de abogados que hacía lo que le daba la gana. Corrían rumores incomprobables, pero que todos daban por ciertos de que este comité-oficina resolvía pleitos, procesos, daba órdenes de detención y de libertad, sin atenerse a procedimiento alguno, y se decía que con venalidad. Es curioso que en momentos de gran trastorno social, muchas cosas cotidianas continúen como sino ocurriera nada. Recuerdo que el servicio de correos funcionó normalmente el lunes 20 de julio y lo mismo el día siguiente del último de la guerra civil. Una de las cosas que, al parecer, no se paralizan con los trastornos es el delirio pleiteante de los españoles. Porque al Palacio de Justicia acudían constantemente gentes a enterarse de cómo iban sus asuntos y los abogados no dejaban de presentar alegaciones, recursos, etc.

Barriobero era el que llevaba todo el tejemaneje de ese Palacio de Justicia del que habían expulsado a jueces, fiscales y hasta escribientes, y que no habría podido ocuparse sin el empleo de la fuerza, porque lo guardaban una treintena de milicianos [1]. Barriobero era un tipo simpático, ya en la sesentena, bibliófilo de afición, que había publicado ediciones cuidadas de algunos clásicos eróticos, pero cuya producción jurídica consistía en lo que escribió en su juventud. Samblancat pudo exiliarse al terminar la guerra y murió en Méjico. Barriobero estaba detenido en 1939 y las fuerzas de ocupación «nacionales» lo hallaron en la cárcel y lo ejecutaron [2]. El hecho de que la CNT no revindicara su memoria indica que su actuación en julio-septiembre de 1936 no contaba con la aprobación de la central sindical, aunque cuando hicieron ministro de justicia a Juan García Oliver, éste quiso nombrar a Barriobero fiscal general de la República, oferta que declinó [3]. Para entonces, ya no estaba en el Palacio de Justicia ni existía el comité-oficina.

---

[1] Samblancat dio una versión pintoresca, pero no necesariamente exacta, de la ocupación del Palacio de Justicia. Puede hallarse en Abella, R.: *La vida cotidiana durante la guerra civil. La España republicana.* Planeta, 1975, Barcelona. pp. 69-72.

[2] Rubio Cabeza, M.: *Diccionario de la guerra civil española,* Planeta, 1987, Barcelona, p. 107.

[3] García Oliver, J.: *El Eco de los pasos,* Ruedo Ibérico, 1978, París-Barcelona. p. 349.

Los Tribunales Populares

El medio que se encontró para remediar la situación y poner término a la «justicia» por consenso, por un lado, y a la sospechosa actividad del Comité-Oficina por el otro, consistió en aplicar algo que ya estaba previsto en la Constitución, pero dándole un contenido distinto: el jurado. El resultado fueron los tribunales populares.

Se habrán examinado ya en el análisis, en este seminario, de la actividad tanto del Ministerio de Justicia del gobierno central como de la Consejería de Justicia de la Generalidad. Los Tribunales Populares para toda la zona se habían establecido por el gobierno Giral el 23 de agosto de 1936, para juzgar los delitos de rebelión, sedición y contra la seguridad del Estado «previstos y penados en las leyes». Esos tribunales estaban formados por tres funcionarios judiciales que actuaban como jueces de derecho y 14 jurados, designados por los partidos del Frente Popular y las organizaciones sindicales (dos jurados por cada uno). El Tribunal establecía su propio procedimiento de actuación, que podía modificar, y nombraba su secretario y su fiscal. Se trataba, en realidad, de un procedimiento sumarísimo, que sólo se aplicó, y de modo incompleto, en Madrid.

Estos Tribunales Populares tal vez dieron una apariencia de legalidad a la «justicia» por consenso, pero no la sustituyeron. Por ejemplo, en septiembre del 1936, el Tribunal Popular de Madrid —el único que realmente funcionaba— comunicó al gobierno la condena a muerte al que fue ministro de Gobernación del gobierno Lerroux, Rafael Salazar Alonso (que había ordenado, o cuando menos permitido, la represión de octubre de 1934); el gobierno decidió conmutar la sentencia, pero el presidente del Tribunal, Mariano Gómez (que luego sería nombrado presidente del Tribunal Supremo) informó al gobierno que el Tribunal se «amotinaría» con la conmutación, dimitiría y que la consecuencia de esto sería que la ejecución se llevaría a cabo de todos modos y el gobierno perdería hasta la apariencia de autoridad; en vista de esto, se decidió no conmutar [4].

En el resto de la zona republicana, hubo que aguardar a que García Oliver, de la CNT, ocupara el ministerio de Justicia en noviembre, para que los Tribunales Populares se extendieran por toda la zona [5]. El siete de mayo de 1937, cuando Barcelona era escenario de los llamados hechos de mayo, se publicó un decreto del Ministerio de Justicia, mucho más detallado que el de agosto del 36, reorganizando los Tribunales y Jurados Populares [6]. Formaba parte de un plan de reforma de todo el aparato judicial, que comprendía «la concesión a la mujer de la plenitud de derechos civiles» [7] y el establecimiento de campos de trabajo para cum-

---

[4] Rubio Cabeza: *Op. cit.*, p. 756. El episodio sobre Salazar Alonso en Burnett Bolloten: *The Spanish Revolution. The Left and the Struggle for Power during the Civil War*. The University of North Carolina Press, 1979. Chapel Hill, N.C., pp. 55-56. La versión castellana de este libro pasó misteriosamente inadvertida por la prensa española y es raramente citada. Sería interesante analizar las razones de esta especie de pacto de silencio en torno a uno de los libros más importantes y documentados de cuantos se han escrito sobre la guerra civil.

[5] García Oliver: *Op. cit.*, p. 360.

[6] Texto del decreto, en García Oliver: *Op. cit.*, pp. 360-370.

[7] Texto del decreto, dado el 3 de febrero de 1937, en García Oliver: *Op. cit.*, pp. 355-357.

plir penas impuestas por los Tribunales Populares [8], que se convirtieron de hecho en campos de trabajos forzados cuando el aparato policiaco del país cayó en manos de los comunistas y el SIM utilizó esos campos para los presos confiados a su custodia.

Estas reformas quedaron en letra muerta con la sustitución de Largo Caballero por Negrín. Si este cambio de gobierno tuvo efectos profundos en la marcha de la guerra y de la política, no los tuvo en la conciencia popular de la justicia. La gente casi no se había enterado ni hecho caso ninguno de las reformas de García Oliver. El hombre de la calle sabía que existían los Tribunales Populares, pero para él eran lo mismo que los tribunales de antes. Por experiencia puedo decir que ni tan solo se enteró de la existencia de campos de trabajo, ni siquiera cuando se convirtieron de hecho en campos de concentración. Supe del campo de Omells, en Cataluña, sólo cuando un compañero de partido fue asesinado en él, y del de Albatera, cerca de Alicante, ni me enteré hasta el final de la guerra cuando estuve a punto de ser internado en él, y ello pese a que serví en el ejército en Alicante durante los últimos meses de la contienda. Y yo era periodista... Los habitantes de los pueblos en que había esos campos, evidentemente, sabían de ellos, y lo mismo los familiares de los encarcelados, pero el grueso de la población los ignoraba. (Incidentalmente, diré que el recuerdo de esta ignorancia mía me inclinó a creer la afirmación de muchos alemanes sobre su ignorancia de los campos de exterminio nazis, por lo menos por parte de quienes vivían lejos de ellos, tanto más cuanto que el Tercer Reich se guardaban los secretos mucho mejor que en la España de Negrín. Creo que lo mismo puede decirse de la conciencia pública de cualquier represión en la mayoría de los regímenes dictatoriales).

Si las reformas de García Oliver quedaron en letra muerta a causa, sobre todo, de la indiferencia del hombre de la calle hacia la administración de justicia y si esas reformas no consiguieron cambiar su actitud de desconfianza respecto a ella, lo mismo cabe decir de las reformas que llevó a cabo Andrés Nin en la consejería de Justicia de la Generalidad. Debido al hecho de que el POUM no era una organización poderosa como la CNT, ni tenía el respaldo soviético como el PSUC, a su representante en el gobierno catalán le adjudicaron una consejería que se consideraba de tercera fila, en la que se creía que no podría llevar a cabo ninguna actuación de importancia. Al mismo tiempo, se le ponía ante una situación en que debería adoptar medidas que serían impopulares precisamente con la única organización de la que estaba cercano, la CNT. En efecto, el primer problema con que Nin hubo de enfrentarse fue el del Comité-Oficina del Palacio de Justicia. Lo hizo estableciendo los Tribunales Populares, después de persuadir, en conversaciones privadas, a los dirigentes cenetistas que beneficiaría a todos eliminar los tejemanejes del Palacio de Justicia. Esos Tribunales Populares eran menos voluminosos que los creados por el gobierno Giral: ocho jurados (representantes de partidos y organizaciones) y un magistrado y un fiscal ambos de carrera. Además, se les dio jurisdicción sobre los delitos militares de carácter político. Nin consideraba que esos Tribunales Populares eran de clase, «que harán la justicia de la clase obre-

[8] Texto del decreto, de 26 diciembre de 1936, en GARCÍA OLIVER: *Op. cit.*, pp. 358-360. Se dieron también decretos cancelando los antecedentes penales y concediendo amnistía para los delitos comunes cometidos antes del 17 de julio de 1936 (pp. 357-358).

ra». Por otra parte, disolvió la Oficina Jurídica y encargó a cuatro jueces de carrera que concluyeran los asuntos (más de tres mil) iniciados por ella.

En la ponencia sobre la Consejería de Justicia se habrán señalado las demás reformas hechas por Nin. Una de ellas se llevó a la práctica sin ampararse en ninguna ley: la de proponer al presidente de la Generalidad la conmutación de la pena de muerte, cuando así lo aconsejaba una comisión que Nin estableció, formada por los presidentes de los cuatro Tribunales Populares y dos fiscales. Esto era inconstitucional, puesto que el derecho de indulto se reservaba por la constitución al presidente de la República. Pero haber respetado esta norma habría significado, de hecho, la ejecución de muchos condenados que se salvaron gracias a ignorarla. Otra de las reformas fue la concesión de la mayoría de edad a los dieciocho años, para ambos sexos. Se legalizaron los matrimonios celebrados por dirigentes sindicales o en el frente, lo que evitó muchas irregularidades jurídicas. Se simplificó el procedimiento de adopción, cosa indispensable en una situación en que la guerra dejaba huérfanos a muchos niños [9].

La reforma del sistema judicial, tanto en la zona republicana en general como en Cataluña, tenía que formar parte, evidentemente, de un complejo más amplio: el de la reforma de la sociedad. Había quienes creían que sin lo que llamaban la revolución no podía ganarse la guerra. Había quienes, al contrario, sotenían que con la reforma de la sociedad se entorpecía la victoria y que sólo podría emprenderse —si es que se emprendía— una vez alcanzado el triunfo. Los primeros predominaron, en cierta medida, durante los diez meses iniciales de la contienda. Los segundos, durante los veintitrés meses restantes. Una vez desplazados, a consecuencia de los hechos de mayo, los que creían que revolución y victoria eran inseparables, se abandonó toda idea de reforma, tanto de la justicia como de otros aspectos de la sociedad. Se hizo marcha atrás en muchas cosas, a veces hasta extremos ridículos, como, por ejemplo, cuando el gobierno Negrín, trasladado a Barcelona, dio orden a sus funcionarios que volvieran a salir a la calle con sombrero y sobre todo, para dar «un aire de normalidad a la retaguardia», como si pudiera haber normalidad, y fuera deseable, en una retaguardia, mientras se luchaba en el frente. Un caso de marcha atrás en algo que, en fin de cuentas, tenía pocas consecuencias políticas, fue el decidir que sólo los mayores de veintiún años podían formar parte de comités de empresa, ignorando así el decreto que establecía la mayoría de edad a los dieciocho. Nadie protestó por esto —aparte de la prensa, ya clandestina, del POUM, el partido del consejero que había propuesto esta decisión—. No hubo tampoco protestas —o sólo para dejar constancia—, por la transformación gradual de las empresas colectivizadas en cooperativas, por la supresión de las colectividades agrarias, por la suspensión de los jurados del POUM en los Tribunales Populares (pese a que este partido no había sido declarado ilegal por ninguna sentencia judicial), y por la supresión de las patrullas de control [10]. Es lógico. Quienes podían protestar eran los que promovieron las reformas, conven-

---

[9] ALBA, V.: *El mexisme a Catalunya.* vol. II *Andreu Nin,* Pórtic, 1974, Barcelona, pp. 170 y ss.; PAGES, P.: *Andreu Nin, su evolución política (1911-1937)* Zero, 1975, Madrid, pp. 223-226; BONAMUSA, F.: *Andreu Nin y el Movimiento Comunista en España (1930-1937)*, Anagrama, 1977, Barcelona, pp. 423-465.

[10] *Bolloten: Op. cit.*, p. 454.

cidos de que con ellas se contribuía a la victoria militar. Abortadas las reformas, sobre todo por el chantaje de las armas soviéticas, ya no se cree en la victoria. No se dice en público y raramente en privado, pero la convicción se va extendiendo; cuando más, se podrá prolongar la guerra, pero no ganarla.

Para que haya voluntad de reformar es indispensable, obviamente, que haya futuro. El futuro —sobre todo después de la operación de Teruel— ya no existía para la República. ¿Para qué reformar, si Franco iba a barrer con todo? Cualquier cosa que se hiciera tendría valor testimonial y nada más. Por esto, la política y el gobierno se convirtieron en mero pragmatismo. Era bueno cuanto ayudara a durar y sólo esto. Y por razones pragmáticas se permitió que el PC utilizara el aparato de la justicia para sus intereses de partido y al servicio de la paranoia de Stalin, que era la inspiradora del PC. Una de las expresiones de ese pragmatismo fue el Tribunal Especial de espionaje y alta traición.

El Tribunal Especial

El gobierno Largo Caballero tuvo que dimitir cuando sus dos ministros comunistas pidieron que se disolviera el POUM y el presidente contestó que eso sólo podía hacerlo un tribunal y que, por tanto, podían presentar una denuncia contra el POUM y dejar que la justicia siguiera su curso; al oír esto Hernández y Uribe se marcharon de la sala del consejo; los ministros republicanos y socialistas del ala derecha consideraron que la salida de los 2 ministros, en contra de lo que creía Largo Caballero, significaba la crisis del gobierno [11].

El ministro de Justicia, Manuel de Irujo, del gobierno que siguió, presidido por Juan Negrín, anunció al tomar posesión, que «terminaron los paseos... se terminaron las extracciones de presos realizadas de manera irregular, cualquiera que sea su objeto y fines» [12]. En realidad hacía meses que no había «paseos» ni se sacaba a nadie de la cárcel.

Pese a tan buenos propósitos, estas seguridades no valieron para el POUM. No se disolvió este partido, sino que grupos de la policía trasladados de Madrid a Barcelona y formados por elementos del PC, que seguían instrucciones de agentes de la NKVD, ocuparon los locales e imprentas del POUM en Valencia y Cataluña y detuvieron a sus dirigentes —entre ellos Andrés Nin, que desapareció—. El Ministerio de Defensa disolvió la 29 División, formada por el POUM, y uno de sus oficiales pasó ante un consejo de guerra y fue ejecutado en Lérida. A partir de ese momento, declararse poumista exponía, en la retaguardia, a la deten-

[11] Para una historia del POUM puede verse, de ALBA, V., el vol II de *El Marxisme a Catalunya* traducido al castellano, el francés y el inglés. He de señalar aquí que muchos historiadores, influidos sin darse cuenta unos, conscientemente otros, por la intensa propaganda comunista, llaman todavía al POUM trotskysta o semitroskysta. En realidad, Trotsky atacó al POUM con más saña que a los comunistas stalinianos y las relaciones entre el POUM y Trotsky fueron siempre tensas y agrias. Esto indica hasta que punto la propaganda comunista penetró en el subconsciente de la gente, incluso de los historiadores.

[12] Citado por CABANELLAS, G.: *La Guerra de los cien días,* Grijalbo, Argentina, 1973, Buenos Aires, p. 827.

ción, y en el frente a ser asesinado y a que se declarara que «fue muerto cuando intentaba pasarse al enemigo», como ocurrió a no pocos poumistas que no lograron refugiarse en unidades con mandos de la CNT, único lugar donde estaban seguros y podían continuar luchando contra el ejército franquista. Los poumistas miembros de Tribunales Populares y de consejos municipales, dirigentes de sindicatos de la UGT o de consejos de empresa fueron expulsados de sus cargos —no por orden del gobierno, sino por la policía, que los detenía, o por los jefes comunistas de la UGT (central sindical que en Cataluña estaba controlada por el PSUC y que en el resto de la zona republicana cayó en manos de elementos procomunistas y prietistas gracias a la acción conjunta del gobierno y de la administración de justicia, al mismo tiempo que esta misma acción hacía pasar a manos prietistas los periódicos que antes eran caballeristas)—. Los dirigentes del POUM detenidos (menos Nin) fueron trasladados a Valencia, donde un juez los dejó en libertad, pero a la puerta de la prisión los detuvieron de nuevo y los trasladaron a Madrid. El POUM no desapareció, pero tuvo que actuar en la clandestinidad, con equipos dirigentes improvisados, consagrándose sobre todo a pedir aclaraciones sobre el paradero de Nin y a defender a los detenidos.

La detención del Comité Ejecutivo del POUM no fue hecha pública hasta el 24 de junio, seis días después de tener lugar y dos días después de que el gobierno creara un Tribunal Especial de Espionaje y Alta Traición, cuyo fin original fue encargarse de los detenidos del POUM, aunque luego se ocupó de casos reales de espionaje y de otros en que estaban implicados elementos que actuaban al servicio del bando «nacional».

Es sintomático que ninguna de las personas próximas a Negrín que posteriormente escribieron memorias, hable de cómo se decidió establecer este Tribunal Especial; algunas, ni lo citan. Se comprende cuando se lee el texto del decreto y se ve que en todo país democrático europeo y en los Estados Unidos habría sido rechazado como inconstitucional. No sólo establecía una jurisdicción especial, sino que indicaba con tal vaguedad los delitos que el Tribunal debía juzgar que contravenía un principio básico de derecho. En la práctica agregó a estos defectos el de aplicarse retroactivamente, pues los detenidos del POUM fueron encausados por Juzgados Especiales y juzgados por el Tribunal Especial.

Los Tribunales Especiales debían formarse por 3 magistrados y 2 militares que fueran letrados. Dos magistrados se designaban por el ministro de Justicia y el tercero por el de Gobernación. Los 2 militares letrados se designaban por el ministro de Defensa. Se consideraban espionaje y alta traición «realizar actos hostiles a la República fuera o dentro de territorio nacional», «propagar noticias, emitir juicios desfavorables a la marcha de las operaciones de guerra o al crédito y la autoridad de la República», así como «actos o manifestaciones que tiendan a debilitar la moral pública, a desmoralizar al ejército o a disminuir la disciplina colectiva». Las penas podían ir de seis años a muerte y eran las mismas para el delito consumado que para la tentativa y el delito frustrado, la conspiración para cometerlo, la complicidad y el encubrimiento [13]. Casi todos los actos normales de la po-

[13] Broué, P., y Témime, P.: *La revolución y la guerra de España*. Fondo de Cultura Economica, 1962, México, DF, p. 367.

lítica podían considerarse como uno de esos «delitos», cuya apreciación quedaba, de hecho, al criterio de los Tribunales Especiales.

«Estos Tribunales dictaron centenares de penas de muerte, las más procedentes conforme a la ley, pero todavía algunas de innegable carácter político» [14]. Hay que agregar que el presidente de la República conmutó la mayoría de las penas de muerte dictadas por los Tribunales Especiales, por cuya actuación el único abogado que protestó, que se sepa, fue el presidente de la Generalidad, Companys (y más por razones políticas que jurídicas) en carta a Negrín del 23 de abril de 1938, en la que, además, citada casos de «paseos» dados por elementos de instituciones gubernamentales [15], «paseos» que, por cierto, los comunistas atribuyeron a los cenetistas en la campaña llamada de los «cementerios clandestinos» y que en realidad habían sido obra de gentes que operaban a las órdenes de los policías comunistas.

La actuación de los Tribunales Especiales pasó casi inadvertida para la masa de la opinión. La prensa apenas hablaba de esos Tribunales. Cuando se intentaba informar sobre los procesos, la censura solía intervenir para impedirlo. La gente, además, estaba cansada, preocupada más que por la guerra por las colas y la busca de comida en los pueblos. Donde lo había, el sentimiento ya no era de «justicia» por consenso o «justicia de clase», sino de imposición de un partido. Esto último se acentuó cuando llegó la vista de la causa contra los dirigentes del POUM.

Un caso especial

El proceso contra el POUM tuvo cierta resonancia —más fuera de España que en la zona republicana misma— porque era un caso evidente de utilización por un partido del sistema judicial y porque, además, revelaba con crudeza los métodos de imposición de la URSS posibles gracias al chantaje de las armas soviéticas —pagadas por adelantado, no se olvide, y a alto precio, puesto que por aproximadamente la misma suma el gobierno de Franco recibió de Alemania y de Italia mucha mayor cantidad de armamento y a crédito—. Hubo en torno a este caso una fuerte campaña internacional —especialmente en Francia— y visitas a Valencia y luego a Barcelona de comisiones de personalidades socialistas y de izquierdas que reclamaban garantías para los procesados del POUM y el esclarecimiento de la desaparición de Andrés Nin. Entre los militantes sindicales y políticos había cierta información sobre el caso, gracias a la prensa clandestina del POUM y a lo que podía filtrarse en los mítines y la prensa cenetista [16].

La prensa del PC, en cambio, hablaba constantemente del POUM: provoca-

[14] Cabanellas: *Op. cit.*, pp. 827-828. El texto del decreto en: *El proceso del POUM*. Editorial Lerna, 1989. Barcelona, pp. 529-534.

[15] La carta se reproduce íntegra en De Madariaga, S.: *España. Ensayo de historia contemporánea*. Editorial Sudamericana, 1964, Buenos Aires, pp. 697-700.

[16] Aunque en casi todos los libros sobre la guerra civil se habla del proceso contra el POUM y de la desaparición de Nin, —con la excepción del de Ramón Tamames sobre la República y la guerra

dores de los hechos de mayo, espías, responsables de las derrotas en el frente del Este, agentes de Franco, trotskystas —como si esto fuera un delito en España al modo que lo era en la URSS—, agentes de Hitler... Incluso en lugares donde nunca hubo un solo poumista y donde casi nadie tenía idea de lo que era el POUM, la prensa comunista local imprimía los mismos artículos que la de Cataluña donde el POUM era conocido. No se trataba de información, desde luego, sino de propaganda obsesiva.

El proceso lo inició, oficialmente, un juez valenciano, Taroncher, que había sido romanonista, lo que no le salvó de que sus compañeros de magistratura le formaran un jurado de honor y lo expulsaran del cuerpo; ahora pagaba su readmisión en el mismo por el Gobierno Negrín. Se relacionaron indirectamente con el proceso las actuaciones de otros jueces. En efecto, respondiendo a la presión internacional y en menor grado a la de algunas organizaciones y personalidades de la zona republicana —entre las cuales, triste es decirlo, no hubo ni un solo intelectual—, se abrieron investigaciones sobre el paradero de Nin, en Madrid a cargo del juez Peces Barba, y en Valencia a cargo del juez Miguel Moreno Laguía, encargado del sumario por la desaparición de Nin. El 18 de octubre de 1937, el juez Moreno Laguía visita a Azaña, amigo suyo, y le informa. «A lo que parece inclinarse es a creer que la policía lo sabe todo y no lo dice», anota Azaña en su diario. Este juez decretó la detención y procesamiento de varios policías, entre ellos un tal Vázquez, que había sido comisario jefe en Madrid. Entonces, se presentó ante el juez un enviado de la Dirección General de Seguridad a reclamar al detenido. Al negarse el juez a entregarlo, se presentó un capitán de la guardia de asalto con varios guardias y una orden del director general para detener al juez si se resistía. Para «evitar mayores males», el fiscal autorizó al juez a entregar al detenido. Alguien que, acaso sabía lo sucedido con Nin, quedó, así, fuera del alcance de la justicia. El Director General de policía, era el coronel Ortega, comunista. De hecho, al parecer, no estaba enterado el ministro de la Gobernación, Julián Zugazagoitia. A Azaña le parecía que «todo esto es más grave que la misma desaparición de Nin», como si la desaparición no fuera un delito igual que lo era coaccionar a un juez. Las averiguaciones para descubrir el paradero de Nin se suspen-

---

civil, las memorias de La Pasionaria y la historia del PCE redactada por una comisión bajo dirección de la misma Pasionaria—, puede encontrarse información detallada sobre este asunto en los siguientes libros: Suárez, A., (seudónimo de Ignacio Iglesias): *El proceso contra el POUM. Un episodio de la Revolución española.* Ruedo Ibérico, 1974, París, reedición de un folleto clandestino circulado en 1938, antes de la vista de la causa; Alba, V.: *El marxisme a Catalunya,* vol. II, *Historia del POUM,* pp. 354 y ss., 388 y ss., 392 y ss. Los aspectos políticos y anecdóticos vistos por uno de los procesados pueden encontrarse en Gorkín, J.: *Caníbales políticos,* Editorial América, 1941, México DF, y *Un proceso de Moscú en Barcelona,* Ayma, 1974, Barcelona. En el vol. III de Peirats, J.: *La CNT en la Revolución española,* Ediciones CNT, 1955, Toulouse, pueden hallarse las declaraciones de la mayoría de los testigos en la vista de la causa. La literatura comunista contra el POUM puede verse, edulcorada, en los libros de Tuñón de Lara sobre la guerra civil y en 2 ejemplos singulares y dignos de estudio: Benavides, M. D.: *Guerra y Revolución en Cataluña,* Ediciones Tenochtitlán, 1946, México, DF, que es un reportaje novelado de un periodista popular durante la República por un libro sobre Juan March, y Rieger, M. (seudónimo de un autor anónimo): *Espionaje en España,* Ediciones Unidad, 1938, Barcelona, con prefacio de José Bergamín y (supuesta) traducción de Lucienne y Arturo Perucho. El texto literal de las actuaciones policiales y judiciales en: *El proceso del POUM.* Editorial Lerna, Barcelona, 1989 (Alba, V., y Ardeval, M. editores).

dieron por orden de Negrín cuando estaban a punto de dar resultado, gracias a lo actuado por Peces Barba y Moreno [17].

Había dos procesos en marcha relativos al POUM: uno contra los dirigentes y otro contra los militantes, que engrosaba a medida que se iban practicando detenciones. Este último estaba a cargo del juez Miguel de Mora y no llegó a conclusión, porque la entrada de los franquistas en Barcelona interrumpió las diligencias [18].

Para que un fiscal dispuesto a cumplir órdenes no judiciales, José Gomis, pudiera intervenir en el proceso, se desplazaron a distintos lugares otros fiscales, de modo que quedara como decano y le tocara el caso. A pesar de las seguridades que juez y fiscal dan de que todo está bien atado, hay inquietud por el proceso en las esferas próximas a Negrín y al PC Ramón González Peña, ministro de Justicia en sustitución de Irujo, que ha dimitido, regresa de un viaje por Méjico y los Estados Unidos e informa que en todas partes los periodistas le han preguntado por Nin y el POUM. Lo mismo indican Mariano Gómez, presidente del Supremo, y Andreu y Abelló, presidente de la audiencia de Barcelona, al volver de un viaje a París. El PC y el PSUC recogen firmas —pero pocas— al pie de peticiones de que se condene a muerte a los encausados del POUM. Negrín recibe telegramas pidiendo lo mismo, se supone que enviados por soldados desde el frente (cosa fácil, si el comisario de la unidad es comunista). En septiembre de 1938, Negrín reúne en su despacho a González Peña, Mariano Gómez, Iglesias Portal, presidente del Tribunal Especial, y José Gomis, y les dice que «el ejército exige la pena de muerte para los procesados del POUM», y como «el ejército está decaído... es preciso dar satisfacción al ejército». González Peña señala que los telegramas que les enseña Negrín son de comunistas. Mariano Gómez afirma que si los acusados son culpables, se les condenará. Negrín insiste: «Necesito la condena de esos hombres. Si es preciso, me pondré al lado del ejército contra el Tribunal». Finalmente, confiesa: «Altas razones de política internacional me obligan a pedirles este sacrificio. Condenen, que yo me comprometo a suspender la ejecución» [19]. Es evidente que el Kremlin quiere que haya en Barcelona un proceso del mismo tono que los procesos de Moscú, para mostrar que estos no son un fenómeno staliniano, sino algo que acontece también en otros lugares.

La embajada española en París rehúsa el visado a dos prestigiosos abogados franceses, Henri Torres y Louis Nogueres, que desean asistir a la vista. La cen-

---

[17] PRIETO, I: *Cómo y porqué salí del Ministerio de Defensa Nacional.* s.e., 1940, México, DF, p. 54. Los comentarios de Azaña en la entrada de la fecha citada de su *Diario de Guerra*.

[18] Los legajos de este proceso están en paradero hasta ahora desconocido. No han podido descubrirse en el archivo de Salamanca. Según indicios, podrían encontrarse, por lo menos uno de ellos, el de los dirigentes, en al Archivo Histórico Nacional. Su contenido echaría mucha luz sobre los procedimientos empleados por la justicia cuando se la utiliza con fines de partido. Los legajos del proceso contra el Comité Ejecutivo del POUM se descubrieron en 1987 en el fondo de la llamada Causa General, depositado por el Ministerio de Justicia en el Archivo Histórico Nacional, y han sido publicados en el libro ya citado sobre *El proceso del POUM*.

[19] GORKÍN: *Caníbales políticos*, pp. 265-266. Versión confirmada por Luis Araquitáin, que solía estar muy bien informado, en carta a Norman Thomas, reproducida en *La Batalla*, París, 20 de octubre de 1945.

sura prohíbe que se publique un artículo del dirigente cenetista Juan Peiró en defensa del POUM. En un mitin cenetista se pregunta si «se trata de la primera factura que Rusia presenta al cobro». *L'Humanité* de París escribe: «Hay que imitar la vigilancia de los magistrados soviéticos. Nuestros camaradas españoles comprenderán lo que queremos decir». La prensa comunista reproduce una y otra vez una frase de José Díaz pronunciada en noviembre de 1937; «Puesto que está probada la traición del POUM, que funcione el pelotón de ejecución para acabar con traidores y terroristas». El partido, ahí, se sustituye al Tribunal y considera ya probada una acusación que no ha sido juzgada.

Las bases para la acusación son conocidas y han sido analizadas en los libros citados en la nota 16. Consisten en hacer una amalgama de poumistas y de participantes en un complot más o menos real de carácter franquista. Parece que a los últimos se les prometió no ejecutarlos si declaraban que los encausados poumistas formaban parte del complot, pero no se fiaron de la promesa. La única acusación que se basaba en hechos conocidos era que el POUM había participado en los acontecimientos de mayo de 1937 —aunque no con el carácter de iniciador y director que el fiscal le atribuía—. De todos modos, este aspecto del caso tiene aquí poco interés, porque fue ya objeto de sentencia. Lo interesante son los mecanismos de la tentativa de utilización de la justicia por un partido político para sus propios fines y los de una potencia extranjera.

A la prensa no se le permitió informar sobre la marcha de la vista ante el Tribunal Especial, a mediados de octubre de 1938, hasta varios días después de comenzada. La gente no pudo enterarse, así, que el defensor Benito Pabón —diputado simpatizante con la CNT—, había tenido que renunciar a la defensa y salir del país por las amenazas de que se le hizo objeto, y fue sustituido por Vicente Rodríguez Revilla, un socialista asturiano. Tampoco conocía nada de la personalidad de los jueces —nombrados meses antes por Irujo— y sólo se enteró de los extremos más sensacionalistas de la acusación, pero no de los argumentos de la defensa, y únicamente por encima de lo que declararon los testigos de descargo (Largo Caballero, Federica Montseny, Irujo, Galarza), mientras que se le informaba en detalle de lo dicho por los testigos de cargo (Cordón, Virgilio Llanos y otros militares adscritos al PC). De haber habido más información y de no estar la opinión bajo el peso de las malas noticias de la batalla del Ebro, habría sido un proceso de esos que llaman «sensacionales», en los que la política oscurece los aspectos jurídicos de un caso, pero la verdad es que interesó solamente a los militantes y al núcleo cada vez más reducido de quienes todavía prestaban atención a los acontecimientos políticos. Para el hombre de la calle, pasó casi inadvertido. Yo, que me sentía directamente afectado por el proceso y la vista y que hubiera deseado que removiera las emociones populares, encuentro duro, aún al cabo de tantos años, reconocer esta indiferencia, pero los hechos tal como los viví no me permiten dudas sobre ella.

Hay pruebas indirectas de este desinterés del público, y sobre todo de la gente más culta, por un aspecto de la «justicia» —la de partido— que encaja perfectamente en la tradición de indiferencia y desconfianza ante la administración de justicia que ha caracterizado al pueblo español. Por ejemplo, sabemos que Wenceslao Roces, traductor de Marx al español, intervino activamente en la preparación de las conclusiones del fiscal [20]. Pero ni entonces ni luego en el exilio se le tuvo en cuenta esta actividad no profesional ni nadie se la reprochó.

Circularon antes de la vista algunos libros editados por el PC [21], entre ellos el ya citado *Espionaje en España*. José Bergamín, el que fuera director de *Cruz y Raya*, puso un prefacio a este libro, en el que se llegaba a aducir como «prueba» de la supuesta colusión entre el POUM y Franco el haberse encontrado una nota enviada desde Francia por un poumista de Bilbao, José María Arenillas, luego asesinado por los comunistas en la evacuación de Gijón, en la que se proponía secuestrar a la esposa de Franco, que iba a menudo a Biarritz de compras, con el fin de canjearla por Joaquín Maurín, fundador del POUM, encarcelado en la zona franquista. Bergamín lanzaba en este prefacio ataques contra los intelectuales franceses que habían enviado un telegrama a Negrín pidiendo garantías para los procesos y afirmaba que «las formalidades jurídicas, el gobierno las lleva con exceso... que en este caso concreto lo viene demostrando, diríamos que exageradamente». Y aduce que «hacer la defensa del delincuente como tal, traidor o espía, es hacer la defensa del delito». Frases comos estas no se le reprocharon nunca a Bergamín y se le siguió considerando como un intelectual distinguido y hasta se le rindieron homenajes y se le dieron premios.

No es menos sintomático que ni siquiera entre los profesionales del derecho —abogados y magistrados— se haya recordado con admiración la conducta en defensa de la independencia del poder judicial de los jueces Peces Barba y Moreno Laguía y de los magistrados Eduardo Iglesias Portal, Manuel Hernández Solana, Ernesto Beltrán Díaz, Julián Calvo Blanco y Juan Manuel Mediano Flores que componían el Tribunal Especial y que el 29 de octubre de 1938, aunque condenando a los miembros del Comité Ejecutivo del POUM a quince años de «separación de la convivencia social» y disolviendo el POUM por su participación en los hechos de mayo de 1937, tuvieron el no fácil valor de declarar en la sentencia probado el antifascismo sin tacha de los acusados.

Hasta el final, pues, aún ante un caso extremo, se mantuvo la actitud de escepticismo hacia la administración de justicia que pudo echarse de ver, en la zona republicana durante toda la guerra. Al término de ésta, el cansancio, el desencanto y las penalidades formaban un terreno abonado para que los vencedores pudieran escoger entre la reconciliación con los vencidos o la sumisión de los mismos, y la persistencia, en circunstancias dramáticas, de la tradicional indiferencia española ante la justicia permitía escoger entre reformar a fondo la administración de la misma o utilizarla para mantener la sumisión. En ambos aspectos escogieron el segundo de esos caminos.

---

[20] *Bolloten*; *Op cit.* p. 461.

[21] Por ejemplo, el del periodista de *L'Humanité* SORIA, G.; *L'Espionage trotsk Yste en Espagne*, y un capítulo titulado «El POUM, agencia de Franco en la España leal» del libro *La Quinta columna. Como luchar contra la provocación y el espionaje* firmado por Carlos J. Contreras, seudónimo de Vittorio Vidale, jefe comunista italiano, luego dirigente de su partido en Trieste. Es interesante también la polémica entre André Gide, Jean Guéhenno e Ilia Ehrenburg sobre este asunto, que puede hallarse en GIDE, A.: *Littérature engagée*, Gallimard, 1950, París, pp. 200-211.

«La Caja de Reparaciones» (Ministerio de Hacienda). «El Tribunal de Responsabilidad Civil» (Ministerio de Justicia) 1936-1939

AMARO ROSAL DÍAZ
Ex director de la Caja de Reparaciones

La sublevación del Ejército (18 julio 1936) divide a España en dos, como es bien sabido, aquélla que permanece leal a la República y sus instituciones legales y la que queda bajo el dominio de la violencia y la dictadura de los sublevados.

Después del triunfo del Frente Popular —16 febrero 1936— Azaña sustituye al Presidente, Portela Valladares que había presidido las elecciones. En mayo, Azaña es designado presidente de la República sustituyéndole en la presidencia del gobierno, Santiago Casares Quiroga (mayo 1936) que se mantiene en el poder hasta el mes de julio que es sustituido por José Giral. En el breve tiempo del gobierno Casares Quiroga se incuba y organiza la sublevación que lleva a la tragedia que vive España de 1936 a 1940 que termina la guerra. De julio a septiembre dirigirá el Gobierno don José Giral. A Giral le sustituye en septiembre Francisco Largo Caballero.

El Gobierno de Largo Caballero se hace cargo del poder en septiembre de 1936, recibe de su antecesor (José Giral) un país en franca descomposición y caos. La sublevación había roto todos los resortes del poder republicano; el Estado y sus instituciones entran en un rápido proceso de desintegración.

Las fuerzas de orden público y aquellas partes del Ejército que permanecieron leales a la República carecían de cohesión entre sí y fueron desbordadas por un movimiento arrollador de masas del que surgieron las milicias republicanas populares que contribuyeron decisivamente a la lucha en contra de la sublevación y a la defensa de la República.

El nuevo Gobierno de Caballero —llamado el de la victoria— se enfrenta con el caos. Primera y fundamental tarea fue la de organizar la resistencia a los sublevados en todos los frentes, coordinando y agrupando a todos los elementos combativos para la defensa de la legalidad en el marco de principios de orden y disciplina, tanto en los frentes como en la retaguardia, enfrentándose con aquellos elementos «incontrolados» que tanto perturbaron la marcha de los acontecimientos.

Poner en pie las instituciones del Estado al servicio de las necesidades de la guerra era una tarea fundamental y urgente para el nuevo gobierno.

Resultaba urgente prestar principal atención a los problemas de la guerra y sus dispositivos, pero junto a esa tarea era también indispensable atender los problemas de orden público y de disciplina en la retaguardia junto al esfuerzo por restablecer los organismos del Estado y su autoridad.

Los elementos directivos de la banca y de las industrias más importantes habían abandonado sus puestos en los consejos de administración, en las direcciones de las industrias y demás órganos económicos huyendo al extranjero o instalándose en la zona facciosa.

El Gobierno Caballero, independiente de las medidas de carácter militar, decretó disposiciones urgentes de orden económico que estabilizaban la situación como, entre otras, fueron las siguientes:

— Establecer órganos que aseguran el orden y la disciplina.
— Incautación y control del oro y plata amonedado o en barras.
— Control de joyas.
— Evacuación a Cartagena de los depósitos de oro y plata del Banco de España, control de divisas y comercio exterior.
— Control de la Banca privada a través de Consejos Directivos y Comités de Empresa.
— Reorganización del Consejo Superior Bancario.
— Control de las principales industrias abandonadas por sus dueños y Consejos de Administración a través de Comités de Empresa y Gestión.
— Creación de organismos de transporte y abastecimiento.
— Junta de Evacuación del Museo del Prado.
— Caja de Reparaciones.
— Tribunal de Responsabilidades Civiles.
— Tribunal Popular Especial.
— Junta de Reconstrucción de Madrid.

Hay, en este conjunto de disposiciones de emergencia, una que por su carácter y significado merece especial atención. Es aquella que decreta la creación de la Junta de Reconstrucción de Madrid para la que se designaba como presidente de la misma al profesor Julián Besteiro Fernández. Negrín decretaba esa disposición en 1936, como el rey Alfonso XIII había decretado algunos años antes el cargo de secretario general del proyecto de creación de la Ciudad Universitaria a su favor.

El doctor Negrín en 1936, como ministro de Hacienda, contemplaría, con tristeza y dolor cómo la Ciudad Universitaria, aquella magnífica obra en la que él había aportado su talento y sus entusiamos, estaba siendo destruida por los cañones de los sublevados sin que lograran vencer su resistencia.

Para encauzar y desarrollar, en un marco de derecho y legalidad, el programa de emergencia, fueron apareciendo en la *Gaceta* los diferentes decretos, entre ellos el de la «Caja de Reparaciones y Daños Derivados de la guerra civil con cargo a la responsabilidad civil de los que han tenido participación directa o indirecta en el movimiento rebelde».

Otro decreto, creaba un «Tribunal Popular Especial» para conocer los delitos de rebelión y sus conexos. En el seno de este tribunal se constituiría el Tribunal de Responsabilidades Civiles (encargado de determinar las responsabilidades haciendo las declaraciones sobre incautaciones definitivas y provisionales y embargos preventivos».

El Tribunal de Responsabilidades Civiles y la Caja de Reparaciones actuarían en común acuerdo según determinaba el decreto de creación de la Caja aparecido en la *Gaceta* de 25 de septiembre de 1936 que había sido elaborado por el subsecretario del Tesoro, el profesor don Antonio Sacristán Colas.

El doctor Negrín, ministro de Hacienda, llevado de su visión realista de los problemas y con una correcta interpretación de las realidades, con sus perspectivas, había elaborado el plan económico de urgencia de aplicación inmediata llevándolo a la *Gaceta.* La Federación Nacional de Banca de la UGT jugó un papel decisivo en la aplicación de ese plan.

El decreto de creación de la Caja de Reparaciones sufrió varias modificaciones durante su aplicación. La principal consistió en eliminar del mismo la ingerencia que en él se concedía a los organismos del Frente Popular, como se señalaba en el artículo 6.º en el que se decía: «Los Comités Provinciales del Frente Popular actuarán como auxiliares de la Caja y del Tribunal». Esto no se aplicó.

Los acontecimientos se desarrollaban a tal velocidad que por falta de tiempo la Junta que debería regir la Caja no fue constituida, no llegó a funcionar salvo su presidente como delegado del Gobierno, cargo que ostentó el ex ministro Anastasio de Gracia.

La Caja de Reparaciones funcionó durante todo el período de la guerra, de acuerdo con las líneas generales del decreto, salvo en lo que se refería a ciertos aspectos que, sobre la marcha, fueron eliminados al amparo de otras disposiciones.

Como medida provisional sustituyó a la Junta un Comité Ejecutivo integrado por el representante del Gobierno —presidente de la Junta a crear— el director general de la Caja, el vicedirector y el secretario general del organismo. Este Comité se reunía periódicamente levantando la correspondiente acta. En su volumen que figura en los archivos de Hacienda están recogidas estas actas.

El Tribunal de Responsabilidades Civiles, en realidad, no llegó a funcionar, no superó el proceso de organización, limitándose al acopio de materiales, de testimonios que, en su día, serían la base de los correspondientes procesos que se llevarían a cabo en contra de cuantos estuvieran implicados directa o indirectamente en el movimiento sedicioso.

La Caja aportaba al presidente del Tribunal, Demófilo de Buen, aquellas informaciones y testimonios que como elementos acusatorios llegaban a su poder o se desprendían de sus propias actividades.

Los comisarios que deberían funcionar en el Tribunal, de acuerdo con el artículo 5.º de la Caja, fueron designados por el Ministerio de Hacienda y actuaron ejerciendo su función a las órdenes de la dirección de la Caja, en ella cumplirían sus misiones de investigadores.

El artículo 9.° del decreto establecía «que todas las entidades bancarias, organismos públicos, corporaciones, asociaciones políticas o sindicales que hayan procedido a intervenciones o incautaciones de bienes de cualquier clase, deberán pasar a disposición de la Caja». En este artículo se omitían los organismos del Frente Popular que, como sobre los demás, la Caja a través de los Comisarios y demás funcionarios, deberían ejercer una parte de su misión de recuperaciones y los organismos del Frente Popular, ciertamente, no eran de los menos afectados.

La Caja realizó una labor ingente como comprobarían las nuevas autoridades después del final de la guerra, a través de sus archivos y centros de almacenamiento. Pero de esto nunca informaron.

La Delegación de Madrid, establecida en el Ministerio de Hacienda, con oficinas y almacenes en la calle Montalbán, tenía bajo su responsabilidad almacenes, depósitos, en la calle Fomento 9, dedicado a la concentración de bibliotecas, halladas en domicilios abandonados, debidamente identificadas, así como aquellas que habían sido incautadas. En ese almacén se habían concentrado también los juegos de cubiertos de plata y otros de valor procedentes de incautaciones.

En la iglesia de la plaza de Chamberí concentráronse todos los objetos del culto, custodias, candelabros, ropa y todos aquellos objetos religiosos de los que se habían incautado los «incontrolados» y que estaban en poder de organismos o abandonados en edificios religiosos.

En la calle Montalbán, además de las oficinas, se estableció un almacén y taller de carpintería encargado de los objetos para su traslado a Valencia y Alicante donde una gran masía estaba destinada a almacén.

El Casino de Madrid, calle Alcalá, fue dedicado por la Caja para el almacenaje de los cuadros, muebles de valor histórico que se encontraban en los domicilios particulares abandonados, en los palacios y mansiones o en los organismos que habían procedido a incautaciones por su cuenta o procedentes de edificios o domicilios que estaban en peligro en las zonas cercanas a los frentes bajo la acción de los bombardeos.

En los sótanos del Banco de España, por su seguridad, fueron depositados los objetos frágiles, de valor, como las cerámicas, cristalería, figuras históricas y de arte, muebles históricos, etc., que procedían de domicilios abandonados, de residencias, palacios y aquellos que se encontraban en los edificios incautados por organizaciones sindicales, políticas y del Frente Popular o por el propio gobierno para la instalación de organismos oficiales de guerra o administración.

La Caja contaba con Delegaciones provinciales en todas las provincias dominadas por la República. Cada una de ellas contaba con su propio almacén en el que concentraban los objetos de toda naturaleza rescatados directamente a través de las diferentes organizaciones. Una vez documentados se enviaban al almacén central de Valencia donde eran seleccionados y valorados. Aquellos que tenían un valor realizable se entregaban al Ministerio de Hacienda, los demás quedaban en los almacenes de la Caja controlados en inventariados con la correspondiente tarjeta de procedencia y los envalados en cajas, con la ficha pormenorizada de su contenido.

Un delegado de la Junta Nacional del Patrimonio Artístico, don Francisco Giner Pantoja —erudito especialista en cuestiones de Arte— seleccionaba los objetos y determinaba los que tenían valor histórico o artístico y éstos pasaban a la Junta.

En mayo de 1937 dimite el gobierno de Largo Caballero y le sustituye el doctor Juan Negrín, que sería el último gobierno de la República española.

A partir de octubre de 1937, el gobierno, con sus órganos administrativos, acuerda trasladarse de Valencia a Barcelona. La Caja de Reparaciones se instala en la Plaza de Cataluña número 15 en el edificio del antiguo Banco Hispano Colonial que se encontraba cerrado. El local resultaba muy adecuado y allí funcionaron las oficinas generales de la Caja y en sus sótanos los talleres de manipulación de objetos de todas clases.

En Barcelona, en una Torre de Montjuich, se instaló un almacén en el que se concentraban aquellos objetos que pudieron ser recuperados en Cataluña y controlados por la Caja dentro de las limitaciones con que tuvo que desenvolverse, por verse obligada a contemporizar con autoridades del gobierno autónomo. Su acción por lo tanto fue limitadísima. Lo que resultó altamente negativo para la política del gobierno central. Elementos del gobierno autónomo pretendían constituir la Caja de Reparaciones de Cataluña, con carácter independiente.

En el castillo de Figueras se concentraron, finalmente, todos los materiales y objetos de toda naturaleza de un estimado valor, procedentes de la Caja y de la Zona Centro. Un movimiento de transportes de Valencia y Cartagena al castillo fue permanente, ante cortes de la carretera.

Después este servicio de movimiento de objetos de valor de la Zona Centro a Barcelona sería asegurado el transporte a través de un submarino que diariamente navegaba de Barcelona a Valencia, Alicante y viceversa. Este singular transporte de correo y mercancías de valor registra el hecho histórico de que en España se editaría por primera vez en el mundo una tirada de timbres de correos con la estampa submarina. Sellos que llegaron a tener un gran valor filatélico en el mercado internacional.

En el castillo de Figueras encontraron las nuevas autoridades un verdadero tesoro, en parte procedente de la Caja de Reparaciones, independiente de lo que hallaron en los demás almacenes establecidos en la Zona Centro y Barcelona.

La Caja no llegó a funcionar en Asturias durante el período que estuvo bajo el dominio republicano dado que el Consejo Soberano de Asturias asumió todos los poderes, entre ellos la designación de un delegado de Hacienda que obró por su propia cuenta.

Una vez evacuada Asturias, la Caja no recibió ninguna información sobre actuación del Consejo ni los resultados tangibles del mismo, pensando que esta obligación se habría realizado directamente ante el Ministerio de Hacienda. La Caja había designado un delegado que en los primeros días de su mandato huyó a Francia con la primera incautación que había controlado. Se logró su encarcelamiento.

Algo parecido a lo ocurrido en Asturias se produjo en el País Vasco aunque con otras características y mayores connotaciones políticas entre el Gobierno Central y el Gobierno Autónomo. Rebasando sus competencias el Gobierno Autónomo obró con toda independencia en todos los órdenes administrativos.

La Caja no tuvo la más mínima actividad en el País Vasco. El Consejo de Hacienda (de la Torre) del Gobierno Autónomo asumió todas las responsabilidades que afectaban al Ministerio de Hacienda, al Gobierno Central, entre ellas la de la Caja de Reparaciones. Terminada la guerra, el Gobierno Vasco continuó actuando en la emigración con su propia personalidad e independencia llegando a utilizar pasaportes propios.

Durante los primeros meses de la guerra, la parte republicana de Aragón, no dominada por los facciosos, estuvo bajo el control y dominio de un llamado «Consejo de Aragón» (J. Ascaso). El poder en aquellos territorios, al margen del Gobierno Central, fue un verdadero caos, su actuación fue de lo más lamentable hasta que el Gobierno Central acordó su disolución. Una división militar, la de Líster, restableció el orden y la disciplina. El Gobierno Central designa un gobernador general para aquella zona, cargo que ostentó José Ignacio Mantecón, como gobernador general de aquella zona.

Las arbitrarias incautaciones realizadas por el famoso Consejo de Aragón, aquellas de valores realizables, oro, plata, joyas, monedas, etc., eran enviadas a Francia destinadas a un Tesoro o depósito revolucionario constituido más allá de la frontera.

La Caja no pudo ejercer ninguna actividad en Aragón durante el período del Cosejo. Liberada aquella zona, su primera acción fue la de lograr la recuperación de una importante partida de talegos de monedas de plata de 5 pesetas que estaban preparados para su exportación a Francia. Recuperó esta partida el Delegado de la Caja José Ruiz Borau convertido en la miseria de la emigración, en el gran escritor y poeta, José Ramón Arana Alcrudo».

Poco antes de la caída de Cataluña, el gobierno, su ministro de Hacienda, don Francisco Méndez Aspe, concentró en Francia una importante parte de los depósitos de la Caja así como otros que controlaba directamente el Ministerio. Se trataba de una selección de valores realizables de toda naturaleza, oro, plata, piedras preciosas; objetos de alto valor histórico, etc.

En las partidas seleccionadas figuraban cinco cajas pertenecientes al Tesoro de la Generalidad que el Gobierno Autónomo, su consejero, José Tarradellas, había entregado al ministro de Hacienda para su custodia.

En el avión que aseguraba el servicio, casi diario, Barcelona París-Barcelona, fueron transportados, en varias expediciones, los depósitos de la Caja y aquellos que controlaba directamente el ministro de Hacienda para ser depositados en la Embajada de París y en diferentes lugares.

Finalmente, una parte de esos valores, por disposición del gobierno Negrín, fueron trasladados a México en el yate «El Vita» —antiguo «Giralda I» que había pertenecido al rey Alfonso XIII—, destinados a una comisión receptora integrada por el doctor José Puche, Joaquín Lozano y Luis Guillén Guardiola que en México constituían el «Comité Técnico de Ayuda a los Refugiados Españoles» más tarde convertido en la Financiera Industrial y Agrícola, S. A. (FIASA), la que debiera haber controlado el tesoro que había transportado «El Vita» [1]

Estaba programado que «El Vita» realizara varios viajes a Francia con el fin de evacuar todos los valores y objetos depositados en París pero no realizó más viajes al dejarlo anclado en Veracruz, la Comisión que se había incautado de él al margen del gobierno, integrada por Indalecio Prieto, Emilio Palomo y José Andreu Abelló.

En este hecho se registra el más lamentable suceso de la emigración; tuvo graves consecuencias para la causa de la República. Lo dejamos registrado porque en él naufragó el esfuerzo realizado por la Caja de Reparaciones durante cerca de tres años de ímproba labor.

Las responsabilidades y juicios que entrañan estos hechos están pendientes de juicio y esclarecimiento, ante la Historia y el pueblo español.

Del comité que controló y administró el Tesoro de «El Vita» sólo vive José Andreu Abelló que reside en la actualidad en Barcelona.

[1] Véase el libro: *El oro del Banco de España y el Tesoro de «El Vita»*. DEL ROSAL, A.: Editorial Grijalbo. Barcelona.

JUSTICIA NACIONAL

El Ministerio de Justicia en la España «Nacional»

IGNACIO BERDUGO, JOSEFINA CUESTA, MARÍA DOLORES DE LA CALLE,
MÓNICA LANERO

I. EL PROCESO DE ORGANIZACIÓN DE LA JUSTICIA EN LA ESPAÑA SUBLEVADA

La Junta de Defensa: punto de partida

El 18 de julio de 1936 la *Gaceta de Madrid* inserta una orden del día 16 por la que se completa el organigrama del Ministerio de Justicia republicano con nuevas secciones [1].

El mismo día, la sublevación militar sustrae parte del territorio español a la jurisdicción del gobierno republicano y, con él, al Ministerio de Justicia.

A partir de ese momento se produce por toda la geografía española un desbordamiento de los cauces de la administración de justicia, lo que dificulta su administración, organización y centralización. También dificulta su análisis. La situación puede recordar la cuestión planteada años antes en el Tribunal Supremo, ¿se trata de «afán de castigar o de hacer justicia»? [2].

Los militares sublevados no tardarían en afrontar la situación surgida de su propio levantamiento. La Junta de Defensa Nacional que constituyen «asume todos los poderes del Estado» [3]. El punto de partida del análisis de la justicia no puede ignorar, desde este momento, la concentración de «todos los poderes» en un órgano militar que se erige en representante de un «Estado» aún no definido.

---

[1] Remitimos a la Ponencia de SALAS LARRAZÁBAL R., en estas mismas Jornadas sobre *El Ministerio de Justicia en la España Republicana* y al organigrama de este Ministerio en 1936, véase nuestro Anexo I.

[2] *AHN Sección Fondos Contemporáneos*. Tribunal Supremo, Materia Criminal. Legajo 69, exp. 55. Se refiere a un juicio contra Onésimo Redondo por delito de imprenta.

[3] Decreto de 24 de julio de 1936, (n.º 1) en *Boletín Oficial de la Junta de Defensa Nacional de España*, 25 de julio de 1936, (n.º 1). En ARANZADI, Repertorio Cronológico de Legislación, Editorial Aranzadi. Pamplona 1937, p. 747.

La propia Junta de Defensa recordará repetidamente este inicio de concentración de poderes, sobre todo cuando alude a cuestiones con implicaciones jurídicas [4].

Ya antes de la declaración de guerra y en virtud de la propia sublevación militar y de la concentración de poderes mencionada, los decretos subsiguientes a la constitución de la Junta de Defensa no dudan en invocar la *nueva situación* como punto de partida para su normativa: «Alterada la normalidad jurídica y económica del país por las ineludibles operaciones militares que se realizan, que imposibilitan el ejercicio de los derechos y el cumplimiento de las obligaciones... quedan en suspenso hasta nueva orden ...» [5]. Sólo una excepción se libra de esta suspensión, la que «regula la detención y prisión de los presuntos encartados».

La situación «de facto», creada por el golpe militar, altera explícitamente y por diversas vías la situación «de iure» y afecta a materias, plazos y términos judiciales. De alguna manera se abre, además, un nuevo calendario jurídico a partir del 18 de julio.

Situación de partida que, aplicada fundamentalmente en una serie de medidas de índole económica, culmina en el Bando de guerra.

El *Bando* tiene particular trascendencia en el ámbito jurídico al ratificar, unificar y extender a todo el territorio en manos de los sublevados la declaración de Estado de guerra [6]: «las actuales circunstancias por que atraviesa España» (...) conducen a «ratificar la declaración del Estado de Guerra», revalidar la preeminencia de los militares, y de la jurisdicción militar sobre la ordinaria, haciendo de la jurisdicción de guerra, del Código de Justicia Militar y del procedimiento sumarísimo núcleos centrales de la administración de justicia.

El bando no deja de tener importantes repercusiones en el ordenamiento punitivo. Va a ser utilizado como una primera vía para satisfacer las necesidades del derecho penal de guerra al margen del derecho penal ordinario y al margen de la intervención de la Administración de Justicia [6 bis].

---

4 «Encarnados en la Junta de Defensa Nacional todos los altos Poderes de Estado, designará cuando lo estime oportuno, como delegado de ella en asuntos judiciales, a un Auditor para que desempeñe funciones inspectoras de las Auditorías de guerra». Decreto de 31 de agosto de 1936, n.º 79, artículo 7.º Y la remachará más tarde refiriéndose a la jurisdicción militar. Vuelve a invocarla ante la necesidad de intervenir «como consecuencia de las actuaciones contrarias al Movimiento Nacional, observadas en algunos Registradores de la Propiedad» ante lo que dictamina: «las facultades concedidas por las Leyes a la Dirección General de Registros deben entenderse asumidas por esta Junta Nacional», Decreto de 8 de septiembre de 1936. ARANZADI, *op. cit.*, pp. 778-779. También lo recuerda más adelante en la supresión del Tribunal de Garantías y del Congreso de los Diputados, Decreto de 4 de mayo de 1937.

5 Decreto de 24 de julio de 1936, (n.º 6). ARANZADI, *op. cit.*, p. 748.

6 Bando de 28 de julio de 1936, Declaración de estado de guerra. ARANZADI, *op. cit.*, p. 749.

6 bis La legislación republicana contemplaba los bandos dentro de la Ley de Orden Público de 28 de julio de 1933, en el marco del estado de guerra, artículo 48 y ss., como instrumento jurídico que la autoridad gubernativa tenía para declarar el mismo (art. 48) y dentro de éste como el medio para regular la vida en el ámbito territorial al que alcanza la legislación, con la organización del artículo 61. Plenamente revitalizado el Código de Justicia Militar de 1890, en el artículo 171 contempla el bando como posible fuente de delito o falta. Artículo 171 que establecía que «son delitos o faltas militares las acciones y omisiones penadas en esta ley. Lo son igualmente las comprendidas en los bandos que los generales en jefe o gobernadores en plazas sitiadas o bloqueadas dicten con arreglo a sus facultades».

En el momento del levantamiento, bien acudiendo a la ley de Orden Público, que sigue vigente, bien al margen de ella se promulgan diversos bandos declarativos de guerra, ampliando la competencia de la jurisdicción militar y desnaturalizando el contenido de algunos delitos. Paradigma de estos bandos es el de 18 de julio publicado en Sevilla, que dice, refiriéndose a alguno de los comportamientos anteriormente descritos que: «serán juzgados en juicio sumarísimo y pasados por las armas» [7].

Esta situación de los primeros días se cierra por el Bando de declaración de estado de guerra de 28 de julio, dictado, entre otras cosas, «con el fin de establecer una unidad de criterio tan necesaria en estos instantes».

El Bando apunta expresamente dos vías que van a servir para dejar sin contenido en este ámbito al Ministerio de Justicia, al ampliar la competencia de la jurisdicción militar y, lo que nos interesa más en este momento, elaborar un derecho penal, que desnaturaliza ya a nivel de ley el contenido del delito de rebelión. Así establece:

«Se considerarán como rebeldes, a los efectos del Código de Justicia Militar, y serán juzgados en la forma expuesta:

a) Los que propalen noticias falsas o tendenciosas con el fin de quebrantar el prestigio de las fuerzas militares y de los elementos que prestan servicios de cooperación al Ejército.

b) Los poseedores de armas de fuego o sustancias inflamables o explosivas; entendiéndose caducadas todas las licencias de armas que no hubiesen sido otorgadas por esta Junta de Defensa Nacional o sus legítimos representantes. Los poseedores de armas, con o sin licencia, quedan obligados a entregarlas en el plazo máximo de doce horas, sin excusa alguna, en el puesto de la guardia civil respectivo, donde, en cada caso, podrá convalidarse la autorización para su uso, a discreción del comandante de aquél.

c) Los que celebren cualquier reunión, conferencia o manifestación pública sin previo permiso de la autoridad, solicitado en la forma reglamentaria, y los que asistan a ellas.

d) Los que cometan delitos de los comprendidos en los apartados *b), c)* y *d)* del artículo anterior.

e) Los que tiendan a impedir o dificultar el abastecimiento de artículos de primera necesidad, eleven injustificadamente los precios de los mismos o de algún modo contribuyan a su encarecimiento.

f) Los que coarten la libertad de contratación o de trabajo o abandonen éste, ya se trate de empleados, patronos u obreros.»

Con posterioridad a este Bando, otras autoridades militares dictaron otros de alcance distinto al transcrito. Sirva de muestra el Bando del general en jefe del Ejército del Sur de 8 de febrero de 1937, declarando el Estado de guerra en Má-

[7] *Vid.* ALCALA ZAMORA, «Justicia penal de la guerra civil» *Ensayos de Derecho Procesal*. Buenos Aires, 1944, p. 281.

laga, que en su primer artículo establecía: «quedan sometidos a la jurisdicción castrense todos los delitos cometidos a partir del 18 de julio último sea cual fuere su naturaleza» [8]. Inclusive, el decreto de 1 de noviembre de 1936 creando en la plaza de Madrid ocho Consejos de Guerra y dictando normas de procedimiento, establecía en su artículo 3.º que «serán de la competencia de dichos tribunales el conocimiento de los delitos incluidos en el Bando que al efecto se publique por el general en jefe del Ejército de ocupación».

Esas modificaciones se traducían en una aplicación prioritaria de la legislación militar y en la utilización por tanto de los tribunales de esta índole, y hacía innecesario llevar a cabo otro tipo de reformas.

Aunque no deroga los códigos en vigor, el Bando establece la aplicación prioritaria del Código Militar sobre el Penal común y consiguientemente de la jurisdicción castrense sobre la ordinaria y dentro de la primera, del procedimiento sumarísimo sobre el ordinario. Instaura además una normativa dirigida especialmente a anular algunos derechos y libertades, así como la prohibición de algunos de ellos, fundamentalmente las libertades públicas, y la defensa de otros: la libertad de contratación y de trabajo. Aunque ésta se extiende a «empleados, patronos u obreros» no oculta una bien premeditada «legislación» de clase, de propiedad y de libertad.

El punto de partida aludido y los incipientes sistemas jurídico y normativo posibilitan el que se proceda a redefinir una serie de conceptos que el Bando se encarga de establecer con exactitud. *«Delitos»* y *«rebeldes»* —ocupa la mitad del texto del bando— y el *«orden público»,* aunque entre sus últimas líneas, no debe ser olvidado como gozne de jurisdicción y una de las actividades principales de los militares respecto del territorio ocupado (inquietud que permanecerá durante todo el régimen político iniciado en la guerra).

Más allá de las preocupaciones y conceptos de los sublevados quedan sin abordar algunos interrogantes.

Sin alusión ni referencia explícita al régimen republicano, el golpe de Estado marca una ruptura con la Constitución de 1931 [9] en el ejercicio de una soberanía y una legitimidad no explicitadas. El Bando, al invocar una situación «de facto» en legitimación de una ley, se sitúa en la tradición del Estado autoritario o del Estado hegeliano en el que «el soberano apoya su legitimación en la calidad de la acción que realiza» [10].

La explicación posterior se esforzará en aportar nueva doctrina a la legitimidad del levantamiento militar, que se pretende indiscutida e indiscutible. La identificación entre Revolución y Rebelión, aplicada al enemigo, permite desarrollar con holgura un cuerpo de doctrina sobre esta materia. Identificación que sustenta

---

[8] *Vid.* ALCALA ZAMORA, «Justicia penal de la guerra civil», *op. cit.*, p. 281, nota 76.

[9] Recordamos aquí solamente los artículos 1, 6, de «renuncia a la guerra», 28, 29, 34, 38 y 39 entre otros y el título VII dedidado a «Justicia». La declaración de guerra no había sido dictada ni por el presidente (arts. 76, 77), ni por *decreto del Gobierno*, (art. 42) ni se prevé intervención posterior de las Cortes.

[10] CLAVAL, P.: *Espace et pouvoir,* París, PUF, 1978, p. 181.

y avala, en adelante, la distorsión jurídica que Serrano Suñer ya calificó de «justicia al revés» y a la que nos referiremos con frecuencia [11]. Tesis que lleva a Stampa Irueste a afirmar, en los primeros años del régimen y apoyándose en la doctrina de la Iglesia católica sobre el derecho de resistencia [12] que «un Alzamiento que, cual el Nacional Español, supone una pura reivindicación de los más altos valores morales y espirituales de Religión y de Patria, puesto en trance de muerte por la atroz contumacia de unos pseudo-poderes públicos, vendidos a la triple mentira judeo-francmasónica: Liberalismo, Marxismo y Separatismo. Por ello no puede hablarse de Rebelión Militar, sino referida al campo rojo; en nosotros, de Santa Rebeldía (...). La Guerra Civil se da cuando combaten frente a frente dos ideologías, no cuando la Justicia se alza contra el crimen» [13].

No constituyen, sin embargo, estas preocupaciones teóricas la ocupación de la primera hora de la sublevación. Esta dirige sus primeras normas y su incipiente estructura jurídica al control de algunos instrumentos económicos y a la definición de nuevos delitos también en este campo [14], a dotarse de una mínima estructura organizativa y a lograr la colaboración de los funcionarios. No falta ya en el primer mes la atribución a la jurisdicción militar de un carácter preferente a cualquier otra [15].

La ineludible desintegración del espacio y del poder provocada por la guerra conduce a una paralela atomización de la justicia, tanto en su esquema organizativo como en su funcionamiento. A la represión espontánea de los primeros días, no controlada por los militares y silenciada en la información oficial, se añade el canje autónomo y atomizado de prisioneros, la resistencia de algunos registra-

[11] SERRANO SUÑER, R.: *Entre el silencio y la propaganda, la Historia como fue: Memorias*. Barcelona, Planeta, 1977, p. 245. ARÓSTEGUI, J., analizando este concepto añade: «Curiosa y significativamente, los sublevados no eliminaron a sus enemigos por la aplicación de unos principios jurídicos nuevos, de una "justicia revolucionaria", dice Serrano, sino basándose en las leyes del Estado que querían destruir, retorciendo hasta la aberración las figuras delictivas contempladas en el Código de Justicia Militar. Las figuras de sedición, auxilio a la rebelión, etc., fueron aplicadas a los adictos o sostenedores del Estado legítimo... Y hasta los preceptos mismos de la Ley de Orden Público (...). La incapacidad del nuevo poder para crear una legitimación propia, "revolucionaria", de su aplicación de la justicia es considerada por aquel autor "una inversión de posiciones" "un error jurídico y político..."» «Los componentes sociales y políticos» en TUÑÓN DE LARA, M. y otros: *La guerra civil española, 50 años después*. Barcelona, Labor, 1985, p. 117. La legislación del gobierno militar está salpicada de la *distorsión de conceptos* a la que aludimos y de la que sólo damos un ejemplo: al mes siguiente del levantamiento el Decreto n.º 37, de 14 de agosto de 1936, se refería a la zona republicana «en *rebeldía armada* contra el *legítimo* gobierno de la Junta», ARANZADI, *op. cit.*, p. 1468 (el subrayado es nuestro).

[12] «Quede bien sentado que la propia Iglesia Católica (...) formula, proclama, el derecho y aún el deber de resistencia, incluso armada, en determinados casos contra los Poderes ilegítimos y la licitud, dentro de ciertos casos, del tiranicidio» STAMPA IRUESTE, F.: *El delito de rebelión*. Ediciones Estudiantes Españoles. Madrid, 1945, pp. 9-10.

[13] Recurre en apoyo de sus tesis, a citas de otros autores, como Díaz-Llanos o a la *Memoria del Fiscal Jurídico-Militar del Ejército de Ocupación del año 1939* que llega a afirmar «Cuando el 18 de julio de 1936 el Ejército Español, obedeciendo su ley Constitutiva, que es traslado de su esencia eterna, se levantó contra sus enemigos inferiores en defensa de la Patria, *no existía Gobierno en España*». No es de extrañar que, después de los testimonios aducidos, concluya que esta explicación «ha alcanzado ya la categoría de verdad inconcusa». Idem pp. 10-11 (el subrayado es nuestro).

[14] Como se ha encargado de señalar ARÓSTEGUI, J. en «Los apoyos sociales y políticos», *op. cit.*.

[15] Decreto de 25 de agosto de 1936, (n.º 64). ARANZADI, p. 763. Para lo referente a la jurisdicción militar nos remitimos a la ponencia que sobre «Justicia Militar en la España Nacional» presenta don Ignacio Díaz de Aguilar y Elizaga en estas mismas Jornadas.

dores de la propiedad y la oposición larvada de otros funcionarios de justicia que dilatan su trabajo.

Las normas se dirigen a atajar estas dificultades manifiestas con el confesado interés de que funcionen debidamente los órganos de la Administración, —entre los que destacan las Diputaciones—, y de la continuidad de los funcionarios en sus puestos. Continuidad condicionada por el apoyo explícito a la nueva situación política. La represión de los funcionarios públicos comienza ya en esta temprana hora. La escasez de éstos motiva la inmediata supresión de incompatibilidades, que afectará notablemente a los funcionarios de justicia.

Para este cometido inicial de organización y reestructuración de la administración de justicia, se hace urgente una mínima estructura. Surge así la *Comisión «para la reorganización de los servicios de justicia»,* integrada por:

> «Ilmo. señor don Alejandro Gallo Artacho, Magistrado de la Audiencia Territorial de Burgos.
>
> Ilmo. señor don Luciano Alvarez Valdés, Fiscal de la misma.
>
> Don Valeriano P. Flórez-Estrada, Jefe de la Abogacía del Estado, en la Delegación de Hacienda de Burgos.
>
> Don Antonio de Vicente Tutor, Juez de 1.ª Instancia e Instrucción en la misma ciudad» [16]

La habían precedido la Asesoría de Hacienda, el Comité Nacional de Banca Privada y la Comisión directiva del Tesoro Público entre otros. Dos días después de la de Justicia verá la luz la Comisión de Industria y Comercio.

La comisión recién nombrada atestigua la precariedad de los primeros pasos. Apenas una genérica definición de funciones ocupa a cuatro funcionarios de la antigua administración de justicia reclutados en el espacio burgalés. Queda de manifiesto la limitación a lo existente, la provincialización de los servicios del Estado y las canteras de personal de Justicia del nuevo régimen, técnico y profesional en la medida de lo posible y, en este caso, pertenecientes en su mayoría a los que C. Viver Pi-Sunyer denomina «cuerpos jurídicos civiles» [17].

Este primer y ambicioso núcleo organizativo esboza dos funciones claves para la estructuración del nuevo sistema de justicia: una mínima «coordinación» organizativa, no aspiran aún a la jerarquización, y el control de funcionarios. Sin atajar de frente todavía la atomización que se ha producido en todos los campos, la Junta de Defensa da los primeros pasos en la conquista del poder y del espacio a la vez, mediante una estructuración «coordinada» de la administración de Justicia.

---

[16] Decreto de 27 de agosto de 1936, ARANZADI, p. 766. (Ver ANEXO III).

[17] VIVER PI-SUNYER, C.: *El personal político de Franco* (1936-1945). Barcelona, Vicens Vives. 1978, p. 105.

El esquema organizativo mínimo que impone la Junta de Defensa para la «selección» de funcionarios municipales podría expresarse así [18]:

JUNTA DE DEFENSA

Sala de Gobierno de Audiencias Territoriales

Juntas de Gobierno de Audiencias Provinciales

JUSTICIA MUNICIPAL:
JUECES Y FISCALES dependientes de su jurisdicción

Es una jerarquización con funciones mínimamente organizativas y represivas, en inicio, y basada en el ejercicio de las competencias sobre el territorio en el que se ejerce la respectiva jurisdicción, que no alcanza aún a una relación organizada ni jerarquizada entre las audiencias provinciales y las territoriales.

Los presidentes de ambas audiencias tenían delegadas las facultades concedidas por las leyes a la antigua Dirección General de Registros, y que la Junta de Defensa había asumido ante la actitud reticente de algunos funcionarios de este ramo [19].

Ambas audiencias, constituidas en pleno, podrán realizar además, y en su respectivo territorio, una función que sustituye parcialmente al Tribunal Supremo. Aunque pueden proceder a la instrucción del sumario, han de esperar para poder dictar procesamiento a la constitución del Alto Tribunal [20].

La recluta y «selección» de personal acompaña desde el inicio la reestructuración de los organismos de justicia. Como ya hemos aludido, a la abundante legislación sobre funcionarios públicos [21], se añade la más específica sobre jueces y fiscales municipales, registradores de la propiedad, notarios y demás personal de justicia [22] cuya función es insustituible desde el primer momento y ante el incremen-

[18] Decreto de 2 de septiembre de 1936, (n.º 91) ARANZADI, *op. cit.*, p. 771. El preámbulo es claro respecto a la intencionalidad del decreto: «la conducta observada por algunos jueces y fiscales municipales que, con su actuación, tratan de dificultar el patriótico movimiento nacional, aconseja la adopción de medidas encaminadas a evitar urgentemente tales hechos dictando normas provisionales que rijan, hasta la definitiva organización que en su día se haga, en estos momentos de excepción la misión de la Junta Nacional con la de los Tribunales de Justicia».

[19] Decreto de 8 de septiembre 1936. ARANZADI, *op. cit.*, pp. 778-779.

[20] Decreto de 19 de septiembre de 1936, (n.º 120), ARANZADI, *op. cit.*, p. 189.

[21] Orden de 24 de agosto de 1936 y Decreto de 8 de septiembre de 1936, referentes a presentación de todo tipo de empleados públicos ante las autoridades competentes. La Orden de la presidencia de la JTE, de fecha de 26 de octubre, ordena la incorporación general de funcionarios.

[22]. Constituyen las primeras normas para la selección de funcionarios judiciales y de registradores la Orden de 2 de septiembre de 1936 y el Decreto de 8 del mismo mes. Por Orden de 2 y 4 de septiembre se regula la provisión de vacantes notariales y la Orden de 20 de dicho mes ordena la reincorporación de todo el personal judicial.

to de las funciones judiciales. Las leyes del verano del 36 no desconocen la resistencia [23] que presentan algunos miembros de este personal y a depurarlos se dirigen algunas normas de la propia organización de Justicia.

La política represiva encuentra, sin embargo, una ocupación fundamental y un campo definido en *la organización de presidios y prisiones* que acomete desde temprana fecha y a la que tendremos ocasión de referirnos más extensamente [24].

No todo son, sin embargo, dificultades en la organización de la justicia. El verano del 36 nos ofrece, además, alguna decisión jurídica de otro signo. Es clara la significación que reviste la supresión del Tribunal del Jurado y la necesidad de que «los Tribunales de Derecho restablezcan el imperio de la Justicia misma» [25]. La proliferación, en adelante, de tribunales especiales [26] invalida esta proclamación hecha con una intencionalidad clara. Por último, el régimen militar ofrece unas bien medidas y definidas amnistías [27], por solidaridad unas y «al revés» otras.

El proceso iniciado por la Junta de Defensa en materia jurídica durante los dos primeros meses nos sitúan en condiciones de detectar un primer aparato judicial entre los sublevados. Pues, como apunta R. Frossaert, «la cuestión no es saber si una justicia se administra, sino si un embrión de aparato judicial existe realmente y si, por este hecho, el Estado ha captado efectivamente un poder ejercido hasta entonces en otra parte» [28]. Estamos ante ese embrión [29] que contribuye a la «recomposición del aparato estatal» como afirma J. Aróstegui [30] y cuya evolución sigue un proceso simultáneo y paralelo al del propio Estado que contribuye a definir.

---

[23] «Como consecuencia de las actuaciones contrarias al Movimiento Nacional observadas en algunos registradores de la propiedad, se hace preciso dictar disposiciones encaminadas a evitar que dichos funcionarios sigan al frente de sus despachos...». Decreto de 8 de septiembre de 1936. ARANZADI, *op. cit.*, pp. 778-779. Véase también la nota 18.

[24] Orden de 25 de agosto y de 26 de septiembre de 1936.

[25] Decreto de 8 de septiembre de 1936 (n.º 102). ARANZADI, *op. cit.*, p. 778.

[26] Entre los que cabe destacar los Tribunales de Honor, el Tribunal Especial de Responsabilidades Políticas (creado por Ley de 9 febrero 1939), el Tribunal Especial de Represión del Comunismo y la Masonería (Ley de 1 marzo 1940), Magistratura del Trabajo (Ley de 13 mayo 1938) y Tribunales de Amparo de la Organización Sindical (Decreto de 12 febrero 1944).

[27] Decreto de 13 septiembre 1936 (n.º 109) ARANZADI, *op. cit.*, pp. 781-782. Destinada a los militares sancionados por «el movimiento» del 10 agosto 1932 y por «los sucesos» de la guarnición de Alcalá de Henares en la primavera de 1936 por la que se reintegran en la situación, empleo y puesto que les correspondieren. Por Orden de 17 de septiembre 1936 se levantan las sanciones académicas a los estudiantes condenados por la República a condición de demostrar su adhesión al alzamiento: «haber servido en la milicia». Véase sobre esta materia BERDUGO GÓMEZ DE LA TORRE, I. «Derecho represivo en España durante los periodos de guerra y postguerra (1936-1945)», en *Revista de la Facultad de Derecho de la Universidad de Madrid*, n.º 3, «La reforma del Derecho Penal». Universidad Complutense. Facultad de Derecho, y LINDE PANIAGUA, E.: *Amnistía e indulto en España* Madrid, 1976.

[28] FROSSAERT, R.: *La société*, t. 3: *Les appareils*. París, Seuil, 1978, p. 103.

[29] «No basta para determinarlo la sola existencia de la intervención del Estado, de códigos o de leyes, nace cuando —y solamente entonces— algunos hombres, poco separados del aparato del Estado, se especializan (...) en la regulación de los conflictos (...) o en la aplicación de "códigos" y "leyes" que devienen normas». *Idem*, pp. 92-95.

[30] «Los componentes sociales y políticos» en *op. cit.*, p. 64. Su afirmación es más contundente: «desde la instauración de la Junta de Defensa Nacional, la insurrección dispone de un aparato jurídico centralizado que regula y administra todo tipo de actividades económicas, pautas sociales y criterios ideológicos aplicables a la recomposición del aparato estatal. Y previamente regula el ejercicio del Poder. Aunque no la única, una vía de estudio plausible del movimiento de restauración social de que hablamos lo constituye la legislación que emanó de la Junta en los algo más de dos meses de existencia».

Junto a su nacimiento hemos pretendido señalar, también, el lugar que ocupa entre los diversos elementos que configuran el naciente Estado. En primer lugar, se sitúan los militares, el ejército y su propia justicia, el Bando fija con nitidez la preeminencia del Código de Justicia Militar y sus procedimientos. Junto a éste, en lugar central e inmediato a él, surgen una serie de medidas que definen y defienden determinados intereses económicos, como ha apuntado J. Aróstegui. En tercer lugar [31], la cronología es explícita de este orden de prelación, algunas normas sobre administración de justicia apuntan los códigos fundamentales, y emprenden una mínima organización espacial, que pretende la centralización y el control de los funcionarios —permanecen los cuerpos tradicionales previamente depurados—, que constituirán el personal jurídico del futuro régimen.

Iniciada con estas y otras medidas la mínima y necesaria unidad de espacio, de mando y de recursos se acomete la unidad de «poder». F. Franco nombrado «generalísimo» de los tres ejércitos, «general jefe de los ejércitos de operaciones» y jefe de Gobierno asume *todos los poderes del nuevo Estado* [32]. Queda así reforzado el punto de partida y se procede, en adelante, a la estructuración del recién proclamado «Nuevo Estado».

La Comisión de Justica de la Junta Técnica del Estado

«Autoridad, unidad, rapidez y austeridad» [33] son las características que a sí mismo se otorga el «nuevo Estado» en su estructuración [34].

Pero junto a los principios importa la organización [35] que ocupa la mayor parte de la ley. De las siete comisiones que ésta establece, la Comisión de Justicia ocupa el segundo lugar, después de la de Hacienda. Una diluida indefinición de competencias [36], a diferencia de la concreción de los asuntos atribuidos a Hacienda,

[31] «Enseguida, en las sociedades más complejas en las que el Ejército y las finanzas han tomado cuerpo, no tarda en aparecer un embrión de aparato judicial, porque la reglamentación de los conflictos menores que opera la justicia es preciosa para el orden social». FROSSAERT, R. *op. cit.*, p. 85.

[32] Decreto de 29 de septiembre 1936 (n.º 138), ARANZADI, *op. cit.*, p. 799. La concentración de poderes es objeto de justificación en la exposición de motivos del decreto: «razones de todo linaje señalan la alta conveniencia de concentrar en un solo poder todos aquellos que han de conducir a la victoria final y al establecimiento, consolidación y desarrollo del nuevo Estado, con la asistencia fervorosa de la Nación».

[33] Frase tomada de la Ley de 1 de octubre 1936, de Estructuración del Estado. ARANZADI, *op. cit.*, p. 805 y continúa «tan esenciales para el desenvolvimiento de las diversas actividades del país».

[34] La rapidez ya había presidido la administración de justicia en la etapa anterior y respondía a factores más complejos que los puramente temporales.

[35] Ley de 1 de octubre 1936. ARANZADI, *op. cit.*, p. 805.

[36] En la ley anteriormente citada, de 1 de octubre, se le atribuye «la proposición de aquellas normas que en el orden personal (*sic.* debería decir procesal) no tienen en la actualidad aplicación tangible, así como la modificación o alteración de las vigentes», igualmente establece dicha ley que «se ocuparán además estas Comisiones de cuantos otros asuntos no mencionados especialmente sean de su general cometido». La Norma de 5 de octubre explicita más sus funciones: «Las Comisiones (...) proveerán todo lo necesario para asegurar el servicio correspondiente a sus departamentos en el territorio liberado (...) Será misión también de las Comisiones el estudio de los problemas de su departamento, su orientación y legislación futura»; con capacidad de dar órdenes directas a organismos regionales, provinciales y locales de sus servicios respectivos, de proponer al Jefe del Estado disposiciones generales. Su presidente despachará al menos una vez por semana con el presidente de la Junta Técnica y será convocado quincenalmente al pleno. Se les ordena, en fin, la simplificación del régimen adminis-

refleja la precaria función ejercida por la Comisión de Justicia, materia fundamentalmente asumida por la jurisdicción militar. No en vano se crean por los mismos días otros organismos que entienden en la administración de justicia al margen de la Comisión creada. Recordemos que la propia ley de estructuración del Estado establece también la Secretaría General del jefe del Estado «con personas especialistas en las materias que son objeto de las distintas secciones de la Junta Técnica (...)». Dos días más tarde ve la luz la Secretaría de Guerra con tres Secciones, correspondientes cada una a las fuerzas de tierra, mar y aire, más un *Negociado de Justicia* [37].

La justicia militar se reforzaría durante el primer mes de mandato de la Junta Técnica con la creación del Alto Tribunal de Justicia Militar y de la Inspección de Presidios y Prisiones delegada de la Junta Técnica [38].

No obstante la sustancial debilidad de la administración de justicia, la Comisión diseña su función y competencias en el primer mes de su actuación. A las señaladas en la ley de 1 de octubre y norma de 5 del mismo mes se añade la orden de 4 de noviembre por la que las competencias de esta Comisión se asimilan a las desempeñadas en otra época por «el Ministerio de Justicia y los organismos de Administración Central dependientes del mismo».

La orden anula, además, las facultades de Justicia delegadas hasta el momento en otros organismos —Audiencias Territoriales, Colegios Notariales o Autoridades de la Administración Provincial—, cesan las delegaciones especiales y la Administración se regulará «conforme a leyes, reglamentos y demás disposiciones vigentes».

De este modo, la recién creada Comisión de Justicia, aunque exponente de la limitación de competencias de la justicia ordinaria y hasta de cierta indefinición de campos y funciones, se ofrece no como un organismo nuevo, sino como sustitutivo del antiguo Ministerio —en las materias no absorbidas por otras jurisdicciones— y como instrumento de centralización de la administración de justicia.

La estructura de la propia Junta Técnica impide la autonomía de las decisiones de la Comisión, que en todo momento permanece sometida a la autoridad del presidente de la Junta y del jefe del Estado. La misión de éste queda reforzada

---

trativo y la custodia de su archivo. Norma de 5 de octubre 1936, *Aranzadi, op. cit.,* pp. 806-807. La Orden de 4 de noviembre de 1936 especifica que a la Comisión de Justicia «compete la resolución de los asuntos en que antes entendía el Ministerio de Justicia y los Organismos de la Administración Central dependientes del mismo, cesando las razones en virtud de las cuales se habían delegado transitoriamente por la Junta de Defensa Nacional en los Presidentes de Audiencias Territoriales, Colegios Notariales o Autoridades de la Administración provincial, facultades propias de los suprimidos Ministerio, Subsecretaría y Centros Directivos.» Aranzadi, *op. cit.,* p. 831.

[37] Decreto de 3 de octubre de 1936. Aranzadi, *op. cit.,* 806.

[38] Decreto de 24 de octubre de 1936 y Orden de 30 de octubre de 1936. Aranzadi, *op. cit.,* p. 822 y 824, respectivamente. Se nombra Inspector Delegado de Presidios y Prisiones a don Joaquín del Moral y Pérez Áloe, Jefe de Administración civil de 2.° clase, procedente del Ministerio de Gobernación en situación de excedencia.

Véase también *Archivo de Presidencia del Gobierno. Junta Técnica* Leg. 1, n.° 5.

por la atribución de nombrar y separar libremente al presidente de aquélla [39], al que se reconoce, no obstante, la capacidad de proponer «los nombramientos del personal que estime indispensable y, caso de absoluta necesidad, haga también propuesta de elementos auxiliares y mecanógrafos» [40].

La obra legislativa de la Comisión de Justicia

No sólo los órganos y las competencias articulan el sistema jurídico. Este viene definido también por las preocupaciones, los campos sobre los que se ejercen, las leyes que emana y el propio lenguaje utilizado.

La Comisión de Justicia manifiesta durante sus quince meses de existencia unas preocupaciones y unos campos de actuación muy determinados. Durante ese largo año de guerra, el «nuevo Estado» se va configurando, los grupos políticos que lo integran se ven forzados a soterrar sus diferencias, a la vez que se extiende el territorio y el poder y la unificación de las bases sociales sobre las que amplían su influencia los sublevados.

La propia Comisión contribuye a seleccionar bases sociales e ideológicas y a imponer ese secreto maridaje entre espacio y poder con su actuación, que se muestra dominante o fundamental en varios campos. Continúa desde los primeros días su inquietud permanente por la búsqueda y selección de personal para la administración de justicia, a la vez que un continuado esfuerzo por lograr una estructura orgánica, jerarquizada y controlada de su propia administración [41] y la atención al funcionamiento de Registros y Prisiones. No es casual que sus dos primeras órdenes se refieran a dos importantes Registros: el de Ultimas Voluntades y el de Penados y Rebeldes (órdenes de 26 de octubre de 1936).

---

[39] José Cortés López nació en Baeza (Jaén) el 13 de septiembre de 1883, y estudió Derecho en la Universidad de Sevilla, ingresando en el Cuerpo de Aspirantes a la Judicatura y Fiscales el 3 de agosto de 1913. Fue su primer destino el juzgado de Cañete, después Olmedo, Hinojosa del Duque y Juzgados Municipales de Madrid. Después de estar excedente voluntario, vuelve en 1931 al juzgado de Cazalla de la Sierra. Promovido a Magistrado de Audiencia en 1933 y destinado a Presidente de Sala de Las Palmas, en diciembre de 1935 es Presidente accidental de esta Audiencia. Al producirse el «Alzamiento nacional» fue nombrado Gobernador Civil de Las Palmas y el 1 de octubre de 1936, Presidente de la Comisión de Justicia en la Junta Técnica del Estado, que ejercía funciones de Gobierno en la zona «liberada», cuyo cargo desempeñó hasta el 31 de enero de 1938, que fue reorganizada la Administración Pública, estableciéndose los Ministerios en el primer «Gobierno Nacional».

[40] El Archivo de Junta Técnica conserva testimonios de la carencia de competencias de la comisión cuando las cuestiones rebasan el campo meramente administrativo. Las *Actas de las reuniones de los Presidentes de las Comisiones de la Junta Técnica,* ni tan periódicas como manda la norma ni fundamentales para el «nuevo Estado», apenas se refieren a su propio reglamento, al nombramiento de personal en las distintas comisiones y a la elaboración de un decreto sobre depuración de funcionarios y de otro sobre Tribunales de Honor.

Idem, leg. 4 n.os 22, 1. *Acta* del 20 de octubre de 1936, que refiriéndose al personal auxiliar y mecanógrafo añade «a los que se les señalará alguna gratificación si son acreedores a ella». Respecto a la plantilla del personal de la Comisión de Justicia, véase p. 12. Cuadro n.º 1: *A.P.G.J.T. Estado* leg. 1, exp. n.º 56; existen dos relaciones.

[41] Se inicia con la agrupación de organismos judiciales y notarías (Orden de 2 y 11 de noviembre de 1936). En los días inmediatamente posteriores, la Comisión de Justicia se hace cargo de la designación de notarios (Orden de 9 de noviembre de 1936) y juntas directivas de Colegios y Patronato Notarial (Orden de 9 de noviembre, 4 de diciembre de 1936 y 21 de enero de 1937). La Abogacía del Estado se centraliza en Burgos (Orden de 29 de diciembre de 1936) y se organiza la red provincial de Tribunales de Jurisdicción Contencioso-Administrativa (Orden de 3 de septiembre de 1937).

CUADRO 1
JUNTA TECNICA. COMPOSICION DE LA COMISION DE JUSTICIA

Comisión de Justicia	Servicio	Categoría profesional anterior
Don José Cortés López	Presidente	Presidente Sala Audiencia de Las Palmas
Don Fructuoso Cid Abad	Vocal	Magistrado Audiencia Soria
Don Vicente Gay Forner	Vocal	Catedrático de Derecho
Don Antonio Maseda Bouso	Vocal	Registrador Propiedad
Don Francisco Roig Ferrer	Vocal	Notario
Don Alfredo Muñoz Serrano	Vocal	Abogado fiscal Audiencia de Burgos
Don José Remacha Cadena	Vocal-Secretario	Teniente fiscal Audiencia de Burgos
Personal		
Don Críspulo García de Barga	Administrativo	Jefe superior Administrac.
Don Félix Gimeno Bayón	Administrativo	Jefe Admón. 1.ª Clase
Don Francisco Fdez. Ladreda	Administrativo	Jefe Admón. 2.ª Clase
Don Adolfo Garachana Pérez	Administrativo	Jefe Negociado 2.ª Clase
Don Gonzalo de Mata Alonso	Administrativo	Jefe Negociado 3.ª Clase
Don Heliodoro Alonso Arija	Administrativo	Jefe Negociado 3.ª Clase
Don Ildefonso Rebollo	Administrativo	Secretario judicial
Don Roberto Hernández	Administrativo	Oficial Sala Trib. Supremo
Señorita Carmen Mateo García	Administrativo	Oficial 2.ª
Don Manuel Orfila Otermin.	Administrativo	Oficial 2.ª Clase
Don Silvino Baciero Benito	Administrativo	Abogado
Inspector delegado Prisiones		
Don Joaquín del Moral	Inspector prisiones	Jefe Admón. 3.ª Clase
Personal		
Don Emilio Zaragoza Guijarro	Administrativo	Jefe de Negociado
Don Luis Amat Ibarrola	Administrativo	Jefe de Negociado
Don Julián Fournier Franco	Administrativo	O. Sala del Trib. Supremo
Don Carlos Renshaw	Administrativo	De la Insp. de Prisiones
Don Manuel Perales García	Administrativo	Oficial primero
Don Joaquín Maldonado	Administrativo	Abogado
Don Carlos Fdez. Castañeda	Administrativo	Abogado
Don Carlos Sáenz López	Administrativo	Abogado
Don Ramón Martínez Sáenz	Administrativo	Abogado
Don Jacobo González Arnao	Administrativo	Abogado
Don José Gómez Durán	Administrativo	Abogado

Fuente: *Archivo Presidencia del Gobierno. Junta Técnica del Estado,* Leg. n.º 1, exp. n.º 56.

La actuación de la Comisión de Justicia atiende a la normalización del funcionamiento de los *Registros Civil y de la Propiedad,* en lo que respecta a la provisión de registradores y reconstitución de los libros, especialmente en las zonas «liberadas» [42]. Igualmente se atiende a cubrir las necesidades más urgentes. La normativa referida al Registro de Ultimas Voluntades regula los efectos de fallecimientos y desapariciones sobre las relaciones familiares y patrimoniales [43].

Dichos Registros —organismos ya existentes— sirven y refuerzan los objetivos e intereses del nuevo régimen. Al proporcionar información, control y defensa de determinados derechos facilitan la configuración y estructuración de la sociedad. Son testimonio fehaciente de un pasado y de los intereses de una sociedad tradicional que pugna por resistir. Ellos constituyen, sobre todo, el instrumento a través del cual el Estado actuará sobre el nacimiento, el nombre, el matrimonio, la muerte y sepultura, la propiedad, las pertenencias y creencias en suma del individuo y de la sociedad que se pretende configurar.

La importancia que para la implantación del régimen militar reviste la institucionalización del régimen penitenciario nos impulsa a dedicarle un análisis monográfico más adelante.

Los mandos militares serán conscientes durante toda la guerra, y aun después de acabada, del problema que la represión y la cárcel significa para un régimen que se impone por las armas. Abundantes medidas y una indefinición organizativa caracterizan este campo. La unidad de mando, organización y centralización constituyen sus preocupaciones.

A la *Inspección General de Prisiones,* surgida pocos días después que la Comisión de Justicia y, como hemos apuntado, independiente de ella, se añaden las medidas tendentes a hacer eficaz el *Registro Central de Penados y Rebeldes* [44] que en la primavera de 1937 queda adscrito a la Comisión de Jusiticia, aunque por poco tiempo. Su puesta en práctica originará una abundante documentación que se conserva, en gran medida, en algunos archivos oficiales.

El creciente incremento de recursos y la progresiva organización y centralización del poder militar conducen, entre otras razones, a la sustitución en julio de 1937, después de la ocupación del Norte, de la antigua Inspección por un organismo dotado de mando y con atribuciones: la nueva *Dirección de Prisiones* pasará a depender directamente de la Presidencia de la Junta Técnica.

La Comisión de Justicia pierde en esta reorganización parte de personal, atribuciones y ámbito de actuación en beneficio de la Presidencia. La centralización de este «servicio» no puede ser más explícita.

---

[42] Ordenes de 26 y 28 de deciembre de 1936, 5 de enero de 1937 y 30 de diciembre del mismo año. La relativa normalización conseguida a finales de 1937 preludia la eclosión legislativa del Ministerio de Justicia en el ámbito del Registro Civil; durante los dos años posteriores se establecen los rasgos esenciales de la sociedad que el «nuevo Estado» pretende. El Ministerio elabora una amplia normativa al respecto, recogida en la nota 67.

[43] El Decreto de 8 de noviembre de 1936 y las órdenes de 10 de noviembre de 1936 y 8 de febrero de 1937 son las más tempranas de las numerosas disposiciones al respecto.

[44] Orden de 27 de febrero de 1937, ARANZADI, p. 107. Restablecimiento del Registro Central de Penados y Rebeldes, que se ajustará a las normas contenidas en la RO de 5 de diciembre de 1892 y demás disposiciones complementarias. Ver ANEXOS 5 y 7.

En adelante, esta Dirección tiene competencias para reclutar personal de vigilancia y para dictar las normas de su selección. En septiembre de 1937 convocará 200 plazas de guardianes interinos. Este hecho, como todo lo referente a la justicia franquista, constituye motivo de propaganda republicana contra la España Nacional [45].

Críticas que recuerdan una incesante inquietud del régimen militar. Y no sólo *la recluta de funcionarios* para prisiones sino para todo el aparato judicial. Hemos apuntado cómo ésta es una de las actividades de la Comisión de Justicia. Ante el incremento del territorio a administrar, la carencia de personal para atender a la formación del aparato judicial y la selección que de él realiza, acude a una información masiva respecto a determinados cuerpos, no exenta de cierto afán fiscalizador [46].

El censo de personal se extiende a funcionarios de la carrera judicial y fiscal en excedencia forzosa [47]. No se oculta tampoco la carencia de personal para Registros de la Propiedad [48].

La Universidad será cantera de personal especializado. Aquellas enviarán a la Comisión de Justicia información sobre catedráticos de las Facultades de Derecho existentes, que posteriormente serán adscritos a cargos de Justicia por la Junta Técnica.

Penuria y escasez que motivan una serie de alteraciones en el normal funcionamiento de estas profesiones. La supresión de incompatibilidades, ya mencionada, la anulación de vacaciones de los tribunales, la prolongación y mantenimiento

---

[45] Radio Madrid emite el 11 de octubre, a las diecinueve quince horas, una noticia que recoge de *El Diario vasco* y que dice escuetamente: «*El Boletín del Estado* publica un decreto (es una orden) convocando 200 plazas para guardianes de prisiones. Necesitan carceleros, más carceleros, cada vez más para vigilar a los hombres liberales y a los que aman la libertad y la justicia». Abundan ataques republicanos, como éste, al sistema penitenciario de Franco. Este recogería con frecuencia información de esos ataques. Véase en el «*Boletín de Noticias*, Delegación del Estado para prensa y propaganda», Salamanca (hasta 28 de agosto de 1938) y «Ministerio de Interior, Servicio Nacional de Prensa, Sección de Información (confidencial y exclusivo para autoridades)», Burgos (desde el 29 de agosto de 1938, sobre todo la sección denominada *Boletín de información roja*; en la que se recogen los ataques republicanos a la justicia franquista. Véase, a modo de ejemplo: «La labor de los Tribunales Militares», 10 octubre de 1937 B.1; «La actuación de los Tribunales Militares», 12 octubre de 1937 A.5; «Simulacros de consejos de guerra para fusilarlos después», «Santiago Mata-moros» «Jesús entre dos ladrones», 10 de octubre de 1937, C.1; «Panorama de la España Nacional: necesitan carceleros», 12 octubre de 1937 C.1 (citado en texto); «El trato que Franco da a los prisioneros de guerra». «Los prisioneros italianos son antifascistas» y «La diferencia entre nuestros prisioneros y los de ellos», 1 de octubre de 1937, V.1, D.2 y R.V., respectivamente.

[46] A modo de ejemplo, las siguientes órdenes, sobre todo tipo de funcionarios judiciales: orden 3 de noviembre de 1936, 7 y 29 de enero, 10 de febrero y 23 de julio de 1937. En cuando a selección y recluta de personal judicial y notarial: orden de 30 octubre de 1936; decreto de 31 de octubre de 1936; orden 31 de noviembre del mismo año, decreto de 11 de diciembre de 1937 y orden de 3 y 4 de noviembre de 1936; orden de 6 de abril, 8 de mayo, 29 de noviembre y 27 de diciembre de 1937, respectivamente.

[47] Orden de 10 de febrero de 1937; orden de 27 de febrero de 1937, Decreto de 17 de marzo de 1937. Normas que parecen manifestar la perentoria y urgente necesidad de personal de estos cuerpos. La escasez de respuesta a la primera convocatoria origina la ampliación del plazo señalado y la amenaza de penalización económica.

[48] Orden de 28 de junio de 1937.

de las interinidades y el intercambio de personal y de funciones son sólo algunos datos del desbordamiento de trabajo y de la carencia de funcionarios [49]. Una interminable red de sustituciones, concentraciones de función, compatibilidades y nombramientos interinos originan una maraña administrativa y un barroquismo legislativo que explican la proliferación de normas sobre funcionarios y funciones.

Lo que no impide el préstamo de funcionarios de la Justicia ordinaria a la militar, que indica sin duda una jerarquización de prioridades [50]. La convocatoria para el paso de una jurisdicción a otra alcanza tal éxito en favor del incremento del cuerpo jurídico-militar que nuevas normas han de restringir su número y fijar su selección «desde arriba».

El trasvase de jurisdicciones del personal de justicia no puede ser entendido sólo como un préstamo o cesión de funcionarios. Viene exigido y refuerza a la vez el sistema de militarización de la administración de Justicia y de toda la vida española —la abundante oferta de personal para este trasvase es un indicador no desdeñable—. A la militarización del poder —del «Código», de los plazos y procedimientos— sigue inexorablemente la del personal, que en este caso no debió significar una «civilización» de la justicia castrense.

En el período de tiempo que desarrolla su actividad la Junta Técnica lleva a cabo escasas realizaciones en el *ámbito penal*. En concreto, por ella pasan algunas de las disposiciones que desnaturalizan el contenido del delito de rebelión [51]. En cambio, sí que entiende de otras disposiciones que podrían ser calificadas de derecho represivo [52], aunque formalmente constituyen parte del Derecho Administrativo. En concreto se ocupa de la normativa que en aquel período comienza a dictarse encaminada a la depuración y represión administrativa. Esta depuración se lleva a cabo fundamentalmente con dos instrumentos, las Comisiones de Depuración y los Tribunales de Honor; de ambos entendió la Junta Técnica del Estado en sus reuniones de 20 de noviembre de 1936 y 16 de diciembre de 1937.

[49] Sobre suspensión de incompatibilidades orden de 8 y 28 de enero de 1937 y 12 de enero de 1938; para suspensión de vacaciones de los tribunales, orden de 15 de junio de 1937; en cuando a interinidades, orden de 9 de noviembre de 1936, 5 y 22 de enero de 1937, 12 de marzo, 1 de mayo y 19 de julio de 1937; para intercambios de personal y funciones, orden de 26 de octubre de 1936 y 28 de junio de 1937.

[50] Orden de 8 de noviembre de 1936, 1 de diciembre de 1936 y orden de 24 de mayo de 1937.

[51] De este período es la consideración como rebelión del contrabando de billetes de banco (decreto de 12 de noviembre de 1936), la exportación y atesoramiento de plata amonedada (decreto de 9 de noviembre de 1936), el comercio con zonas no ocupadas (Orden de 22 de diciembre de 1936), la infracción de normas sobre cesión al Estado de monedas, títulos y valores extranjeros (Decreto-ley de 14 de marzo de 1937), la introducción de billetes del Banco de España no emitidos por el Gobierno de Burgos en ciudades recién tomadas (orden de 24 de junio de 1937 —Bilbao—, 31 de agosto de 1937 —Santander— y 23 de octubre del mismo —Gijón—) y finalmente la infracción de tasas sobre ordenación triguera (decreto de 23 de agosto de 1937). Ya la doctrina de la época, aunque justificaba la equiparación, subrayaba que no se trataba propiamente de conductas de rebelión. Por todos, STAMPA IRUESTE: *El delito de rebelión*, Madrid 1945, p. 36.

[52] En otro trabajo, I. BERDUGO «Derecho represivo en España durante los períodos de guerra y postguerra (1936-1945)», *Rev. F. Derecho Univ. Complutense,* 1981, p. 97, manifiesta que «con esta denominación se pretende englobar aquella parte del ordenamiento jurídico que, imponiendo consecuencias jurídicas negativas para los ciudadanos, no satisface las exigencias mínimas del Estado de Derecho».

Respecto a las *Comisiones de Depuración,* el 5 de diciembre de 1936 se promulgó la ley de Separación de Empleados Públicos, norma base de todas las restantes sobre este tema y que preveía, con carácter general, «la separación definitiva del servicio de toda clase de empleados que, por su conducta anterior o posterior al Movimiento Nacional, se consideren contrarios a éste, cualquiera que sea la forma en que ingresaren y la función que desempeñan, lo mismo se trate de funcionarios de Estado que de la provincia o municipio». Esta disposición, que puede calificarse de lógica en una situación bélica deja paso a la más absoluta arbitrariedad, al establecer en el artículo 3.º que «estas sanciones no podrán ser objeto de recurso ante la jurisdicción contencioso-administrativa, cualquiera que haya sido el procedimiento para dictarlas».

La institución de los *Tribunales de Honor* fue objeto de prohibición constitucional durante la II República. Las razones son claras; por principio, no es aceptable en un Estado de Derecho el mantenimiento de una justicia privada de carácter gremial. Añádase a esto el irregular procedimiento que normalmente siguen estas instituciones y la falta de equidad derivada tanto de la imprecisión de las causas («conductas que empañen el buen nombre o la caballerosidad de sus autores» —Decreto de 17 de febrero de 1936—) como de la no posibilidad de recurrir contra sus decisiones [53].

También de finales de esta primera época es el Anteproyecto de Código Penal de 1938 de FET y de las JONS [54]. Este y otros textos son obra de la Delegación Nacional de Justicia y Derecho de la Falange Española, lo que sugiere plantear cuáles son las vinculaciones reales en este momento entre dicha Delegación y la Junta Técnica [55].

El texto del mencionado Anteproyecto, en cuya redacción interviene Luna García y Castejón [56], jurídico-penalmente es prototipo de un derecho penal de autor, elaborado bajo la influencia directa del pensamiento jurídico penal nacional socialista. Sirva de muestra la supresión del principio de legalidad, artículo 1.º: «son delitos o faltas las acciones y omisiones voluntarias penadas por la ley y los actos enteramente similares a ella», o el castigo con la pena de presidio, en el artículo 133.2, de «matrimonio con persona de raza inferior». Parece que una vez hecho público, el Anteproyecto pasó al recién creado Ministerio de Justicia sin que (acaso la reinstaurada Comisión General de Codificación) lo hiciera suyo.

---

[53] Los Tribunales de Honor se instituyeron entre otros: el 17 de noviembre del 36 en el ejército y, con posterioridad, desaparecida la Junta Técnica, el 4 de marzo del 38, en el Cuerpo de Notarios; el 14 de junio del 40, en la Marina mercante; el 7 de enero del 41, en el Ejército del Aire; el 24 de febrero, en los agentes de Cambio y Bolsa; el 10 de marzo, en los fiscales; el 28 del mismo mes, en los Cuerpos de Hacienda; el 24 de junio, en los Corredores de Comercio, y el 17 de mayo, también como los anteriores de 1941, en funcionarios del Estado.

[54] El texto del anteproyecto se publicó en enero de 1938 en Salamanca en la Imprenta Núñez; existe una edición con estudio preliminar de CASABÓ, publicada en Murcia en 1978.

[55] *Vid.* sobre este tema CASABÓ, *op. cit.* p. 2 y ss.

[56] *Vid.* CASTEJÓN: «Génesis y breve comentario del Código penal de 23 de diciembre de 1944» en *Rev. General de Legislación y Jurisprudencia*. 1946, p. 4.

De todo lo dicho se desprende que, si bien la Comisión de Justicia no logró organizar una racionalizada y bien jerarquizada red de funcionarios y funciones intentó, al menos con las soluciones de urgencia, dominar el territorio, extender su poder, articular y centralizar mínimamente la administración de justicia y su personal, e iniciar la configuración de la sociedad bajo los moldes que imponía el régimen [57].

El Ministerio de Justicia

Las dificultades surgidas en la administración de justicia no impiden reconocer unas directrices de actuación que se prolongan de la Comisión al Ministerio de Justicia. Registros —de la Propiedad, Civil y después Mercantil—, funcionarios y presidios y prisiones monopolizan la mayor parte de la producción legislativa de ambas instituciones. Pero estas continuidades no ocultan notorias transformaciones en la estructura del Estado, y con él, en el propio organismo central de Justicia.

La *Ley de Administración Central del Estado* de 30 de enero de 1938 da paso a una estructura organizativa más evolucionada y configurada en ministerios. El preámbulo ha variado ya lenguaje, principios y estructura. El objetivo es dotarse de los instrumentos necesarios para una administración que ahora adquiere cierto carácter definitivo.

El recién creado Ministerio de Justicia se estructura en 4 Servicios que expresan bien las 3 líneas de actuación señaladas hasta ahora, a las que se añade una cuarta: son Justicia; Registros y Notariado; Prisiones y Asuntos eclesiásticos [58].

Ocupa la cartera Tomás Domínguez Arévalo, Conde de Rodezno, quien si para algunos autores inaugura una larga etapa de control de este ministerio por sectores tradicionalistas [59], otros, citando fuentes carlistas, recuerdan su dudosa adscripción al carlismo [60]. No obstante, imprimiría cierto sello de tradicionalismo y un marcado carácter católico a parte de la normativa emanada del ministerio.

La sede del nuevo organismo —Vitoria— expresa la dispersión del nuevo Gobierno que, como ha señalado algún autor, «no era sólo geográfica».

Las funciones de este ministerio, «subordinado, como todos, a la Presidencia» no variaban demasiado de las atribuidas a la Comisión: «una vez posesionados de los cargos, los ministros procederán a organizar sus Departamentos, proponiendo

[57] Sería necesario un análisis monográfico, entre otros, de la inquietud gubernativa por organizar la justicia municipal pero escapa a nuestro tema y desborda el espacio de este trabajo. Lo mismo cabría decir del tema de los funcionarios, que bien merece un estudio más detallado.

[58] Ley de 30 de enero de 1938 y decreto de 12 de marzo de 1938. Remitimos al Anexo II. Sobre este Ministerio véase el breve apunte de LASSO GAITE, J. F.: *El Ministerio de Justicia. Su imagen Histórica (1714-1981)* Madrid. Autor, 1984.

[59] BLINKHORN, M: *Carlismo y contrarrevolución en España (1931-1939)*. Barcelona, Crítica, 1979.

[60] AROSTEGUI, J.: *op. cit.* p. 101 «Como carlista (en el primer Gobierno del "Nuevo Estado") figuraba Tomás Domínguez Arévalo, Conde de Rodezno, pero, a juicio de los carlistas mismos, esa adscripción era bastante dudosa. Sólido cacique en su Navarra natal, abierto siempre a todo género de transacciones, fue instrumento de Franco en la unificación para convencer a sus correligionarios. Bien recompensado por el régimen, acabó pasándose a don Juan».

al Jefe del Estado las disposiciones referentes a su constitución interna y normas de funcionamiento (Ley de Administración)».

Se observa no obstante en 1938 un afán de delimitación de funciones «en evitación de toda confusión» [61], y de atribuir las funciones administrativas a los respectivos departamentos ministeriales. Nada eclipsa el punto de partida de concentración de poderes, aunque la evolución experimentada en el año y medio de guerra ha transformado el aparato jurídico y judicial de embrionario en especializado [62].

De nuevo, la pronta legislación del ministerio sobre funcionarios se dirige a la amalgama estatal, expansión de profesionales, organización del espacio y control del aparato judicial. La Orden de 3 de marzo de 1938 —subsiguiente a la de 17 de febrero, que establece la obligación de los funcionarios de justicia de presentarse en el Ministerio ordena la confección de una relación completa de todos los funcionarios dependientes del Ministerio —a través de las Audiencias—, desde los miembros de la carrera judicial a los subalternos, con documentación detallada de su carrera de funcionarios [63]. Se intensifican los sistemas de control y estructuración de funcionarios ordenando, incluso, la obligación de partes mensuales para los funcionarios con simultaneidad de servicios [64], y la convocatoria y ocupación de vacantes.

Entre todos los funcionarios son los notarios el objeto de máxima atención de la normativa ministerial. La organización del *Notariado,* siguiendo la Ley y Reglamento del Notariado de 1862, con sus modificaciones posteriores, se acompaña de la organización de la Dirección de la Mutualidad notarial [65] y de la renovación de las Juntas Directivas de los Colegios Notariales, que se lleva a cabo obligatoriamente y mediante nombramiento realizado por la Jefatura del Servicio Nacional de los Registros y del Notariado. Este no disimulado control de los Colegios Notariales conculca, «con carácter provisional que no prejuzga permanencia o no

---

[61] Decreto de 2 de marzo de 1938. Intento organizador y delimitador que se había extendido a otros campos, —le había precedido un decreto deslindando competencias entre autoridades militares de Interior y de Orden Público— y que no excluía la atomización de competencias de Justicia ya conocida, que se incrementa con el proceso de estructuración del «nuevo Estado», ni la dejación de poder decisorio en manos del «Caudillo». Una nota autógrafa conservada en el APGJTE, legajo, 20, número 27, informa: «dada cuenta a SE mostró su conformidad con lo resuelto por el Ministerio de Justicia, no habiendo lugar por tanto a rectificar la resolución en dicho ministerio. 12 de marzo de 1940». Notas similares se conservan referentes también a la Comisión de Justicia.

[62] Caracterizado éste según FROSSAERT, R. por la instalación de tribunales permanentes, diseminados en todo el país y distintos de otras ramas del aparato del Estado —dato que no se realiza en el modelo que estudiamos—; la difusión suficientemente general de los tribunales hace de estos un elemento de amalgama estatal; derecho y justicia actúan entonces como factores muy activos de integración política de la sociedad. De ahí la perseverante acción del Estado para establecer el monopolio de la Justicia. A ello se añade la inmunidad persistente del Estado —notablemente potenciada en el caso que analizamos con la supresión de la jurisdicción contenciosa y la expansión de profesiones jurídicas— *op. cit.* p. 96.

[63] Véase, entre otra documentación, de los expedientes personales las declaraciones juradas que habían de cumplimentar los funcionarios de Justicia y que se conservan en el Archivo del Ministerio de Justicia. No obstante, queremos recordar la dificultad de consulta del Archivo del Ministerio de Justicia y la necesidad de su ordenación y puesta a disposición de los investigadores.

[64] Orden de 12 de enero de 1938.

[65] Orden de 19 de febrero de 1938.

del sistema electivo», el principio de elección y representación, los plazos, la composición y, en suma, el reglamento, y pone de manifiesto la crucial importancia de una profesión tan vinculada a los derechos de propiedad y a «funciones tan vitales para el desenvolvimiento del Estado como son las encomendadas a los notarios» [66]. Una laboriosa y bien meditada normativa sobre la provisión de vacantes en los *Registros de la Propiedad* completa este campo [67].

El Registro Civil es, sin embargo, el objeto de mayor atención de la actividad del ministerio. Registro que, como hemos aludido, establece las coordenadas del régimen respecto a la persona, la familia, las relaciones sociales, la vida cotidiana, las creencias y mentalidades. Representa un privilegiado lugar de interación entre el Estado y la sociedad civil que el nuevo ministerio tratará de aprovechar. Este lleva a cabo una acción «demoledora», de marcado afán revisionista y de supresión de los nuevos moldes de relación introducidos por la República. «Entre las disposiciones que reclaman esta revisión ha de ocupar un lugar preferente la llamada Ley del Divorcio» [68]. Las primeras disposiciones atienden a paralizar sus efectos, hasta su derogación posterior en septiembre de 1939. Por lo que respecta al matrimonio civil, en marzo del 38 se deroga la Ley de junio de 1932, considerada como «una de las agresiones más alevosas de la República contra los sentimientos católicos de los españoles» [69].

Como consecuencia de dicha derogación se crea una situación anómala para los hijos habidos de los matrimonios civiles, pues son considerados ilegítimos «a posteriori». Por decreto de 8 de mayo del 38 se consagra de forma definitiva la «existencia de derechos distintos en los hijos legítimos y los que no lo son». Asimismo, se presta especial atención a la condición de la mujer casada: se refuerza la unidad de la familia, que se considera ha sido gravemente vulnerada por el artículo 23 de la Constitución de 1931 y sus disposiciones complementarias [70].

El Ministerio realiza también una acción «constructiva»: el avance de la guerra a mediados de 1938 estimula los proyectos de configurar la sociedad de posguerra. Parece que el núcleo de esta reordenación social no puede ser otro que el concepto católico de la familia, por cuanto «la cohesión familiar constituye base y postulado de la España actual» [71]. El «Nuevo Estado» se propone la decidida protección y amparo del vínculo matrimonial, al declarar el matrimonio canónico como

---

[66] Orden de 1 de junio de 1938.

[67] Orden de 29 de diciembre de 1936, orden de 5 de enero, de 5 de febrero y de 28 de junio de 1937, orden de 19 de julio, de 7 de octubre de 1938 y orden de 29 de junio de 1939. El proceso de provisión interina de Registros y reconstitución de los libros se considera concluido a finales de 1938.

[68] La frase corresponde al preámbulo del Decreto de 2 de marzo de 1938, de Suspensión de Pleitos de Separación y Divorcio. Le siguen la orden de 9 de noviembre de 1938 y las leyes de 23 de septiembre y 26 de octubre del año 1939. Ver ANEXO 6.

[69] Preámbulo de la ley de 12 de diciembre de 1938, derogatoria de la Ley de Matrimonio Civil republicana. La orden de 8 de marzo de 1939 declara la nulidad de inscripciones en «zona roja» en el caso de uniones contraídas sin consentimiento paterno, sin dispensa eclesiástica o ante organismos sindicales, políticos u otros no representantes del gobierno legítimo del Estado.

[70] Los decretos de 24 de mayo de 1938 y 9 de noviembre de 1939 vinculan la nacionalidad de la mujer casada a la de su marido anulando la posibilidad de opción que la Constitución le otorgaba. Los preámbulos de estas disposiciones, son como en general en todas las referentes al Registro Civil, especialmente clarificadores.

[71] Decreto de 9 de noviembre de 1939, ARANZADI, *op. cit.* p. 1123.

único permitido a los españoles, y restablecer todos sus efectos legales, de forma retroactiva, al período republicano [72]. Como ya se ha apuntado se restablece la diferenciación entre hijos legítimos e ilegítimos y un papel subordinado para la mujer en el matrimonio y también en la sociedad [73]. Las disposiciones relativas a los nombres legalmente autorizados completan el cuadro de la legislación que establece el regreso a la «familia tradicional» [74].

La resurrección de la mentalidad católica sustenta muchas de las medidas del nuevo ministerio que, en ocasiones, no dudará en invocar la Tradición (con mayúscula) y el espíritu católico para arrasar ciertas conquistas sociales y mentales de la República. Ni siquiera un pluralismo religioso tiene cabida en este proyecto de unidad —unificar— que parece sustentar las medidas ministeriales de 1938. Fruto de esta postura son medidas como el juramento de los funcionarios, el restablecimiento de la Compañía de Jesús, en el préambulo de cuya ley aparece el más definido discurso católico-tradicionalista, la colaboración de comunidades religiosas en ciertos servicios penitenciarios y la legislación sobre haberes del clero [75].

A los funcionarios y funciones tradicionales añade el Ministerio un proceso de institucionalización creciente para llenar otros vacíos surgidos de la desintegración ministerial.

El restablecimiento del Consejo Superior de Menores, de la Comisión de Codificación y del Tribunal Supremo son algunos de los más notables, y habrán de ser analizados con mayor profundidad [76].

Más adelante, ya ante el final de la guerra, se refuerza el aparato represivo con la creación de Tribunales Especiales, algunos de los cuales recibirán atención específica en este volumen.

Aproximación a la planta del Ministerio de Justicia

Con las sucesivas aportaciones organizativas y como síntesis, el Ministerio de Justicia franquista se estructura en una subsecretaría, cuatro Jefaturas de Servicios Nacionales y seis organismos autónomos, aunque relacionados directamente

---

[72] Ley de 12 de marzo de 1938 y orden de 22 de marzo y 28 de noviembre de 1938; orden de 22 de abril y 1 de septiembre de 1939.

[73] La mujer encontrará dificultades para acceder al trabajo fuera del hogar y en lo que al funcionariado concierne, según recuerda la orden de 27 de septiembre de 1939.

[74] «Sólo podrán imponerse a los católicos los contenidos en el santoral romano». (Orden de 3 de abril de 1938). Se consideran agresiones contra la unidad del idioma y de la «España de Franco» los nombres de personajes célebres (no santos), los de protagonistas de la «revolución ruso-judía» o los propios de las diversas nacionalidades. La orden de 8 de mayo de 1938 impone la revisión de los nombres «viciados» por estos motivos.

[75] Para el juramento de funcionarios, Decreto de 16 de febrero de 1938, ARANZADI, *op. cit.* p. 77; referente a la Compañía de Jesús, Decreto de 3 de mayo de 1938, ARANZADI, *op. cit.* pp. 399-400; la primera disposición sobre prisiones y religiosos es la orden de 30 de agosto de 1938 y por orden de 6 de octubre de 1941 y 22 de enero de 1943 se fija el modelo de contrato con comunidades religiosas para este tipo de servicios; con respecto al pago del clero, Ley de 9 de noviembre de 1939, orden de 27 de noviembre de 1939 y orden de 24 de octubre de 1940.

[76] Para las fechas de su respectivo establecimiento, véase organigrama del Ministerio de Justicia, Anexo II.

con este Ministerio (véase Anexo II). En julio de 1936 el Ministerio republicano se organizaba en torno a una subsecretaría, dos Direcciones Generales y cuatro organismos autónomos.

La subsecretaría ve reducidas sus funciones, respecto a las que desarrollaba en el anterior ministerio republicano, y se limita a las relaciones con otros ministerios u organismos, a la formación del presupuesto ministerial y demás asuntos de contabilidad y a la elaboración de las estadísticas y del Registro Central del ministerio y sus Servicios Nacionales.

Pierde una serie de competencias como las referidas a peticiones y quejas contra los funcionarios y auxiliares de la administración de justicia, las dietas a jurados, y los tribunales de lo contencioso o los tribunales industriales, estos dos últimos quedan en suspenso.

La Jefatura del Servicio Nacional de los Registros y del Notariado expresa una preocupación permanente de la administración de justicia en la España franquista. Destaca en ella la importancia concedida al personal, al que se dedica una de sus secciones, mientras se engloban en una sola un nutrido grupo de registros tales como el Mercantil, el de Hipotecas legales, el de Préstamos declarados nulos o el de Sociedades Anónimas.

La Jefatura del Servicio Nacional de Prisiones tampoco oculta una inquietud clave del régimen, a la vez que contribuye a definir una determinada configuración de la justicia. Destaca en la estructuración de esta Jefatura la existencia de secciones destinadas a los servicios más imprescindibles, como alimentación y vestuario, construcción y reparación de establecimientos penitenciarios, utensilios, alumbrado y calefacción de las prisiones, que contrastan con los servicios culturales y sociales que suponen las subsecciones de enseñanza, sanidad e higiene,... en la Dirección General republicana.

En el ministerio franquista existen seis *organismos autónomos* mientras que en el de 1936, republicano, sólo cuatro. Dos de ellos coinciden en la denominación que reciben en ambos ministerios: el Consejo Superior de Protección de Menores y el Patronato para la Represión de la Trata de Blancas, aunque su organización interna varía en función de los diferentes objetivos que se persiguen en ambas épocas.

La Comisión Jurídica Asesora, creada por decreto de 6 de mayo de 1931, puede remitir a la Comisión General de Codificación, creada por decreto de 25 de marzo de 1938, aunque la función de esta última en el seno del «nuevo Estado» será la derogación de la legislación republicana.

Organismos de nueva creación en 1938 son el Patronato para la redención de penas por el trabajo, creado por orden de 7 de octubre, la Comisión para la Restitución de la Compañía de Jesús, creada por orden de 28 de junio y la Asociación Mutuo-benéfica de Funcionarios de la Administración de Justicia, creada por orden de 17 de mayo de 1939.

En resumen, podemos concluir que el Ministerio de Justicia en la zona nacional ofrece un modelo ministerial que ha superado la fase embrionaria pero que aún no está plenamente desarrollado. La reorganización de los servicios del ministerio que se lleva a cabo en el año 45 desarrolla Direcciones Generales como la de Justicia o la de Asuntos Eclesiásticos, coincidiendo con la reorganización de la Administración de Justicia y las negociaciones con la Santa Sede. Igualmente, de 1942 a 1945 se desarrolla la Inspección de Prisiones de esta Jefatura Nacional.

Se constata la centralización interna entre las secciones ministeriales y también con respecto a los organismos autónomos. Se refuerza, también, el control del ministerio sobre la administración de justicia y los registros y notarías; se potencia la intervención del Estado en la vida cotidiana logrando su reorganización a través del control que de la misma suponen los Registros Civil y de la Propiedad. Se pretende, en fin, la desaparición de importantes servicios del ministerio republicano en los organismos del ministerio. Ello, sin embargo, «sin prejuzgar una definitiva forma del Estado», como se dice en la Ley de Administración Central del Estado de 30 de enero de 1938, que configura una organización ministerial «sujeta a la constante influencia del Movimiento Nacional».

II. Ministerio de Justicia y Derecho Penal

Como se ha expuesto en la introducción general, toda la actividad del Ministerio aparece condicionada, en primer término, por la situación bélica y, en segundo, por el modelo de Estado al que se pretende responder. Como se ha visto, el Ministerio de Justicia aparece en enero de 1938; antes se va a dar una situación que ya hemos calificado de embrionaria, con la Comisión para la reorganización de los servicios de Justicia, primero, y con la Comisión de Justicia dentro de la Junta Técnica, después.

En este apartado pretendemos llegar a conocer las funciones que en dicho período desempeñó el Ministerio de Justicia en un ámbito que le es característico como es el de elaboración y aplicación del Derecho Penal. Desde el Derecho Penal podemos además extraer conclusiones adicionales respecto al propio modelo de Estado y, sobre todo, actuar como introducción a otras ponencias de estas Jornadas, pues, al determinar lo que no hace el Ministerio tendremos que recordar a quiénes transfiere el ejercicio de la función.

La elaboración del nuevo Derecho Penal

Es función que tradicionalmente posee en nuestro país el Ministerio de Justicia la de preparar los anteproyectos de las leyes penales que con posterioridad son definitivamente elaboradas por el legislador [77].

[77] Función que tradicionalmente aparece vinculada a la Comisión General de Codificación. Sobre este órgano, creado por Real Decreto de 19 de agosto de 1843, véase Lasso Gaite: *Comision General de Codificación*, Madrid, 1982, p. 5 y ss.

Este, que sería el *iter* normal para la elaboración de una ley, en este momento está sustancialmente alterado. En primer lugar, conviene recordar que el término «ley» materialmente conlleva como presupuesto el ser expresión del poder legislativo, pero no de cualquier legislador, sino de aquel que representa a la totalidad del pueblo. Probablemente el «nuevo Estado» no pretendía acomodarse a esta exigencia que emana de la división de poderes consustancial al modelo liberal, ya que, por el contrario, parte de la concentración del poder. En un primer momento, Decreto de 24 de julio de 1936, será la Junta de Defensa Nacional la «que asuma todos los poderes del Estado», por tanto, también el legislativo, y posteriormente, de acuerdo con el artículo 1.° del Decreto de 29 de septiembre de 1936, el general Franco en su condición de jefe de Gobierno del Estado Español, quien «asumirá todos los poderes del nuevo Estado». La posterior organización de la Administración Central, por ley de 30 de enero de 1938, para nada afecta a esta potestad al reiterar en su artículo 17 que «al jefe del Estado (...) corresponde la suprema potestad de dictar normas jurídicas de carácter general». En este sentido, habrá menos «intermediarios», no sólo en este momento sino a lo largo de todo el franquismo, entre el texto que proponga el Ministerio de Justicia y el que aparezca en el *Boletín Oficial del Estado* [78].

La labor del Ministerio de Justicia

Ya conocemos la función del Bando de guerra como fuente del derecho penal de guerra desde los primeros días de la sublevación, y el papel desempeñado por la Comisión de Justicia de la Junta Técnica que, aunque escaso en el ámbito penal, no es ajeno a cierta normativa e instituciones sobre depuración y represión administrativa.

La reinstauración por la Ley de 30 de enero de 1938 del Ministerio de Justicia incide directamente sobre el tema que analizamos. El nuevo Ministerio, inspirado en todos sus niveles en los postulados del nuevo régimen [79], comienza lentamente a aproximarse a lo que funcionalmente constituye un Ministerio de Justicia. Entre los primeros pasos dados en este sentido está, como hemos apuntado, la restauración de la Comisión General de Codificación por Decreto de 25 de marzo del 38 que entre sus funciones, de acuerdo con el artículo 2.1, está «elaborar los proyectos de ley que el Gobierno le encomiende». Por el Ministerio de Justicia pa-

[78] Se procede a transcribir el artículo 3 del Reglamento de 9 de noviembre de 1936, en cuanto tiene de peculiar respecto al sistema de fuentes. «Las disposiciones que nazcan de la Administración Central han de adoptar una de las siguientes formas: a) Leyes: cuando se trate de regular materias que afecten a la constitución del Estado; b) Decretos-leyes: en los casos en que deba ser modificada la legislación anteriormente establecida por una ley (...); c) Decretos: cuando se trate de modificar la legislación anteriormente establecida por decreto (...); d) Ordenes: para la ejecución de decretos-leyes o decretos (...)».

[79] Baste de muestra la fórmula de juramento exigida por el artículo 1 del decreto de 16 de febrero 1938 referido a los jueces: «Juráis ante Dios y sobre Santos Evangelios incondicional adhesión al Caudillo de España, administrar recta e imparcial Justicia, obedecer las leyes y disposiciones referentes al ejercicio del cargo sin otro móvil que el fiel cumplimiento del deber y el bien de España».

sará en principio gran parte del derecho penal, ahora bien, esto no implica que siempre hayan pasado por el filtro de la Comisión general de Codificación [80].

El derecho penal que sigue elaborándose durante la guerra será en primer término continuidad del anterior, al promulgarse un amplio cuerpo normativo encaminado directamente a la represión del disidente político. Este grupo de disposiciones, dictadas fundamentalmente en los momentos finales de la guerra, exteriorizan una de las características, tanto política como jurídicamente, de esta primera etapa del franquismo: la persecución y el castigo del vencido en la guerra. Los dos instrumentos claves son, sin duda, la Ley de Responsabilidades Políticas y la Ley para la Represión de la Masonería y el Comunismo, complementados por los instrumentos ya puestos en marcha en la época anterior.

El preámbulo de la primera de estas leyes adelanta expresamente este propósito «de liquidar las culpas de este orden contraídas por quienes contribuyeron con actos u omisiones graves a forjar la subversión roja a mantenerla viva durante más de dos años y a entorpecer el triunfo providencial e históricamente ineludible del Movimiento Nacional».

Ley de Responsabilidades Políticas

Esta norma, dictada en los últimos meses de la guerra (9 de febrero de 1939), presentaba un carácter esencialmente retroactivo, al afirmar en su artículo 1.° «la responsabilidad política de las personas, tanto jurídicas como físicas, que desde el 1 de octubre de 1934, y antes del 18 de julio de 1936, contribuyeron a crear o a agravar la subversión de todo orden de que se hizo víctima España y de aquellas otras que, a partir de la segunda de dichas fechas, se hayan opuesto o se opongan al Movimiento Nacional con actos concretos o con pasividad grave». Para hacer efectiva dicha responsabilidad «política» se ratifica expresamente que quedan fuera de la ley «todos los partidos y agrupaciones políticas y sociales que, desde la convocatoria de las elecciones celebradas el 16 de febrero de 1936, han integrado el llamado Frente Popular, así como los partidos y agrupaciones aliados y adheridos a éste por el solo hecho de serlo las organizaciones separatistas y todas aquéllas que se hayan opuesto al triunfo del Movimiento Nacional» (art. 2.°), y se establecía, en el artículo 9, 17 tipos con «la amplitud necesaria para que resulten comprendidas todas las actuaciones que, a juicio del Gobierno, son merecedoras de castigo». Las conductas estimadas típicas se referían sustancialmente a la vinculación al Frente Popular, a la aceptación de cargos del Gobierno de la República o a su oposición al Movimiento Nacional. En sentido opuesto, una actuación posterior en pro de la causa nacional podía atenuar (art. 6) o incluso eximir de las sanciones establecidas (art. 5).

En cuanto a las sanciones previstas, el artículo 8 las agrupaba en 3 apartados:

«1. Restrictivas de la actividad: Inhabilitación absoluta. Inhabilitación especial.

[80] La consulta de acuerdo con el artículo 2 de decreto de 25 de marzo de 1938 era siempre facultativa. Tras examinar algunas actas de la Comisión, se puede comprobar que sólo algunas normas fueron debatidas en su seno.

2. Limitativas de la libertad de residencia: Extrañamiento. Relegación a nuestras posesiones africanas. Confinamiento. Destierro.

3. Económicas: Pérdida total de los bienes. Pago de cantidad fija. Pérdida de bienes determinados.»

A todas ellas, el artículo 9 agregaba, para «casos excepcionales en que los hechos realizados por el inculpado revistan carácter de gravedad extraordinaria» la pérdida de la nacionalidad española.

Téngase en cuenta que, aunque esta ley no estableciera penas privativas de libertad, no por ello dejaban de ser graves sus sanciones. De un lado, el primero de los tipos del artículo 4, contemplaba la responsabilidad política como un plus de la que derivaba de «haber sido o ser condenado por la jurisdicción militar por alguno de los delitos de rebelión, adhesión, auxilio, provocación o inducción a la misma, o por los de traición en virtud de causa criminal seguida con motivo del glorioso Movimiento Nacional», y el artículo 9 establecía en todo caso se impondría una sanción económica que podría ir sola o acompañada de alguno de los otros dos grupos. Por otra parte, la sanción dejaba de ser personal, al establecer el artículo 15 que «las sanciones económicas se harán efectivas, aunque el responsable falleciera antes de iniciarse el procedimiento o durante su tramitación».

Para la aplicación de esta ley se creaba una jurisdicción especial cuya composición se examinará más adelante [81].

Ley para la Represión de la Masonería y el Comunismo

El 1 de marzo de 1940 fue promulgada la Ley para la Represión de la Masonería y el Comunismo. Disposición encaminada directamente, y con carácter retroactivo, al castigo de los que el régimen tuvo siempre por sus tradicionales enemigos. La ley tras definir en el artículo 2 a quiénes consideraba masones y comunistas, estos últimos con gran amplitud y originalidad, «inductores, dirigentes y activos colaboradores de la tarea o propaganda soviética, trotskista, anarquista o similares», establecía la pena de reclusión menor (art. 5) para la mera pertenencia a estas organizaciones, y la de reclusión mayor (art. 5 en relación con el art. 6) para los casos en que se ostentará algún cargo directivo.

Unase a esto, para valorar el carácter esencialmente represivo de esta Ley, la imposición, contemplada en el artículo 8, en determinados casos, de la inhabilitación perpetua y el castigo con las referidas penas privativas de libertad —reclusión mayor o menor—, de la «propaganda que exalte los principios o los pretendidos beneficios de la masonería o del comunismo o siempre ideas disolventes contra la religión, la Patria y sus instituciones fundamentales y contra la armonía social».

[81] La Ley de Responsabilidades Políticas prolongó su vigencia hasta el decreto de 13 de abril de 1945. Su derogación tiene que entenderse en el marco de las medidas de distinto orden adoptadas en 1945, con objeto de variar la imagen exterior del régimen. De la frecuencia de su aplicación, que se atenuó algo por la ley de 19 de febrero de 1942, da buena prueba el hecho de que en 1940 se constituyeron, debido al exceso de trabajo, dos tribunales en Barcelona y Madrid, por orden de 4 de enero y uno más en Santander y Granada por orden de 7 de diciembre. Ver ANEXO 4.

Para su aplicación, la ley creó también una jurisdicción especial. El contenido material de esta norma, su carácter retroactivo, la formulación de sus tipos y la severidad de sus sanciones hacen que esta ley pueda ser considerada como un claro ejemplo de lo que es un Derecho Penal totalitario.

Junto a la promulgación de estas dos normas que suponen un salto cualitativo en la represión se continúan desarrollando las *medidas administrativas de depuración individual* que ya se habían iniciado en los primeros años de la guerra. Así la actuación de las Comisiones de Depuración es completada, sistematizada y homogeneizada por la ley de 10 de noviembre de 1939, que regula la depuración de toda clase de funcionarios.

Las sanciones a imponer, siempre en vía administrativa —y sin posible recurso—, eran, de acuerdo con el artículo 1:

— Traslado forzoso con prohibición de solicitar cargos vacantes durante un periodo de uno a cinco años.

— Postergación desde uno a cinco años.

— Inhabilitación para el desempeño de puestos de mando o de confianza.

— Separación definitiva del servicio.

De este régimen una vez más se excluyó —disposición adicional número 2— la depuración de personal docente. Esta fue regulada un mes más tarde por orden de 18 de marzo del Ministerio de Educación, que remitía al régimen general de la ley de 9 de febrero a los profesores de Universidad y Escuelas Técnicas y mantenía las Comisiones de Depuración para los niveles inferiores de enseñanza. La razón del distinto régimen para uno y otro nivel parece ser de carácter simplemente numérico [82].

Asimismo continúan proliferando los Tribunales de Honor [83] que completan la tarea depuradora de las comisiones precedentes.

En este período también continúa desnaturalizándose a nivel legislativo el contenido del delito de rebelión militar con comportamientos que en palabras de Antón [84] nada tiene ni de lo uno ni de lo otro. En especial se trata de acciones que inciden negativamente sobre el orden económico (Decreto de 3 de mayo de 1938). Finalizada la guerra todavía se desnaturaliza más el contenido de este delito al llevar a él graves infracciones del régimen de tasas (art. 13 de orden de 30 de mayo de 1940) y comportamientos de acaparamiento y ocultación (art. 2 de ley de 24 de junio de 1941).

---

[82] Las sanciones previstas para los funcionarios de educación eran de acuerdo con el artículo 2 de la mencionada orden de 18 de marzo de 1939: a) traslado forzoso con prohibición de solicitar cargos vacantes durante un periodo de uno a cinco años; b) suspensión de empleo y sueldo de un mes a dos años; c) postergación desde uno a cinco años; d) inhabilitación para el desempeño de cargos directivos o de confianza; e) separación definitiva del servicio. A los que la orden de 19 de diciembre de 1939 añadió: f) cambio de servicios por otros análogos y g) jubilación forzosa.

[83] Sobre los nuevos Tribunales de Honor, *vid.* I. BERDUGO, «Derecho represivo...», *op. cit.*, p. 103.

[84] ANTÓN ONECA: «Derecho penal de la postguerra» en *Problemas Actuales de Derecho Penal y Procesal,* Salamanca, 1971, p. 171.

Pero junto a esta parte del derecho la necesidad de crear un derecho penal que se acomode al «nuevo Estado» aparece como una exigencia más prioritaria en los últimos tiempos de la guerra.

Legislación de tipo económico

Así, en primer lugar, existe un bloque de legislación penal y económica. En su promulgación concurren de un lado factores condicionados por el carácter económicamente intervencionista del nuevo Estado, y de otro esta intervención estaba acrecentada por la coyuntura histórica del enfrentamiento bélico [85]. Asimismo no debe olvidarse que esta normativa constituye tradicionalmente materia de legislación especial.

Aparte de las infracciones económicas que se equipararon al delito de rebelión, dentro de este período se promulgaron tres nuevas leyes reguladoras de esta materia, las de 24 de febrero de 1938, 26 de octubre de 1939 y 30 de septiembre de 1940, mediante las que se pretendía obtener un control general sobre las relaciones económicas, lógico por las razones ya apuntadas.

Ley de 24 de noviembre de 1938 penal y procesal de Delitos Monetarios. Tipifica veintidós conductas para las cuales el artículo 7 prevé penas pecuniarias cuya cuantía depende de la entidad de la infracción, a la que puede, si el juez lo estima justo, añadirse prisión de hasta un máximo de tres años. En caso de impago de la sanción pecuniaria, la ley prevé el arresto subsidiario de hasta un máximo de un año (art. 8, n.º 3). En caso de rebeldía del inculpado podrá el Gobierno decretar la pérdida de la nacionalidad española (art. 9).

Ley de 26 de octubre de 1939 sobre el delito de acaparamiento. A través de ella se castigan con notable severidad el acaparamiento con el fin de elevar los precios (art. 1), la elevación abusiva sin acaparamiento (art. 3), esparcir rumores o utilizar cualquier medio para alterar los precios (art. 4), fraude en la cantidad o calidad de los géneros o mercancía (art. 5), el cierre injustificado de establecimientos (art. 6). La severidad en el castigo llegaba hasta el establecimiento de la pena de reclusión mayor a muerte y multa del décuplo del valor de los géneros acaparados, cuando el acaparamiento se realizara con ánimo de perturbar el normal desarrollo de la economía nacional (art. 1). La no justificada severidad en las sanciones y el que su aplicación se sustrajera a la jurisdicción ordinaria y fuera encomendada a la de guerra hacen que esta ley choque frontalmente con las exigencias de un Estado de Derecho.

Posteriormente, la ley de 4 de enero de 1941, hizo más rechazable esta normativa al establecer explícitamente en su artículo 2 el que fuera aplicada con carácter retroactivo.

Ley de 30 de noviembre de 1940 sobre la Fiscalía de Tasas. Se trata de una norma de carácter administrativo, concebida como complementaria de la anterior-

[85] Véase BAJO: *Derecho Penal económico aplicado a la actividad empresarial,* Madrid, 1978, p. 454 y ss.

mente expuesta. Ahora bien, la gravedad de las sanciones que, «aparte de las penales», prevé en el artículo 4 para los casos de infracción del régimen de tasas y de venta clandestinas u ocultación de género, hace que incida plenamente en los rasgos de una norma represiva. Las sanciones previstas eran: a) incautación inmediata de las existencias del artículo motivo de la infracción; b) multa de 1.000 a 500.000 pesetas; c) prohibición de ejercer el comercio o clausura del establecimiento o fábrica durante tres meses, seis meses o un año; d) destino de tres meses a un año a un batallón de trabajadores; e) multa extraordinaria de cuantía superior a 500.000 pesetas, cese definitivo en el comercio o industria e inhabilitación para el ejercicio de su profesión.

Esta normas ponían, por tanto, a disposición de las autoridades administrativas, con posibilidad de utilizarlo con carácter retroactivo, de acuerdo con la mencionada ley de 4 de enero de 1941, todo un arsenal de sanciones materialmente penales, infringe el principio *no bis in idem,* aunque lo palíe algo en el artículo 14, fomenta la denuncia, con lo que conlleva de pérdida de carácter público por parte de la justicia, al castigar como complicidad en la infracción el no hacerlo (art. 8), premiar con el 40 por 100 de las multas al denunciante (art. 7), y dejarle exento de posibles responsabilidades administrativas y penales (art. 14).

Legislación penal ordinaria

El Código penal en vigor seguía siendo el Código penal republicano de 1932, aunque la abundancia de legislación especial y en particular el recurso a la legislación militar no hacía necesaria en aquel momento la promulgación de un nuevo Código penal más acorde con el nuevo marco político. Pese a ello, la legislación ordinaria será modificada desde el primer momento por el Ministerio de Justicia en sentido agravatorio acogiendo la pena de muerte.

En concreto, la ley de 5 de julio de 1938 reinstauró esta sanción en el Código penal, de donde, de acuerdo con su preámbulo, había sido eliminada por el legislador republicano «por un sentimiento de notoria falsía y que no se compagina con la seriedad de un Estado fuerte y justiciero» [86].

Próximo el fin de la guerra desde el Ministerio de Justicia se dan pasos encaminados a adaptar la legislación vigente en el campo de la justicia criminal al régimen político del «nuevo Estado» y a las necesidades sociales del momento presente, mientras se propone una reforma penal honda y extensa. Así se elabora desde el Ministerio un Proyecto de Código penal de 1939 encaminado a la pretensión que se acaba de enunciar [87].

---

[86] El proyecto de esta ley fue estudiado por la Comisión General de Codificación el día 8 de junio de 1938 (Acta n.º 7). Asistieron a la sesión los señores Esteban Bilbao, José Yanguas, José María Valiente, José María Zumalacárregui y Eugenio Cuello Calón. Se estableció la pena capital para los casos de parricidio —artículo 411—, asesinato —artículo 412—, robo con homicidio —artículo 494.1—. La ley fue rectificada el 25 de julio de 1938, pues, en su redacción originaria fue establecida la pena de muerte para el delito contenido en el artículo 194.1 en lugar del artículo 494.1.

[87] El texto fue publicado en diciembre de 1939 por el Ministerio de Justicia, existiendo una edición con estudio preliminar de CASABO, Murcia, 1978.

El texto elaborado que se vincula al de 1848 es interesante en cuanto refleja el programa político criminal a corto plazo del nuevo Estado: mayor severidad en el sistema de sanciones; modificación de los delitos contra la seguridad interior del estado; propugnar desde la legislación penal la imposición de un orden ético determinado.

El proyecto no prosperó, con lo que se opta, como por ejemplo se hace en el momento actual, por mantener el viejo Código y dar cabida a su modificación en ley especial de aquellos puntos que se estiman más urgentes.

Así, en los años siguientes se llevarían a cabo las siguientes modificaciones.

En primer lugar, se procedió a intensificar la tutela de la seguridad interior del Estado a través de la ley del mismo nombre de 29 de marzo de 1941 [88]. Pese a ello, la ley de 19 de febrero de 1942 modificó una serie de tipos del Código penal dirigidos a tutelar este bien jurídico. La justificación de esta reforma, de acuerdo con su preámbulo, fue «la sistemática lenidad con que los regímenes democráticos abandonan al menosprecio público las más esenciales prerrogativas de la autoridad».

Durante este período se efectuaron varias reformas con la finalidad de proteger o reflejar los postulados de la moralidad católica, en especial a lo que concierne a la institución familiar. En concreto, la ley de 24 de enero de 1941, de protección de la natalidad; la de 12 de marzo de 1942, creando el delito de abandono de familia; las dos de 11 de mayo de 1942, restableciendo el delito de adulterio y modificando el de infanticidio y abandono de niños, y la de 6 de febrero de 1942 que variaba el contenido de los delitos de estupro y rapto.

A través de estas leyes se dio entrada en el ordenamiento punitivo de un componente religioso, el denominado «nacional catolicismo», que constituyó sin duda uno de los elementos peculiares y claves de la ideología oficial de los cuarenta años de franquismo. Los preámbulos de estas modificaciones del Código reflejan expresamente estos ideales. Así, al tipificar el abandono de familia se aducía que «una sociedad cristiana y un Estado católico no pueden permitir, sin grave quebranto de sus primordiales intereses, tales conductas», al fundamentar en el amparo y protección de la mujer la tipificación del estupro de abuso de situación desesperada de la mujer o de relación de dependencia o servicio se calificaba tal criterio de «profundamente cristiano y humanitario».

La aplicación del Derecho

El rasgo más característico es la quiebra de la unidad de jurisdicciones, con la proliferación de jurisdicciones especiales y la consiguiente pérdida de independencia del poder judicial. La jurisdicción estrella en la nueva situación es la militar, lo que viene determinado no ya por la situación bélica, sino por las nuevas misio-

[88] La Ley de Seguridad Interior del Estado se discutió en dos momentos en la Comisión General de Codificación, a partir de la sesión de 5 de mayo de 1938, como anteproyecto de la ley de protección del Estado. El debate volvió a relanzarse a partir de la sesión de 2 de diciembre de 1940. En ambos casos, el ponente fue Eugenio Cuello Calón.

nes que se asignan al ejército, al convertirlo en un instrumento para la represión política. La legislación militar debe aplicarse, como establece el preámbulo de la ley de 2 de marzo de 1943, a «aquellos hechos que en lo sucesivo pudieran pretender perturbar el orden público o dañar el prestigio del estado ya que de ambos son su más firme garante los organismos armados de la Nación».

La ampliación de la competencia en la jurisdicción militar no sólo se deriva de la acción del legislador, como se vio en las páginas precedentes sino también en la propia actuación en los Tribunales, que genera en muchos casos una jurisprudencia que tiende directamente a la represión política. Del mismo modo que en derecho positivo, la figura delictiva cuya aplicación predomina en la jurisprudencia castrense es la de rebelión y los delitos concretos con ella relacionados.

La jurisprudencia militar, con independencia de que se aborde extensamente en otro momento de estas Jornadas, es, a nuestro parecer, [89] imprecisa a la hora de determinar los tipos aplicados, desigual en función de la ideología política del reo y severa en las sanciones que establece.

El primer rasgo es particularmente claro en figuras como la adhesión a la rebelión, auxilio a la rebelión y excitación a la rebelión [90]. Situación que si ya se favorecía desde las fórmulas empleadas en los referidos tipos, se agudizaba en su aplicación. Sirva de muestra la sentencia de 11 de julio de 1937 [91] o la memoria del fiscal jurídico militar del ejército de ocupación de 1939, al afirmar «en una rebelión como la que juzgamos, tan extensa y honda, puede incluirse multitud de actos que integran la vida de relación, que no están materialmente especificados de modo literal en los bandos y claro es que para ellos ha de considerarlos punitivos el mismo juzgador, constituyendo su criterio, en realidad, la categoría de un precepto penal» [92].

La jurisdicción castrense quedaba al margen de cualquier control del Ministerio de Justicia. Pues, el sistema establecido por la República de una jurisdicción castrense de competencia reducida y rodeada de las garantías que se derivaban de su puesta en conexión con la jurisdicción ordinaria a través de una Sala Mixta del Tribunal Supremo, fue combatida por el nuevo régimen ya que, de acuerdo con

---

[89] BERDUGO, «Derecho represivo ...», *op. cit.*, p. 122.

[90] El examen de la jurisprudencia permite, con todas las reservas, formular la siguiente caracterización de estos delitos: la adhesión a la rebelión se vincula a la decidida participación en favor de la República ya sea en vanguardia militar, en cargo público o en retaguardia, y a una compenetración ideológica con los fines de la «subversión roja». El auxilio a la rebelión se suele aplicar a quien cooperó con la República en puestos de escasa importancia y poseía una ideología de derechas, o carecía de ideología definida, o bien a quien, teniendo ideología de izquierdas, tiene una participación pasajera o de escasa entidad. Finalmente, la excitación a la rebelión aparece vinculada a la exigencia de que el procesado no haya tomado físicamente parte en la misma. Ampliamente sobre estos tres delitos, BERDUGO, «Derecho represivo...». *Op. cit.*, p. 12 y ss.

[91] Afirma: «Cuando los Bandos califican determinados hechos como integrantes del delito de rebelión sin expresar concretamente la figura delictiva en que habrían aquellos de incluirse, de las varias que este delito puede revestir (...) pueden los tribunales en cada caso, teniendo en cuenta las circunstancias que del sumario se deriven, muy especialmente los antecedentes y significación del procesado y su peculiar actuación, incluirle en la modalidad que juzguen más adecuado a su personalidad, hechos y propósitos revelados», transcrita por STAMPA IRUESTE: *El delito de rebelión*, *op. cit.*, p. 80, nota.

[92] Recogido por STAMPA IRUESTE: *El delito de rebelión*, *op. cit.*, p. 86, en nota.

el preámbulo de la ley de 5 de septiembre de 1939, «desnaturalizando la razón de ser de la jurisdicción castrense atribuía el conocimiento de los delitos militares a quienes ignoraban las experiencias del mando y el carácter de la disciplina marcial». Ya desde la promulgación del Bando de declaración de estado de guerra se había buscado tanto la ampliación de la competencia de la jurisdicción militar como su absoluta desvinculación de la jurisdicción ordinaria [93]. La reforma orgánicamente se completó con la creación por decreto de 22 de octubre de 1936 de un Alto Tribunal de Justicia Militar en sustitución de la Sala de Justicia Militar del Tribunal Supremo. El nuevo Tribunal obviamente es estríctamente castrense, pues, de sus cinco miembros tan solo uno, vocal auditor, era experto en derecho.

Como ya se apuntó, junto a esta jurisdicción aparecen al final de la contienda otras dos jurisdicciones: la de Responsabilidades Políticas [94] y la de Masonería y Comunismo [95] totalmente al margen del Ministerio de Justicia y sin vinculación con el Tribunal Supremo.

El panorama de sustración de competencias a la jurisdicción ordinaria se completaba con el Tribunal de Delitos Monetarios, creado por la ya mencionada Ley Penal y Procesal de Delitos Monetarios y que bajo su denominación encubría un órgano unipersonal de carácter administrativo, nombrado por el Ministerio de Hacienda [96].

El Tribunal Supremo vuelve a instaurarse por ley de 27 de julio de 1938 aunque, al menos en lo penal, con unas competencias bastante residuales.

El cumplimiento de las penas

En esta época, junto a la pena capital, la aplicación del Derecho Penal se centra sobre la pena privativa de libertad [97]. En este punto, a diferencia de lo que ocurre en las otras fases por las que transcurre el Derecho Penal, va a producirse una mayor intervención de la Administración Civil.

Establecida la Junta Técnica, recordemos, se crea por orden de 30 de octubre de 1936, una Inspección de Presidios y Prisiones vinculada expresamente al presidente de dicha Junta (no a la Comisión de Justicia), meses más tarde y por decreto de 20 de julio de 1937, se creó la Dirección de Prisiones con facultades más amplias que

93 *Vid.* ALCALA ZAMORA: «Justicia penal de guerra civil», *op. cit.*, p. 277.

94 El artículo 19 de la Ley de Responsabilidades Políticas establecía que el Tribunal Nacional de Responsabilidades Políticas estaba integrado por «un presidente, dos generales o asimilados del ejército o de la armada, dos consejeros nacionales de FET y de las JONS que sean abogados y dos magistrados con categorías no inferior a magistrado de Audiencia Territorial. Todos los miembros del Tribunal serán de libre nombramiento del Gobierno». Esta composición tripartita ejército-partido-poder judicial se repetía en los tribunales regionales —artículo 24—.

95 La composición del Tribunal de acuerdo con el artículo 12 era un presidente designado por el Jefe de Estado, un general de ejército, un jerarca de FET y de las JONS y dos letrados, todos ellos nombrados por el mismo sistema que el presidente.

96 BAJO: «El desaparecido juzgado de delitos monetarios. A propósito de la reforma de 4 de enero de 1977», en *Rev. Derecho Financiero y Hacienda Pública.* 1977.

97 Reviste suma importancia, igualmente, la sanción económica principal, la incautación, que deberá ser objeto de un estudio posterior, puesto que desborda el espacio de esta ponencia.

el órgano anterior, pues, a las funciones de inspección añade las de organización, personal y trabajo de penados. Establecido el Ministerio de Justicia, por decreto de 12 de marzo de 1938 se constituye dentro del mismo, la Jefatura del Servicio Nacional de Prisiones, con dos secciones, una Técnica y otra Administrativa. El organigrama de esta Jefatura se completa más tarde con la Secretaría Técnica de Prisiones encaminada a funciones de inspección.

Tras dos meses de confusión y arbitrariedad en el sistema penitenciario por la carencia de reglamentación clara, así como por el muy elevado número de presos —políticos en su mayor parte—, el 22 de noviembre de 1936 se restablece «en toda su integridad» el decreto de 14 de noviembre de 1930, a fin de dar salida a tan anómala situación y hasta tanto se disponía de una nueva legislación procesal y penal. Los años sucesivos y previos a la elaboración del Reglamento de Prisiones de 1948 irían añadiendo al citado decreto una serie de normas adoptadas según las conveniencias de cada momento [98].

El decreto de 1930 había supuesto un avance considerable en el momento de su promulgación. Sus 485 artículos recopilaban y ponían al día todo lo regulado hasta la fecha en materia de prisiones. Sin embargo, su restablecimiento en 1936 significa un salto atrás importante, puesto que anulaba el enorme impulso humanitario infundido por la República a la legislación penitenciaria [99].

En la práctica, las condiciones de vida infrahumanas, hacinamiento, arbitrariedad y brutalidad en el trato determinan el estado de las cárceles durante el período de la guerra. Así, por ejemplo, Martín Torrent, capellán de distintas prisiones y buen conocedor del mundo penitenciario en estos años, señala cómo una celda de 3,80 × 3 metros podía albergar con frecuencia hasta 13 personas [100].

[98] Ordenes de 29 de diciembre 1937 y 9 de marzo de 1939, que establecen la prisión de mujeres de Saturrarán y la Central de Santander, respectivamente; orden de 9 de agosto de 1938 por la que se establecen Jueces encargados de revisar la situación de los detenidos en las prisiones, suprimidos posteriormente por la orden de 14 de noviembre de 1938; orden de 10 de agosto de 1938 creadora de plazas de arquitectos inspectores de prisiones; orden de 30 de agosto de 1938 autorizando contratar servicios con comunidades religiosas para intensificar valores morales en los establecimientos penitenciarios; orden de 5 de octubre de 1938 organizadora de la asistencia religiosa a los recluidos; decreto de 28 de mayo de 1937, sobre el trabajo de los presos y Orden de 7 de octubre de 1938 que introduce la reducción de penas por el trabajo. Decreto de 9 de mayo de 1939, que establece la relación redención de penas por el trabajo y libertad condicional.

[99] En concreto, orden de 24 de abril de 1931 que establece la libertad de conciencia de los reclusos (art. 1), y la de recibir toda clase de prensa (art. 2). Orden de 12 de mayo de 1931, para mejorar el régimen alimenticio de los presos y el decreto de 27 de septiembre de 1934 concede un suplemento extraordinario para manutención de internos e hijos de los reclusos en su compañía e igual hace la ley 12 de octubre de 1935. Se ordena retirar «con la mayor urgencia» cadenas blancas, grillos e hierros de sujeción que quedaran en los establecimientos penitenciarios; la circular de 30 noviembre de 1931 dispone que los gastos de viajes, billetes de ferrocarril y ropa de penados libertados, aún cuando posean fondos de su peculio, serán abonados por la Administración. Por el decreto 22 de marzo de 1932 se concede la libertad condicionada a los septuagenarios de intachable conducta que ofrezcan garantías de llevar vida honrada en libertad. Se crea el Instituto de Estudios Penales (Decreto de 29 de marzo de 1932) destinado a la preparación del personal de prisiones y a la ampliación de sus estudios y aunque se sustituye por la Escuela de Criminología (Decreto de 26 de febrero de 1935), de nuevo en 1936 se suprime la Escuela y se restablece el Instituto... También se dan medidas de sanidad e higiene. *Vid.* circulares 17 de junio de 1932 y decreto de 8 de febrero de 1933 y 5 de agosto de 1933.

[100] TORRENT, M.: *¿Qué me dice usted de los presos?* Alcalá de Henares, 1942.

Paulatinamente el número de presos iba aumentando [101]. Los problemas de infraestructura eran cada día más graves. Esta situación determina una serie de disposiciones encaminadas a habilitar nuevos edificios, contratar más vigilantes y buscar recursos materiales para mantener a los prisioneros [102].

La insuficiencia de infraestructura desvía la solución al terreno del Derecho. Así se dictan normas encaminadas a afrontar indirectamente esta problemática. De esta manera nace el decreto de 28 de mayo de 1937, el cual, bajo la apariencia humanitaria y de reinserción social, convierte al preso político en apto para el trabajo y, excepcionalmente, a los comunes que lo merecieran por su excelente conducta: «el derecho al trabajo —afirma este decreto— que tienen todos los españoles como principio básico declarado en el punto 15 del programa de FE y de las JONS, no ha de ser regateado por el Nuevo Estado a prisioneros y presos rojos, en tanto no se opongan, en su desarrollo a las previsiones que en orden a vigilancia merecen, quienes olvidaron más elementales deberes de patriotismo». Así se paliaba el conflicto planteado, ante la imposibilidad manifiesta de detraer recursos económicos necesarios para el sustento de la población reclusa. El penado cobraría 2 pesetas diarias, de las cuales 1,50 pesetas eran destinadas a su manutención, el resto, 0,50 pesetas, para él; en caso de tener familia en la zona nacional, su mujer percibiría 2 pesetas y 1 peseta por cada hijo menor de quince años; posteriormente se ampliaría la subvención a los mayores de quince años inútiles para el trabajo. Se completa el decreto de 28 de mayo con nuevas órdenes y decretos tendentes a redimir la condena mediante el trabajo y que contemplan la posibilidad de la libertad condicional: Orden ministerial de 7 de octubre de 1938 y Decreto de 9 de junio de 1939.

A fin de obtener buenos resultados y de encauzar todos los servicios por la vía del trabajo se crea el Patronato Central para la Redención de Penas por el Trabajo, con sede en el Ministerio de Justicia, y Juntas Locales dependientes del Patronato, que, además, deben encargarse de la «propaganda política y ciudadana» y del «encauzamiento dirigido a arrancar de los presos y de sus familiares el veneno de las ideas de odio y antipatía sustituyéndolas por las de amor mutuo y solidaridad estrecha entre los españoles» [103].

Dicho Patronato estaba presidido por el Jefe del Servicio Nacional y lo integraban, como vocales: un inspector de prisiones; un miembro de la Secretaría Técnica de la Jefatura del Servicio Nacional; un representante del Servicio Nacional; un representante del Servicio Nacional de Prensa y Propaganda, nombrados a propuesta del Ministerio del Interior; y un sacerdote o religioso, nombrado a pro-

---

[101] Según datos oficiales el número de presos a 31 de julio de 1937 ascendía a 44.441, cifra que se incrementa en los meses siguientes: 49.441 en agosto y 64.719 en septiembre. La población penitenciaria al final de la guerra se calculaba en 100.242 presos, elevándose a 210.219 en el año 1940.

[102] Por orden de 22 de septiembre de 1937 se convocó concurso para la provisión de 200 plazas de guardianes interinos, ya mencionada, posteriormente, el 30 de abril del 38 se creó una escala especial de la Sección Directiva del Cuerpo de Prisiones, que se denomina «Jefes de Servicios Habilitados», de nuevo el 16 de mayo de 1939 se convocan a concurso 150 plazas de jefes técnicos del Cuerpo Especial de Prisiones y Sección Técnica Directiva.

[103] De gran expresividad son los dibujos y gráficos encontrados en el Archivo de Presidencia del Gobierno, sin duda de carácter propagandístico de estas medidas en favor del «nuevo Estado». Ver ANEXOS 11, 12, 13, 14, 15.

puesta del Cardenal Primado. Las Juntas Locales estaban formadas por un representante del alcalde, que había de desempeñar necesariamente un afiliado a la Organización de FE y de las JONS; por el cura Párroco del pueblo, y un vocal de libre nombramiento del Servicio Nacional de Prisiones, que se procurará recaiga en una mujer que reúna condiciones de espíritu profundamente «caritativo» y que sería la secretaria de la Junta Local.

Encubierto en un retribucionismo de tintes religiosos («el preso ha pecado y redime su pecado con el trabajo»), se facilita la reconstrucción del país y se soluciona el grave problema de mantenimiento de una población reclusa muy abundante. Se utiliza mano de obra barata en beneficio del Estado, que, a cambio, reduce su condena: en principio un día por cada dos de trabajo y, posteriormente, llegar a obtener, también, la libertad condicional (decreto de 9 de junio de 1939).

Los reclusos trabajan en destacamentos penales, colonias penitenciarias, batallones de trabajadores y batallones penitenciarios. Los condenados a penas menores podían trabajar en un régimen especial, fuera de la prisión, sin control estrictamente penitenciario y en contacto con la población libre.

Resulta muy interesante la consulta de la relación de obras que tiene en estudio la Comisión Técnica asesora de campos de concentración prisioneros en agosto de 1937 sobre carreteras, obras hidráulicas, ferrocarriles, repoblación forestal, puertos, minas e industrias.

En 1942 existían 68 destacamentos penales en los que trabajaban 5.401 presos y afectos a las siguientes empresas y trabajos:

Fundación del Generalísimo Franco o Industrias Artísticas Agrupadas; Regiones Devastadas (reconstrucción de Belchite, Brunete, Oviedo, Teruel, Potes, Quinto, Medina de Aragón, Puebla de Albotón, Boadilla del Monte y Lérida); Minas (Almadén, Duro Felguera, Sociedad Minero Siderúrgica de Ponferrada, Lignitos de Utrillas, Carbones Asturianos, Antracita de Moro y Estaño de Silleda); obras públicas (ferrocarril directo Madrid-Burgos, pantano del Generalísimo, cuarteles de Carabanchel, Academia de Caballería de Valladolid, catedral de Vich, túnel de Viella); Metalurgia (Babcok Wilcox, Trefilesa, Plasencia de las Armas, Múgica y Arellano Maquinista y Fundición del Ebro, Esperanza y Compañía, S. A., Parque Móvil de los ministerios civiles).

En noviembre de 1942 se modifica la organización del Patronato, que pasará a llamarse Patronato de Nuestra Señora de la Merced (orden de 13 de noviembre de 1942).

La normativa sobre reducción de penas por el trabajo esbozada, como hemos visto, durante la guerra, será reconocida en el Código penal de 1944 y en el Reglamento de Prisiones de 1956.

ANEXOS

1. Planta del Ministerio de Justicia Republicano, 1936.
2. Planta del Ministerio de Justicia del «Gobierno Nacional», 1938.
3. Indice de legislación sobre justicia: de 24 de julio de 1936 a diciembre de 1939.
4. Indice de disposiciones legales sobre justicia (una selección), 1940-1945.
5. Disposiciones legales restablecidas, 1936-1939.
6. Disposiciones legales derogadas y en suspenso, 1936-1939.
7. Disposiciones legales modificadas, 1936-1939.
8. Declaración jurada de funcionarios de justicia. (A. Ministerio de Justicia).
9. Idem.
10. Ministerio de Justicia. Estadística civil. Año de 1939. (A. Ministerio de Justicia).
11. Número de reclusos que redimen pena (APG).
12. Importe de la asignación familiar (APG).
13. Importe de sobrealimentación y entrega en mano (APG).
14. Expedientes de libertad condicional aprobados durante el año 1942 (APG).
15. Número de familias de reclusos beneficiados (APG).

MINISTERIO DE JUST

M

SUBS

S. 1.ª personal	S. 2.ª Asuntos Eclesiásticos	S. 3.ª Indultos y Amnistías	S. 4.ª Contabilidad	S. 5.ª Asuntos Judiciales	S. 6.ª Secret. judicia
Magist. Trib. Sup. y Audien. Ministerio Fiscal y Tribs. de lo contencioso Aspirantes M.º Fiscal y Judicatura Jueces de 1.ª Inst. e Instrucc. Escalafón judicial y fiscal Tribunales de menores Tribunales industriales Expedientes de queja contra jueces y fiscales	Obispos Clero catedral. y parroquial Comunidades religiosas Seminarios, culto y templos Enajenación patrimonio artístico de la Iglesia Relaciones Santa Sede Personal técnico y administrativo del ministerio	Indultos y amnistías Legitimaciones Recursos de revisión en materia criminal Justicia municipal Títulos y grandezas Títulos administrativos	Presupuesto del M.º Obras de construcción Gastos de análisis y de ejecución de sentencias Dietas a funcionarios y reclamación de haberes Viajes de funcionarios Dietas a jurados Indemnizaciones a peritos y testigos	Competencias de la Admón. y quejas por invasión de atribuciones Suplicatorios, exhortos y comisiones rogatorias Extradiciones División territorial Peticiones de Justicia	Secretarios trib. supr Secret. de Audiencias Juzgados de 1.ª Inst. Secret. de Tribunale Especiales Judiciales Médicos Forenses Quejas a funcionario Aranceles judiciales Habilitación del perso nal y del material Publicaciones judicia les

DIRECCION GENERAL DE LOS REGISTROS Y DEL NOTARIADO

SECCION PRIMERA PERSONAL DE REGISTRADORES	SECCION SEGUNDA RECURSOS GUBERNATIVOS	SECCION TERCERA REGISTRO CIVIL	SECCION CU. REGISTROS ESP
Negociado 1 (técnico) Personal del registro de la propiedad Personal de registradores mercantiles Provisión de los reg. de propiedad y de registros mercantiles Provisión interina de ambos regist. Demarcación de ambos registros.	**Negociado 1 (técnico)** Consultas de legislación hipotecaria Recursos contra calificaciones de los registrad. propiedad Aranceles de registrad. Regulación e impugnación de honorarios de regs. propiedad.	**Negociado 1 (técnico)** Registro Civil de la Dirección Naturalizaciones Cambio, adición y modificación de nombres y apellidos Expedientes de matrimonio civil Dispensas de impedimentos Registros de matrimonios secretos o de conciencia	**Negociado unico (técn** Registro General de ma voluntad Registro General de F gales Reg. Gral. de Socs. A Reg. Gral. de Présta dos nulos Registro de confesion Registro de bienes u por Iglesia Católica Registro de bienes priv fesiones religiosas Registro de inscripció confes. religiosas Estadística y publica Dirección.
Negociado 2 (técnico) Personal de notarios y provisión de notarías. Quejas contra notarios e inspección notarías Consultas de legislación notarial Aranceles; honorarios y demarcación Archivo de protocolos Mutualidad notarial Legalizaciones	**Negociado 2 (técnico)** Recursos contra calificaciones de registradores mercantiles Regulación e impugnación de honorarios de regs. mercantiles Aranceles de regist. mercantiles Información y reclamaciones a la Dirección General.	**Negociado 2 (técnico)** Reconstrucción de registros civiles. Médicos del Registro Civil	

ORGANISMOS AUTONOMOS

COMISION JURIDICA ASESORA

(D. 6/5/31)

CONSEJO SUPERIOR DE PROTECCION DE MENORES

ɹEPUBLICANO (1936)

ANEXO 1

MINISTERIO DE JUSTICIA, A 18/7/1936

(según D. 31/5/31
RDL 14/6/26
OM 9/7/31
D 19/2/36
OM 16/7/36)

)

ɑRIO

. 7.ª Personal Auxiliar	S. 8.ª Información legislat.	S. 9.º de Relaciones	S. 10.ª Estadística	S. 11.ª Intervención	Serv. de legalizaciones
ɒficiales de Sala ers. Aux. de Trib. ɑupr., Audiencias, Juzɑdos y Ministerio Fisal ɑubalternos de Tribuɑales y Juzgados ɑaboratorios de Mediɑina Legal Depósito de cadáveres ɛecretariado municipal ɑbogados y procuradoɛs)uejas contra funcioɑrios	Información legislativa Autorización de publicaciones jurídicas	Relaciones con los Dptos. Ministeriales Relaciones con la Comisión Jurídica asesora y Consejo Superior de Protección de Menores y demás organismos autónomos Relaciones con las regiones autónomas	Estadística civil Estadística criminal Estadística penitenciaria	Intervención delegada de la Admón. del Estado en el Ministerio de Justicia	Legalizaciones Registro General de la Subsecretaría

DIRECCION GENERAL DE PRISIONES

INSPECCION DE PRISIONES

NEGOCIADO INDEPENDIENTE
- Registro General
- Distribución de documentos
- Correspondencia Oficial

SECCION PRIMERA ALIMENTACION
- Alimentación
- Contratos de provisión de víveres y agua potable
- Servicio y cuentas de economatos administrativos

SECCION SEGUNDA VESTUARIO
- Utensilios y vestuario
- Mobiliario, alumbrado, calefacción y material de oficina

SECCION TERCERA INSTRUCCION Y TRABAJO
- Servicio de enseñanza. Escuelas y bibliotecas
- Organización. Trabajo en talleres y granjas
- Servicio religioso
- Servicio de Sanidad e Higiene. Enfermería y manicomio

SECCION CUARTA OBRAS Y ALQUILERES
- Construcción, reformas y reparación de edificios
- Alquileres
- Personal técnico

SECCION QUINTA REGIMEN
- Tratamiento penitenciario
- Expedientes de corrección y recompensa a funcionarios
- Patronato

SECCION SEXTA PERSONAL
- Nombramiento, excedencia y cese de funcionarios
- Oposiciones y concursos
- Personal auxiliar
- Hijas de la caridad

SECCION SEPTIMA CLASIFICACION
- Destino y conducción de penados
- Servicio de transporte de presos
- Indice de población reclusa

SECCION OCTAVA IDENTIFICACION
- Registro Central de Penados y Rebeldes
- Registro Central de Identificación Judicial

SECCION NOVENA INTERVENCION Y CONTABILIDAD
- Teneduría de libros
- Formación de presupuestos
- Cuentas de caja y obligaciones de prisiones
- Cajas de ahorro de los reclusos

S

últi-
Le-
ara-
ɔsas
ɑdos
con-
ɛvas
e la

INSPECCION DE JUSTICIA

(D. 23/8/32)

PATRONATO DE LA REPRESION DE LA TRATA DE BLANCAS

MINISTERIO DE JUSTICIA

SU

SERVICIOS CENTRALES

SECCION CENTRAL

- Relaciones con los organismos autónomos
- Competencias con la Admón. y quejas
- Exhortos, suplicatorios y comisiones rogatorias
- Indultos, amnistías y extradiciones
- Asuntos del Ministerio de AA. EE.
- Consultas de los Dptos. Ministeriales y otros organismos
- Biblioteca y archivo
- Asuntos indeterminados
- Servicios que funcionen de la Secc. 9.ª de la Subsecretaría según Reglamento de 9/7/1917

SECCION DE PERSONAL

- Personal técnico de la Subsecretaría
- Personal administrativo del Ministerio
- Formación de los escalafones de los respectivos cuerpos

JEFATURA DEL SERVICIO NACIONAL DE JUSTICIA

SECCION DE PERSONAL

- Magistrados del Tribunal Supremo, Audiencias y Suplentes
- Ministerio Fiscal
- Jueces de 1.ª Instancia e Instrucción
- Aspirantes a judicatura y Ministerio Fiscal
- Inspección de tribunales y quejas a jueces y fiscales
- Secretarios del T. Supremo y de las Audiencias
- Oficiales de Sala
- Personal Administ. del Trib. Supremo y de las Audiencias
- Secretarios judiciales
- Secretarios de Gobirno del Trib. Supremo y Audiencias
- Aranceles judiciales
- Médicos forenses y prisiones
- Laboratorios y Dep. cadáveres
- Agentes judiciales

SECCION DE ASUNTOS GENERALES

- Consultas Tribunales y Ministerio Fiscal
- División territorial judicial
- Abogados y Procuradores
- Justicia municipal
- Mutualidad judicial
- Presupuesto del Servicio Nacional de Justicia
- Dietas y gastos de viaje
- Indemnizaciones a peritos y testigos
- Haberes de sustitución a jueces munic.
- Asuntos indeterminados de la Admón. de Justicia

JEFATURA DEL SERVICIO DE LOS REGISTROS Y DEL NOTA

S. DE RECURSOS, CONSULT. Y PERSONAL

- Régimen interior del Servicio
- Organización y personal
- Distribución del personal administ.
- Registro general
- Contabilidad y habilitación del material y oposición
- Asuntos generales indeterminados
- Competencia del Ministerio y del Servicio Nac. de Reg. y Notariado
- Biblioteca
- Recursos gubernativos contra las calificaciones de los registros de la propiedad
- Consultas de legislación hipotecaria

SECCION DE NOTARIADO

- Personal de notarías
- Provisión de notarías
- Expedientes de quejas contra notarios
- Aranceles notariales
- Regulación e impugnación de honorarios
- Inspección de notarías
- Consultas de legislación notarial
- Legalización de firmas de decanos de Colegios Notariales
- Demarcación notarial
- Mutualidad notarial
- Archivos de Protocolo

S. DE PROPIE

- Personal
- Concurso de la pro
- Aprobación de fi
- Provisión de la pro
- Clasificac
- Creación, supresión
- Reconstr piedad
- Aranceles
- Regulació honorario
- Expedien registrado
- Inspecció
- Libros de dad

ORGANISMOS AUTONOMOS

- COMISION GENERAL DE CODIFICACION
- CONSEJO SUPERIOR DE PROTECCION DE MENORES
- PATRONATO PARA LA REPRESION DE LA TRATA DE BLANCAS

GOBIERNO DE FRANCO (1938)

RIO

ANEXO 2

MINISTERIO DE JUSTICIA

(según D. 12/3/38
OM 17/8/38
OM 1/9/38

S. DE CONTABILIDAD Y ESTADISTICA

- Formación del Presupuesto del M.°
- Colección legislativa
- Habilitación del personal y material de la subsecretaría
- Centralización de los servicios estadísticos del Ministerio
- Estadística judicial, civil y comercial
- Estadística criminal
- Estadística penitenciario
- Estadística del registro civil

SECCION DEL REGISTRO GENERAL

- Registro General de la Subsecretaría y de las Jefaturas de los servicios correspondientes al Ministerio
- Legalizaciones de documentos
- Asuntos relativos a estas materias

SECRETARIA TECNICA DE PRISIONES

- Rel. con autoridades y centros
- Expedientes a funciones prisiones
- Inspección de establecimientos penitenciarios (O. 17/8/38)

JEFATURA DEL SERVICIO NACIONAL DE PRISIONES

JEFATURA DEL SERVICIO NACIONAL DE ASUNTOS ECLESIASTICOS

... DE LA

...res
...e los regis.
...n y extin-
...s registros
...istros
...teración y
...gistros
...g. de pro-
...radores
...nación de
...tradores
... contra los
...piedad
...tros
... la propie-

S. DEL REGISTRO CIVIL Y R. ESPECIALES

- Registro Civil del servicio
- Cambio, adición y modificación de nombres y apellidos
- Registro de matrimonios secretos o de conciencia
- Inscripción de naturalizados
- Expedientes de aplicación de la Ley del Registro Civil
- Expedientes contra los encargados de los Registros Civiles
- Recursos gubernativos en materia del Registro Civil
- Regulación e impugnación honorarios
- Estadística de los Registros Civiles
- Reconstrucción de los Registros
- Inspección de los Registros Civiles
- Registro General de actos de última voluntad
- Registro Mercantil
- Rec. gubern. contra calificaciones de registradores mercantiles
- Regulac. e impug. honor. reg. mercantiles
- Registros especiales y aranceles

SECCION ADMINISTRATIVA

- Personal técnico y auxiliar de prisiones
- Alimentación, vestuario y equipo de los reclusos
- Obras de construcción y reparación de establecimientos penitenciarios
- Utensilio, alumbrado y calefacción de las prisiones
- Intervención y contabilidad
- Estadística y Registro General
- Registro-Indice de la población reclusa (O. 1/9/38)

SECCION PENITENCIARIA

- Régimen y disciplina de los reclusos
- Instrucción y trabajo
- Clasificación, destino y conducciones de penados y presos
- Identificación
- Registro General de Penados y Rebeldes
- Registro Central de Identificación
- Libertad condicional y patronato
- Disciplina de los funcionarios
- Expedientes gubernativos de corrección y recompensa

SECCION DE DEROGACION

- Derogación de las disposiciones antirreligiosas existentes
- Servicios de carácter eclesiástico vinculados al M.°

COMISION PARA LA RESTITUCION DE LA COMPAÑIA DE JESUS
(O. 28/6/38)

PATRONATO GENERAL DE REDENCION DE PENAS POR EL TRABAJO
(O. 7/10/38)

ASOCIACION MUTUO-BENEFICA DE FUNCIONARIOS DE LA ADMINISTRACION DE JUSTICIA
(O. 17/5/39)

ANEXO 3

INDICE DE DISPOSICIONES LEGALES SOBRE JUSTICIA (1936-1939)

Junta de Defensa Nacional

Decreto de 24 de julio de 1936. Constituyendo la Junta de Defensa Nacional.
Bando 28 de julio de 1936. Declaración Estado de Guerra.
Orden de 27 de agosto de 1936. JUSTICIA. Reorganización.
Decreto de 2 de septiembre de 1936. JUSTICIA. Selección de funcionarios municipales.
Decreto de 19 de septiembre de 1936. JUSTICIA. Competencia en causas contra personas de elevada categoría.
Decreto de 26 de septiembre de 1936. JUSTICIA. Libertad condicional.

Junta Técnica del Estado

Ley de 1 de octubre de 1936. GOBIERNO. Estructuración del Estado.
Norma de 5 de octubre de 1936. JUNTA TECNICA DEL ESTADO. Normas para su funcionamiento.
Orden de 26 de octubre de 1936 (Comisión de Justicia). Registro Central de Penados y Rebeldes.
Orden de 26 de octubre de 1936 (Comisión de Justicia). Registro Central de últimas voluntades.
Orden de 30 de octubre de 1936 (Presidente de la Junta Técnica del Estado). PRESIDIOS Y PRISIONES. Creando la Inspección delegada de la Junta Técnica del Estado.
Orden de 30 de octubre de 1936 (Comisión de Justicia). EMPLEADOS PUBLICOS. Depuración de responsabilidades.
Decreto de 31 de octubre de 1936 (Comisión de Justicia). JUSTICIA MUNICIPAL. Destituciones.
Orden de 2 de noviembre de 1936 (Comisión de Justicia). JUSTICIA. Sumisión de los organismos judiciales de territorios liberados a los organismos superiores próximos.
Orden de 3 de noviembre de 1936 (Comisión de Justicia). JUSTICIA. Depuración de responsabilidades.
Orden de 3 de noviembre de 1936 (Comisión de Justicia). JUSTICIA. Provisión de cargos.

Orden de 3 de noviembre de 1936 (Comisión de Justicia). PRESIDIOS Y PRISIONES. Ordenando la remisión de daño.
Orden de 4 de noviembre de 1936 (Comisión de Justicia). Comisión de Justicia. Regulando facultades propias.
Orden de 4 de noviembre de 1936 (Comisión de Justicia). NOTARIAS. Su incorporación a la capitalidad más próxima.
Reglamento 19 de noviembre de 1936 (Presidente Junta Técnica del Estado). Junta Técnica del Estado. Reglamento orgánico y de procedimiento.
Orden de 28 de diciembre de 1936 (Comisión de Justicia). Registro de la Propiedad. Provisión de vacantes.
Orden de 22 de enero de 1937 (Comisión de Justicia). SECRETARIAS JUZGADOS. Provisión interina.
Orden de 8 de febrero de 1937 (Comisión de Justicia). INCAUTACIONES. Gastos de personal y material.
Orden de 10 de febrero de 1937 (Comisión de Justicia). JUSTICIA. Situación de excedentes.
Orden Circular de 27 de febrero (Presidente Junta Técnica del Estado). JUSTICIA. Plazo para presentación personal.
Circular de 6 de marzo de 1937 (Comisión de Justicia). PRESIDIOS Y PRISIONES. Administración y contabilidad.
Orden de 12 de marzo de 1937 (Presidente Junta Técnica). JUSTICIA. Nombramiento de personas militarizadas.
Orden de 17 de marzo de 1937 (Presidente Junta Técnica). JUSTICIA. Exclusión de haberes.
Orden de 29 de marzo de 1937 (Presidente Junta Técnica del Estado). JUSTICIA. Expurgo de legajos y documentos.
Circular de 31 de marzo de 1937 (Comisión de Justicia). JUSTICIA MUNICIPAL. Solicitando relación de secretarios vacantes.
Orden de 6 de abril de 1937 (Comisión de Justicia). NOTARIAS. Presentación de títulos de opositores aprobados.
Orden de 8 de abril de 1937 (Comisión de Justicia). JUSTICIA. Expurgo de documentos en archivos.
Orden de 8 de abril de 1937 (Comisión de Justicia). JUSTICIA. Toma de posesión de Jueces de Primera Instancia.
Orden de 1 de mayo de 1937 (Comisión de Justicia). SECRETARIOS DE JUZGADO. Provisión interina de vacantes.
Orden de 8 de mayo de 1937 (Comisión de Justicia). JUSTICIA MUNICIPAL. Provisión de Secretarías.
Orden de 15 de junio de 1937 (Presidente Junta Técnica del Estado). JUSTICIA. Suspendidas las vacaciones de los tribunales.
Orden de 19 de julio de 1937 (Comisión de Justicia). REGISTROS DE LA PROPIEDAD. Sustitutos.
Orden de 23 de julio de 1937 (Comisión de Justicia). Oficiales Sala Audiencia Territorial. Adhesión al Movimiento Nacional.
Orden de 28 de junio de 1937 (Comisión de Justicia). PROCURADORES. Pueden ser nombrados Registradores sustitutos.
Orden de 2 de agosto de 1937 (Secretario General de SE el Jefe del Estado). JUSTICIA. Solución a un caso particular de compraventa.

Orden de 3 de septiembre de 1937 (Presidente de la Junta Técnica del Estado). JUSTICIA. Procedimiento contra agricultores.

Orden de 11 de diciembre de 1937 (Comisión de Justicia). REGISTROS DE LA PROPIEDAD. Inscripción de un acto judicial de adjudicación de bienes.

Orden de 12 de enero de 1938 (Comisión de Justicia). JUSTICIA. Simultaneidad de servicios de funcionarios: partes mensuales.

Orden de 9 de febrero de 1938. Ministerio de Justicia. Declara inhábiles los días 10 al 12 del corriente mes.

Decreto de 16 de febrero de 1938 (Ministerio de Justicia). JUSTICIA. Fórmula de juramento.

Orden de 17 de febrero de 1938 (Ministerio de Justicia). Empleados Públicos. Incorporación en el término de diez días.

Orden de 19 de febrero de 1938 (Ministerio de Justicia). NOTARIOS. Patronato de la Mutualidad; deroga Orden de 25 de enero de 1937 y modifica transitoriamente artículos 13 y 16 del Anexo I del Reglamento del Notariado de 8 de agosto de 1935.

Orden de 26 de febrero de 1938 (Ministerio de Justicia). Servicio Nacional de Registros y de Notariado. NOTARIOS, ordenando se reintegren a sus notarías, los notarios que sirven interinamente otras.

Orden de 1 de marzo de 1938 (Ministerio de Justicia). REGISTRO DE LA PROPIEDAD. Provisión de vacantes.

Decreto de 2 de marzo de 1938 (Ministerio de Justicia). Divorcio y separación de primas. Suspendiendo los pleitos de separación y divorcio.

Decreto de 2 de marzo de 1938 (Ministerios de Justicia y Comercio). MARINA MERCANTE. Intervención de los buques que se indican.

Orden de 3 de marzo de 1938 (Ministerio de Justicia). JUSTICIA. Relación de funcionarios dependientes del Ministerio de Justicia.

Orden de 4 de marzo de 1938 (Ministerio de Justicia). Notarios. Tribunales de Honor.

Orden de 8 de marzo de 1938 (Ministerio de Justicia). NOTARIAS. Modificación del Reglamento de 8 de agosto de 1935.

Decreto de 12 de marzo de 1938 (Ministerio de Justicia). Ministerio de Justicia, organización interior.

Ley de 12 de marzo de 1938 (Ministerio de Justicia). MATRIMONIO. Derogando la Ley de 28 de junio sobre matrimonio civil.

Orden de 23 de marzo de 1938 (Ministerio de Justicia). NOTARIAS. Provisión interina de Notarías.

Orden de 23 de marzo de 1938 (Ministerio de Justicia). NOTARIAS. Provisión interina de notarías.

Decreto de 25 de marzo de 1938 (Ministerio de Justicia). Comisión General de Codificación. Creación y atribuciones.

Orden de 29 de marzo de 1938 (Ministerio de Justicia). REGISTRO CIVIL. Sección de matrimonios. Restablecimiento Real Decreto de 31 de diciembre de 1920.

Decreto de 5 de abril de 1938 (Ministerio de Justicia). Dias de Fiesta. Días en que vacan los tribunales.

Orden de 21 de abril de 1938 (Ministerio de Justicia). REGISTRO DE LA PROPIEDAD. Aplicación forzosa del sello benéfico.

Orden de 30 de abril de 1938 (Ministerio de Justicia). PRESIDIOS Y PRISIONES. Sobre personal del Cuerpo.

Orden de 30 de abril de 1938 (Ministerio de Justicia). PRISIONES. Traslado de reclusos para diligencias judiciales.

Decreto de 3 de mayo de 1938 (Ministerio de Justicia). REGISTRO CIVIL. Sobre inscripciones de nacimiento.

Decreto de 3 de mayo de 1938 (Ministerio de Justicia). JESUITAS. Restableciendo en España la Compañía de Jesús.

Orden de 10 de mayo de 1938 (Ministerio de Justicia). REGISTRO CIVIL. Modo de subsanar equivocaciones respecto al sexo.

Orden de 14 de mayo de 1938 (Ministerio de Justicia). JUBILACIONES. Acordando una jubilación. Se reproduce como nota de vigencia.

Orden de 14 de mayo de 1938 (Ministerio de Justicia). NOTARIOS. Provisión interina de vacantes.

Orden de 17 de mayo de 1938 (Ministerio de Justicia). ABOGADOS. Reconocimiento personalidad jurídica al Colegio de Abogados.

Orden de 18 de mayo de 1938 (Ministerio de Justicia). REGISTRO CIVIL. Normas para la inscripción en cuanto a idioma, nombres permitidos, etc.; deroga Decreto de 14 de mayo de 1932 y concordantes.

Decreto de 24 de mayo de 1938 (Ministerio de Justicia). MATRIMONIO. Condición y nacionalidad de la mujer casada.

Decreto de 26 de mayo de 1938 (Ministerio de Justicia). JUSTICIA. Suspende procedimiento sobre reposiciones en cuentas corrientes o depósitos de valores.

Orden de 1 de junio de 1938 (Ministerio de Justicia). NOTARIOS. Renovación de Juntas Directivas de los Colegios Notariales.

Orden de 2 de junio de 1938 (Ministerio de Justicia). JUSTICIA. Suspensión de vacaciones de los Tribunales.

Orden de 13 de junio de 1938 (Ministerio de Justicia). INCAUTACIONES. Sobre tasación de costos.

Orden de 28 de junio de 1938 (Ministerio de Justicia). JESUITAS. Comisión para ejecución del Decreto de 3 de mayo.

Decreto de 1 de julio de 1938 (Ministerio de Justicia). JUSTICIA. Excedencia de funcionarios nombrados Magistrados del Trabajo.

Orden de 1 de julio de 1938 (Ministerio de Justicia). NIÑOS. Restablece el Consejo Superior de Protección de Menores.

Decreto de 5 de julio de 1938 (Ministerio de Justicia). REGISTRO DE ACTOS DE ULTIMA VOLUNTAD. Normas para expedir certificaciones; deroga Decreto de 30 de noviembre de 1935 y artículo 2 del Decreto de 4 de febrero de 1937.

Orden (sin fecha) (Ministerio de Justicia). REGISTRO CIVIL. Inscripciones y certificaciones de defunción.

Orden de 9 de julio de 1938 (Ministerio de Justicia). Código Civil. Cómputo del plazo de tres meses del artículo 703.

Orden de 21 de julio (Ministerio de Justicia). JUSTICIA. Plazo para cumplimiento de la Orden de 3 marzo.

Orden de 21 de julio de 1938 (Ministerio de Justicia). PRESIDIOS Y PRISIONES. Liquidación de condenas.

Ley rectificadora de 25 de julio (Jefatura del Estado). Código Penal. Restablece la pena de muerte.

Orden de 2 de agosto de 1938 (Ministerio de Justicia). NOTARIAS. Anuncio de vacantes.

Orden de 9 de agosto de 1938 (Ministerio de Justicia). JUSTICIA. Sistema de denominación y competencia de algunos juzgados.

Orden de 10 de agosto de 1938 (Ministerio de Justicia). PRESIDIOS Y PRISIONES. Creando las plazas de arquitectos de prisión.

Orden de 12 de agosto de 1938 (Ministerio de Justicia). REGISTRO CIVIL. Normas para su funcionamiento.

Orden de 17 de agosto (Ministerio de Justicia). PRESIDIOS Y PRISIONES. Crea la Secretaría Técnica.

Orden de 19 de agosto (Ministerio de Justicia). SECRETARIOS JUDICIALES. Provisión interina de Secretarios; suspende Decreto de 1 de junio de 1911 y de 16 de mayo de 1936.

Orden de 24 de agosto (Ministerio de Justicia). SECRETARIOS JUDICIALES. Nuevo ingreso de los examinados.

Orden de 24 de agosto (Ministerio de Justicia). JUSTICIA. Provisión de vacantes; aplica Decreto de 26 de mayo de 1936.

Ley de 27 de agosto de 1938 (Jefatura del Estado). TRIBUNAL SUPREMO. Reorganización; deroga Decreto de 6 de mayo de 1931 y Leyes de 8 de octubre de 1932 y de 13 de junio de 1936.

Orden de 30 de agosto (Ministerio de Justicia). PRESIDIOS Y PRISIONES. Autoriza contratar servicios con Comunidades de Religiosos.

Orden de 1 de septiembre (Ministerio de Justicia). PRESIDIOS Y PRISIONES. Crea un Registro Indice de la población reclusa.

Orden de 2 de septiembre (Ministerio de Justicia). PRESIDIOS Y PRISIONES. Modifica artículo 450, párrafo 5 del Reglamento de Prisiones de 14 de noviembre de 1930.

Orden de 10 de septiembre (Subsecretaría de Justicia). Caja de ahorro. Abstención de embargos en incautaciones.

Orden de 13 de septiembre de 1938 (Ministerio de Justicia). JUSTICIA. Plazo para interponer recursos ante el Supremo.

Decreto de 20 de septiembre (Ministerio de Justicia). VALORES. BIENES MUEBLES E INMUEBLES. Prórroga y aplicación del Decreto de 1 de diciembre de 1936 cuya vigencia se prorrogó por el día 21 de septiembre de 1937.

Decreto de 20 de septiembre (Ministerio de Justicia). Registro de la Propiedad. Aplicación de la Ley de 5 de julio en lo referente a percepción de derechos.

Orden de 22 de septiembre de 1938 (Ministerio de Justicia). REGISTRO CIVIL. Anulación de inscripciones; aplica Orden de 12 de agosto y 10 de mayo pasados.

Orden de 5 de octubre (Ministerio de Justicia). PRESIDIOS Y PRISIONES. Asistencia religiosa de los recluidos.

Orden de 6 de octubre (Servicio Nacional de Justicia). TRIBUNAL SUPREMO. Concurso para Secretario de Gobierno.

Orden de 7 de octubre de 1938 (Jefatura Servicio Nacional de Justicia). SECRETARIOS JUDICIALES. Concurso de instancias.

Orden de 7 de octubre de 1938 (Jefatura Servicio Nacional de Justicia). SECRETARIOS JUDICIALES. Concurso para las vacantes que se indican.

Orden de 7 de octubre de 1938 (Ministerio de Justicia). PRESIDIOS Y PRISIONES. Trabajo de los presos.

Orden de 7 de octubre de 1938 (Ministerio de Justicia). REGISTROS DE LA PROPIEDAD. Ingreso de Mutilados.

Orden de 8 de octubre de 1938 (Ministerio de Justicia). NOTARIOS. Exención de pago a la Mutualidad Notarial.

Orden de 14 de octubre (Ministerio de Justicia). TRIBUNAL SUPREMO. Concurso de Oficiales de Sala.

Orden de 14 de octubre (Subsecretaría de Justicia). Quiebras y suspensión de pagos. Datos estadísticos.

Orden de 14 de octubre (Jefatura Servicio Nacional de Justicia). SECRETARIAS DE SALA DEL SUPREMO. Reorganización.

Orden de 14 de octubre de 1938 (Ministerio de Justicia). TRIBUNALES TUTELARES DE MENORES. Recurso de apelación.

Orden de 22 de octubre (Ministerio de Justicia). DESAHUCIOS. Aclara lo dispuesto en el artículo 4.º del Decreto de 20 de septiembre.

Orden Com. de 24 de octubre de 1938 (Ministerio de Justicia). INCAUTACIONES. Audiencia; reforma del artículo 4.º de la Orden de 13 de marzo de 1937.

Orden de 26 de octubre de 1938 (Ministerio de Justicia). NOTARIOS. Gratuidad de certificaciones para expedientes de pensión para familias de fallecidos en guerra.

Orden de 26 de octubre de 1938 (Ministerio de Justicia). NOTARIOS. Gratuidad de documentos no inscribibles en Registro por defectos.

Orden de 9 de noviembre de 1938 (Ministerio de Justicia). DIVORCIO. Firmeza de sentencias de negativos del divorcio o la separación recurridas en revisión.

Decreto de 10 de noviembre de 1938 (Ministerio de Justicia). NOTARIAS-NOTARIOS. Normas para reconstruir los Protocolos destruidos; sustituye este Decreto al artículo 280 del Reglamento del Notariado de 8 de agosto de 1935.

Orden de 14 de noviembre de 1938 (Servicio Nacional de Justicia). TRIBUNAL SUPREMO. Presentación de los opositores del Cuerpo de Aspirantes administrativos.

Orden de 14 de noviembre de 1938 (Servicio Nacional de Justicia). OFICIALES DE SALA. Vacantes en el Tribunal Supremo.

Orden de 14 de noviembre de 1938 (Servicio Nacional de Justicia). SECRETARIOS DE SALA. Provisión de vacantes en el Tribunal Supremo.

Orden de 18 de noviembre de 1938 (Ministerio de Justicia). REGISTROS DE LA PROPIEDAD. Reconstitución, cumplimiento Ley de 5 de julio.

Orden de 26 de noviembre de 1938 (Ministerio de Justicia). PRESIDIOS Y PRISIONES. Recompensas.

Orden de 28 de noviembre de 1938 (Ministerio de Justicia). REGISTRO CIVIL. Inscripción de matrimonio canónico.

Orden de 30 de noviembre de 1938 (Ministerio de Justicia). PRESIDIOS Y PRISIONES. Redención de penas por el trabajo.

Orden de 30 de noviembre de 1938 (Ministerio de Justicia). BANCO HIPOTECARIO. Competencia en sus reclamaciones.

Orden de 5 de diciembre de 1938 (Subsecretaría de Justicia). INCAUTACIONES. Solución respecto a cancelación o no de las hipotecas expresadas en Orden de 10 de septiembre último.

Orden de 9 de diciembre de 1938 (Ministerio del Interior). SANCIONES. Ayuntamientos.

Orden de 21 de diciembre de 1938 (Ministerio de Justicia). TRIBUNAL SUPREMO. Su instalación en Valladolid.

Ley de 22 de diciembre de 1938 (Jefatura del Estado). JUSTICIA. Estatuto Orgánico de la Administración de Justicia Europea en los territorios españoles del Golfo de Guinea.

Orden de 5 de diciembre de 1938 (Subsecretaría de Justicia). INCAUTACIONES DE BIENES. Sustitución de datos del Registro si han desaparecido los libros.

Orden de 27 de diciembre de 1938 (Ministerio de Justicia). PRESIDIOS Y PRISIONES. Trabajo de los reclusos; cumplimiento de la Orden de 7 de octubre.

Orden de 5 de enero de 1939 (Ministerio de Justicia). INCAUTACIONES. Normas para resolución de expedientes.

Decreto de 12 de enero de 1939 (Ministerio de Justicia). NOTARIAS NOTARIADO. NOTARIOS. Restablece y modifica el Decreto de 12 de noviembre de 1931 de protocolos de más de cien años.

Orden de 18 de enero de 1939 (Ministerio de Justicia). MUTUALIDADES. Notarial; atención de los empleados de las Notarías.

Orden de 31 de enero de 1939 (Ministerio de Justicia). BIENES MUEBLES E INMUEBLES. Excepción al Decreto de 20 de septiembre de 1938 en favor del Monte de Piedad y Caja de Ahorro de las Palmas.

Orden de 8 de febrero de 1939 (Ministerio de Justicia). SOCIEDADES. Régimen circunstancial.

Orden de 8 de febrero de 1939 (Ministerio de Justicia). REGISTROS DE LA PROPIEDAD Y MERCANTIL. Suscripción de dominio y cancelación.

Orden de 8 de febrero de 1939 (Ministerio de Justicia). SOCIEDADES. Régimen circunstancial.

Orden de 9 de febrero de 1939 (Ministerio de Justicia). NOTARIOS. Reglamento.

Orden de 9 de febrero de 1939 (Ministerio de Justicia). REGISTRO CIVIL. Inscripciones de nacimiento.

Ley de 10 de febrero de 1939 (Jefatura del Estado). EMPLEADOS PUBLICOS. Depuración del personal en las zonas recientemente liberadas.

Orden de 16 de febrero de 1939 (Ministerio de Justicia). PRESIDIOS Y PRISIONES. Escala Técnica Auxiliares.

Orden de 20 de febrero de 1939 (Ministerio de Justicia). REGISTROS DE LA PROPIEDAD. Bases para la Mutualidad Benéfica.

Orden de 20 de febrero de 1939 (Ministerio de Justicia). PRESIDIOS Y PRISIONES. Cese en Asociaciones de Patronatos de reclusos y liberados.

Decreto de 2 de marzo de 1939 (Ministerio de Justicia). JUSTICIA. Competencia Sala Tercera Tribunal Supremo en los recursos contra la Administración Central por resoluciones anteriores al 18 de julio de 1936.

Orden de 2 de marzo de 1939 (Ministerio de Justicia). TRIBUNALES TUTELARES DE MENORES. Reorganiza la Unión Nacional de Tribunales de Menores.

Orden de 8 de marzo de 1939 (Ministerio de Justicia). REGISTRO CIVIL. Nulidad de inscripción en zona roja.

Orden de 8 de marzo de 1939 (Ministerio de Justicia). MAGISTRATURA DEL TRABAJO. Excedencia de funcionarios judiciales o fiscales.

Orden de 9 de marzo de 1939 (Ministerio de Justicia). PRESIDIOS Y PRISIONES. Prisión Central en Santander.

Orden de 9 de marzo de 1939 (Ministerio de Justicia). NACIONALIDAD. Documentos necesarios para la instrucción de expedientes de nacionalidad.

Orden de 14 de marzo de 1939 (Ministerio de Justicia). PRESIDIOS Y PRISIONES. Exclusiones del régimen de redención de penas por el trabajo.

Orden de 16 de marzo de 1939 (Ministerio de Justicia). PRESCRIPCION. Plazos para la de acciones.

Orden de 17 de marzo de 1939 (Ministerio de Justicia). TRIBUNAL SUPREMO. Abogados y procuradores autorizados para ejercer ante él.

Orden de 17 de marzo de 1939 (Ministerio de Justicia). REGISTROS DE LA PROPIEDAD. Fecha para reconstitución de los que indica.

Orden de 17 de marzo de 1939 (Ministerio de Justicia). PROCURADORES Y SECRETARIOS DE JUZGADO MUNICIPAL. Prorroga la suspensión de exámenes para 1939.

Orden de 20 de marzo de 1939 (Vicepresidencia). INCAUTACIONES. Liberación de créditos en cumplimiento del artículo 79 de la Ley de 9 de febrero último.

Orden de 28 de marzo de 1939 (Ministerio de Justicia). REGISTRO CIVIL. Aprueba la obra llamada Legislación del Registro Civil.

Orden de 10 de abril de 1939 (Ministerio de Justicia). PRESIDIOS Y PRISIONES. Nombramiento de Inspectores Centrales.

Orden de 11 de abril de 1939 (Ministerio de Justicia). PRESIDIOS Y PRISIONES. Ración alimenticia por razón de servicio.

Orden de 12 de abril de 1939 (Ministerio de Justicia). PRESIDIOS Y PRISIONES. Propuesta extraordinaria de reducción penas por el trabajo.

Orden de 15 de abril de 1939 (Ministerio de Justicia). TRIBUNAL SUPREMO. Plazos para la interpretación de recursos; amplía los de Orden 13 de septiembre de 1939.

Orden de 17 de abril de 1939 (Ministerio de Justicia). REGISTRO CIVIL. Depuración de los médicos.

Orden de 17 de abril de 1939 (Ministerio de Justicia). PRESIDIOS Y PRISIONES. Beneficios del Decreto de 28 de mayo de 1937 a hijos inútiles para el trabajo.

Orden de 17 de abril de 1939 (Ministerio de Justicia). JUSTICIA. Denominación de los de Alicante, Almería y Murcia.

Orden de 22 de abril de 1939 (Ministerio de Justicia). MATRIMONIOS. Inscripción de los canónigos en Registro Civil.

Orden de 26 de abril de 1939 (Ministerio de Justicia). ENJUICIAMIENTO CIVIL. Suspensión de procedimientos contenciosos.

Orden de 26 de abril de 1939 (Ministerio de Justicia). PRESIDIOS Y PRISIONES. Aumenta vocal del Patronato Central de Redención de penas por el trabajo.

Orden de 27 de abril de 1939 (Ministerio de Justicia). Santísima Virgen. Declara Patrona de Prisiones a Nuestra Señora de la Merced.

Orden de 30 de abril de 1939 (Ministerio de Justicia). PRESIDIOS Y PRISIONES. Talleres penitenciarios dentro de las cárceles.

Orden de 3 de mayo de 1939 (Ministerio de Justicia). REGISTRO DE ACTOS DE ULTIMA VOLUNTAD. Establecimiento en Madrid a donde se solicitarán las certificaciones.

Ley de 8 de mayo de 1939 (Jefatura del Estado). JUSTICIA MUNICIPAL. Renovación de Jueces y Fiscales; confirma vigencia de Ley de Justicia Municipal de 5 de agosto de 1907 con las modificaciones que señala en el artículo 5.° y deroga la Ley de 2 de julio de 1936.

Orden de 11 de mayo de 1939 (Ministerio de Justicia). PRESIDIOS Y PRISIONES. Redención de penas por el trabajo.

Orden de 15 de mayo de 1939 (Ministerio de Justicia). NIÑOS. Nombramiento de vocales de la Junta de Protección de Menores de Madrid.

Orden de 16 de mayo de 1939 (Ministerio de Justicia). PRESIDIOS Y PRISIONES. Oposiciones para el Cuerpo de Prisiones.

Orden de 17 de mayo de 1939 (Ministerio de Justicia). JUSTICIA. Asociación Mutuo Benéfica de funcionarios.

Orden de 17 de mayo de 1939 (Ministerio de Justicia). REGISTRO CIVIL. Prórroga para inscripción de muertos o desaparecidos.

Orden de 28 de mayo de 1939 (Ministerio de Justicia). JUSTICIA MUNICIPAL. Renovación de cargos.

Orden de 29 de mayo de 1939 (Ministerio de Justicia). JUSTICIA MUNICIPAL. Renovación de cargos.

Orden de 3 de junio de 1939 (Ministerio de Justicia y Comercio). Alcohol. Normas para su distribución; modifica Orden de 28 de enero.

Decreto de 9 de junio de 1939 (Ministerio de Justicia). PRESIDIOS Y PRISIONES. Redención de penas por el trabajo aplicación de la libertad condicional.

Orden de 10 de junio de 1939 (Ministerio de Justicia). Mutualidades. Timbre para lo Notarial.

Orden de 12 de junio de 1939 (Ministerio de Justicia). PRESIDIOS Y PRISIONES. Calidad de Inspectores de vocales del Patronato de Redención de Penas por el Trabajo.

Orden de 14 de junio de 1939 (Ministerio de Justicia). JUSTICIA MUNICIPAL. Normas para renovación de cargos en aplicación de Ley de 8 de mayo.

Orden de 14 de junio de 1939 (Ministerio de Justicia). JUSTICIA. Suprime los Jueces encargados de revisar la situación de los detenidos.

Orden de 15 de junio de 1939 (Ministerio de Justicia). PRESIDIOS Y PRISIONES. Comisión para la construcción de la Prisión Modelo de Madrid.

Orden de 15 de junio de 1939 (Ministerio de Justicia). PRESIDIOS Y PRISIONES. Nombramiento y confirmación de Guardianes.

Orden de 15 de junio de 1939 (Ministerio de Justicia). PRESIDIOS Y PRISIONES. Comidas a funcionarios amplía Orden de 11 de abril último.

Orden de 16 de junio de 1939 (Ministerio de Justicia). PRESIDIOS Y PRISIONES. Devengo de ración; modifica artículo 244 del Reglamento 14 de noviembre de 1930.

Orden de 23 de junio de 1939 (Ministerio de Justicia). SOCIEDADES. Disuelve Comisiones Gestoras.

Orden de 20 de junio de 1939 (Ministerio de Justicia). PRESIDIOS Y PRISIONES. Mérito relevante para funcionarios, su acendrado patriotismo.

Orden de 23 de junio de 1939 (Ministerio de Justicia). PRESIDIOS Y PRISIONES. Refunde Establecimientos penitenciarios de Alcalá de Henares.

Orden de 24 de junio de 1939 (Ministerio de Justicia). PRESIDIOS Y PRISIONES. Amplía los vocales del Patronato para la redención de penas por el trabajo.

Orden de 27 de junio de 1939 (Ministerio de Justicia). REGISTROS DE LA PROPIEDAD. Plazo para concursantes.

Orden de 28 de junio de 1939 (Ministerio de Justicia). PRESIDIOS Y PRISIONES. Provisión de vacantes entre funcionarios.

Orden de 26 de julio de 1939 (Ministerio de Justicia). REGISTRO CIVIL. Efectos de inscripción de desaparecidos.

Orden de 27 de julio de 1939 (Ministerio de Justicia). Médicos del Registro Civil. Restablece el Cuerpo.

Decreto de 1 de septiembre de 1939 (Ministerio de Justicia). Redención de Penas por el trabajo. Patronato Central de Redención de Penas. Talleres Penitenciarios.

Decreto de 1 de septiembre de 1939 (Ministerio de Justicia). JUSTICIA. Deroga Decreto de 19 de septiembre de 1936.

Decreto de 1 de septiembre. TRIBUNAL SUPREMO. Sala para resolver competencias entre jurisdicción ordinaria y las Magistraturas del Trabajo.

Orden de 1 de septiembre de 1939 (Ministerio de Justicia). Matrimonio Canónico contraído durante la vigencia de la Ley de 28 de junio de 1932.

Orden de 1 de septiembre de 1939 (Ministerio de Justicia). Ministerio de Justicia. Escalas de los Distintos Cuerpos.

Ley de 8 de septiembre de 1939 (Jefatura del Estado). Colonias Penitenciarias Militarizadas. Creación.

Ley de 8 de septiembre de 1939 (Jefatura del Estado). Cataluña. Dejando sin efectos las disposiciones emanadas del Parlamento de Cataluña y del Tribunal de casación.

Orden de 11 de septiembre de 1939 (Ministerio de Justicia). Redención de Penas por el trabajo. Propuestas extraordinarias por trabajos a destajo.

Orden de 12 de septiembre de 1939 (Ministerio de Justicia). ABOGADOS. Modificando los Estatutos del Colegio de Madrid.

Orden de 15 de septiembre de 1939 (Ministerio de Justicia). PRESIDIOS Y PRISIONES. Redención de penas por el trabajo de reclusos.

Orden de 20 de septiembre de 1939 (Ministerio de Justicia). Ministerio de Justicia. Depuración Personal.

Ley de 23 de septiembre de 1939 (Jefatura del Estado) CODIGO PENAL. Considerando no delictivos los hechos que cita cometidos del 14 de abril de 1931 al 18 de julio 1936.

Convocatoria de 30 de septiembre de 1939 (Ministerio de Justicia). REGISTROS DE LA PROPIEDAD. Concurso para plazas vacantes.

Orden de 3 de octubre de 1939 (Ministerio de Justicia). JUSTICIA MUNICIPAL. Exime del requisito de Residencia a Mutilados.

Orden de 26 de octubre de 1939 (Ministerio de Justicia). PRESIDIOS Y PRISIONES. Prisión Central de Castuera (Badajoz).

Orden de 27 de octubre de 1939 (Ministerio de Justicia). DIRECCION GENERAL DE LOS REGISTROS Y DEL NOTARIADO. Anula disposiciones relacionadas con su personal.

Orden de 30 de octubre de 1939 (Dirección General de Seguridad) VIGILANCIA Y SEGURIDAD. Prórroga plazo para admisión de instancias para Policía.

Decreto de 9 de noviembre de 1939 (Ministerio de Justicia). MUJER. Condición y Nacionalidad de Mujer Casada.

Decreto de 9 de noviembre 1939 (Ministerio de Justicia). Gobiernos Civiles. Facultades en orden a prisiones.

Orden de 11 de noviembre de 1939 (Presidencia). Responsabilidades Políticas. Liquidación de Comisiones de Incautación.

Orden de 11 de noviembre de 1939 (Ministerio de Gobernación). EMPLEADOS PROVINCIALES Y MUNICIPALES. Depuración de excedentes o en expectativas de destino.

Orden de 14 de noviembre de 1939 (Ministerio de Justicia). PRESIDIOS Y PRISIONES. Crea Inspección General de talleres Penitenciarios.

Orden de 24 de noviembre de 1939 (Ministerio de Justicia). PRESIDIOS Y PRISIONES. Eleva la asignación de alimentación.

Orden de 25 de noviembre de 1939 (Ministerio de Justicia). NOTARIAS, NOTARIOS, NORMAS para un próximo concurso.

Orden de 25 de noviembre de 1939 (Ministerio de Justicia). NOTARIAS. Notarios. Colocación de los ingresos en la oposición de Canarias.

Orden de 27 de noviembre de 1939 (Ministerio de Justicia). IGLESIA. Haberes del Clero: Cumplimiento de Ley 9.

Orden de 2 de diciembre de 1939 (Presidencia) RESPONSABILIDADES POLITICAS. Sustanciación del recurso de revisión ante el Tribunal Nacional.

Orden de 6 de diciembre de 1939 (Ministerio de Justicia). PRESIDIOS Y PRISIONES. Sanciones a guardianes, suspende Reglamento de 21 de mayo de 1928.

Orden de 15 de diciembre de 1939 (Ministerio de Justicia). INCOMPATIBILIDADES. Entre Abogado del Estado y Registrador de la Propiedad.

Orden de 29 de diciembre de 1939 (Dirección General de Prisiones) PRESIDIOS Y PRISIONES. Concurso para jefes de servicios.

ANEXO 4

INDICE DE DISPOSICIONES LEGALES SOBRE JUSTICIA
(Una selección, 1940-1945)

Circular de 25 enero de 1940. Creación de las Comisiones de Examen de Penas.
Ley de 3 de febrero de 1940. Modificación de la Ley de Responsabilidades Políticas.
Ley de 1 de marzo de 1940. Creación del Tribunal Especial para Represión del Comunismo y la Masonería.
Orden de 8 de junio de 1940. Provisión de vacantes de secretarios de Juzgado Municipal.
Ley de 23 de junio de 1940. Restablecimiento del Código de Justicia Militar.
Ley de 27 de septiembre de 1940. Aseguramiento de los bienes de los inculpados por Responsabilidades Políticas.
Ley de 30 de septiembre de 1940. Creación de la Fiscalía de Tasas.
Circular de 27 de octubre de 1940. Competencias de los Juzgados Municipales.
Ley de 27 de octubre de 1940. Reorganización del Tribunal Supremo.
Ley de 24 de enero de 1941. Prohibición del Aborto.
Orden de 30 de enero de 1941. Juntas de Economatos de Prisiones.
Orden de 30 de enero de 1941. Sobre Juntas de Disciplina de Prisiones.
Orden de 10 de marzo de 1941. Interpreta el artículo 42 del Código Civil sobre Matrimonio Civil.
Ley de Reforma del Código Penal.
Ley de 1 de abril de 1941. Libertad condicional a sentenciados por rebelión a penas de doce años.
Decreto de 1 de abril de 1941. Concesión de libertad condicional, a cargo de las Comisiones de Examen de Penas.
Orden de 23 de mayo 1941. Preferencia para el trabajo de reclusos.
Convenio de 7 de junio de 1941 con la Santa Sede para ejercicio del Privilegio de Presentación.
Decreto de 11 de julio de 1941. Sobre delegación en Jueces Municipales de competencias de Magistrados de Trabajo.
Orden de 6 de octubre de 1941. Sobre atribuciones de las religiosas en prisiones de mujeres.
Decreto de 6 de noviembre de 1941. Prisiones para Mujeres Extraviadas.
Ley de 4 de diciembre de 1941. Reorganización del Cuerpo Técnico-Administrativo del Ministerio de Justicia y de creación del Cuerpo Auxiliar.
Orden de 4 de diciembre de 1941 sobre contratos realizados en zona roja.
Ley de 1 de enero de 1942 propiedad y libre disposición de bienes muebles y valores de la Iglesia.

Decreto de 1 de enero de 1942 aclarando la Ley de 29 de octubre de 1939 sobre derogación de la Ley del Divorcio de 1932.

Ley de 19 de febrero de 1942. Modificación de la Ley de Responsabilidades Políticas.

Ley de 19 de febrero de 1942. Reforma del Código Penal.

Ley de 10 de abril de 1942. Modifica el Código Penal en lo referente a delitos contra la propiedad.

ANEXO 5

DISPOSICIONES LEGALES RESTABLECIDAS (1936-1939)

Ley Orgánica del Poder Judicial del año 1870, cit. Orden de 3 de noviembre de 1936.
Reglamento de los Servicios de Prisiones, de 14 de noviembre de 1930, cit. Decreto de 22 de noviembre de 1936.
Estatuto del Ministerio Fiscal, de 21 de junio de 1926, cit. Orden de 13 de agosto de 1937.
Reglamento de Guardianes de Prisiones, de 28 de mayo de 1928, cit. Orden de 30 de septiembre 1937.
Reglamento del Patronato de Notarios, de 8 de agosto de 1935, cit. Orden de 25 de enero de 1937.
Reglamento de los Registradores de la Propiedad, de 30 de julio de 1934, cit. Orden de 5 de febrero 1937.
Ley de Orden Público, de 28 de julio 1933, cit. Decreto-ley de 16 de febrero de 1937, y Decreto de 24 de junio de 1938.
Artículos referidos a los Tribunales de Honor del Reglamento del Notariado de 7 de noviembre de 1921, cit. Orden de 4 de marzo de 1938.
Real Orden del Registro de Penados y Rebeldes, de 5 de diciembre de 1892, cit. Orden de 27 de febrero de 1937.
Real Orden de 31 de diciembre de 1920 sobre la sección de Matrimonios del Registro Civil. cit. Orden de 29 de marzo de 1938.
Ley del Registro Civil de 18 de junio de 1870, cit. Orden de 22 de abril de 1938.
Artículo 48 de la Ley del Registro Civil, de 18 de junio de 1870, con las modificaciones introducidas por el artículo 328 del Código Civil. cit. Decreto de 3 de mayo de 1938.
Reglamento del Registro Civil, de 13 de diciembre de 1870, cit. Decreto de 18 de mayo 1938.
Ley de 11 de octubre de 1934 y de 25 de junio de 1935 sobre el Restablecimiento de la Pena de Muerte, cit. Ley de 5 de julio de 1938.
Artículo 13 del Real Decreto de 15 de diciembre 1904 sobre funcionamiento del Registro Civil, cit. Orden de 12 de agosto de 1938.
Decreto sobre conservación de Protocolos Notariales, de 12 de noviembre de 1931, cit. Decreto de 12 de enero de 1939.
Restablecimiento de la Situación Jurídica de las Ordenes Religiosas anterior a la Constitución de 9 de diciembre de 1931. cit. Ley de 2 de febrero de 1939.
Ley de Justicia Municipal, de 5 de agosto 1907. cit. Ley de 8 de mayo de 1939.
Ley de Funcionarios, de 22 de julio 1928 y su Reglamento posterior. cit. Orden de 27 de septiembre 1939.

ANEXO 6

DISPOSICIONES LEGALES DEROGADAS Y EN SUSPENSO (1936-1939)

– Normativa vigente en lo que respecta a depuración de jueces y fiscales municipales por parte de las Audiencias Provinciales y Territoriales. cit. Decreto de 2 de septiembre 1936.
– Capítulo V de la Ley de Administración y Contabilidad del Estado, de fecha 1 de julio de 1911, cit. Decreto-ley de 22 de octubre de 1936.
– Nulidad de las disposiciones legales emanadas de las Autoridades de la zona no «nacional» desde el 18 de julio de 1936. cit. Decreto de 1 de noviembre de 1936.
– Artículo 456 del Reglamento de los Guardianes de Prisiones de 14 de noviembre de 1930 referido a la suspensión de empleo y sueldo del personal de Prisiones, cit. Orden de 12 de noviembre de 1936.
– Artículos 775, 776, 777 y 785 de la Ley de Enjuiciamiento Civil (?), referidos a los plazos de prescripción de las acciones legales. cit. Orden de 12 de enero de 1937.
+ Tribunal de Garantías y Congreso de los Diputados. cit. Decreto de 4 de mayo de 1937.
– Real Orden de 22 de octubre 1923, sobre incompatibilidades de los cargos de Procurador de los Tribunales y Registrador de la Propiedad, cit. Orden de 28 de junio de 1937.
+ Orden de 25 de enero 1937 sobre Patronato de Notarios, cit. Ley de 6 de febrero de 1938.
+ Ley de Matrimonio Civil, de 28 de junio de 1932, cit. Ley de 2 de marzo de 1932, cit. Ley de 2 marzo 1938.
+ Decreto de disolución de la Compañía de Jesús, de 23 de enero 1932 y disposiciones complementarias, cit. Decreto de 3 de mayo de 1938.
+ Orden de 14 de mayo 1932 sobre idioma y nombre para inscripción de nacimientos, cit. Orden de 18 de mayo 1938.
+ Decreto de 30 de noviembre de 1936 y artículo 20 de la Orden de 4 de febrero 1937 sobre la expedición de certificaciones del Registro de Actos de Ultima Voluntad, cit. Decreto de 5 de julio de 1938.
– Real Decreto de 1 de junio 1911 y disposiciones complementarias sobre provisión de Secretarios Judiciales, cit. Orden de 19 de agosto de 1938.
– Decreto de 26 de mayo de 1936 sobre provisión de secretarios judiciales, cit. Orden de 19 de agosto de 1938.
– Decreto-ley sobre el Recurso de Súplica ante el Jefe del Estado, de fecha 16 de febrero de 1937, cit. Ley de 27 de agosto de 1938.

El signo – indica suspensión, y el signo + indica derogación.

+ Decreto de 6 de mayo de 1931 y leyes de 8 de octubre de 1932 y de 13 de junio 1936 sobre organización del Tribunal Supremo, cit. Ley de 27 de agosto 1938.
+ Artículo 280 del Reglamento del Notariado de 8 de agosto 1935 relativo a la reconstrucción de protocolos, cit. Decreto de 10 de noviembre 1938.
+ Ley de 26 de noviembre de 1931 sobre culpabilidad de Alfonso de Borbón y Habsburgo-Lorena de un delito de Alta Traición, declarando su privación de paz jurídica, y disposiciones complementarias, cit. Ley de 15 de diciembre de 1938.
+ Ley de Confesiones y Congregaciones Religiosas, de 1 de junio de 1933, cit. Ley de 2 de febrero de 1939.
+ Decreto de Venta de Bienes Eclesiásticos, de 20 de agosto de 1931, cit. Ley de 2 de febrero de 1939.
+ Ley de Justicia Municipal, de 2 de julio de 1936, cit. Ley de 8 de mayo de 1939.
+ Decreto sobre competencias depuradoras de las Audiencias Territoriales y Provinciales, de 19 de septiembre 1936, cit. Decreto de 1 de septiembre de 1939.
+ Ley de Divorcio, de 2 de marzo de 1932, cit. Ley de 23 de septiembre de 1939.
+ Ley sobre Haberes del Clero, de 6 de abril de 1934, cit. Ley de 9 de noviembre de 1939.
– Reglamento de Prisiones de 21 de mayo de 1929, cit. Orden de 6 de diciembre de 1939.

ANEXO 7

DISPOSICIONES LEGALES MODIFICADAS (1936-1939)

Título 19 del tratado III del Código de Justicia Militar (?) y título 17 de la Ley de Enjuiciamiento militar de la Marina de Guerra (?), relativos a los trámites necesarios para llevar a cabo consejos de guerra, por Decreto de 31 de agosto de 1936.

Artículo 109 de la Ley Orgánica del Poder Judicial de 1870, relativo a la necesidad de haber cumplido veinticinco años para desempeñar el cargo de Juez de Primera Instancia o Instrucción. Por Orden de 8 de mayo de 1937.

Artículo 39 del Real Decreto de 1 de junio de 1911, modificado por Real Decreto de 22 de enero de 1935, sobre suspensión de Secretarios Judiciales; por Decreto de 11 de diciembre de 1937.

Artículos 13 y 16 del Reglamento del Notariado de 8 de agosto 1935; por Orden de 16 de febrero de 1938.

Artículo 889 de la Ley Orgánica del Poder Judicial de 1870, sobre vacaciones de los Tribunales y Juzgados; por Decreto de 3 de abril de 1938.

Ley del Registro de la Propiedad, de 13 de agosto de 1873; por Ley de 5 de julio de 1938.

Artículo 9 del Reglamento de Prisiones de 14 de noviembre de 1930; por Orden de 21 de julio de 1938.

Capítulo IV de los Estatutos del Colegio de Abogados de Madrid, de fecha 27 de abril de 1928, relativos a la depuración de colegiados; por Orden de 12 de septiembre 1939.

Título VII del Libro I del Código Civil (arts. 181 al 198) sobre efectos de la Ausencia; por Ley de 8 de septiembre de 1939.

Artículo 396 del Código Civil y artículos 8 y 107 de la Ley Hipotecaria por Ley de 26 de octubre de 1939.

ANEXO 8

Timbre de 0,25 ptas.

DECLARACION JURADA(*)

MINISTERIO DE

Nombre y apellidos

hijo de .... y de .... de ...... años de edad,

de estado .... natural de .... vecino de ....

.... con domicilio en .... de profesión ....

destinado en ....

Juro por Dios y declaro por mi honor que las contestaciones que se hacen al interrogatorio que a continuación se inserta son conformes a la realidad.

INTERROGATORIO

1.° Fecha de ingreso en la Administración y en el actual Ministerio o dependencia

2.° Especifique qué sueldo y gratificaciones tenía asignados con anterioridad al 18 de julio de 1936 y los que tiene asignados en la actualidad

3.° Ha ascendido con posterioridad al 18 de julio o ha sido recompensado por su actuación

4.° Ha estado afiliado a alguna asociación sindical o partido político; cuál ha sido en su caso, fecha de ingreso y cargos directivos o delegaciones desempeñados en los mismos

5.° En qué forma suscribió las hojas que el Gobierno rojo hizo llenar para continuar en sus puestos y cómo suscribió el apartado que exigía se consignase la ayuda prestada a la República contra el Movimiento Nacional

6.° Desempeñó después del 18 de julio de 1936 algún cargo de libre aceptación y en su caso sueldo o gratificación asignada

(*) Fuente: *Archivo del Ministerio de Justicia.* Madrid.

7.ª Formó parte de algún batallón de milicianos; fué en su caso voluntario o forzoso, ejerció algún mando o tomó parte en algún hecho de armas ....

8.ª Diga quiénes eran los más destacados izquierdistas de su departamento y cuanto sepa de la actuación de los mismos

9.ª Estuvo después del 18 de julio en zona liberada y se pasó a la roja ....

10. Ha formado parte de algún Comité de salud pública o Junta depuradora de funcionarios y en qué fecha ....

11. Con qué cantidad contribuyó a la suscripción del Gobierno rojo ....

12. Caso de ser funcionario de Agricultura, ha formado parte de algún equipo volante de incautación de fincas rústicas propiedad de personas de derechas ....

13. Tiene algo más que manifestar

Y para que conste y surta sus debidos efectos ante el señor Juez militar de Funcionarios, extiendo la presente en .... a .... de ....

de mil novecientos Año Triunfal.

(Firma y rúbrica del funcionario.)

OBSERVACIONES. La presente declaración habrá de extenderse y entregarse en la Secretaría general de los Juzgados de Funcionarios en el plazo máximo de cuarenta y ocho horas, debiendo acompañar cuantos documentos estimen necesarios en descargo de su actuación. Se ruega que las declaraciones sean extendidas a máquina preferentemente.

ANEXO 9

DECLARACIÓN JURADA (*)

que a tenor del Interrogatorio que se formula, presenta el que suscribe:

1.° Nombre y apellidos ....

Domicilio

Cuerpo o servicio a que pertenece

Categoría administrativa

Situación en que se encontraba en 18 de Julio de 1936

Si estaba en activo, cargo que desempeñaba

2.° Si prestó adhesión al Movimimiento Nacional: fecha y forma en que lo efectuó.

3.° Si prestó adhesión al Gobierno Marxista, a algunos de los autónomos que de él dependían, o a Autoridades rojas con posterioridad al 18 de Julio 1936; en qué fecha y en qué circunstancias.

4.° ¿Firmó esa adhesión al Gobierno rojo conforme al modelo publicado en la Gaceta de 4 de Octubre de 1936, aceptando el Decreto de 27 de Septiembre del mismo año? En caso afirmativo cómo contestó a los extremos siguientes de aquella declaración: "Si ayudó al Gobierno de la República a luchar contra el Movimiento faccioso y cómo", "Qué pruebas o garantías puede aportar de su lealtad a la República".

(*) Fuente: *Archivo del Ministerio de Justicia*. Madrid.

5.º ¿Solicitó ser admitido en el empleo o cargo que desempeñaba a los efectos del Decreto de 27 de Septiembre de 1936 dictado por el Gobierno Rojo?

6.º Servicios prestados desde 18 de Julio de 1936, indicando especialmente los destinos, tanto en su cuerpo o servicio, como en otros: los ascensos que hubiera obtenido, especificando las circunstancias que concurrían y causas de las vacantes.

7.º Servicios prestados en favor del Movimiento Nacional. Por cuánto tiempo y por qué motivos.

8.º Sueldos, haberes o cualquier otra clase de emolumentos percibidos desde la iniciación del Movimiento y en concepto de qué se le acreditaron.

9.º Partidos políticos y entidades sindicales a que ha estado afiliado, indicando fecha de su afiliación y en su caso del cese; cotizaciones voluntarias o forzosas en favor de partidos, entidades sindicales, o Gobierno que haya realizado, incluyendo en ella los hechos a favor del socorro Rojo internacional, Amigos de Rusia o entidades análogas.

10.º Si pertenece o ha pertenecido a la Masonería, grado alcanzado en ella, y cargos que hubiere ejercido.

11.º Ha residido en el extranjero o en población dominada por el enemigo, ¿qué tentativas hizo para salir? ¿Recibió algún auxilio? ¿De quién?

12.º Nombres de personas destacadas como izquierdistas de su departamento y oficinas del mismo o de fuera.

13.° Si formó parte de algún batallón de Milicianos, o de algún servicio especial de incautaciones, o Tribunales u otros de persecución a elementos de derechas.

14.° Nombres de personas que confirmen sus manifestaciones (por lo menos dos) y sus domicilios.

15.° Presentación de prueba documental que obre en su poder (pasaportes, certificados, cartas, carnets, bajas o altas en centros Nacionales o enemigos etc.)

de de 1939.=III Año Triunfal.

(Firma)

NOTA.—La Ley de 10 de febrero de 1939, que establece la depuración de funcionarios previene en su art. 12: que las falsedades en las declaraciones juradas o la omisión en ellas de hechos esenciales se sancionarán con la separación del servicio.

ANEXO 10

MINISTERIO DE JUSTICIA — **ESTADISTICA CIVIL (*)** — **AÑO DE 1939**

Audiencia Territorial de .... Juzgado de 1.ª instancia de ....

ESTADO DE LOS ASUNTOS TERMINADOS

Libro	Título	CLASE DEL PROCEDIMIENTO	Número de los asuntos terminados	TIEMPO INVERTIDO EN LA SUSTANCIACIÓN: Hasta tres meses	De tres a seis meses	De seis a doce meses	De uno a dos años	De dos a tres años	De tres a cuatro años	De cuatro a cinco años	De cinco a diez años	De diez años en adelante	IMPORTE DEL PAPEL SELLADO INVERTIDO EN LA INSTANCIA: Papel sellado invertido, Pesetas	Cts.	Papel de pobres, Pesetas	Cts.	Papel a reintegrar, Pesetas	Cts.
		Comunes a ambas jurisdicciones																
I	I	Defensa por pobre	[illegible]															
»	II	Competencia y contiendas de jurisdicción	1															
»	X	Caducidades de instancia	—															
»	XIII	Correcciones disciplinarias	—															
»		Otros conceptos	—															
		Jurisdicción contenciosa																
II	II	Juicios de mayor cuantía																
	»	Id. de menor cuantía	23															
»	III	Incidentes	—															
»	IV	Juicios en rebeldía	—															
»	VIII	Ejecuciones de sentencia	—															
»	IX	Declaraciones de herederos *ab intestato*	64															
»	»	Juicios de *ab intestato*	—															
»	X	Aprobación de particiones	5															
»	»	Juicios de testamentaría	—															
»	XII	Concursos de acreedores	—															
»	XIII	Quiebras	—															
»	XIV	Embargos preventivos y aseguramientos de bienes litigiosos	[illegible]															
»	XV	Juicios ejecutivos	21															
»	XVII	Id. de desahucio	44															
»	XVIII	Alimentos provisionales	—															
»	XIX	Retractos	1															
»	XX	Interdictos	2															
»		Otros conceptos	10															
		Jurisdicción voluntaria PRIMERA PARTE																
III	II	Adopción y arrogación	1															
»	III	Tutela	19															
»	IV	Depósito de personas	1															
»	VI	Elevaciones a escritura pública de testamentos o codicilos hechos de palabra	2															
»	VII	Apertura de testamentos cerrados y protocolizaciones	4															
»	IX	Habilitaciones para comparecer en juicio	—															
»	X	Información para perpetua memoria	—															
»	»	Informaciones posesorias	2															
»	XI	Enajenaciones de bienes de menores e incapacitados y transacciones sobre sus bienes	5															
»	XII	Administración de bienes de ausentes	1															
»	XV	Deslindes y amojonamientos	—															
»		Otros conceptos	35															
		Jurisdicción voluntaria SEGUNDA PARTE																
III	II	Depósito y reconocimiento de efectos mercantiles	—															
»	IV	Calificación de avería	—															
»		Otros conceptos	—															
		TOTALES	292															

V.º B.º
El Juez de 1.ª instancia

.... a ...... de .... de 1941

El Secretario.

(*) Fuente: *Archivo del Ministerio de Justicia*. Madrid.
(Nota: La información nominal y del recuadro interior del documento ha sido anulada por el organismo emisor.)

ANEXO 11 (*)

(*) Fuente: *Archivo de Presidencia del Gobierno*. Jefatura del Estado, Leg. 40, n.º 3, 15.

ANEXO 12 (*)

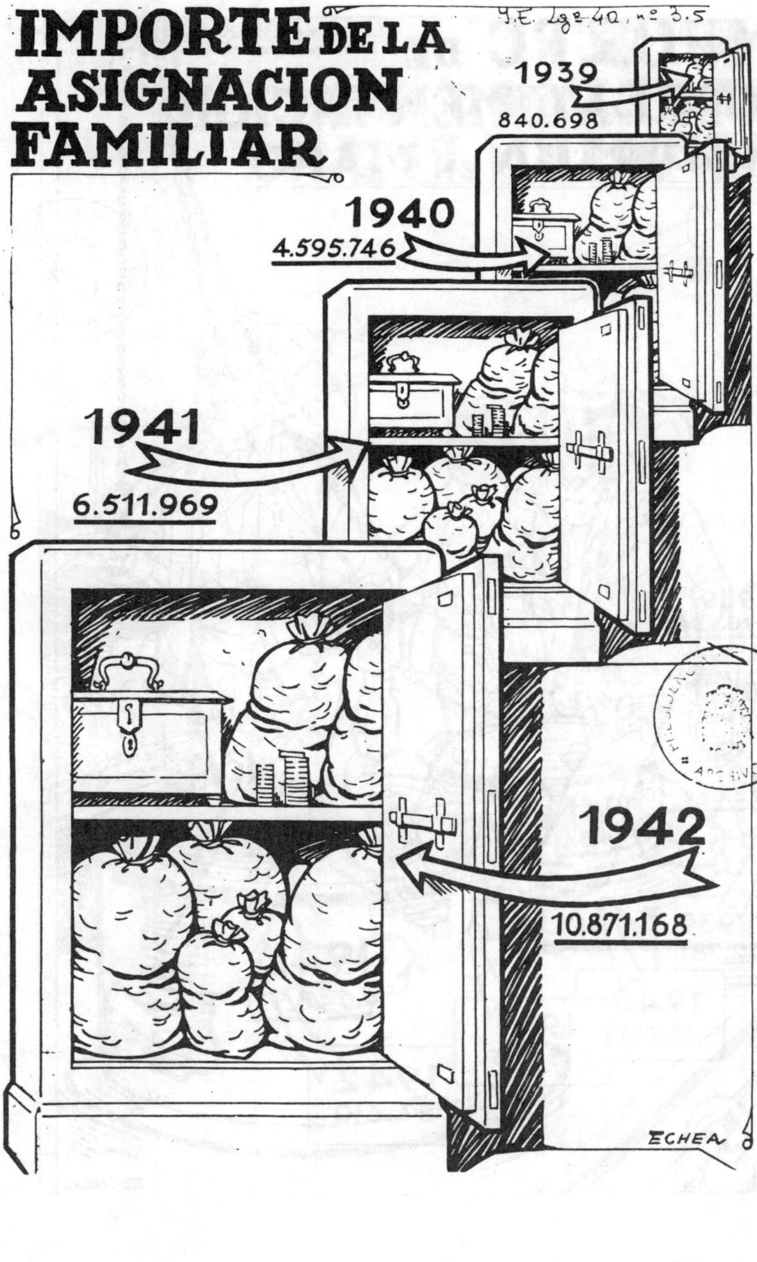

(*) Fuente: *Archivo de Presidencia del Gobierno.* Jefatura del Estado. Leg. 40, n.º 3, 5.

ANEXO 13 (*)

(*) Fuente: *Archivo de Presidencia del Gobierno*. Jefatura del Estado, Leg. 40, n.º 3.

ANEXO 14 (*)

(*) Fuente: *Archivo de Presidencia del Gobierno*. Jefatura del Estado. Leg. 40, n.º 3.

ANEXO 14 (*)

(*) Fuente: *Archivo de Presidencia del Gobierno*. Jefatura del Estado, Leg. 40, n.º 3.

La Administración de Justicia durante la guerra civil en la España Nacional

(Jurisdicciones ordinaria y especiales)

ERNESTO PEDRAZ PENALVA
Catedrático de Derecho Procesal
(Universidad de Valladolid)

I. 1. Consideraciones previas:
Examen legislativo.
Omisión de un examen de los Autos.

II. 2. Administración de Justicia en la Dictadura de Primo de Rivera:
«Junta Inspectora del Personal Judicial».
«Junta depuradora de la Justicia Municipal».
«Junta organizadora del Poder Judicial».
«Consejo Judicial».

3. Evolución histórica desde el Decreto-ley de unificación de Fueros de 1868:
LOPJ de 1870.
Decreto de 7 de abril de 1874.
CJM de 27 de septiembre de 1890.
Ley de Jurisdicciones de 1906.

III. 4. II República.
5. Reforma legislativa de la II República.
6. Organización de la Justicia ordinaria en la España republicana.
7. La Justicia Militar durante la II República.
8. Organización de la Justicia Militar en la España republicana.

IV. 9. La Justicia nacionalista en la guerra civil. Estructura de la labor legislativa de esa época:

A) Disposiciones tendentes a reorganizar el «Nuevo Estado».
B) Regulación revisora y supresora de la anterior, contraria al «Estado nacional-sindicalista».
C) Normativa represora dirigida a castigar a los no adheridos al «Movimiento Nacional»:

1) Normativa económica.
2) Normativa política.
3) Normativa depuradora.
4) Especial consideración de los bandos militares.

10. Situación de la Administración de Justicia durante la guerra civil.
11. La jurisdicción castrense.
12. A modo de colofón.

I.1. Para el estudio de la Justicia en la autodenominada España nacionalista parece aconsejable, aún cuando sea de modo tan esquemático como el presente, formular con carácter previo unas breves consideraciones.

En primer lugar, me ceñiré a un planteamiento expositivo de la legislación durante los años de la contienda civil, sin olvidar acudir a algunos de los trabajos más significativos de la literatura científica [1].

En segundo lugar, señalar que he prescindido, como puede verse, de cualquier intento de documentar mi ex curso con exámenes de autos de la época, lo que en principio, y soy consciente de ello, parecería básico para traer la verdad «real» del desenvolvimiento práctico de la normativa sobre la Administración de Justicia.

El ámbito central de estas reflexiones está constituido por la Jurisdicción ordinaria en contraposición (desde perspectivas actuales) a especial o militar [2], Justicia ésta de la que trazo sus rasgos más peculiares, tarea que ha de llevarse a cabo, entre otros argumentos, por la fundamental absorción que se produce de

---

[1] Entre otros he consultado los siguientes: AGUILERA DE PAZ, E., y RIVES MARTÍ, F. de P.: *El Derecho judicial español,* 2 tomos, Madrid, 1920. PALACIOS Y HERRANZ, Q., y MIGUEL Y ROMERO, M.: *Tratado de procedimientos judiciales,* Madrid-Valladolid, 1925. OSSORIO, A.: *La justicia poder,* Madrid, 1927, y del mismo, *Bases para la reorganización judicial,* Madrid, 1929. FABREGA Y CORTÉS, M.: *Lecciones de procedimientos judiciales,* 3.ª ed., Barcelona, 1928. DOMÍNGUEZ, M., y DE PINA, R.: *Procedimientos judiciales,* Madrid, 1931. BECEÑA, F.: *Magistratura y Justicia,* Madrid, 1928, y del mismo, *Notas de Derecho procesal civil,* Madrid, 1932. RIVES, F. de P., y ORTIZ ARCE, D.: *Organización de Tribunales y leyes de procedimiento,* 4.ª ed., Madrid, 1932. GARCÍA GONZÁLEZ, A.: *El poder judicial,* Madrid, 1932. SENTIS MELENDO, S.: *Derecho procesal civil, criminal y organización judicial,* Madrid, 1934. MIGUEL Y ROMERO, M.: *Derecho procesal teórico (procedimientos judiciales),* 2 tomos, Madrid-Valladolid, 1934. DE PINA, R.: *Manual de Derecho procesal penal,* Madrid, 1934. MENÉNDEZ PIDAL, F.: *Derecho judicial español (organización de Tribunales),* Madrid, 1935. PRIETO-CASTRO, L.: *Exposición de Derecho procesal civil de España,* Zaragoza, 1941. BELLÓN GÓMEZ, I.: *Apuntes de procedimientos judiciales y Práctica forense,* 3 tomos, Madrid, 1941. GONZÁLEZ LLANA, J.: *Procedimientos Judiciales,* Madrid, 1940. DE LA PLAZA, M.: *Derecho procesal civil español,* 2 tomos, Madrid, 1942. GARCÍA VALDÉS, R.: *Procedimientos judiciales,* Madrid, 1943. GÓMEZ ORBANEJA, E. y HERCE QUEMADA, V.: *Derecho procesal,* 2 tomos, 2.ª ed., Madrid, 1944-45. GALLEGO MARTÍNEZ, A.: *Organización de los Tribunales,* Madrid, 1944. ALCALÁ-ZAMORA Y CASTILLO, N.: «Un grave problema judicial y político: La Justicia municipal», en *Estudios de Derecho procesal,* Madrid, 1934, pp. 67 y ss., del mismo «Justicia penal de guerra civil», en *Ensayos de Derecho procesal civil, penal y constitucional,* Buenos Aires, 1944, pp. 253 y ss. GARCÍA VALDÉS, R., y ALCALÁ-ZAMORA, N.: *Derecho procesal criminal,* 2.ª ed., Madrid, 1944. JIMÉNEZ DE ASÚA, L.: *Tratado de Derecho penal,* II, 4.ª ed., Buenos Aires, 1964. CRÓNICA DE LA CODIFICACIÓN ESPAÑOLA: *I. Organización de los Tribunales,* Madrid, Ministerio de Justicia, Comisión General de Codificación, 1970, asimismo, diversos artículos publicados en las siguientes revistas: *De los Tribunales (RT), General de Legislación y Jurisprudencia (RGLJ),* de *Derecho privado (RDPriv),* etc.

[2] La distinción entre Jurisdicción ordinaria y especial ha sido, terminológica y, en menor grado, conceptualmente, uno de los temas no pacíficos en la bibliografía. Para algunos autores hay que hablar de Jurisdicción ordinaria y especial, dividiendo la primera en común y especializada; otros sostienen que hay que diferenciar entre Jurisdicción ordinaria, especial y Tribunales especializados (encontra-

ésta por la ordinaria. Para el orden jurisdiccional ordinario no supondría, dicha aportación documental, significación relevante como veremos por, entre otras razones, su mínima modificación y, particularmente, como ya he adelantado, su escaso juego y consecuente carencia de importancia comparativa en la resolución de los conflictos surgidos en el seno de la sociedad nacionalista de guerra [3].

Para el ámbito militar, contrariamente, sí hubiera connotado gran trascendencia el estudio de las causas judiciales pero, debo aclarar, que ello me habría supuesto un tiempo que excedía del que se me concedió para la elaboración de esta ponencia, además de las dificultades para acceder a los archivos militares judiciales, dificultades en cierto modo comprensibles y justificables por el no excesivo tiempo transcurrido desde la contienda —habida cuenta, entre otros datos, de la intensidad reaccional que cualquier «desenterramiento» en estos momentos podría provocar aún en nuestra comunidad.

Finalmente, que aunque el título de este trabajo es el de «Jurisdicciones ordinaria y especiales», en verdad, y desde una concepción vigente, sólo puede hablarse de una Jurisdicción especial: la militar. Este es el sentido en el que la bibliografía entiende el artículo 117.5 de nuestra «Carta Magna», confirmado en la vigente Ley Orgánica del Poder Judicial de 1985. Esto no obstante, y para no inducir a error, seguiré hablando, en ocasiones, de Jurisdicciones especiales, en adecuación a la terminología legal y doctrinal que predominaba en el período estudiado: 1936-1939 [2].

II.2. La Administración de Justicia, en cuanto constituye una de las más sensibles esferas de poder del Estado, ha sido objeto de continuas e interesadas críticas seguidas de variadas reformas durante los diversos regímenes políticos.

---

bles tanto en la ordinaria como en la especial), también se ha mantenido la diversificación en Tribunales ordinarios, especiales y de excepción o extraordinarios y, finalmente, que hay que distinguir entre Jurisdicción ordinaria (y dentro de ella varios órdenes jurisdiccionales) y especial. *Vid.* así, De Miguel y Alonso, C.: *Derecho procesal práctico,* I, Barcelona, 1967, pp. 53-4. Guasp Delgado, J.: *Derecho procesal civil,* I, Madrid, 1968, p. 106. Gómez Orbaneja, E., y Herce-Quemada, V.: *Derecho procesal civil,* I, Madrid, 1976, pp. 67-69. Ramos Méndez, F.: *Derecho procesal civil, I,* Barcelona, 1986, pp. 30 y ss. Prieto Castro, L.: *Derecho de Tribunales,* Pamplona, 1986, p. 197. Montero Aroca, J., y Ortelles Ramos, M.: *Derecho Jurisdiccional,* I, Barcelona, 1987, pp. 77 y ss. (hablan de Tribunales ordinarios y especiales). Almagro Nosete, J.; Cortés Domínguez, V.; Gimeno Sendra, V., y Moreno Catena, V.: *Derecho procesal,* op. cit., I.1. pp. 79 y ss., etc.

En la actualidad, y en general, partiendo de nuestro Texto constitucional (art. 117) y, por tanto, de que la Jurisdicción es única, viene mayoritariamente imponiéndose la idea de que todos los órdenes jurisdiccionales (civil, penal, laboral, etc.) forman parte integrante de la ordinaria (así, legalmente, la nueva LOPJ de 1985) y, sólo la militar, es especial (art. 117.5 CE). Junto a ello podría hablarse de Tribunales especializados, como por ejemplo el Tribunal de Cuentas, el de las Aguas de Valencia, etc.

Por consiguiente es admisible decir que la ordinaria sería aquella jurisdicción a la que corresponde intervenir normalmente; se caracteriza, además, de por ser general, por su fuerza atractiva (todo lo que no venga atribuido a la especial será sometido a la ordinaria). Especial sería la que ha de intervenir en un específico ámbito en virtud de una normativa que le otorga particularmente tal intervención; la especial se tipifica por ser concreta y limitada.

[3] Por ejemplo, y según ha puesto de manifiesto Arribas, S.: «Fondos documentales de las Audiencias de la España "Nacional": el ejemplo de Valladolid», Ponencia a las «Jornadas sobre Administración de Justicia durante la guerra civil española: instituciones y fuentes documentales», Salamanca, 26-28 de noviembre de 1987, y en la Audiencia Territorial de Valladolid, con 5 provincias y 44 Juzgados de 1.ª Instancia (10 en León, 7 en Palencia, 8 en Salamanca, 11 en Valladolid, 8 en Zamora) a los que hay que añadir 8 Juzgados de Avila y Segovia (con un total, pues, de 52 Juzgados), se conservan en los fondos documentales de la Audiencia Territorial de Valladolid, 1.220 causas de ellas menos de mil corresponden a la guerra civil.

Ya en la dictadura de Primo de Rivera el Directorio militar acometió su reorganización, según se dijo, al estimarla precisa para lograr que la independelcia de la judicatura fuera una «realidad viva». A este fin, en el Real Decreto de 2 de octubre de 1923, y en su Exposición de motivos, se afirma que es indispensable llevar a cabo la depuración y selección, con garantías, pero rapidísima y enérgicamente, del personal de Jueces y Magistrados de todas las categorías, que por su actuación o escasa moral profesional no sea apto para resolver las cuestiones sobre la honra o la vida de los ciudadanos.

Para el logro de tal objetivo, a cumplir en dos meses (prorrogados hasta el 31 de diciembre por Real Decreto de 11 de diciembre de 1923), la citada disposición del 2 de octubre creó la denominada «Junta Inspectora del Personal Judicial» (para la debida ejecución de este Decreto y el más eficaz y rápido cumplimiento de los fallos de la Junta Inspectora, se dictaron las Reales Ordenes de 9 de octubre y 13 de noviembre del mismo año).

Dicha Junta Inspectora fue complementada con la «Junta depuradora de la Justicia municipal» instaurada por Reales Decretos de 5 de abril y 11 de octubre de 1924.

Tal comportamiento reformador no fue bien recibido ni por la Magistratura ni por los sectores sociales más autorizados. En este sentido, recientemente, Damián Moreno, nos dice que «todo ello fomentó el malestar y el asociacionismo entre los miembros de la Carrera judicial ya que tales Juntas actuaron con un sentido marcadamente partidista lo que motivó que el enfrentamiento entre Primo de Rivera y las autoridades judiciales adquiriera carácter de gravedad» [4].

Mas las innovaciones en nuestra sede acometidas por el Directorio pretendieron reforzarse mediante el Real Decreto de 20 de octubre de 1923, a medio del cual se creó la «Junta organizadora del Poder Judicial», norma cuyo preámbulo reza: «confiamos a la propia Magistratura su depuración, su reforma y su régimen, porque estamos seguros de ella misma, pero alejándola de toda intervención política, de todo aquello que desgraciadamente ha perturbado su vida, y la seguirá perturbando si no vinieren intervenciones como las de ahora, como la de este Decreto, de necesidad urgente, de solución inmediata, en bien de esa recta Administración de Justicia» (para facilitar su ejecución y cumplimiento se dictó la Real Orden de 3 de noviembre de 1923) [5].

Dentro del ámbito competencial de esta Junta organizadora pueden destacarse, entre otras atribuciones, la de elevar al ministro las pertinentes propuestas de

---

[4] DAMIÁN MORENO, J.: *Los Jueces de Paz,* Madrid, 1987, p. 141. En este sentido cita a TUSELL GÓMEZ, J.: *La España del siglo XX,* Barcelona, 1975, p. 182.

[5] En la Memoria de la Fiscalía del Tribunal Supremo, de 1924, siendo fiscal el señor Galo Ponte Escartín, se dice esp. pp. 30 y ss., que fueron separados alrededor de 15 funcionarios. Cfr. con AGUILAR, A.: «De la Administración de Justicia (innovaciones efectuadas durante el último trienio)», en *RDPriv.*, 1926, XIII, quien en la p. 361 habla de un verdadero «expurgo», asimismo SALDAÑA, Q.: «La Justicia en España bajo la Dictadura», en *Al servicio de la Justicia,* Madrid, 1930, pp. 20 y ss. y esp. nota 1 a la p. 21 en la que recoge una «biografía» de Galo Ponte. Contrasta con la afirmación de GALO PONTE lo dicho en la Exposición de Motivos del Real Decreto de 31 de enero de 1924, (*Gaceta de Madrid* de 3 de febrero, sobre el régimen de incompatibilidades de los cargos judiciales y fiscales) en el que se habla de «La severa depuración realizada al personal encargado de administrar Justicia, merced a la meritoria labor de la Junta Inspectora...».

nombramientos, ascensos, traslados y permutas, unipersonales cuando se tratara de miembros de la Carrera judicial y, en terna, en caso de integrantes de la Fiscal. Importa resaltar ya la separación entre la Carrera judicial y la Fiscal que se consuma por obra del Real Decreto de 21 de junio de 1926, en el que se plasmará el Estatuto del Ministerio Fiscal [6].

Las propuestas hechas por la Junta organizadora eran válidas para todos los cargos, incluido el de presidente de Sala del Tribunal Supremo. Interesante es poner de manifiesto que, a tenor del artículo 4.II del citado Real Decreto de 20 de octubre de 1923, el «Ministerio de Gracia y Justicia, de acuerdo con el Gobierno, podrá, por una sola vez, devolver las propuestas oponiéndose a ellas, y entonces la Junta hará otras designaciones que prevalecerán siempre».

Esta denominada «Junta organizadora del Poder Judicial» fue calificada de representativa por cuanto, se ha dicho, sus componentes eran elegidos, bianualmente, por los miembros de las categorías personales respectivas. Su existencia fue objeto de severas críticas por ciertos sectores que proclamaban —prescindiendo de las depuraciones realizadas— la necesidad de un Poder Judicial diferenciado de los demás del Estado, al que compete una actividad jurídica —que no política— carente del criterio de oportunidad que, por ejemplo, preside la actividad del Ejecutivo [7]. La Justicia debe huir de la política, política que «resplandece» en el nuevo órgano mediante las luchas electorales y la consiguiente intervención de funcionarios de categoría inferior en el ascenso de superiores. Estas otras consideraciones provocaron según se dijo que el legislador suprimiera la Junta organizadora por Real Decreto de 21 de junio de 1926.

Por el susodicho Real Decreto de 1926, amén de disolver la «Junta organizadora del Poder Judicial» y la «Inspección central de la Administración de Justicia» se crea el «Consejo Judicial» [8] asumiendo éste las atribuciones y facultades de aquéllos con algunas modificaciones.

El «Consejo Judicial» se convierte en el organismo superior del Poder Judicial en el orden gubernativo y en el disciplinario, salvo las atribuciones reconocidas con carácter exclusivo al Tribunal Supremo en Pleno o a la Sala de Gobierno del mismo. Va a ser el encargado de velar por el prestigio de los Tribunales y Juzgados y de los magistrados y jueces que lo integran, «... cuidando que tanto en la vida oficial como en la privada, todos mantengan merecidamente la integridad de su buena fama...» (Real Decreto de 1926). A él corresponde premiar los actos meritorios y corregir los actos o negligencias reprochables, constituyéndose, a este úl-

---

[6] Sobre el Estatuto del Ministerio Fiscal de 1926, además de las obras generales citadas, *vid.* FERNÁNDEZ MARTÍN-GRANIZO, M.: *El Ministerio Fiscal en España (notas para una futura construcción de dicha figura y estudio de su posición en el Derecho Procesal español),* Separata de *Documentación jurídica,* n.os 10 y 11, Madrid, 1977.

[7] Así, aunque no muy explícitamente, AGUILAR, A.: «Cuestiones de Derecho judicial», en *RDPriv.*, 1925, XII, pp. 272-3, utilizó el término oportunidad casi con el significado con el que lo empleó GOLDSCHMIDT, J.: *Problemas jurídicos y políticos del proceso penal,* Barcelona, 1935, esp. pp. 76 y ss.

[8] El Consejo Judicial de 1926 se inspiró en el de 1917 que logró nacer, sustituyendo a la «Junta Calificadora del Poder Judicial» (creada por Decreto de 3 de octubre de 1870 y Reglamento de la misma fecha); el Consejo Judicial —instaurado en el Real Decreto de 18 de mayo de 1917— tuvo una vida tan precaria que murió derogado, suprimiéndose treinta días después (por Real Decreto de 18 de julio de 1917), sin haber llegado a funcionar.

timo efecto, en Tribunal de Honor que puede acordar incluso la separación del funcionario residenciado, previa audiencia del Consejo de Estado.

Es peligrosísimo este funcionamiento del Consejo Judicial como Tribunal de Honor, entre otras razones, por el corporativismo que implica, por la falta de garantías procesales para el sometido al mismo, por los indeterminados y subjetivos criterios que sirven de referencia para adoptar las decisiones, por cuanto fomenta el servilismo y la dependencia, etc. [9] A todo ello se une la composición resultante en tal Tribunal de Honor, como veremos a continuación.

Según prescribe el artículo 2 del Real Decreto de 1926, constitutivo del Consejo Judicial, este órgano estará integrado por: El presidente del Tribunal Supremo, que lo será del Consejo; como Consejeros natos, los presidentes de Sala del Tribunal Supremo; asimismo forman parte del mismo el magistrado más antiguo en la categoría y el de mayor tiempo de servicios en cargos judiciales o fiscales que pertenezcan al mismo Tribunal; el presidente de la Audiencia Territorial de Madrid y el juez de 1.ª Instancia decano de los de esta Corte. El resto, hasta completar el número de 9, que son los que lo constituyen, será nombrado libremente entre los funcionarios de la Carrera judicial con destino permanente en Madrid, por Real Decreto acordado en Consejo de Ministros, a propuesta del de Gracia y Justicia.

Efecto significativo de tales reformas, entre otros, es el de que bajo la dictadura de Primo de Rivera se consumó una depuración del personal judicial que se prorrogó hasta 1928. Así, y también so pretexto de reorganizar la Justicia, se declaró la amovilidad por Real Decreto de 22 de diciembre de 1928 llegando a jubilar forzosamente incluso a Magistrados del Tribunal Supremo [10].

3. Como se verá más adelante interesa, aún con breves pinceladas, hacer referencia al camino recorrido por la Justicia militar desde el Decreto-ley de unificación de fueros, de 6 de diciembre de 1868 [11], por el que, entre otros extremos, se limitó la extensión de la Justicia castrente [12].

Con la publicación de la Ley orgánica del Poder Judicial (LOPJ) en 15 de septiembre de 1870, se creó la Carrera judicial como cuerpo técnico de escala inde-

---

[9] *Vid. infra,* en ap. IV.10, otras críticas contra los Tribunales de Honor.

[10] *Vid.* las críticas a este Real Decreto de 1928, entre otros, en SALDAÑA, Q.: *Al servicio de la Justicia, op. cit.* pp. 29 y ss.

[11] Sobre la organización judicial militar *vid.* GONZÁLEZ DELEITO, N.: *Tribunales españoles. Organización y funcionamiento*, Madrid, 1979, con PRIETO-CASTRO, L.: ALMAGRO NOSETE y bibliografía «ivi» cit., para el siglo XIX, *vid.* VICENTE Y CARAVANTES, J.: *Tratado de los procedimientos en los juzgados militares*, Madrid, 1853, etc., Históricamente, es un buen resumen el realizado en el Derecho comparado por VENDITTI, R.:*Il proceso penale militare*, 2.ª ed., Milano, 1987, pp. 1 a 10.

[12] De este modo, y en su título III, delimita la competencia de la jurisdicción de guerra y marina atendiendo a la naturaleza del delito y a la persona que lo cometiere. Se atribuye a la jurisdicción ordinaria, entre otros muchos, el conocimiento de los negocios comunes civiles y criminales de los aforados de guerra y marina y los de sus mujeres, hijos y criados; de los delitos contra la seguridad interior del Estado y orden público, cuando la rebelión y sedición no tengan carácter militar (téngase en cuenta que en la ya denominada ley de orden público de 23 de abril de 1870, se asignó su conocimiento a la militar, creándose, en su artículo 29 un Consejo de guerra especial para juzgar a los milicianos populares y paisanos que tomasen parte en una rebelión); los de atentado y desacato contra la autoridad; tumultos o desórdenes públicos y sociedades secretas, etc. Retuvo el orden judicial castrense la prevención de los juicios de testamentaría y abintestatos de los militares y marinos muertos en campaña o navegación.

pendiente quedando fuera de la misma los auditores de guerra. Por decreto de 7 de abril de 1874 «se cometió el error de militarizarlos» [13], estableciéndose el Cuerpo de letrados militares, dependiente por tanto del mando militar y sometido a la obediencia y disciplina castrenses.

El Código de Justicia militar (CJM) de 27 de septiembre de 1890 y la ley de organización y atribuciones de los Tribunales de marina, otorgan jurisdicción a las correspondientes autoridades asesoradas por un letrado militarizado, instituyendo el Consejo supremo de guerra y marina, integrado por un presidente, 14 consejeros y 2 fiscales; de entre éstos únicamente 4 consejeros y los 2 fiscales son letrados (artículo 67 CJM) [14].

El desarrollo de la Justicia militar fue de tal índole que, autores como López Colmenares, llegaron a decir que «a virtud de invasiones producidas a partir del referido Decreto-ley (de 1868), se había convertido en regla general y en excepción suya la ordinaria de que en realidad emana aquélla» [15]; que adquiriendo «un carácter notoriamente privilegiado, que la había hecho odiosa como toda justicia de clase... las invasiones del ramo de guerra en el orden jurisdiccional fueron en aumento, hasta provocar un estado de opinión que culminó en la derogación a la caída del viejo régimen, de la ley llamada de jurisdicciones (de 23 de marzo de 1906) y de todos los decretos que durante el período de la dictadura del General Primo de Rivera habían confiado a los Tribunales militares atribuciones a todas luces excesivas» [16].

Fue precisamente por obra de la mencionada ley de 1906 como se inicia en nuestro país —tras el decreto de unificación de fueros de 1868— la atribución a la jurisdicción militar del conocimiento de los delitos contra la seguridad del Estado, sancionando delitos contra la Patria, el Ejército y la Armada y, como advierte Jiménez de Asúa [17], la prosiguen los Reales Decretos contra el separatismo, de 18 de septiembre de 1923 y de 17 de marzo de 1926 y culmina en el de 25 de diciembre de 1925 que atribuye a la justicia marcial los delitos contra la seguridad exterior del Estado y los de lesa majestad. Se trata, en aquellas disposiciones, de «... dar apariencia de derecho penal especial, desmenuzando casuísticamente figuras de delito ya existentes y mezclando, en los decretos sobre separatismo, sanciones penales y gubernativas, a lo que no es sino atribución arbitraria

---

[13] Sic. MENÉNDEZ PIDAL, F.: *Derecho judicial español*, cit. p. 346, en idénticos términos RIVES, F. de P., y ORTIZ ARCE, D.: *Organización de Tribunales y* ..., cit, p. 90.

[14] En el artículo 11 de este CJM se le reconocen las competencias siguientes en materia civil —amén de la prevención en los abintestatos y testamentarías—, reclamaciones por deudas contra individuos del Ejército en campaña, o contra las personas que le sigan, aún cuando el demandante no sea militar; de las responsabilidades civiles declaradas en sentencias firmes o providencias de sobreseimiento definitivo por los Tribunales o autoridades judiciales del Ejército, mientras el procedimiento se limite a la vía de apremio contra los sentenciados y sus bienes.

En el artículo 13 se relacionan los casos en que los militares quedan sujetos a otras jurisdicciones: atentado y desacato a autoridades no militares; falsificación de moneda y billetes de banco; falsificación de firmas, sellos, marcas, efectos timbrados, cédulas de vecindad, despachos telegráficos y documentos públicos que no fueren de los usados por el Ejército; adulterio y estupro; injuria y calumnia que no constituyan delito militar, etc.

[15] LÓPEZ COLMENARES, E.: *Jurisdicciones especiales*, II, p. 280, cit. por DE PINA, R.: *Manual de Derecho procesal penal*, cit. p. 297.

[16] DE PINA, R.: *Manual de..., op. et loc.* cits.

[17] JIMÉNEZ DE ASUA, L.: *Tratado de Derecho penal*, II, cit., p. 1374.

de delitos comunes a una Jurisdicción especial en medio del mayor confusionismo» [18].

Esta denominada ley de jurisdicciones de 1906 [19] sustrae de cualquier crítica al Ejército y a la Marina al prevenir la sanción por el fuero marcial de aquellos que los injuren tanto expresa como tácitamente o, como dice su artículo 5, tanto clara como encubiertamente, y, lo que puede ser más grave, según afirmó un sector de opinión, asigna al propio sujeto pasivo (mayoritariamente no jurídicamente profesionalizado) la tarea de reprimir la ofensa sustrayendo del — en terminología actual— Juez legal o natural su enjuiciamiento y consiguiente decisión.

En esta línea es muy significativo el ensayo publicado por Miguel de Unamuno, en el que con notable intuición recoge afirmaciones como éstas: «... (en) uno de los artículos en que se debate el tal tema... me encontré con esta proposición: "el Ejército, que tan popular es en España". No seguí leyendo, porque esto no es verdad... Se trata, al parecer, de que los Tribunales militares juzguen de los llamados delitos contra la Patria y de los delitos contra el Ejército. En este último respecto hay quienes hacen notar que eso vale tanto como constituirlo en Juez y parte. Y cuantos se oponen a esta extensión de fuero de guerra estiman que, si se le hace al Ejército mismo, fiscal y juez de los delitos que contra él puedan cometerse, jamás sabremos qué es un delito contra el Ejército, y habrá que concluir por no hablar ni escribir de él, ni para mal ni para bien... los militares juzgan, no en virtud de la necesidad de juzgar, sino de castigar... Tan absurdo me parece que los militares constituyan Tribunales y se metan a juzgar, como que los magistrados, jueces y fiscales civiles se organicen en milicia para ir a la guerra. Pues, si la función de guerrear exige una preparación técnica, no menor la exige la función de juzgar, con el agravante de que ambas preparaciones se excluyen, como llevo dicho» [20, 21].

---

[18] JIMÉNEZ DE ASUA, L.: *op. cit.*, pp. 1374-1375.

[19] En el artículo 1.º de esta ley de 1906 (de «jurisdicciones») se define y pena el delito de traición, el 2.ª cataloga y reprime los ultrajes a la Nación española o a sus emblemas representativos, el 3.º reza del siguiente tenor: Los que de palabra o por escrito, por medio de la imprenta, grabado y otro medio mecánico de publicación, en estampas, alegorías, caricaturas, emblemas o alusiones, injurien u ofendan clara o encubiertamente al Ejército o a la Armada o a Instituciones, armas, clases o cuerpos determinados del mismo, serán castigados con la pena de prisión correccional; el artículo 5.º previene que «... cualquier persona que no pertenezca al Ejército, si injuria abiertamente u ofende de modo encubierto a los Institutos armados, será juzgada por los Tribunales del fuero de guerra y marina».

[20] UNAMUNO, M. de: «La Patria y el Ejército», en *Ensayos,* VI, Madrid, publicaciones de la Residencia de Estudiantes, 1918, pp. 191, 193 y 196. Es también interesante, en esta línea, en el mismo tomo y obra —pp. 131 y ss.—, su ensayo «La crisis actual del patriotismo español», en el que advierte «contra la tendencia a que eso que se llama la religión del patriotismo asuma formas militares».

Cfr. estas afirmaciones de don Miguel de Unamuno con las sorprendentes en ese sentido —en pro de la Justicia militar— de RUIZ VILLAPLANA, A.: *Doy fe... Un año de actuación en la España nacionalista*, ediciones españolas, 1937, p. 100, encuadrables acaso en la comparación del resultado de los juicios castrenses y los de la denominada por ALCALÁ-ZAMORA, N.: *«Justicia penal de guerra civil»*, en Ensayos..., cit., p. 254 y cita 3, justicia oficiosa (o sea ejecuciones al margen de la ley —incluso de la ley establecida por cada campo— ordenadas por las autoridades gubernativas o militares o por las organizaciones políticas o sindicales de cada territorio. Por represalias, por odios o por recelos, prisioneros, rehenes y sospechosos han sido presa de esta clase de justicia»).

Vid. también sobre esta Ley de 1906 a TUÑÓN DE LARA, M., *La España del siglo XX,* 9.ª ed., II, Madrid, 1976, pp. 164 y 174-5, del mismo «Orígenes lejanos y próximos», en *La guerra civil española,* con AROSTEGUI, VIÑAS, CARDONA y BRICALL, Barcelona. 1985, p. 14, en la que dice: «... por esa ley el Ejército era juez y parte si se sentía o estimaba atacado».

[21] Cfr. DE PIQUER Y MARTÍN CORTÉS, R.: *Los Tribunales de guerra*; Madrid, 1919, pp. 25 y ss.;

El ámbito de conocimiento de la justicia militar se incrementó durante el Directorio por mor de disposiciones como el Real Decreto de 18 de septiembre de 1923, en cuyo artículo 1.º, con notable indefinición buscada de propósito, se prevé que «serán juzgados por los Tribunales militares..., los delitos contra la seguridad y unidad de la Patria y cuanto tienda a disgregarla, restarle fortaleza y rebajar su concepto, ya sea por medio de la palabra o por escrito, ya por la imprenta o cualquier medio mecánico o gráfico de publicidad y difusión, o por cualquier clase de actos o manifestaciones...».

III.4. Con el advenimiento de la II República se explicita una honda preocupación por instaurar un sistema democrático dotado de todas las garantías —ausentes en el régimen anterior—, necesitado, por ende, de acometer con carácter de urgencia la revisión de toda la obra legislativa anterior, y, según también se dijo, de llevar a cabo la depuración de las responsabilidades políticas contraídas por el Gobierno de la dictadura primo-riverista.

La Administración de Justicia va a ser destacadamente objeto de tal reexamen, abarcando los niveles orgánico y procesal como también a las personas integrantes de ella.

La estratégica posición que el juez ocupa en todo sistema, su preparación científica y la necesidad de que en su tarea interpretativa dé entrada a los nuevos valores, provocó un generalizado y en ocasiones enconado diálogo social e institucional, seguido a veces de peticiones y, en su caso, de decisiones tendentes a la reestructuración y aún depuración del personal al servicio de la Administración de Justicia, primordialmente jueces y fiscales. Este sentir general de la época republicana, que se manifestó en numerosos trabajos periodísticos y en frecuentes intervenciones en las Cortes, puede concretarse en críticas al mal funcionamiento de la judicatura por la ausencia en ella de una preparación técnica adecuada, a su incapacidad o renuencia para asumir las esencias republicanas, a su compromiso con la dictadura, detectable en su afirmado acatamiento de las directrices de aquélla mediante la aplicación de leyes inconstitucionales y en su pasividad a los ataques contra la inamovilidad judicial, etc.

La literatura científica también se hizo eco de tales manifestaciones [22], debiéndose hacer constar la defensa que por algunos juristas se asumió de la magistratura ante la, a veces, injusta por generalizada e indiscriminada crítica. En este tenor se dijo [23] que si todos los funcionarios y Corporaciones públicas habían acatado la legislación de la dictadura ello no era predicable de la mayoría de los Tribunales. Así, la actitud de los del orden contencioso-administrativo, particularmente en materia de personal (revocando la mayor parte de los acuerdos de las Corporaciones y reintegrando a sus puestos a los funcionarios represaliados), se evidenció, entre otros, en el Decreto de 14 de julio de 1929 por el que se autorizó

RODRÍGUEZ DEVESA, J. M.ª: «La reforma del Derecho penal militar», en Rev, Fac, D, Univ. Comp., 1980, 3, p. 15., JIMÉNEZ Y JIMÉNEZ, F.: *Introducción al Derecho Penal Militar*, Madrid. 1987, pp. 85 y ss., etc.

[22] Así, EYRE VARELA, F.: «El arbitrio ministerial y la independencia judicial», en *Rev. Der. Priv.*, 1932, esp., p. 132.

[23] De este modo, MORALES PAREJA: «En defensa de la Administración de Justicia», en *RT*, 1931, pp. 520 y ss.

la suspensión de las sentencias emanadas de los Tribunales Contencioso-administrativos, a las propias Corporaciones [24], imponiendo severas limitaciones a dichos órganos jurisdiccionales, lo que demuestra que no existió la ciega sumisión denunciada. Los recelos respecto de este orden jurisdiccional, ya se hicieron patentes con el Real Decreto-ley de 14 de octubre de 1926, por el que se facultó al Consejo de Ministros, con carácter extraordinario, para acordar la suspensión de las sentencias declaradas firmes de la Sala 3.ª del Tribunal Supremo (única en esa fecha relativa a esa materia), o de los Tribunales Provinciales de lo Contencioso-administrativo.

Procederá tal suspensión (art. 1.º), aparte de en los casos legales ya previstos, siempre que se estime que la resolución administrativa, objeto del recurso y revocada o modificada por la sentencia, fue dictada con el fin de moralizar la Administración, bien separando de sus cargos o suspendiendo en ellos a funcionarios que la perjudicaran por incumplimiento, descuido o infracción de sus deberes o nombrando libremente para ellos a los que juzgó más aptos, o bien evitando que se dé una interpretación abusiva a las cláusulas de los contratos administrativos anteriores y que, en contra del espíritu moralizador expresado, se sirvan intereses notoriamente perjudiciales a la Administración. Este Decreto, inspirado según nos dicen Domínguez y De Pina [25], en motivos menos elevados de los que aparecen en su texto, fue derogado en todas sus partes por el Real Decreto-ley de 13 de marzo de 1930. Estimo que huelga todo comentario sobre estas intervenciones del Ejecutivo en la función jurisdiccional, en contra de principios intemporales como el de la división de poderes, independencia judicial, cumplimiento obligado de las resoluciones judiciales, etc.

Asimismo, la bibliografía pretendió hacer comprender la situación de la judicatura en el período de la dictadura como elemento de descargo para justificar el deterioro al que llegó. Saldaña, en su obra *Al servicio de la Justicia* transcribe lo que denomina «Capítulo de agravios» de la Justicia contra la dictadura. Entre ellos pueden destacarse los siguientes: Conversión del escalafón de la Judicatura y Magistratura en un teclado de *favoritismo;* sometimiento de jueces de carrera, jueces de 1.ª instancia e instrucción, a *la secreta vigilancia humillante* del cabo de la Guardia Civil del puesto de su partido y de la policía de los trenes; entregar de nuevo la Justicia Municipal a las querellas de los partidos, convertida en *ciego instrumento político;* no acabar con ese estigma de la Administración de Justicia que se llaman los *aranceles* del Secretariado; haber destituido «sin razón ni expediente» a magistrados de dignidad indiscutible; haber arrebatado a la Judicatura «la sagrada investidura de la inamovilidad»; etc [26].

5. La tarea de reforma legislativa se inició por la II República ya desde los primeros momentos de su proclamación. Por Decreto de 15 de abril de 1931 se

---

[24] *Vid.* las críticas que fueron formuladas por BECEÑA, F.: *Magistratura y Justicia,* cit., pp. 333 y ss., a las diversas reorganizaciones del orden contencioso-administrativo, hablando de que supusieron una «limitación de los poderes del Judicial», y primordialmente al Decreto-ley de 14 de octubre de 1926, también, SALDAÑA, Q.: *Al servicio de la Justicia* (La orgía áurea de la Dictadura), Madrid, 1930, p. 28.

[25] DOMÍNGUEZ, M., Y DE PINA, R.: *Procedimientos judiciales,* cit., p. 585.

[26] SALDAÑA, Q.: «La Justicia en España bajo la Dictadura», en *Al servicio de...,* cit., pp. 46 y ss. El subrayado es del autor.

ordenaba a cada departamento ministerial la revisión, antes del 31 de mayo, de toda la normativa en vigor. Fruto de tal ámbito de estudio fueron las siguientes disposiciones: Decreto de 5 de mayo por el que se declararon derogados los Reales Decretos relativos a la Junta Administradora del Poder Judicial, relacionándose los numerosos que continuaban en vigor; Decreto de 19 de mayo de 1931, ratificado con fuerza de ley por la de 30 de diciembre, disolviendo el Consejo Judicial (creado como sabemos en 1926), restableciendo los títulos XIV y XIX de la vieja Ley Orgánica del Poder Judicial (LOPJ) de 1870 y asignando los servicios de inspección y vigilancia de los Tribunales a la Sala de Gobierno del Tribunal Supremo; Decreto-ley de 17 de abril de 1931, ratificado legalmente en 18 de agosto, que deroga la odiada Ley de Jurisdicciones de 1906; el Jurado fue restablecido en 11 de abril de 1931, ocupándose de él el Decreto de 27 de abril de 1932 y la Ley de 27 de julio de 1933; etc.

Resultado de esa desconfianza hacia la magistratura, que antes apuntaba, carente de sentido en un Estado de derecho —como afortunadamente se reconoció después—, fue el Decreto de 23 de agosto de 1932 por el que se crearon, con carácter permanente y residencia en Madrid, tres comisarios inspectores, con funciones meramente informativas y categoría y consideración de magistrados del Tribunal Supremo. La base para ello se encontró en la interpretación (ciertamente malinterpretación) del artículo 729 de la LOPJ de 1870. Por Decreto de 10 de marzo de 1934 fue derogado el que venimos comentando, reconociéndose que la inspección y vigilancia sobre la Administración de Justicia en todos los órdenes de la Jurisdicción ordinaria compete al presidente del Tribunal Supremo y, bajo la superior jurisdicción del mismo, a los presidentes de las Audiencias Territoriales, sin perjuicio de las facultades de carácter disciplinario legalmente atribuidas a las Salas de Gobierno del Tribunal Supremo y Audiencias Territoriales, a las Juntas de Gobierno de las Audiencias Provinciales y a los jueces de 1.ª Instancia e Instrucción.

Las modificaciones republicanas en la Justicia alcanzaron al Tribunal Supremo, que fue sometido a una profunda reorganización por mor de la normativa básicamente relacionada a continuación: Decreto-ley de 6 de mayo de 1931, ratificado como Ley en 30 de diciembre; Decretos de 11 de mayo, 3 y 17 de julio de 1931 en relación con la Ley de 17 de julio de 1935; preceptos de la Ley de 8 de octubre de 1932 —desarrollando el artículo 96 de la Constitución—, Ley de 15 de septiembre de 1870 (LOPJ cuya vigencia fue restablecida en gran parte de en lo que había sido derogada), normas orgánicas del Secretariado, Ministerio Fiscal, Abogacía del Estado y personal administrativo y subalterno, y, finalmente, Decreto de 29 de agosto de 1935 que atribuye como parte integrante del Alto Tribunal la Inspección de Tribunales.

El Tribunal Supremo va a constar de las siguientes Salas: Primera, de lo Civil; Segunda, de lo Criminal; Tercera, de lo Contencioso-administrativo; Cuarta, también de lo Contencioso-administrativo (en sustitución de la Sección 2.ª de la Sala 3.ª, a virtud del Decreto-ley de 6 de mayo de 1931, aprobado y ratificado legalmente por la de 30 de diciembre de 1931); Sala Quinta, denominada de «cuestiones de Derecho Social» (en base al Decreto de 6 de mayo de 1931, que recibió carácter de Ley en 16 de septiembre) y que va a conocer de los recursos de casación contra las resoluciones de los Tribunales Industriales y Comisiones Mixtas de Trabajo; Sexta, de Justicia Militar, como consecuencia de la supresión del «Consejo Supremo de Guerra y Marina» (operada por Decreto-ley de 11 de mayo de 1931, ratificado en 18 de agosto —completado con la Orden de 17 de julio del mismo año—, Decreto que derogó también la Ley de Bandolerismo de 8 de enero de 1877); finalmente, y con carácter transitorio, Sala Séptima, asimismo de lo Contencioso-administrativo, que conoció en materias de Administración Local (creada esta Sala por Ley de 26 de julio de 1935 y Decreto de 8 de agosto).

En materia de provisión de *cargos judiciales* deben citarse las siguientes disposiciones. Decreto-ley de 15 de abril de 1931 (ratificado en 18 de agosto) por el que se declara que serán de libre nombramiento del Gobierno los cargos judiciales de categoría igual o superior a *gobernador civil, subsecretario* o *director general;* Decreto de 6 de mayo de 1931, ratificado en 30 de diciembre, disponiendo que para cubrir algunas de las vacantes en cargos de presidente de Sala y magistrados del Tribunal Supremo pueda libremente el Gobierno nombrar a personalidades destacadas en cualquier actividad jurídica o administrativa y con magistrados en activo o excedentes —en este último caso a propuesta de la Sala de Gobierno del Tribunal Supremo—, y facultando a la Sala de Gobierno del Alto Tribunal para discernir los méritos de los funcionarios judiciales, desde Magistrados de Audiencia Territorial, y proponerlos que deban ser ascendidos a magistrados del Tribunal Supremo, etc. Según el Decreto de 10 de octubre de 1935, los cargos de presidente de Audiencia Territorial se proveerán, también libremente por el Gobierno, entre los 76 magistrados de término existentes en ese momento en la Carrera Judicial.

Peculiar cita merece el nombramiento de presidente del Tribunal Supremo. En base a lo previsto en el artículo 96 de la Constitución, este cargo duraría diez años, correspondiendo su designación al jefe del Estado, a propuesta de una Asamblea, que fue regulada por Ley de 18 de octubre de 1932, de la que formaban parte destacados funcionarios judiciales, 15 diputados a Cortes elegidos por el Parlamento, los decanos de los Colegios de abogados de capitales de provincia con más de 50.000 almas, los decanos de las Facultades de Derecho y los presidentes de las Academias Nacionales de Ciencias Morales y Jurisprudencia [26 bis].

Dejando a salvo el nombramiento de presidente del Tribunal Supremo, el sistema republicano implantado para cubrir los cargos de magistrados y presidentes de Sala del Tribunal Supremo, presidentes de las Audiencias Territoriales, de las Audiencias Provinciales y de Sección, magistrados de Madrid y jueces de la categoría de magistrado, mereció una dura calificación por los contemporáneos. Sus

[26 bis] JIMÉNEZ ASÚA en su Discurso de defensa del Proyecto de Constitución, Diario de Sesiones de las Cortes de 27 de agosto de 1931, justificó tal sistema de nombramiento del modo siguiente: «... se observa en todas las Cartas políticas contemporáneas el deseo de hacer del Poder Judicial un poder fortísimo. Parece como si el Estado-soporte y el Estado-guía quisieran quedar bajo el cuño del verdadero Estado de derecho; por eso al Poder Judicial se le da una prestancia que antes no tuvo; porque, a pesar del mentido nombre de Poder, no era más que una Administración de Justicia sometida al Poder Ejecutivo. De aquí que en el artículo 96 al presidente del Tribunal Supremo se le elija por una Asamblea en que elementos del Partido y elementos de la sabiduría jurista cooperan a esa elección».

principales inconvenientes pueden sintetizarse, con Menéndez Pidal [27] observando:

1. Que engendra y desarrolla humilde actitud suplicante entre los magistrados de término frente al Gobierno, ya que sus ascensos al Tribunal Supremo dependen libremente del mismo, así como todos los destinos asignados a la categoría en el Decreto reformado de 23 de julio de 1935.

2. Que con los preceptos constitucionales relativos a la inamovilidad judicial (arts. 41 y 98), existe al frente de los distritos judiciales una magistratura amovible y, por tanto, menos independiente.

3. Que la magistratura inamovible está subordinada, en el orden administrativo, disciplinario e inspector, a la magistratura amovible, que el Gobierno puede trasladar libremente.

Pero las reformas afectaron también, de manera importante, a la Justicia municipal, principiando con el Real Decreto de 24 de febrero de 1936, por el que se ordenó el cese de todos los jueces municipales, fiscales municipales y suplentes de ambos. Con el Decreto-ley de 8 de mayo de 1931, amén de aumentar la competencia objetiva de los Juzgados municipales hasta 1.000 pts. —con gran alivio de trabajo en los Tribunales— se dispuso que fueran nombrados por elección popular los jueces de poblaciones menores de 12.000 almas. Tan desastrosos resultados produjo este sistema de provisión por la injerencia política y partidista en la Justicia municipal, aumentando notablemente el caciquismo local [28], que muy pronto fue abolido por obra de la Ley de 27 de junio de 1934, en relación con el Decreto de 14 de julio siguiente, volviéndose al modo de designación de jueces y fiscales municipales previsto en la vieja ley de Justicia municipal [29, 30]. Esta vieja norma preveía que fueran elegidos cada cuatro años por la Sala de Gobierno de la Audiencia Territorial, con la asistencia de los decanos de los Colegios de abogados y notarios (en caso de recurso el nombramiento se hace por el Tribunal Supremo) [31].

La desconfianza frente a la Magistratura, por el Régimen anterior, a la que más arriba aludí, desembocó también durante la II República en una mínima depuración del personal al servicio de la Administración de Justicia, aunque justo es decirlo, dentro de un clima socio-político menos represivo y más dialogante que durante la dictadura de Primo de Rivera [32]. Así, la Ley llamada de Defensa de la

---

[27] MENÉNDEZ PIDAL, F.: *Derecho Judicial español,* cit., p. 171.

[28] Así, ALCALÁ-ZAMORA, N.: «Un grave problema judicial y político: La Justicia municipal», en *Estudios de Derecho Procesal,* Madrid, 1934, pp. 67 y ss., trabajo publicado asimismo en *RT*, LXV, n.º 20, pp. 297 y ss.

[29] Entre otros, *vid.* a SENTÍS MELENDO, S.: *Derecho Procesal, Civil, Criminal y ...,* cit., pp. 139-140; GARCÍA GONZÁLEZ, A.: *El poder judicial,* cit., pp. 5 y ss.; OSSORIO, A.: *Bases para la reorganización...,* cit., pp. 25 y ss., etc.

[30] Coincide en las críticas expuestas, DAMIÁN MORENO, J.: *Los Jueces de Paz,* cit., pp. 153 y ss.

[31] Sobre la Justicia municipal en el siglo XIX, ABELLA, F.: *Manual enciclopédico teórico-práctico de los Juzgados municipales,* Madrid, 1898.

[32] La represión durante la Dictadura primo-riverista alcanzó niveles insospechados, como muestra de ella véanse las Reales Ordenes de 5 de marzo de 1926 y de 24 de junio del mismo año en las que, respectivamente, se dispone: el nombramiento directamente por el Gobierno de la Junta del Colegio de Abogados de Barcelona —que había sido destituida en virtud del Real Decreto del 6 de febrero—;

República, de 21 de octubre de 1931, pronto derogada, facultó el que el ministro de la Gobernación y Consejo de Ministros separaran de sus cargos y suspendieran de funciones a varios jueces y magistrados porque, a juicio de dicho ministro, incurrieron en falta de celo y negligencia en el ejercicio de su potestad jurisdiccional. Esto provocó la protesta de los Colegios de abogados de casi toda España y de gran parte de los juristas de la época. Por Ley de 8 de septiembre de 1932 se dispuso, en esta misma línea, que podían ser jubilados, cualquiera que fuera su edad, a su instancia o por resolución del Gobierno, todos los jueces de instrucción, magistrados y funcionarios del Ministerio Fiscal [33].

6. Conviene hacer una referencia a la organización de la Justicia *ordinaria* en la España republicana. En la cúspide, el Tribunal Supremo, con las Salas de Justicia y atribuciones antes citadas [34]; Audiencias Territoriales, integradas por una Sala de lo Civil, otra de lo Criminal y otra de lo Contencioso-administrativo. Audiencias Provinciales, cuya competencia se extiende al conocimiento de las causas por delitos cometidos en la provincia —con las excepciones legalmente previstas—, de los pleitos civiles de divorcio, de las apelaciones en materia arrendaticia rústica, de las impugnaciones contra las sentencias de los jueces de instrucción en los expedientes contra «vagos y maleantes» (Ley de 4 de agosto de 1933), etc. A continuación, Juzgados de 1.ª Instancia y de Instrucción, con competencias en materia civil y criminal y en algunos asuntos administrativos y sociales que se susciten en el partido judicial a donde se extiende su potestad. La regulación de estos Juzgados proviene de la LOPJ de 1870 y, particularmente, de la Adicional a la orgánica del Poder Judicial (de 14 de octubre de 1882), en cuyo artículo 11 se prescribía que los mismos jueces de 1.ª Instancia desempeñarán funciones de jueces de Instrucción y serán, además, competentes para conocer en segunda instancia de los juicios de faltas, etc. Por Real Orden de 11 de julio de 1877 se dividió en Madrid la Jurisdicción Civil y Penal (es decir, se separaron Juzgados de 1.ª Ins-

en la segunda, relativa al Ateneo de Madrid, se modifica el artículo 4.° en relación con el 31 del su reglamento, del modo siguiente: «la admisión de los socios corresponderá por entero a la Junta de Gobierno», procediéndose simultáneamente a designar la totalidad de la nueva Junta de Gobierno del Ateneo de Madrid (por el propio Gobierno en ese Real Decreto).

[33] La mayoría de la literatura criticó duramente estas normas, así, MENÉNDEZ PIDAL, F.: op. ant. cit., pp. 132-133.

[34] Los Tribunales actúan: en pleno, como Sala de Gobierno y en Salas de Justicia. Así, el Tribunal Supremo:

a) En pleno: a') como Sala de Justicia: por ejemplo para conocer en única instancia de las causas instruidas contra magistrados de las Audiencias... (art. 284 LOPJ de 1870), de los delitos cometidos por el presidente de la República cuando no entrañen infracción de obligaciones constitucionales y, precisamente, después de cesar el presunto culpable en el mandato presidencial (art. 33, Ley de 1 de abril de 1933), etc.

b') Se constituirá el Pleno para actos que no tengan carácter judicial como, por ejemplo, para recibir juramento y dar posesión a presidentes, magistrados, etc., ... para evacuar los informes que le sean pedidos por el Gobierno, etc.

b) Como Sala de Gobierno, para, entre otras atribuciones, conceder indultos particulares, decidir gubernativamente sobre el repartimiento de negocios entre las Salas, ejercer la jurisdicción disciplinaria, etc.

c) Salas de Justicia: civil, penal, etc.

Las Audiencias territoriales, como dije, también funcionaban en pleno, ya como Salas de Justicia ya para actos de carácter no judicial, como Sala de gobierno y en Salas de Justicia.

Este esquema es, en esencia válido para la actualidad, aunque he de advertir que ha sufrido modificaciones sensibles con la creación del Consejo General del Poder Judicial.

tancia e Instrucción) pero no prosperó, siendo derogada esta reforma en 16 de julio de 1892 [35]. Como último escalón del orden jurisdiccional civil y penal, estaba la Justicia Municipal.

En lo laboral, además de la Sala de lo Social del Tribunal Supremo, existieron el Tribunal Central de Trabajo (que por Ley de 16 de julio de 1935, texto refundido de 29 de agosto siguiente, sustituyó a los Tribunales Industriales), compuesto por tres magistrados, dos patronos y dos obreros. En el orden laboral hay que aludir también a los Jurados Mixtos de Trabajo.

En lo contencioso-administrativo tuvieron atribuciones, amén de las Salas correspondientes del Tribunal Supremo, los Tribunales provinciales de lo Contencioso.

El único caso de Tribunal Regional fue el mal denominado de casación [36] de Cataluña. Este fue instaurado por la Ley regional de 10 de marzo de 1934, en cuyo artículo 11 se le reconocía jurisdicción sobre las materias civiles y administrativas cuya legislación exclusiva estuviere atribuida a Cataluña. Poco tiempo estuvo en vigor desapareciendo con la «insurrección» de la Generalidad.

Prescindo de cualquier referencia a otra multiplicidad de Tribunales existentes, como por ejemplo, el de Garantías Constitucionales, Tribunales de Foros, Tribunales de Menores [37], etc., aunque no de los castrenses a los que, en línea con el esquema de trabajo planteado dedicaré unas someras alusiones.

7. Fue acaso la Justicia Militar la que sufrió, durante la II República, más amplias y profundas reformas.

La repulsa general republicana frente a la desorbitada extensión y abuso de la Justicia castrense se manifestó tanto en la etapa preconstitucional como tras la promulgación de la ley Fundamental. La disfuncionalización sufrida por el orden judicial militar supuso olvidar, en palabras de A. García, su carácter meramente defensivo orientado a sostener el orden material y garantizar la seguridad para hacer la guerra y hacerse respetar. En ello no se diferencia mucho de la función que incumbe a toda autoridad en cuanto tal. Contrariamente, sigue diciendo A. García, la función judicial penal (que llamamos ordinaria en contraposición a la especial o militar, EP) no sólo protege a la víctima, sino también a la sociedad y además al mismo delincuente inepto para la vida social [38].

---

[35] Tal separación entre los Juzgados de 1.ª Instancia e Instrucción, que ha venido siendo reclamada desde hace muchos años por la doctrina, todavía no se ha logrado plenamente en España en algunas poblaciones (la mayoría). Por ejemplo, sí están divididos en Barcelona, Madrid, Valencia, Valladolid, etc., y no lo están en Salamanca, Zamora, etc.

[36] Sobre el Tribunal de «casación» de Cataluña, más ampliamente, consúltese a SENTIS MELENDO, S.: «El Tribunal de casación en Cataluña», en *Rev. Gral. de Leg. y Jurisp.*, 165 pp. 283 y ss.

[37] Para el estudio de los Tribunales de Menores, de más importancia de lo que puede pensarse, pese a la casi nula atención que les he prestado en este trabajo, es imprescindible consultar las publicaciones, entre otras, de MARTÍN OSTOS, J.: *Jurisdicción de menores: naturaleza y competencia*, Publicaciones de la Univ. de Sevilla, 1973; «La intervención de Abogado en el procedimiento tutelar de menores», en *Rev. Iber. de Der. Proc.*, 1979, I, pp. 65 y ss.; «Los futuros Juzgados de menores», en *Anuario de la Fac. de D. de la Univ. de Extemadura*, 1986, 4, etc.

[38] GARCÍA, A.: *El Poder Judicial, op. cit.*, pp. 160 y ss., estas ideas fueron asumidas por bastantes juristas de la época, entre otros, y de modo textual, por MENÉNDEZ PIDAL, F.: *Derecho judicial español, op. cit.*, p. 341.

Se pretende reducirla a una especialidad jurisdiccional quitándole el carácter de jurisdicción privilegiada y excepcional [39]. En esta orientación parecen estar juristas como Ossorio al defender que ha de minorarse la competencia judicial militar exclusivamente a «... juzgar los delitos (ya sean perpetrados por militares, ya por civiles) que directa y especialmente afecten a la eficacia de la acción militar. No habrá ningún fuero personal y únicamente se determinará la jurisdicción por la naturaleza del hecho delictivo» [40]. Verdaderamente, y éste puede decirse que es el sentir predominante en la literatura especializada, no basta con tal límite objetivo sino que asimismo, subjetivamente, el fuero marcial sólo debe aplicarse a los hombres de armas. En consecuencia, como por ejemplo defienden Antón Oneca y Jiménez de Asúa [41], ha de circunscribirse a aquellos supuestos constitutivos de actos atentatorios a la existencia del Ejército y disciplina y técnica bélicas cometidos por los integrantes de la milicia; pero si se trata de personas civiles, aún cuando los hechos realizados lesionen intereses del Ejército, o de militares que han perpetrado delitos comunes, únicamente han de ser competentes para su enjuiciamiento los Tribunales penales ordinarios [42].

Encuentra este planteamiento plena justificación puesto que todo fuero especial ha de interpretarse restrictivamente y, ante todo, consagrado el derecho de todo ciudadano —y los militares lo son— al que, en terminología actual llamamos «Juez legal, natural u ordinario», el someter a los civiles en determinados casos o a los militares, en supuestos delictivos comunes, a los Tribunales castrenses, supondría llevar a cabo un «desafuero» (es decir, y como lo define Vicente y Caravantes, connotaría «la pérdida del fuero propio del demandante o demandado, o del derecho que tiene de ser juzgado por sus propios jueces, quedando sujeto a otros diferentes») [43]. Todo ello y en mi opinión, visto desde la perspectiva más arriba descrita de la Justicia militar por A. Garcia [44, 45].

No empecen lo dicho observaciones como las defendidas por Jiménez y Jiménez [46], quien acogiendo opiniones de Vico, Stellaci, Foscolo, etc., mantiene que el mejor juez del delito militar es el militar, pues, él, más que otros, está en posición de comprender el espíritu de los Reglamentos Militares, y él conoce las circunstancias del servicio, de la vida y de la disciplina de los militares. Que la existencia de la jurisdicción militar en tiempo de paz descansa en el criterio de espe-

---

[39] *Sic.* DE PINA, R.: *Manual de Derecho procesal penal,* cit., p. 298.

[40] OSSORIO, A.: *Bases para la reorganización judicial,* cit., Base 31, p. 225, y, del mismo, *La Justicia poder,* cit., pp. 66 y ss.

[41] ANTÓN ONECA, J., y JIMÉNEZ DE ASÚA, L.: *Derecho Penal,* II, Madrid, 1930, pp. 428 y ss., y, JIMÉNEZ DE ASÚA, L.: *Tratado de Derecho penal,* II, cit., p. 1365.

[42] Cfr. DE PIQUER Y MARTÍN-CORTÉS, R.: *Los Tribunales de guerra,* cit., pp. 29-30, y los simples argumentos que acoge para fundamentar la extensión de «la competencia de la jurisdicción de guerra» por razón de la persona, del delito y del lugar.

[43] VICENTE Y CARAVANTES, J.: *Tratado de los procedimientos en los juzgados militares,* cit., p. 28.

[44] Aunque menos radicalmente, en esta línea se ha manifestado NÚÑEZ BARBERO, R.: «Derecho Penal Militar y Derecho Penal Común», en *Problemas actuales de Derecho Penal y Procesal,* Salamanca, 1971, esp., pp. 29 y ss.

[45] Aún coincidiendo con RODRÍGUEZ DEVESA, J. Mª.: «La reforma del Derecho Penal Militar», cit., p. 10, en que el Derecho Militar es más que la problemática de la competencia de los Tribunales Militares, en modo alguno puede coincidir con él en que la preocupación por estos temas sea susceptible de ser calificada, como él hace, de «miope obsesión» ni de que constituya «... minúscula problemática».

cialización del juzgador para asegurar el mayor tecnicismo, acudiendo al juez más adaptado a la materia penal militar.

La crítica a estas aseveraciones, con las que Jiménez y Jiménez se identifica, puede llevarse a cabo partiendo de la exigencia de un juez profesional con la formación jurídica necesaria, susceptible de especialización hasta unos límites.

La progresiva mayor densidad y abundancia legislativa ha venido requiriendo en la Europa occidental continental, interesadamente, un juez perito en Derecho [47]; un juez permanente y profesional del que se predica por definición su imparcialidad. La exigencia de imparcialidad, momento procesal de la independencia, connota su sometimiento a la Ley como su neutralidad procesal personal dimanante, tal neutralidad, de la carencia e intereses propios directos e indirectos en la solución del litigio.

Pretender que será mejor Justicia, y más imparcial, la emanada de órganos estamentales, corporativistas —so pretexto de la posesión de conocimientos específicos— supone desconocer, amén de lo que en el Estado de Derecho es el juez, la tarea encomendada a los asesores y peritos. Porque realista y conceptualmente no se presume del juez una omnisciencia en todos los saberes es por lo que se prevé que por los expertos, desde su conocimiento especializado, se suministren al juez las máximas de experiencia de las que éste carece. La visión parcial del perito —en cuanto mensurando un determinado hecho o dato desde criterios específicos— exige su posterior valoración judicial. Apreciación que importa sea realizada judicialmente, previa su contemplación general con todos los demás datos del proceso en conexión global con la vida social, con arreglo a criterios generales jurídicos [48].

Situados en otro ángulo, las argumentaciones en pro de una Justicia especializada corporativista no parece que tenga sentido si alegamos que también servirían para fundar la necesidad de que el juez fuera médico para poder juzgar de la negligencia o imprudencia de los facultativos, arquitecto, ingeniero, para decidir en asuntos propios de estos cuerpos, etc. [49]

Entre las principales disposiciones de la II República española en este ámbito destacan las siguientes: El tan citado Decreto-ley de 17 de abril de 1931, ratificado con fuerza de Ley por la de 18 de agosto, derogando la denominada «ley de jurisdicciones» de 1906; el Real Decreto de 24 de marzo de 1931 dejando sin efecto el de 25 de diciembre de 1925, que atribuía al conocimiento de los Tribunales

[46] JIMÉNEZ Y JIMÉNEZ, F.: *Introducción al Derecho Penal Militar, op. cit.*, pp. 85 y ss.

[47] Ello a diferencia de lo que sucedió en los primeros momentos liberales. *Vid.* PEDRAZ PENALVA, E.: «La Jurisdicción en la Teoría de la división de poderes de Montesquieu», en *RibDP,* 1976, esp. pp. 930 y ss.; también PEDRAZ PENALVA, E.: «Reflexiones sobre el "Poder Judicial" y el proyecto de Ley Orgánica del Poder Judicial», *en Rev. Doc. Jca.,* 1984, t. XII, 42/44, pp. 53 y ss.; finalmente PEDRAZ PENALVA, E.: «Sobre el significado y vigencia del Jurado», en *Rev. Justicia* 86, IV, pp. 979 y ss.

[48] De este modo, *vid.* MEZGER: «Der psychiatrische Sachverstaendige in prozess», en *Archiv f. die Civilistische Praxis,* 1918, 117, esp., pp. 141-172.; DOEHRING: *La investigación del estado de los hechos en el proceso: La prueba, su práctica y apreciación,* Buenos Aires, 1972, p. 249.

[49] Críticas oponibles podrían ser también las derivadas de la intrínseca dificultad de determinar qué se entiende por delito militar (lo que en épocas como la presente parece haberse obviado ya que conforme al Ordenamiento Jurídico actual la creación de delitos o instauración de penas exige Ley Orgánica), a diferencia de lo que acaeció con los bandos militares en esa época bélica.

de guerra y marina los delitos de traición, lesa majestad y los cometidos por medio de explosivos; Ordenes de 20 y 23 de abril de 1931; Decreto-ley de 11 de mayo de 1931, sancionado con fuerza de ley por la de 18 de agosto; Decreto-ley de 9 de junio de 1931, ratificado legalmente en 14 de octubre; Ley de 4 de octubre de 1931 que es modificada por la de 7 de octubre (Ley Penal de la Marina Mercante) en lo referente a la constitución y funcionamiento de los Tribunales marítimos que tenían carácter militar [50]; ley de 27 de agosto de 1932; Orden de 8 de septiembre de 1932; Ley de 17 de julio de 1935; etc.

De entre los citados, tal vez sea el Decreto-ley de 11 de mayo de 1931 uno de los más importantes por cuanto, además de servir de base a la regulación constitucional, deroga los artículos 5, 6, 9 y 13 del Código de Justicia Militar (CJM) y 5, 6, 9 y 12 de la Ley sobre la Organización y Atribuciones de los Tribunales de Marina, limitando la competencia de la jurisdicción castrense a «los hechos o delitos esencialmente militares de que aquélla conoce por razón de la materia, desapareciendo la... basada en la calidad de la persona o el lugar de ejecución» [51]. También, y a virtud del mismo, se deroga la Ley de 8 de enero de 1877 (denominada de secuestros, contra el bandolerismo) asignándose el conocimiento de las causas previstas en ella a la legislación común y jurisdicción ordinaria. Asimismo y en su artículo 5.º.II, priva de efecto a «... los preceptos penales que en las leyes penales especiales posteriores, hayan ido sometiendo a la jurisdicción castrense, hechos de que anteriormente venía conociendo la ordinaria». Se declara disuelto el «Consejo supremo de guerra y marina» creándose, como ya indiqué, la Sala de Justicia Militar en el Tribunal Supremo, con lo que se da efectiva vigencia al principio de unidad jurisdiccional [52]. Este Decreto de 11 de mayo de 1931, priva de potestad jurisdiccional a los capitanes generales y a determinados jefes militares

---

[50] A este respecto, MENÉNDEZ PIDAL, F.: *Derecho Judicial español...*, cit., p. 360, nota 3, dice que «ante el asombro del mundo entero, conoció en España la jurisdicción militar de un delito de parricidio cometido por un marido no militar contra su esposa no militar a bordo de un buque mercante en alta mar. Es que antes de la República, el mar era *lugar militar,* y todos los delitos comunes cometidos por paisanos a bordo de navíos de comercio se sometían a Consejo de Guerra».

[51] Evidentemente problema básico es determinar qué se entiende por «delito militar», sobre esta época, *vid.,* entre otros, a MENÉNDEZ PIDAL: *op. ant. cit.,* p. 361, también, y desde perspectivas actuales —aunque con amplísima bibliografía histórica—; RODRÍGUEZ DEVESA, J. M.ª: *Derecho Penal español. Parte especial,* 8.ª ed., Madrid, 1980, pp. 1.235 y ss. y, sobre «delitos militares», 1.253 y ss.

[52] La creación de la Sala de lo Militar en el Tribunal Supremo es una de las reformas recientemente introducidas en la España actual, concretamente por virtud de la Ley Orgánica 4/1987, de 15 de julio (*Boletín Oficial del Estado* del 18), en su artículo 22. En la Exposición de Motivos de esta contemporánea norma se dice que la creación de la Sala de lo Militar en el Tribunal Supremo «... supone la unidad en el vértice, de las dos jurisdicciones que integran el Poder judicial...» (La ordinaria y la especial o militar).

El principio de unidad jurisdiccional —en nuestra vigente Carta Magna en su artículo 117.5 y en la LOPJ de 1985 en el artículo 3.1— supone que la aplicación de la ley en el caso concreto, de modo irrevocable, a través del proceso (de ese conjunto de garantías que el proceso ha de implicar), corresponde exclusivamente a jueces y magistrados independientes predeterminados por la ley. Por tanto, sólo el Estado actuando a través de esos órganos específicos, que son los jurisdiccionales, es el detentador de la Jurisdicción. Está íntimamente unido este principio al de exclusividad y al del juez legal u ordinario.

Entre los trabajos sobre este principio, *vid.* DE MIGUEL Y ALONSO, C.: «La unidad de jurisdicciones en materia penal», en *Problemas actuales de Derecho penal y procesal, op. cit.,* pp. 49 y ss., GIMENO SENDRÁ, V.: «Principios constitucionales de monopolio y unidad jurisdiccional, en *Comentarios a la Legislación Penal,* T.I, *Derecho Penal y Constitución,* Madrid, 1982, pp. 312 y ss., GONZÁLEZ PÉREZ, J.: «La Jurisdicción: Unidad jurisdiccional y conflictos jurisdiccionales», en *El Poder judicial,* I, Madrid, 1983, pp. 42 y ss., ELIZALDE PÉREZ, J. M.ª: «El principio de Unidad jurisdiccional y los Tricon mando independiente [53], aunque por Ley de 17 de julio de 1935 se les vuelve a conferir a las Autoridades Militares superiores.

No obstante la bondad indudable de esta norma, han de cuestionarse preceptos como los relativos al sistema de designación libre por el Ejecutivo o el de nombramiento a propuesta de una corporación preseleccionada y designada por el Gobierno, de los Magistrados de la Sala de lo Militar (a este respecto, véase, el Decreto de 6 de mayo de 1931).

La Constitución de 1931 obligó al legislador ordinario a tan importante reorganización y reconsideración de la Justicia militar, en virtud de su artículo 95, en cuyos párrafos II y III se proclamó lo siguiente: «La Jurisdicción penal militar quedará limitada a los delitos militares, a los servicios de armas y a la disciplina de todos los Institutos armados». En el III: «No podrá establecerse fuero alguno por razón de las personas ni de los lugares. Se exceptúa el caso de estado de guerra, con arreglo a la Ley de Orden Público».

Aunque hasta ahora sólo de pasada he hecho referencia a ellos, también en el precitado artículo 95, y en su párrafo IV, se declaran abolidos los Tribunales de Honor, tanto civiles como militares. Su supresión obedece a los más elementales principios del Estado de derecho, en base a los cuales no puede permitirse la vigencia de un sistema privado y corporativista de «Justicia», a espaldas de una predeterminación de los tipos [54] y de un procedimiento con todas las garantías, incluyendo la de impugnar las decisiones estimadas lesivas.

8. La Justicia Militar queda organizada del siguiente modo en la II República [55]:

En la cúspide la Sala Sexta («de lo Militar») del Tribunal Supremo. Conoce de todas las materias que venían atribuidas al suprimido Consejo de Guerra y Marina, de los recursos de apelación y casación que interpongan Auditores o Autoridades Militares contra los fallos de los consejos de guerra (art. 3 del Decreto de 13 de septiembre de 1935 y 3 y 4 de la Ley de 17 de julio del mismo año). Es de observar cómo persiste —en contra de principios esenciales del derecho procesal— la carencia de legitimación de fiscal y encausado para impugnar las resoluciones, continuando en manos de la Autoridad judicial la decisión de estimar o no lesivo el fallo y, en su consecuencia, de recurrir. También conoce la Sala Sexta

---

bunales Superiores de las Comunidades Autónomas: una interpretación federalista en perspectiva comparada», en *El Poder Judicial,* II, cit., pp. 1.095 y ss., etc.

[53] En esta línea, y en la Ley Orgánica 4/1987, de 15 de julio, y en su Exposición de Motivos, se dice que «... se atribuye exclusiva y exluyentemente la función jurisdiccional a los órganos judiciales militares, quedando fuera de ella los órganos de mando a los que tradicionalmente se les había concedido el ejercicio de la jurisdicción...».

[54] Hay imprecisión en los tipos por cuanto no se delimitan con la exigida claridad y rigor los supuestos constitutivos del «enjuiciamiento». Por ejemplo, *vid.* el Decreto n.º 78, de 17 de noviembre de 1936 por el que se restablecen los Tribunales de Honor en el Ejército y Marina de guerra, a cuyo tenor se dice que «... conocerán de hechos deshonrosos.. conductas que empañen el buen nombre o la caballerosidad de sus autores...».

Más ampliamente *vid.* DOMÍNGUEZ-BERRUETA, M.: *Los tribunales de honor y la Constitución del 1978,* Salamanca, 1984, esp. pp. 33 y ss., y más adelante *vid.* IV.10, otras críticas contra los Tribunales de Honor.

[55] Básicamente sigo el esquema de MENÉNDEZ PIDAL, F.: *Derecho Judicial...,* cit., pp. 151 y ss. y 363 y ss.

de los recursos de revisión contra los fallos de la Jurisdicción de guerra o marina (art. 9 del Decreto de 13 de septiembre de 1935) y decide asimismo las cuestiones en que hubiere desacuerdo entre el parecer del Auditor y el de la Autoridad militar en causas criminales o expedientes judiciales por faltas graves (art. 9 del citado Decreto de 13 de septiembre).

La superior Autoridad Militar de las divisiones, comandantes militares de Baleares y Canarias, generales en jefe de las fuerzas militares de Marruecos o del Ejército en campaña, jefes militares con mando independiente o aislados y los comandantes de plazas y fortalezas bloqueadas, así como los almirantes, jefes de las bases navales, de la Escuadra y de la Jurisdicción de Marina en Madrid, tuvieron, entre otras, las siguientes atribuciones:

a) En tiempo de paz: designación de jueces instructores en las causas competencia del Consejo de guerra de oficiales generales; aprobación de las decisiones de sobreseimiento provisional o definitivo; designación de los vocales militares de los Consejos de guerra y aprobación de las sentencias de los mismos o interposición de los recursos de apelación y casación, etc.

b) En tiempo de guerra, o en territorio declarado en estado de guerra, amén de las facultades anteriores, las Autoridades militares tuvieron la inspección de todos los procedimientos judiciales; designación de juez instructor en todas las causas; resolución de los recursos contra diligencias de procesamiento y prisión y concesión de libertad provisional (Ley de 17 de julio de 1935, Decretos-leyes de 11 de mayo y 2 de junio de 1931, y 9 de junio de 1931, en relación con la Ley de 30 de enero de 1935; CJM y Leyes de Enjuiciamiento Militar y de Organización de los Tribunales de Marina y Decreto de 13 de septiembre de 1935).

Los Auditores, que eran miembros de los Cuerpos Jurídicos Militares de Guerra o Marina, dentro de sus atribuciones podían ordenar la formación de causas; designar a los jueces instructores cuando no competía a la Autoridad Militar; asesorar a ésta; designar a los vocales ponentes de los Consejos de Guerra; etc. (Ley de 17 de julio de 1931, etc.).

Los Consejos de Guerra podían ser de oficiales generales y ordinarios. Los ordinarios, en el Ejército pero no en la Marina, podían ser de Cuerpo y de plaza. En la Marina los Consejos de guerra para el enjuiciamiento de delitos relacionados con el tráfico marítimo se denominaron Consejos de disciplina.

Los Consejos de Guerra de oficiales generales se componían de un presidente y cinco vocales del empleo de oficial general, más un vocal ponente jurídico-militar (Real Decreto de 19 de marzo de 1919) (en plazas sitiadas o bloqueadas, y tratándose de ciertos delitos graves, el Consejo se constituía con un presidente y 2 ó 4 vocales. Su jurisdicción se extendía a los delitos cometidos por oficiales del Ejército o de la Armada, retirados de estas clases, individuos de clase de tropa con grado de oficial o que tenga la Cruz de San Fernando, y por autoridades judiciales de cualquier clase o funcionarios administrativos que ejerzan autoridad).

Los Consejos de Guerra ordinarios estaban integrados por un presidente, coronel o teniente-coronel, cinco vocales capitanes y un vocal-ponente jurídico militar. Conocían de los delitos militares cometidos por individuos de tropa y por paisanos.

IV.9. Centrándome ya en la Justicia nacionalista en la guerra civil, con carácter preliminar, conviene destacar que, como es sabido, con el autodenominado Alzamiento nacional en julio de 1936, y jurídicamente de modo básico con el bando de declaración de guerra de 28 de julio de ese año, se inicia en España una etapa que, políticamente, concluye con la terminación de la conflagración mundial y el cambio de gobierno del 18 de julio de 1945, y, legalmente, con la promulgación de disposiciones como el Código penal, Código de justicia militar, derogación de la ley de responsabilidades políticas, concesión del primer indulto, etc [56]. El ejército tuvo el papel protagonista asumiendo la misión de reconquistar la Patria y la de organizar y mantener el orden necesario para ello [56 bis].

En la España nacionalista como en la gubernamental, la fraticida guerra va a provocar modificaciones copernicanas en la organización de la Administración de Justicia. Al hablar de Administración de Justicia pretendo indicar, aunque utilice, asimismo, el término Justicia, que me referiré de modo exclusivo a la «justicia oficial» y no a la que Alcalá-Zamora denominó eufemísticamente «justicia oficiosa»; es decir «tolerada por el Gobierno de cada zona, bien con complacencia, bien por impotencia...» [57] (consistente en «ejecuciones al margen de la ley —incluso de la ley establecida por cada campo— ordenadas por las autoridades gubernativas o militares o por las organizaciones políticas o sindicales de cada territorio. Por represalias, por odios o por recelos, prisioneros, rehenes y sospechosos han sido presa de esta clase de Justicia») [58].

Como botón de muestra de lo dicho para la España republicana, permítaseme que, por razones de tema, me limite a recoger un párrafo del texto de una conferencia pronunciada por el que fuera ministro de Justicia don Juan García Oliver: «... Y así nos encontramos con un Ministerio, como os dije antes, donde no existía, prácticamente, la justicia. Ha habido quien la llamaba *paseo*. Yo digo que era la justicia administrada directamente por el país, por el pueblo en ausencia absoluta de los órganos de la justicia tradicional que habían fracasado. Y hasta que el Gobierno no crease los nuevos órganos de justicia incorporando los Tribunales populares a la jurisdicción normal, perfecta, fatalmente el pueblo tenía que llenar esta función y la llenaba» [59].

---

[56] Así distingue el período 1936-1945, BERISTAIN IPIÑA, A.: «Política criminal y derecho penal en la guerra civil y en la potsguerra (Violencia subversiva y represiva en España: 1936-1945)», en *Rev. Int. de Droit Pen.*, 1978, 1, p. 92.

[56bis] Sic. BAÑÓN , R., y OLMEDA, J. A.: «Las Fuerzas armadas en España: institucionalización y proceso de cambio», en *La institución militar en el Estado contemporáneo,* Madrid, 1985, pp. 277-78, añaden estos autores que «el intercambio de las fuerzas armadas y el sistema franquista evoluciona según el proceso de consolidación social y organizativa de ambos...», en la misma línea TUÑÓN DE LARA y GARCÍA NIETO: «La crisis del Estado: Dictadura, República, guerra», en *Historia de España;* IX (Dirigida por TUÑÓN DE LARA), Barcelona, 1981, p. 279.

[57] ALCALÁ-ZAMORA Y CASTILLO, N.: «Justicia penal de guerra civil», cit., p. 254.

[58] ALCALÁ-ZAMORA: cit., p. 254, nota 3.

[59] GARCÍA OLIVER, J: *Mi gestión al frente del Ministerio de Justicia,* Conferencia pronunciada en el Teatro Apolo de Valencia el 30 de mayo de 1937, Valencia, ediciones de la Comisión de propaganda y prensa del Comité nacional de la CNT, s.f. Sobre la represión en la zona republicana, con las oportunas reservas, *vid.* Causa General, *La dominación roja en España. Avance de la información instruida por el Ministerio Público,* 2.ª ed. Ministerio de Justicia, s.f. Es interesante sobre ella SÁNCHEZ RECIO, G. y SANTACREU SOLER, J. M.:«La *Causa general,* fuente para el estudio de la rebelión y de la guerra civil», en Arbor, 1986 (noviembre-diciembre), T. CXXV, n.º 491-2, asimismo sobre la represión en los dos campos, *Vid.* TUSSELL GÓMEZ, X, *La España del siglo XX*, cit., pp. 328 y ss.; JACK-

La correlativa existencia de esa «justicia oficiosa» o de «paseo» en la España nacionalista, tendente a la «limpieza social», ha sido objeto de trabajos de muy diversa índole, entre ellos puede verse el del citado Ruiz Villaplana, que fue secretario judicial en Burgos durante el primer año de guerra [60].

Aparte de la concomitancia supradicha son destacables, en las dos Españas, las profundas diferencias orgánicas y, de modo simultáneo, las coincidencias en el modelo de enjuiciamiento y en el recurso mayoritario a los jueces legos. Esto es explicado por Alcalá-Zamora del siguiente modo: «Para que la Justicia penal de guerra civil diese los resultados —empleemos un eufemismo— ejemplares perseguidos por cada grupo, había que colocarla en manos seguras. Lo más importante no era el procedimiento, sino el Tribunal encargado de manejarlo. Cada bando tenía necesidad de jueces absolutamente adictos, capaces de llegar a la prevaricación inclusive, si ésta resultaba indispensable a las exigencias de la respectiva causa. La magistratura profesional de antes de la guerra, no podía llenar satisfactoriamente esa misión: su respeto hacia ciertos principios clásicos del Derecho y del procedimiento penales; su dominio de los nervios y de los rencores, como consecuencia del hábito de juzgar, e incluso la lentitud en sus métodos de trabajo, no eran las cualidades más adecuadas para satisfacer la nueva concepción de la justicia introducida en España en 1936. Era preciso, pues, eliminar completamente, o por lo menos fiscalizar eficazmente, la actuación de dicha magistratura, mediante la intervención preponderante de gente sin formación y sin escrúpulos jurídicos. Y como han sido el *pueblo* —en el sentido revolucionario de la palabra— y el *Ejército* quienes han desempeñado los papeles de protagonistas en la gran tragedia española, ello explica que sean los tribunales *populares* quienes se hayan encargado del cometido en un lado y que sean los tribunales *militares* quienes hayan casi absorbido la jurisdicción penal en el otro. Y sin embargo, una segunda coincidencia se desprende de esa diferencia tan notoria: lo mismo en la España occidental que en la oriental, es una mayoría de jueces legos la que en definitiva decide la suerte de los acusados» [61, 61 bis].

SON, G.: *La República española y la guerra civil (1931-1939)*, Barcelona, 1987, pp. 255 y ss. y 266, etc.

[60] RUIZ VILLAPLANA, A.: *Doy fe... Un año de actuación en la España nacionalista,* ediciones españolas, 1937, más recientemente, THOMAS, H.: *La guerra civil española,* 2, Barcelona, 1976, pp. 560 y ss.; ZUGAZAGOITIA, J.: *Guerra y vicisitudes de los españoles,* Barcelona, 1977, pp. 124 y ss.; BERISTAIN IPIÑA, A.: «Política criminal y derecho penal en la guerra civil y en la postguerra (Violencia, subversiva y represiva en España: 1936-1945)», en *Rev. Int. de Droit. Pen.,* 1978, 1, pp. 102 y ss., etc.

[61] ALCALÁ-ZAMORA, N.: *op. cit.,* p. 256. El subrayado es del autor. Refiriéndose a la Zona Republicana, esto es explicado por ALEJANDRE, A.: «La Justicia Penal», en *Historia 16: La guerra civil,* n.º 14, sociedad y guerra, Madrid 1987, p. 87, cit. por GONZÁLEZ QUINTANA, A.: «Justicia militar en la España Republicana durante la guerra civil española (1936-1939)», en *Jornadas sobre la Administración de Justicia durante la guerra civil española: Instituciones y fuentes documentales,* Salamanca 26-28 de noviembre de 1987, del siguiente modo: «La dificultad de construir al revés que en el bando nacionalista, tribunales de guerra, ya que los militares en su mayor parte se habían sublevado, eran sospechosos o los adictos eran necesarios en el frente... se trataba de organizar una justicia que gozase de toda la confianza del Frente Popular, que... recelaba de los jueces profesionales, del jurado ordinario y de la jurisdicción militar...». Según expone GONZÁLEZ QUINTANA, este aserto fue válido en un primer momento, ya que, a partir de febrero de 1937, mediante la creación de los Tribunales populares especiales de guerra puede detectarse un robustecimiento —mediante la progresiva asunción de competencias— de la justicia militar republicana.

En todo caso, añadiría yo, tal vez podría decirse que no se alcanzaron nunca los niveles cualitativos ni cuantitativos a los que se llegó en la España Nacionalista.

[61bis] Sobre la Justicia en la España republicana *vid.* también SÁNCHEZ RECIO, G.: «La justicia popular durante la guerra civil», en *Arbor,* 1986, T. CXXV, noviembre-diciembre, n.º 491-2, pp. 153 y ss.

Reconduciendo esta exposición a la España nacionalista importa estructurar, esquemáticamente, su labor legislativa en tres apartados:

A) Disposiciones tendentes a reorganizar el «nuevo Estado».

B) Regulación revisora y, en su caso, supresora de toda la anterior, al ser estimada contraria al «Estado nacional-sindicalista», y

C) Normativa dirigida a reprimir y castigar a todos aquellos que no se adhirieron («entusiásticamente») al Movimiento nacional y, por ende, permanecieron fieles al Gobierno republicano.

Apartado especial merece la gran utilización, sobre todo en los primeros momentos, de los «bandos militares» en cuando normas jurídicas básicas —aún excluyentes de cualesquiera otras—, y la constante utilización de la Justicia como instrumento represor; a este fin la ordinaria —preferentemente la penal— fue prácticamente absorbida por la castrense y, en lo que no lo fue, se vio profunda y ampliamente reducida por la creación de una multiplicidad de «Tribunales» especiales. Puede adelantarse sobre lo dicho que, según dijo Royo Villanova, el bando de declaración del estado de guerra de 28 de julio de 1936 implicó «el traspaso a la autoridad militar de todo lo relativo al establecimiento de la paz pública y el incremento ilimitado de la competencia de la jurisdicción militar» [62].

A) Entre las disposiciones reorganizadoras del nuevo Estado son destacables: Decreto de 24 de julio de 1936, por el que se constituye la denominada «Junta de Defensa nacional»; Decreto de 29 de septiembre de 1936, nombrando jefe del Gobierno del Estado español a don Francisco Franco Bahamonde, quien asumirá todos los poderes del Estado; Ley de 1 de octubre de 1936, por la que se crea una «Junta técnica del Estado» compuesta por distintas secciones (Comisión de Hacienda..., Comisión de Justicia: a la que compete la proposición de aquellas normas que en el orden procesal no tienen en la actualidad aplicación tangible, así como la modificación o alteración de las vigentes, etc); reglamento orgánico y de procedimiento de la «Junta Técnica del Estado», de 15 de octubre del mismo año; Orden de 4 de noviembre de 1936, en la que se dice que, constituida la Comisión de Justicia en la Junta Técnica del Estado, a ella compete la resolución de los asuntos de que antes entendían el Ministerio de Justicia y los organismos de la Administración central dependientes del mismo; Decreto de 22 de abril de 1938, por el que se atribuye de modo exclusivo la concesión de toda clase de indultos al jefe del Estado, prescribiéndose en su exposición de motivos: «... El nuevo Estado español... se germinó jurídicamente asumiendo su jefe todos los poderes absolutos del Estado...»; Decreto de 19 de abril de 1937, integrando bajo la jefatura de Franco, en una sola entidad política de carácter nacional que, de momento, se denominará FET y de las JONS a Falange Española y Requetés (en su preámbulo se dice: «... como en otros países de régimen totalitario, la fuerza tradicional viene ahora en España a integrarse en la fuerza nueva...»); etc. [63].

---

[62] ROYO VILLANOVA, A.: *Elementos de Derecho administrativo,* I, Valladolid, 1948, p. 372. El predominante papel de Ejército «... como elemento racionalizador del conflicto bélico, tanto en el frente como organizando la retaguardia», ha sido destacado por autores como BAÑÓN, R. y OLMEDA, *op., y loc. cit.*

[63] Aunque ya se deduce de la legislación citada, de modo expreso se rechazan toda la normativa anterior y las instituciones que integraban el régimen republicano. Así, en el decreto n.º 265 de 4 de

B) Quizá uno de los más claros ejemplos del ánimo revisor legislativo del nuevo Estado Nacional-sindicalista sea el Decreto número 58, de 1 de noviembre de 1936, según el cual: «La naturaleza del Movimiento Nacional no necesita de normas derogatorias para declarar expresamente anuladas todas cuantas se generaron por aquellos órganos que revestidos de una falsa existencia legal mantuvieron un ficticio funcionamiento puesto al servicio de la antipatria; más para evitar una engañosa o torcida invocación de las mismas, dispongo: Artículo 1.° Se declaran sin ningún valor ni efecto todas las disposiciones que, dictadas con posterioridad al 18 de julio último, no hayan emanado de las Autoridades Militares dependientes de mi mando, de la Junta de Defensa Nacional de España o de los organismos constituidos por Ley de 1.° de octubre próximo pasado. Artículo 2.° Por la Comisión de Justicia de la Junta Técnica del Estado se examinarán cuantas leyes, decretos, órdenes, reglamentos y circulares sean anteriores a dicha fecha y se estimen por su aplicación contrarias a los intereses nacionales, proponiéndome su derogación inmediata».

Se mantienen en vigor las siguientes normas: Código Penal de 1932, aunque introduciendo significativas reformas (entre otras, reinstauración de la pena de muerte para determinados delitos —en virtud de la Ley de 5 de julio de 1938, rectificada por la de 25 de julio del mismo año—, entre otros: asesinato, robo con homicidio, parricidio) [64]; Código de Justicia Militar de 1890, restableciéndose su vigencia formal general [65] mediante Ley de 5 de septiembre de 1939 con las modificaciones introducidas por las leyes de carácter permanente posteriores y las promulgadas a partir del 18 de julio de 1936 para la Administración de Justicia; Ley de Vagos y Maleantes de 4 de agosto de 1933, creándose, en la Comisión de Justicia, el Registro Central de Vagos y Maleantes por la Orden de 24 de febrero de 1937 [66]; Ley de Orden Público de 28 de julio de 1932; Código Penal de la Marina de Guerra de 1888, en base a Ley de 29 de marzo de 1941; Ley de 11 de octubre de 1934 sobre delitos cometidos por medio de explosivos y robos con violencia,

---

mayo de 1937, y en su preámbulo, se dice: «Al producirse el Glorioso Movimiento Salvador de España, la Junta de Defensa Nacional, en un principio, y los organismos que después vinieron a sustituirla en la gobernación de la Nación, asumieron todos los poderes de éste (del Estado EP), quedando, por tanto, desde entonces sin realidad alguna, aunque no se hiciera sobre ello declaración expresa, aquellas instituciones pseudodemocráticas que, como el Tribunal de Garantías y el Congreso de los diputados estaban en abierta oposición con las normas que informan el nuevo orden del estado...». El rechazo de la normativa republicana, expresamente y entre otros, aparece en Decretos como en el n.° 58 transcrito en el texto de este trabajo.

[64] Téngase en cuenta además que la pena de muerte se aplicaba en bastantes de las infracciones de que conocieron los Tribunales Militares en virtud de los bandos.

Otras reformas padecidas por el Código Penal de 1932 fueron las de 24 de enero de 1941, de protección a la natalidad; de 12 de marzo de 1942, creando el delito de abandono de familia; de 11 de mayo de 1942, restableciendo el delito de adulterio y modificando el de infanticidio y abandono de niños, etc.

[65] Hablo de vigencia formal general por cuanto en disposiciones como bandos militares se prescribió la aplicación de dicho CJM en su versión de 1890, aunque, teóricamente, con el carácter limitado temporal y espacial que tendría que haberles sido propio.

[66] Pese a la importancia de la legislación de peligrosidad, como es lógico, no he podido hacer más que ocasionales referencias. Ampliamente sobre el tema, *vid.* del que fuera autor de la Ley de Vagos y Maleantes —JIMÉNEZ DE ASÚA— sus trabajos: *El estado peligroso. Nueva fórmula para el tratamiento penal y preventivo,* Madrid, 1922, «Ley de Vagos y Maleantes. Un ensayo legislativo sobre peligrosidad sin delito», en *Rev. Gral. Leg. y Jurisp.*, 1933., también, de TERRADILLOS, J.: *Problemas del proceso por peligrosidad sin delito,* Madrid, 1942, etc.

declarada expresamente en vigor por Ley de 5 de julio de 1938 —reintroduciendo en su ámbito de aplicación la pena de muerte—; etc.

Por Decreto de 8 de septiembre de 1936 se suspende el funcionamiento del jurado como también había hecho la Dictadura de Primo de Rivera en 21 de septiembre de 1923, habiendo sido reinstaurado por la II República el 27 de abril de 1931, siguiendo la pauta marcada en el Real Decreto de 11 de abril de 1931, recordándose por Orden de 14 de julio de 1931 el derecho de todo acusado a optar por un Tribunal de jurados o por el Derecho [67]; se deroga, en 12 de marzo de 1938, la Ley de Matrimonio Civil de 28 de junio de 1931 y disposiciones dictadas para su aplicación; en 24 de octubre de 1936 se crea el Alto Tribunal de Justicia Militar —suprimiéndose por consecuencia la Sala Sexta «de lo Militar» del Tribunal Supremo—, ampliándose sus competencias por Decreto de 17 de febrero de 1937; se suprimen por Orden de 13 de mayo de 1938 los «Jurados Mixtos de Trabajo» y los «Tribunales Industriales», confiriéndose sus atribuciones a las Magistraturas de Trabajo; etc.

C) Entre la normativa represora [68] tendente de modo inmediato a castigar a los no adheridos, en el momento estimado apropiado, al movimiento nacional y, mediatamente, a la instauración y mantenimiento del nuevo Estado, prescindiendo de los bandos militares que examinaremos después, pueden destacarse:

1. Desde el punto de vista económico: Con vistas a cubrir las necesidades bélicas, el nuevo Estado asumió la organización y consecuente control industrial y financiero, para lo cual, amén de acordar la incautación de minas e industrias republicanas se promulga, en 29 de agosto de 1936 una Orden constituyendo la Comisión de Industria y Comercio y, por medio del Decreto de 21 de agosto, también del mismo año, se creó el Comité Nacional de la Banca Privada. La nueva orientación económica, reflejo condicionado de lo político-social, aparece nítidamente en la contrarreforma agraria tendente a suprimir todo lo hecho por el republicano «Instituto de Reforma Agraria». Así, por Decreto de 28 de agosto de 1936 —anulando los del 3 y 14 de marzo de 1936, relativos a los «yunteros» extremeños—, y 29 de septiembre de 1936, se ordena la reintegración a sus propietarios de todas las fincas rústicas invadidas por campesinos o jornaleros. Esas disposiciones se completaron con el Decreto-ley de ordenación triguera, que creó el Servicio Nacional del Trigo y, en 1938, el de ganadería.

Normas represoras de carácter económico fueron las contenidas en el Decre-

---

[67] Pese a que aparentemente parecen coincidir régimen autoritario y supresión del jurado y, viceversa, régimen democrático y vigencia del mismo, estimo que en modo alguno es factible tan simplistamente equipararlos. El jurado no fue en su origen ni en su desarrollo en la Europa continental un instituto necesitado democráticamente. Sobre ello, *vid.* PEDRAZ PENALVA, E.: «Sobre el significado y vigencia del jurado», en *Rev. Justicia,* 86, IV, pp. 967 y ss.

[68] Sobre las leyes represoras del «nuevo Estado», nos dice ANTÓN ONECA, J.: «El Derecho Penal de la postguerra», en *Problemas actuales de Derecho Penal y Procesal,* Salamanca, 1971, p. 170, que «varias de ellas con efectos retroactivos, se caracterizan por la severidad de sus sanciones y por estar encomendada su aplicación a Tribunales especiales, formados algunos de ellos por generales, autoridades de Falange y algún magistrado... Pero las más se encomendaron a los Tribunales de Guerra, mediante la asimilación de los hechos al delito de rebelión militar con la consecuencia de llegar a la pena de muerte. No se olvidaron de la Jurisdicción ordinaria a quien se encomendaba el juicio de los hechos cuando no fueran lo suficientemente graves, siendo la Autoridad militar quien determinaba la competencia».

to-ley de 10 de enero de 1937, que instauró la Comisión Central de Bienes Incautados por el Estado y una serie de Comisiones Provinciales, con la misión de confiscar los bienes o adoptar todas las medidas precautorias para eludir la ocultación de los bienes de personas que por su actuación fueren responsables *directas o subsidiarias, por acción u omisión, de daños y perjuicios de toda índole ocasionados directa o como consecuencia de oposición al triunfo del Movimiento Nacional.*

En ese Decreto-ley, y en su artículo 8, se previene a los Tribunales Militares u ordinarios, que conozcan en procedimiento criminal de actos u omisiones contra el Movimiento Nacional, para que se abstengan de hacer determinación de cuantía respecto a la responsabilidad de los procesados o encartados, limitándose, en su caso, a consignar reserva expresa de las acciones en el Juicio que corresponda, pero señalando que no se tramitará la demanda en tanto no se haya reservado a los tribunales civiles el conocimiento del asunto por la Comisión Central Administradora.

Ese Decreto-ley fue completado por otras disposiciones como, por ejemplo, Ordenes de 10 de enero, 13 y 22 de marzo de 1937, etc. Es de destacar que en base a la regla 3.ª, f) y g) de la precitada Orden de 10 de enero, los Generales de división, Comandante general o Jefe del ejército de Africa respectivo, previo informe de sus auditores, declararán, *sin ulterior recurso,* si el inculpado es o no responsable de daños y perjuicios, fijando en su caso la cuantía. En la Orden de 13 de marzo, en su artículo 5, la Junta Técnica del Estado se irroga la resolución, *también sin ulterior recurso,* de las reclamaciones de terceras personas sobre los bienes incautados. Explícitamente el artículo 6 prescribe que, después de que se obtenga sentencia favorable ante los Tribunales Civiles (sobre las demandas de indemnización), deberán solicitar, para su ejecución sobre bienes incautados, las terceras personas que hayan sido declaradas judicialmente perjudicadas, informe de la Comisión Central y resolución de la Junta Técnica del Estado *(sin ulterior recurso).*

Interesa simplemente destacar, entre otras disposiciones represoras de carácter económico: La Ley de 24 de noviembre de 1938, de delitos monetarios, norma de naturaleza penal y procesal en la que se «tipifican» cerca de 22 conductas punibles sancionadas con penas pecuniarias —en función de la entidad de la infracción—, pudiendo imponerse además, al arbitrio del juzgador, penas privativas de libertad hasta de tres años. En caso de impago de la sanción pecuniaria procede arresto sustitutorio [69]; asímismo, la Ley de 26 de octubre de 1939 que castiga el delito de acaparamiento —conducta que también, como veremos, aparece sancionada en los «bandos militares» en general—, especificándose que caerán bajo su ámbito represor la adquisición y retención de bienes para elevar los precios, el incremento abusivo de los mismos aunque no haya acaparamiento, el fraude en la cantidad y el cierre injustificado de establecimientos. Importa poner de manifiesto la excesiva gravedad de las penas imponibles, llegando incluso a la de reclusión mayor a muerte, y el que su aplicación correspondiera a la Jurisdicción Militar.

[69] Sobre esta ley, destacando su falta de respeto al principio de legalidad y su deficiente técnica jurídica, *Vid.* BAJO FERNÁNDEZ, M.: *Derecho Penal Económico aplicado a la actividad empresarial,* Madrid, 1978, esp, pp. 454 y ss.

Complementaria de la anterior fue la Ley de 30 de noviembre de 1940 sobre la Fiscalía de Tasas, en la que administrativamente se prevén sanciones pecuniarias e incluso el destino de tres meses a un año en un batallón de trabajadores. Amén de la doble sanción que puede recaer sobre unas mismas conductas, ha de advertirse que esta normativa es aplicable de modo retroactivo y también que supone fomentar la delación —es castigado como cómplice aquél que incumpla el deber de denunciar, premiándose con el 40 por 100 del importe de las multas y la exoneración de toda responsabilidad, al que ponga en conocimiento de la autoridad administrativa la comisión de cualquiera de las conductas sancionadas—.

2. Desde el punto de vista político son reseñables: El Decreto de 13 de septiembre de 1936, por el que se declaran fuera de la ley todos los partidos y agrupaciones políticas o sociales, integrantes del llamado Frente Popular, así como cuantas organizaciones hubieran tomado parte en la oposición hecha a las fuerzas que cooperaron al movimiento nacional; el Decreto de 25 de septiembre de 1936, según el cual «el carácter netamente nacional del movimiento salvador iniciado por el Ejército... exige un apartamiento absoluto de todo partidismo político, pues, todos los españoles de buena voluntad, cualesquiera que sean sus peculiares ideologías, están fervorosamente unidos al Ejército...», prohibiéndose en base al mismo toda actuación política y sindical obrera y patronal; el ya citado Decreto de 19 de abril de 1937, en el que tras disolver las demás organizaciones y partidos políticos se creó, como entidad política de carácter nacional, a las FET y de las JONS; el Decreto de marzo de 1938, a medio del cual se aprueba el «Fuero del trabajo», en cuyo título. III.5 («A través del sindicato, el Estado cuidará de conocer si las condiciones económicas y de todo órden son las que en justicia corresponden al trabajador») y, más ampliamente, en el título XIII, se crea la «Organización Nacional-sindicalista del Estado» inspirada en los principios de Unidad, Totalidad y Jerarquía, instaurándose el autodenominado «sindicato vertical» en el que, según reza el número 4, sus jerarquías recaerán necesariamente en militantes de las FET y de las JONS.

3. Son, asimismo, citables un centenar de disposiciones orientadas a la depuración de todas las personas no activamente adictas al movimiento nacional, por sus peligrosas actividades, antecedentes o coetáneas al Alzamiento, que no siendo constitutivas de infracciones criminalmente perseguibles sí son suficientes para dar lugar a su cese en el empleo o cargo que desempeñaren [69 bis]. A este tenor, la represión se extiende: a los funcionarios públicos y a los de empresas subvencionadas por el Estado, la provincia o el municipio o concesionarias de servicios públicos, quienes podrán ser corregidos, suspendidos y destituidos de los cargos que desempeñen cuando aconsejen tales medidas sus actuaciones antipatrióticas o contrarias al movimiento nacional (de este modo en el art. 3.°, Decreto 13 de septiembre de 1936) [70] (los arts. 3 y 4 de ese mismo Decreto, en virtud de la Orden

[69 bis] Para facilitar las depuraciones, y según citan TUÑÓN DE LARA y GARCÍA NIETO: *La crisis del Estado: Dictadura ...*, cit., p. 421, nota 6, en circulares, como una de FET firmada por A. Luna, se ordena la formación en cada provincia de un fichero reservado de abogados, procuradores, secretarios, registradores, notarios, jueces, fiscales, abogados del Estado, etc.

[70] En base al artículo 4 de este Decreto, las «correcciones y suspensiones a que se refieren el artículo anterior, serán acordadas por los jefes del centro en que preste sus servicios el funcionario y, en su defecto, por el superior jerárquico del corregido, y aquéllos, en su caso, previa la formación del opor-

de 30 de octubre, se declaran «aplicables a los funcionarios públicos sin distinción, ya sean administrativos, judiciales o fiscales, y en general, a todo el que por disposición de la ley, por elección popular o por nombramiento de la autoridad competente tuviere participación en el desempeño de funciones públicas»). Por Decreto-ley de 5 de diciembre de 1936, la Junta Técnica del Estado y demás organismos creados por la Ley de primero de octubre del mismo, «dispondrán la separación definitiva del servicio de toda clase de empleados, que por su conducta anterior o posterior al movimiento nacional, se consideren contrarios a éste... lo mismo se trate de funcionarios del Estado que de la provincia o el municipio. Las empresas concesionarias de servicios públicos o monopolios —sigue el citado Decreto-ley— separarán de sus puestos, a indicación del presidente de la Junta Técnica del Estado, a todo empleado que se considere incompatible, opuesto o peligroso para el movimiento nacional y a aquellos que no sirvan con eficacia o lealtad al presente régimen. La Junta Técnica... formará en estos casos, y como base de la resolución... *ligero* expediente (el subrayado es mío EP) o exposición de hechos o circunstancias justificativas de la medida». En el artículo 3.º de este Decreto-ley de 5 de diciembre de 1936 se dice, además, que «... no podrán ser objeto de recurso ante la Jurisdicción Contencioso-administrativa (todas las resoluciones que se hayan dictado o se dicten... imponiendo sanciones a los funcionarios públicos...), cualquiera que haya sido el procedimiento seguido para dictarlas».

El mencionado Decreto-ley de 1936 fue completado por la Orden de 10 de febrero de 1937, por la que se impuso la remisión a la Junta Técnica, de una relación del personal, cualquiera que fuere su categoría, al que debiera alcanzarle la sanción fijada por el reiterado Decreto-ley. Por Orden de 9 de marzo de 1937 se aclara que no tratándose de funcionarios cuyo nombramiento depende del Gobierno o Corporaciones sino de empleados de las empresas nombrados por éstas, corresponderá a ellas la aplicación de las sanciones, sin perjuicio de la iniciativa de la presidencia de la Junta Técnica para ordenar la formación de expediente de expulsión de aquellos contra los que no hubiere sido ya incoado por las entidades u organismos llamados a depurarlos.

Por Orden de 17 de agosto de 1937, se acuerda la depuración del personal pendiente de empresas de carácter particular, por encontrarse entre ellas personas presentes o ausentes, que aún no siendo responsables criminalmente para que los Tribunales de Justicia intervengan sobre su actuación, sí merecen sanción de órden gubernativo por sus peligrosas actividades antecedentes o coetáneas del Movimiento Nacional.

Especial represión fue la sufrida por el personal docente, particularmente los maestros, por cuanto, y según el preámbulo del Decreto de 8 de noviembre de 1936, «el hecho de que durante varias décadas el Magisterio en todos sus grados y cada vez con más raras excepciones haya estado influido y casi monopolizado por ideologías e instituciones disolventes, en abierta oposición con el genio y tradición nacional, hace preciso... (que) se lleve a cabo una revisión total y profunda en el personal de Instrucción pública...». A este fin se crearon varias Comisiones

tuno expediente, propondrán la destitución a la autoridad, empresa o Corporación a quien correspondiera hacer el nombramiento».

depuradoras regulándose su actividad por Ordenes de 10 de noviembre de 1936, 17 de febrero de 1937, Circular de 7 de diciembre de 1936, Orden de 29 de abril de 1937, Orden de 30 de agosto de 1937, Ordenes de 11 de marzo, 13 y 26 de abril de 1938, Orden de 14 de mayo del mismo año, etc. En la última Orden citada, además, se prohíbe al personal docente depurado formar parte de establecimientos privados de carácter docente, ya como profesores ya como propietarios, directores o empresarios [70bis].

Lógicamente tal depuración afectó también a funcionarios de las Carreras judicial, fiscal, secretarial y al personal auxiliar. Con fecha 2 de septiembre de 1936 se decreta que «las Salas de gobierno de las Audiencias Territoriales y Juntas de Gobierno de las Audiencias Provinciales, podrán sustituir, *sin sujeción a las normas de expedientes hasta ahora vigentes* (el subrayado es mío, EP), a los jueces y fiscales municipales dependientes de su jurisdicción, cuya actuación negligente, contraria al Movimiento Nacional, o poco patriótica, aconseje tal medida...». En ese mismo Decreto y en la Orden de 31 de octubre, se autoriza a dichas Salas y Juntas a nombrar sustitutos de los destituidos. Proclámase en ese Decreto de 13 de septiembre de 1936, artículos 3 y 4, que el mismo es aplicable a los funcionarios judiciales o fiscales y, en general, a todo el que «... tuviere participación en el desempeño de funciones públicas» (Orden de 30 de octubre de 1936), por consecuencia podrán ser corregidos, suspendidos o destituidos por actuaciones antipatrióticas o contrarias al Movimiento Nacional, por jefes o superiores jerárquicos (la Orden de 13 de mayo de 1936, art. 6, prescribe su aplicación, asimismo, a secretarios, auxiliares y subalternos de los Jurados Mixtos y Tribunales Industriales). Mediante Orden de 3 de noviembre de 1936, se determina que para depurar la conducta de funcionarios judiciales o fiscales, los expedientes que se instruyan se ajustarán al procedimiento ordenado en el artículo 737 LOPJ de 1870, pudiendo ser nombrados indistintamente, para su instrucción, funcionarios de ambas Carreras, libremente designados por la Comisión de Justicia de la Junta Técnica del Estado.

La represión se extendió también a libros, periódicos, folletos y toda clase de impresos y grabados pornográficos y de literatura disolvente. Por Orden de 23 de diciembre de 1936 y 16 de septiembre de 1937, se dispone la retirada de las bibliotecas públicas y centros culturales, de toda publicación (art. 5, de la de 1937) que contenga en su texto «... exposición de ideas disolventes, conceptos inmorales, propaganda de doctrinas marxistas y todo cuanto signifique falta de respeto a la dignidad de nuestro Glorioso Ejército, atentados a la unidad de la Patria, menosprecio de la Religión Católica y de cuanto se oponga al significado y fines de nuestra gran Cruzada Nacional».

A este fin se crean, en todos los distritos universitarios Comisiones Depuradoras.

[70 bis] Sobre la represión del magisterio, *vid.* CRESPO REDONDO, J.; CRESPO REDONDO, J.; SÁINZ CASADO, J. L. y PÉREZ MANRIQUE, C.: *Purga de maestros en la guerra civil,* Valladolid, ed. Ambito, 1987, *passim.*

4. Especial consideración de los bandos militares:

Autores como POU definen al bando militar como «disposición emanada de un general, jefe, o autoridad militar, en campaña o en estado de guerra, contra la cual no puede alegarse como subsistente ninguna ley anterior» [71]. Landín Carrasco mantiene que se trata de «... ley provisional, justificada por circunstancias de excepcional gravedad, que puede definir nuevas actitudes delictivas, señalar las penas a ellas correspondientes y modificar transitoriamente la competencia de ciertas jurisdicciones para conocer de infracciones determinadas» [72].

Con arreglo a tales características se ha llegado a sostener por un sector —mayoritariamente cultivador del Derecho Militar— que constituyen verdadera fuente del Derecho Penal, aunque con un ámbito limitado de aplicación (sólo pueden ser dictados en dos circunstancias excepcionales: en campaña y en estado de sitio, lo que determina su eficacia temporal en función del mantenimiento de tales «situaciones»); que pueden crear delitos y penas o modificar las sanciones punitivas para las figuras delictivas existentes; que pueden ampliar el ámbito de conocimiento de la jurisdicción militar, etc. [73]. Incluso, se llega a afirmar —como en la mayoría de los bandos, expresa o tácitamente se prescribe—, que mediante los bandos, justificados por lo extraordinario de las circunstancias, todo poder civil queda sometido a la Autoridad Militar. En este tenor, Otero Goyanes, ha dicho que por surgir los bandos «en determinados momentos de peligro... aparece como absolutamente necesaria la concentración de poderes en el mando militar que asume, siquiera sea temporalmente, todas las facultades, teniendo además de función ejecutiva la completa jurisdicción. Pero, sigue ese autor, ha de erigirse, también temporalmente, en poder legislativo» [74].

Punto también destacable en los bandos es el referente a la inseguridad jurídica que genera el desconocimiento de su período de vigencia. Esto ha sido confirmado por Rodríguez Devesa, aludiendo al bando de declaración del estado de guerra de 28 de julio de 1936, al afirmar que «una comunicación de la Presidencia de 7 de abril de 1948, trasladando los dos considerandos de una contienda suscitada entre un Juzgado de la zona aérea de Marruecos y la Jurisdicción Ordinaria,

---

[71] POU, cit. por OTERO GOYANES, J.: «Los Bandos de guerra», en *Rev. esp. de Der. Mil.*, n.º 3, 1957, p. 19.

[72] LANDÍN CARRASCO, A.: *Manual de Derecho Penal y procedimientos militares,* 5.ª ed., Madrid, 1963, p. 12, nota 1.ª, desde perspectivas actuales JIMÉNEZ Y JIMÉNEZ, F.: *Introducción al..., op. cit.,* los define pp. 105-106, como: «... Ordenanzas de necesidad que en tiempo de guerra o en estado de sitio, dicta la Autoridad Militar nombrada por el Gobierno en virtud de delegación expresa que el hizo el legislativo, conteniendo las medidas y prevenciones necesarias, de acuerdo con las exigencias de la situación y dentro de determinados límites».

[73] Con algunos pequeños matices, no excesivamente relevantes, y en todo caso obligados por los cambios legislativos habidos desde la promulgación de la Ley Fundamental y reformas consiguientes, ésta es la postura que defienden, CANO PERUCHA, *op. cit., passim;* RODRÍGUEZ DEVESA, J. M.ª: «Una versión aberrante de las fuentes del Derecho Penal», en *Estudios jurídicos en honor del prof. O. Pérez Vitoria,* II, Barcelona, 1983, pp. 835 y ss., y, del mismo, *Legislación:* A) Bandos penales militares, en *Rev. esp. de Der. Mil.,* Madrid, 1957, 3, pp. 157 y ss. y esp. 159, también en su *Derecho Penal español. Parte general,* Madrid, 1981, y más suavizadamente en la 10.ª ed. de esta obra, en 1986, p. 183, en la que acepta, pero críticamente, que desde la vigente legislación, los bandos no pueden señalar penas, sino medidas y prevenciones que han de calificarse como administrativas. En igual sentido, RODRÍGUEZ DEVESA, en su *Derecho Penal español. Parte especial,* 10.ª ed., Madrid, 1987, p. 1.300. Asimismo, OTERO GOYANES, J.: «Los bandos militares», *cit., passim.*

[74] OTERO GOYANES: *op. cit.,* p. 21.

declaró que el bando ya no estaba en vigor, y el 5 de mayo de 1948 se aclara que tampoco lo estaba en 1946 [75]. Mas lo cierto es que, tal bando de 28 de julio de 1936, tuvo efectiva vigencia con posterioridad a la guerra civil por cuanto consta su aplicación en sentencias, entre otras, dictadas en 1941 (por ejemplo, en 5 de julio y 31 de octubre) [76].

Todas esas notas se reúnen en los bandos militares publicados en nuestra guerra civil [77]. Así en el del general Mola de 19 de julio de 1936, en el que tras declarar el estado de guerra, ordena y manda «... quedan anuladas todas las licencias para uso de armas; queda prohibido en absoluto, sin causa que lo justifique, el abandono del trabajo por los obreros, empleados y funcionarios, persiguiéndose tanto a los contraventores como a los jefes y patronos; que los infractores de lo anterior, así como cuantos impidan o dificulten el normal abastecimiento de víveres o prestación de servicios públicos, serán juzgados en Consejo de Guerra sumarísimo imponiéndose a los responsables la pena de muerte que será ejecutada antes de las tres horas; que de igual modo se castigarán cualquier clase de actos de violencia contra personas o cosas por móviles de los llamados políticos o sociales y la tenencia de substancias inflamables, explosivas, con fines ilícitos o desconocidos; que quedan militarizadas todas las autoridades y funcionarios públicos, castigándose en consecuencia, los delitos que cometan, así como las injurias, atentados y desacatos de que fueren objeto conforme a las disposiciones del Código de Justicia Militar (naturalmente del de 1890, EP); que queda prohibida la formación de grupos de más de tres personas en la vía pública así como el estacionamiento de los viandantes —siendo juzgados como desobedientes si no circularen a la primera orden que se les diera—; que queda prohibida la publicación, difusión, venta de revistas, periódicos, manifiestos, etc., no censurados; que queda prohibida la celebración de reuniones, manifestaciones, mítines, conferencias o juntas no autorizadas por la Autoridad Militar; que se declaran incautados y a disposición todos los vehículos y medios de transporte de personas o cosas; y que los delitos cometidos durante la vigencia del bando, no comprendidos en él ni sancionados en las leyes militares, serán juzgados por Tribunales de urgencia en plazo no superior a cuarenta y ocho horas».

El bando de declaración del estado de guerra de la Junta de Defensa Nacional, de 28 de julio de 1936, añade al anterior: que los insultos y agresiones a todo militar, funcionario público o individuo perteneciente a las milicias se considerarán como insulto a Fuerza armada y serán perseguidos en juicio sumarísimo —aún cuando en el momento de la agresión o insulto no estuvieren desempeñando servicio activo—; que serán juzgados por procedimiento sumarísimo todos los delitos comprendidos en los títulos V, VI y VII del Tratado 2 del CJM, así como los de

---

[75] RODRÍGUEZ DEVESA, J. M.ª: *Derecho Penal español. Parte general,* 9.ª ed., Madrid, 1985, p. 183, nota 10.

[76] Así lo indica el que fuera Fiscal Jurídico Militar en Consejos de Guerra habidos en Bilbao, San Sebastián, etc.: FERNÁNDEZ ASTAIN, E.: *El delito de rebelión militar,* Madrid 1943, p. 25.

[77] Las características básicas citadas coexisten también en el bando dictado por el Capitán General de la III Región militar, Jaime Milans del Bosch, el 23 de febrero de 1981, publicado en el *Diario ABC* de Madrid, martes 24 de febrero de 1981, p. 9, y recogido por CANO PERUCHA, «Los bandos penales militares», cit., pp. 325 y 326. Sin embargo conviene resaltar una novedad, por lo explícito de su formulación, en el artículo 10, en el que dice: «Igualmente asumo el poder judicial y administrativo, tanto del ente autonómico como de las provinciales y municipales».

resistencia y desobediencia a la autoridad y sus agentes, rebelión, sedición, los cometidos contra la propiedad o personas por móviles políticos o sociales, etc.; que la jurisdicción de guerra podrá dejar conocer remitiéndolas a la Jurisdicción ordinaria, de las causas incoadas que, hallándose comprendidas en este bando, no tengan a juicio de las Autoridades Militares relación directa con el orden público.

Poco añaden a lo dicho los bandos dictados, para Vizcaya y Santander —a raíz de su «liberación»— en 20 de junio y 26 de agosto de 1937, por el general jefe del Ejército del Norte, y por don José López Pinto y Berizo, general jefe de la sexta Región militar, salvo que, en el anterior, se declaran sometidos a la jurisdicción castrense todos los delitos cometidos a partir del 18 de julio último, sea cual fuere su naturaleza. El bando del general Dávila, de 26 de enero de 1939, al declarar rescatada la ciudad de Barcelona, y en su artículo 4.°, se ordena y manda que «la jurisdicción de guerra se ejercerá por las autoridades y tribunales correspondientes, con sujeción al bando de la Junta de Defensa Nacional de 28 de julio de 1936 y demás disposiciones aplicables, actuando en esta región los Consejos de Guerra permanentes, con competencia sobre todos los delitos de que conozca dicha jurisdicción, por el procedimiento sumarísimo de urgencia». En el artículo 5.° «... cuantos desobedezcan mis órdenes, o las de las autoridades o agentes designados, se considerarán incursos en traición o rebelión, según las circunstancias, y serán sometidos al Consejo de Guerra permanente, como igualmente cuantos contravengan las demás prevenciones que se estime oportuno publicar». En el artículo 7.° «todas las Autoridades y organismos se entenderán directamente con la Auditoría de Guerra, en cuanto se relacione con la actuación judicial...» [78].

Antes de continuar con esta exposición, parece conveniente destacar que, en la actualidad, la doctrina más numerosa y cualificada —así, y sin perjuicio de algunos matices, Cerezo Mir, Cobo del Rosal, Vives Antón, Mir Puig, Arroyo Zapatero, Martín Retortillo, etc. [79]— mantiene la aplicación de nuestra «Carta Magna», principalmente artículos 55 (sobre suspensión de los derechos y libertades), 81 (sobre las materias con reserva de Ley Orgánica), 82 (legislación delegada) y 116 (de los estados de alarma, excepción y sitio, y Ley Orgánica 4/1981, de 1 de junio, reguladora de los mismos), así como, en su caso, de las reformas padecidas por el CJM (entre otras, Ley Orgánica 9/1980, de 21 de noviembre; 12/1985, de 9 de diciembre, de Código Penal Militar y Ley Orgánica 4/1987, de 15 de julio, «De la competencia y organización de la Jurisdicción militar»): Que nuestra Primera Norma establece una absoluta reserva de ley en materia penal y que, acep-

[78] Además de en el trabajo de ELORZA Y ARISTORENA, J.: *Sumarísimo de urgencia. Disposiciones fundamentales que lo regulan. Observaciones y formularios,* VI Región militar, Vitoria y agosto de 1938, III Año triunfal, pueden encontrarse algunos de los mencionados en: LUIS GABILÁN PLA-WENCESLAO D. ALCAHUD, *Legislación española,* San Sebastián, Librería internacional, s. f., GARCÍA-NIETO, M. C, y DONEZAR, J. M.ª: *La guerra de España (1936-1939)* (Bases documentales de la España contemporánea, 10, Madrid, 1975., etc.

[79] CEREZO MIR, J.: *Curso de Derecho Penal español. Parte general,* I, 3.ª ed., Madrid, 1985, p. 156 (más ampliamente en la p. 183 de su 2.ª ed.); COBO DEL ROSAL Y VIVES ANTÓN: *Derecho Penal. Parte general,* Valencia, 1984, pp. 73 y ss., en nota 20, p. 75 se recoge una amplia bibliografía; ARROYO ZAPATERO: «Principio de legalidad y reserva en materia penal», en *Rev. esp. de Der. Const.*, 1983, pp. 43 y ss.; MIR PUIG, S.: *Derecho Penal. Parte general,* Barcelona, 1984, p. 68; QUINTERO OLIVARES, G.: *Derecho Penal. Parte general,* Barcelona, 1986, p. 69; POLAINO NAVARRETE, M.: *Derecho Penal. Parte general,* Barcelona, 1984, pp. 399 y ss.

tando que toda sanción penal supone la lesión de un derecho fundamental, tal materia deberá además ser regulada por vía de ley orgánica; que, por ende, la Autoridad Militar en el estado de sitio (en tiempo de guerra) no puede, mediante bandos, crear figuras delictivas distintas de las existentes, ni fijar penas diversas ni agravar las preestablecidas; que tampoco puede dicha Autoridad asumir los poderes del Estado por correponder ello al Gobierno , estando, en todo caso, aquella Autoridad Militar sometida al Gobierno de la Nación; y, finalmente, que no es aceptable el que pueda por sí misma la Autoridad Militar determinar los delitos que durante la vigencia del estado de sitio quedan sometidos a la justicia militar (lo que a tenor del artículo 35 de la Ley Orgánica 4/1981 compete al Congreso de los Diputados) [80]. Aún no estando de acuerdo con ello, Rodríguez Devesa, en la última edición de su manual, afirma que tras la publicación del Código Penal Militar de 1985 no caben sino bandos administrativos militares [81]. Jiménez y Jiménez, tras analizar la nueva legalidad militar, reconoce que «los Bandos militares no son por sí solos fuente de Derecho» [82, 83].

Para el período 1936-1939, Jiménez de Asúa [84], interpretando la Constitución de 1931, en relación con la ley de órden público de 1933 y el CJM de 1870, sostuvo que sí cabría crear tipos delictivos en los bandos militares pero, exclusivamente en «tiempo de guerra» y nunca en el simple «estado de guerra», sin que contrariamente cupiera establecer ni imponer penalidades distintas a las prescritas anteriormente por las leyes.

A modo de resumen de esta legislación, y desde el punto de vista punitivo *stricto sensu*, podría decirse con Beristain que «durante estos años el legislador incrimina cualquier actividad política que no siga y aplauda los principios del Movimiento Nacional Franquista; admite la analogía en la descripción de las figuras delictivas, con frases como "y otras conductas de significación análoga"; impone penas excesivamente severas, sobre todo en los delitos políticos y también (aunque no tanto) en los delitos contra la propiedad; establece con frecuencia la pena de muerte como pena única; y, en general, estructura un sistema de violencia repre-

---

80 Cfr. Cano Perucha: *Op. cit.*; Puig Peña, F.: *Derecho Penal. Parte general,* I, 6.ª ed., Madrid, 1969, p. 76; Antón Oneca, J.: *Derecho Penal,* 2.ª ed. anotada y corregida por Hernández Guijarro y Beneytez Merino, Madrid, 1986 (téngase en cuenta no obstante la fecha de la obra original); Otero Goyanes, J.: «Los bandos de guerra», cit., pp. 22 y ss., etc.

81 Rodríguez Devesa, J. M.ª: *Manual de... Parte especial,* 10.ª ed., Madrid, 1987, p. 1.300.

82 Jiménez y Jiménez, F.: *Introducción al...,* cit., p. 112. Añade este autor, críticamente, que con la nueva regulación militar «... las Autoridades Militares pueden tener que enfrentarse con situaciones extremas que necesitan de previsiones y poderes también extraordinarios, porque tienen el deber jurídico de impedir que sus fuerzas sean derrotadas e incluso podrían alcanzarle responsabilidades penales. Puede, ciertamente consultar al Ejecutivo y solicitar ampliación de poderes. Puede también atreverse (con una interpretación extensiva al Derecho Penal) a usar con la amplitud precisa de la amplia fórmula predicha, ante las limitaciones y silencios de la legalidad vigente, y que sean sólo las armas las que actúen y la ley quede relegada a supuestos fácticos menores».

83 Sobre los «estados de alarma, excepción y sitio», previstos en el artículo 116 de la vigente Constitución de 1978, *vid.* Cruz Villalón, P.: *Estados excepcionales y suspensión de garantías,* Madrid, 1984. En la p. 123, al igual que Jiménez y Jiménez en la *op. cit.* —aunque con otros matices—, critica la indeterminación legal del ámbito de la Jurisdicción Militar.

84 Jiménez de Asúa, L.: *Tratado de...,* II, cit., pp. 1.382 y ss. Este autor, en la p. 1.383, defiende que a tenor de la vieja ley de Orden público de 1933 —en consonancia con el artículo 95 de la Constitución republicana— por razón del lugar no cabe fuero, lo que implica, pues, coexistencia de las Jurisdicciones Marcial y Civil.

siva contra los partidarios de un régimen político (el republicano) con grandes visos de legítimo, y contra los que expresaban o profesaban ideas distintas o contrarias al régimen nuevo que ha conseguido el poder por las armas. Por otra parte, aquel legislador defendía y amnistiaba a quienes se habían levantado contra una república legalmente establecida, y a quienes por esas ideas (o a la sombra de ellas) cometían graves delitos comunes contra las personas y los bienes» [85].

10. Para poder entender la situación de la Administración de Justicia durante la fratricida contienda conviene destacar que gran parte de los integrantes del personal al servicio de la Jurisdicción ordinaria (jueces, fiscales, secretarios judiciales, etc.) se encontraron en alguna de estas situaciones. a) Depurados por su, estimada, insuficiente o contraria, adhesión al movimiento nacional; b) Incorporados a filas o prestando servicios a las órdenes de las Autoridades militares; c) Como consecuencia del incremento, «al estallar el Glorioso Movimiento Nacional, (de) la función judicial, por el sin número de delitos cometidos, y dada la falta de personal de los Cuerpos jurídicos militar y de la Armada...» (Orden de 1 de diciembre de 1936), «se han nombrado jueces inspectores y fiscales a funcionarios de la jurisdicción ordinaria y a los aspirantes con derecho a ingreso en las Carreras Judicial y Fiscal...» (Decreto de 8 de noviembre de 1936).

El incremento de órganos judiciales militares se ve, entre otras, en disposiciones como el Decreto de 1 de noviembre de 1936 (creándose en Madrid ocho Consejos de guerra constituidos en forma permanente. En verdad a constituirse por cuanto en el momento de la publicación todavía no se había tomado Madrid), Decreto de 26 de enero de 1937 (extendiendo a las demás plazas «liberadas» el Decreto anterior), etc. Es remarcable que, y en el Decreto citado de 8 de noviembre, tras decir que se han nombrado jueces inspectores y fiscales a funcionarios de la Jurisdicción ordinaria, se afirma que «... la *función militar* que han de desempeñar, exige que se les concedan derechos y obligaciones inherentes...», son nombrados capitanes honoríficos de Complemento del Cuerpo Jurídico Militar [86].

La situación creada por tal desguarnecimiento de la Justicia ordinaria provocó el que, alguna vez, al menos en la Orden de 20 de septiembre de 1936, se ordenara a tales funcionarios judiciales su reincorporación a los cargos profesionales que desempeñaban [87].

Es preciso no olvidar que el Tribunal Supremo, hasta la ocupación de Madrid, siguió en la zona republicana, por lo que durante la contienda los asuntos atribuidos a su conocimiento, tuvieron que suspenderse. En este sentido el Decreto de 19 de septiembre de 1936 ordenó la paralización de determinados procedimientos hasta tanto el Tribunal Supremo, en su día, pudiera enjuiciarlos.

Finalmente es aconsejable resaltar que, por mor de la guerra, se dictaron toda una serie de normas relativas a la no computación del período bélico a efectos del

---

[85] BERISTAIN IPIÑA, A.: «Política Criminal y Derecho Penal en la guerra civil y en...», cit., p. 99.

[86] La necesidad de Licenciados en derecho para integrar los innumerables Tribunales Militares creados, provocó el tener que acudir a Catedráticos de Universidad (Orden de 4 de enero de 1937, Circular de 29 de enero del mismo, Orden de 24 de mayo, Orden de 1 de diciembre de 1936, Orden de 7 de enero de 1937, etc.).

[87] No se olvide que en no pocas ocasiones la incorporación exigida al puesto de trabajo era el instrumento utilizado para «residenciar» a sus titulares.

ejercicio de las acciones judiciales en «territorio ocupado...» (Orden de 12 de enero de 1937), a declarar sin efecto las subastas de bienes realizadas, para el caso de que no se hubiere ofrecido su verdadero precio (Decreto-ley de 1 de diciembre de 1936), a suspender los plazos de vencimientos de efectos mercantiles (Decreto de 24 de julio de 1936, de 13 de agosto del mismo año, etc.), etc.

La Justicia Ordinaria durante la guerra civil en la España nacional no sufrió alteraciones orgánicas reseñables, a excepción principalmente de las ya apuntadas referidas a la suspensión del jurado vigente en el orden penal durante la II República [88], supresión y consecuente sustitución de los Jurados Mixtos de Trabajo y Tribunales Industriales por las Magistraturas de Trabajo —administrativa y disciplinariamente dependientes del Ministerio de Trabajo—, creación del Consejo Superior de Protección de Menores (por Orden de 11 de mayo de 1937) [89], imposibilidad de acudir al Tribunal Supremo por radicar éste en zona republicana, etc.

Es de reiterar el carácter residual de la Jurisdicción ordinaria por cuanto sólo conoce de aquellas causas que por la Autoridad no se estime corresponde su conocimiento a la Justicia Castrense [90], sin perjuicio, asimismo, de las constantes interferencias de órganos administrativos-militares, en el propio orden civil, como por ejemplo: de la Comisión Administradora de Bienes Incautados por el Estado a quien competía reservar el conocimiento del asunto a la autoridad judicial civil (Decreto-ley de 10 de enero de 1937, en relación con las Ordenes de 10 de enero y 13 y 22 de marzo de 1937) —precisamente en ese Decreto-ley, y en su norma 5.ª, se declaran además en suspenso todos los procedimientos judiciales que se estén siguiendo contra bienes incautados «o de que en lo sucesivo se incaute el Estado»—; prohibición de que en el orden penal ordinario se lleve a cabo «... determinación de cuantía respecto a la responsabilidad civil de los procesados o encartados...» (Decreto-ley de 10 de enero de 1937).

Tampoco debe olvidarse que, paralelamente a las Justicias ordinaria y Militar,

---

88 Recientemente, y con motivo de lo previsto en el artículo 125 CE se ha suscitado una encendida polémica en torno a esta suspensión del Jurado, a mi juicio, totalmente irrelevante, *vid.* sobre ello mi opinión en el trabajo citado, «Sobre el significado y vigencia del Jurado», en *Rev. Justicia 86,* IV, pp. 967 y ss.

89 Sobre la Jurisdicción de menores, *vid.* los interesantes trabajos del profesor MARTÍN OSTOS, J.: citados en nota 35.

90 De este modo, *vid.* artículo 10, del bando de declaración del estado de guerra, de 28 de julio de 1936, según el cual: «La jurisdicción de guerra podrá dejar de conocer, remitiéndolas a la Jurisdicción ordinaria, de las causas incoadas que, hallándose comprendidas en este bando, no tengan, a juicio de las Autoridades Militares, relación directa con el órden público». En el artículo 11 del mismo: «Las Autoridades civiles y judiciales continuarán desempeñando sus funciones en todo lo que no se oponga a lo anteriormente preceptuado».

No se olvide el amplísimo significado de lo que se entiende por «orden público». Y que por ejemplo, en el artículo 6, tras decir que «se considerarán rebeldes, a los efectos del CJM, y serán juzgados en la forma expuesta» (por procedimiento sumarísimo, según el artículo 5 de este bando y el Decreto de 31 de agosto de 1936), también acoge en su ámbito a «... los que coarten la libertad de contratación o de trabajo o abandonen éste, ya se trate de empleados, patronos u obreros».

En el Decreto-ley de 10 de enero de 1937, en su artículo 8: «Los Tribunales militares u ordinarios que conozcan en procedimiento criminal de actos u omisiones contrarios al Movimiento nacional...».

Parece, pues, bastante claro que el ámbito de conocimiento de la Justicia Castrense se extiende más allá de lo que pudiere entenderse por el anfibológico término «orden público».

TUÑÓN DE LARA y GARCÍA-NIETO, en *op. cit.*, p. 281, afirman que «... la función judicial quedó relegada a un segundo plano, y la mayoría de las causas pasaron, en función del estado de guerra y la Ley marcial, a la Jurisdicción Militar».

funcionaron Tribunales de Honor, Comisiones depuradoras —tendentes a la separación o suspensión en empleos o cargos—, Comisiones para instruir expedientes administrativos de responsabilidad civil (así, *vid.* Orden de 13 de marzo de 1937), y que la Autoridad militar podía imponer multas cuantiosas sin necesidad de procedimiento alguno [91].

Como sabemos los Tribunales de Honor fueron suprimidos por el artículo 95 de la Constitución de la II República, siendo restablecidos en numerosos Cuerpos como, entre otros, para los Abogados del Estado (por Decreto de 2 de marzo de 1938), en el Notariado (por medio de la Orden de 4 de marzo de 1938), en el Ejército y Marina de Guerra, en el Cuerpo de ingenieros de caminos, por Orden de 5 de septiembre de 1939; en los Cuerpos de Hacienda, por Ley de 16 de diciembre de 1940 y Decreto de 28 de marzo de 1941; para los Agentes de Cambio y Bolsa a medio de la Ley de 24 de febrero de 1941; para el Ministerio Fiscal, por Decreto de 10 de marzo de 1941, para los Corredores Oficiales de Comercio, por Ley de 24 de junio de 1941, para los Cuerpos de Correos y Telégrafos, por Decreto de 30 de diciembre de 1941, etc.

La reinstauración de los Tribunales de Honor se ha dicho que constituye «una pieza o técnica más dentro de un conjunto de medidas jurídico-políticas que tienen como finalidad esencial la destrucción de toda referencia jurídica y política de tipo republicano, la persecución y castigo de los vencidos, en definitiva la depuración del sistema» [92].

Según previene el Decreto de 17 de noviembre de 1936, referidos a los Tribunales de Honor Marciales, se someten a su fallo «todas aquellas conductas que a juicio de la colectividad militar... empañen el buen nombre o caballerosidad de sus autores... De igual forma quedarán sujetos a su examen y resolución los hechos deshonrosos, que enjuiciados por los órganos jurisdiccionales competentes no se meritúen por éstos en forma condenatoria, o que sancionados, la pena impuesta no lleve aparejada como accesoria la separación del servicio...». Para su constitución se exige la venia del general de división o vicealmirante correspondiente.

Con respecto a los Tribunales de Honor parece conveniente realzar, con Domínguez Berrueta [93], en general y en breves líneas, su espíritu corporativista o gremial (es decir, el carácter de defensa de grupo que connotan) [94]; su naturaleza se-

---

[91] Habida cuenta del tenor de los bandos militares dictados, así como del Decreto-ley de 16 de febrero de 1936 y Orden de 23 de marzo del mismo año, estimo que tal facultad de las Autoridades, primera y primordialmente de las militares, de imponer multas a aquellas personas estimadas desafectas al movimiento nacional —sin perjuicio en su caso de la exacción de las responsabilidades penales y civiles ante los Tribunales competentes y de la incautación y embargo de sus bienes— fue tan frecuente y sus cuantías tan elevadas, que se estimó indispensable fijar normativamente quiénes y hasta qué cantidades podían imponerlas e imponerse. De este modo, en las dos últimas disposiciones citadas, se especifican ambos extremos.

[92] Sic. DOMÍNGUEZ-BERRUETA, M.: *Los Tribunales de Honor y...*, cit., p. 38.

[93] DOMÍNGUEZ-BERRUETA, M.: *op. ant., cit.*, pp. 15, 27, 30.

[94] Esta nota puede deducirse de la definición que de los Tribunales de Honor militares nos da LANDÍN CARRASCO, A.: *Manual de Derecho Penal y..., op. cit.*, p. 303, según el cual son «... una institución encarnada en un Consejo de compañeros del residenciado, constituido con el fin de determinar si la conducta de un general, jefe u oficial es contraria al honor o dignidad de que hacen gala las organizaciones armadas... Es, pues, características esencial... el hecho de que son los propios compañe-

miprivada o profesional; que operan con independencia del Ordenamiento penal y represivo correspondiente; su ubicación fuera de la organización del aparato represivo estatal al situarse en el seno mismo de los organismos o grupos profesionales; que su actuación no lleva aparejada incompatibilidad con otro tipo de medidas represivas, conculcándose, pues, el principio del *non bis in idem,* lo que resulta más grave por la interesada indeterminación del ámbito material de conocimiento de estos Tribunales de Honor [95]; que sus actuaciones, votaciones y fundamentos de sus fallos son secretos, no dando lugar a que el sancionado-condenado conozca exactamente las argumentaciones que han servido para condenarle o absolverle con lo que la inseguridad jurídica es evidente; que al ser sus decisiones necesariamente absolutorias o condenatorias no hay posibilidad de graduación de la culpabilidad no pareciendo, pues, que puedan jugar circunstancias modificativas (atenuantes, agravantes); que sus pronunciamientos son inmediatamente ejecutivos sin posibilidad de recurso alguno —salvo la vía contenciosa cuando este expresamente prevista y únicamente para denunciar vicios de procedimiento o forma esenciales referidos a la composición del Tribunal— [96]; etc.

De las antecedentes críticas, y a la luz de sentencias del Tribunal Constitucional, como la de 3 de octubre de 1983, puede concluirse que desde la 1.ª Norma vigente los Tribunales de Honor conllevan la infracción de principios como el de legalidad, tipicidad, publicidad, del juez legal, ordinario o predeterminado por la ley, de derechos como el de defensa y asistencia letrada, derecho a la presunción de inocencia, a la tutela efectiva de los jueces y Tribunales, etc., que en cuanto «Jurisdicciones corporativas o gremiales (son) contrarias al monopilio estatal de la Jurisdicción» [97].

Continuando con el período y tema que nos ocupa, importa, asimismo, poner de manifiesto que por Decreto de 13 de septiembre de 1936 se decreta, entre otros extremos, la incautación de toda clase de bienes y documentos pertenecientes a partidos políticos y agrupaciones político-sociales declaradas fuera de la ley, y lo mismo los de las personas «responsables directa o subsidiariamente, por acción u omisión, de daños y perjuicios de todas clases ocasionados directamente o como consecuencia de la oposición al triunfo del Movimiento nacional». Se asigna a los generales jefes de los ejércitos de operaciones, a los de columna o unidad, comisionados éstos, competencia para adoptar las medidas precautorias conducentes a evitar su ocultación o desaparición, debiendo remitir a los Juzgados de 1.ª Instancia

ros —incluso de la misma graduación— los que toman el acuerdo firme y efectivo contra el acusado, sin que la intervención posterior de organismos superiores implique facultad para modificar, ni aun siquiera opinar sobre el fondo de la resolución».

[95] Así, *vid.* GONZÁLEZ-DELEITO, N.: «Tribunales de Honor», en *Bol. I. C. Ab. M.,* 1974, n.º 3, p. 3.497; LANDÍN CARRASCO, A.: *Manuel de...,* cit., pp. 304 y ss.

[96] *Vid.* en este sentido la definición de LANDÍN CARRASCO en cita 94.

En la Ley de Bases de Organización y Procedimiento de los Tribunales de Honor de 17 de octubre de 1941 en su base 5.ª, se permite la revisión del expediente al Consejo de Estado, cuando se hubiere acordado la separación del servicio, a fin de que dictamine si, en su caso, se han quebrantado formalmente los preceptos vigentes.

Sobre la posibilidad de control jurisdiccional y sus fallos véase la Sentencia del TS de 11 de noviembre de 1950, Rep. 1.509. En el trabajo citado de DOMÍNGUEZ-BERRUETA, pueden verse éstas y otras interesantes resoluciones de TS sobre ello.

[97] ALMAGRO NOSETE, J.: *Derecho Procesal. Parte general. Proceso civil,* t. I, vol. 1, con GIMENO SENDRÁ, CORTÉS DOMÍNGUEZ y MORENO CATENA, Valencia, 1987, p. 52.

relación de personas y bienes para decretar el embargo, conforme a las leyes procesales. En el Decreto-ley de 10 de enero de 1937 se instituyen una Comisión central administradora de bienes incautados por el Estado (designando el presidente de la Junta Técnica un registrador, un notario, un intendente, un abogado del Estado y las personas que estime necesarias para su integración) y una Comisión en cada capital de provincia (formada por el gobernador civil, un magistrado de la Audiencia, un abogado del Estado). Amén de formar inventario de bienes, investigar la existencia de cualesquiera otros, ocupar y administrarlos, enajenarlos y gravarlos (con autorización en este caso que ha de ser expresa y previa de la Junta Técnica), etc.

Por Orden de 22 de marzo de 1937 se reservó a los Tribunales civiles el conocimiento de las demandas para la exacción de la responsabilidad civil de los indicados en el Decreto de 13 de septiembre de 1936, con las reservas «supra» recogidas (autorización previa de la Comisión de incautación para acudir a la vía civil: autorización por la Junta Técnica, previo informe de la Comisión central de incautación para ejecutar las sentencias favorables, etc.).

Por Orden de 10 de enero de 1937, en relación con el artículo 6 del Decreto-ley de la misma fecha, se prescribe la instrucción de expedientes de responsabilidad civil (reclamándose los informes que se consideren oportunos de las Autoridades correspondientes, entre otras se habla de comandantes de puestos de la Guardia Civil, presidentes de Comisiones gestoras municipales, etc.) dándose por el instructor, en su caso, comisión de un juez ordinario para practicar todas o algunas de las diligencias. Instruido que fuera el expediente se procederá a remitirlo a la Comisión provincial de incautación, la cual, con su informe sobre si procede o no declaración de responsabilidad civil y su cuantía, lo elevará al general de la división, comandante general o general en jefe del Ejército de Africa, respectivo. Estos generales, previo informe de sus Auditores, declararán, *sin ulterior recurso,* si son responsables los expedientados fijando en este supuesto la cuantía. La resolución se ejecutará por la Comisión administradora nacional.

También tuvieron atribuciones para imponer sanciones (concretamente multas) comandantes militares y alcaldes, gobernadores civiles y militares, generales de división y generales jefes del Ejército y gobernadores general (Decreto-ley de 16 de febrero de 1937, en el que se fijan los límites pecuniarios máximos permitidos a cada una de estas Autoridades) y, jefes de base naval y comandantes navales, comandantes y ayudantes de Marina y comandantes generales de departamentos y jefe de la flota nacional (Orden de 23 de marzo de 1937). Ha de entenderse, por su referencia al Decreto de 13 de septiembre de 1936, que tales multas podrán recaer sobre las personas en él citadas, con independencia de la incautación de bienes muebles e inmuebles, etc., que contra ellas se acuerde. Cabe recurso de «revisión» ante la Autoridad superior. Téngase en cuenta que tal Decreto-ley, que pretende organizar la vida civil en las provincias ocupadas por los nacionalistas, mantiene a la Autoridad Militar como superior, aunque la zona del frente ya no esté en tales provincias.

Entre las «Jurisdicciones» especiales creadas durante la contienda se encuentra la de delitos monetarios.

Según se expresa en el preámbulo de la intitulada Ley Penal y Procesal de delitos monetarios (de 24 de noviembre de 1938 correcciones, entre otras, en Orden de 15 de diciembre de 1938), el Decreto de 18 de noviembre de 1936 —sobre creación del comité de moneda extranjera—, el Decreto-ley de 14 de marzo de 1937 y disposiciones concordantes —sobre cesión de divisas, oro en pasta o amonedado y títulos extranjeros o españoles de cotización internacional—, crearon «la necesidad jurídica de establecer un sistema punitivo que caiga sobre los infractores para reparar el orden vulnerado...», como también la de revisar el derecho estatuido sobre los delitos monetarios y normas procesales vigentes —introduciendo en éstas las reformas precisas—. En los artículos 1 (que tiene 20 apartados), 2 y 3 se tipifican las conductas punibles, acongiéndose hasta el artículo 11.° el resto de la normativa penal [98]. A continuación se regulan los expedientes de investigación, de naturaleza administrativa, para instaurar, en los artículos 15 y siguientes el Juzgado de delitos monetarios y el Tribunal del mismo nombre.

El juzgado de delitos monetarios tuvo facultad exclusiva y excluyente para fallar los expedientes incoados, dependiendo en lo gubernativo del Ministerio de Hacienda. El nombramiento del juez se acordaba libremente por el Consejo de ministros, a propuesta del de Hacienda. De modo expreso se hacía constar que el juez gozará de «libertad procesal absoluta, con la única limitación de no condenar al que no fuera oído, salvo que mediare declaración de rebeldía». Siendo la sentencia condenatoria por delito superior a las 10.000 pesetas era impugnable ante el Tribunal de delitos monetarios.

El Tribunal de delitos monetarios, dependiente en lo gubernativo del Ministerio de Hacienda, se constituye con un presidente (el jefe del servicio nacional de lo contencioso del Estado) y dos vocales (uno, será jefe del cuerpo jurídico del Ejército o de la Armada y el otro magistrado de la carrera judicial). Los vocales serán designados mediante Decreto acordado en Consejo de ministros a propuesta del de Hacienda.

En 9 de febrero de 1939 se promulgó la llamada «ley de responsabilidades políticas» de las personas, tanto físicas como jurídicas, que desde 1.° de octubre de 1934 y antes de 18 de julio de 1936 «... contribuyeron a crear o a agravar la subversión de todo orden de que se hizo víctima a España y de aquellas otras que, a partir de la segunda de dichas fechas, se hayan opuesto o se opongan al Movimiento nacional con actos concretos o con pasividad grande» (art. 1.°) [99]. Tras ca-

[98] Es muy significativo y a la vez sorprendente, que en la Disposición final primera, y en su apartado b), se diga que el Ministerio de Hacienda queda autorizado «para excluir, mediante Orden ministerial, de carácter general, una o varias figuras de delito de las definidas en el presente texto».

[99] En el artículo 4.° de esta ley se enumeran las «causas de responsabilidad»: Haber sido o ser condenado por la jurisdicción militar por delito de rebelión, sedición, adhesión, auxilio, provocación, inducción o excitación a la misma, o por los de traición en virtud de causa criminal seguida con motivo del alzamiento; haber desempeñado cargos directivos en los partidos, agrupaciones y asociaciones declarados fuera de la ley, así como haber ostentado su representación en cualquier corporación u organismo público o privado; haber figurado y permanecido inscrito en los partidos, agrupaciones y asociaciones citadas hasta el 18 de julio —exceptuando a los simples afiliados a sindicatos—; haber desempeñado cargos o misiones políticas o administrativos de índole civil y calificada confianza por nombramiento en el Gobierno del Frente Popular, salvo los elegidos que fueren de filiación política completamente hostil al mismo (no se exceptúan los que sin nombramiento de dicho Gobierno hubieren continuado desempeñando con él cargos de esa índole en la Administración Central), haberse significado públicamente por la intensidad o por la eficacia de su actuación en favor del Frente Popular o de los partidos y agrupaciones precitados, o contribuido con ayuda económica prestada voluntaria y

talogar en el artículo 4.º las causas de responsabilidad y, en el 5.º, 6.º y 7.º, circunstancias eximentes (entre ellas la de ser menor de catorce años), atenuantes y agravantes, en los artículos 8.º y siguientes se regulan las sanciones y reglas para su aplicación.

Las sanciones imponibles, a tenor de esta ley de responsabilidades políticas, pueden ser: Restrictivas de la actividad (inhabilitación absoluta y especial); limitativas de libertad de residencia (extrañamiento, relegación a nuestras posesiones africanas, confinamiento y destierro), y económicas (pérdida total de los bienes, pago de cantidad fija, pérdida de bienes determinados). En caso de extraordinaria gravedad podrá acordarse la pérdida de la nacionalidad española (supuesto en el que además se impondrá el extrañamiento y la pérdida total de bienes). Se cuida el legislador de advertir —artículo 10.º— que en toda condena se impondrá necesariamente sanción económica que será compatible con cualquiera de las de los otros grupos [100].

Gran importancia tiene, por lo que supone asimismo de despropósito jurídico,

---

libremente para favorecerlos, aunque no se hubiese desempeñado puestos directivos o de representación ni cargos o misiones de confianza, ni se tratase de afiliados a aquéllos; haber convocado las elecciones para diputados a Cortes del año 1936, formado parte del gobierno que las presidió o desempeñado altos cargos en el mismo, o haber sido candidato del Gobierno, o candidato, apoderado o interventor de cualquiera de los partidos citados, o haber sido compromisario de ellos para la elección de presidente de la República en el propio año; los diputados que en el parlamento de 1936, traicionando a sus electores, hayan contribuido, por acción o abstención, a la implantación de los ideales del Frente Popular; pertenecer o haber pertenecido a la Masonería, salvo los que hayan salido de esta secta antes del 18 de julio por baja voluntaria... o por expulsión de la misma por haber actuado contra los principios en que se inspira o de los fines que persigue; haber intervenido desde el 18 de julio, salvo justificación muy calificada, en Tribunales u organismos de cualquier orden, encargados de juzgar a personas por el sólo hecho de ser adictas al Movimiento Nacional, o el haber sido los denunciantes de éstos o intervenido en la incautación de sus bienes —salvo que por razón de su función y sin iniciativa propia lo hayan verificado obligatoriamente—; haber excitado o inducido a la realización de los hechos comprendidos en alguno de los apartados anteriores, bien sea de palabra, bien por medio de la imprenta, radio o cualquier otro medio de difusión, bien en escritos dirigidos a diferentes personas; haber realizado cualesquiera otros actos encaminados a fomentar con eficacia la situación anárquica en que se encontraba España y que ha hecho indispensable el Movimiento Nacional; haberse opuesto de manera activa al Movimiento Nacional; haber permanecido en el extranjero desde el 18 de julio sin reintegrarse al territorio nacional en un plazo máximo de dos meses, salvo que tuvieren establecido en aquel su residencia habitual permanente, o que desempeñaran alguna misión encomendada por las Autoridades de la España liberada, o que estuvieren imposibilitados físicamente para regresar al territorio nacional, o cualquiera otra causa extraordinaria y destacada justificativa; haber salido de la zona roja después del Movimiento y permanecido en el extranjero más de dos meses, retrasando indebidamente su entrada en el territorio nacional, salvo concurrencia de alguna de las causas de justificación expresadas en el apartado anterior, haber cambiado la nacionalidad española, o haber autorizado para ello a los que estén sometidos a su potestad o guarda, siempre que tal hecho se haya producido a partir del 18 de julio, y no haya sido como medio de evitar persecuciones o para evadirse de la zona roja, habiendo ingresado en el momento en que fue posible en la zona nacional liberada, solicitando la recuperación de la nacionalidad española, o realizando actos que demuestren tal propósito; haber aceptado de alguna de las Autoridades rojas, o rojo-separatistas, misiones para el extranjero, excepto en el caso de que una vez en él no las hayan desempeñado y sólo fuesen aceptadas como medio de evasión de la zona enemiga, y se hayan presentado, en la nacional seguidamente de haber salido por primera vez de aquélla; haber adoptado, en el desempeño del cargo de presidentes, consejeros o gerentes de sociedades y compañías de manera voluntaria y libre, acuerdos de ayuda económica al Frente Popular o a partidos o entidades incluidos en el artículo 2 (declarados fuera de la ley), o para propaganda, o para empresas periodísticas de dicho ideario, o para los gastos de las elecciones de 1936, o para los Gobiernos rojos, o rojo-separatistas.

[100] Esta compatibilidad, según el artículo 10.II, se exceptúa en los casos en los que el encartado hubiere o fuere condenado por la jurisdicción militar por delito de rebelión, sedición, adhesión, auxilio, provocación, etc., a la misma... En estos casos sólo podrán imponerse sanciones económicas.

lo preceptuado en el artículo 15.° a cuyo tenor las sanciones económicas —impuestas en concepto de pena— perviven al fallecimiento del condenado, haciéndose efectivas sobre el caudal hereditario (excluyéndose tal «transmisión medieval» en determinados casos, como por ejemplo cuando el heredero o herederos y sólo respecto de éstos hubiere combatido en el Ejército nacional..., etc.).

En los artículos 18 y siguientes se atribuye la materia de responsabilidades políticas, con exclusión «de cualquier otra jurisdicción»: al Tribunal nacional de responsabilidades políticas; a la Jefatura superior administrativa; a los Tribunales regionales; a los Juzgados instructores provinciales; a las Audiencias y a los Juzgados civiles especiales.

Esta ley de responsabilidades políticas supuso la derogación de toda normativa anterior sobre incautación de bienes e intervención de créditos y, expresamente, de la Orden de 3 de mayo de 1937 y de las publicadas en ejecución de la misma. En esta línea se previene a las Comisiones de incautación para que remitan sus actuaciones a los Tribunales regionales de responsabilidad política. También se ordena, a las Comisiones creadas al amparo del Decreto-ley de 10 de enero de 1937 y Autoridades con atribuciones en materia de incautación y responsabilidades civiles, que se abstengan de iniciar nuevos expedientes, siendo sustituidas, en los ya iniciados, por los jueces instructores provinciales, y respecto de los expedientes conclusos que estuvieren en poder de las Comisiones provinciales o de las Autoridades militares (en base a la Orden de 10 de enero de 1937), que los remitan a los Tribunales regionales de responsabilidad política.

No se olvide que la ley de responsabilidades políticas estuvo vigente hasta el 13 de abril de 1945 (completada por Orden de 27 de junio del mismo año), y que sus efectos, a tenor del artículo 1.°, se retrotraen al 1.° de octubre de 1934.

El Tribunal nacional de responsabilidades políticas, dependiente de la vicepresidencia del gobierno, estaba integrado por un presidente, dos generales o asimilados del Ejército o de la Armada, dos consejeros nacionales de las FET y de las JONS —que necesariamente debían de ser, se dice, «abogados» (debiendo entenderse licenciados en Derecho)—, y dos magistrados de categoría no inferior a la de Audiencia Territorial. De ellos un general, un consejero nacional y un magistrado eran propietarios y los otros tres suplentes. Todos sus miembros se designaban libremente por el Gobierno.

La Jefatura superior administrativa estaba formada por el presidente o vicepresidente del Tribunal nacional, cuando le sustituye, y, segundo jefe un alto funcionario civil o militar nombrado libremente por el Gobierno. Le competía formar inventario de bienes, investigarlos, su ocupación y administración, cesión, enajenación y su gravamen, organizar y llevar el Registro central de responsables políticos y expedir los certificados que le interesaren relativos a éstos, etc.

Los Tribunales regionales de responsabilidades políticas estaban compuestos por un presidente (Jefe del Ejército), un funcionario de la Carrera judicial de categoría no inferior a juez de ascenso y un militante de las FET y de las JONS que fuere «abogado». Estos, con sus suplentes, se nombraban por la Vicepresidencia del Gobierno, a propuesta del Ministerio de Defensa, del de Justicia y del Secretariado de las FET y de las JONS, respectivamente.

Por el artículo 25 se crea un Tribunal regional en todas las capitales de provincia en que haya Audiencia Territorial, más otro en Bilbao, Ceuta y Melilla[101, 102].

Los Juzgados instructores provinciales son cubiertos, a propuesta del Ministerio de Defensa, por la Vicepresidencia del Gobierno, con oficiales de complemento u honoríficos del Cuerpo jurídico militar o con profesionales castrenses con título de «abogado» [103]. Se establecieron en Bilbao, Ceuta, Melilla y en cada una de las capitales de provincia «liberadas» [104].

También conocen de esta ley, en el ámbito civil las Audiencias y los denominados Juzgados civiles especiales. A las Audiencias Territoriales y a las Provinciales de Ceuta, Melilla y Bilbao, constituidas en Sección especial, corresponde conocer de las apelaciones contra las resoluciones dictadas por los Juzgados civiles especiales en las reclamaciones e incidentes que tengan su origen, o se relacionen, con la pieza separada que éstos tramiten para hacer efectivas las sanciones económicas impuestas a los responsables políticas.

A cada uno de los Tribunales regionales se asigna un Juzgado civil especial constituido por un juez o magistrado de la Carrera judicial y un secretario del Cuerpo de secretarios judiciales, los cuales serán nombrados por la Vicepresidencia del Gobierno, a propuesta del ministerio de Justicia [105].

Estos juzgados civiles especiales intervienen en la causa cuando haya recaído sentencia condenatoria contra el «expedientado» y éste no hubiera satisfecho la sanción económica o no se le hubiere autorizado a hacerla efectiva en plazos —que en ningún supuesto podían superar los cuatro años—.

Es de hacer notar, aunque estimo que lo dicho habla por sí mismo, en la mayor parte de lo destacado:

---

[101] Corresponde a los Tribunales regionales: ordenar a los jueces instructores provinciales la formación de expedientes y, en su caso, remitirles los testimonios que reciban de la Jurisdicción de guerra; acordar la nulidad de los expedientes; disponer la práctica de nuevas diligencias y resolver las consultas que se les dirijan por los instructores; dictar sentencia motivada en los expedientes; disponer la elevación del expediente al Tribunal nacional (cuando la sentencia no se hubiere votado por unanimidad, cuando haya sido impugnada por los motivos taxativamente establecidos, etc. —así art. 56—).

[102] Por Ley de 19 de febrero de 1942 fueron suprimidos estos Tribunales regionales sustituyéndoles las Audiencias Provinciales.

[103] El título, como reiteradamente vengo destacando, es el de licenciado en Derecho. Unicamente los licenciados en Derecho pueden devenir abogados cuando estén dados de alta como tales en el Colegio profesional correspondiente.

[104] A tenor del artículo 29, les compete: Cursar las denuncias, que reciban, al Tribunal regional para que éste acuerde si procede o no incoar expediente de responsabilidades políticas; instruir los expedientes, con arreglo a esta ley y a los artículos 372 y 374 CJM; reclamar de cualquier autoridad o persona de cualquier lugar de España los informes, datos y auxilios que estimen precisos; concluso el expediente, redactar un resumen de las pruebas y, con claridad y precisión, su parecer acerca de la responsabilidad o irresponsabilidad y circunstancias modificativas, en su caso; elevar dicho informe, con el expediente, al Tribunal competente para su resolución.

[105] A tenor del artículo 34 corresponde a los Juzgados civiles especiales: Incoar, previa orden del Tribunal regional, la pieza separada para hacer efectivas las sanciones económicas que no hayan sido satisfechas por los declarados responsables políticos dentro de plazo, y formar en ella el inventario valorado de los bienes, en su caso; practicar en dicha pieza los embargos y demás medidas precautorias, así como proveer a la administración e intervención de los bienes de los responsables políticos; sustanciar y fallar las tercerías de dominio y de mejor derecho y cuantas demandas se entablen como consecuencia de la pieza separada; llevar a efecto la venta de aquellos bienes que les ordene enajenar la Jefatura superior administrativa de responsabilidades políticas; etc.

La intensa aplicación de esta ley de responsabilidades políticas, como dimana del hecho de que el excesivo número de expedientes acumulados provocaron que por Orden de 4 de enero y de 7 de diciembre de 1940 se crearán dos Tribunales en Madrid y Barcelona y otro, respectivamente, en Granada y Santander; la aplicación retroactiva de la misma por cuanto extiende sus efectos al 1.º de octubre de 1934 (art. 1); la falta de independencia y, por ende, de imparcialidad de los órganos judiciales por ella instaurados, deducible —prescindiendo del clima político y social en el que actuaban— del sistema de provisión y del origen de sus miembros (arts. 19, 24, 27, 33, etc.); la posibilidad de que unas mismas «conductas», «actitudes», «hechos» *(o sospechas de cualquiera de ellos)* pudieren ser sancionados, en primer lugar, y, en segundo lugar, pudieren serlo doblemente, en contra de uno de los principios aceptados en todo el mundo como ya era el de la cosa juzgada *ne bis in idem* (por ejemplo art. 4.a); la retroacción del fallo condenatorio al día 18 de julio de 1936 (anómalo procesalmente, sobre todo en materia sancionadora) (arts. 72 y 78); el inaceptable juego de presunciones *iuris et de iure* y *iuris tantum* plasmado en su articulado (art. 72.a). El juego de las presunciones contenidas en su texto y, particularmente, las causas de responsabilidad también en él previstas (art. 4), supone consagrar el principio de que todo expedientado es culpable mientras por él no se demuestre su inocencia, posibilidad esta última difícil de acreditar, ya por la generalidad de los supuestos «tipificados», ya por el diverso valor que se dan a las «pruebas» para la incriminación y a las de descargo (son determinantes para la condena los «informes» de autoridades religiosas, policiales, militares y sociales, mientras que únicamente es eficaz para destruir tales «pruebas» el acreditar las conductas acogidas en el art. 5) [106]; limitación de los medios de prueba a utilizar por el expedientado, quién —según el artículo 49— sólo podrá hacer uso de la documental y testifical; la mayoría de edad, a efectos de la irresponsabilidad absoluta, que había sido fijada en el Código penal de 1932 en dieciséis años, disminuye a los catorce años; que ni el fallecimiento ni la ausencia ni la incomparecencia del presunto responsable detienen la tramitación y fallo del expediente (lo más grave, como destaqué más arriba, es que puede condenarse y, por tanto, enjuiciarse, a un muerto, y no se olvide que no es a efectos exclusivamente civiles, por cuanto la resolución condena al pago de una multa, a la pérdida de bienes determinados o a la totalidad de los bienes, sino que además constituye una sanción penal, así arts. 8, 15, 46.II, 50 y ss., 56, etc.); aunque se consagra un sistema de impugnaciones, su libre uso se ve gravemente obstaculizado por la multa que se impone en caso de desestimación total, pudiendo ascender al 10 por 100 del valor total de la reclamación (art. 75.5.ª); en línea con lo anterior, los terceristas que hagan valer sus derechos sobre los bienes embargados al sentenciado (art. 73) y los inculpados que se adhieran a estas demandas, en caso de desestimación, deberán abonar como sanción —acumulable a la del punto anterior— un 5 por 100 cada uno de la cuantía que en la reclamación se litigue (art. 84); que tanto en el caso de los inculpados y terceristas como de sus herederos no se les exige, pese a la importancia de las sanciones imponibles, que hagan uso de Abogado (art. 82);

---

[106] De este modo, y en el artículo 5, se declaran exentos de responsabilidad: A los menores de catorce años; a los que hubieren prestado servicios extraordinarios al Movimiento Nacional; a los que hubieren obtenido la Cruz Laureada de San Fernando o la Medalla militar individuales; a los que ostentaren el título de «Caballero mutilado absoluto»; etc.

que, tratándose de funcionarios públicos, amén de lo prevenido en el art. 4.a) —entre otros— en cuya virtud pueden ser sancionados por la justicia militar y por la de responsabilidades políticas, tales sanciones son independientes de las que la Administración pueda imponerles gubernativamente en la función depuradora de su personal, según declara el artículo 86; etc.

Otros Tribunales especiales fueron: Los de menores, que por su inferior importancia en nuestro contexto soslayamos, y el de represión de la masonería y el comunismo. A este último, en virtud de la Ley de 1 de marzo de 1940, correspondía sancionar «con energía» los hechos consistentes en pertenecer o haber pertenecido (sin haber causado baja en momento oportuno) a las sociedades secretas de todo orden o a las organizaciones comunistas.

El Tribunal de represión de la masonería y el comunismo fue un órgano judicial especial con sede en Madrid, integrado por un presidente —libremente designado por el jefe del Estado—, un general del Ejército, un jerarca de FET y de las JONS y dos letrados nombrados todos de igual modo. Podía comisionar este órgano a los jueces de la jurisdicción ordinaria y a los de Aviación para la realización de la actividad instructora. Exclusivamente tuvo jurisdicción sobre personas civiles, por cuanto los militares profesionales de categoría igual o superior a la de Oficial de los Ejércitos, cuando fueren acusados de tales hechos, lo serían ante los Tribunales de Honor.

Por Ley de 26 de octubre de 1939, y a consecuencia de la Orden de 2 de marzo de 1938 (que suspendió la tramitación de todos los pleitos de divorcio) y Ley de 23 de septiembre de 1939 (que derogó la de divorcio de 2 de marzo de 1932), se promulgó una normativa para el ejercicio de acciones «derivadas de la derogación de la ley de divorcio», en la que, amén del procedimiento, se creó una «jurisdicción especial» que constaba de dos grados o instancias: a) Audiencias Provinciales, en su régimen y composición ordinarios, y b) Un Tribunal especial instaurado por dicha Ley del 26 de octubre.

Ese Tribunal especial radicó en Madrid y estuvo compuesto por dos magistrados de término y un tercero que podría ser de igual categoría o, en otro caso, catedrático de derecho canónico o doctor en esa disciplina, designados todos ellos por el Consejo de Ministros a propuesta del de Justicia.

Las Audiencias Provinciales conocían si se formulaba oposición basada en alguna de las causas admisibles en la ley (simulación respecto de la persona del actor o inexistencia de la unión matrimonial de cuya resolución se trate), pues, en ese caso procedía su inhibición remitiendo el expediente para su decisión al Tribunal especial.

También puede ser calificado de Tribunal especial aquel instaurado a virtud de la Ley de 5 de noviembre de 1940 denominado de «contratación en zona roja». En esa norma se determinaron los supuestos en que podrían ser revisados los contratos celebrados en ella durante la guerra. Organos competentes fueron: Juzgados municipales y de 1.ª Instancia y un Tribunal especial, con sede en Madrid, integrado por tres magistrados de término.

Finalmente, y entre los tribunales especiales, puede citarse también el arbitral de seguros del campo (creado por Ley de 10 de febrero de 1940, Reglamento de 11 de abril derogado y sustituido por el de 26 de marzo de 1942).

Por Ley de 11 de julio de 1941 y Orden de 11 de octubre del mismo año se instaura «... una jurisdicción y un procedimiento que, sin serios obstáculos procesales, arbitrasen un medio para volver a inscribir a favor de sus titulares (la Iglesia Católica)... bienes que aparecieron inscritos a nombres de personas interpuestas»; esta «jurisdicción especial» constaba de un solo grado, estando formada por un juez de la carrera judicial con atribuciones en todo el territorio nacional, siendo designado por el Ministerio de Justicia.

11. Prescindiendo de otros Tribunales especiales, y siguiendo el «iter» marcado, me centraré para terminar este trabajo en la jurisdicción castrente.

De lo hasta aquí recogido sobre la guerra civil es factible concretar en relación a la justicia marcial:

1. Su desmesurado ámbito de aplicación, que, de modo particular en los primeros momentos supuso en el orden penal (primordialmente) el vaciamiento del ordinario [106 bis]. Se obtuvo tal resultado a través de diversos caminos: La supresión inmediata y directa de cualquier órgano judicial no castrense (supuesto que, en verdad, no fue jurídicamente frecuente); la ampliación y desnaturalización de los delitos militares; la deliberada «confusión» entre *estado de guerra* y *tiempo y zona de guerra* [107]; la potestad autoatribuida de crear delitos y, finalmente, el reconocimiento a la Autoridad militar de la facultad de determinar su competencia exclusiva y excluyente —de modo que sólo y tras estimarse incompetente el juez militar puede entrar a conocer el ordinario[108, 109].

Como ya se ha dicho, la Jurisdicción ordinaria es residual respecto de la castrense, carácter que viene proclamado en numerosos preceptos. En el artículo 10.° del bando de declaración del estado de guerra (Orden de 28 de julio de 1936, «Boletín Oficial de la J. de DN» n.° 3) se dice: «La Jurisdicción de guerra podrá dejar de conocer remitiéndolas a la Jurisdicción ordinaria, de las causas incoadas que, hallándose comprendidas en este bando, no tengan a juicio de las Autoridades militares, relación directa con el orden público». En bandos como los publicados por el general jefe del Ejército del Norte para Vizcaya y Santander a raíz de su «liberación» en 20 de junio y 26 de agosto de 1937, respectivamente, cuya norma primera reza: «Quedan sometidos a la jurisdicción castrense todos los delitos cometidos a partir del 18 de julio último, sea cual fuere su naturaleza». En el del general jefe de la 6.ª Región militar, López Pinto y Berizo se llega a vaciar prácticamente de contenido a la jurisdicción ordinaria.

[106 bis] Así, amén de los autores citados, TUÑÓN DE LARA Y GARCÍA NIETO, *op. cit.*, p. 281, sostienen que «la justicia quedó prácticamente bajo control militar...».

[107] Así lo ponen de manifiesto, entre otros, ALCALÁ-ZAMORA Y CASTILLO, N.: «Justicia penal de guerra civil», cit., p. 276; JIMÉNEZ DE ASÚA, L.; *Tratado de...*, II, cit., pp. 1384-5; JIMÉNEZ Y JIMÉNEZ. F.: *Introducción al...*, cit., acoge la postura de JIMÉNEZ DE ASÚA (citando la p. 1130 en lugar de la 1384) sin tener en cuenta que este autor habla antes de la Constitución de 1978.

[108] Más aún, ANTÓN ONECA, J.: «Derecho penal de la postguerra», cit., destaca en p. 171 «... la preferencia dada en estas materias jurídicas a las Autoridades militares sobre las judiciales».

[109] Para la distinción actual «equiparable» a la prevista en la Ley de Orden Público de 1933, tener en cuenta la obra de CRUZ VILLALÓN, P.: *Estados excepcionales y suspensión de garantías, op. cit., passim.*

2. La jurisdicción militar se desgajó por completo de la ordinaria, y de su control, con la supresión de la Sala 6.ª del Tribunal Supremo y, simultáneamente, con el restablecimiento del «Alto Tribunal de Justicia militar», por Decreto de 24 de octubre de 1936 —ampliándose sus competencias por Decreto de 17 de febrero de 1937—; la mayoría de las atribuciones de este Alto Tribunal fueron desempeñadas, hasta su creación, por la propia Junta de Defensa Nacional (así puede verse en el art. 6 del Decreto de 31 de agosto de 1936).

3. Su desvinculación respecto de la ordinaria posibilitaba así, de una parte, su inserción en la cadena de mando (el preámbulo de la Ley de 5 de septiembre de 1939 decía con referencia a la reforma judicial militar republicana: «... desnaturalizando la razón de ser de la jurisdicción castrense atribuía el conocimiento de los delitos militares a quienes ignoraban las experiencias del mando el carácter de la disciplina marcial». Con lo que, seguros sobre las personas integrantes de los órganos judiciales marciales, se garantizaban plenamente los resultados) y de otra parte, en conexión, con lo anterior, la total conversión de la justicia castrente en el instrumento represivo necesitado.

El Alto Tribunal de Justicia militar estaba compuesto por un presidente, de la categoría de teniente general o general de división, y cuatro vocales, dos oficiales generales del Ejército, uno de la Marina de guerra y un vocal auditor de los cuerpos jurídicos castrenses. Es de destacar que sólo uno de los cinco miembros que lo integraban tenía que ser jurista. Comentando su decreto de creación y más específicamente el artículo 2.º *in fine* (El Tribunal «desenvolverá su cometido con la más absoluta independencia») sostuvo Alcalá-Zamora que «... aparte (de) la gran dificultad psicológica de conciliar la idea de independencia, esencial a la Justicia, con la de obediencia, fundamento del Ejército, en las deliberaciones de un Tribunal jerarquizado, la ausencia de garantías de inamovilidad de sus jueces frente al ejecutivo nos hace sentir escépticos en cuanto a la observancia de la promesa tan solemnemente hecha» [110].

A mi entender cabría pensar que, en atención a las competencias que se le atribuyen a este Alto Tribunal en dicho Decreto (con las modificaciones introducidas por el de 17 de febrero de 1937), en relación con la titularidad académica exigida a sus miembros, es dudosa su capacidad jurídica para resolverlas adecuadamente.

No entramos en la crítica técnica a estas normas que nos obligaría, entre otros extremos, a poner de manifiesto defectos procedimentales serios (sólo se ocupan estas disposiciones de aspectos más bien secundarios), su imprecisa terminología (como es la de hablar de «recurso de queja» cuando en verdad se trata de una modalidad de casación, etc.) [111].

Aparte de las citadas, entre las principales «novedades» introducidas en la Justicia militar, pueden destacarse las siguientes:

A) Multiplicación de sus órganos, consecuente con la desmesurada extensión de asuntos cuyo conocimiento se le atribuyen. En este línea, por ejemplo, están los Decretos de 1 de noviembre de 1936 (por el que se crean en Madrid, mucho

[110] Alcalá-Zamora y Castillo, N.: *op. ant. cit.*, p. 279.
[111] Más ampliamente en autor u obra ant. cits., p. 280.

antes de su conquista [112], ocho consejos de guerra permanentes y 16 juzgados militares, para que éstos preparen las actuaciones de aquéllos), de 26 de enero de 1937 (extendiendo a las demás plazas «liberadas» la disposición anterior especificando que los generales jefes de los Ejércitos Norte y Sur, respectivamente, solicitarán del Generalísimo la designación del número de consejos de guerra que estimen indispensables para atender las necesidades de justicia), de 17 de marzo de 1937, (sobre composición de los consejos de guerra permanentes), etc.

Inmediato corolario de lo anterior fue la necesidad de recurrir a funcionarios de las Carreras judicial y fiscal y a personas con título de licenciado en Derecho (incorrectamente, y de modo reiterado, como ya he dicho, se exige título de «Abogado», confundiendo licenciado en Derecho y Abogado), para suplir la falta de personal de los Cuerpos jurídicos. Así, entre otras muchas, Orden de 1 de diciembre de 1936, Decreto de 8 de noviembre del mismo año.

Los Consejos de Guerra permanentes estaban constituidos por un jefe militar, tres oficiales y un asesor titular u honorífico del Cuerpo jurídico. El representante del Ministerio Fiscal era libremente designado por el general jefe del Ejército —con preferencia debía escogerse a un jurista aunque también podía nombrarse a un jefe u oficial del Ejército o de la Armada, como se indicó en el artículo 2.II del Decreto de 1 de noviembre lo que ha sido interpretado como medio de asegurar «la más absoluta sumisión del acusador al mando», estimándose que debería haberse visto compensada mediante la más amplia libertad acordada al encartado para designar su defensor, «pero una vez más el espíritu de cuerpo prevaleció sobre cualquier otra consideración, y el apartado último del mencionado artículo determina que "el cargo de defensor será desempeñado *en todo caso* por un militar..., Esta disposición... constituye el más grave golpe que se puede asestar al derecho de defensa del inculpado, sobre todo cuando se combinan la pasión de una guerra civil como la española y la ausencia de garantías del Decreto número 55» [113].

Parafraseando a Alcalá-Zamora, al que seguimos en este momento, la grave cortapisa al derecho de defensa supone: infringir el principio de igualdad procesal, que exige dotar de las mismas armas a las partes y, por ende, si el fiscal ha de ser con preferencia letrado lo mismo debería requerirse del defensor. Piénsese, asimismo, en plena guerra civil, en las enormes dificultades con las que se encontraría para ejercer satisfactoriamente su cometido un militar no letrado que, además, en ese clima bélico, vería limitados sus posibles argumentos defensivos. A este respecto Alcalá-Zamora dice que en un gran número de casos la defensa habría tenido que apoyarse en una causa de justificación o, por lo menos, en la creencia sincera de que el inculpado actuó conforme a ella: la obediencia a las autoridades legítimas (art. 8.12 del Código Penal, 172 CJM y 10-12 del Código Penal Mar.) para reprimir un delito de rebelión; pero, sigue Alcalá-Zamora, ¿... es que tal argumento podía ser empleado por los militares nacionalistas sin poner en flagrante contradicción su conducta como sublevados y su tesis como defensores?

[112] Puede parecer sorprendente que se legisle para zonas que no están bajo el propio dominio, pero ello no fue sólo típico del Gobierno franquista sino también del republicano. Por ejemplo, en 15 de enero de 1938, se prorroga el «estado de alarma» en todo el territorio nacional, Ceuta y Melilla, este caso es citado por ALCALÁ-ZAMORA, N,: *op. cit.*, p. 258, nota 88.

[113] ALCALÁ-ZAMORA, N.: *op. cit.*, pp. 286 y 287. El Decreto n.º 55 es el citado de 1 de noviembre de 1936. El subrayado es del autor.

Aun coincidiendo con dicho autor en lo esencial de su argumentación, podría no obstante observarse que, en cualquier caso, también toparía con serios inconvenientes un letrado civil para una adecuada asistencia al procesado, precisamente por el miedo a las repercusiones que podría atraer hacia sí en tan crítico clima bélico.

B) Quedan sometidos a la jurisdicción castrense los siguientes delitos:

a) Todos los incluidos en los bandos militares, a los que ya hice referencia. Tal forma de delimitación de la competencia de los órganos judiciales militares viene confirmada en numerosas normas como, entre otras, en el tantas veces citado Decreto de 1.° de noviembre de 1936, en cuyo artículo 3.° se dice que «será de la competencia de dichos Tribunales (los Consejos de Guerra constituidos en forma permanente) el conocimiento de los delitos incluidos en el Bando que al efecto se publique por el general en jefe del Ejército de ocupación».

b) En todo caso, y con la derogación de toda normativa republicana en este orden jurisdiccional, la Justicia de guerra va a volver a conocer «por razón de la persona responsable, del delito cometido y del lugar en que se cometa». Así se proclama en las Leyes de 5 de septiembre de 1939 y de 12 de julio de 1940 (por las que se restablece el CJM de 1890 cual estaba antes del advenimiento de la II República) y en la de 29 de marzo de 1941 (que declara vigentes las leyes penales de la Marina de Guerra y Mercante tal como se aplicaban el 14 de abril de 1931). En esta línea, y en artículo 1 del CJM de 17 de julio de 1945, se afirma que sus normas «son aplicables a la jurisdicción militar de los Ejércitos de Tierra, Mar y Aire», especificándose en el artículo 5 (desarrollado del 6 al 17) que «la competencia de la Justicia militar se determinará en materia criminal por razón del delito, por el lugar que se cometa y por la persona responsable». Como muestra de tal ampliación, consagrada en el CJM de 1945, téngase en cuenta que en su artículo 9 (por razón del lugar, cualquiera que sea la persona inculpada, será competente la jurisdicción militar) se le atribuye el conocimiento de los delitos y faltas que se cometan, especificándose en el párrafo b) de dicho artículo 9: en aguas de mar, ríos navegables, embarcaciones mercantes nacionales o extranjeras que se hallen en puertos, radas, bahías o en cualquier otro punto de la zona marítima española...; el artículo 16 (por razón de la persona, y por tanto, militares en servicio activo o reserva, prisioneros de guerra y personas constituidas en rehenes, etc.) somete a la justicia castrense las causas que se sigan por infracciones delictivas como: 4.° adulterio, estupro, aborto y abandono de familia [114].

Un mínimo examen merecen los delitos sometidos a la justicia castrense: delito de traición por exportación del oro del Banco de España (Decreto de 14 de agosto de 1936); delitos de acaparamiento y elevación de precios (no ya únicamente en base a los bandos militares, sino de modo específico a tenor del art. 9 de la Ley de 26 de octubre de 1939); accidentes ferroviarios (art. 1 de la Ley de 18 de febrero de 1941); todas las conductas tipificadas en la Ley de 29 de marzo de 1941 (Ley de Seguridad del Estado) [115]; etc.

---

[114] *Vid.* las críticas que también formula NÚÑEZ BARBERO, R.: «Derecho Penal Militar y Derecho Penal Común». cit., pp. 28 y ss., contra la extraordinaria amplitud de la justicia castrense.

[115] Por Ley de 11 de mayo de 1942 se restituyó a la jurisdicción ordinaria el conocimiento de las conductas menos graves sancionadas en la Ley de Seguridad del Estado.

Pero no sólo se amplió su esfera cognitiva mediante el incremento de las infracciones criminales sino también a través de la «desnaturalización» de las mismas o, en expresión de Antón Oneca, «mediante la asimilación de los hechos al delito de rebelión militar con la consecuencia de llegar a la pena de muerte» [116], hechos que como veremos, además, son incalificables como delitos militares y, ni siquiera, significativos de oposición política alguna.

Amén de la configuración que en los bandos militares se hacía del delito de rebelión, también fueron estimadas constitutivas de tal infracción las siguientes conductas: Por el Decreto número 80, de 19 de noviembre de 1936, el tráfico ilícito de billetes de banco (se habla de auxilio a la rebelión, calificándose explícitamente de contrabando en la Orden de 24 de diciembre de 1936); la exportación y atesoramiento de monedas de plata (en el art. 3 del Decreto-ley de 9 de noviembre de 1936, tipifícanse como auxilio a la rebelión); el comercio tanto interior como exterior de primeras materias, productos agrícolas y manufacturados, provenientes de las regiones no ocupadas por el Ejército nacional (Decreto de 22 de diciembre de 1936, calificándose en el art. 1.º de auxilio a la rebelión); falsedad en la declaración jurada —de personal pertenencia y legítima posesión— al presentar para el estampillado billetes del Banco de España en circulación con anterioridad al 18 de julio de 1936, así como la simulación de operaciones para eludir o hacer ineficaz lo que se ordena por el Decreto-ley de 12 de noviembre de 1936, contrabando de billetes del Banco de España (Decreto de 19 de noviembre de 1936); infracción de los preceptos del Decreto-ley de 14 de marzo de 1937 sobre obligación de ceder al Estado monedas, títulos y valores extranjeros; la introducción de billetes del Banco de España que no sean de las nuevas emisiones fechadas en Burgos en 21 de noviembre de 1936 (en Bilbao, art. 5.º de la Orden de 24 de junio de 1937; en Santander, art. 5.º de la Orden de 31 de agosto de 1937; en Gijón, art. 5.º de la Orden de 23 de octubre de 1937; etc.); la infracción de tasas sobre ordenación triguera (art. transit. 5.º II. del Decreto de 23 de agosto de 1937, complementario del Decreto-ley de ordenación triguera de la misma fecha); tenencia de bienes agrícolas que no sean de legítima propiedad (Decreto de 3 de mayo de 1938); infracciones graves del régimen de tasas (Ley de 30 de septiembre de 1940); etc [117].

C) Procesalmente conviene tomar en consideración una serie de puntos. En la casi totalidad de los bandos militares, tras afirmar la competencia de la Justicia militar, se prescribe que la tramitación de las actuaciones de que conozca se ajustará al procedimiento sumarísimo (así, en el bando del general jefe del Ejército del Norte, para Vizcaya y Santander, del general Mola —«serán juzgados en Consejo de Guerra sumarísimo»—; en el bando de declaración del estado de guerra —«serán juzgados por procedimiento sumarísimo...», en el del general Dávila, art. 4.º «... por el procedimiento sumarísimo de urgencia», etc). También en el artículo 1.º del Decreto de 31 de agosto de 1936 se dice que «todas las causas de que

---

[116] Antón Oneca, J.: «El Derecho Penal de la postguerra», cit., p. 270; también en igual sentido, Berdugo Gómez de la Torre, I.: «Derecho represivo en España durante los períodos de guerra y postguerra (1936-1945)», en *Rev. de la Fac. de Der. de la Univ. Compl.*, 1980, 3, p. 116.

[117] De este modo, Berdugo Gómez de la Torre: *op. cit.*, p. 117, aunque no coinciden las fechas de algunas de las disposiciones por él citadas.

conozcan las jurisdicciones de guerra y marina se instruirán por los trámites del juicio sumarísimo...».

A diferencia de lo prescrito en los bandos militares, y en el Decreto de 1 de noviembre de 1936 (que es el que sienta las bases que van a primar en la sustanciación de las causas ante la jurisdicción castrense) no se hace referencia al juicio sumarísimo más que como normativa supletoria a aplicar. De este modo, y en ese Decreto, se plasma la siguiente tramitación a seguir en los Consejos de Guerra:

Presentada la denuncia —o llegada la *notitia criminis* por cualquier medio— comienza la instrucción con la ratificación, en su caso, de los denunciantes (comparecientes dice el art. 4.°). Identificados los testigos y atendido el resultado de las actuaciones, más la naturaleza del hecho enjuiciado, el juez instructor dictará auto-resumen de las mismas remitiéndolo al Consejo de Guerra. Este podrá acordar —artículo 5.°:

a) Fijar día y hora para la vista en Consejo, en cuyo caso se exponen los autos al fiscal y defensor a fin de que tomen las notas necesarias para elaborar sus informes.

b) La remisión a la Auditoria de Guerra para su continuación por el procedimiento sumarísimo.

c) La remisión a la Auditoría, proponiendo competencia por declinatoria o sobreseimiento.

En el primer supuesto, considerando necesaria el Consejo de Guerra la comparecencia ante él de los testigos de cargo, se devolverán las actuaciones al instructor a fin de que éste, oído el defensor, resuelva sobre la aceptación o no de los de descargo. Ello quiere, decir, como destaca Alcalá-Zamora, que «se rompe el principio de asunción inmediata de las pruebas —especialmente de los testimonios— por el Tribunal sentenciador» [118]. Pronunciada la sentencia se pasarán las actuaciones al auditor del Ejército de ocupación a los fines de aprobación o disentimiento. El auditor, por tanto, sin «haber recibido las pruebas y sin haber seguido los debates, posee, sin embargo, la clave del proceso en sus manos, sea para cerrarlo definitivamente mediante su aprobación, sea para mediante su disentimiento, abrir la puerta a un nuevo examen ante el Alto Tribunal de Justicia Militar» [119]. Como veremos más adelante esta afirmación última de Alcalá-Zamora estimamos que deberá matizarse.

Si comparamos el procedimiento instaurado por ese Decreto del de noviembre de 1936, que acabo de exponer, y el del procedimiento sumarísimo, puede verse que no existen diferencias muy fundamentales, no debiendo además perderse de vista que de modo expreso, en su artículo 6.°, se dice que «en lo que no se oponga a lo prevenido en el presente... se observarán las normas del juicio sumarísimo».

¿Cuál puede ser la razón por la que el legislador de noviembre de 1936 no se remitió directamente a la normativa del CJM sobre el juicio sumarísimo? Ello ex-

---

[118] ALCALÁ-ZAMORA: *op., cit.*, p. 288.

[119] ALCALÁ-ZAMORA: *op. et loc.* cits.

traña más por cuanto, y como indiqué anteriormente, sí lo hicieron los bandos militares.

La respuesta pueda acaso encontrarse en el juego de una serie de disposiciones que valoraré a continuación. En Circular del general-presidente del Alto Tribunal de Justicia Militar, de 21 de noviembre, y en su Norma 1.ª, se dice: «Se entenderá limitada la posible interposición de recursos a aquellos procedimientos que no tengan carácter de sumarísimos». En consecuencia, y habida cuenta de que no estamos ante un Juicio sumarísimo caben recursos contra las sentencias dictadas por los Consejos de Guerra. En un primer momento parece, pues, que se quiere suavizar la excesiva dureza que ha presidido los bandos militares. Examinemos, no obstante, la regla 2.ª: «Los recursos admisibles en los procedimientos ordinarios, a tenor del apartado d) del Decreto de 24 de octubre último... alcanzan únicamente a los casos en que, durante la tramitación de la causa, y antes de recaer en ella sentencia firme, hubieren los recurrentes reclamado por creerse privados de cualquiera de las garantías procesales que el CJM les concede y hubiera sido desestimada su reclamación por un acuerdo judicial» [120].

De la lectura de esa regla 2.ª se deduce que la materia impugnativa aparece circunscrita de modo exclusivo al ámbito procesal, impidiéndose en todo caso el ataque a las resoluciones de los Consejos de Guerra por razones jurídico-materiales y, por ende, de fondo.

Si a lo anterior unimos el que no se exige que el Defensor sea letrado y sí únicamente que sea militar (el art. 2.ºIII reza: «El cargo de defensor será desempeñado en todo caso por un militar»), podría deducirse que, al menos teóricamente, el acusado carecía de las posibilidades de defensa mínimamente exigibles, siendo difícilmente imaginable que su defensor, al no ser jurista, conociera la ley lo suficientemente bien para darse cuenta de las infracciones procesales que se pudieren cometer y, sobre todo, por su condición de militar que osara denunciar, en su caso, tal lesión. A ello es factible agregar, concurriendo tales circunstancias en plena guerra civil, que nada difícil podría ser el prescindir de tener por formulada la reclamación.

Datos importantes para captar el significado de la disposición comentada son los suministrados desde el juego de los artículos 4.º y 6.º del Decreto de 1 de noviembre de 1936 en relación con el 2.º del Decreto de 31 de agosto de 1936. En base a este último «se considerarán plazas o puertos sitiados o bloqueados... a los efectos de los artículos 662 y 61 al 64 inclusive del CJM, y 363 y 65, respectivamente, de la Ley de Enjuiciamiento de Marina y la Ley Orgánica de los Tribunales de Marina, sea cualquiera el delito de que se trate, no sólo los que realmente pudieran estarlo, sino aquellos puertos o plazas a los que, por conveniencias del servicio militar o atendida la dificultad de comunicaciones, les dieran la consideración de tales los generales en jefe del Ejército o de la Armada, los de las Divisiones orgánicas o las Autoridades de Marina correspondientes». Soslayando el tema de que la razón de ser —en siglos pasados— radicaba en la posibilidad de incomunicación total, lo que ya era inaceptable en nuestra contienda con el telé-

---

[120] Disentimos, como puede verse, de la interpretación que parece dar a esa Circular. BERDUGO GÓMEZ DE LA TORRE, I.: cit., p. 118.

fono, radio, telégrafo, etc., sí podría interpretarse en el sentido de que una de las consecuencias de la declaración de una plaza o puerto como sitiados o bloqueados posibilitaría la firmeza de las sentencias y su inmediata ejecución sin necesidad de contar con «la aprobación de la Autoridad judicial del Ejército distrito, de acuerdo con su auditor» (según prescribía el art. 662 del CJM de 1890 según el cual «en las plazas sitiadas o bloqueadas se podrá prescindir de dicho acuerdo»).

Para terminar, acaso podrían suscitarse también dudas relativas a que, en esos momentos de guerra civil, fuera frecuente que los auditores disintieran de la Autoridad militar lo que supondría, a tenor del artículo 4.º.B) del Decreto de 17 de febrero de 1937, que tendría que resolver el Alto Tribunal de Justicia Militar. Asimismo, cabe pensar que habiendo entrado a formar parte de los Cuerpos jurídicos militares numerosos paisanos (de las carreras judicial o fiscal, aspirantes a las mismas o simplemente licenciados en Derecho) la Autoridad militar totalmente imbuida de su trascendental misión de estar salvando a la Patria no permitiría discrepancias por motivos «meramente jurídicos» [121].

12. Como resumen de lo expuesto puede decirse que la Jurisdicción ordinaria, en la España «nacionalista» durante la guerra civil, no existió más que con un carácter residual, limitada cualitativa y cuantitativamente, jugando un papel prácticamente nulo en la construcción del «nuevo Estado».

La fragmentación orgánica —a consecuencia de la división territorial española en dos zonas beligerantes— y el desmantelamiento personal padecido, unidos a su importantísima reducción funcional (dimanante de la asunción, por la Justicia militar y por una serie de Tribunales especiales creados con un exclusivo criterio de oportunidad [122], de la mayoría significativa de sus atribuciones) la redujeron al cumplimiento de una mera tarea de comparsa.

En comprensible armonía con el respectivo protagonista inmediato: en la zona

---

[121] Básicamente con la entrada en vigor del Código de Justicia Militar de 1945, y de modo progresivo, la Jurisdicción ordinaria va recuperando su ámbito de conocimiento aunque no ha sido sino hasta la vigente Constitución de 1978 —y normas que la han desarrollado—, cuando la Justicia Militar ha vuelto a los límites que le son propios.

Acaso uno de los ejemplos más significativos —aunque no de los más relevantes— de la persistencia de la invasión por la Justicia marcial del ámbito de actuación de la ordinaria, puede ser el siguiente: aunque el CJM sufrió varias modificaciones, entre otras, por la Ley Orgánica de 9/1980, de 6 de noviembre, se dejaron subsistentes artículos como el 706, 707, 709 y 710. Estos preceptos establecían un auténtico privilegio en favor de los militares, carente de sentido desde la 1.ª Norma. A tenor de los mismos, si un militar adquiría bienes, en su caso, en unos grandes almacenes y no los abonaba, o contraía un crédito con una financiera y no lo satisfacía a su vencimiento, o en virtud de una demanda de separación o divorcio era condenado al pago de alimentos a su esposa e hijos, sucedía lo siguiente: en los primeros casos, y a virtud del artículo 709.II (que tiene su origen inmediato en la Ley de 29 de julio de 1908), condenado al pago de tales débitos y pretendiendo el acreedor —en ausencia de otros bienes— resarcirse mediante la retención de la parte correspondiente de los haberes del militar, esa norma prescribía que «no podrán ser objeto de embargo los haberes personales de los militares para hacer efectivas responsabilidades procedentes de contratos celebrados con particulares...»; si el militar era condenado al pago de una pensión alimenticia a favor de su mujer e hijos, en virtud de los artículos 707 y 709 del CJM únicamente podía embargársele una quinta parte, con lo que condenado, por el órgano jurisdiccional competente, al pago, por ejemplo de 60.000 pesetas mensuales, sólo estaba obligado con su sueldo a satisfacer 12.000 pesetas. Afortunadamente nuestro Tribunal Constitucional, en reiteradas resoluciones, declaró estos artículos contrarios a nuestra Ley Fundamental. De este modo, pueden verse sentencias 54/1983, 150/1985 y 151/1985.

[122] Hablamos de criterio de oportunidad en el sentido utilizado por GOLDSCHMIDT, J.: *Problemas jurídicos y políticos en...*, *op. et loc.* cits.

«nacional» el Ejército, se atribuyó a éste no sólo la misión de reconquistar y restaurar la Patria, sino también la de mantener el orden estimado necesario para ello. La Administración de Justicia fue asignada a Tribunales militares y paramilitares, estimados más preparados y conocedores de la nueva realidad y proyecto de nuevo Estado que la judicatura profesional; judicatura profesional que en cuanto proveniente del régimen republicano, fue considerada en cierto grado sospechosa de colaboracionismo, ya activo con aquél ya pasivo con la legalidad que había aplicado.

Tal vaciamiento y consecuente desnaturalización del Poder Judicial puede ser comprendido desde el origen y calidad del Ordenamiento Jurídico a actuar por los Tribunales. Fuente básica, y en las primeras etapas bélicas también prácticamente única, fue el bando militar; bando militar expresión de una normativa de urgencia interesada, carente del rigor técnico y conceptual, que hacía innecesaria la intervención de elementos peritos en Derecho.

Es difícil trasplantar a esa etapa histórica, y más concretamente a la normativa promulgada en la zona «nacional», las características que se predicaron —liberalmente— y se predican —en la actualidad— del concepto de ley: Hablar de ley en el sentido liberal o en el que actualmente se entiende parece carecer de sentido, prueba de ello es la pérdida de algunas de sus notas esenciales tipificadoras [123]: generalidad y especificidad (téngase en cuenta la frecuente previsión de normas abiertas e incluso de cláusulas en blanco), irretroactividad (como por ejemplo en algunos de los supuestos delictivos acogidos en la Ley de Responsabilidades Políticas e incluso en los bandos militares), sin olvidar, asimismo, la ausencia de legitimidad (la Ley ya no es la expresión de la voluntad general, con el significado rousseauniano, sino del poder constituido).

El experto jurídico tuvo, en la época y zona estudiadas, una función especialmente asesora, circunscribiéndose su papel codecisorio (con el elemento lego) al de poder disentir —formal más que materialmente— en aquellos fallos de los Consejos de Guerra que pudieren contrariar los principios salvadores e informadores del nuevo ordenamiento; dicho disentimiento, como ya puse de relieve solo sirvió para provocar el conocimiento del Alto Tribunal de Justicia Militar.

Desde todo lo anteriormente expuesto creo que es posible sostener con claridad que, durante la guerra civil, y en la España «nacionalista»(objeto central de estas reflexiones) no puede hablarse de Poder Judicial, Jurisdicción o Administración de Justicia, al modo como liberalmente fue concebido. Menos aún es factible intentar equiparación alguna con su vigente concepción y configuración.

La independencia, la unidad y la exclusividad, en cuanto notas individualizadoras e integradoras de la Jurisdicción, brillaron por su ausencia.

La independencia no fue respetada ni siquiera en su momento funcional: imparcialidad. La Administración, o el Estado en general como conglomerado indiferenciado de poder, intervino activamente tanto en la determinación, bajo crite-

[123] Sobre el concepto de ley liberal consúltese por todos NEUMANN, F.: «El cambio en la función de la ley en la Sociedad moderna», en *El Estado democrático y el Estado autoritario,* Buenos Aires, 1957, pp. 30 y ss.

rios de oportunidad, de la esfera jurisdiccional ordinaria como de la de los Tribunales Especiales, sin olvidar a la de la Justicia Militar. Pero, además y una vez fijada residualmente la esfera de conocimiento de la Jurisdicción ordinaria, tampoco se libró ésta de interferencias constantes tanto en el momento preprocesal como en el procesal: piénsese, por ejemplo, en las Comisiones de incautación. ¿Puede hablarse de una Justicia independiente cuando el conocimiento por la Jurisdicción Ordinaria de un determinado asunto o conflicto dependía de la voluntad de la autoridad militar? (así, puede verse en el bando de declaración del estado de guerra, de 28 de julio de 1936). ¿Puede hablarse de independencia atendiendo a la forma de designar a los miembros de los Tribunales? (recuérdese a este tenor que al Gobierno correspondía la elección de los del Tribunal nacional de responsabilidades políticas, de los de los Tribunales regionales de responsabilidades políticas, de los del de represión de la masonería y el comunismo —su designación correspondía al jefe del Estado—; lo mismo respecto de los Tribunales Militares, etc.).

En cuanto a la unidad jurisdiccional, nota que también caracteriza ahora al llamado Poder Judicial, estuvo ausente en aquella Justicia: la diversidad orgánica judicial creo que ha sido suficientemente puesta de manifiesto a lo largo de este trabajo.

La exclusividad es también impredicable. Firmemente vinculada a la unidad, y vigente el artículo 2 de la LOPJ de 1870, no sólo los órganos jurisdiccionales, que desde aquí y ahora podemos calificar como tales, fueron los encargados de administrar Justicia, sino que también esa tarea fue compartida por los más variados órganos de los más diversos pelajes.

El derecho al juez legal, ordinario o predeterminado por la ley inexistió en aquel momento histórico.

El derecho a la tutela judicial efectiva, o, simplificando, el de acceso a la Jurisdicción, fue constantemente vulnerado: ténganse presentes los numerosos preceptos en los que de modo expreso se dice: «sin ulterior recurso» (casos tan importantes como los de las depuraciones de funcionarios, de este modo en Decreto-ley de 5 de diciembre de 1936 en Ordenes de 10 de enero y 13 de marzo de 1937 sobre las Comisiones de incautación, en los de los expedientes de responsabilidad civil regulados, entre otras, por Orden de 10 de enero de 1937, etc. etc.).

Estimo innecesario entrar a examinar la no vigencia de otros principios —sancionados en la actualidad en nuestra Constitución y en los Tratados y Convenios internacionales suscritos y de obligatorio cumplimiento en nuestro país—, como podían ser el del Derecho de defensa, contradicción o *audiatur et altera pars,* etc.

De manera progresiva, a medida que el Estado «Nacional-sindicalista» se fue consolidando, la Justicia fue instrumentalmente reforzada reintegrándola cuantitativamente en la mayoría de sus tareas. Parece claro que no es viable negar que a la Justicia Ordinaria se le devolvió el cumplimiento de su básica misión: aplicar la ley, juzgando y haciendo ejecutar lo juzgado. Mas de ella se exigió una aparente asepsia dimanante de la «ideológica» consideración de que, el ciudadano en general, se encontraba protegido desde ese entramado de «leyes fundamentales» de modo directo sin que fuera precisa instancia mediadora alguna. Los Jueces no podían juzgar de la «verdad» de la ley y menos de su constitucionalidad; aún tratándose formalmente de normas de rango inferior, como en el caso de Decretos, Reglamentos, etc., a los propios Tribunales de lo Contencioso-administrativo se les privó de la última y determinante de sus potestades: la ejecución de lo juzgado. Es uniforme la doctrina que hasta los años setenta vino reclamando contra el incumplimiento por la Administración de las resoluciones judiciales dictadas en favor de los administrados, en ocasiones propiciado por una tácita complicidad de sectores de la magistratura (afortunadamente no muy numerosos) [124].

No ha sido sino a partir de la Constitución de 1978 cuando la Administración de Justicia ha empezado a tener conciencia de que su misión transciende de la resolución de conflictos concretos, en aplicación de la ley, llegando a vislumbrar que en nuestro Estado social de Derecho está llamada a convertirse en la suprema garante de los Derechos Fundamentales y libertades básicas, o, dicho de otro modo, en el guardián y principal realizador de los bienes jurídicos constitucionalmente protegidos.

Aunque ello sobrepase los límites de estas reflexiones, creo conveniente añadir que tal vez una de las causas determinantes de la crisis de la Justicia actual proviene precisamente de la incapacidad de los propios poderes políticos y sociales para aceptar, de modo pleno y con todas sus consecuencias, el cumplimiento por la judicatura de tan primordial misión y, correlativamente, de ciertas resistencias y de dificultades de mentalidad, y aún de preparación, en ciertos sectores de la magistratura para encontrar su ubicación en nuestro Estado social y democrático de Derecho [125].

No parece posible concluir este trabajo sin destacar que, desde el aparato conceptual jurídico-constitucional vigente, no es factible trasplantar ningún esquema científicamente riguroso a una situación calificable en sí misma de absurda. Ello tanto en lo que concierne a la Justicia como a cualquier otro valor que se intente analizar durante esa etapa. En una guerra, máxime en una guerra fratricida, todo es absurdo. Guerra y Justicia son términos contrapuestos que mutuamente se excluyen.

---

[124] *Vid.* si interesa la posición mantenida por nuestro Tribunal Constitucional en este punto, en sus Sentencias 67/1984, de 7 de junio; 155/1985, de 12 de noviembre; 125/1987, de 15 de julio; 167/1987, de 28 de octubre, etc.

[125] Más ampliamente, acerca de la situación actual de la Administración de Justicia, *vid.* mi trabajo «Sobre la crisis de la Justicia», en *Crisis de la Justicia y Reformas procesales,* Madrid, 1988, pp. 15 y ss.

Tribunales de depuración de funcionarios diplomáticos durante la guerra civil en la zona franquista

MARINA CASANOVA GÓMEZ
Colaboradora del Departamento de Historia Contemporánea de la UNED

El inicio de la guerra civil dio lugar a la formación de una nueva diplomacia en la zona franquista que tuvo que reestructurarse en función de las nuevas circunstancias y adoptar, en particular, un sistema de depuraciones de funcionarios diplomáticos para conseguir la absoluta fidelidad de los mismos.

La confusa situación provocada por la guerra motivó que se dictaran numerosas disposiciones que eran rápidamente modificadas. Este carácter de provisionalidad constituyó la nota preponderante a lo largo de toda la contienda, lo que provocó, dentro del lógico desorden existente, una gran confusión entre los funcionarios diplomáticos que explica en parte sus vacilaciones y reticencias a la hora de tener que definirse por uno u otro bando.

La Junta de Defensa Nacional tuvo que enfrentarse rápidamente a la nueva situación debiendo dictar una nueva normativa paralela a la existente en el gobierno republicano. Sin embargo, durante los primeros meses, y hasta que no se estructuraron mínimamente los órganos administrativos, la acción emprendida se dirigió a la adopción de una serie de medidas que trataban de conseguir el mayor número de adeptos de los miembros de la Carrera Diplomática.

Al estructurarse los órganos de gobierno por la Ley de 1 de octubre de 1936, se creó una Secretaría de Relaciones Exteriores, encargada de dictar sanciones y separar definitivamente del servicio activo a los funcionarios diplomáticos cuya postura, tanto anterior como posterior al alzamiento, hubiese sido contraria a éste [1].

Pero la organización de la Carrera Diplomática sólo se inició mediante el Decreto-ley de 11 de enero de 1937 que anunciaba la sustitución del escalafón del personal diplomático en vigor por uno nuevo, formado exclusivamente por aquellos funcionarios que hubiesen demostrado leal adhesión a la «causa de España», siendo dados de baja los que hubiesen permanecido fieles al «Gobierno rojo de Madrid» [2]. Se trataba de una decisión similar a la adoptada por el gobierno repu-

---

[1] El cargo de secretario de relaciones exteriores fue atribuido a Francisco de Asís Serrat y Bonastre, que había sido ministro plenipotenciario de primera con destino en Viena durante la Dictadura del General Primo de Rivera, embajador en La Habana, en Washington y ministro en Varsovia durante la II República.

[2] Decreto-ley de 11 de enero de 1937 reorganizando la Carrera Diplomática. *Boletín Oficial del Gobierno de Burgos* de 13 de enero de 1937.

blicano, pero la situación era demasiado compleja para determinar el comportamiento de cada uno de los diplomáticos objeto de una sanción sin el riesgo de caer en errores significativos.

En un primer momento se realizó una lista de funcionarios diplomáticos, que por su comprobada adhesión a la causa franquista podían seguir representando al nuevo gobierno [3], mientras que los restantes diplomáticos deberían manifestar su deseo de continuar perteneciendo a la Carrera Diplomática. Estas peticiones serían examinadas por una Comisión Depuradora constituida a tal efecto el 29 de enero de 1937, e integrada por funcionarios diplomáticos cuya fidelidad a la causa franquista quedaba fuera de toda duda. Como presidente de dicha Comisión fue nombrado Miguel Espinos y Bosch, ministro Plenipotenciario de Segunda, y como vocales los secretarios de primera Germán Baralbar Usandizaga, José del Castaño y Cardona, Francisco Javier Meruendano Fermoso y Gonzalo Sebastián de Erice O'shea que actuó como secretario.

Sin embargo, en la práctica, la elaboración del nuevo escalafón no fue tarea fácil. La provisionalidad que caracterizó a los organismos del gobierno de Burgos a lo largo del año 1937, afectó muy especialmente a la Secretaría de Relaciones Exteriores, y el normal desarrollo y aplicación de los decretos realizados para la depuración de funcionarios diplomáticos se vieron a menudo alterados. Los límites de tiempo establecidos para optar al reingreso o para la clasificación de los expedientes fueron insuficientes y las listas realizadas fueron repetidamente modificadas por la inclusión de funcionarios que, a pesar de no haber sido objeto de expediente, merecieron a juicio de la Comisión Depuradora ser separados de la Carrera Diplomática, o fueron por el contrario separados del Cuerpo y con posterioridad incluidos en las listas de «admitidos».

Ante los numerosos recursos entablados en la Secretaría de Relaciones Exteriores fue necesario dotar a la Comisión Depuradora de un Tribunal con carácter permanente y con mayores garantías procesales para llevar a cabo la depuración de funcionarios diplomáticos, aunque dada la ausencia de elementos de prueba, dicho Tribunal tuvo un carácter provisional. Constituido por el Decreto-ley de 21 de enero de 1938, el Tribunal Seleccionador del personal del Cuerpo Diplomático y Consular tuvo como objetivo la revisión de los fallos emitidos por la Comisión Depuradora y el estudio de las peticiones de reingreso de los funcionarios formuladas con posterioridad a la actuación de la Comisión Depuradora. Actuó como presidente Alejandro Padilla y Bell, embajador de España y como vocales Vicente González Arnao, ministro Plenipotenciario de Primera; Juan Teixidor y Sánchez, ministro Plenipotenciario de Tercera, y los secretarios de Primera José del Castaño y Cardona y Tomás Suñer y Ferrer.

Curiosamente la composición de los miembros de este Tribunal fue sometida a la valoración de otro Tribunal que, según el Decreto de 5 de abril de 1938, debería «ofrecer las máximas garantías por la absoluta independencia e imparcialidad de sus componentes». Actuó como presidente el ministro de Asuntos Exteriores, Francisco Gómez Jordana, conde de Jordana, y como vocales el subsecre-

[3] Relación de diplomáticos declarados «admitidos». *Boletín Oficial del Gobierno de Burgos* de 13 de enero de 1937.

tario del Ministerio, Eugenio Espinosa de los Monteros y Bermejillo; el embajador de España Bernardo Almeida Herreros y el secretario de Primera, Luis Alvarez de Estrada, que actuó como secretario del Tribunal. Teniendo en cuenta su composición, no cabe duda de que esa «absoluta independencia e imparcialidad» sólo podía significar un riguroso control de la ideología política de los miembros del Tribunal Seleccionador, quienes a su vez deberían juzgar el comportamiento de los funcionarios diplomáticos.

Efectivamente, para los dirigentes franquistas existía la duda de la fidelidad de un sector de diplomáticos, y en consecuencia trataron de organizar un Cuerpo Diplomático verdaderamente adicto a los ideales del Movimiento, por lo que los requisitos exigidos para la admisión de los diplomáticos se fueron volviendo cada vez más exigentes.

Por ello, el Tribunal Seleccionador dictó nuevas normas para las solicitudes de ingreso en el escalafón diplomático, según las cuales los interesados deberían especificar la situación y el lugar en donde se encontraban el 18 de julio de 1936, la fecha en la que presentaron su dimisión, si habían prestado su adhesión al Movimiento o por el contrario al Gobierno de la República, y finalmente los servicios prestados desde que se produjo la renuncia a su cargo.

El Tribunal Seleccionador consideró suficiente establecer un plazo de sesenta días para la resolución de los expedientes, pero este plazo fue sucesivamente ampliado debido a la lejanía, al aumento de requisitos para ser declarado «admitido» y a las enormes dificultades legales con que tropezó el Tribunal Seleccionador. En este sentido, de conformidad con la Orden de 26 de marzo de 1938 se ampliaron de modo más preciso y concreto los términos de la declaración jurada que exigía a los diplomáticos que justificasen su fidelidad no sólo después del 18 de julio, sino también a partir de la convocatoria de las elecciones de 16 de febrero de 1936. Asimismo, se consideró motivo de depuración el hecho de que los diplomáticos hubiesen estado afiliados a algunos de los partidos integrados en el Frente Popular, e incluso el haber cotizado voluntaria o coactivamente en favor de una larga lista integrada por 18 organizaciones y partidos.

El procedimiento seguido para la investigación de los diplomáticos se desarrolló mediante el requerimiento, por parte del subsecretario de Asuntos Exteriores a la Jefatura del Servicio Nacional de Seguridad, de los informes que obraban en dicho centro del personal del Cuerpo Diplomático y Consular del antiguo Ministerio de Estado. Recibidos los informes se enviaban al presidente del Tribunal Seleccionador, quien junto a los demás miembros del Tribunal decidirían el «pronunciado» correspondiente.

Un supuesto interesante consistía en el hecho de haber pertenecido a logias masónicas españolas o extranjeras, mencionado expresamente en la citada Orden de 26 de marzo, que especificaba la obligación de los diplomáticos de declarar si habían pertenecido a la masonería. En este caso, además de los informes citados anteriormente, se añadía otro informe más detallado procedente de la Delegación Nacional de Servicios Especiales de la Secretaría Particular del Generalísimo, donde se encontraban los Archivos de antecedentes masónicos. Desde Salamanca la información era enviada al subsecretario del Ministerio de Asuntos Exteriores, quien a su vez la remitía al Tribunal Seleccionador [4].

De los 438 diplomáticos incluidos en la relación de personal diplomático y consular, sólo siete tenían abierto expediente en la Delegación Nacional de Servicios Especiales. De estos siete diplomáticos, tres pertenecían a logias del Norte de Africa; dos a logias de Madrid; uno a la logia de Gibraltar y uno a la logia de México. De ello puede deducirse la escasa participación de los funcionarios diplomáticos en las actividades de la masonería.

Pese a la conocida y notoria fobia que el general Franco experimentó hacia la masonería, y que le llevaría a dictar la Ley de Represión de la Masonería y del Comunismo el 1 de mayo de 1940, los «pronunciados» del Tribunal Seleccionador demuestran que la pertenencia a la masonería no fue motivo exclusivo para la separación de funcionarios de la carrera Diplomática, siempre que hubiesen demostrado su adhesión a la causa franquista, en cuyo caso las resoluciones del Tribunal tuvieron solamente carácter de sanción temporal. Por el contrario, aquellos diplomáticos que, además de su afiliación a logias masónicas permanecieron fieles al Gobierno de la República, fueron separados de la carrera Diplomática de forma definitiva.

A pesar de que todavía quedaron pendientes de revisión algunos expedientes, antes de terminar el año 1938 se habían hecho públicas las listas de los funcionarios diplomáticos sobre los cuales había recaído un «pronunciado» aparejado de sanción. Sesenta y dos diplomáticos fueron «separados» de la carrera; 18 «jubilados» y 36 en situación de «disponibles». Si se tiene en cuenta que el número total de diplomáticos ascendía a 438 al iniciarse la guerra civil, puede deducirse que la mayoría recibieron el «pronunciado» de «admitidos», aunque tal hecho debe ser convenientemente matizado para no caer en fáciles conclusiones que puedan inducir a error [5].

Fueron declarados «admitidos», en primer lugar, aquellos diplomáticos que justificaron su leal adhesión a la causa franquista, el no haber prestado en el pasado ningún servicio al gobierno republicano y el haber enviado un telegrama de adhesión a la Junta de Defensa Nacional. También fueron declarados «admitidos» aquellos funcionarios que no recibieron el telegrama solicitando su adhesión y que permanecieron en sus puestos un tiempo prudencial que fue determinado por el Tribunal Seleccionador teniendo en cuenta la distancia y los medios de comunicación. Igualmente fueron declarados «admitidos» los funcionarios que sin haber realizado servicios perjudiciales a la causa franquista, permaneciendo en sus puestos por orden de las autoridades del momento, hecho que obviamente tuvo que ser justificado.

---

[4] Informe de la Delegación Nacional de Servicios Especiales de la Secretaría Particular del Generalísimo. Salamanca, 16 de abril de 1938. *AMAE. Fondo Navasques* Depuración de funcionarios diplomáticos.

[5] Informes del Ministerio de Orden Público sobre personal del Cuerpo Diplomático. *AMAE. Fondo Navasques.* Depuración de funcionarios diplomáticos.

En la primera relación de diplomáticos «admitidos» publicada el 13 de enero de 1937, se computaban 146, por lo que no sería ilógico deducir que su ideología política era próxima al franquismo ya que tomaron la decisión de apoyar a Franco mucho antes de que pudiera preveerse el final de la contienda.

Por el contrario, los diplomáticos que fueron declarados «admitidos» en diciembre de 1938 representa un grupo que no tomó una decisión inmediata el 18 de julio y solamente se vieron obligados a definirse cuando en septiembre de 1936 llegó al poder Largo Caballero. De ello puede deducirse que su toma de posición no lo fue tanto en favor de Franco como en contra de la ideología socialista del nuevo gobierno, lo que no parece sorprendente si se tiene en cuenta el marcado carácter conservador que siempre había definido a la Carrera Diplomática.

Los diplomáticos que permanecieron en sus puestos después del 18 de julio, pero que de alguna manera demostraron sus simpatías a la causa franquista fueron declarados «disponibles», sufriendo la sanción de pérdida de puestos en el escalafón de su categoría correspondiente. Este grupo guarda una gran homogeneidad por lo que se refiere a su actuación después del 18 de julio de 1936. En su mayoría presentaron su adhesión al gobierno de Burgos a lo largo del mes de septiembre de 1936, fecha que coincide con el momento en que fueron dados de baja en el Cuerpo Diplomático por el gobierno de la República, y muchos de ellos se convirtieron en agentes oficiosos de Franco en los países en los que se encontraban destinados [6]. La situación de estos funcionarios resultó no ser equitativa al llevarla a la práctica, ya que la pérdida de puestos en el escalafón obviamente beneficiaba a quienes se encontraban al final del mismo y perjudicaba a los que ocupaban los primeros puestos. Mediante la Ley de 24 de marzo de 1939 se trató de subsanar tal situación al especificar que los funcionarios declarados «disponibles» se verían postergados a los efectos de ascenso durante el plazo de efectividad de la sanción, plazo durante el cual debería mencionarse «disponible por sanción» para distinguirle de la situación normal de «disponible» prevista en las reglamentaciones ordinarias vigentes.

Fueron declarados «jubilados» los diplomáticos que no presentaron su adhesión a la Junta de Defensa Nacional el 18 de julio y permanecieron en sus puestos, siempre que no hubieran realizado servicios perjudiciales a la causa franquista. La mayoría de estos diplomáticos gozaba de buenas referencias en el Ministerio de Orden Público, tanto en el aspecto público como en el privado, y el único cargo que se les imputó fue el haber dimitido fuera del plazo señalado. Curiosamente cuatro de ellos habían sido cesados y separados del servicio por el gobierno de la República con anterioridad al «pronunciado» del Tribunal Seleccionador [7].

Los 62 diplomáticos «separados» de la Carrera apoyaron en todo momento al gobierno republicano. En 25 casos los únicos cargos que les fueron imputados, aunque expresados de diferentes modos fueron los siguientes: muy rojo, marxista,

---

[6] Relación de diplomáticos declarados «disponibles». *Boletín Oficial del Gobierno de Burgos* de 27 de agosto de 1938.

[7] Relación de diplomáticos declarados «jubilados». *Boletín del Gobierno de Burgos* de 27 de agosto 1938. Fueron los diplomáticos siguientes: Julio López Olivan, Teodomiro Aguilar y Salas, José M.ª Aguinaga Baroba y Luis Quer y Boule.

muy izquierdista o muy extremista [8]. En tres casos a la ideología política se sumó el hecho de haber ostentado cargos políticos en el gobierno republicano [9]. Dos diplomáticos fueron separados de la Carrera por haber pertenecido a partidos políticos integrados en el Frente Popular, y uno por haber contribuido con 100 pesetas para dicha formación en 1936. Un diplomático se vio acusado de firmar el manifiesto a favor del gobierno de Negrín. Cuatro diplomáticos fueron acusados por contrabando de armas y por reclutamiento de voluntarios para las fuerzas republicanas. Dos de ellos además habían realizado funciones de espionaje, uno desde Tánger con el auxilio de marroquíes e ingleses y otro desde el sur de Francia. Cinco diplomáticos fueron separados del Cuerpo por su pertenencia a logias masónicas entre otras consideraciones agravantes valoradas por el Tribunal Seleccionador [10].

Al terminar el año 1938, 116 diplomáticos habían recibido un «pronunciado» aparejado de sanción. Precisamente debido a que tales «pronunciados» tuvieron carácter provisional, volvieron a plantearse nuevos recursos de alzada por parte de los diplomáticos interesados. Por ello, una vez más, se constituyó un nuevo Tribunal encargado de su revisión, que estuvo integrado por el presidente del Tribunal Seleccionador, los jefes de los Servicios Nacionales de Asuntos Administrativos, Política y Tratados del Ministerio de Asuntos Exteriores y el subsecretario del Ministerio, actuando como presidente el ministro de Asuntos Exteriores [11].

Próxima a terminar la guerra civil el gobierno de Franco consideró que había llegado el momento de dictar una ley de responsabilidades políticas para quienes habían entorpecido el triunfo del Movimiento Nacional. Esta Ley de 9 de febrero de 1939 se vio reforzada por la Ley de Depuración de los funcionarios del Estado de 10 de febrero de 1939. Por lo que se refiere al personal del Ministerio de Asuntos Exteriores permanecieron en vigor las disposiciones dictadas con anterioridad para la depuración de funcionarios diplomáticos, aunque el artículo 2.° de las disposiciones adicionales estipulaba que las sanciones impuestas con anterioridad a la promulgación de la Ley podrían ser revisadas con arreglo a la nueva normativa [12].

En efecto, desaparecidas las dificultades propias de la guerra que habían obligado a dar un carácter provisional a los «pronunciados», se procedió en 1940 a la

---

[8] Relación de diplomáticos declarados «separados». *Boletín Oficial del Gobierno de Burgos* de 27 de agosto de 1938.
Véanse también los informes de los diplomáticos declarados «separados» por el Tribunal Seleccionador. *AMAE. Fondo Navasques.* Depuración de funcionarios diplomáticos.

[9] Argimiro Maestro de León, subsecretario de la Presidencia en el Gobierno de Largo Caballero; Rafael Ureña Sanz, subsecretario del Ministerio de Estado en el gobierno de Barcelona y Adolfo Alvarez Buylla, secretario de la presidencia con Martínez Barrio.

[10] Rafael Suárez Rivas, secretario de Tercera; Emilio Zapico Zarraluqui, Ministro Plenipotenciario de Primera; Clemente Cerdeira, del Cuerpo de Intérpretes; Salvador Téllez Molina, secretario de Tercera y Rafael Fernández Ramos, secretarios de primera. *Informe de la Delegación Nacional de Servicios Especiales* relativo a los funcionarios del Cuerpo Diplomático y Consular con antecedentes masónicos. Salamanca, 19 de abril de 1938. *AMAE. Fondo Navasques.* Depuración de funcionarios diplomáticos.

[11]. Ley de 5 de enero de 1939 ampliando los Decretos de 11 de enero de 1937 y 21 de enero de 1938. *Boletín Oficial* de 10 de enero de 1939.

[12]. Ley de 10 de febrero de 1939 sobre depuración de personal en las zonas recientemente liberadas. *Boletín Oficial* de 14 de febrero de 1939.

revisión de todos los expedientes, incluso los de los funcionarios sobre quienes no había recaído ninguna sanción, al objeto de dar carácter definitivo a los «pronunciados» del Tribunal Seleccionador.

Para llevar a cabo tal cometido se creó el Tribunal de Revisión de Expedientes de Depuración de Funcionarios del Ministerio de Asuntos Exteriores, formado en gran parte por elementos ajenos al Ministerio, fiscal del Tribunal Supremo y un auditor de guerra, y dos diplomáticos, uno con categoría de embajador que actuó como presidente y otro como secretario sin voz ni voto [13]. Los fallos del Tribunal quedaron reducidos a «separados», «jubilados» y «admitidos». Los casos de funcionarios «disponibles» desaparecieron definitivamente al considerar que la disponibilidad se aplicó con valor más moral que efectivo, y que los sancionados ya habían cumplido con exceso la sanción que se les impuso [14].

[13]. El cargo de presidente recayó en Emilio de Palacios y Fau, antiguo secretario general de asuntos exteriores durante la Dictadura del general Primo de Rivera. Actuó como secretario Carlos Rojas y Moreno, Conde de Torrellano.

[14]. Creación de Tribunal de Revisión de Depuración de Funcionarios de Ministerio de Asuntos Exteriores. Decreto de 12 de abril de 1940. *Boletín Oficial* de 18 de abril de 1940.

Procesados en la Audiencia Provincial de Burgos (1936-1940)

YOLANDA RODRÍGUEZ GARCÍA

Al estallar la guerra, en el bando nacional la justicia pierde su independencia para quedar en manos de los militares. Estos establecieron un nuevo modelo según el cual los delitos más importantes pasaban a la jurisdicción castrense. Eran todos aquellos que podían entorpecer el buen funcionamiento del frente y la retaguardia y se denominaban delitos de rebelión o de auxilio a la rebelión, juzgados por tribunales militares en consejos de guerra sumarísimos. Con el aumento de competencias para la justicia castrense, la ordinaria quedó considerablemente mermada en sus atribuciones y esto se acusó en un notable descenso en el número de juicios de la Audiencia Provincial de Burgos entre 1936 y 1940, y especialmente en los tres años propiamente bélicos.

Sin contar con otro tipo de juicios por delitos que considero poco representativos para mi estudio (lesiones, accidentes, riñas familiares, etc.) baso éste en un grupo de 742 procesados a lo largo de estos cinco años, agrupados por sectores económicos de actividad en función de la profesión del procesado que constaba en el sumario del juicio. Los jornaleros constituyen un solo grupo dadas sus peculiaridades socioeconómicas en los años 30. El resto de los procesados se reparten entre los sectores primario, secundario y terciario.

Los jornaleros son el grupo más numeroso. Su situación laboral, en calidad de temporeros, hacía que desempeñasen diferentes trabajos según las circunstancias o la época del año. Los jornaleros evolucionaron poco en los comienzos del siglo XX ya que la incipiente industria no estaba aún capacitada para absorber la mano de obra excedentaria del campo para convertirla en proletariado industrial, como ocurrirá en décadas posteriores. Por el contrario, su situación había empeorado con la ya iniciada mecanización del campo, que producía un éxodo rural constante, afectando en primer término a la mano de obra no cualificada. Los jornaleros se veían obligados a acudir a la ciudad en busca de trabajo o auxilio de la Beneficencia Municipal en las largas temporadas en que no era necesario su trabajo en el campo.

Tanto en la Segunda República como en la guerra civil se hacían constantes llamamientos de cara a la iniciación de una política de obras públicas que paliara la situación del jornalero, quien privado de trabajo estable, se veía obligado a recurrir a la mendicidad [1]. El jornalero tenía un empleo inestable y sus condiciones de vida empeoraban en años de crisis. Tradicionalmente estaba sometido a una especie de «nomadismo laboral» que le llevaba a estar cambiando de residencia constantemente. Su precariedad económica sumada a su desarraigo del medio rural le hacían más proclive al delito, especialmente al delito contra la propiedad. Si a esto añadimos su bajo nivel cultural, la imagen resultante es la del marginado social cuya integración se hace imposible en estos años de dificultades.

Prácticamente uno de cada cuatro procesados era jornalero. Fue el grupo social que más delinquió. El hecho es perfectamente explicable si contrastamos con otros estudios sobre población y estructura económica de Burgos. Según uno de Jesús Crespo Redondo realizado en base al censo de 1857 los jornaleros eran el grupo más numeroso de población activa en la capital (41,84 por 100) [2]. Estamos por tanto ante un sector de población importante cuantitativamente.

En un trabajo sobre pauperismo urbano, también referido al siglo XIX, Pedro Carasa Soto aporta una lista de acogidos a la Beneficencia Municipal en la que los jornaleros figuraban como grupo mayoritario entre los pobres con oficio.

Estos dos elementos de juicio nos inducen a pensar que el predominio de jornaleros en las cifras que yo aporto, son una consecuencia lógica de su presencia en los años treinta como grupo numeroso y depauperado. A esta situación habría que añadir la coyuntura bélica, que hizo aún más difícil su ya precaria existencia.

En el XIX el jornalero era «objetivo preferente de la Beneficencia Municipal burgalesa, consciente de que constituían el sector más amenazante contra el orden establecido, más capaces de agredir al sistema que los artesanos degradados o las viudas desempleadas» [3]. Durante la guerra y en la postguerra continúan siendo un peligro contra el orden público entendido dentro del contexto del normal funcionamiento de la vida cotidiana.

Entre el 1 de enero y el 18 de julio del 36 se juzgaba a los jornaleros por tenencias ilegales de armas, delitos contra la autoridad, coacciones... No podemos olvidar que este semestre estuvo teñido de conflictivad política. Ciertos grupos de jornaleros hicieron de la política una vía de reivindicación social en tanto que en menor proporción, otros eran juzgados por delitos contra la propiedad.

Durante el año 37 no hubo ningún delito predominante. La conflictividad fue escasa en este sector, aumentanto lenta y paulatinamente en los años siguientes aunque con un cariz totalmente distinto, siendo juzgados casi exclusivamente por hurtos o robos. El carácter reivindicativo que he apuntado durante la II República, dejó de aparecer, en muchos casos por la desaparición física de sus protagonistas, en buena parte por la dura represión que dejó desarmado políticamente al pueblo, o bien se transformó en la búsqueda de soluciones a las penurias de postguerra a través del latrocinio. Si bien la causa de que no los encontremos en la

---

[1] *Diario de Burgos,* 21 de abril de 1936. Artículo «Aumenta el paro obrero.

[2] CRESPO REDONDO, J.: *La ciudad de Burgos. Actas del Congreso de Historia de Burgos,* León, 1985, p. 766.

[3] CARASA SOTO, P.: *La ciudad de Burgos. Actas del Congreso de Historia de Burgos,* León, 1985, p. 798.

Audiencia Provincial de Burgos se debe fundamentalmente al ya mencionado reparto de competencias entre justicia militar y ordinaria.

La de los jornaleros fue un tipo de delincuencia casi justificada por la miseria. En este sentido, la posguerra vino a aumentar los problemas económicos de un grupo social que ya venía siendo el más desfavorecido en décadas precedentes.

El sector primario es el segundo grupo más importante en lo que a delitos respecta. Dentro de él los más representativos fueron los labradores o pequeños propietarios de tierras, que a su vez constituyen el segundo grupo profesional que más delinquió durante este quinquenio con el 19 por 100 del total.

En la comarca burgalesa el sector primario daba ocupación a un 59 por 100 de la población activa, según el censo de 1930 [4]. Era un sector que a pesar de estar en fase de retroceso absorbía la mayor mano de obra disponible. Estaba integrado mayoritariamente por pequeños y medianos propietarios. Es difícil precisar su nivel de vida, no estaba en función del número de hectáreas poseídas sino del emplazamiento que estas tuvieran. Hay ciertas comarcas como la Bureba, donde las tierras son más fértiles, frente a la zona de los páramos, pobre para el cultivo. Estos factores eran determinantes en las condiciones materiales de los agricultores. No obstante, globalmente puede encuadrarse al campesino castellano entre las clases medias. Los grandes propietarios eran pocos y destacaba la pequeña y mediana propiedad, que aportaba unos ingresos aceptables.

Muchos de los juicios contra labradores los encontramos en el período enero-julio del 36. A lo largo de este año hubo cuatro casos de robo frente a los 36 de tenencia ilícita de armas, 15 por lesiones con motivaciones políticas, 14 por desórdenes públicos con matiz político, 18 delitos contra autoridades, 7 acusados por homicidios políticos y 3 por reunión ilegal. En todos los casos se defendía una idea muy radicalizada en este ambiente de preguerra que extremó las ideologías. Eran frecuentes los enfrentamientos entre bandos de distintos signo sin que en el sumario quedará muy claro el origen de la reyerta.

El resto de los años fueron muy pocos los labradores llevados a juicio civil. El único aspecto destacable fue el aumento de delitos contra la propiedad los años 39 y 40, en relación con las dificultades económicas de postguerra. Sin embargo las cifras no son lo suficientemente representativas como para llevarnos a pensar que los pequeños propietarios agrícolas sufrieron una disminución de nivel de vida tan importante como para llevarles a buscar soluciones en el terreno delictivo. En realidad, el número de labradores disminuyó en los juicios de la Audiencia en la medida que las competencias de la jurisdicción militar se ocuparon de delitos antes enjuiciados por la civil.

Aunque el sector primario sea el segundo grupo socioprofesional en delincuencia, dado el peso del mundo agrario en la provincia de Burgos, el índice delictivo fue bajo. Sus delitos no estaban basados en la necesidad, sino en la reivindicación política anterior a la guerra.

El sector terciario. Un 20 por 100 de los procesados pertenecía a este sector.

---

[4] SOTO CARMONA, A.: *La ciudad de Burgos. Actas del Congreso de Historia de Burgos,* León, 1985, p. 820.

El mayor peso lo tenía el subsector del comercio y las finanzas y negocios, en el que estaban incluidos todos los industriales. También tenía importancia el subsector del servicio doméstico. El resto quedaba bien repartido entre las otras subdivisiones del terciario, que era el sector más variado en cuanto a tipos de profesiones y a su status socioeconómico.

En el apartado de comercio están incluidas profesiones marginales: hojalateros, cacharreros, vendedores ambulantes... individuos dedicados a la venta de productos muy baratos y cuyos beneficios eran mínimos o estaban sometidos a los avatares de una mala coyuntura. Tenían una cierta movilidad en su trabajo, algunos procedían de otra provincias o se movían dentro de una sin domicilio fijo. Esta circunstancia les facilitaba la huida una vez cometido el delito.

Los industriales eran juzgados esencialmente por compra de objetos robados o colaboración con grupos de rateros. Ya en postguerra encontramos varios casos de soborno a funcionarios públicos en relación con la venta clandestina de artículos intervenidos por el Estado. Este delito abundó a partir del 39 y a lo largo de los primeros 40 sin que en muchos casos fuera denunciado. Formaba parte de un tipo de economía sumergida, tolerada en cierto modo por el régimen. Ante la imposibilidad de erradicarla se multaron varios casos como prueba de ejemplaridad sin que la cuantía de la multa superara generalmente al beneficio obtenido con este negocio. Solo en cuatro ocasiones fueron acusados industriales burgaleses por este motivo. Los casos más graves eran competencia militar.

Los profesionales liberales constituían un grupo poco numeroso, sólo el 2,4 por 100 de los delincuentes. Sus delitos tenían unas características totalmente distintas a la del resto de los grupos. Eran casos aislados: encontramos uno de falsificación de documento relacionado con la asistencia facultativa gratuita durante el gobierno del Frente Popular, algunos desacatos a la autoridad, en uno de los cuales se criticaba la actuación de las autoridades en el asunto del estraperlo. Otro delito frecuente fueron las distracciones de fondos del subsidio al combatiente, fraudes a la delegación del Requeté... un total de 18 juicios por infracciones muy distintas a las típicas de la delincuencia común.

Como grupo social los profesionales liberales (médicos, abogados, ingenieros, arquitectos...) estaban en minoría en el conjunto total de la población. Su mentalidad era conservadora, como grupo poderoso influyente en la sociedad burgalesa. Las peculiaridades de la guerra y el hecho de definirse esta provincia como zona nacional y capital de la Cruzada, alejaron cualquier tipo de oposición por parte de estos sectores. En caso de que la hubiera habido, la depuración de los que ocupaban puestos de influencia, contribuyó a evitarlo.

Al servicio doméstico, subsector degradado del terciario, correspondieron el 13 por 100 de los juicios del sector. Estaba compuesto en su totalidad por sirvientas, acusadas de sustracciones, casi siempre en los domicilios donde trabajaban. Procedían mayoritariamente del medio rural. En la postguerra aumentaron cuantitativamente debido, por un lado, a las penurias económicas de muchas familias, que tuvieron que enviar a sus hijos a trabajar a la ciudad, y por otro a la presencia de una nueva clase acomodada que demandaba sus servicios: funcionarios del nuevo régimen que aumentaron la población de la capital burgalesa hasta que se trasladó todo el aparato administrativo a Madrid.

El salario de estas subempleadas solía rondar una peseta diaria [5]. Su precariedad de vida dependía del trato recibido en los domicilios para cuyas familias trabajaban. La existencia de una gran oferta de empleo es este tipo de servicios determinaba su inestabilidad laboral, que unida a su bajo nivel cultural y falta de cohesión como colectivo de trabajo, hacen que se pueda considerar una de las profesiones más degradadas del sector terciario. Si tenemos en cuenta estos factores, su índice delictivo no fue muy alto (2,8 por 100 de los procesados).

Los empleados en servicios públicos y privados incluyen a los asalariados del terciario, trabajadores de oficinas, servicios de seguridad y orden, transporte y hostelería, etc. (camareros, botones, limpiabotas, barrenderos...). Normalmente eran profesiones mal retribuidas, aspecto que se manifestaba en un nivel de delincuencia relativamente alto y plasmado casi exclusivamente en delitos contra la propiedad, como lógica consecuencia de un nivel de vida que rayaba la pobreza. El 21 de enero de 1939 «Diario de Burgos» publicaba una nota que anunciaba la supresión de propina para los camareros para sustituirla por un recargo del 10 al 20 por 100 en las consumiciones con el fin de que sirviera como «complemento a un menguado sueldo».

En conjunto, el sector terciario, que según el censo de 1930 representaba al 18,6 por 100 de la población activa [6], siendo el sector menos numeroso fue proporcionalmente el que más delinquió.

Sector secundario. Todos los procesados del secundario eran obreros industriales. Representaban el 20,2 por 100 del total. Los que presentaban mayor índice delictivo pertenecían a ramas industriales que tenían elevado número de trabajadores en la provincia de Burgos: la construcción y la metalúrgica. Encontramos también un grupo de obreros sin especialidad concreta, que son bastante representativos numéricamente. Algunos eran trabajadores por cuenta propia en oficios degradados y con ingresos irregulares: colchoneros, componedores...

La idea de obrero industrial hay que entenderla en el contexto de los años treinta. Burgos era entonces una provincia de naciente industrialización, en lo que pudiéramos llamar fase preindustrial con predominio de la pequeña industria o industria familiar, de escasa mecanización y con una cobertura de producción y comercialización muy pequeña. La vida del obrero era precaria y lentamente se había ido introduciendo en la provincia el espíritu sindical y las organizaciones de resistencia, creándose durante la Segunda República núcleos y sociedades en Burgos, Miranda, Aranda, y Castrojeriz, principales focos industriales. Durante la guerra descendió el número de trabajadores en paro debido al lógico descenso de población activa, que se encontraba militarizada. En las industrias que continuaron funcionando se trabajaba en tres turnos completos [7]. Al finalizar la contienda, el propio presidente de la Cámara de Comercio e Industria de Burgos señalaba que los negocios se habían visto afectados negativamente ante la falta de géneros y de muchas materias primas. Las industrias menos afectadas fueron las derivadas y relacionadas con la agricultura y la ganadería, que tuvieron menos pro-

---

[5] ABELLÁ, R.: *La vida cotidiana durante la guerra civil: La España nacional,* Barcelona, 1973.

[6] SOTO CARMONA, A.: *Op. cit.*, p. 819.

[7] CÁMARA OFICIAL DE COMERCIO E INDUSTRIA DE BURGOS: *Memoria anual, 1940,* Burgos, 1940.

blemas de abastecimiento de materias primas: fábricas de harinas, curtidos y guantes.

En 1940 se agravó la situación con el encarecimiento de los artículos y materias primas, y en muchos casos por la carencia de ellos y la consiguiente especulación, la considerable elevación de las cargas tributarias, las reducciones en el comercio de ciertos artículos intervenidos por el Estado, y la paralización durante la mayor parte del año de industrias como la harinera, pastas de sopa, chocolate, velas y bujías, etc [8].

En toda esta coyuntura, la vida del obrero se había endurecido. La elevación del coste de la vida en 1940 era de un 77,4 por 100 con respecto a 1936 [9]. En 1939 había 11.955 obreros inscritos en la oficina de desempleo, de ellos, 3.507 pertenecían al sector secundario. La industria de la construcción y la metalúrgica, que presentaban el mayor número de desempleados fueron las que aportaron mayor número de procesados, aunque también eran sectores ocupacionales importantes. Este paralelismo entre índice de paro y nivel delictivo fue especialmente notable los años 39 y 40.

Población inactiva. Suponían algo menos del 13 por 100 de los delincuentes. Era muy representativo el grupo de mujeres sin profesión. Fueron el tercer grupo más importante después de los jornaleros y agricultores.

Con la guerra aumentaron las penurias económicas de la clase baja y media baja. En el caso de mujeres casadas, muchas tuvieron que hacerse cargo de la familia, recayendo sobre ellas el peso de la economía familiar, escasamente atendidas en sus necesidades por subsidios al combatiente y míseras soldadas. El delito más habitual era el robo (47 por 100), una tercera parte la constituían los delitos como infanticidios, corrupción de menores, escándalos públicos, homicidios y abortos.

Entre la población inactiva procesada llama la atención el hecho de que aparezca un solo mendigo, puesto que la mendicidad era uno de los estados más proclives al delito. Sin embargo, el nuevo régimen intentó que la mendicidad desapareciera de las calles, consciente desde un punto de vista propagandístico, de que el «nuevo orden» era incompatible con este tipo de miseria, considerada como algo libremente elegido y propio de gentes de mal vivir. Las nuevas instituciones se encargaron de suprimir la mendicidad por la vía de la represión; enviaron a la cárcel a todos los recluidos en el refugio para vagos y maleantes de Oña, institución que se había creado durante la Segunda República con el fin de rehabilitar a personas proclives al delito, intentando llevar a cabo una política de reinserción social.

Conclusiones. Entre los procesados en la Audiencia Provincial de Burgos, entre 1936 y 1940, destacaron cuatro grupos: jornaleros, labradores, obreros e individuos y mujeres sin profesión determinada. Juntos suponían el 77 por 100 de todos los procesados. Los asalariados del sector servicios, las profesiones marginales y los artesanos ocupaban otro 15,6 por 100, completando un panorama delictivo

---

[8] CÁMARA OFICIAL DE COMERCIO E INDUSTRIA DE BURGOS: *Op. cit.*

[9] CÁMARA OFICIAL DE COMERCIO E INDUSTRIA DE BURGOS: *Op. cit.*

caracterizado por estar protagonizado por las clases más depauperadas a nivel económico, social y cultural.

En cuanto a los delitos por los que fueron juzgados, se observa en conjunto un amplio porcentaje de pequeños delitos: hurtos, robos, sustracciones sin armas, etc. Entre los delitos contra personas destacan los homicidios, 24 en los cinco años. Tienen importancia los delitos contra la autoridad y por tenencia ilegal de armas, juzgados en los meses anteriores al comienzo de la guerra.

Si comparamos con el período republicano, la delincuencia común descendió cuantitativamente. No obstante, los delitos que se juzgaron en la Audiencia Provincial no fueron más que la punta de un iceberg. El aumento de atribuciones para la justicia militar, la militarización de la población joven y la dura represión desatada, también contribuyeron a esta disminución delictiva, probablemente más aparente que real.

ESTRUCTURA PROFESIONAL DE LOS PROCESADOS EN LA AUDIENCIA PROVINCIA DE BURGOS (1936/40)

(Por sectores)

1. *Sector primario: 166 (22,37 %)*
   - 1.1. Agricultura: 145 (87,35 %)
   - 1.2. Ganadería: 19 (11,45 %)
   - 1.3. Propietarios: 2 (1,21 %)

2. *Sector secundario:* 150 (20,22 %)
   - 2.1. Industria de la alimentación: 15 (10,34 %)
   - 2.2. Industria de la construcción : 37 (25,52 %)
   - 2.3. Industria mecánica-metalúrgica: 27 (18,62 %)
   - 2.4. Industria del papel y artes gráficas: 4 (2,76 %)
   - 2.5. Industria de la piel: 10 (6,90 %)
   - 2.6. Industria textil y de confección: 3 (2,07 %)
   - 2.7. Industria de la madera: 9 (6,20 %)
   - 2.8. Artesanos: 11 (7,59 %)
   - 2.9. Otros: 14 (9,65 %)
   - 2.10. Obreros sin especificar rama: 20 (13,79 %)

3. *Sector terciario:* 152 (20,48 %)
   - 3.1. Comercio: 32 (20,38 %)
   - 3.2. Finanzas y negocios: 28 (17,83 %)
   - 3.3. Profesiones liberales: 13 (8,28 %)
   - 3.4. Oficinas: 3 (1,91 %)
   - 3.5. Administración: 10 (6,67 %)
   - 3.6. Seguridad y orden público: 8 (5,10 %)
   - 3.7. Transporte y hospedería: 22 (14,01 %)
   - 3.8. Servicio doméstico: 21 (13,38 %)

3.9. Clero: 1 (0,64 %)
3.10. Ejército: 3 (1,91 %)
3.11. Otros: 11 (7,01 %)

4. *Jornaleros:* 178 (23,99 %)
5. *Población inactiva:* 96 (12,94 %)

CALIFICACION SOCIAL DE LOS PROCESADOS

1. Burguesía: 34 (4,58 %)
2. Mesocracia: 173 (23,31 %)
3. Clases bajas: 226 (30,46 %)
4. Marginados: 243 (32,75 %)
5. Amas de casa: 66 (8,90 %)

Justicia Militar en la España Nacional: 1. La Jurisdicción Militar en el período 1918-1936

DR. NICOLÁS GONZÁLEZ-DELEITO Y DOMINGO

LOS ORÍGENES

Hasta la Era de la Codificación, todo el Derecho Militar, tanto en lo penal sustantivo como en lo orgánico y en lo procesal, estaba contenido en las Reales Ordenanzas de Carlos III (22 de octubre de 1768). En España, la Codificación se inicia relativamente pronto en lo penal común (1822), en lo mercantil sustantivo (1829) y en lo mercantil procesal (1830), pero se retrasa considerablemente en lo procesal civil y penal, en lo civil sustantivo y, sobre todo, en lo militar. Hasta el período 1884-86 (reinado de Alfonso XII y Regencia de María-Cristina de Habsburgo-Lorena) no se manifiesta el proceso codificador en el ámbito castrense.

El 10 de marzo de 1884 se promulga la Ley de Organización y Atribuciones de los Tribunales de Guerra. El 17 de noviembre de 1884, el Código Penal del Ejército. Y el 29 de septiembre del 1886, la Ley de Enjuiciamiento Militar.

En cumplimiento de la Ley de 25 de junio de 1890, se refunden los tres mencionados Cuerpos legales en un Código de Justicia Militar, promulgado en 27 de septiembre de 1890. La Ley Orgánica de Tribunales de Guerra pasa a ser Tratado I del nuevo Código; el Código Penal del Ejército, Tratado II, y la Ley de Enjuiciamiento Militar, Tratado III.

En la Marina de Guerra, se promulgó un Código Penal el 24 de agosto de 1888. Las leyes de Organización y Atribuciones de los Tribunales de la Armada y de Enjuiciamiento Militar de Marina se promulgaron en una misma fecha: 10 de noviembre de 1894. Estos tres Cuerpos legales subsistieron, sin producirse refundición, hasta 1945.

El Código de Justicia Militar experimentó, en cuanto a las reglas de competencia objetiva de los Tribunales castrenses, el aditamento representado por la Ley de 23 de marzo de 1906, llamada «de Jurisdicciones», vigente hasta su derogación por Decreto de 15 de abril de 1931, y, en lo relativo a organización y procedimiento, las reformas impuestas por la Ley de 9 de febrero de 1912 (al privar a los Consejos de Guerra de oficiales generales de la facultad de juzgar a senadores y diputados a Cortes, sólo enjuiciables por el Tribunal Supremo a partir de la entrada en vigor de dicha ley) y por los Reales Decretos de 19 de marzo de 1919 y

13 de agosto de 1920, promulgados como consecuencia de las reformas militares del ministro La Cierva. Estas disposiciones introdujeron obligatoriamente el vocal-ponente en toda clase de Consejos de Guerra (hasta entonces, sólo asistía a las vistas un asesor, sin intervención en los pronunciamientos decisorios). También fueron ampliadas las facultades del Ministerio Fiscal Jurídico-Militar y los derechos de la defensa. En la Jurisdicción de Marina, el Real Decreto de 7 de agosto de 1920 introdujo idénticas reformas, siendo ministro del Ramo don Eduardo Dato.

Al advenimiento de la II República española en 1931, los órganos jurisdiccionales del Ejército terrestre eran los capitanes generales de Región, los generales en jefe de Ejércitos, los generales y jefes comandantes de tropa con mando independiente, los gobernadores de Plazas y fortalezas sitiadas o bloqueadas, los comandantes de tropa o puesto aislados de la autoridad judicial respectiva, el Consejo de Guerra ordinario (tanto de Plaza como de Cuerpo), el Consejo de Guerra de oficiales generales y el Consejo Supremo de Guerra y Marina (llamado «de Ejército y Marina», desde el período de Gobierno del general Primo de Rivera). Y en la Marina de Guerra lo eran el Consejo de Disciplina, el Consejo de Guerra ordinario, el Consejo de Guerra de oficiales generales, los capitanes generales de Departamentos Marítimos y comandantes generales de Escuadra, la Autoridad Jurisdiccional de Marina en Madrid y el Consejo Supremo de Ejército y Marina.

La Autoridad Militar ejerce el Mando y la Jurisdicción, con asesoramiento del auditor. Esta situación rige hasta la promulgación del Decreto de 11 de mayo de 1931, que, dando vida a una concepción técnico-jurídica de independencia judicial castrense, confiere a los auditores las atribuciones jurisdiccionales de los capitanes generales y demás Autoridades con mando antes expresadas. En la Marina, los Decretos de 20 de mayo y 9 de junio del mismo año confieren la jurisdicción a una Auditoría General establecida en Madrid, a cargo de un ministro togado de la Armada, subsistiendo este sistema hasta el Decreto de 5 de mayo de 1936, que dispone la transmisión del ejercicio jurisdiccional a los auditores de las Bases Navales (antes, Departamentos Marítimos), de la Escuadra y de la Jurisdicción de Marina en Madrid. Realmente, estas reformas no eran originales, pues ya las había postulado en 1850 el brigadier Feliú de la Peña en sus «Fundamentos de un nuevo Código Militar» y en 1851 en su «Proyecto de Código Militar». En la primera de estas obras, propone la creación de una Magistratura Militar, con absoluta independencia judicial, sosteniendo el criterio de que no debe «entrometerse el Mando entre las leyes y los llamados para examinar sus infracciones».

Otra reforma orgánica de sumo interés consiste, por efecto del mismo Decreto, en la supresión del Consejo Supremo de Guerra y Marina, sustituido por la Sala de Justicia Militar que se crea en el Tribunal Supremo, compuesta por dos magistrados del mismo, tres procedentes del Cuerpo Jurídico Militar y uno del de la Armada. Tampoco representaba una iniciativa original esta reforma, pues ya la había propugnado un ilustre miembro del Cuerpo Jurídico-Militar: don Nicolás de la Peña Cuéllar, en su «Introducción al estudio del Derecho Militar» (Madrid, 1886). cuarenta y cinco años antes del Decreto de 1931, un auditor había lanzado la idea (si los Consejos de Guerra eran necesarios por la proximidad de los juzgadores a los justiciables y por razones de celeridad y ejemplaridad, el Consejo

Supremo, equidistante de teatros de operaciones y de sedes regionales, con funciones preponderantemente técnico-jurídicas, no tenía razón de subsistir y debieran transferirse sus funciones a una Sala Militar en el Tribunal Supremo).

De otra parte, la competencia objetiva de la Jurisdicción castrense quedaba reducida a «los hechos y delitos *esencialmente* militares de que aquélla conoce por razón de la *materia*», con desaparición de la competencia «basada en la calidad de la *persona* o el *lugar* de la ejecución» (art. 1.° del Decreto de 1931).

Orgánicamente, los auditores, sustitutos de los capitanes generales al perder éstos la potestad jurisdiccional, quedan investidos de las siguientes atribuciones:

a) Designar los jueces instructores de las causas.

b) Sostener las cuestiones de competencia.

c) Llevar los turnos para la composición de los Consejos de Guerra.

d) Interponer contra los fallos de los Consejos de Guerra, cuando no los creyeren ajustados a Derecho, los recursos de Casación o de Apelación: el primero, cuando disintieren sobre la validez del procedimiento, calificación jurídica o límite legal de la pena, y el segundo, cuando encontraren error manifiesto en la apreciación de las pruebas o en el libre albedrío legal para fijar la penalidad (en realidad, hubiera sido más ortodoxo remitirse a los motivos casacionales de la Ley de Enjuiciamiento Criminal, por infracción de ley y quebrantamiento de forma, ya que todos los supuestos enunciados eran de naturaleza casacional).

e) Inhibirse a favor de la Jurisdicción ordinaria en las causas ajenas a la competencia de la Jurisdicción militar.

f) Tramitar y resolver las causas por delitos comprendidos en los Bandos dictados por las Autoridades militares en territorio declarado en estado de guerra.

g) Ejercer las funciones hasta entonces asignadas a los capitanes generales respecto a los indultos, invalidaciones de notas desfavorables, visitas de cárceles, licenciamientos de penados, aplicación de las leyes de Libertad y Condena condicionales en el fuero de Guerra, y reclamaciones por deudas en campaña.

Así lo establecen los artículos 4.° del Decreto de 11 de mayo de 1931 y 2.°, 4.° y 11 del Decreto de 2 de junio de 1931.

Sobre jurisdicción disciplinaria, el artículo 8 de este último Decreto citado, se dispone también su ejercicio por los Auditores, «puesto que esta jurisdicción disciplinaria es de carácter judicial» —según se expresa textualmente—.

Otro precepto del mismo Decreto suscitó la crítica adversa de los tratadistas de Derecho Militar Trapaga y Blanco de la Viña, en su edición comentada el Código de Justicia Militar de 1934-35, pues, al disponer el artículo 14 que los Auditores seguirían siendo asesores de los Capitanes Generales en determinados asuntos gubernativos y administrativos (expropiación forzosa, pérdida de material, recursos de alzada contra acuerdos de las Juntas de Clasificación y Revisión de Reclutamiento, etc), se creaba una situación idéntica a la que se produciría si los Presidentes de las Audiencias fueran también asesores de los Gobernadores civiles. A juicio de los citados autores, el Auditor ejerciente de jurisdicción no debe ser, al mismo tiempo, asesor del Mando. Para estos menesteres era preferible designar a un Jefe u Oficial del Cuerpo Juridico ajeno a las funciones estrictamente jurisdiccionales.

En materia de procedimientos previos, las funciones asignadas hasta entonces al Mando militar se transfieren a los Auditores, quienes actuarán plenamente si aparecen indicios de perpetración de delito o de comisión de falta grave. Unicamente en el caso de que sólo se acredite la existencia de faltas leves, los auditores comunicarán al capitán general el resultado de las diligencias, con testimonio de la resolución, a fin de que las corrija gubernativamente, por sí o delegando en el Jefe respectivo, si lo considera oportuno (art. 9.° del Decreto de 2 de junio de 1931).

El Ministerio Fiscal se transforma también en el ámbito castrense. Los artículos 5.° del Decreto de 11 de mayo de 1931 y 13 del de 2 de junio del propio año establecen la dependencia directa de las Fiscalías Juridico-Militares respecto del Fiscal General de la República. El Ministerio público castrense es Ministerio Fiscal Jurídico-Militar. El Fiscal Militar ajeno al mundo de los juristas desaparece.

El Decreto de 3 de julio y la Orden de 17 de julio de 1931 confirman la inclusión de la Sala Militar en el Tribunal Supremo, con sumisión a la vida disciplinaria del mismo y a las necesidades del servicio interpretadas por el Presidente y la Sala de Gobierno. La segunda de las disposiciones citadas prescribe que el presidente de la Sala Militar puede proceder, indistintamente, de la Carrera Judicial o de los Cuerpos Juridicos del Ejército o de la Armada. El primer presidente fue el Auditor General don Salvador García Rodríguez de Aumente. Fueron magistrados de esta Sala figuras de prestigio como don Juan Camin de Angulo, Marqués de Villamediana y de Casa Fontanellas y vizconde de la Laguna; don Emilio de la Cerda y López-Mollinedo, don Angel Ruiz de la Fuente y Sánchez-Puerta, y el Auditor General de la Armada Romero Civantos.

Los Decretos antes mencionados quedaron ratificados con fuerza de ley por las Cortes Constituyentes de 1931 (Leyes de 18 de agosto y 16 de septiembre de 1931).

Siendo de la competencia de la Sala Militar del Tribunal Supremo (la Sala VI del Alto Tribunal) el conocimiento privativo de ciertos delitos, enjuiciables por ella en única instancia, se dispuso que, en tales supuestos, la Sala podía delegar en un magistrado o juez de la Jurisdicción ordinaria o en una Autoridad judicial militar, para la instrucción de los sumarios, «siempre con expresa determinación de las atribuciones delegadas, sin que el Instructor desempeñe función alguna como Ponente ni intervenga en el periodo plenario del juicio» (art. 6.° del Decreto de 3 de julio de 1931). Quedó, pues, rectificado el anterior criterio legal que hacía concurrir en un mismo consejero del Supremo de Guerra y Marina las funciones de Instructor y Ponente (Regla décima del art. 613 del Código de Justicia Militar, derogado por el Decreto de 3 de julio de 1931).

En cuanto a Partes intervinientes en los procesos militares, debe resaltarse la modificación que el artículo 343 del Código castrense experimentó por efecto del citado Decreto de 3 de julio de 1931: «En los juicios militares se procederá de oficio o en virtud de querella del Ministerio Fiscal o a instancia de Parte legitima que resulte agraviada por el supuesto delito, siempre que el acto origen de la querella no sea estrictamente disciplinario. La querella se sustanciará conforme a la jurisdicción criminal ordinaria. Esta misma disposición será aplicable al enjuiciamiento militar de Marina». Independientemente de ciertos errores técnicos (decir «conforme a la *jurisdicción* criminal ordinaria» y, de otra parte, incluir en el Tratado III del Código de Justicia Militar una norma incluible en la Ley de Enjuiciamiento militar de Marina, cuyo art. 6.° quedaba derogado), el legislador da albergue en el procedimiento y ante los Tribunales del orden marcial a la figura del acusador particular, sin más excepción que la de las causas por hechos estrictamente disciplinarios. Quedan configuradas así las partes actuantes:

a) Ministerio Fiscal Jurídico-Militar.

b) Acusación Particular (salvo en el supuesto preseñalado).

c) Defensa.

Esta situación concluye por Léy de 30 de enero de 1935, que suprime la posibilidad de ejercicio de acción particular o querella privada en los procedimientos militares de Mar y Tierra.

En la Constitución de la República (9 de diciembre de 1931), el segundo párrafo del artículo 95 se refiere a la Justicia Militar, suprimiendo adverbios condicionantes o limitativos. No se hace referecia a delitos *estrictamente* militares, sino a delitos militares (*in extenso*).«La Jurisdicción Penal Militar quedará limitada —dice el precepto en cuestión— a los delitos militares, a los servicios de armas y a la disciplina de todos los Institutos armados».

La Ley de 17 de julio de 1935.

Aun aceptada la sustitución del Consejo Supremo de Guerra y Marina por la Sala de Justicia Militar del Tribunal Supremo, conforme a la doctrina de don Nicolas de la Peña Cuellar —figura de tanto prestigio en el Cuerpo Juridico del Ejército—, fue manifestándose en el periodo 1931-35 una tendencia reformadora, en el sentido de que, por la especial naturaleza de la vida castrense, era conveniente la presencia de Oficiales Generales procedentes de Armas o Cuerpos combatientes junto a los magistrados civiles o militares de la expresada Sala Sexta.

El ministro de la Guerra de 1935 —Gil Robles— hizo realidad tal propósito, logrando que las Cortes aprobasen la ley de 17 de julio del referido año.

En virtud de esta ley, quedaron agregados a la Sala Militar del Tribunal Supremo dos Generales de División y dos Vicealmirantes, para intervenir, respectivamente, en procesos de las Jurisdicciones de Guerra o de Marina que hubieran de fallarse en única instancia por la Sala o que se elevasen a ella por razón de disenso de las Autoridades castrenses respecto de las sentencias proferidas por los Tribunales Militares, por ejercicio de recurso o por la gravedad de los casos enjuiciados. Mas que de escabinos (no juristas intervinientes en las decisiones), se trataba de jurados especiales, informantes sobre los hechos, aprotando a las deliberaciones de los juzgadores técnicos las consideraciónes —más pragmáticas que formalistas— derivadas de su experiencia militar.

En la «Gaceta de Madrid» de 21 de junio de 1936 se publicó un Proyecto de Ley elaborado por el entonces ministro de Justicia —Blasco Garzón—. Comprendía una reforma a fondo de la Juridicción castrense, creando Salas de la Militar en las Audiencias Provinciales. Y, además, ponía fin a la presencia de generales y vicealmirantes en la Sala Sexta del Tribunal Supremo.

El Proyecto Blasco Garzón no llegó siquiera a discutirse en el Parlamento. Y es de señalar que, iniciada ya la guerra civil, continuó, en un principio, la vigencia de la Ley de 17 de julio de 1935.

Así, al reunirse la Sala para juzgar a los procesados cuya categoría determinaba su competencia, en la Causa por la sublevación del Cuartel de la Montaña (producida el 20 de julio de 1936), junto a los magistrados profesionales actuaron los dos Generales de División señalados por la Ley de 1935.

La Justicia Militar en los inicios de la guerra

Hay una nota común a ambas zonas beligerantes en orden al ejercicio de la Jurisdicción Militar: el Auditor, autoridad judicial; el Mando y la Jurisdicción, separados como en la legislación de 1931 (sin perjuicio de ciertas intervenciones procesales del Mando). Puede decirse que la Jurisdicción militar, orgánicamente considerada, subsistió en la forma regulada en 1931, aunque con estas diferencias: Los Consejos de Guerra funcionaron en la forma señalada en el Código de 1890 sólo en la zona nacional-sindicalista, ya que, en la otra zona, funcionaron «Tribunales Militares permanentes», con «auditor-presidente». Y respecto al más alto grado jurisdiccional, si la República mantuvo la Sala Sexta del Tribunal Supremo, el Régimen del general Franco creó el Alto Tribunal de Justicia Militar por Decreto de 24 de octubre de 1936 (Organismo suprimido por el párrafo tercero del art. 1.º de la ley de 5 de septiembre de 1939, creadora del Consejo Supremo de Justicia Militar, con las mismas facultades atribuidas hasta el 14 de abril de 1931 al suprimido Consejo Supremo de Guerra y Marina). De otra parte, la ley de 12 de julio de 1940 restableció el Código de Justicia Militar de 1890 con la redacción que tenía al advenimiento de la República (sin otras modificaciones que las introducidas por la ley de Espionaje de 26 de julio de 1935 y las promulgadas por el Nuevo Estado a partir del 18 de julio de 1936, compatibles con la presente y las establecidas en ésta).

Justicia Militar en la España Nacional: 2. Instituciones

IGNACIO DÍAZ DE AGUILAR Y ELÍZAGA
Consejero togado del Cuerpo Jurídico Militar. Abogado

La palabra Justicia tiene en el Diccionario de la Academia muchas acepciones y una clasificación muy numerosa.

Para nosotros es esencial aquella que la define como virtud que inclina a dar a cada uno lo que le pertenece, así como la segunda acepción en interés para nosotros que es: el ministro o Tribunal que administra justicia, clasificándola a su vez tanto en lo que se refiere a los órganos como a su concepto en Ordinaria, cuando se refiere a la general y en muy distintas jurisdicciones cuando se refiere a las especiales y entre ellas, naturalmente, la militar.

En una reciente intervención en la Real Academia de Jurisprudencia y Legislación, el profesor Prieto Castro define la Jurisdicción como «la función con la que el Estado por medio de órganos especialmente instituidos (esto es, los Tribunales) realizan su poder y cumplen su deber de otorgar justicia en un proceso o procedimiento que esos órganos dirigen, aplicando las normas de Derecho objetivo a los casos suscitados por una petición de tutela jurisdiccional, es decir, por el ejercicio de una acción y a continuación analizan cómo la Jurisdicción protege los derechos sometidos, esto es, imparte o administra la justicia y en tal sentido el fin de la Jurisdicción es la Justicia»; por otra parte es una manifestación del poder del Estado que como decía la Ley Orgánica del Poder Judicial, según el profesor Sáez Jiménez, como una función derivada de la soberanía del Estado y que solamente a él incumbe, la que delega en los Tribunales de Justicia para que aplique el derecho abstracto declarado por el legislador a casos concretos que se somete a su juicio «juzgando y haciendo ejecutar lo juzgado».

Aplicando estos conceptos al tema concreto que nos toca desarrollar en esta Ponencia, hemos preferido dividirla en dos partes: la primera de ellas, a modo de introducción, que pone de manifiesto la organización de la Justicia Militar desde los años 31 al 36, que ha desarrollado el profesor González Deleito con objeto de que quede expuesta de una manera clara cuál era en 18 de julio la organización de la Justicia Militar, y en este momento estudiar los cambios producidos en la Legislación durante la guerra civil en la zona «Nacional» para de esta manera reflejar cuales eran las Instituciones y poder analizar después, si estas Instituciones respetaban los principios y garantías procesales, así como las garantías penales en una guerra interna declarada como tal el 28 de julio de 1936 en que, por un Bando de la Junta de Defensa se amplía la declaración del estado de guerra a todo el territorio nacional, conteniendo el Bando aspectos muy importantes, tanto en lo que se refiere a la definición de delitos como a señalar la competencia de la Jurisdicción de Guerra en todo el territorio nacional.

Es importante destacar este Bando porque en él se contienen los fundamentos de Derecho que han de permitir una crítica objetiva y serena de las Instituciones y recoger después las distintas opiniones que sobre el ejercicio práctico de esa Jurisdicción se han ido manteniendo.

La Disposición que comentamos se publica en el *Boletín Oficial* de 30 de julio de 1936 (n.º 3), y en ella se declara que «las circunstancias porque atraviesa España exigen a todo ciudadano español el cumplimiento estricto de las leyes, y por si alguno, cegado por un sectarismo incomprensible, cometiera acciones u omisiones que causaren perjuicio a los fines que persigue este Movimiento Redentor de nuestra Patria, esta Junta de Defensa Nacional, celosa en cuanto constituyen sus deberes en momentos tan solemnes, ha decidido ratificar la Declaración del Estado de Guerra y en consecuencia: en cumplimiento de lo dispuesto en el Decreto de esta fecha y con el fin de establecer una unidad de criterios, hace público el Bando por el cual y en su artículo 1.º se hace extensivo a todo el territorio nacional el Estado de Guerra declarado ya en determinadas provincias».

En sus artículos 2.º y 3.º se considera que los insultos y agresiones a todo militar, funcionario público o individuo perteneciente a las milicias que ha tomado las armas para defender la Nación se considerarán como insultos a fuerza armada y serán perseguidos en juicio sumarísimo aun cuando en el momento de la agresión o insulto no estuvieren desempeñando servicio alguno, y en el artículo 3.º concretamente: que los funcionarios, autoridades o corporaciones que no presten el inmediato auxilio que por mi autoridad o mis subordinados sea reclamado para el restablecimiento del orden o ejecución de lo mandado en este Bando, serán suspendidos inmediatamente de sus cargos sin perjuicio de la correspondiente responsabilidad criminal, que les será exigida por la Jurisdicción de Guerra.

En el artículo 4.º se señala que serán juzgados por el procedimiento sumarísimo todos los delitos comprendidos en los títulos V, VI, VII y VIII del Tratado 2.º del Código de Justicia Militar. Y en el artículo 5.º señala que por el procedimiento sumarísimo y la Jurisdicción de Guerra se juzgarán los delitos de rebelión, sedición y sus conexos, atentados, resistencia a la Autoridad y a sus Agentes y demás comprendidos en el título VIII del Código Penal ordinario bajo el epígrafe de «Delitos contra el orden público».

Los de atentado contra toda clase de vías o medios de comunicación, servicios, dependencias o edificios de carácter público, los cometidos contra las personas o la propiedad por móviles políticos o sociales; los realizados por medio de la imprenta u otro medio cualquiera de publicidad.

Se considerarán como rebeldes a los efectos del Código de Justicia Militar y serán juzgados en la forma expuesta (procedimiento sumarísimo) los que propaguen noticias falsas o tendenciosas con el fin de quebrantar el prestigio de las fuerzas militares y de los elementos que prestan servicios de cooperación al Ejército.

Los poseedores de armas de fuego o sustancias inflamables o explosivas; entendiéndose caducadas todas las licencias de armas que no hubiesen sido otorgadas por esta Junta de Defensa Nacional o sus legítimos representantes, quedando obligados los poseedores de ellas a entregarlas en el plazo máximo de doce horas en el puesto de la Guardia Civil respectivo donde, en cada caso, podrá convalidarse la autorización para su uso a discreción del comandante de puesto.

Naturalmente se tipifica también las reuniones, conferencias o manifestación pública sin previo permiso de la Autoridad; los que tiendan a impedir o dificultar el abastecimiento de artículos de primera necesidad, eleven injustificadamente los precios de los mismos o de algún modo contribuyan a su encarecimiento, los que coarten la libertad de contratación de trabajo o lo abandonen y, en su artículo 10.°, se faculta a la Jurisdicción de Guerra para remitir a la Jurisdicción Ordinaria las causas incoadas que hallándose comprendidas en este Bando no tengan, a juicio de las Autoridades Militares relación directa con el orden público. En sus artículos 11 y 12 se señala la obligación de que las autoridades civiles y judiciales continúen desempeñando sus funciones en todo lo que no se oponga al Bando y señala la vigencia del mismo a partir de la fecha de su publicación.

Creemos que es de interés destacar que en este bando, primero que regula la administración de la Justicia Militar en la Zona Nacional y en todo el territorio nacional, se señalan los principios que han de regir en el futuro:

Primero. Atribución a la Jurisdicción de Guerra de la competencia para conocer de una serie de delitos que serían conocidos en el tiempo como de rebelión militar.

Segundo. El respeto a lo legislado con anterioridad, manteniendo la vigencia del Código de Justicia Militar, tanto en el aspecto penal como en el de procedimiento, o de organización de los Tribunales.

Tercero. Debido a las circunstancias de la guerra la ampliación de sus conceptos, respetando también la Ley de Orden Público y las facultades de dictar Bandos de las Autoridades Militares, que en estas circunstancias atribuía a dichas autoridades una facultad de legislación delegada en los tres aspectos: penal, de organización de Tribunales y de regulación del proceso.

Hasta el 25 de agosto de 1936, Decreto número 64, publicado en el *Boletín Oficial del Estado* de 27 de agosto del mismo año (n.° 12), no se realiza ninguna otra modificación, y esta consiste en atribuir a los generales jefes de los Ejércitos en operaciones el ejercicio de la Jurisdicción de Guerra en la forma y atribuciones que previenen los artículos 10 y 28 del Código de Justicia Militar, facultándoles para delegar su Jurisdicción total o parcialmente en los generales comandantes de las divisiones o en los de las brigadas o columnas que operan en las zonas de su mando y en los jefes superiores de las Fuerzas Navales leales al Movimiento Nacional y las que se unirán en los territorios que vayan quedando bajo su dominio, como resultado de las operaciones del Ejército a sus órdenes.

En 31 de agosto de 1936, por Decreto número 79, publicado en el *Boletín Oficial* de 4 de septiembre del mismo año (n.° 15), se dictan disposiciones relativas al ejercicio de la Jurisdicción y Justicia Militar de Guerra y Marina estableciendo que todas las causas que conozcan se instruirán por los trámites del juicio sumarísimo, y la elevación al Plenario se efectuará por la Autoridad Militar o por Decreto del auditor si aquella hubiera delegado en éste, concediéndoles la facultad de devolver al instructor para que complete la prueba indispensable respecto a los hechos en general, o convertirlo en procedimiento ordinario si se estimare indispensable en Justicia, resolviéndose por la Autoridad Militar, previo informe del auditor la incompetencia de jurisdicción, aplicación de amnistía o prescripcion del delito, con arreglo a lo dispuesto en el Código, previo informe del auditor o por éste si se hubiera delegado en él, cursándose telegráficamente los exhortos a que hubiere lugar.

Define en su artículo 2.° lo que son plazas o puertos situados, facultando, en el artículo 3.°, para desempeñar los cargos de jueces, secretarios y defensores a todos los jefes y oficiales del Ejército y sus asimilados, aún cuando se hallaren en situación de retirados, y en Marina a los jefes y oficiales de los distintos Cuerpos de la Armada, concediéndose a las Autoridades Militares Navales la misma facultad que anteriormente se concede a los generales de las divisiones resolviéndose por ellas la aceptación de las incompatibilidades, exenciones y excusas que para el desempeño de los referidos cargos fueren alegadas; siendo de destacar el artículo 5.° que impone un principio que ha llevado a definir el ejercicio de la Jurisdicción como compartido con el auditor: la necesidad del informe del auditor cuando la resolución se adopte por una Autoridad Militar y no por el mismo auditor en uso de facultades delegadas y que, cuando se produjera el disentimiento por no haber acuerdo entre la Autoridad Militar y su auditor, se resolverá por la Junta de Defensa Nacional, con lo cual se dota de garantías a los procesados.

Estas garantías serán confirmadas y hechas más efectivas cuando por Decreto de 24 de octubre de 1936, publicado en el *Boletín Oficial del Estado* de 1 de noviembre del mismo año (Boletín n.º 18), se crea un Alto Tribunal de Justicia Militar, al que se encomienda la resolución de los siguientes asuntos:

a) Decidir las competencias de Jurisdicción que se susciten entre los Tribunales de Guerra y Marina.

b) Conocer de las causas falladas en los Consejos de Guerra en los casos en que hubiere disentimiento entre las autoridades Militares y sus auditores.

c) Informar sobre las conmutaciones de penas que puedan sometérseles.

d) Resolver los Recursos de Queja que se promuevan contra los acuerdos judiciales en los casos que éstos se adopten con Infracción de Ley o Quebrantamientos de Forma e impliquen privación de las garantías concedidas a los recurrentes.

e) Declarar la nulidad de todo o parte de lo actuado y la reposición a sumario de las causas de que conozca.

El Tribunal estará integrado por un presidente de la categoría de teniente general o general de división y cuatro vocales, dos oficiales generales del Ejército, uno de la Marina de Guerra y un vocal auditor de los Cuerpos Jurídico Militar o de la Armada, según la Jurisdicción de que procedan los autos, actuando de secretario relator un teniente auditor de primera, desenvolviendo su cometido con absoluta independencia.

En 1 de noviembre de 1936, por Decreto del Gobierno del Estado se regula, ante la posibilidad de la conquista de Madrid, la organización en dicha Plaza de Consejos de Guerra Permanentes, disponiéndose con toda minuciosidad los requisitos para poder desempeñar sus funciones y las instrucciones, tanto para la tramitación de procedimientos como para la aprobación de las sentencias, manteniéndose en un todo las garantías procesales necesarias.

Por Decreto de 17 de noviembre de 1936 se restablecen los Tribunales de Honor y por una Circular de 21 de noviembre del mismo año se establecen las normas de tramitación de los recursos.

En 1 de diciembre del mismo año se señalan los requisitos para ejercer funciones judiciales por personas que no estaban integradas en los Cuerpos Jurídico Militar y de la Armada, exigiendo la condición de letrado, permitiéndose el reingreso en la Escala Activa de retirados por Decreto-ley de 8 de enero de 1937, y creándose Consejos de Guerra para las plazas liberadas por Decreto de 26 de enero del mismo año.

Por Decreto de 17 de febrero de 1937 se regulan de nuevo las atribuciones del Alto Tribunal de Justicia Militar que refuerzan aún más las garantías procesales, así como por Decreto de 7 de marzo de 1937 se dispone los requisitos que deben reunir los componentes de los Consejos de Guerra, y por 11 de agosto del mismo año, por una Circular del Alto Tribunal de Justicia Militar, se dictan las normas de composición de los Consejos de Guerra y funcionarios judiciales, señalándose las fuentes legales y que son de aplicación, las incompatibilidades, exenciones y excusas, y en 15 de junio de 1938 normas sobre composición de Consejos de Guerra, adscribiéndose en 28 de febrero de 1939 las Auditorías de la Primera, Segunda, Tercera y Quinta Región Militar las de las distintas Autoridades Judiciales.

Con fecha 27 de agosto del mismo año se reorganiza el Tribunal Supremo Civil y en 10 de marzo de 1939 se regulan los efectos de la pena de suspensión de empleo, mitigando el rigor anterior.

Con esto quedan examinadas someramente las Instituciones de la Justicia Militar durante la situación de guerra.

En consecuencia se ha de deducir el respeto a las normas y gentes en el momento de producirse la declaración del Estado de Guerra y como tales Instituciones, el respeto al Derecho y a los derechos de los que habían de ser enjuiciados por esa Justicia Militar.

La justicia humana se aproxima asintóticamente a la Justicia Divina, siendo lógico que se puedan cometer errores por cuantos en ella intervienen, pero siendo de destacar la pureza de las Disposiciones que la regulan, tanto en lo que se refiere a la necesidad de ser letrados los que ejercen las funciones de mayor relieve en la Administración de Justicia, como en lo que se refiere al respeto a los derechos de los encausados, lo que no evitó numerosas críticas en cuanto a su funcionamiento que examinaremos en detalle.

ORGANIZACIÓN Y ATRIBUCIONES DE LOS TRIBUNALES MILITARES

El Tratado 1.ª del Código de Justicia Militar, aprobado por Real Decreto de 27 de septiembre de 1890, establece la organización y atribuciones de los Tribunales Militares con las modificaciones introducidas con posterioridad y de las que son de destacar las dictadas durante la República, desde abril de 1931 al 18 de julio de 1936.

En el artículo 2.º del capítulo I se establece que los miembros de los Tribunales Militares serán responsables del delito o falta en que incurran por infracción de las leyes o disposiciones aplicables en cada caso. Esto significa la obligación de respetar las garantías tanto penales como de procedimiento que las leyes y los Convenios Internacionales habían establecido.

Después de regular la competencia de la Jurisdicción Militar, en el artículo 24 se establecía cuales eran las Autoridades y Tribunales que ejercían la jurisdicción, y que, en esencia, eran las siguientes:

— Los capitanes generales de Distrito.

— Los generales en jefe de Ejército.

— Los generales y jefes comandantes de tropa con mando independiente.

— Los gobernadores de plazas o fortalezas sitiadas o bloqueadas y, comandantes de tropa o puesto aislados de la Autoridad Judicial respectiva.

— El Consejo de Guerra ordinario.

— El Consejo Supremo de Guerra y Marina.

Y en el artículo 25 se faculta al Gobierno, oyendo a la Sala de Justicia Militar del Tribunal Supremo, para atribuir Jurisdicción total o parcial a otras Autoridades del Ejército.

La modificación fundamental introducida por el Decreto de 11 de mayo de 1931, fue la de atribuir el carácter de Autoridad Judicial a los Auditores y la disolución del Consejo Supremo de Guerra y Marina, que fue sustituido por la Sala de lo Militar del Tribunal Supremo.

En los artículos 27 y 28 se señalan las atribuciones de las Autoridades Judiciales, que examinaremos con mayor detalle al tratar de las garantías de los encausados, pero que en esencia suponen el ejercicio de la Jurisdicción como Tribunal superior a los Consejos de Guerra ordinarios o de oficiales generales y la inspección y vigilancia del cumplimiento de la Ley en la Administración de Justicia.

En los artículos 30, 31 y 32 se regulan las atribuciones de los generales en jefe de Ejército y, en los artículos 33 y 34, de los generales y jefes comandantes de tropa con mando inmediato y, en los artículos 35 y 36, de los gobernadores de plaza o fortalezas sitiadas o bloqueadas y comandantes de tropa y puestos aislados de la Autoridad Judicial respectiva.

Es de destacar en el Capítulo V del Tratado I, que regula las funciones de los Auditores y demás funcionarios del Cuerpo Jurídico Militar, que en la Justicia Militar, ejercen las funciones técnicas como conocedores del Derecho, tanto como Autoridades Judiciales como Vocales Ponentes de los Consejos de Guerra o las funciones propias de la Fiscalía Jurídico-Militar.

En cuanto a la composición de los Consejos de Guerra, que podían ser de Plaza o de Cuerpo, se establecía que los integraran un presidente, de las clases de coronel o teniente coronel, cinco vocales, de la clase de capitán, y un vocal ponente asimilado a capitán o en su defecto a comandante del Cuerpo Jurídico Militar, que asistirá en todos los casos, siendo causa de nulidad su falta de asistencia. El Consejo de Guerra de Cuerpo o de Plaza variaba su composición, distinta en uno y otro caso, dada la necesidad de que fueran vocales del cuerpo a que perteneciera el procesado o procesados.

El Consejo de Guerra de oficiales generales se compondrá de un presidente y cinco vocales, unos y otros oficiales generales, y un vocal ponente asimilado a coronel o teniente coronel, en su caso, del Cuerpo Jurídico Militar, siendo el presidente el de mayor categoría de sus vocales.

El Decreto antes citado, de 11 de mayo de 1931, reguló la composición y atribuciones de la Sala de Justicia Militar establecida en el Tribunal Supremo.

En el Título VII se determinan en su Capítulo I las funciones del juez instructor, en el II, del fiscal; en el III, del secretario de Causas y en el IV, del defensor.

En el Título VIII se regulan las incompatibilidades, exenciones, excusas y recusaciones.

En el Tratado II, referido a las Leyes Penales, se definen los delitos o faltas militares como las acciones y omisiones penadas en esta Ley, y la pena será también la señalada en la ley, en la extensión que estime justa, determinándose en los artículos siguientes las circunstancias de exención de responsabilidad criminal, así como las atenuantes y agravantes.

Nadie podrá ser condenado con pena que no se halle establecida por la Ley anterior a su perpetuación, regulándose en este mismo Tratado la tipificación de los delitos y de las faltas, y señalando la pena que en cada caso pudiera imponerse.

En el Tratado III se regulan los procedimientos que ha de tramitar la Jurisdicción Militar.

En lo que se refiere a la Marina rige el Código Penal de la Marina de Guerra con las modificaciones introducidas con posterioridad y, manteniéndose en él el principio de legalidad en toda su extensión.

Organización de los Tribunales Militares de Marina

Con anterioridad al Código de 1945, regía para la Jurisdicción Militar el Código de Justicia Militar y, en la Marina, el Código Penal de la Marina de Guerra, la Ley de Organización y Atribuciones de los Tribunales de Marina y la Ley de Enjuiciamiento Militar de Marina.

Durante la guerra la Jurisdicción de Marina sólo actuó en los delitos cometidos por los aforados y, con relación a los paisanos, solamente intervino en los que habían sido militarizados, como la empresa Bazán, y en aquellos delitos cometidos por paisanos en lugares que estaban afectados o sometidos a la Jurisdicción.

De aquí que durante el período de la guerra no existiesen disposiciones modificadoras de la Marina que no estuvieran comprendidas también en las que se dictaban fundamentalmente para la Jurisdicción de Tierra.

Si hicieramos un examen comparativo de los Códigos Militar y de Marina, veríamos la similitud de sus disposiciones, dejando a salvo siempre, las peculiaridades de los delitos cometidos en la mar.

No entramos en el estudio de las disposiciones dictadas durante la República por estar desarrolladas de una parte, por el profesor González Deleito y, de otra, porque afectan por igual a las dos Jurisdicciones.

Hasta tal punto esto es así que al redactar el Código de Justicia Militar de 1945, que unifica las tres Jurisdicciones Militares, en lo que a procedimiento, organización y disposiciones penales se refiere fue una labor relativamente fácil el llegar a un acuerdo, toda vez que en todas ellas prevalecían las normas contenidas en las Reales Ordenanzas de Carlos III y, si se examina la Jurisprudencia anterior, se puede observar que los conceptos fundamentales son los mismos.

El Decreto de 9 de junio, elevado a Ley en 14 de octubre de 1931, relativo a la Jurisdicción de Marina, dispone la existencia de una Auditoría General, con residencia en Madrid, a la que corresponderán las atribuciones que asignaban las disposiciones entonces vigentes a los capitanes generales de los departamentos, entre otras, interponer recursos ante la Sala de lo Militar del Tribunal Supremo, así como se ejercerían las funciones fiscales por un Ministerio Fiscal dependiente del Fiscal General de la República.

La Auditoría General destinaría a cada uno de los Estados Mayores a un teniente auditor para que actuara como enlace en todo lo que se refiere al ejercicio de la Jurisdicción.

La instrucción de los procedimientos se encomienda a los Auditores y tenientes auditores dependientes de la Auditoría General y a los generales, jefes y oficiales del Cuerpo General.

En la Ley de Organización y Atribuciones de los Tribunales de Marina se establece que la Jurisdicción se ejerce por el Consejo de Disciplina; el Consejo de Guerra Ordinario; el Consejo de Guerra de oficiales generales; los capitanes generales de Departamento y comandantes generales de la Escuadra; la Autoridad Jurisdiccional de Marina en Madrid; y por la Sala de Justicia Militar del Tribunal Supremo de Marina.

Las atribuciones de las Autoridades Judiciales de Marina son en esencia idénticas a las de las Autoridades de Guerra, así como las de los comandantes generales de la escuadra y la facultad de prevenir las causas a los comandantes de buques, jefes de cuerpo o establecimiento, todo oficial que mande fuerzas destacadas y todo marine que tenga mando independiente, así como a los generales con mando de fuerzas.

El Consejo de Guerra Ordinario se compondrá de un presidente, capitán de navío, coronel, capitán de fragata o teniente coronel. De cinco vocales, tenientes de navío o capitanes y de un vocal ponente, teniente auditor de tercera clase o en su defecto de segunda, cuya falta de asistencia será causa de nulidad.

El Consejo de Guerra de oficiales generales estará integrado por un presidente y cinco vocales, todos ellos oficiales generales, y de un vocal ponente, auditor o en su defecto, teniente auditor de primera, siendo presidente del Consejo el oficial general de mayor empleo o antigüedad de los llamados a formarlo, estableciéndose la composición del Consejo en los casos en que alguno de los procesados perteneciere a Cuerpo Patentado de la Armada.

Los vocales deben tener al menos la edad de veintitrés años, muy superada por la exigencia del empleo, en la mayoría de los casos, y el hecho de ejercer el mando producía una mayor capacitación por el ejercicio de la virtud de la Justicia, en dar a cada uno lo que es suyo de los a él subordinados.

La Ley de Enjuiciamiento Militar contenía las normas procesales en las que se respetan los principios y garantías de todo proceso instruido con arreglo a Derecho.

LAS GARANTÍAS LEGALES DE LA JURISDICCIÓN MILITAR DURANTE LA GUERRA

El profesor Rodríguez Devesa en la Parte General de su Derecho Penal español dice que «en sentido estricto, el principio de legalidad significa que la única fuente creadora de delitos y penas es la ley; se extiende a las causas de agravación y a las medidas de seguridad».

El principio de legalidad inspiraría la Declaración Universal de los Derechos del Hombre de 10 de diciembre de 1974 que en su artículo 2.° dice: «nadie será condenado por actos u omisiones que en el momento de cometerse no fueran delictivos según el Derecho nacional o internacional. Tampoco se impondrá pena más grave que la aplicable en el momento de la comisión del delito».

El Código Penal en su artículo 1.° dispone: «son delitos o faltas las acciones u omisiones dolosas o culposas penadas por la ley» y en su artículo 2.° dice que «en el caso de que un Tribunal tenga conocimiento de un hecho que estime digno de represión y que no se halle penado por la ley se abstendrá de todo procedimiento sobre él y expondrá al Gobierno las razones que le asistan para creer que debiera ser objeto de sanción penal», con lo que queda bien claro la garantía penal, que se refuerza en su artículo 23 al decir: «que no será castigado delito ni falta con pena que no se halle establecida por la Ley» y, en su artículo 81 al establecer «tampoco puede ser ejecutada pena alguna en otra forma que la descrita por la Ley y Reglamentos, ni con otras circunstancias o accidentes que los expresados en su texto, y la garantía judicial de que no podrá ejecutarse pena alguna sino en virtud de sentencia firme».

El profesor Prieto Castro en artículo publicado en los *Anales de la Academia de Jurisprudencia,* señala como garantías, en cuanto al órgano, la garantía técnica que establece la necesidad de que los jueces conozcan el Derecho y las garantías jurídicas que señalan que es una función estatal; la necesidad de jueces preestablecidos; que estos jueces sean preestablecidos y la imparcialidad y la independencia de los jueces, todos estos principios recogidos en nuestra Jurisdicción.

Ambas garantías, las penales y las judiciales, venían recogidas en los Códigos Militares vigentes en el momento de iniciarse la Guerra y así, en el Bando declaratorio del Estado de Guerra en todo el territorio nacional, se señalan como leyes aplicables en la organización y procedimientos de los Tribunales Militares, las establecidas con anterioridad, que en su artículado como hemos puesto de manifiesto en diversas ocasiones, recogen las que hemos señalado antes y entre otras, el principio de contradicción, al determinar la necesidad de un fiscal y un defensor.

Sin embargo, son muchas las críticas que se han formulado al funcionamiento de los Consejos de guerra durante el período bélico y muchos los autores que han aportado pruebas de, a su juicio, errores judiciales e incluso en algún caso, el dolo al dictar la sentencia.

Verbalmente trataremos este tema, en especial, las críticas formuladas por algunos autores que estimamos merecen ser comentadas.

En resumen, desde un punto de vista estrictamente legal, la Justicia Militar en la Zona Nacional, tanto en su organización como en su procedimiento o en su Derecho aplicable, fue correcta y con las debidas garantías, lo que no obsta para que en algún caso pudiera actuarse de forma no justa, sobre todo si se examina sin tener en cuenta el entorno de aquella Administración de Justicia.

BIBLIOGRAFIA

Compendio de Derecho Procesal, Civil y Penal, vol. I, t. II, Primera edición. Santillana.

Derecho Penal Español, del profesor RODRÍGUEZ DEVESA, adaptado por el profesor SERRANO GÓMEZ, ed. de 1986, Dykinson.

C.Y.L.E: *Leyes Penales,* ed. de 1986.

MANUEL BALLBE: *Orden Público y Militarismo en la España Constitucional,* Alianza Editorial, 1983.

— *La Reforma Militar de Azaña.* Siglo XXI, ed. de 1982.

Del Derecho de la guerra, profesor HERNÁNDEZ FLORES, ed. Ejército, 1982.

SALAS LARRAZÁBAL, R.: *Historia General de la Guerra de España,* Rialp, 1986.

SERRANO SÚÑER, R.: *Memorias*, Planeta. 1977.

VEGAS LATAPIE, E.: *Los caminos del desengaño*, ed. Giner, 1987.

La Guerra Civil Española, THOMAS, H.: ed. Diario 16.

La Guerra de los Mil Días, CABANELLAS, 2.° t., ed. Heliarta, vol. 2.°

ESTUDIOS COMPARATIVOS

El Poder Judicial y los jueces en la guerra civil de 1936-1939. Aproximación histórica

ANTONIO AGÚNDEZ FERNÁNDEZ

I. INTRODUCCIÓN. ENTRE REVOLUCIÓN Y REPRESIÓN

En julio de 1936 España quedó partida, rota en dos; dos zonas con gobiernos situados en Madrid y Burgos, de nombres, respectivamente, legítimo y rebelde, republicano y nacional, de rojos y nacionales. Buscando ahora denominaciones, a estas alturas de 1987, nos parecen más adecuadas como guía del plan expositivo de nuestro estudio, las de Zona del Gobierno de Madrid y Zona del Gobierno de Burgos. Al final de los 1.000 días de guerra, el de Burgos llegaría a Madrid y el de Madrid, después de su paso por Valencia y Barcelona, concluiría en las tierras francesas del exilio. Los historiadores militares explican que los factores determinantes del triunfo en las guerras son la unidad de mando, dirección política única y orden en la retaguardia, combinándose con el potencial castrense de hombres, armamentos y suministros de intendencia, y presidiendo siempre la finalidad principal de alcanzar la victoria.

Bastante se ha escrito acerca de los motivos que originaron nuestra guerra de 1936 y de los acontecimientos bélicos, políticos y sociales que sucedieron hasta el 1.º de abril de 1939, día del parte del general Franco anunciando la paz con sus palabras de «la guerra ha terminado». Durante este tiempo de tres años a la Justicia, a la organización judicial, no se dedicó mucha atención, pues, lo importante entonces, lo que interesaba a las dos zonas, era ganar la guerra. Las cuestiones vitales se estaban debatiendo en los campos de batalla.

Pero la justicia también era necesaria porque allí había hombres, aún cuando colocados en situaciones extraordinarias. En tiempos extraordinarios no hay lugar para cosas ordinarias; de aquí que la Jurisdicción Ordinaria hubiese de ceder el puesto a la extraordinaria; la de los Tribunales Populares y de los Tribunales Militares. Después la atención se centró en las cuestiones sociales, políticas y económicas. Mínimas son las referencias a la Judicatura cuando libros y estudios exponen las intervenciones en el curso de la historia Patria, e igual durante el período 1936-1939 que hoy nos ocupa y preocupa, máxime tenida cuenta la extensa bibliografía sobre él, de número superior a los 7.000 títulos. En cambio, los archivos documentales ofrecerán datos interesantes a los investigadores.

Durantes sus tres años, a los jueces siempre cumplidores de la ley, respetuosos con la configuración del Estado, servidores del orden y la Justicia, se le dieron ya señalados los rumbos que ofrecía el conflicto bélico. Independientemente de los sentimientos personales de cada uno, y del mayor o menor grado de idealismo por los sistemas de organización de la comunidad española, la situación geográfica en que se encontraban el 18 de julio de 1936 determinó los diversos e insospechados destinos que habría de seguir. Dividida España en dos partes, en dos Zonas, los jueces, salvo circunstancias excepcionales, supieron mantenerse en aquella que les había correspondido, en fidelidad a los postulados esenciales de su profesión para observancia y cuidado de la seguridad jurídica de los ciudadanos. Cuando llegó el feliz día de la paz, los jueces, en general, «emergieron de la contienda civil con muy tenues implicaciones en actividades de signo claramente político» [1]. Pero la guerra es implacable con las personas. Muertes, depuraciones y exilios dejaron sus tristes huellas en los cuerpos judiciales. Heridas que poco a poco han sido restañadas por los bálsamos del tiempo y de la fraterna concordia. También el factor de personal suerte fue resolviendo favorablemente futuros de vida. En todo ello tuvo buenas dosis de participación la señorial hidalguía que siempre ha sido médula de la familia judicial.

En decir de Carlos Seco, «la precariedad de las situaciones iniciales habría de traducirse en una doble realidad: la terrible dureza de la *revolución* y de la *represión* en la Zona republicana y en la Zona nacional, respectivamente» [2]. Las primeras semanas fueron de apocalipsis terrible para los disidentes de esta Zona y para los de la otra. Sacas del domicilio y paseos hasta llevarles a la muerte en las márgenes de las carreteras y los puentes de los ríos; aplicación de la Ley —triste palabra ahora—de Fugas a las puertas de las cárceles; prisiones asaltadas y campos llenos de cadáveres; hasta las arenas de algún coso taurino con sangre de hombres que era del mismo color que la de quienes les causaban la muerte. Las checas funcionaban con las máximas crueldades y una varia colección de tormentos del más exacto estilo soviético. Así no resulta extraño el dicho, ya lo dijo alguien, que más que guerra civil fue guerra incivil.

II. Revolución en la zona del Gobierno de Madrid

1. Los Tribunales Especiales

Si la Administración de Justicia, al igual que el Ejército y los cuerpos de seguridad, según palabras de Tuñón de Lara, «tenían una composición política y social —y una concepción— completamente diferente de la vigente hasta julio de 1936» [3], es explicable haberse producido la revolución recordada y propagada por el ministro de Justicia, Juan García Oliver, en su discurso del Gran Teatro de Valencia, a primeros del año 1937: Hay guerra; y «hay también revolución, en todo

[1] Toharia, J. J.: *El Juez Español. Un análisis sociológico,* Madrid, Editorial Tecnos, 1975, p. 197.

[2] Seco Serrano, C.: *Historia de España,* t. VI, Epoca Contemporánea, 1, Barcelona, Instituto Gallach de Librerías y Ediciones, 1979, p. 200.

[3] Tuñón de Lara, M.: *La España del Siglo XX. La Guerra Civil (1936-1939).* 3. Barcelona, Editorial Laia, 1974, p. 635.

aquello que la revolución signifique transformación, convicción, reacción de formas nuevas. Hay, pues, guerra y haya revolución». Y por ello, al haber entrado rápidamente en quiebra los organismos del Estado, del Gobierno, se crearon, sustituyéndolos, otros nuevos, como los Comités Populares, sin los cuales esto «habría sido el caos, el desorden, la matanza. Afortunadamente no ha sido así, porque las masas populares han demostrado un sentido creador; y han creado también instituciones de Justicia Popular que, después, han sido incorporadas a la obra de la Justicia general en forma de Tribunales Populares» [4]. Por su parte, Ramón Tamames dejó escrito que, al igual que en las Administraciones Local y Central, en el Ejército y en las empresas, en la Justicia tuvieron lugar «reajustes altamente significativos que de manera paulatina tendían a transformar la República burguesa de 1931 en una República democrática, pero ciertamente en un ambiente caótico». Más adelante añade «la Justicia fue objeto también de profundas mutaciones. A los primeros días de descoordinación o de *terror rojo* según se llamó en el lado nacional, sucedió el Decreto de 23 de agosto, por el cual se creó el Tribunal Especial de Madrid, presidido por un magistrado del Tribunal Supremo (el señor Granados) con el encargo de juzgar los delitos contra el Estado» [5].

Remedio al caos se propuso ser, pues, el Decreto de 23 de agosto de 1936 con el Tribunal Especial para Madrid; cuya urgencia era evidente tanto para suprimir los excesos del terror, como para dotar a la Administración de Justicia del carácter que la situación exigía [6].

Luego el Decreto de 25 del mismo mes dispuso fuesen establecidos análogos Tribunales en cada capital de provincia. Por el propio carácter de los ambientes revolucionarios, y para mantener competencias de naturaleza civil en lugar de serlo de las Autoridades Militares, se prefirió crear estos Tribunales Populares a la declaración del estado de guerra que determinaría plenas atribuciones de los Consejos de Guerra para los delitos no comunes. Por Decreto de 17 de febrero de igual 1936, había sido declarado el estado de alarma, que se fue prorrogando sucesivamente hasta el 1.º de enero de 1939, cuando ya sí se declaró el estado de guerra. Pero, antes, esta juridicidad anómala por lo transitoria de una situación hecha permanente, era solucionada mediante el Bando del ministro de la Gobernación, fecha 31 de octubre de 1936, que, en cumplimiento del Decreto del Consejo de ministros del 17 del mismo mes, y tenida cuenta del Código de Justicia

---

[4] García Oliver, J.: Discurso en el acto del Gran Teatro de Valencia organizado por el Ministerio de Propaganda. En «2 meses de actuación en el Ministerio de Justicia». Valencia, Tipo Moderna, S. A., pp. 13 y 14.

García Oliver, ministro de Justicia desde el 5 de noviembre de 1936 hasta el 18 de mayo de 1937, había sido presidiario, pero común, en tiempos anteriores a la guerra. Así lo reconoce él, orgullosamente, en este discurso. Cuenta Mariano Ansó, diputado navarro por Acción Republicana, que al ser nombrado ministro García Oliver, le explicó a Manuel Azaña algunos datos de su biografía, y el Presidente le contestó: «Me están haciendo tragar sapos y culebras, y no se adónde vamos a llegar». Confróntese, Mariano Ansó: *Yo fue ministro de Negrín,* Barcelona, Editorial Planeta, 1976, pp. 161 y 162.

García Oliver dispuso la destrucción del fichero del Registro Central de Penados y Rebeldes, que se realizó entre los días 7 y 10 de noviembre de 1936. En el siguiente mes de diciembre, día 19, dictó Decreto el Consejo de Ministros, a su propuesta, ordenando la cancelación de antecedentes penales anteriores a 15 de julio de 1936. Confróntese Ministerio Fiscal: *La Dominación Roja en España.* Causa General. Madrid, Dirección General de Información, 1961, pp. 364 y 365.

[5] Tamames, R.: *Op. cit.,* pp. 329 y 331.

[6] Tuñón de Lara, M.: *Op. cit.,* p. 634.

Militar, sometió a toda la población residente en Madrid a lo en él dispuesto, con normas de «ordeno y mando»; así, con los actos de violencia y de perturbación del orden público, de adhesión y de auxilio a la rebelión militar, y su sancionamiento según el Código de Justicia Militar, en juicio sumarísimo, por los Jurados de Guardia que había creado el dicho decreto del día 17. Este Decreto transfirió al Consejo de ministros las facultades conferidas a las autoridades castrenses por el artículo 171 del Código de Justicia Militar. Y también era remediado el silencio sobre el declarar el estado de guerra por las declaraciones de Zonas de Guerra, según autorizó el Decreto de 28 de julio de 1936.

2. Los excesos revolucionarios con los funcionarios judiciales. Las depuraciones

No es parco en palabras Georges Soria al decir, respecto al Poder Judicial, que lo que desarrollaba era una forma de «justicia revolucionaria», administrada según el capricho de los que habían sido llamados a asumir el cargo, o que lo asumían por su cuenta y riesgo. Por eso se crearon los tribunales populares, «para ordenar los procesos», ya que su mérito «consistió en introducir en la administración de justicia el mínimo de conformidad con las leyes existentes». Pero «si la justicia revolucionaria constituyó a partir de finales de agosto, una réplica formal y organizada a la violencia contrarrevolucionaria desencadenada en la Zona facciosa, no logró, sin embargo, eliminar los excesos de que fue escenario la Zona republicana desde finales de julio». La contaminación de la justita cruel y violencia de las masas «llegó a alcanzar a miembros responsables de los Comités locales del Frente Popular, quienes se vieron conducidos ante Tribunales Populares y fueron juzgados, condenados a muerte y ejecutados» [7].

Y Salvador de Madariaga cuenta cómo un magistrado se encontró en su casa, cierto día, al ladrón o asesino a quien hacía semanas había condenado a treinta años de presidio, el cual, «disfrazado de miliciano, exigía se le entregasen todos los objetos de oro y plata de la casa. La familia, encantada de pagar rescate y salvar la vida, colocaba una sábana sobre la mesa donde todo quedaba depositado. Hecho el lío y bien atado por el intruso visitante, caía asesinado el magistrado en presencia de su mujer y de su hija»; añadiendo Madariaga que «así se iba deshonrando una revolución que aún en sus elementos más extremistas era con frecuencia de una pureza ejemplar», y que «a fines de agosto del 36, el Gobierno trató de canalizar el terrorismo, ya que suprimirlo no podía, organizado Tribunales Populares» [8].

---

[7] SORIA, G.: *Guerra y Revolución* en España 1936-1939, vol. 2, Barcelona, Grijalbo, 1978, pp. 65 y 84-86.

GÓMEZ BAJUELO, G.: *Málaga bajo el dominio rojo,* Cádiz, Establecimiento Cerón 1937, pp. 81 y 22. Habla de las «sacas» que se hacían de las cárceles, y de los 600 presos en las bodegas del barco «Chávarri», que fue antesala de muerte.

HUIDOBRO PARDO, L.: *Memorias de un Finlandés,* Madrid, Ediciones Españolas, 1939.

Huidobro era, en julio de 1936, abogado fiscal de la Audiencia de Madrid. En las páginas 14, 26 y 69 narra las violencias cometidas en esta capital durante 1936 y 1937. El hubo de refugiarse en la Embajada de Finlandia.

[8] DE MADARIAGA, S.: *España. Ensayo de Historia Contemporánea,* Madrid, Espasa Calpe, 1979, p. 421.

Algo pretendió atenuar el ministro de Justicia, Manuel de Irujo y Ollo (18 de mayo de 1937 a 4 de abril de 1938). Desde un principio pretendió poner coto, o al menos freno, a las situaciones de violencia. Sus propias palabras reflejan el fondo de un pensamiento que deseaba impregnarse las conductas de soldados y milicianos: «cada atentado contra la vida ajena es más pernicioso que una derrota; más se pierde con un crimen que con una batalla» [9]. También diría: «La retaguardia ha presenciado asesinatos. Levanto mi voz para oponerme al sistema y afirmar que se han acabado los paseos. La defensa y enjuiciamiento de los ciudadanos está confiada al Estado y éste no cumplirá con su deber sin reaccionar con toda la fuerza de su poder contra quien intente tomarse la justicia por su mano» [10]. Durante el tiempo que rigió el ministerio de Justicia, dejó huellas de sensatez y orden, de respeto a la institución familiar y a las normas jurídicas, según se aprecia en las Ordenes que con su nombre publicó *La Gaceta.* Reconoció las graves anormalidades y atrocidades, dentro de lo que puede decir la prosa oficial, en la Orden del 31 de julio de 1937. En ella daba reglas a los encargados del Registro Civil para determinar con exactitud la situación jurídica de los ciudadanos: Así: «Los trastornos que en todos los órdenes de la vida ciudadana ha ocasionado la subversión facciosa, ha producido millares de casos en los que se ha omitido el cumplimiento de preceptos legales concernientes al estado civil de las personas, especialmente en los primeros momentos del movimiento insurreccional, en que la vehemencia y el ardor de los combatientes, por lanzarse a la defensa de sus libertades y de sus hogares, arrastró la natural consecuencia de hacer difícil y a veces imposible el determinar con exactitud la situación jurídica de los ciudadanos; esto, unido a la devastación que las hordas rebeldes han realizado a su paso por las localidades de donde han sido arrojadas por el ejército nacional, y muy especialmente en las oficinas públicas, ha dado lugar a que se pierda una gran parte de los Registros Civiles, fuente del estado civil de la población, con los consiguientes perjuicios para la familia».

En letras de luto aparecen, de la Zona del Gobierno de Madrid, asesinados 47 jueces y magistrados, 20 fiscales, 30 secretarios judiciales y 11 subalternos de juzgados y tribunales [11]. Por sistema de las depuraciones comenzó el Decreto de 21 de julio de 1936, ordenando que fuese declarada la cesantía de «todos los empleados que hubieren tenido participación en el movimiento subversivo o fueren notoriamente enemigos del Régimen, cualquiera que sea el Cuerpo a que pertenezcan, la forma de ingreso y la función que desempeñen». Para los funcionarios del ministerio de Justicia no comprendidos claramente en este Decreto, fue dictado otro, en 21 de agosto siguiente, disponiendo se extendían sus medidas a los que «por no ser notoria su participación directa o indirecta en el actual movimiento sedicioso, permita separar preventivamente del servicio activo a quienes, por circunstancias de hecho y datos puramente objetivos, hayan observado una conducta que, sin acreditarles notoriamente como enemigos del Régimen republicano, exija una justificación, a fin de que, con pleno conocimiento de todos los he-

[9] DE LIZARRA, A.: *Los vascos y la República Española, Contribución a la Historia de la Guerra Civil 1936-1939,* Buenos Aires, ed. Vasca Ekin, 1944, p. 106. A. de Lizarra fue seudónimo de Manuel Irujo Ollo.

[10] SEVILLA ANDRÉS, D.: *Historia Política de la Zona Roja,* Madrid, Rialp, 1963, p. 447.

[11] MINISTERIO FISCAL: *La Dominación..., Op. cit.,* pp. 351 a 354.

chos que constituyen cada actuación y de las motivaciones de la misma, pueda después dejarse sin efecto aquella medida o transformarse en separación definitiva del Servicio».

Más normas sobre depuración de funcionarios judiciales contenía el Decreto de 11 de agosto de 1936, que, al disolver los juzgados y tribunales de la Zona de Burgos, zona rebelde, declaró cesantes a quienes en ellos estaban destinados; el de 15 de igual mes, acordando el cese de todos los jueces y fiscales municipales, y con la exigencia, para después poder reintegrarse, de certificación del alcalde acreditativa de ser notoriamente afectos al Régimen de la República; el de 10 de diciembre de 1936, que estableció en cada provincia una Comisión Judicial encargada «de depurar la actuación y adhesión al régimen de los magistrados, jueces de 1.ª Instancia y Municipales, secretarios de Audiencia, de Sala, de Juzgados de 1.ª Instancia y Municipales, fiscales municipales, vicesecretarios, oficiales de Sala y de Audiencia, agentes judiciales, porteros y, en general, todo el personal auxiliar y subalterno de tribunales y juzgados de su respectiva provincia». Cada comisión estaba presidida por un magistrado del Tribunal Supremo y constaba, con él, de dos vocales «personas de reconocida solvencia pertenecientes a las Centrales Sindicales y que por su profesión no se hallen en contacto con tribunales y juzgados». Las Comisiones enviarían propuestas al Ministerio de Justicia, de donde pasaban a informe de la Sala del Gobierno del Tribunal Supremo y, finalmente el ministro resolvería acordando el cese o la readmisión, exigiéndose en este caso que constase la «adhesión al régimen, moralidad y competencia»; según preceptuó el Decreto de 6 de agosto de 1937. *La Gaceta de la República* publicó a lo largo de los años 1937 y 1938 Ordenes del Ministerio de Justicia separando de sus cargos a funcionarios judiciales «a propuesta de la Sala de Gobierno del Tribunal Supremo formulada previo estudio» de la respectiva comisión provincial depuradora.

3. Tribunales Revolucionarios y Tribunales Populares

Desde otro punto de vista, respecto al entonces aquel, resulta testimonio destacable el de Mariano Ansó, que fue ministro de Justicia en el Gobierno de Juan Negrín y antes subsecretario del Departamento con el ministro Manuel Irujo. Habla de las monstruosidades cometidas bajo la égida del anarquismo, como las de Eduardo Barriobero cuando estuvo al frente de una oficina jurídica «montada en la propia Audiencia de Barcelona y secuestrada por él y sus sicarios; oficina que, según el fiscal de la República, llegó a reunir ocho millones de pesetas, vendiendo sentencias y libertades, y decretando multas y confiscaciones. El escándolo fue tal que Companys suprimió la oficina, al parecer a petición secreta del propio Barriobero, quien acabó en la cárcel, después de que el Ministerio de Justicia obtuviese la confiscación en Marsella de varias cajas fuertes de un banco donde se encontraron los productos de otros latrocinios» [12]. De esta oficina jurídica trae noticias Juan Nieto al referirse a la justicia revolucionaria que actuó en Badalona. Nieto, empleado mercantil y abogado, obrerista con ribetes de anarco-sindicalista según

[12] ANSÓ, M.: *Yo fui ministro con Negrín*, Barcelona, Editorial Planeta, 1976, pp. 202 y 203. En la misma obra citada en la nota 73.

propia expresión, organizó con Eduardo Barriobero Herrán el tribunal denominado Oficina Jurídica, que había creado la Generalidad de Cataluña por Decreto de 17 de agosto de 1936, para las ciudades de Barcelona, Tarragona y Gerona; con las normas de funcionamiento de la Orden de 8 de septiembre siguiente. Barriobero era presidente y jefe de la de Barcelona. Actuaban con carácter de tribunal revolucionario en materias criminales, civiles y laborales. Su finalidad, según palabras de Juan Nieto, la de recaudar fondos económicos para las Milicias Antifascistas, con la consigna de «producir más y más sentencias para así obtener más crecidos beneficios, al igual, al fin y al cabo, que los obreros de las fábricas de guerra producían con mayor intensidad sus respectivos artículos, prescindiendo, como nosotros, de la retribución y el horario». Pero el día 18 de noviembre de 1936, a los tres meses de vida un Decreto de la Generalidad disolvió las Oficinas Jurídicas. Los de la de Barcelona desobedecieron el Decreto de supresión por lo cual el presidente de la Audiencia de Barcelona dispuso, publicando nota en los periódicos del día 4 de enero de 1937, que siendo tales oficinas una organización incontrolada, y sin carácter legal, se encontraban «al margen del actual movimiento revolucionario»; debiendo los ciudadanos, que recibieron citación de alguna de tales oficinas, ponerlo en inmediato conocimiento de la Comisaría de Orden Público o del Juzgado de Guardia; además las multas impuestas habían de satisfacerse en papel de pagos a la Generalidad de Cataluña, nunca en efectivo metálico. Luego añadía la Nota del presidente: «La función de administrar justicia se halla únicamente en manos de los Tribunales nacidos de la revolución y ordenada por el Consejo de la Generalidad, y es preciso que el pueblo tenga confianza absoluta en ellos ya que son la representación directa del mismo» [13]. El presidente de la Audiencia, Alfonso Rodríguez Dranguet, se manifestaba con clara orientación de la política gubernamental, según expone Gabriel Avilés [14]. De él hemos conocido un buen libro acerca de la responsabilidad e independencia del Poder Judicial, del año 1930 [15].

Los desmanes y atropellos, las terribles escenas sangrientas se sucedían frecuentemente. Por los días primaverales de 1937 se produjo en Barcelona la sedición del Partido Obrero Unificado Marxista (POUM), con el asalto a la central telefónica y violentos combates callejeros; y por su consecuencia la detención del jefe Andrés Nin, el encarcelamiento en la prisión de Alcalá de Henares y su misteriosa desaparición el día 18 de junio del mismo 1937, calificada de asesinato y éste cargado a la cuenta de los agentes secretos soviéticos. Una de las acusaciones contra Nin fue la de estar manteniendo contacto con individuos de la Zona franquista, pero, repetimos, su muerte había sido una imposición de la GPU y de los mandos rusos opuestos a toda actividad trostskista, si hemos de creer los relatos de Jesús Hernández. Aquellos acontecimientos movieron al Gobierno a crear el Tribunal Especial de Espionaje y Alta Traición, por Decreto de 22 de este junio. Su principal proceso fue el seguido contra el POUM, tardado en iniciar; pero, al

---

13. NIETO, J.: *Cómo actuó en Badalona la Justicia Revolucionaria*, Badalona, Industries Grafiques Conectivizades, S. A., 1937, pp. 9 y 56 a 59.

14 AVILÉS, G.; *Tribunales Rojos* (vistos por un abogado defensor), Barcelona, 1939, pp. 92 y 94.

15 DRANGUET, A. R.: *Responsabilidad e Independencia de Poder Judicial*, ed. Justicia, S. A., Madrid, 1930. Rodríguez Dranguet fue nombrado, por Orden del ministro de Justicia, fecha 24 de septiembre de 1937, presidente del Tribunal Especial de Espionaje y Alta Traición de Cataluña.

fin, acordándose la disolución del Partido por sentencia de fines de octubre de 1936 [16]. Ya entonces estaba en pleno rendimiento el Servicio de Investigación Militar (SIM), establecido por Decreto de 6 de agosto de 1937 como órgano de contraespionaje, y, al decir de algunos autores, auténtica sucursal de la SPU soviética.

Mientras tanto, por las limitaciones que imponían las circunstancias excepcionales de la guerra, los Tribunales Ordinarios actuaban en muy pocas ocasiones. Los juzgados casi nada, las audiencias algo y algo más el Tribunal Supremo que pronunció sentencias hasta fines de diciembre de 1938. Dentro del marco de los desastres bélicos, cuando la vida ciudadana tenía turbada su paz, resulta agradable observar cómo los Tribunales de Justicia mantenían en lo posible el orden de la República, de la cosa pública [17]. El presidente del Tribunal Supremo, Diego Medina García, fue jubilado y cesó en el cargo el día 19 de agosto de 1936. Nuevo presidente, Mariano Gómez González. En la apertura de Tribunales celebrada en Madrid el 5 de octubre de 1936 (fecha a que fue el acto aplazado por Decreto de 15 de septiembre anterior) tanto el discurso del ministro de Justicia, Mariano Ruiz Funes, como las palabras de presentación de la Memoria del Fiscal, José Vallés Fortuño, se refirieron, luego de menciones a la sublevación Militar y al mantenimiento de la legalidad republicana, a los tribunales populares instaurados por los Decretos de 23 y 25 de agosto precedente; resaltando las garantías procesales de enjuiciamiento, clases de delitos, composición con jueces de hecho y jueces de derecho, el veredicto y la sentencia. Al Tribunal de Madrid dedicaron cita particular, «por el ambiente de serenidad, de corrección y respeto mutuo en que los juicios se desenvuelven». Julián Zugazagoitia Mendieta decía del Presidente Gómez González que, «si es posible sea bestia negra para los insurrectos, aplacó con su toga la insania de los que enfurecidos por el bombardeo, buscaron el desquite en la carne de los detenidos» excluyendo previamente a los presos de derecho común [18]. El embajador de Chile en España durante aquel tiempo, Aurelio Núñez

[16] García Escudero, J. M.ª: *Op. cit.*, vol. IV, p. 1371. Sevilla Andrés, D.: *Op. cit.*, pp. 449 y 458.

Hernández, J.: *Yo ministro de Stalin en España*, Madrid, Editorial Nos, 1954, pp. 156-185.

Peirats, J.: *Los anarquistas en la crisis política española*, Buenos Aires, Alfa, 1964, pp. 260 y 271.

[17] La última sentencia de la Sala de lo Civil del Tribunal Supremo, pronunciada en Barcelona, fue la del día 17 de diciembre de 1938, de los magistrados Demófilo de Buen Lozano, José Castán Tobeñas y Gerardo Feutanés Portela. De la Sala de lo Criminal, la de 23 de julio de 1936, de los magistrados Manuel Moreno, José Manuel Puebla, Rafael Muñoz Lorente, Pío Ballesteros y Federico Albarretegui. De la Sala de lo Contencioso-administrativo, la sentencia de fecha 28 de diciembre del mismo año 1938, con los magistrados José Fernández Orbeta, Alvaro Pascual Leone y Dionisio Ferrer.

Refiriéndonos a la Audiencia Territorial y Provincial de Madrid, la Orden de 23 de octubre de 1937 dispuso que la Territorial funcionase con una Sala única de lo Civil, compuesta de un presidente y cuatro magistrados; la Provincial, constituida por dos Secciones de lo Criminal representadas por los Tribunales Populares, ya existentes; y suprimió los Juzgados Especiales de la Rebelión Militar, atribuyéndose sus funciones a los Juzgados ordinarios de la capital con extensión a la provincias de Madrid y Toledo.

El magistrado Carlos María Entrena Klet, en su estudio «La jurisprudencia Subyacente» publicado en la *Revista La Ley*, Madrid, 30 de mayo de 1986, pp. 1-8, nos recuerda la labor de los magistrados del Tribunal Supremo en Madrid, Valencia y Barcelona, dedicando sus hondos saberes, con el más excelso cumplimiento del deber, a la resolución de los problemas jurídicos que se les planteaban.

[18] Ruiz de Funes, M. *Discurso pronunciado en la solemne apertura de Tribunales celebrada el 5 de octubre de 1936*, Madrid, Editorial Reus, 1936, pp. 6-9.

Vallés Fortuño, J.: *Memoria elevada al Gobierno de la República con motivo de la solemne apertura de los Tribunales el día 5 de octubre de 1936*, Madrid, Editorial Reus, 1936, pp. VII-X.

Zugazagoitia, J.: *Guerra y vicisitudes de los Españoles*; Barcelona, Editorial Grijalbo, 1977, pp. 130 y 131.

Morgado, dejó escrito de este tribunal que fue «el medio de mandar matar a muchos miles de personas útiles a su patria»; y refiriéndose al proceso de Rafael Salazar Alonso, diputado republicano, —radical y ejecutado de muerte el 24 de septiembre de 1936, según sentencia del Tribunal Popular madrileño, dice que «no tuvo ni documento acusatorio, ni defensa posible». Tales tribunales, no fueron más que una legalización de lo que cada organización había montado ya por su cuenta; en palabras de García Escudero. Carentes de garantías procesales de pruebas y defensa ni orden en el enjuiciamiento, dice Gabriel Avilés [19]. Refiriéndose al proceso de José Antonio Primo de Rivera, Ricardo de la Cierva lo califica de «simulacro de juicio». La sentencia del Tribunal Popular de Alicante condenó a José Antonio a la pena de muerte por delito de rebelión militar, y además por tenerlo procesado como autor de delito de tenencia ilícita de armas el Juzgado de Instrucción número 9 de los de Madrid. Fue fusilado el día 20 de noviembre de 1936 [20]. Largo Caballero, Jefe del Gobierno, afirma que «cuando se recibió en Valencia la notificación de la sentencia, ésta ya se había ejecutado y que él se negó a firmar el *enterado;* según recoge Tuñón de Lara. Para Zugazagoitia, la sentencia fue excesiva, pués, a José Antonio «se le condenó, no por lo que había hecho, sino más bien por lo que se suponía que hubiese hecho de encontrarse en libertad» [21]. De nuestra parte hemos de añadir y nuestra afirmación se basa en testimonios directos de magistrados, que los miembros judiciales de los Tribunales Populares pusieron toda la nota de equilibrio, de suavidad en el trato y de medida ponderada en las sentencias, que aquellas graves, peligrosas circunstancias, permitían.

4. Las incautaciones de bienes

Signos de los nuevos tiempos fueron también las incautaciones de bienes y las colectivizaciones para su explotación y productividad, impuestas en los campos y las ciudades, las fincas rústicas y las fábricas, ya como exigencia de responsabilidades político-civiles que requería fueron ocupados los bienes, ya cómo aplicación del sistema económico social-comunista. Se empezó con los servicios públicos de transportes, ferrocarriles, autobuses y empresas navieras; siguieron con establecimientos de suministros; así los mercados centrales; las fábricas y talleres de carpinterías, zapaterías, peluquerías, panaderías; las industrias textiles y metalúrgicas; los almacenes de comestibles y comercios de ventas al por menor; y llegaban las incautaciones de fincas urbanas y rurales, hasta del material pedagógico de los centros religiosos de enseñanza. Unas se realizaban por Comités sindicales de la CNT y de la UGT; otras, por decretos gubernativos disponiendo la incautación y

[19] GARCÍA ESCUDERO, J. M.ª: *Op. cit.,* vol. III, p. 1467.
NÚÑEZ MORGADE, A.: *Los sucesos de España vistos por un diplomático*, Madrid, Editorial Vimar, 1979, pp. 145 y 153.
MINISTERIO FISCAL: *La dominación... Op. cit.* En las pp. 366 y ss. se recoge el escrito de Enrique García Torres, fiscal interino del Tribunal Popular número 1 de Valencia, dirigido al ministro de Justicia el 15 de agosto de 1937.
AVILÉS, G.: *Op. cit.,* pp. 11, 13, 55 y 96.
[20] DE LA CIERVA, R.; *Historia Básica... Op. cit.,* p. 409.
[21] TUÑÓN DE LARA, M.: *Op. cit.,* pp. 617 y 618.
ZUGAZAGOITIA, J.: *Guerra... Op. cit.,* p. 264.

el posterior funcionamiento de la explotación, empresa, hacienda o fábrica a cargo de Juntas de gerencias, compuestas por obreros y empleados. Fuera debido a deficiente administración, a falta de liquidez en tesorería, por las mismas circunstancias bélicas, o nula solidaridad de los trabajadores entre sí y con los Jefes de grupos, pronto dominó la más absoluta quiebra. Consecuentemente, el abandono con la penuria pusieron fin a los planes de productividad. Testimonios de todos los sectores políticos, de quienes lo presenciaron y de los que han estudiado el inicio y desarrollo del sistema seguido, son unánimes en estas apreciaciones [22]

Concluimos con la cita de algunos decretos de incautaciones: el de 27 de julio de 1936, sobre ocupación por los Alcaldes de todos aquellos edificios, con su material científico y pedagógico, que las Congregaciones religiosas tenían dedicados a la enseñanza en 14 de abril de 1931 y los que, aún no dedicados a ella, estuvieren desocupados entonces. Referentes a incautaciones y expropiaciones sin indemnización de fincas rústicas, los de 8 y 17 de agosto y 7 de octubre de 1936; que estuvieren abandonadas o fueren necesarias por motivos de utilidad social y, asimismo, las que en 18 de julio de este año pertenecieren a personas naturales o jurídicas que hubiesen intervenido de manera directa o indirecta en el movimiento contra la República; siendo destacable que, bien como remedio a invasiones sin control, bien para la mejor explotación, el Decreto de 17 de agosto y otro de 15 de septiembre de 1936, daban normas de ordenación agraria con la colaboración técnica del Instituto de Reforma Agraria, dependiente del Ministerio de Agricultura. El Decreto de 23 de septiembre del mismo año dispuso la incautación por el Estado de la Compañía Arrendataria de Tabacos, sus dependencias centrales, fábricas, depósitos y existencias. Y el de 27 del mismo mes, atribuyó al Estado la propiedad de las fincas urbanas cuyos propietarios hubieren sido condenados por los Tribunales de Justicia en fallo declarándoles responsables de haber intervenido en el movimiento sedicioso o cooperado al mismo; y de aquellas otras personas respecto a las cuales existieran indicios suficientes de hallarse incursas en idéntica responsabilidad. La apreciación de estos indicios se determinaría por un organismo denominado Junta de Fincas Urbanas Incautadas, que se constituiría en cada capital de provincia presidida por el Delegado de Hacienda y, como vocales, los representantes de partidos políticos del Frente Popular y Organizaciones Sindicales.

III. Represión en la zona del Gobierno de Burgos

1. Los Consejos de Guerra

El periódico diario «El Norte de Castilla», Valladolid, viernes 25 de septiembre de 1936, bajo el rótulo de «El espectaculo de los fusilamientos», publicó Nota del Gabinete de Censura y Prensa del Gobierno Civil en la que, ante la inusitada

[22] Sobre incautaciones y colectivizaciones confróntense:
Tuñón de Lara, M.: *Op. cit.*, pp. 623 y 632.
Tamames, R.: *Op. cit.*, pp. 331-338.
García Escudero, J. M.ª: *Op. cit.*, vol. I, pp. 1697-1701.

concurrencia de personas, entre ellas «niños de corta edad, muchachos jóvenes y hasta algunas señoras» acudiendo a presenciar las ejecuciones de condenados a muerte, requería de todas se abstuviesen de asistir a tales actos «por el respeto que se debe a los desgraciados, víctimas de sus yerros», y, además, porque «el considerar como espectáculo el suplicio de un semejante, por muy justificado que sea, da una pobre idea de la cultura de un pueblo».

De ello se hizo eco Georges Soria, recordando que «durante las primeras semanas de la guerra civil las ejecuciones de republicanos se convirtieron, en la Zona facciosa, en una especie de pasatiempo para fanáticos» que asistían a presenciarlas. Antes había citado asesinatos de Andalucía y Castilla y que «los procesos se desarrollaban a toda velocidad, sin la menor garantía judicial, sin motivos de inculpación. Lo que se imputaba a los procesados eran sus opiniones políticas» [23]. La acusación del fiscal militar aludía a los diversos tipos de participación en el delito de rebelión, por obstrucciones al Alzamiento Nacional y por haber tenido conexiones con el Frente Popular, hechos calificables de auxilio a la rebelión según los términos de la declaración del estado de guerra. Los defensores eran, casi todos, abogados que habían sido nombrados oficiales del Cuerpo Jurídico Militar, y se reducían a solicitar clemencia del Tribunal Castrense.

Los Consejos de Guerra se regían por las normas del Código de Justicia Militar, entonces vigente, el de 27 de septiembre de 1890 con las diversas modificaciones posteriores, entre ellas las de las leyes de 30 de enero y 13 de septiembre de 1935. El presidente de la Junta de Defensa Nacional, por Bando fecha 28 de julio de 1936, en Burgos, hizo extensivo el estado de guerra, declarado ya en determinadas provincias, a todo el territorio nacional. Consideraba delitos, que se-

---

[23] SORIA, G.: *Guerra y Revolución... Op. cit.*, pp. 97 y 98. Refiriéndose a la nota de «El Norte de Castilla» erróneamente dice que era carta abierta del gobernador Civil.

ZUGAZAGOITIA, J. en *Guerra y vicisitudes*; *Op. cit.*, p. 85, habla, a nuestro entender exageradamente, de que «la sangre vertida en las ejecuciones de republicanos, espectáculo para el que en algunos casos llegaron a repartirse invitaciones, despertó furiosamente la libido de las espectadoras».

Transcribimos la nota del Gabinete de Censura y Prensa del Gobierno Civil de Valladolid, publicada en el periódico diario *El Norte de Castilla*, del viernes 25 de septiembre de 1936, p. 3:

«EL ESPECTACULO DE LOS FUSILAMIENTOS

Por el Gabinete de Censura y Prensa del Gobierno Civil, se hace pública la siguiente nota: uno de los fines principales que se propuso alcanzar el glorioso movimiento a que se ha lanzado el Ejército español, secundado con todo entusiasmo por el pueblo sano, es indudablemente el de la educación ciudadana en todos sus aspectos. Y uno de éstos es la nobleza de sentimientos y la generosidad para con el vencido.

En estos días en que la Justicia Militar cumple la triste misión al dar cumplimiento a sus fallos, de dar satisfacción a la vindicta pública, se ha podido observar una inusitada concurrencia de personas al lugar en que se verifican estos actos, viéndose entre aquéllas niños de corta edad, muchachas jóvenes y hasta algunas señoras. Son públicos en verdad, tales actos, pero la enorme gravedad de los mismos, el respeto que se debe a los desgraciados, víctimas de sus yerros, en tan supremo trance, son razones más que suficientes para que las personas que por sus ideas, de las que muchas hacen ostentación, deban abrigar en sus pechos la piedad, no asistiendo a tales actos, ni mucho menos llevando a sus esposas y a sus hijos. La presencia de estas personas allí dice muy poco en su favor; y el considerar como espéctaculo el suplicio de un semejante, por muy justificado que sea, da una pobre idea de la cultura de un pueblo.

Por esto precisamente, es de esperar de la nunca desmentida hidalga educación del pueblo de Valladolid, que se tendrán en cuenta estas observaciones.

Valladolid, 24 de septiembre de 1936.»

rían perseguidos en juicio sumarísimo del Código de Justicia Militar, los insultos y agresiones a todo militar, funcionario público o individuo perteneciente a las milicias que hubieren tomado las armas para defender la Nación; los delitos de rebelión, sedición y sus conexos, atentados, resistencia y desobediencia a la Autoridad y sus Agentes, comprendidos en el epígrafe *delitos contra el Orden Público* del Código Penal Ordinario, los atentados contra medios de comunicación y sus edificios de servicio; los cometidos contra las personas o la propiedad por móviles políticos o sociales; y los realizados por medio de la imprenta u otro medio de publicidad. El concepto de rebelde comprendía a quienes propagasen noticias falsas o tendenciosas con el fin de quebrantar el prestigio de las fuerzas militares y de los elementos que prestasen servicios de cooperación al Ejército; a los poseedores de armas de fuego o explosivos, sin licencia de la Junta de Defensa Nacional o de sus legítimos representantes; a quienes celebrasen reuniones o manifestaciones sin permiso; a los que cometieren los delitos de atentado, contra la propiedad o las personas y de los de por medio de publicidad, antes reseñados; y a quienes tendiesen a impedir o dificultar el abastecimiento de artículos de primera necesidad y a los que coartasen la libertad de contratación o trabajo o que abandonasen éste.

Quizás por el resultado de las represiones, incluso de asesinatos que elementos ajenos a las autoridades militares estaban cometiendo, la Junta de Defensa Nacional, por Decreto de 31 de agosto de 1936, reiteró las reglas de competencia y enjuiciamiento sumarísimo de los Consejos de Guerra contenidas en el Código de Justicia Militar. Decía la exposición de motivos: «Se hace necesario en los actuales momentos, para mayor eficacia del movimiento militar y ciudadano, que la norma de las actuaciones judiciales castrenses sea la rapidez, haciéndola compatible con las garantías procesales de los encartados; que se evite en lo posible distraer del servicio de armas a los jefes, oficiales y clases para ocuparlos en la tramitación de dicho procedimiento y que, finalmente, se atienda a las conveniencias del servicio militar obviando las dificultades de comunicaciones». De aquí el no autorizarse a desempeñar los cargos de jueces, secretarios y defensores a jefes del Ejército y sus asimilados, aunque estuviesen en situación de retirados.

En el mismo sentido de completar el sistema de enjuiciamiento, por Decreto de 24 de octubre de 1936 del general Franco, ya jefe del Gobierno del Estado y generalísimo de los Ejércitos, fue creado el Alto Tribunal de Justicia Militar con atribuciones, entre otras, de conocer las causas falladas por los Consejos de Guerra en los casos de disentimiento entre las autoridades militares y sus auditores; más adelante suprimido al crearse por Ley de 5 de septiembre de 1939, el Consejo Supremo de Justicia Militar. Por Decreto de 8 de noviembre de 1936 son nombrados capitanes honoríficos de Complemento del Cuerpo Jurídico Militar los jueces y fiscales de la jurisdicción ordinaria destinados a formar parte de los Consejos de Guerra permanentes, creados para la plaza de Madrid el 1.° de noviembre de 1936 y después, por Decreto de 26 de enero de 1937, hechos extensivos a todo el territorio liberado y que se fuera liberando. A los aspirantes a las Carreras judicial y fiscal, con análogos destinos, les eran conferidos nombramientos de alféreces provisionales del Cuerpo Jurídico Militar. Destacable del Decreto de 1.° de noviembre de 1936, dado en Salamanca, es su previsión de establecer organismos jurídicos militares al creerse que la conquista de Madrid era inminente, y así lo revela el preámbulo: «El restablecimiento del orden jurídico en la plaza de Madrid, alterado durante más de tres meses, y el número de crímenes de todo orden, amparado por la carencia de tribunales, cuando no protegidos a instancia del llamado Gobierno de la República, obliga a dictar la siguiente disposición en la que, junto a las garantías procesales, queden coordinadas todas las características de rapidez y ejemplaridad tan indispensables en la justicia castrense».

Por Decreto de 8 de noviembre de 1936 se disponían en cuanto a las personas fallecidas tanto de muerte natural como de muerte violenta, las respectivas inscripciones en el Registro Civil. Es muy significativa la exposición de motivos, por lo que refleja la existencia de muertes violentas en la retaguardia: «Consecuencia natural de toda guerra es la desaparición de personas, combatientes o no, víctimas de bombardeos, incendios u otras causas con la lucha relacionadas, acaeciendo que, no obstante la certeza del óbito, la identificación de los cadáveres, ya por ser desconocidas las personas en el lugar en que su muerte ocurriera o por aparecer deformes o descompuestas, resulta labor imposible. Estas circunstancias que motivaron últimamente el Decreto de 19 de mayo de 1923, demandan ahora con más intensidad la adopción de una medida análoga tendente a facilitar la inscripción de ausencias, desapariciones o fallecimientos, con objeto de que las relaciones patrimoniales y familiares puedan normalizarse sin aquella demora que impondría la observación de preceptos notoriamente inadecuados en el presente caso». El Decreto contenía tres artículos, el primero disponiendo la inscripción del fallecimiento o desaparición en el Registro Civil del último domicilio o, si éste no constare, en el de la naturaleza; el segundo de declaración de la presunción de muerte y de los cinco años de inscribirse la desaparición; y el tercero, autorizando a la Comisión de Justicia, dependiente de la Junta Técnica del Estado, para la redacción de las órdenes de desenvolvimiento y cumplimiento de lo decretado. De manera similar también serían previstas estas situaciones por el Gobierno de la Zona de Madrid.

2. Los rebeldes al orden político

No sólo condenaban los tribunales militares a quienes eran calificados de colaboradores con el Gobierno de la también denominada Zona no liberada, sino igualmente a los que se rebelaban contra el orden político de la de Burgos. Ejemplo, el famoso proceso incoado al grupo de falangistas dirigido por Manuel Hedilla Larrey, jefe de Falange Española en ausencia de José Antonio, tanto por los choques sangrientos habidos en Salamanca con otro grupo, también falangista, como por las disensiones ante el control de gobierno único del general Francisco Franco. A fines de junio de 1937 era condenado Hedilla a pena de muerte, y después indultado. El jefe delegado de la Comunión Tradicionalista, Manuel Fal Conde, fue expulsado de España en abril de 1937, residiendo en Lisboa hasta su regreso el mes de agosto siguiente [24]; ello a causa de haber organizado una acade-

[24] Con detalles, en estas obras: DÁVILA, S.: *José Antonio, Salamanca y otras cosas*, Madrid, Aguado, 1967.
DEL BURGO, J. I.: *Conspiración y guerra civil*, Madrid, Editorial Alfaguara, 1970.
GARCÍA VENERO, M.: *Historia de la Unificación (Falange y Requete)*, Madrid, Talleres Graf. Agesa, 1970.
HEDILLA LARREY, M.: *Testimonio*, Barcelona, Acervo, 1972.
ALCÁZAR DE VELASCO, A.: *Los 7 días de Salamanca*, Madrid, G. del Toro Editor, 1976.

mia militar para oficiales del Requeté sin contar con autorización del mando supremo de Burgos, y también por oponérsele en las demás cuestiones de competencias y atribuciones en los órdenes político y militar. La pretensión de Fal Conde, que anunciaba el 8 de diciembre de 1936, la convocatoria del primer curso de la academia, fue rápidamente eliminada por el Decreto dado en Salamanca el 20 de igual mes; el cual «con objeto de reglamentar el servicio de las milicias nacionales y fuerzas auxiliares, que tan valiosa cooperación vienen prestando a las fuerzas del Ejército en la defensa de la patria, y para determinar las relaciones de dependencia, obligaciones y deberes del personal perteneciente a la misma» dispuso que «todas las milicias y fuerzas auxiliares movilizadas, quedan sujetas al Código de Justicia Militar en todas sus partes»; las «que guarnezcan frentes o provincias estarán a las órdenes de las Autoridades Militares»; y «todas mandadas por jefes y oficiales del Ejército, y oficialidad de complemento del Ejército, o formadas en las escuelas militares de él dependientes».

Al igual que el problema de discrepancias entre milicias de Falange y Requeté con la Autoridad Militar quedaba decidido, el de la línea política de sus respectivos programas fue resuelto por Decreto del general Franco de 19 de abril de 1937, llamado de Unificación. Decía el preámbulo que «una acción de gobierno eficiente, cual cumple ser la del Nuevo Estado Español, nacido por otra parte bajo el signo de la unidad y la grandeza de la Patria, exige supeditar a su destino común la acción individual y colectiva de todos los españoles»; y el artículo 1.°, «Falange Española y Requetés, con sus actuales servicios y elementos, se integran bajo mi jefatura, en una sóla entidad política de carácter nacional que, de momento, se denominará Falange Española Tradicionalista y de la JONS». Los estudiantes falangistas y tradicionalistas estaban agrupados en distintas organizaciones, SEU y AET, respectivamente; pero después de algunos incidentes ocurridos en Burgos el 11 de octubre de 1937, entre ellos el de no haber desfilado los de la AET ante el jefe del Estado, ambas fueron formalmente unificadas con el nombre de SEU por Decreto de 21 del siguiente mes.

3. Represión y depuración de funcionarios judiciales

La represión afectaba al Cuerpo Judicial. De un libro de quien en 1936 y 1937 desempeñaba la Secretaría del Juzgado de Instrucción de Burgos, Antonio Ruiz Vilaplana, recogemos los datos de haber sido fusilados, en aquella Zona, dos magistrados y un juez, un oficial y un auxiliar de la Audiencia de La Coruña, un oficial de la Audiencia de Burgos y un alguacil del mismo territorio, por ser considerados de ideología socialista o discrepantes del régimen allí existente. Antes había escrito, «por toda la Zona nacionalista el Movimiento Militar adquirió un tinte de ferocidad indescriptible»; y narra las muchas diligencias de levantamientos de cadáveres que, en julio y agosto de 1936, practicó el Juzgado. De una de ellas explica: «El juez y yo regresábamos apesadumbrados y en el sumario abierto aquel día hay un título anodino y vulgar», *hallazgo de un cadáver desconocido en la Quinta de Miraflores* [25]. Según referencias llegadas testimonialmente a nuestro conoci-

[25] Ruiz Vilaplana, A.: *Doy fe... Un año de actuación en la España Nacionalista*, Barcelona, Epidauro Ediciones, 1977, pp. 35, 79, 156 y 157.

miento han de añadirse los fusilamientos de dos magistrados y dos jueces, y quizás habrán sido más. Al ir extendiéndose la Zona del Gobierno de Burgos volvían a reproducirse las represalias; primero habían sido las de los republicanos y luego fueron las de los nacionalistas.

Otras represiones fueron las de depuración de funcionarios públicos. Dentro de ellas, por lo que aquí interesa, las de los de Administración de Justicia. El 2 de septiembre de 1936 se dicta Decreto disponiendo que las Salas de Gobierno de las Audiencias Territoriales y las Juntas de Gobierno de las Provinciales podrían destituir, sin sujeción a las normas de expedientes, hasta entonces vigentes «a los jueces y fiscales municipales cuya actuación negligente, contraria al Movimiento Nacional o poco patriótica» aconsejare tal medida. El día 13 del mismo mes, Decreto conteniendo, entre otras normas de diversas prevenciones, la de su artículo 3.º, de que los funcionarios públicos y los de empresas subvencionadas por el Estado, Provincia o Municipio o concesionarios de servicios públicos, pudieran ser corregidos, suspendidos y destituidos cuando hubieren tenido actuaciones antipatrióticas o contrarias al Movimiento Nacional. Con él se relacionó el Decreto-ley de 5 de diciembre de 1936, de la ya Junta Técnica del Estado, que perceptuaba «la separación definitiva del servicio de toda clase de empleados que por su conducta anterior o posterior al Movimiento Nacional se consideren contrarios a éste, cualquiera que sea la forma en que ingresaren y la función que desempeñen», y además excluía de recursos ante la Jurisdicción Contencioso-administrativa las resoluciones del presidente de la Junta Técnica del Estado, gobernador general, secretario de Relaciones Exteriores y Secretaría de Guerra que impusieren sanciones a los funcionarios públicos como consecuencia de sus actuaciones políticas, cualquiera que hubiere sido el procedimiento seguido para dictarlas. También, para todos los funcionarios públicos se promulgaba el Decreto de 3 de igual diciembre, estatuyendo que quienes se hubieran ausentado de su residencia oficial en la Zona liberada a partir del 18 de julio anterior, sin licencia, autorización ni comisión de servicio, o fueran «declarados cesantes sin formación de expediente»; considerando presentes en la residencia oficial a los que se encontrasen en el frente al servicio del Movimiento Nacional.

Para los funcionarios judiciales y fiscales en particular, además del referido Decreto de 2 de septiembre, atinente a los jueces y fiscales municipales, se dictó la Orden de 3 de noviembre de 1936 para que los expedientes de depuración instruidos se ajustasen al procedimiento disciplinario ordenado en el artículo 737 del la Ley Orgánica del Poder Judicial, con vista del expediente al interesado, aportación de pruebas y audiencia por escrito al mismo y al Ministerio Fiscal. Como instructores de estos expedientes podrían ser nombrados indistintamente funcionarios de cualquiera de las Carreras Judicial o Fiscal, siendo libremente designados en cada caso por la Comisión de Justicia de la Junta Técnica del Estado. Desde entonces comenzaron a dictarse, por el presidente de la Junta Técnica o con su autorización por el de la Comisión de Justicia, Ordenes destituyendo en el cargo, y con baja en el escalafón respectivo, a magistrados, jueces, fiscales, secretarios, oficiales y agentes judiciales, aplicando el artículo 3.º del Decreto 108, el ya dicho de 13 de septiembre de 1936. Unas órdenes contenían motivos detallados, tal la de 24 de noviembre de 1936 referente a un agente judicial, porque «pertenecía al partido de Izquierda Republicana, que asistía diariamente al domicilio social de aquel partido, secundando con estusiasmo las órdenes del mismo, despachando correspondencia política en el local de la Audiencia, donde tenía el sello del partido». En otras órdenes la separación definitiva del servicio era «en atención a las circunstancias que concurrían en el sancionado». Algunas se reducían a exponer «visto el expediente instruido para depurar la conducta de don...». Una Orden de 22 de diciembre de 1936 la firmaba el presidente de la Comisión de Justicia, disponiendo la separación del servicio activo y baja en el escalafón de cierto magistrado, «de conformidad con lo ordenado por el excelentísimo señor presidente de la Junta Técnica del Estado con fecha 21 del corriente». La Orden de 28 de igual mes impuso sanciones de suspensión de empleo y sueldo a varios funcionarios judiciales, aplicando el artículo 3.° del Decreto 108, en atención a sus actuaciones y las circunstancias que en ellos concurrían.

El resultado de los expedientes de depuración influía, además, en las provisiones de las plazas de la respectiva carrera. Así, la Orden del ministro de Justicia fecha 24 de agosto de 1938, rectificada el 1 del siguiente mes, sacaba a concurso plazas vacantes de jueces y magistrados, en el que sólo tomarían parte los que se encontrasen «en zona liberada en servicio activo y resueltos favorablemente, en su caso, sus respectivos expedientes de depuración». Quienes hubieran sido trasladados a virtud de corrección disciplinaria no podían tomar parte en los concursos hasta pasado un año a partir del traslado y, en ningún caso, podrían ser destinados nuevamente al lugar de donde fueron removidos. Cuando se dicta la Ley de 27 de agosto de 1938, sobre organización provisional del Tribunal Supremo, sus artículos 2.° y 14.° establecían, primero, la separación de los magistrados y fiscales que lo integraban, luego la posibilidad de volver al servicio activo, si lo solicitaren, con la categoría y número de escalafón, si hubiere sido resuelta favorablemente la depuración; y, en fin, que no podrían ser designados magistrados ni fiscales de él, «los que en virtud de expediente de depuración con motivo del Movimiento Nacional hayan sido objeto de sanción, cualquiera que sea la naturaleza de ésta».

Sesenta jueces fueron los separados de la carrera según contabiliza Toharia sobre las bases de los escalafones [26]. En el año 1939, mes de febrero, cuando la guerra iba terminando, sendas Leyes de los días 9 y 10 completan el ciclo normativo de las depuraciones, en especial la del 10. Esta ley se promulgó para exigir responsabilidades, por vía administrativa, a los funcionarios de los Ministerios Civiles de la Administración del Estado, para investigar la conducta que hubieren seguido en relación con el Movimiento Nacional e imponerles las sanciones que correspondieran a tal comportamiento y convenieren al buen servicio del Estado. Todos los funcionarios deberían presentar declaración jurada especificando nombres y apellidos, Cuerpo o Servicio y categoría administrativa, destino que estaban desempeñando el 18 de julio de 1936, adhesión al Gobierno de una u otra Zona, servicios prestados al Movimiento Nacional, sueldo o haberes disfrutados, partidos políticos a que pertenecieren y su cotización, así como a entidades tales como Socorro Rojo Internacional o Amigos de Rusia; si pertenecían o habían pertenecido a la Masonería, con el grado y cargo dentro de ella, y los testigos y documentos para corroborar la veracidad de las afirmaciones. Luego cada Ministerio

[26] TOHARIA, J. J.: *El juez español...* Ob. y p. cit.

o Servicio designaba los jueces instructores, quienes incoaban primeras diligencias terminando con propuesta de admisión o de incoación de expediente para imponer sanciones. Incoado el expediente quedaba en suspenso el funcionario, se le daba trámite de audiencia, era formulado pliego de cargos y se le comunicaba para contestación de descargo. Resolvía el ministro del respectivo departamento, de manera discrecional, siendo sanciones a imponer las de tralado forzoso, postergación, inhabilitación para puesto de mando o de confianza y la de separación definitiva del servicio. Por el artículo 8.º de la Ley de 27 de agosto de 1938, sobre organización provisional del Tribunal Supremo —antes citado—, estaban excluidas de recurso contencioso-administrativo las resoluciones de la Administración Central. Estas normas fueron las aplicadas a los funcionarios judiciales y fiscales, elevando los jueces instructores sus propuestas al Ministerio de Justicia. Las resoluciones sancionadoras, es decir, de algunos que vivieron directamente aquellos momentos, tuvieron extremada dureza.

La depuración de funcionarios por vía de responsabilidad política fue establecida en la dicha Ley de 9 de febrero de 1939. Motivo: el haber contribuido «a crear o agravar la subversión de todo orden, de que se hizo víctima España», o el de haberse «opuesto o se opongan al Movimiento Nacional con actos concretos o con pasividad grave». Para estos funcionarios preveía el artículo 11 las sanciones de inhabilitación absoluta, de inhabilitación especial y las con ellas compatibles de pérdida de bienes y pago de cantidad fija que, a tenor del artículo 10, conllevaría necesariamente toda condena.

4. Las incautaciones de bienes. La Ley de Responsabilidades Políticas

Las responsabilidades políticas habían venido determinando, desde principios de la guerra, la incautacion de bienes de personas físicas y jurídicas calificadas de contrarias al régimen de la Zona de Burgos. Ya el aludido Decreto de 13 de septiembre de 1936 en su artículo 2.º dispuso «la incautación de cuantos bienes muebles, inmuebles, efectos y documentos pertenecieren» a partidos políticos y agrupaciones integrados en el Frente Popular, así como a los de las organizaciones que «hubieren tomado parte en la oposición hecha a las fuerzas que cooperan al movimiento nacional»; y los artículos 5.º, 6.º y 7.º establecieron medidas precautorias de embargo respecto a los bienes de «aquellas personas que por su actuación fueran lógicamente responsables directos o subsidiarios, por acción o inducción, de daños y perjuicios de todas clases ocasionados directamente o como consecuencia de la oposición al triunfo del movimiento nacional». En su cumplimiento, varios Decretos de agosto de 1936 acordaron las incautaciones de almacenes y establecimientos fabriles, de minas de cobre, entidades bancarias y una fábrica de calzados. Para la administración de todos los bienes incautados el Decreto-ley de 10 de enero de 1937 instituyó una Comisión Central compuesta por un intendente Actuarial o intendente, un registrador de la Propiedad, un abogado del Estado, un notario y las demás personas que se considerasen necesarias, e instituyó también comisiones administradoras en cada Provincia, compuestas por el gobernador civil, un magistrado de la Audiencia y un abogado del Estado.

Finalmente, la ya aludida Ley de 9 de febrero de 1939, denominada de Responsabilidades Políticas, con sus 89 artículos y ocho disposiciones transitorias, afectaba a personas individuales, a los partidos políticos del Frente Popular, a todas las logias masónicas y cualesquiera otras entidades, agrupaciones o partidos filiales de análoga significación. Textualmente, —y lo reproducimos repitiendo el apartado final— el artículo 1.° declaraba «la responsabilidad política de las personas, tanto jurídicas como físicas, que desde 1.° de octubre de 1934 y antes del 18 de julio de 1936, contribuyeron a crear o agravar la subversión de todo orden de que se hizo víctima a España y de aquellas otras que, a partir de la segunda de dichas fechas, se hayan opuesto o se opongan al Movimiento Nacional con actos concretos o con pasividad grave». Las sanciones para los funcionarios públicos ya las hemos dicho. Respecto a las personas jurídicas y a las individuales no funcionarios públicos, las sanciones eran de extrañamiento, relegación a las posesiones africanas, confinamiento y destierro, como restrictivas de la libertad de residencia; y las de pérdida total de los bienes, pago de cantidad fija y pérdida de bienes determinados, como de carácter económico. Los órganos a quienes les correspondía entender en materia de responsabilidades políticas con exclusión de cualquier otra jurisdicción, y dentro de la respectiva esfera de conocimiento, fueron el Tribunal Nacional, la Jefatura Superior Administrativa, los Tribunales Regionales, las Audiencias y los Juzgados Civiles Especiales. Del Tribunal Nacional formaban parte, como vocales, dos magistrados de categoría no inferior a magistrado de Audiencia; de los Tribunales Regionales, un funcionario de la Carrera Judicial con categoría no inferior a juez de Ascenso; en las Audiencias Territoriales se establecía una sala, de tres magistrados, con competencia para conocer de las reclamaciones contra resoluciones de los Juzgados Civiles Especiales; y titular de estos era un juez de 1.ª Instancia o magistrado de la Carrera Judicial. En la Junta Superior Administrativa y en los Juzgados Instructores Provinciales no figuraba miembro alguno de la Carrera Judicial.

IV. La Ordenación Legislativa en la zona del Gobierno de Madrid

1. Los Gobiernos del Trienio

La zona del Gobierno de Madrid contaba con un Estado constituido, Departamentos Centrales y Locales, órganos y servicios en funcionamiento y todos los resortes del poder oficial a su disposición.

Llegada la guerra el 18 de julio, las diversas circunstancias sobrevenidas en el seno de la esfera gubernamental y los avatares impuestos por los acontecimientos bélicos, produjeron, de seguida, hondas repercusiones en las calles y los campos y, principalmente, en los centros donde tenían sede de mando quienes regentaban la cosa pública. Como síntoma y testigo de las situaciones críticas en que estos se hallaban, y las dificultades de salida de ellas, es suficiente con recordar que en los dos años y casi nueve meses de guerra, el Gobierno tuvo 4 presidentes: Diego Martínez Barrios, José Giral Perisa, Francisco Largo Caballero y Juan Negrín López; y 5 ministros de Justicia que fueron: Manuel Blasco Garzón, Mariano Ruiz

Funes, Juan García Oliver, Manuel Irujo Ollo y Ramón González Peña. Mientras, en Cataluña, ostentó la presidencia de la Generalidad Luis Campany Jover y como consejeros de Justicia José Quero Molares, Andrés Nin, Rafael Vidiella, Juan Camorera y Pedro Bosch Gimpera, entre otros. En el País Vasco, presidente, José Antonio Aguirre Lecube y en el departamento de Justicia Jesús María de Leizaola.

2. Estatutos de Autonomía. El Estatuto Vasco; Ministerio Fiscal y Tribunal Superior

Cataluña disfrutaba ya, desde el 9 de septiembre de 1932, de Estatuto Autonómico. Refiriéndose a los años 1936-1939, el de Vasconia fue aprobado por las Cortes el 1.º de octubre de 1936, con promulgación el día 6 siguiente; dedicando a la organización judicial el artículo 3.º, exceptuadas las jurisdicciones militares de Ejército y Armada. La designación de los jueces y magistrados sería hecha por la Región Autónoma mediante concurso entre los comprendidos en el escalafón general del Estado, siendo condición preferente la de conocimiento del Derecho Foral Vasco, y tratándose de territorio de habla vasca el de la lengua, pero sin que pudiera establecerse excepción alguna por razón de la naturaleza o vecindad. Los secretarios y auxiliares serían nombrados por la Región Autónoma con arreglo a las Leyes Orgánicas del Estado; y los funcionarios de justicia municipal, con arreglo a la organización y régimen que el País Vasco estableciera.

El Ministerio Fiscal, conforme al artículo 104 de la Constitución, era organizado y designado por el Estado español; sin perjuicio de que la Región encomendase el mantenimiento de la competencia y la defensa de los intereses de sus órganos autónomos, ante los Tribunales de todo orden del País Vasco, a uno o varios letrados, quienes habrían de promover la acción pública.

El Tribunal Superior, nombrado conforme a la legislación anterior, tenía jurisdicción propia y facultades disciplinarias en las materias civiles y administrativas cuya legislación exclusiva correspondiese al País Vasco, y conociendo los recursos de casación y revisión que sobre tales materias se interpusieran. Resolvería, igualmente, las cuestiones de competencia y jurisdicción entre las autoridades judiciales de la región; asimismo, sobre los recursos de calificación de documentos referentes al Derecho Privado Vasco que hubieren de tener acceso a los Registros de la Propiedad. Con arreglo a lo prevenido en el artículo 14 apartado 11 de la Constitución, en todo lo aquí no previsto continuaría subsistente la jurisdicción del Tribunal Supremo de Justicia Militar.

3. Los funcionarios interinos. Los Tribunales Populares

Una de las primeras disposiciones que se dictaron en materia de administración de justicia, fue el Decreto de 27 de julio de 1936 autorizando el ministro de Justicia para que pudiera nombrar con carácter interino, a fin de que formasen parte de Juzgados y Salas de Justicia, a los funcionarios de las Carreras Judicial y Fiscal y de los Cuerpos Jurídicos del Ejército y de la Armada, hasta que sus titulares, no podidos incorporar por hallarse ausentes con permiso y vacaciones de verano, se presentaren al respectivo destino.

Mas la legislación más interesante en atención y más cuidada de regulación por el Gobierno fue la de los Tribunales Populares. Se crearon con el carácter de especiales de la jurisdicción ordinaria, llamándose a ésta con el calificativo de civil para reafirmar la competencia sin confusiones con la propia de los Tribunales Militares, los cuales de otra parte, sólo continuaban con las atribuciones exclusivas en los delitos castrenses. Y se crearon los Tribunales Populares, asimismo, para poner fin, o al menos, frenar las intervenciones y organizaciones que actuaban sin control alguno en asesinatos y ejecuciones de muerte.

Primero se creó el Tribunal Especial de Madrid, por Decreto de 23 de agosto de 1936: «Para juzgar los delitos de rebelión y sedición y los cometidos contra la seguridad del Estado por cualquier medio, previstos y penados en las leyes, se crea con plena jurisdicción un Tribunal Especial compuesto por tres funcionarios judiciales, que juzgarán como jueces de Derecho, y catorce jurados que decidirán sobre los hechos de la causa». Los funcionarios judiciales eran nombrados por Orden del ministro de Justicia; los jueces populares, designados por los partidos que integraban el Frente Popular y organizaciones sindicales afectas al mismo, atribuyéndose dos miembros a cada uno de dichos partidos y organizaciones. El procedimiento era sumarísimo. Dos días después, el Decreto del 25 creaba idénticos Tribunales en cada capital de Provincia; y eran reguladas las tramitaciones de los sumarios, por jueces especiales con sus Secretarías y asistencia del Ministerio Fiscal, y las tramitaciones del juicio oral, en vista pública excepto caso justificado de a puerta cerrada; interrogatorios, pruebas, intervenciones del fiscal y los defensores, veredicto del Jurado y, finalmente, la sentencia según deliberación y votación del Tribunal. Contra sus sentencias no se daba recurso alguno. El preámbulo de este Decreto de 25 de agosto de 1936 exponía las razones de justicia rápida y eficaz conjugada con las garantías de defensa del acusado; añadiendo que «la organización judicial española, pese a la buena disposición de la Magistratura y a la lealtad al régimen y al Gobierno legítimo que tanto con palabras como con hechos han demostrado en estos instantes, particularmente, por medio de sus órganos más altos y representativos, no ha podido dar todo el rendimiento de que es capaz la actividad de sus componentes por falta de normas procesales que le permitan, sin salirse de la ley, acelerar trámites y suprimir obstáculos de mera fórmula». Y por Decreto del 15 de septiembre de 1936, se extendía la competencia de estos tribunales al conocimiento de los delitos militares o comunes cometidos por militares o paisanos durante las operaciones de la campaña, con ocasión de las mismas o en territorio donde dichas operaciones se realizaren y que por la índole de la infracción fueren susceptibles de perturbar el natural desarrollo de ellas. Otro Decreto de 6 de octubre de 1936 les extendía la competencia al conocimiento de los delitos de traición y espionaje previstos y penados por el título V del Tratado Segundo del Código de Justicia Militar.

Tribunal Especial fue también el establecido en Madrid por Decreto de 6 de octubre de 1936, con composición igual que la de los anteriores, para la exigencia y efectividad de las responsabilidades derivadas de los delitos de rebelión, sedición, contra la seguridad exterior del Estado, traición y espionaje, y para aquellas otras en que hubieran podido incurrir quienes hubiesen «participado en el movimiento rebelde y cuya participación pueda estimarse en virtud de indicios racionales».

En adelante, el Decreto de 7 de mayo de 1937, unificó toda la legislación de los Tribunales Especiales, denominándolos para lo sucesivo Tribunales Populares; delimitando las competencias entre la jurisdicción ordinaria y las militares y, además, creando los Tribunales Populares de Guerra y de la Armada. este mismo día 7 fueron promulgados otros tres Decretos, como consecuencia del anterior: Uno, atribuyendo los delitos comunes, los de espionaje, los contra la seguridad del Estado y los no estrictamente militares, a los Tribunales Populares (de tres funcionarios judiciales y ya sólo ocho jurados), a los Jurados de Urgencia, Jurados de Guardia, Jurados de Seguridad y al Tribunal Popular de Responsabilidades Civiles. Otro, atribuyendo a los Tribunales Populares de Guerra los delitos calificados de estrictamente militares; con la composición del Tribunal, que era de presidente el Delegado del Comisariado General de Guerra, un vocal técnico del Cuerpo Jurídico o en su defecto militar con título de letrado, y tres vocales militares que fueren de categoría igual o superior al inculpado y en todo caso de algunas de las categorías del Cuerpo de Suboficiales. Y el tercer Decreto, referente a los Tribunales Populares de la Armada, competentes, en delitos estrictamente militares de las Fuerzas de Marina y del Aire, y se componían de presidente y cuatro vocales, uno de ellos ponente-jurídico, designados por el mando superior de la jurisdicción, Escuadra, División o Base Naval respectiva entre los oficiales y suboficiales mayores de veinticinco años que carecieran de antecedentes penales por razón de delito.

El Decreto de 22 de junio de 1937 creó el Tribunal Especial de Espionaje y Alta Traición, con jurisdicción en todo el territorio nacional, actuando en la localidad donde residiera el Gobierno y como parte integrante de la Audiencia Territorial de la misma residencia. Estaba compuesto por tres jueces o magistrados de la Jurisdicción ordinaria y dos militares o marinos, letrados. De presidente, el juez o magistrado civil que designare el Ministerio de Justicia. El artículo 5.° relacionaba hasta doce tipos de delitos de espionaje y el 6.° cuatro del de alta traición. El artículo 12 estableció que si la pena impuesta en la sentencia fuera de muerte, no sería firme ni ejecutada hasta recibir el «enterado» del Gobierno al que se le comunicaría previamente la sentencia; la cual podría ser revisada a juicio del Gobierno y previo informe de la Sala de Gobierno del Tribunal Supremo. Contra los demás fallos del Tribunal, no procedía recurso alguno.

4. Decretos de suspensión de términos judiciales. Reorganización del Tribunal Supremo

En el aspecto de la organización y funcionamiento de los Tribunales de Justicia comenzamos recordando el Decreto de 23 de julio de 1936 que «teniendo en cuenta la perturbación producida en la vida normal ciudadana por la incalificable sublevación de elementos militares, lo que constituye un evidente caso de fuerza mayor, en armonía con lo dispuesto en los artículos 311 y 554 de la Ley de Enjuiciamiento Civil y artículo 202 de la de Enjuiciamiento Criminal», se suspenden en toda la Nación durante ocho días, a contar del 18 del corriente, todos los términos judiciales previstos por las leyes en toda clase de procedimientos, tanto del orden civil como del criminal o del Contencioso-administrativo, exceptuándose los procedimientos que se siguieran «ante los Tribunales de urgencia con arreglo a la Ley de Orden Público, pero sólo hasta quedar dictada la sentencia de instancia». Las disposiciones de este Decreto, con tan corto y optimista plazo de suspensión visto desde la perspectiva de hoy, fueron prorrogándose sucesivamente y más adelante sin señalamiento de fecha terminal.

El Decreto de 11 de agosto de 1936 se refirió, igualmente, a la situación excepcional: «El trastorno producido en la vida jurídica española por el condenable movimiento sedicioso presente y la necesidad de sustraer a la Administración de Justicia, cuyo prestigio exige que se halle controlada siempre por la autoridad legítima del Estado, de la influencia de hecho que puedan ejercer sobre ella las Agrupaciones facciosas, obliga al Gobierno a hacer uso de las facultades que para estos casos excepcionales le concede el artículo 21 de la Ley Orgánica del Poder Judicial»; acordando por ello la disolución «de todos los Juzgados y Tribunales de la Jurisdicción ordinaria correspondientes a los territorios, provincias o partidos que se hallaren ocupados por los elementos rebeldes y sustraídos por la fuerza de las armas a la autoridad legítima del Estado»; declarándose nulas todas las resoluciones que por los mismos se hubieren dictado desde el día 18 de julio del presente año, y entendiéndose suspensos, desde esta fecha, todos los procedimientos judiciales que ante ellos se hallaren en tramitación. Asimismo, eran declarados cesantes todos los funcionarios judiciales y fiscales, los secretarios, vicesecretarios, oficiales, médicos forenses, auxiliares y subalternos de dichos Juzgados y Tribunales, con la prevención de que el ministro de Justicia podría exceptuar de tal medida a quienes se presentaren en el Ministerio de Justicia «acreditando no haber tomado parte directa ni indirectamente en el movimiento sedicioso».

Con la finalidad de complementar las anteriores y referidas disposiciones sobre suspensión de términos judiciales, según decía el preámbulo, para el Decreto de 21 de noviembre de 1936 quedó «en suspenso, indefinidamente, el derecho de toda persona, natural o jurídica, a reclamar contra resoluciones de la Administración, en cualquiera de sus grados, que se hubieran adoptado desde el 17 de febrero del año 1936, no admitiéndose, desde la fecha de publicación del Decreto, «demanda alguna sobre la expresada materia Contencioso-administrativa»; y, a la vez, fueron suspendidas las tramitaciones de los pleitos a que afectaba la norma antecedente, continuando las de los restantes siempre que la resolución formal no implicare posibilidad de gravar los intereses públicos. Pero, dice el preámbulo del Decreto de 14 de enero de 1937, «como la suspensión general y absoluta de los recursos Contencioso-administrativos implicaría prácticamente convalidar resoluciones de Gobierno dictadas durante el ominoso bienio en que se incubó desde las esferas del poder el actual movimiento», se dictan seguidamente reglas para evitarlo. Entre ellas las de sus artículos 11 y 12: «La Administración acordará la ejecución de las sentencias firmes, dictadas por la jurisdicción Contencioso-administrativa, salvo en los casos previstos por la ley o cuando los particulares o entidades jurídicas que no fueren de derecho público, en favor de los cuales se hubieran reconocido los derechos reclamados, no demuestren a satisfacción del Gobierno su entera lealtad y adhesión al régimen». Y fuesen o no declaradas adictas al régimen estas personas, si el Gobierno decretare la inejecución de la sentencia, «quedará al prudente arbitrio del mismo Gobierno conceder o denegar la indemnización correspondiente». En fin, por otro Decreto, el de 6 de agosto de 1937, se alzaba la suspensión de estos recursos establecida por el anterior de 14 de enero, «siempre que los acuerdos de la Administración Pública recurridos oportunamente hayan sido dictados antes del 18 de julio de 1936 y que el recurrente sea manifiestamente adicto al régimen republicano».

El reseñado Decreto de 14 de enero de 1937 contenía, además de lo ya dicho, reglas organizadoras de las Salas 3.ª y 4.ª del Tribunal Supremo, de competencia Contencioso-administrativa, refundiéndolas en una sola 3.ª con presidente y seis magistrados actuantes en dos Secciones; otras sobre los trámites de sus recursos, sin vistas, no admisión de pruebas fuera del expediente excepto caso de ser absolutamente necesarias, y las sentencias conteniendo sólo la fecha, breve exposición de antecedentes, fundamentos jurídicos y el fallo.

De la misma fecha 14 de enero de 1937 y a relacionar con él fue otro Decreto, que reorganizaba el Tribunal Supremo; su constitución en Pleno, la Sala de Gobierno y las vistas y votaciones de Salas de Justicia con sólo tres magistrados. Destacamos el artículo 9.º: Las sentencias serían dictadas con arreglo a las leyes vigentes, acomodadas a la legalidad republicana, al texto constitucional y en cuanto no condujesen a consecuencias contrarias a la equidad. Si la Sala estimare que la sentencia llevaría, por la aplicación de las leyes, a decisión contraria a la equidad o constitutiva de notorio abuso de derecho, se abstendría de dictarla y lo pondría en conocimiento, inmediatamente, del presidente del Tribunal Supremo para que ordenare la constitución de la Sala de Equidad. La Sala de Equidad fue regulada por Decreto de 22 de agosto de 1937 presidiéndola el del Supremo o por el presidente de Sala en quien éste delegare, y la integrarían tres magistrados del propio Tribunal Supremo y tres vocales adjuntos comprendidos en las categorías de catedráticos de la Facultad de Derecho, expertos en actividades económicas y negocios de Derecho Privado, expertos en materia social y Jurados Familiares. Al sentenciar el Tribunal, si entendiese que el Derecho estatuido conduciría a consecuencias inequitativas, se atendría a normas de justicia natural y utilidad social, resolviendo el caso según conciencia.

V. LA ORDENACIÓN LEGISLATIVA EN LA ZONA DEL GOBIERNO DE BURGOS

1. La Junta de Defensa Nacional. La Junta Técnica del Estado. El Fuero del Trabajo y las Magistraturas

La zona del Gobierno de Burgos habría de estructurar el nuevo Estado; todo lo tenía por hacer, y sólo con líneas muy generales se iría proyectando la estructura de un nuevo Estado. Después de la proclama del general Franco, la madrugada del 18 de julio de 1936, en el siguiente día 19 las autoridades militares declaraban el estado de guerra respecto al territorio del mando respectivo. En Burgos, el 24 de julio, el general Emilio Mola Vidal instituyó el organismo superior Junta de Defensa Nacional que «asume todos los poderes del Estado y representa legítimamente al País ante las potencias extranjeras». Su presidente, el general Miguel Cabanellas Ferrer y, de vocales consejeros, cuatro generales y dos coroneles, entre ellos el mismo Mola. El general Franco Bahamonde fue incluido 15 días después. La Junta de Defensa Nacional, por Decreto del 29 de septiembre de 1936, nombró al general Franco jefe del Gobierno del Estado Español, asumiendo todos los poderes del nuevo Estado, y, asimismo, designándole generalísimo de todas las Fuerzas Nacionales de Tierra, Mar y Aire y confiriéndole el cargo de general jefe de los Ejércitos de Operaciones.

Por Ley dada en Burgos el 1.° de octubre de 1936, el general Franco crea la Junta Técnica del Estado, compuesta de siete comisiones. Para la de Justicia nombró, como presidente, a José Cortés López. A esta Comisión «compete la proposición de aquellas normas que en el orden procesal no tienen en la actualidad aplicación tangible, así como la modificación o alteración de las vigentes». Presidente de la Junta fue, primero, el general Fidel Dávila Arredondo, y, desde el 3 de julio de 1937, el general Francisco Gómez Jordana y Souza. La Junta Técnica, en Ley de 30 de enero de 1938, dispone la organización de la Administración del Estado, con Departamentos Ministeriales y al frente de cada uno un ministro, asistido del respectivo subsecretario. Eran 10 ministros. El artículo 17 de la ley prescribía que las disposiciones y resoluciones del jefe del Estado, previa deliberación del Consejo de Ministros, adoptarían forma de leyes cuando afectaren a la estructura orgánica del Estado o constituyeran las normas principales del ordenamiento jurídico del País; en los demás casos, la de Decreto. Por Decreto del jefe del Estado, de 1.° de febrero de 1938, fue nombrado ministro de Justicia, Tomás Domínguez Arévalo, Conde de Rodezno.

Al mes siguiente, el 9 de marzo, se dicta ley promulgando el Fuero del Trabajo. Su declaración VII anunciaba la creación de «una nueva Magistratura de Trabajo, con sujeción al principio de que esta función de justicia corresponde al Estado».

Por Decreto del 13 de mayo siguiente «se suprimen los Jurados Mixtos de Trabajo y los Tribunales Industriales. La competencia atribuida a unos y otros se confiere a las Magistraturas de Trabajo que por ese Decreto se crean». Más adelante nos referiremos a su organización.

2. Suspensión de la Ley del Jurado. Decretos de invalidación de las disposiciones legales y de las resoluciones judiciales de la zona del Gobierno de Madrid, posteriores al 18 de julio de 1936

Por el Decreto 102, de 8 de septiembre de 1936, «se suspende el funcionamiento del Jurado en todo el territorio nacional sometido a la Jurisdicción de esta Junta de Defensa Nacional y en el que en lo sucesivo se someta, de conformidad a lo dispuesto en la primera disposición especial de la vigente Ley del Jurado». Esta disposición, de la Ley de 20 de abril de 1888, se refiere a situaciones que pudieran producir «hechos de grave trascendencia en el orden público que hagan necesaria la suspensión del juicio por Jurados para asegurar la recta y desembarazada función jurisdiccional de los Tribunales de Justicia».

La existencia de dos Gobiernos dentro del mismo territorio nacional, enfrentados en lucha bélica, requería de cada uno pronunciamiento respecto a las disposiciones legales y resoluciones judiciales del otro. Así fue. Ahora citamos el Decreto del general Franco dado en Salamanca el 1 de noviembre de 1936, declarando «sin ningún valor ni efecto todas las disposiciones que, dictadas con posterioridad al 18 de julio último, no hayan emanado de las Autoridades Militares dependientes de mi mando, de la Junta de Defensa Nacional de España o de los organismos constituidos por la Ley de 1 de octubre próximo pasado». De aquí también el Decreto de 2 de marzo de 1939, con su disposición transitoria estatuyendo que en recursos interpuestos ante el Tribunal Supremo sólo se considerarían válidas las actuaciones anteriores al 18 de julio de 1936; y la Ley de 8 de mayo de 1939, ya terminada la guerra, acordó la privación de efectos a todas las resoluciones judiciales de cualquiera clase que fueren, en los órdenes civil, Contencioso-administrativo y penal «dictadas por funcionarios extraños al Movimiento Nacional, y a partir del 18 de julio de 1936, del carácter de firmes, y en su consecuencia, no producirán los efectos de la cosa juzgada ni la excepción que la protege». Después, el Decreto de 15 de junio dispuso análoga medida respecto a las resoluciones judiciales del orden laboral, dictadas por los Tribunales Industriales y de Trabajo, Audiencias y Sala de lo Social del Tribunal Supremo. El artículo 5.º de esta Ley de 8 de mayo declaró ineficaces de pleno derecho las sentencias pronunciadas por el Tribunal de Casación de la Generalidad de Cataluña después de la repetida fecha, y los recursos que en ella estuvieren preparados o interpuestos serían sustanciados y decididos por el Tribunal Supremo. Y en su misma línea la Ley de 8 de septiembre de 1939 dejó sin efecto y aplicación «todas las leyes, disposiciones y doctrinas emanadas del Parlamento de Cataluña y del Tribunal de Casación, restableciéndose en toda su integridad el Derecho existente al promulgarse el Estatuto». El Estatuto de Cataluña había sido derogado por Ley de 5 de abril de 1938.

3. Reorganización de los Tribunales. El Tribunal Supremo.

En cuanto a la organización y funcionamiento de los Juzgados y Tribunales hemos de referirnos, en primer lugar, al Decreto de la Junta de Defensa Nacional de fecha 24 de julio de 1936, disponiendo que a partir del anterior día 18 quedaban en suspenso los plazos y términos judiciales, excepto los de detención y prisión. Una Orden de 4 del siguiente septiembre dispuso el alzamiento de aquellas suspensiones cuando se justificara que pudieran cumplirse los plazos. Los plazos y términos procesales estuvieron interrumpidos desde el 18 de julio de 1936 al 29 de mayo de 1939. La Orden Circular del Tribunal Supremo de 17 de mayo de 1939 determinó la reanudación de la vida procesal de los expedientes y litigios a contar desde el 30 de mayo de 1939.

La Junta Técnica de Defensa Nacional dictó, en 27 de agosto de 1936, Orden constituyendo una Comisión para el estudio de la reorganización de los servicios de Justicia; compuesta por un magistrado y un fiscal de la Audiencia de Burgos, un abogado del Estado y el juez de Primera Instancia e Instrucción de Burgos, ampliándose al mes siguiente a los decanos de los Colegios de abogados y de notarios y secretario de Sala de la Audiencia, todos de Burgos.

Diversas Ordenes circulares, tales las de 7 de enero, 10 de febrero y 17 de abril de 1937, requerían a los jueces y fiscales para que comunicasen a la Comisión de Justicia de la Junta de Defensa Nacional sus datos nominales, de Carrera, destino, servicio, situación activa o de excedencia, presentación a las autoridades y, también, de adhesión al Movimiento Nacional. Y como sucede en los cambios de régimen político, la fórmula de compromiso personal del cumplimiento de las leyes, y su justa e imparcial aplicación, fue modificada la que venía rigiendo desde el Decreto 8 de mayo de 1931, de juramento o promesa y acatamiento a la Constitución y la República; sustituyéndose, según el de 16 de febrero de 1938, por la de «¿Juráis ante Dios y sobre los Santos Evangelios incondicional adhesión al Caudillo de España, administrar recta e imparcial justicia, obedecer las leyes y disposiciones referentes al ejercicio del cargo sin otro móvil que el cumplimiento del deber y el bien de España?»

Las consecuencias de la guerra originaron gran número de plazas vacantes en todos los Cuerpos de funcionarios de las Administraciones Central y Local. Para ser cubiertas mediante los sistemas de oposición y de concurso y reservar de su número una parte a favor de excombatientes, mutilados,excautivos y huérfanos de ellos, hasta un 80 por 100, se dictaron varias normas como la Orden de 2 de marzo de 1937, Decreto de 5 de abril de 1938 y Ley de 25 de agosto de 1939. Específicamente, para los Cuerpos de Judicatura, Ministerio Fiscal y Secretariados Judiciales, la Orden de 7 de diciembre de 1939 convocó cursos de aptitud para quienes, teniendo el título correspondiente y reuniendo las condiciones propias exigidas por la Ley Orgánica del Poder Judicial y del Ministerio Fiscal, estuvieren calificados de Caballeros Mutilados útiles, reservándoseles el 20 por 100 de las plazas sacadas a oposición para ser provistas con ellos.

El Tribunal Supremo fue organizado provisionalmente por Ley de 27 de agosto de 1938. El mismo día un Decreto nombraba a Felipe Clemente de Diego su presidente. El Tribunal fijaría la residencia interina en Valladolid, desde enero de 1939; y a lo que luego nos referiremos. El preámbulo de la ley reflejó la no pequeña cantidad de recursos de casación acumulados, suspendidos en la tramitación y la perentoriedad de satisfacer los intereses públicos y privados a cuya paralización había de ponerse fin; y asimismo se refirió a la «necesidad de orden genérico», que aconseja una ordenación cada día más completa y sistemática de los diversos órganos del Nuevo Estado Español, en la que no puede faltar por más tiempo un Tribunal Supremo de Justicia». Esquemáticamente así fue su contenido:

a) Separación de sus cargos de todos los presidentes, magistrados y funcionarios del Ministerio Fiscal que lo integraban. Luego, no podrían ser nombrados para el Tribunal Supremo quienes hubieren sido objeto de sanción por «virtud de expediente de depuración con motivo del Movimiento Nacional».

b) Composición: presidente, cuatro presidentes de Sala y 16 magistrados; fiscal, teniente fiscal y 13 abogados fiscales; secretario y vicesecretario de la Sala de Gobierno, nueve secretarios de Sala y los necesarios oficiales y personal auxiliar.

La Sala de Gobierno se formaba con el presidente del Tribunal Supremo, los cuatro presidentes de Sala y el Fiscal.

c) Materias de competencia de las Salas: Sala 1.ª, de lo Civil; 2.ª, de lo Criminal; 3.ª, de lo Contencioso-administrativo, y 4.ª, de lo Social. En materia Contencioso-administrativa por el artículo 8º quedaban «expresamente excluidos los recursos contra las resoluciones de la Administración Central»; fechadas desde el 18 de julio de 1936 según dispone el posterior Decreto de 2 de marzo de 1939.

d) Sistema de nombramientos: El presidente y el fiscal eran designados por el Gobierno entre personas del más alto prestigio por su competencia jurídica demostrada en el ejercicio profesional, en la Administración, en la Cátedra o en las Carreras Judicial o Fiscal. De los veinte magistrados, al constituirse el Tribunal, 15 serían nombrados por el Gobierno; y los otros cinco también por el Gobierno pero de los juristas comprendidos en terna formulada por aquellos que ya estuvieren designados; y una vez constituido el Tribunal, las vacantes sucesivas se cubrirían, las tres primeras entre magistrados de término, y la cuarta entre personas del más alto prestigio por su competencia jurídica demostrada en la Administración, en la Cátedra, en notables publicaciones jurídicas o en veinte años de ejercicio de la Abogacía; siendo propuestos por el Tribunal Supremo Pleno en terna elevada al ministro de Justicia, y de ella realizaba la designación el Gobierno. De teniente fiscal habría de ser nombrado quien hubiera pertenecido antes a la Fiscalía del Tribunal Supremo o fuere fiscal de término. Los abogados fiscales serían de la categoría de Fiscales de ascenso, y dos de ellos designados entre quienes siendo letrados tuvieran categoría de Jefes de Administración.

4. Las Magistraturas de Trabajo

Hemos mencionado el Fuero del Trabajo, de la Ley de 9 de marzo de 1938, y su Declaración VII acerca de las nuevas instituciones judiciales Magistraturas de Trabajo, así como el Decreto del 13 de mayo siguiente suprimiendo los Tribunales Mixtos de Trabajo y los Tribunales Industriales, a los cuales sustituían estas Magistraturas.

Los Tribunales Industriales habían sido establecidos por la Ley de 19 de mayo de 1908, para resolver las reclamaciones civiles entre patronos y obreros y las derivadas de la Ley de Accidentes de Trabajo de 1900. Tenían carácter paritario, constituyéndose con el juez de 1.ª Instancia del Partido, como presidente, y con seis vocales jurados, representando los intereses profesionales de patronos y obreros, tres por cada clase. Los vocales jurados eran designados por el litigante obrero de entre los que figuraban en la lista elegida por los patronos; y los vocales jurados obreros, designados análogamente por el litigante patrono de la lista formada por los obreros. Contra la sentencia se daba recurso de apelación ante el Tribunal pleno, compuesto por el juez del Partido y 14 vocales jurados; y frente a la sentencia de este Tribunal pleno cabía recurso de nulidad ante la Sala de lo Civil de la Audiencia Territorial, ya sin jurados. Esta ley quedó modificada en algo por la de 23 de julio de 1912. Después hubo nueva regulación con las normas del Libro 4.º del Código de Trabajo de 23 de agosto de 1926, manteniéndose sustancialmente la composición del Tribunal y su territorio jurisdiccional. La competencia se extendía a la sustanciación y fallo de los litigios entre patronos y obreros, referentes a las reclamaciones civiles sobre incumplimiento o resolución de los contratos de arrendamiento de servicios, de los contratos de trabajo y de aprendizaje, a los pleitos sobre aplicación de las leyes de accidentes de trabajo y de las reclamaciones de incumplimiento de las leyes de consideración sociolaboral.

Llegada la República, los jurados Mixtos de Trabajo y los Tribunales Industriales fueron regulados por la ley de 27 de noviembre de 1931, en relación con la Ley de Contrato de Trabajo de 21 de igual mes. Nueva regulación con la ley de 16 de junio y el Decreto de 29 de agosto, ambos de 1935. Otra modificación por la ley de 30 de mayo de 1936 y el Decreto de 7 de julio del mismo año, restableciendo la ley de 27 de noviembre de 1931. Y nuevo sistema enjuiciativo con el Decreto de 13 de mayo de 1938, que en cuanto a tramitaciones se remitía en la mayor parte al Código de Trabajo, actuando los jueces de 1.ª Instancia en funciones de magistrados de Trabajo y sus sentencias eran susceptibles de los recursos de casación y revisión ante el Tribunal Supremo, Sala de lo Civil si se trataba de materia industrial y Sala de lo social si era de trabajo laboral, ya que continuaban las antiguas competencias.

Por Ley de 17 de octubre de 1940 se organizan las magistraturas de Trabajo, constituyéndose en Tribunales unipersonales para la 1.ª Instancia, en colegiado con el nuevo Tribunal Central para apelaciones; y el Tribunal Supremo para los recursos de revisión y casación. Los magistrados de Trabajo procedían de las Carreras Judicial y Fiscal, quedando excedentes en el respectivo escalafón. El Tribunal Central estaba presidido por el director general del Ramo y con él lo componían cuatro magistrados de Trabajo. También estableció el Cuerpo de magistrados de Trabajo, vinculado administrativa y disciplinariamente al Ministerio de Trabajo.

VI. LOS MESES FINALES

1. Constitución y sedes del Tribunal Supremo

En mayo de 1939 ya estaba el Tribunal Supremo en Madrid. El Tribunal Pleno se había constituido en Vitoria —donde tenía sede el Ministerio de Justicia— el día 25 de noviembre de 1938, componiéndolo el presidente y los 16 magistrados nombrados, primera y directamente, por el Gobierno. De fiscal, Blas Pérez González; teniente fiscal, Ramón García del Valle. Y secretario de la Sala de Gobierno, Javier Tornos Laffite. La Sala de Gobierno, el 5 de diciembre de 1938, acordó proponer al ministro de Justicia se fijare la residencia del Tribunal Supremo en Valladolid, en el edificio de la Real Chancillería, ocupando el piso alto mientras en el bajo continuaría sus funciones la Audiencia Territorial; y el 27 de enero de 1939 ya está instalado el Tribunal Supremo en Valladolid. Finalmente trasladado a Madrid, comenzó las actividades el 20 de mayo de 1939. Con fecha 30 del mismo mayo se inició el cómputo de los plazos procesales para comparecer ante él, y de 13 de junio es la primera sentencia, que dictó la Sala de lo Civil [27]. El día 15 de septiembre, igual año 1939, se celebró el acto solemne de apertura de los Tribunales. Del anterior, de 5 de octubre de 1936, dimos cuenta en páginas más arriba. Este año de 1939 no presentó Memoria el Fiscal del Tribunal Supremo, y al siguiente sí, quien entonces lo era Blas Pérez González.

2. Fin de la guerra: 1.º de abril de 1939

Estamos con los meses finales. El día 1.º de febrero de 1939 tuvo lugar, en el Castillo de Figueras, la última reunión en España de las Cortes de la República constituidas por su Comisión Permanente, presidiendo el jefe del gobierno Juan Negrín y el mismo presidente de ellas Diego Martínez Barrios. El presidente de la República, Manuel Azaña se encontraba en Francia y, desde allí, Collonges sous Salièves, el 27 de igual mes presentó la dimisión; cuyo documento decía, entre otras cosas, que «el reconocimiento de un Gobierno legal en Burgos por parte de las potencias, singularmente Francia e Inglaterra, me priva de la representación jurídica internacional», y desaparecido ha quedado «el aparato político del Estado, Parlamento, representaciones superiores de los partidos, etc.».

El día 1.º de abril de 1939 venturosamente concluía la guerra. Aquel día se reunió la Diputación Permanente de las Cortes en París; exponiendo: Oídas las manifestaciones del presidente del Consejo de ministros y tomada nota «de la imposibilidad de cambiar la situación de hecho creada por la pérdida del territorio nacional, y del hecho mismo de la existencia de un Poder Ejecutivo, que no puede declinar ante el órgano constitucional adecuado sus cargos, resuelve dejar a la responsabilidad personal y política de los que constituyen ese Poder Ejecutivo, la línea de conducta que con relación a los españoles crean que deben seguir».

3. El Dictamen sobre ilegalidad de poderes

La capital de España, Madrid, contemplaba la llegada de otro Gobierno. Como siempre ha venido sucediendo en la Historia, el nuevo Gobierno se preocupaba de hacer coincidir los conceptos de legitimidad de ejercicio y legitimidad de origen, de hecho y de derecho, haciéndoselo saber a los Estados de las demás Naciones. En 21 de diciembre de 1938 una Orden del ministro del Interior, Ramón Serrano Suñer, constituyó «una comisión que tenía por misión instruir las actuaciones encaminadas a demostrar plenamente la ilegitimidad de los poderes actuantes en la República española en 18 de julio de 1936, y establecer las conclusiones que se deduzcan de dicha instrucción»; porque había que «demostrar al mundo,

[27] La primera sentencia del Tribunal Supremo, Sala de lo Civil, tiene fecha 13 de junio de 1939, siendo magistrados Rafael Rubio Freire-Duarte, Joaquín Lacambra Brun, Mariano Miguel, Celestino Vallador y Salvador Minguijón. La primera de la Sala de lo Criminal es de 29 de julio de 1939, magistrados Galo Ponte Escartín, Luis Suárez, Federico Castejón y Manuel Miralles Salabert. De la Sala de lo Contencioso-administrativo primera resolución es el Auto de 9 de septiembre de 1939, de los magistrados Eduardo Divar, Félix de Santullano, Domingo de Guzmán Lacalle, Celestino Valledor y Felipe Gil Casares. Y de la Sala de lo Social, es de fecha 12 de julio de 1939 con los magistrados Eduardo Alonso Alonso, Ildefonso Bellón Gómez y Luis Felipe Vivanco y Pérez del Villar.

en forma incontrovertible y documentada, nuestra tesis acusatoria contra los sedicentes poderes legítimos, a saber: que los órganos y las personas que en 18 de julio de 1936 detentaban el poder, adolecían de tales vicios de ilegitimidad en sus títulos y en el ejercicio del mismo, que, al alzarse contra ellos el Ejército y el pueblo, no realizaron ningún acto de rebelión contra la Autoridad ni contra la Ley».

La Comisión estaba formada por 22 miembros. Su presidente Ildefonso Bellón Gómez, magistrado del Tribunal Supremo; también magistrado del Tribunal Supremo, Federico Castejón y Martínez de Arizola. Los demás miembros eran antiguos ministros y disputados a Cortes, catedráticos de Universidad; dos pertenecientes a la Delegación Nacional de Justicia y Derecho de FET y de las JONS y un capitán del Cuerpo Jurídico Militar. El 15 de febrero de 1939 emitió dictamen la Comisión, aprobado unánimemente por sus miembros, con ocho conclusiones. La última decía «que el glorioso Alzamiento nacional no puede ser calificado, en ningún caso, de rebeldía, en el sentido jurídico penal de esta palabra, representando por el contrario, una suprema alegación a resortes legales de fuerza que encerraban el medio único de restablecer la moral y el derecho, desconocidos y con reiteración violados» [28].

4. Sucesiva normalización de la Vida Judicial. La apertura de Tribunales el 15 de septiembre de 1939

Alegrías y tristezas, lágrimas y risas. Atrás quedaban los muertos y los depurados; de éstos, muchos volvieron a ser jueces. La vida en Juzgados y Tribunales se iba normalizando. Abogados y procuradores acudían al foro. Los estudiosos publicaban libros y artículos de revistas. Recordemos, entre éstos, los de *Justicia,* por Antonio Luna García; *La Justicia por dentro,* de Luis Gómez Morán; y *Notas Preliminares para una reforma de la Justicia,* de Leonardo Prieto Castro [29].

El libro de Antonio Luna es una ampliación de la conferencia que había pronunciado en Salamanca el día 19 de abril de 1938; recogiendo asimismo sus ideas de reforma judicial formuladas como *Anteproyecto de la Ley Orgánica de la Administración de Justicia* que anteriormente había elevado, en su consideración de delegado Nacional de Justicia y Derecho, al Ministerio de Justicia. Propuso la sustitución de este Departamento en sus funciones administrativo-judiciales, por el Tribunal Supremo; nueva organización territorial y de competencias en los Tribunales y Juzgados, del Registro Civil y Ministerio Fiscal y con referencias a la Abogacía y Procuraduría; y la selección del personal judicial a través de una Escuela Superior de la Magistratura.

Por su parte, Prieto Castro expuso la necesidad de estudiar, desde los planos científico y técnico, los temas de la Justicia y, dentro de ella, con especial aten-

---

[28] Dictamen de la Comisión sobre ilegitimidades de los Poderes actuantes en 18 de julio de 1936. Barcelona, Editorial Nacional, 1939.

[29] PRIETO CASTRO, L.: «Notas Preliminares para una reforma de la Justicia», *Revista Universidad*, Zaragoza, abril-mayo-junio de 1939.

LUNA GARCÍA, A.: *Justicia*; Madrid, Editorial M. Aguilar, 1939. El año anterior pronunció una conferencia, en un acto conmemorativo del Decreto de Unificación el 19 de abril de 1938, titulada *La Revolución Judicial*, Salamanca, Imprenta y Librería Hijos de Francisco Núñez. 1938.

GARCÍA MORÁN, L.: *La Justicia por dentro*, Oviedo, Editorial FET, 1939.

ción al Proceso Civil. Pedía la desaparición de Juzgados mugrientos y miserables, de muebles desvencijados, con ambiente fétido y sucio. Clamaba «¡No más pobreza, en fin, para la Justicia!». Hizo revisión del concepto de proceso, citando las doctrinas italiana, francesa y alemana y las de los juristas españoles de los siglos XVII y XVIII. Examinó los principios del proceso: el de asequibilidad de la Justicia, opuesto al formalismo, lentitud y carestía; el de Jefatura del juez, encomendándole la dirección del proceso durante las fases de tramitación y prueba, y la prevalencia de la oralidad sobre la rigidez de actuaciones escritas. Finalmente acerca de la formación profesional de los jueces, secretarios y auxiliares.

El libro de Gómez Morán es, para aquellos años, muy completo; dedicando su contenido a los temas de Concepto y Antecedentes Históricos del Poder Judicial; la Independencia de los jueces y las relaciones con la política; la organización de la Carrera judicial, sistemas de ingreso y la Escuela Superior de la Judicatura; profesionalidad en la Justicia Municipal; los procesos civiles y las costas procesales; Abogacía y Procura; y concluye refiriéndose al Secretariado, su sistema de ingreso y las ventajas de la retribución por sueldo.

La vida judicial continuaba. La orden de 4 de julio de 1939 acordó fuesen suprimidas las vacaciones de los Tribunales que se disfrutaban, con los correspondientes turnos de servicios, de 15 de julio a 14 de septiembre. Y el día 15 de septiembre se celebró la solemne apertura de los Tribunales. Pronunció el reglamentario discurso el presidente del Tribunal Supremo don Felipe Clemente de Diego, con el tema «La Doctrina y la Práctica del Derecho en la Cátedra y en los Tribunales». Vibrarían aún por el ambiente aires de bélica victora, de triunfo y de paz. Para convencer además de vencer —dijo— «no hay armas más poderosas que la Justicia y el Derecho, recta y legalmente administrados, mayormente si esa Justicia y ese Derecho amparan los valores eternos del hombre y reconocen la dignidad de todos los hombres y provocan el bienestar de ellos, sin que se consienta ya que pueda haber un hogar sin lumbre y sin pan»; que la Justicia «ha menester de la fuerza física, material, para la guarda y observancia rigurosas de sus mandamientos». «El Derecho va virtualmente acompañado de la coacción para, en caso de duda, resistencia o rebeldía a sus mandatos, imponerse por la fuerza». Y que «del cultivo de la Justicia y del Derecho, en sus diversos aspectos, todos los aquí congregados hicimos profesión de vida que hemos llevado a cabo con mayor o menor perfección, y en estas horas decisivas para la Patria estamos dispuestos a verter la última gota de sangre y actividad para su engrandecimiento y expansión espirituales» [30]. Todos los que estaban asistiendo al solemne acto desearían, como hoy nosotros, que la paz brillase sin cansancio, y para siempre se alejaren y desapareciesen las guerras.

[30] Clemente de Diego, F.: *Discurso pronunciado en la solemne apertura de Tribunales celebrada el día 15 de septiembre de 1939,* Madrid, Instituto Editorial Reus, 1939, pp. 6, 7 y 8.

FUENTES DOCUMENTALES

Fondos documentales para el estudio de la guerra civil española, custodiados en el Archivo Histórico Nacional de Madrid

DON JESÚS GAITE PASTOR
Jefe de la Sección de Fondos Contemporáneos del Archivo Histórico Nacional
Con la colaboración de: *Elena Rodríguez Magallanes, María Fuensanta Bautista, Mercedes de Bistué, Amparo Donderis* y *Milagrosa Ruiz*

INTRODUCCIÓN

El objetivo de esta Ponencia es sacar a la luz los fondos producidos por la Administración y Tribunales de Justicia republicanos, durante los tres años de guerra civil y que se encontraban en cierto modo ocultos dentro del Archivo de la Causa General.

Sabido es que la «Causa General» es un procedimiento instruido en 1940, desde la Fiscalía General del Estado, con el objeto de investigar los delitos producidos durante la guerra civil en la «zona roja». El procedimiento se realizó por provincias, y la información de cada una se dividió en 11 piezas, de las que la pieza quinta denominada «Justicia Roja», y la pieza dos, sobre el «Alzamiento Nacional», son las más importantes para el tema que nos ocupa.

Para basar documentalmente esta investigación del año 40 se mandaron centralizar en la Fiscalía General del Estado todos los documentos que pudieran reunirse de los Tribunales republicanos, iniciándose al tiempo una revisión de la actuación de los magistrados y jueces de carrera durante la guerra.

Resultado de todo lo anterior se produjo una acumulación, en el Tribunal Supremo, de sumarios y causas, procedentes de los Tribunales Populares, y de los Jurados de Urgencia y de Guardia, que con enorme profusión se crearon en todas las provincias de la zona republicana a partir de agosto de 1936.

No solamente eso: también aquí confluyeron los procesos del Tribunal Popular de Responsabilidades Civiles, del Tribunal Central de Espionaje y Alta Traición, las actas del Tribunal de Garantías Constitucionales (que luego han permanecido en el Archivo del Tribunal Supremo) y los sumarios procedentes de los Tribunales Militares Populares del Ejército del Centro.

Toda una justicia popular, creada con la participación de jurados; y al mismo tiempo toda una justicia extraordinaria, fruto de las singularidades de un tiempo de guerra, se sometió al análisis de la Causa General, junto con información sobre las actuaciones de los magistrados, jueces y fiscales procedente del Ministerio de Justicia.

Las actuaciones de la «Causa General» parece que no llegaron hasta más allá de 1946; pero el archivo quedó cerrado y depositado en el Tribunal Supremo hasta que en 1980 se dispuso su entrega al Archivo Histórico Nacional, con una cláusula que restringía su consulta, limitándola a los permisos expresamente concedidos por la Fiscalía General del Estado.

En el año 1986, este Archivo de la Causa General se integró dentro de la Sección de Fondos Contemporáneos acompañado de un inventario topográfico casi completo y de otro por provincias. Ambos tenían una descripción excesivamente somera y no han sido suficientes para preparar el trabajo que hemos acometido para esta ponencia.

El trabajo, que aquí presentamos, ha necesitado la revisión previa de más de 3.600 cajas, que no hubiera sido posible sin la colaboración paciente y organizada de las personas que figuran en esta portada, dirigidas magistralmemte por Elena Rodríguez Magallanes. Hubiéramos deseado presentar un inventario completo de todo el Archivo de la Causa General pero lo haremos en otra oportunidad, pues al lado de los documentos de Justicia existen también otras informaciones de gran interés sobre temas no estrictamente judiciales, como la correspondencia de Largo Caballero (años 1935-36), y los documentos relativos a la Subsecretaría de Propaganda, al Ministerio de Trabajo y a las actividades del PSOE y UGT.

Como primicia se presentan dos trabajos típicamente archivísticos:

a) Un inventario somero de los documentos procedentes de las Audiencias Territoriales y de las Audiencias y Tribunales Populares establecidos en las distintas provincias de la zona republicana, ordenado alfabéticamente por procedencias y realizado por Elena Rodríguez Magallanes (véase Apéndice I).

b) Unas breves referencias a las signaturas de los fondos documentales de los que hablamos en la Ponencia (véase Apéndice II).

En ambos casos las referencias numéricas son las signaturas del Fondo de la Causa General, tal como se guardan en el Archivo Histórico Nacional.

Esta exposición no es una apreciación valorativa del funcionamiento de los Tribunales de Justicia en tiempo de la guerra civil, sino solamente una aproximación al conocimiento de los fondos documentales que de ellos existen en el Archivo Histórico Nacional, y que hemos pretendido agrupar, de acuerdo con las técnicas archivísticas, en *Series documentales,* para su mejor conocimiento y valoración.

Con el estudio de las series, pretendemos llegar a penetrar en el funcionamiento de la Institución, y en el procedimiento utilizado en la gestión documental, lo que nos acerca a la realidad total del documento que estudiamos.

El Archivo de la Causa General posee una riqueza fundamental fabulosa para conocer los fondos de la Administración de Justicia en tiempo de la guerra civil. Hablaremos primero de los Tribunales Centrales de Justicia, con ámbito territorial en todo el espacio dominado por el Gobierno Republicano (Tribunal de Responsabilidades Civiles, Tribunal de Espionaje y Alta Traición, Tribunal Supremo); luego hablaremos de los Tribunales Militares dependientes del Ejército del Centro y por fin de los Tribunales populares existentes en las provincias. En último lugar, citaremos los fondos depositados en este Archivo, procedentes del Ministerio de Justicia de la época republicana.

Una última advertencia sobre la consultabilidad de los fondos: La Ley de Patrimonio Histórico de 1985 señala unas limitaciones en la consulta de los documentos de índole personal, que abarcan hasta veinticinco años después de la muerte del afectado; y en el caso de que no se sepa la muerte, hasta cincuenta años después de producida la documentación.

La norma establecida por la Fiscalía General del Estado de mantener el control de las consultas al Archivo de la Causa General no impide que el propio Archivo Histórico Nacional imponga, para los documentos de carácter personal, las limitaciones que marca la ley. Ello supone que los sumarios y causas de Tribunales sólo podrán consultarse cincuenta años más tarde de producirse los expedientes, lo que coloca la consulta de estos fondos sobre los que vamos a hablar, cuando menos, en el año 1989.

A) El Tribunal Popular de Responsabilidades Civiles

Dentro del desorden que reina en el Archivo de la Causa General esta documentación es de las que menos han sufrido el impacto de los traslados y manipulaciones. Todos los expedientes judiciales están perfectamente identificados y uno de los objetivos más inmediatos es el de poder realizar con ellos un catálogo que nos dé los *nombres de las personas* que sufrieron incautaciones y los *lugares* de toda la geografía española en donde estas incautaciones fueron más abundantes.

Por otra parte el fondo se conserva con bastante integridad; hay datos documentales suficientes para reproducir todos los aspectos de la vida de esta institución que para su explicación dividiremos en varios apartados.

1.° Legislación sobre el Tribunal y Normativa sobre su organización y procedimiento

Todas las disposiciones legales en torno a la creación y composición del tribunal, emitidas básicamente por el Ministerio de Hacienda, y el Ministerio de Justicia se recogen en una colección de disposiciones legales (caja 844) que abarcan desde su creación el 23 de septiembre de 1936 como una sección del Tribunal especial contra la rebelión, hasta los nombramientos y otras incidencias sucedidas hasta finales de 1938.

Se recogen también los sucesivos *reglamentos* de organización, las normas procesales, y los acuerdos sobre tramitación, régimen interior y refundición de disposiciones, que eran discutidas por el Pleno o por la Sala de Gobierno, previa presentación en muchos casos de proyectos por el servicio de Propuestas.

Por lo que respecta a la organización es interesante señalar, aunque sea sucintamente, la existencia de una Sección de Derecho que actúa como sala de Justicia y de tres servicios que van a influir decisivamente en la composición de los expedientes judiciales: el Servicio de Instrucción, que coordina su actuación con los jueces adscritos al Tribunal; el Servicio de Propuestas para realizar estudios y redactar las resoluciones que le encargue el Tribunal y el Servicio de Asuntos Generales donde radica la Secretaría del Tribunal, el Archivo de expedientes y un Negociado Técnico que se encarga de examinar los documentos que llegan al Tribunal en orden a su tramitación.

2.° Los expedientes judiciales

Los procesos abarcan los tres años de guerra y se inician en su mayoría por dos vías distintas:

a) Por la comunicación al tribunal de la incautación provisional de fincas o bienes, a personas sospechosas de su participación o simpatía con la rebelión militar de julio de 1936.

b) Por la certificación de sentencia, procedente de los tribunales populares, civiles o militares, en los que consta el delito de desafección o rebelión contra una persona o personas concretas.

A) En los procesos que se inician con la incautación provisional, aparecen frecuentemente los siguientes documentos:

1. Solicitud de incautación expedida por el Consejo Municipal o por una Central Sindical.

2. Orden de incautación dada por la Junta Provincial de Fincas Incautadas; y una vez desaparecida ésta por el Servicio de Retenciones de la Caja General de Reparaciones.

3. Comunicación de la incautación al Tribunal.

4. Informe sobre la incautación, del Servicio de Propuestas a la Sección de Derecho que normalmente dispone:

a) Apertura de la pieza de medidas precautorias por la que se incautan los bienes para que el interesado pueda responder con ellos de sus responsabilidades civiles. Ello lleva incluido el acta de incautación realizada por la Administración Provincial de Propiedades y Contribución Territorial.

b) Solicitud de remisión de la acusación al Tribunal competente, pues sin una sentencia condenatoria previa el Tribunal de Responsabilidades Civiles no puede emitir ningún fallo.

c) Orden al Servicio de Asuntos Generales para que se publique en la *Gaceta* de la República la incautación provisional de las propiedades, dejando un margen de treinta días a la presentación del recurso.

d) Notificación a los Juzgados de instrucción dependientes de este Tribunal para que instruyan las diligencias necesarias sobre incautación y sobre las personas afectadas.

B) En los procesos que se inician con la presentación al Tribunal de Responsabilidades Civiles de una sentencia condenatoria, los documentos más frecuentes son los que siguen:

1. Citación al condenado para fijar las responsabilidades civiles.

2. Formación de pieza de medidas precautorias.

3. Solicitud del fiscal y de la Caja General de Reparaciones que normalmente piden:

a) Informe sobre la conducta del acusado antes y después del 19 de julio de 1936.

b) En qué partido político o sindicato está encuadrado.

c) Posición social y económica del condenado y uso de sus bienes, de acuerdo con las leyes sociales de la República.

d) Si se le han retenido bienes o valores.

e) Solicitud de informes a las Centrales Sindicales y partidos políticos del Frente Popular.

4. Fallo de la Sección de Derecho: Los procesos que se guardan en el Archivo están en muchos casos incompletos y a veces faltos de sentencia, pero sí sirven para desvelar el alcance de las incautaciones que de un modo provisional o definitivo (pero en todos los casos incautaciones efectivas) se hicieron durante la Guerra Civil en la zona dominada por el régimen Repúblicano.

Con respecto a las sentencias es necesario puntualizar lo siguiente: El Tribunal falla para declarar definitivas las incautaciones, que pasan a la Caja General de Reparaciones sin perjuicio de que otros organismos de la Administración del Estado puedan utilizar los bienes, siguiendo un interés nacional. Queda para una futura ley declarar el sentido profundo de la incautación provisional, tema que será debatido frecuentemente en las reuniones de la Sala de Gobierno.

3.º Actuaciones del fiscal y de la Caja General de Reparaciones

Ambas instituciones son complementarias en la acción acusadora: la acción del fiscal busca las bases que puedan fundamentar la acusación contra la persona; y la Caja General de Reparaciones presenta ante el Tribunal por medio del abogado del Estado los datos que pueden ser suficientes para emprender una acción incautadora de las propiedades del acusado.

Las series documentales que aquí se presentan están constituidas por:

a) Citaciones, informes y actuaciones del fiscal;

b) Informes y exposiciones al Tribunal de la Asesoría Jurídica de la Caja de Reparaciones. Existen también testimonios de las relaciones de la Caja con el Servicio de Investigación del Tribunal y con el Servicio de Investigación Financiero del Ministerio de Hacienda, encaminados al conocimiento e incautación de los bienes de los acusados. Por fin se encuentran también en esta serie Memorias, reglamentos de organización y normas de procedimiento de la Caja General de Reparaciones, desde su constitución en octubre de 1936 hasta 1938, a través de la que queda patente la función social que quiso tener este organismo como sostén a la población dañada por los perjuicios derivados de la guerra civil.

Es este quizá el momento oportuno para señalar que en la Sección de Fondos Contemporáneos del Archivo Histórico Nacional se guardan más de cinco legajos, de toda la actividad llevada a cabo por este organismo.

4.° Actuaciones del Pleno y de la Sala de Gobierno del Tribunal

Quizá los tres puntos más importantes que pueden destacarse como preocupación del tribunal en las reuniones del Pleno y de la Sala de Gobierno son: *a)* la indefinición del carácter jurídico que revestían las incautaciones (¿eran expropiaciones?); *b)* cómo realizar la finalidad social de las mismas (este tema se relacionaba con el siempre delicado de la reforma agraria), sobre todo en las incautaciones de tierras; *c)* la revisión casi permanente de las normas procesales, como garantía para los acusados.

El hecho de que podamos contar con los libros de actas de las reuniones del pleno desde mediados de 1937 a finales de diciembre de 1938 nos proporciona una buena base de estudio de estos temas.

5.° Personal al servicio del Tribunal

Se conservan entre otros datos: *a)* la plantilla con que contaba el Tribunal donde se especifican los sueldos de sus componentes y su nivel jerárquico; *b)* dos relaciones del personal que componía de hecho el Tribunal, una en el año 1937 y otra en enero de 1938 con referencias al presidente, vocales de derecho, jurados y personal administrativo y auxiliar; *c)* expedientes personales de los funcionarios; *d)* nóminas y dietas de los jurados o jueces de hecho, tanto de los representantes de las Cortes como del Frente Popular; *e)* correspondencia con el Ministerio de Justicia sobre este tema.

6.° La Contabilidad del Tribunal Popular de Responsabilidades Civiles

Se controlaba la gestión económica a través del Servicio de Asuntos Generales, conservándose el Presupuesto para el año 1938, el Libro Mayor de Contabilidad correspondiente a los años 1937-1938, otros libros de ingresos y gastos de los mismos años y una serie de órdenes de pago relativas a material de oficina, pago de jurados, etc.

7.° Material estadístico

Se han reunido aquí las estadísticas de actuaciones y los libros de registro que por sus asientos pueden ser útiles al objeto de conocer la actividad del tribunal. Se conservan libros de registro de entrada y salida de documentos, de entrada de expedientes, de incautaciones, de apertura de piezas de medidas precautorias, de procesados, y de sentencias.

Hay también relaciones de las sentencias dictadas en la delegación que este Tribunal abrió en la última etapa de la guerra en Madrid.

Precisamente sobre la Delegación del Tribunal en Madrid se conserva el expediente de constitución y la Memoria de actuaciones enviada al Tribunal Central, que tuvo su sede primero en Valencia y luego en Barcelona.

B) Tribunal Especial de Espionaje y Alta Traición

Surge este tribunal con el objetivo especial de castigar con las penas máximas los delitos de espionaje, alta traición y derrotismo. Sustituye en este objetivo, no sólo a los tribunales populares civiles que perseguían estos delitos desde 1936, sino también a los tribunales militares que tendrán que inhibirse y remitir a este nuevo tribunal de ámbito nacional todos los acusados en estas materias.

La creación de este tribunal el 22 de junio de 1937 y la creación de un Tribunal Especial de Espionaje en Cataluña, en fechas tan próximas a los sangrientos sucesos de Barcelona, protagonizados por el POUM, sugieren una intencionalidad política en el nacimiento de este tribunal que habría tenido como objetivo inmediato la aniquilación del POUM (partido comunista disidente, de inspiración trostkista) y como objetivo subsiguiente mantener elevada la moral de lucha de la población, que el primer gobierno de Negrín quiso subrayar al autodenominarse el Gobierno de la Victoria.

Los documentos sobre este tribunal abarcan los siguientes puntos:

1.º Aspectos de organización

Relativos a la creación y funcionamiento de tribunales y juzgados. Los documentos hablan con abundancia de los cinco juzgados especiales dependientes de este Tribunal que tuvo su sede en Valencia y después en Barcelona. Asimismo relatan la creación del Tribunal de Espionaje de Cataluña y el nacimiento en agosto de 1938 de nuevos tribunales en Madrid, Valencia, Jaén y Murcia.

Es notorio observar que en esta última etapa de la guerra la creación de nuevos Tribunales responde a un proceso de descentralización, que afecta también a los juzgados (el n.º 4 se traslada a Madrid) y que es consecuencia de las dificultades progresivas que encontraba el Tribunal Central para actuar, debido en buena parte al problema de traslado de los acusados a Barcelona.

2.º Expedientes judiciales

Son abundantes en el año 37 y descienden en el 38, quizás coincidiendo con un progresivo proceso de desmoralización que se acentúa a partir de la batalla del Ebro y que alcanza también al propio ejército republicano.

Son especialmente notorios los procesos seguidos contra el POUM y contra sus componentes, acusados de rebelión y cuyos sumarios se iniciaron por el Juzgado Especial número 5. La enorme cantidad de declaraciones y sobre todo los informes de la Defensa y del fiscal proporcionan abundantísima luz sobre la situación revolucionaria de Barcelona en los trágicos días del 5 al 10 de mayo de 1937, epílogo final de un proceso que se había iniciado en julio de 1936. Quizás la lectura de este proceso aclare más las intencionalidades políticas subyacentes, que tendían a eliminar el poder político que tanto el POUM como la CNT habían mantenido frente al poder de la Generalitat y del Gobierno Central.

Tambien es notorio el proceso seguido en Cataluña en el año 1937, a antiguos miembros de la Guardia Nacional Republicana, entre los que se contaban miembros de la Falange (1713, 1728-34). Y en esta misma línea habría que citar el proceso seguido contra la organización de la Falange en Madrid (1539-42) y contra los quintacolumnistas de Valencia (882).

Aparte de los expedientes contra los acusados, hay que referirse a las piezas de responsabilidad civil que se remitían al Tribunal Central por los Juzgados y que nos han llegado separadas de sus sumarios respectivos. También es notorio llamar la atención sobre una serie numerosa de actuaciones de los Juzgados en las que éstos se inhiben o resuelven el sobreseimiento del sumario y que es una consecuencia entre otras cosas de los problemas jurisdiccionales que se plantearon entre los diversos tribunales y jurados.

3.º Documentos de la Sala de Gobierno

Hay que referirse en primer lugar al libro de Actas del Pleno del Tribunal que abarca desde julio de 1937 a octubre de 1938; y al libro de Actas de la Sección de Derecho, que va desde agosto de 1937 a enero de 1939 (1282).

Por otra parte se conserva una abundante correspondencia del Tribunal con el Ministerio de Justicia, Gobernación, Guerra, y otras instituciones como la Dirección General de Seguridad, Prisiones, SIM, etc., que responden a la idea de recabar información para un mejor conocimiento de los hechos delictivos.

En particular las relaciones con el Ministerio de Justicia abundan también en la exposición de los problemas de personal y en los problemas jurisdiccionales que se plantean con otros tribunales.

4.º Personal y Presupuestos del Tribunal

Se conservan los expedientes personales de los funcionarios del Tribunal, tanto auxiliares como secretarios y magistrados; e igualmente la plantilla asignada al Tribunal con las diversas incidencias de tomas de posesión, bajas por incorporación al frente de batalla, y otras incidencias.

En cuanto a la parte económica ha podido hallarse el Presupuesto y la justificación de cuentas del año 1937, y pagos realizados por la Secretaría del Tribunal en 1938, que pueden dar una idea del nivel económico en que se desenvolvía la Justicia de aquellos años.

5.º Registros y Estadísticas del Tribunal

Son bastante numerosos y con ellos se pueden obtener datos suficientes para conocer las actuaciones del tribunal:

a) En primer lugar existe una serie de copias y certificaciones de sentencias.

b) Con respecto a los libros de Registro cito solamente algunos:

Libro de registro de entrada de expedientes de detenidos.

Libro de registro de apertura de rollos, con sumarios procedentes de Juzgados de varias provincias.

Libro de registro de diligencias y sumarios remitidos al Decanato de los Juzgados de este tribunal, para su reparto.

Hay también varios libros procedentes del Juzgado número 4, que tenía su sede en Madrid desde agosto de 1938; y otros procedentes del Tribunal de Espionaje de Cataluña.

c) Por fin se encuentran datos estadísticos sobre sumarios sobreseídos, remitidos a otros tribunales, causas y procesados, en relación con el primer año de existencia del tribunal (896).

C) El Tribunal Supremo en la Zona Republicana

Hay pocos fondos en el Archivo de la Causa General, relativos a la actividad del Tribunal Supremo, durante la guerra civil; y ello se explica porque este máximo organismo de la Justicia ha procurado ir centralizando en su archivo los documentos que la Causa General en su día recuperó y utilizó para su investigación

Algunos documentos inventariados como pertenecientes a la Causa no han sido transferidos al Archivo Histórico Nacional, y pienso que con buen acuerdo, pues forman parte de las actividades relativas al personal que el Tribunal Supremo ejercía como una de sus funciones, a través del Servicio de Estadística. Así, por ejemplo, diversos expedientes de nombramientos (648, 856, 1283) y una relación del personal judicial, fiscal y del secretariado, que prestaba sus servición el 1 de enero de 1938, en las Audiencias y juzgados de la zona republicana (661).

De todas las maneras existen todavía depositados en este Archivo de la Causa General una serie de cuestionarios, redactados por el Servicio de Estadística, con una información muy completa sobre el personal de todos los niveles al servicio de la Administración de la Justicia en algunas provincias, destacando la referente a Valencia. Estos cuestionarios constituyen una especie de hoja de servicios, con los destinos anteriores y actual, su capacidad profesional y sus antecedentes de formación intelectual y de experiencia.

Otra serie importante y más numerosa la constituyen los expedientes de solicitud de indulto, tramitados a través de la Sala de Gobierno, con los informes fiscales del Tribunal que sentenció al reo y el dictamen del fiscal general que lo admite a trámite, lo deniega o lo aprueba. Destacan los expedientes en que se tramitan las solicitudes de indulto de pena de muerte (857).

La Sala VI del Tribunal Supremo, encargada por entonces de lo relacionado con la Justicia Militar guarda una serie de expedientes sobre personal de dicha Sala, votos reservados en relación con sentencias de pena de muerte y un informe de su actuación desde el 18 de julio de 1936 al 18 de julio de 1938. Tiene también algunas notas de interes en relación con el procesamiento del general Asensio Torrado, procesado como responsable de la caída de Málaga, en poder de los nacionales.

La Fiscalía General de la República guarda en este archivo las Memorias de la apertura de tribunales de los años 1934-35-36; algunas circulares emitidas desde dicho organismo, y diversos nombramientos de fiscales con incidencias sobre sus actuaciones en los Consejos de Guerra contra los levantados en julio del 36.

En cuanto a sumarios y causas especiales incoados por magistrados del Supremo destacaremos:

El sumario intruido por el Juzgado Especial de la Rebelión Militar, creado el 23 de agosto de 1936, instalado en el Tribunal Supremo y para el que fue nombrado Francisco Javier Elola juez especial, con la asistencia de otros jueces delegados. Constaba de nueve piezas, de las que se conservan las siete últimas, dentro de la Causa General de Madrid, con noticias abundantísimas sobre el levantamiento en Madrid, Baleares, Valencia, Alicante y Guadalajara; sobre la Unión Militar Española, etc. En la provincia de Madrid hay diligencias sumariales en relación con el levantamiento en cada uno de los cuarteles y dentro de éstos la actitud mantenida por los diversos cuerpos y por las distintas unidades militares.

Otra causa importante fue la instruida por la pérdida de Vizcaya, Santander y Asturias; y de la que se conserva completa la pieza principal y varias piezas separadas (n.os 2, 3, 7, 8) ignorándose el paradero de las restantes.

Por fin, citamos la causa que se vio en el Supremo contra Eduardo Barriobero, jefe de la Oficina Jurídica de Barcelona, en los primeros meses de la Guerra civil y que fue acusado de delito de robo. Absuelto por el Supremo, fue después condenado por la Justicia Nacional.

Un último dato informativo: entre los folletos que se guardan en el Archivo de la Causa General figura impreso el dicurso de don Mariano Gómez González, al tomar posesión de su cargo como presidente interino del Tribunal Supremo, en los primeros días de 1937, siendo ministro de Justicia el anarquista García Oliver (1581).

D) LOS TRIBUNALES MILITARES PERMANENTES DEL EJÉRCITO DEL CENTRO

Los documentos de Justicia Militar que se recogen en este grupo pueden clasificarse en dos partes: anteriores y posteriores al decreto de 21 de octubre de 1937.

Los anteriores a esa fecha aparecen como procedimientos de los Tribunales de la 1.ª División orgánica, que disponía de sus jueces militares de instrucción (permanentes o eventuales), y desde mayo de 1937, de unos Tribunales Populares de Guerra presididos por delegados del Comisariado General de Guerra.

Estos procedimientos son muy inferiores en número a los que se conservan de fecha posterior al 21 de octubre de 1937, en que surgen los Tribunales Permanentes, presididos por un auditor del Cuerpo Jurídico Militar, con dos vocales, uno militar y otro comisario político, y con un secretario relator instructor, encargado de practicar las diligencias que procedan para el esclarecimiento de los hechos.

Los Tribunales Militares Permanentes del Ejército del Centro de acuerdo con los documentos que conservamos se estructuraban del siguiente modo:

1. Tribunal del 1.er cuerpo de Ejército, establecido en Miraflores de la Sierra.
2. Tribunal del 2.º cuerpo de Ejército, establecido en Madrid, capital.
3. Tribunal de 3.er cuerpo de Ejército, establecido en Chinchón y trasladado después a Tielmes de Tajuña.
4. Tribunal del 4.º cuerpo de Ejército.
5. Tribunal del 6.º cuerpo de Ejército, establecido en la posición Lex (junto al Pardo).
6. Tribunal de la Demarcación Centro, situado en Cuenca, y que abarcaba la zona militar de las provincias de Madrid, Guadalajara, Cuenca y Toledo.
7. Tribunal del Ejército de Operaciones del Centro, con sede en Madrid y del que dependían entre otros los expedientes tramitados, por faltas graves, contra militares con mando en este Ejército.

Al servicio de este último tribunal había un Negociado de Justicia, conectado con el Servicio de Tren que entendía en todos los delitos cometidos por vehículos dependientes de este servicio, y que estaba directamente dependiente del Cuartel General del Ejército del Centro.

De todos estos tribunales se ha hallado una abundante documentación, salvo la correspondiente al 4.º y 6.ª cuerpo de Ejército, cuyos tribunales desaparecieron a lo largo de 1938.

Todos los tribunales contaban con sus respectivos delegados-instructores. En los cuerpos de Ejército había normalmente dos por división, algunos de ellos con residencia fija. Así por ejemplo en el año 1938 el Tribunal del 1.er cuerpo de Ejército tenía los siguientes juzgados instructores:

Juzgado número 1, en la 1.ª División.

Juzgado número 2, en la 2.ª División.

Juzgado número 4, en la 69.ª, con sede permanente en El Escorial.

Juzgado número 5, situado en el Cuartel General.

Las actuaciones de estos tribunales se plasman en diversas series documentales de las que el rasgo más característico es el inmenso desorden: da la impresión de que todos estos archivos de los tribunales militares han sido recogidos precipitadamente, e incluso mezclados unos con otros, dando como resultado, primeramente, la imposibilidad de poder establecer hoy una separación nítida entre los documentos de los diversos tribunales, que quizás pudieran realizarse más adelante, si se considera conveniente a la investigación.

Las series más importantes que se destacan son las siguientes:

1. Sumarios y causas

Abundan sobre todo las causas por deserción, sedición e insubordinación, reflejo del nivel de disciplina y moral del Ejército. Más interesantes resultan los procedimientos que se inician contra grupos o unidades militares que actúan indisciplinadamente, o los que se abren con motivo de enfrentamientos con las autoridades civiles de los pueblos, por problemas con la población. También forman grupo aparte los sumarios que se instruyen en las unidades no integradas en un Cuerpo del Ejército como son: accidentes de vehículos pertenecientes al Servicio de Tren; sabotaje en las instalaciones militares de tanques, carros blindados, robos en los almacenes de Intendencia, etc.

Mención especial merecen todos los procedimientos iniciados por el Tribunal Militar permanente del Ejército del Centro, a partir del 5 de marzo de 1939, en su nueva actuación de apoyo al Consejo Nacional de Defensa, establecido en Madrid y enfrentado al Gobierno de Negrín y a los comunistas. La desarticulación de los mandos del comisariado, en manos de los comunistas, provocó una serie de procesos contra ellos que se encuentran aquí recogidos y entre los que cabe citar el incoado contra el comisario comunista Conesa (865).

Entremezclado entre los propios documentos de la Causa General de Madrid, en su pieza segunda (referida al Alzamiento Nacional), hay incluidos diversos sumarios de los Tribunales Militares del Ejército del Centro, bajo el título «Procedimiento militar rojo» (1520-23, 1561-62, 1565, 1567), con un juicio de valor sobre los mismos.

2. Documentos de las Auditorías

Los auditores de cada Tribunal, dentro del procedimiento criminal, tienen una serie de funciones que podíamos resumir en los siguientes pasos: Decreto ordenando la instrucción del sumario; comunicación al jefe de la Unidad del encartado, de que queda a disposición del Tribunal; providencias acordando pasar los autos al fiscal (una vez instruido el sumario), y fecha de celebración de la Vistilla; citación a los vocales del Tribunal.

Si se acuerda la celebración de Vista, el auditor debe comunicarlo al procesado para que nombre defensor; al fiscal y defensor para que propongan las prácticas de diligencias oportunas; al jefe militar del lugar para su conocimiento; y al procesado, testigos y peritos, para que acudan a la Vista.

Terminado el proceso con la sentencia, debe remitir las actuaciones al jefe del Ejército, en donde está enclavado el Tribunal, y al comisario político correspondiente.

Todo este cúmulo de actuaciones se refleja en el expediente procesal; pero también da lugar a una serie de *expedientes personales*, cuyos nombres son los procesados y en los que se guarda constancia de todas estas actuaciones. En su mayoría son copias, salvo aquellas comunicaciones al auditor en que se acusa recibo de sus documentos. Estos expedientes personales de acusados son abundantísimos, pero ofrecen escaso interés.

Resultan más atractivos otros expedientes, también gestionados por el auditor, y que se refieren a asuntos que pueden constituir delito, pero que no afectan a una persona particular. Están clasificados por orden alfabético de materias, entre las que destacamos las siguientes:

Incendios en almacenes.

Accidentes de automóvil.

Amnistías.

Propuestas de nombramientos de delegados instructores.

Actuaciones anómalas de Batallones, en la línea de combate.

Difusión de noticias tendenciosas.

Deserciones en masa.

Sucesos en cárceles militares.

Relaciones con los Batallones Disciplinarios.

Actuaciones delictivas de las Brigadas internacionales.

Personal de la Auditoría.

Sin duda estas materias dan una información más rica y variada de la actividad militar y sus incidentes.

3. Documentos de la Fiscalía Jurídico-Militar del Ejército del Centro

Se recogen tres series de documentos producidos por este organismo y que tenía representación en todos los Tribunales Militares, bajo la dependencia de la Fiscalía General de la República.

a) Fichas-resumen de causas. Con todos los datos básicos informativos del proceso: procesado, delito, sentencia, pena. Sin otro interés que para la formación de datos estadísticos.

b) Correspondencia del fiscal en los distintos procesos: Informes sobre denunciados, desertores; dictámenes solicitando inhibición o pase al Tribunal; comunicaciones al fiscal del inicio de un sumario, etc. Sin interés.

c) Relaciones de amnistiados, por la Ley de 21 de febrero de 1936, en las distintas Divisiones Orgánicas del Ejército y en las Comandancias Militares de Marruecos, Baleares y Canarias; con constancia de los delitos y penas que cumplían, etc.; y que fueron enviadas por las Fiscalías de cada División al fiscal general de la República (1112, 1222, 1224).

4. Documentos de las Asesorías Jurídicas del Ejército del Centro

Los asesores jurídicos actúan, en los Cuarteles Generales del Ejército que tenga adscrito algún Tribunal, como asesores del jefe militar, con las funciones de *informar* en expedientes administrativos, de reclutamiento y gubernativos.

Asimismo informan sobre la aprobación o disentimiento de las sentencias que son elevadas, para aprobación, a los jefes militares.

Dependen estos asesores de la Asesoría Jurídica del Ministerio de Defensa, y en representación de ella actúan como *inspectores* de los Tribunales, recogiendo datos estadísticos sobre su constitución, actuación, necesidades y posible reorganización.

Igualmente son los encargados de hacer llegar a los Tribunales Militares las *normas* o circulares emitidas por el Ministerio de Defensa y de resolver las consultas que se les plantean sobre interpretación de las mismas.

Esta triple función normativa, inspectora e informativa se plasma en las series documentales siguientes:

a) *Informes y evacuación de consultas* de carácter jurídico, y no procesal, a cuestiones planteadas en las diversas unidades militares y en los propios Tribunales sobre interpretación de normas y circulares.

b) *Memorias y Estadísticas* de actuación de Tribunales; expedientes de constitución de los mismos. A efectos prácticos se incluyen aquí las referencias a los libros de Registro de los distintos Tribunales por ser una posible fuente de utilización estadística.

c) *Reglamentos y normas:* disposiciones para el procedimiento criminal, circulares del Ministerio de Defensa, colecciones de Decretos y Ordenes generales del Estado Mayor del Ejército del Centro, que constituyen una normativa cuyo quebranto puede ser fuente de procesamiento.

La recopilación de estas Ordenes generales, muy dispersas, es uno de los objetivos, desde el punto de vista archivístico; no sólo para conocer la normativa diaria del Ejército, sino para entender una gran parte de su actividad, de sus consignas y de sus fracasos.

Las Asesorías Jurídicas enlazaban, como hemos dicho, con la Subsecretaría del Ministerio de Defensa, en su *Sección de Asesoría y Justicia.* Creo que es oportuno, por ello, mencionar aquí los documentos de esa Sección, que se han hallado dentro del Archivo de la Causa General y que son de dos clases:

a') Oficios, comunicando aperturas de sumarios a soldados y jefes, entre los que se encuentran muchas referencias a los primeros momentos de la sublevación militar.

b') Abundante documentación legislativa: merecen la pena citarse los trabajos de una Comisión que elaboró en 1935 un anteproyecto de Código de Justicia Militar, presumiblemente siendo José M.ª Gil Robles ministro de la Guerra; las circulares de la Inspección General de Tribunales Militares; normas de procedimiento para su utilización en los Tribunales Militares, y abundantes documentos sobre decretos de la época de guerra.

5. Documentos de los vocales comisarios de los Tribunales Permanentes del Ejército del Centro

Son interesantes, al objeto de conocer la actividad del Comisariado, unos informes que los comisarios delegados en las distintas unidades militares enviaban al comisario vocal del Tribunal, acerca de cada uno de los procesados.

Estos informes recogen un perfil político, profesional y familiar del procesado que servía para dar un retrato robot de la fidelidad al régimen del encausado.

6. Papeles sueltos

Se recoge aquí un material informe constituido por partes o denuncias contra soldados, iniciación de diligencias, certificaciones, declaraciones de testigos, partes de hospitales sobre acusados y otros materiales de justicia, absolutamente irrecuperables por su desorden, que quizás no pudieron clasificarse por su misma situación de activos en el momento de ser incautados.

7. Notas de carácter económico

Sobre material, dietas, pagos a testigos, etc. Excesivamente escasas para dar una imagen de las dificultades económicas en que se movían estos Tribunales.

E) Las Audiencias y Tribunales Populares en las distintas provincias

Creados a partir de octubre de 1936, sólo pudieron establecerse en las provincias dependientes del Gobierno republicano.

Juntamente con los Tribunales Populares coexisten los Jurados de Urgencia que se extendieron por todo el territorio dominado por la República y los Jurados de Guardia de los que sólo conocemos su existencia en Madrid (tres Tribunales con cinco Juzgados instructores) y en Barcelona.

Los Tribunales Populares nacen en una primera etapa, independientes de las Audiencias, y van ampliando sus competencias, que llegan a comprender todos los delitos comunes, atribuidos antes a las Audiencias Provinciales y a las Salas de lo Criminal de las Audiencias Territoriales.

Un segundo momento se registra a partir del decreto de 6 de agosto de 1937, por el que se integran en las Audiencias Provinciales y Territoriales los distintos tribunales y jurados existentes, al tiempo que se otorgan a las Secciones de Derecho de los Tribunales Populares competencias específicas en los delitos de carácter penal ordinario.

El tercer acto de este proceso lo contituye el decreto de 24 de marzo de 1938 por el que se suprimen los Jurados de Urgencia y de Guardia, integrándose en los Tribunales Populares y dando a éstos un matiz político al encargarles fundamentalmente de los delitos derivados de la rebelión militar. Por su parte las Audiencias recuperan el protagonismo anterior a julio del 36 e integran dentro de ellas no sólo a los Tribunales Populares, sino a los Tribunales Especiales de Guardia, creados el 29 de noviembre de 1937.

Esta evolución ha determinado que los documentos de todos estos tribunales hayan aparecido dentro de las Audiencias provinciales y que el inventario que presentamos de los mismos englobe a todos estos organismos judiciales en una sola procedencia. Incluso los sumarios y causas que, se dice, proceden de actuaciones de Tribunales Populares, son en muchas ocasiones actuaciones de la Audiencia, que ha recuperado en materia penal sus competencias.

La organización de este inventario (véase Apéndice I) realizado por Elena Rodríguez-Magallanes se expone en la introducción al mismo y por ello prescindo de su explicación.

Solamente deseo advertir algunos aspectos singulares:

a) De las cinco Audiencias Territoriales que permanecieron en territorio leal (Albacete, Barcelona, Madrid, Oviedo, en Gijón y Valencia), sólo dos han dejado documentos en este Archivo de la Causa General: Madrid y Barcelona.

b) Llama la atención la abundante documentación conservada, procedente de Alicante, en la que existía un Tribunal Popular con cuatro Juzgados de Instrucción, y en donde se tramitaron muchas causas incoadas a presos de Madrid y que fueron trasladados a esa ciudad, cuando parecía inminente la caída de la capital, en 1936.

c) La documentación de los Tribunales Populares y Jurados de Madrid aparece con una serie de características:

1. *Gran número de tribunales:* dos Tribunales Populares con ocho Juzgados Especiales; ocho Jurados de Urgencia con ocho jueces de Instrucción; tres Jurados de Guardia con cinco Juzgados Instructores.

2. *Organización de los mismos:* a través de la Secretaría General de los Jurados y Tribunales Populares, que subsiste desde el 23 de octubre de 1936 hasta el 17 de marzo de 1937; y a través del Decanato de los Jurados de Urgencia, que persiste hasta marzo de 1938. Ambos organismos recogen aquellos expedientes

que han terminado con absolución al reo, o que se han suspendido en su tramitación hasta que el reo aparezca (archivación provisional).

3. *Expedientes de otras procedencias:* Se recogen en este fondo, además de los sumarios incoados en Madrid, los procedentes del jurado de la Audiencia Provincial de Toledo.

Igualmente existen abundantes expedientes del Tribunal de Espionaje y Alta Traición, que se establece en Madrid, como delegado del Tribunal Central, en agosto de 1938.

4. *Los inventarios:* Existen fichas de procesados, con algunos datos sobre penas, procedentes de los propios tribunales pero que difícilmente pueden servir para llegar al sumario o causa original.

En septiembre de este año se inició en la Sección un inventario analítico conteniendo los datos del procesado, delito, Juzgado de Instrucción y Tribunal que los juzga. El inventario quedó en suspenso al aparecer, entre los documentos de la Causa General, y partido en dos cajas totalmente distintas, un nuevo inventario aún más exhaustivo, pero incompleto. La primera página hacía referencia a 11.641 expedientes descritos, correspondientes a 227 cajas de las 378 existentes con documentos sobre estos Tribunales.

La falta de tiempo y la enorme abundancia de procedimientos conservados nos han obligado, por un lado, a albergar la esperanza de poder recuperar las páginas aún no encontradas de este último inventario; y por otro lado a pensar en un procedimiento de informatización, que pueda darnos en su día una idea completa de lo recogido en esta serie documental.

F) EL MINISTERIO DE JUSTICIA

Los fondos de este Ministerio, recogidos en el Archivo de la Causa General, se puede dividir en tres grandes grupos: documentos de personal, contables y de índole legislativa.

1.º Los documentos de personal

Pueden dividirse en dos grandes grupos: *a)* los procedentes de las Comisiones judiciales depuradoras, establecidas en las distintas provincias; *b)* los generados por el propio Ministerio, mediante nombramientos y en el ejercicio de su función defensora de la Justicia.

a) *Las comisiones judiciales depuradoras:* creadas en todas las provincias sometidas al Gobierno de la República, por decreto de 10 de diciembre de 1936, tenían como objetivo «restaurar la confianza que el pueblo y los supremos poderes del Estado han de tener en la lealtad y rectitud de sus jueces y Tribunales».

Las «vacantes» producidas en el momento del alzamiento y la creación de los Tribunales Populares, exigían una redistribución de los servicios, acomodándose a las nuevas circunstancias, y al mismo tiempo exigían una depuración del personal judicial y fiscal en un momento en que era necesaria una mayor fidelidad a las instituciones establecidas.

Las Comisiones Judiciales depuradoras se crearon con la presencia de un magistrado como presidente y de vocales representantes de las Centrales Sindicales (UGT y CNT) o de partidos políticos del Frente Popular.

Su primera labor se realizó a través de la Audiencia de cada provincia, que suministró a la Comisión una información sobre el funcionamiento de los Tribunales de la capital y sobre la actuación del personal asignado a los mismos, a partir del 19 de julio de 1936. Igualmente, se centralizaron en las Audiencias los informes enviados en el mismo sentido por los Juzgados de Instrucción y de 1.ª Instancia.

La Comisión Judicial Depuradora, a la vista de dichos informes, enviaba al Ministerio de Justicia las propuestas oportunas sobre el personal, que variaban entre las siguientes: confirmación en el cargo, traslado a otro Tribunal, jubilación, separación provisional o separación definitiva, con pérdida de derechos como funcionario.

Igualmente la Comisión, a la vista de los informes recibidos, proponía una nueva plantilla para cada tribunal y una nueva organización de juzgados, en orden a una mayor eficacia.

Un segundo paso, en la actuación de la Comisión, era el estudio de las reclamaciones individuales y de los informes remitidos por las Centrales Sindiciales y Partidos del Frente Popular, con objeto de presentar al Ministerio una propuesta para la provisión de vacantes.

Las propuestas para cubrir vacantes se hacía incluso para cubrir las plazas de jueces municipales. En esta propuesta tenían gran peso los representantes de cada Ayuntamiento que enviaban a la Comisión informe de depuración, si procedía, y propuesta en terna, acompañada de la solicitud de los interesados.

Todo este enorme bagaje de información se presentaba al Tribunal Supremo, para que su Sala de Gobierno diera el informe preceptivo; realizado el cual, el ministro procedía a los nuevos nombramientos.

Se conservan los expedientes completos de la actuación de algunas de estas comisiones, y fragmentos de otras, que en algunas ocasiones se prolongaron hasta bien avanzado el año 1937.

b) *La Sección 1.ª de la Subsecretaría del Ministerio de Justicia:* Existen dentro del Archivo de la Causa General abundantes expedientes de esta Sección, que según referencias de la organización del Ministerio trata del personal al servicio de los Tribunales, peticiones de los mismos, quejas por la deficiente actuación de la Justicia, solicitudes para constituir tribunales fuera de la capitalidad de las Audiencias, etc.

Normalmente la documentación se recoge en bloques de expedientes, separados por provincias, teniendo cada bloque un primer expediente relativo a la actuación del tribunal (constitución, traslado de lugar, informes especiales o generales) y a continuación los expedientes personales de los funcionarios judiciales y del personal administrativo y auxiliar al servicio de la Justicia. Hay también referencias a los jurados de los tribunales populares.

Otro grupo de documentos, dentro de la misma Sección 1.ª, lo constituyen una serie de relaciones de personal, de las Audiencias y juzgados de todas las provincias (858), que responden al cumplimiento de una orden ministerial de 4 de julio de 1938, en que se solicitaba información sobre todo el personal funcionario, indicando fecha de nombramiento, situación actual y situación militar. Este problema de la llamada a filas va a influir decisivamente en la situación de los juzgados y tribunales en el último año de guerra, abundando las solicitudes de exención y las necesidades, por parte del Ministerio, de recabar una información mensual sobre la situación del personal.

Hay finalmente, también en esta Sección 1.ª, unos expedientes de gran riqueza social, que recogen la correspondencia del Ministerio con la Fiscalía General de la República, con el Tribunal Supremo y con otros Ministerios (como el de la Gobernación) y autoridades provinciales, sobre anomalías en el funcionamiento de Tribunales, asesinatos de magistrados, otros asesinatos de autoridades, problemas en las cárceles, persecución de anarquistas, competencias con la Justicia militar, espionaje a través de las embajadas, delitos de prensa, etc., y para los que el Ministerio solicita la intervención fiscal, con nombramiento de jueces especiales, o simplemente, una mayor información. Para no citar más que un caso concreto, son de enorme interés los oficios dirigidos al Ministerio de Justicia por la Dirección General de Seguridad dando cuenta de las anomalías sucedidas en Madrid, capital, durante los primeros meses de la guerra; y un expediente gubernativo instruido a funcionarios del cuerpo de policía, por malos tratos a detenidos.

2.º Los documentos de contabilidad

Se recogen todos dentro de la Sección 3.ª de la Subsecretaría del Ministerio de Justicia.

Existen informaciones generales como el presupuesto de gastos del Ministerio para 1937, o el presupuesto de gastos de la referida Sección 3.ª con cuatro grandes apartados: personal, material, edificios y obras, gastos de los tribunales y juzgados.

a) En el apartado de personal hay referencias a los pagos a magistrados y jueces y a otros miembros de la administración de justicia; a los jurados, peritos y testigos; pagos de dietas, y pagos a jueces especiales cuya existencia es posible descubrir sólo por estos documentos económicos.

Están recogidas también las Nóminas del Subsidio de guerra que recibían los funcionarios del Ministerio y de otros organismos dependientes.

b) En el apartado de material figuran: adquisiciones de vehículos, libramientos hechos para prisiones, etc.

c) Más importantes son los apartados referentes a edificios y obras, y a gastos de Tribunales, pues en ellos se recoge la infraestructura de la Administración de Justicia, con la situación de los edificios y las cuentas rendidas por los distintos tribunales.

3.º Documentos legislativos

Hay en primer lugar decretos y órdenes ministeriales elaborados por los ministros Juan García Oliver y Manuel Irujo, y una abundante correspondencia del ministro Mariano Ansó Zuzarren con altas personalidades del estado.

El decreto de 24 de marzo de 1938 por el que las Audiencias Provinciales recuperan su protagonismo en la Administración de Justicia está aquí recogido, junto con algunas observaciones al mismo hechas por el Tribunal Supremo, en cuanto a organización judicial en algunos territorios.

La Ley de amnistía de 22 de enero de 1937 produjo unas relaciones de amnistiados, que fueron enviados al Ministerio por todas las Audiencias provinciales y territoriales.

Una orden del Ministerio de Justicia por la que se debían enviar a dicho organismo todas las sentencias en materia de espionaje, alta traición, derrotismo y subsistencias; y relaciones de las multas impuestas por los diversos Tribunales, condujo a la existencia en dicho Ministerio de abundantes certificaciones de sentencias y relaciones de multas, impuestas sobre todo por los Tribunales Especiales de Guardia, sobre los que hay recogida abundante normativa y testimonios de sus actuaciones.

4.º La Consellería de Justicia de la Generalitat

Solamente como un apéndice metodológico, quiero citar aquí a la *Consellería de Justicia, de la Generalitat de Cataluña* que también guarda referencias documentales en este Archivo sobre todo de carácter legislativo, relativas a la organización judicial de Cataluña, a los Tribunales Populares, al personal de Justicia, y un proyecto de Código Penal para aplicarlo a las milicias proletarias.

Entre los documentos de carácter económico están recogidos entre otros los presupuestos de la Consellería, para el año 1939; gastos de obras en Tribunales; y nóminas de las patrullas de control que circulaban por Barcelona en los primeros meses de 1936.

Otros documentos de carácter administrativo, como los relacionados con la Audiencia Territorial de Cataluña, el personal al servicio de la Consejería, las certificaciones de decretos de conmutación de penas de muerte, y diversos expedientes personales producidos por la Comisión de Responsabilidades de la Generalitat en averiguación sobre posibles desafecciones al Régimen republicano, completan la información sobre la actividad de este Organismo.

G) La Causa General y la Justicia Republicana

Cuarenta años después de terminada la investigación de la Causa General, es posible acercarse a ella con la independencia suficiente que da la lejanía en el tiempo.

Hemos tratado de hacer una valoración de la pieza 5.º, titulada la «Justicia Roja», con el ánimo de completar las referencias a las fuentes documentales para el estudio de la Justicia en la zona republicana, durante la guerra civil.

Esta pieza, en casi todas las provincias, contiene tres clases de información:

a) *Documentos elaborados por la Justicia republicana*, incorporados a la pieza, y que aportan datos primarios de gran interés: así por ejemplo podrían citarse: documentos de las actuaciones de la Comisión Judicial Depuradora, de Jaén; los expedientes gubernativos relativos a los nombramientos y tomas de posesión de jueces municipales, en Teruel; sumarios de las actuaciones de diversos Tribunales Populares, en Santander, Gijón, y en el Juzgado de Instrucción de Alcañiz; del Tribunal de Responsabilidades Civiles hay sumarios en la pieza de Granada. Del mismo Juzgado Especial de Alcañiz se conservan además las estadísticas mensuales de las actuaciones de dicho Juzgado, elaboradas por el juez republicano y que periódicamente enviaba al Tribunal Popular de Aragón, en Caspe.

b) *Documentos elaborados por la Causa General, que no contienen juicios de valor:* aquí se pueden mencionar las certificaciones de los diversos fiscales delegados de la Causa General, que hacen una simple constatación de los nombres de los magistados y jueces que ejercían la justicia en los Tribunales Populares de las distintas provincias.

También son datos importantes los referidos a la organización de los Tribunales y Juzgados en territorios como Aragón, Extremadura y Vizcaya, donde funcionó el Tribunal Militar de Euzkadi, y donde no se crea Comisión Judicial Depuradora, sino un inspector general de Tribunales.

Estos datos de organización suelen incluirse dentro de las referencias legislativas que la Causa General suele recoger de los *Boletines Oficiales* de la Provincia, o de documentos republicanos que han llegado a su poder; es notorio citar toda la normativa producida por el Consejo General de Asturias y León, y por los gobiernos vasco y de la Generalitat en materia de Justicia, y que se contienen en la pieza 5.ª de cada provincia.

c) *Valoración de la Justicia republicana durante la Guerra Civil.* Más que a los informes emitidos por los propios fiscales-delegados, quiero hacer aquí referencia a las declaraciones de testigos, muy abundantes dentro de cada provincia, y que aportan una información sobre los aspectos que contribuyeron, a su parecer, a la no independencia de la Justicia: la intervención de los Comités de Salud Pública, sobre todo en localidades pequeñas; las presiones del Servicio de Información Militar (SIM); la politización de los jurados, y en particular de los representantes de la CNT y FAI; las coacciones del público que asistía a las vistas; y las intervenciones de hecho del poder local en la ratificación de las sentencias.

Se habla, no obstante, por los testigos de una primera etapa caracterizada por una justicia más virulenta y a la que dejó paso después una acción más conciliadora.

Todas estas opiniones, pienso que podrán ser contrastadas con una consulta más en profundidad de los documentos originales aquí presentados, todavía con las limitaciones que impone la Ley de Patrimonio Histórico.

El Archivo Histórico Nacional, por su parte, tratará de ordenar e inventariar con mayor profundidad todos los documentos contenidos en al Archivo de la Causa General, aportando nuevos catálogos para la consulta de los mismos, sobre todo a partir de 1989.

APENDICE I

Inventario somero de los fondos de Audiencias y Tribunales Populares, existentes en la Zona Republicana, durante la guerra civil (1936-39)

ELENA RODRÍGUEZ MAGALLANES
Sección de Fondos contemporáneos del AHN

INTRODUCCIÓN

Contiene este inventario la documentación tramitada por las Audiencias y Tribunales Populares de la zona republicana durante la guerra civil, que se custodia en el Archivo Histórico Nacional, integrada en el conjunto de documentos que constituyen la Causa General.

Para la clasificación se ha procedido a su agrupación por provincias, ordenadas alfabéticamente, y dentro de cada una de ellas se ha dividido la documentación en series, no absolutamente independientes, pues aunque responden a grandes bloques temáticos, en algunos casos se hallan relacionadas entre sí. También hay que tener en cuenta las frecuentes alteraciones de la línea divisoria entre los dos ejércitos durante la contienda, lo que obligaba en ocasiones a que asuntos relativos a una determinada provincia no se viesen en la capital de la misma por estar en poder de los nacionales, tal es el caso de Toledo, cuya documentación se tramitó en Madrid (Tribunal Popular de Toledo en Madrid) y en Ocaña (Jurado de Urgencia); también en Caspe se creó un Tribunal Popular y un Jurado de Urgencia que entendían de los asuntos de la zona de Aragón que estaba dominada por los republicanos; del mismo modo en Oviedo y Granada se centró la actividad judicial en Gijón y Baza, respectivamente, si bien de estas tres últimas ciudades es muy escasa la documentación conservada en este fondo.

Las mencionadas series serían las siguientes:

1. *Sumarios, causas y diligencias:* contiene la documentación emanada de la actividad judicial.

2. *Estadísticas y libros-registro:* tanto de actuaciones de los Tribunales como del personal de los mismos, especificándose la temática de los libros-registro.

3. *Copias y certificaciones de sentencias:* se han clasificado de forma independiente por su abundancia y por no tratarse de documentos originales.

4. *Documentación administrativa:* correspondencia, oficios, comunicaciones y todo el conjunto de expedientes tramitados por la Sala de Gobierno, como son los expedientes gubernativos y los personales.

5. *Documentación relativa al personal:* nombramientos e incidencias del mismo.

6. *Documentación de carácter económico:* nóminas, dietas, etc.

7. *Legislación:* con indicación del organismo productor en los casos en los que hay constancia.

8. *Expedientes que merecen mención independiente:* constitución o supresión de Tribunales, memorias, etc.

Este somero inventario geográfico no ha querido ser más que un primer acercamiento al tema que, sin duda, será objeto de ulteriores trabajos de investigación; nuestra labor ha consistido en abrir camino y facilitar la consulta de unos fondos sobre los que ofreceremos en un futuro un inventario analítico más completo.

Albacete [1]

Tribunales Populares y Audiencia Provincial

— Sumarios, causas y diligencias: 1.012-1.014, 1.023, 1.501.
— Estadísticas y libros-registro: 1.014 (Libro de sentencias), 1.022.

Tribunal Especial de Guardia

— Sumarios, causas y diligencias: 1.017.
— Copias y certificaciones de sentencias: 798.
— Estadísticas y libros-registro: 798.

Jurados de Urgencia

— Sumarios, causas y diligencias: 1.018-1.022.
— Expediente sobre supresión del Jurado de Urgencia: 1.022.
— Estadísticas y libros-registro: 1.022 (Libro de turno de causas. 1937).
— Documentación relativa al personal: 1.022.

---

[1] Los números hacen referencia a la signatura de los documentos dentro del Archivo de la Causa General.

Alicante

Tribunales Populares y Audiencia Provincial

— Sumarios, causas y diligencias: 369-377 (passim), 650, 683, 702-716, 717, 724-740, 745, 747, 769, 1.364, 1.560.

— Copias y certificaciones de sentencias: 737-739.

— Estadísticas y libros-registro: 715, 717, 742 (Libros de expedientes gubernativos, de exhortos, sumarios, diligencias, etc.), 743, 744 (Libro de turno de letrados, causas, sentencias, etc.), 745 (Libros de sentencias, exhortos, expedientes, indultos, etc.), 746 (Libros de exhortos, de cartas órdenes), 747, 776, 1.279 (Libros de inculpados, procesados), 1.293, 1.397, 1.407 (Libros de salida de documentos).

— Documentación relativa al personal: 717, 723, 743, 746, 747, 748-750, 1.293, 1.364, 1.501.

— Documentación administrativa: 723 (Expedientes gubernativos), 748.

Jurados de Urgencia

— Sumarios, causas y diligencias: 684-716, 1.291.

— Estadísticas y libros-registro: 743 (Libros de órdenes y comunicaciones), 746, 747 (Libros de señalamientos, de expedientes), 1.293.

— Expediente de constitución del Tribunal: 746, 747.

— Documentación relativa al personal: 747.

— Documentación administrativa: 776.

— Documentación de carácter económico: 746.

Tribunal Especial de Guardia

— Sumarios, causas y diligencias: 718-722, 736-742, 1.279.

— Estadísticas y libros-registro: 722, 742 (Libros de diligencias, de sumarios), 743 (Libros de multas, de sumarios), 745 (Libros de expedientes), 1.279 (Libros de inculpados).

— Expediente de constitución del tribunal: 769.

— Documentación administrativa: 722, 776 (Expedientes gubernativos).

— Copias y certificaciones de sentencias: 798.

Almería

Tribunales Populares y Audiencia Provincial

— Sumarios, causas y diligencias: 1.034-1.037, 1.173-1.178.

— Estadísticas y libros-registro: 1.186 (Libros de sentencias).

Jurado de Urgencia

— Sumarios, causas y diligencias: 1.165-1.172.
— Estadísticas y libros-registro: 1.186 (Libros de expedientes por desafección).

Tribunal Especial de Guardia

— Sumarios, causas y diligencias: 1.179-1.185.
— Estadísticas y libros-registro: 798, 1.182, 1.186.

Badajoz

Jurado de Urgencia

— Documentación Administrativa: 669 (Expediente gubernativo contra el presidente).

Barcelona

Tribunales Populares y Audiencia Provincial

— Sumarios, causas y diligencias: 1.630, 1.631, 1.637, 1.679, 1.680, 1.684, 1.690, 1.692, 1.694, 1.742.
— Copias y certificaciones de sentencias: 1.637, 1.684.
— Estadísticas y libros-registro: 758, 822, 1.407, 1.630, 1.637, 1.640, 1.643, 1.684, 1.704, 1.737 (Libros de penas), 1.760, 1.796.
— Documentación relativa al personal: 822, 1.784.
— Documentación de carácter económico: 1.704, 1.742.
— Legislación: 1.635 (De la generalidad), 1.637, 1.642.
— Designaciones de abogados defensores: 1.638.

Audiencia Territorial de Cataluña

— Sumarios, causas y diligencias: 1.683, 1.715, 1.742, 1.760.
— Estadísticas y libros-registro: 1.637, 1.638, 1.639, 1.760, 1.784.
— Documentación de carácter económico: 1.636, 1.637, 1.742.
— Documentación administrativa: 1.635, 1.636 (Expedientes gubernativos), 1.637 (Expedientes gubernativos), 1.639 (Expedientes gubernativos), 1.640-1.641 (Expedientes gubernativos), 1.642, 1.643, 1.742, 1744.
— Documentación relativa al personal: 1.490, 1.637, 1.638. 1639, 1.784.

— Informes de personas procesadas por Tribunales Populares: 1.476, 1.489, 1.744.

— Expedientes de indulto para su tramitación al Supremo: 1.636.

— Comité de Inspección de Tribunales: 1.635-1.636, 1.643.

— Oficina Jurídica de Barcelona: 1.642-1.643.

Tribunal Especial de Guardia

— Sumarios, causas y diligencias: 1.643, 1.681, 1.701, 1.741.

— Estadísticas y libros-registro: 798, 1.637, 1.701, 1.702, 1.727 (De sumarios), 1.737 (De procesos).

— Legislación: 1.637 (De la generalidad), 1.642.

Jurados de Urgencia

— Sumarios, causas y diligencias: 1.686.

— Estadísticas y libros-registro: 1.786.

— Legislación: 1.637 (De la generalidad).

Jurados de Guardia

— Estadísticas y libros-registro: 1.643.

Castellón

Jurado de Urgencia

— Documentación de carácter económico: 832.

Tribunal Popular y Audiencia Provincial

— Estadísticas y libros-registro: 1.407 (De causas).

Tribunal Especial de Guardia

— Tabla de sanciones en materia de subsistencias: 1.291.

Ciudad Real

Tribunal Especial de Guardia

— Estadísticas y libros-registro: 798.

Tribunal Popular y Audiencia Provincial

— Sumarios, causas y diligencias: 858.

Cuenca

Tribunales Populares y Audiencia Provincial

— Sumarios, causas y diligencias: 558 (De Tarancón), 675, 1.064 (De Tarancón y otros pueblos).
— Estadísticas y libros-registro: 1.566.

Gerona

Tribunales Populares y Audiencia Provincial

— Estadísticas y libros-registro: 758, 822, 1.439.
— Documentación relativa al personal: 822.
— Documentación administrativa: 768 (Visitas de inspección).

Tribunal Especial de Guardia

— Estadísticas y libros-registro: 798.

Granada

Tribunal Especial de Guardia

— Sumarios, causas y diligencias: 865.
— Estadísticas y libros-registro: 798.
— Copias y certificaciones de sentencias: 798.

Guadalajara

Tribunales Populares y Audiencia Provincial

— Sumarios, causas y diligencias: 1.538.
— Estadísticas y libros-registro: 1.281 (Libros de situación del personal).
— Documentación relativa al personal: 816, 1.281.

Tribunal Especial de Guardia

— Estadísticas y libros-registro: 798.
— Documentación de carácter económico: 798.

Jaén

Tribunales Populares y Audiencia Provincial

— Sumarios, causas y diligencias: 1.002, 1.003.

Jurado de Urgencia:

— Sumarios, causas y diligencias: 1.001, 1.002, 1.003, 1.259.
— Memoria del Jurado de Urgencia ante el Tribunal Supremo: 368 bis.

Tribunal Especial de Guardia

— Documentación administrativa: 1.004 (Expedientes personales).

Lérida

Tribunales Populares y Audiencia Provincial

— Sumarios, causas y diligencias: 1.473-1.490, 1.679, 1.681, 1.683, 1.686, 1.690, 1.726, 1.727, 1.735.
— Estadísticas y libros-registro: 758, 822, 1.473, 1.476, 1.485, 1.491, 1.686.
— Documentación relativa al personal: 822, 1.476 (Expediente gubernativo relativo a jurados), 1.489, 1.490.
— Documentación de carácter económico: 1.489, 1.490.
— Documentación administrativa: 1.489, 1.491, 1.277.
— Informes de personas procesadas: 1.476, 1.489.
— Acta de constitución del Tribunal Popular: 1.491.

Tribunal Especial de Guardia

— Sumarios, causas y diligencias: 1.735.
— Estadísticas y libros-registro: 798.
— Documentación relativa al personal: 1.277.

— Expediente de constitución del Tribunal de Subsistencias y precios indebidos: 1.491.

Jurado de Urgencia

— Sumarios, causas y diligencias: 1.473, 1.474, 1.476, 1.477, 1.479, 1.481, 1.483, 1.484, 1.681, 1.726, 1.727, 1.735.

— Copias y certificaciones de sentencias: 1.481.

Madrid

Tribunales Populares y Audiencia Provincial

— Sumarios, causas y diligencias: 1-378 (passim), 661, 831, 835, 838-840 (alguno de Toledo), 842-845, 850, 851, 861 (alguno de Toledo), 862, 863 (alguno de Toledo), 865, 866 (alguno de Toledo), 899 (alguno de Toledo), 900, 921, 923, 924 (alguno de Toledo), 1.051 (alguno de Toledo), 1.096, 1.199, 1.227, 1.242, 1.245, 1.266, 1.278, 1.286, 1.289, 1.500, 1.513, 1.515 (Cuartel de la Montaña), 1.525, 1.532, 1.537, 1.538, 1.540-1.542, 1.566, 1.794.

— Copias y certificaciones de sentencias: 679, 762, 815, 839, 840, 850, 863, 866, 900, 921.

— Estadísticas y libros-registro: 368, 671, 838, 863, 958 (Libro de diligencias del juzgado especial de evasión de capitales), 1.279, 1.280, 1.284 (Libro de causas), 1.285 (Libro de juzgados adscritos al Tribunal Popular Sección 1.ª), 1.363 (Extractos de expedientes), 1.563 (Relación de procesados del Cuartel de la Montaña), 1.567, 1.568, 1.576, 1.806-1.809 (Libros de causas, de inspección y vigilancia).

— Documentación administrativa: 842, 843, 899 (Expedientes gubernativos, algunos relacionados con el POUM), 988, 1.277, 1.561.

— Documentación relativa al personal: 637, 863, 988, 1.277, 1.567, 1.568.

— Documentación de carácter económico: 863, 1.365.

— Legislación: 1.567.

— Informe sobre la constitución y actuación de los Tribunales Populares elaborado por una comisión del PSOE, dirigido al comité ejecutivo del propio partido: 816.

Jurados de Urgencia

— Sumarios, causas y diligencias: 1-378 (passim), 546, 547, 829, 850, 899, 1.266, 1.278, 1.324.

— Copias y certificaciones de sentencias: 671, 871, 1.365.

Tribunales Especiales de Guardia

Audiencia Territorial

Secretaría General de Tribunales y Jurados Populares

Jurado de Guardia

— Sumarios, causas y diligencias: 1-378 (passim), 1.245.

Málaga

Tribunales Populares y Audiencia Provincial

— Sumarios, causas y diligencias: 1.346 (Exhortos).

Murcia

Tribunal Especial de Guardia

— Estadísticas y libros-registro: 798.

Tribunal Popular y Audiencia Provincial

— Sumarios, causas y diligencias: 1.517.
— Estadísticas y libros-registro: 368 bis.

Jurado de Urgencia

— Estadísticas y libros-registro: 368 bis.

Oviedo

Tribunales Populares y Audiencia Provincial (Gijón).

— Sumarios, causas y diligencias: 1.245, 1.344.

Santander

Tribunales Populares y Audiencia Provincial

— Sumarios, causas y diligencias: 1.583.

Tarragona

Tribunales Populares y Audiencia Provincial

— Sumarios, causas y diligencias: 1.452-1.456, 1.683, 1.690.

— Estadísticas y libros-registro: 758, 822.
— Documentación relativa al personal: 822.

Teruel

Tribunales Populares y Audiencia Provincial

— Sumarios, causas y diligencias: 1.421.
— Legislación: 661 (Del Ministerio de Justicia).

Toledo

Tribunales Populares y Audiencia Provincial

— Sumarios, causas y diligencias: 1-378 (passim), 831, 840, 863, 865, 866, 899, 924, 1.051, 1.291, 1.513, 1.525, 1.567.
— Estadísticas y libros-registro: 1.291 (Libro de causas).
— Documentación relativa al personal: 661, 1.291.
— Documentación de carácter económico: 863.
— Expediente de constitución del tribunal: 1.291.

Valencia

Tribunal Especial de Guardia

— Estadísticas y libros-registro: 798.

Tribunales Populares y Audiencia Provincial

— Sumarios, causas y diligencias: 1.538.
— Documentación administrativa: 1.538.
— Estadísticas y libros-registro: 1.407.

Zaragoza

Tribunal Popular (Caspe)

— Sumarios, causas y diligencias: 1.427, 1.430.

APENDICE II

Relación de signaturas del Archivo de la Causa General, correspondientes a las Series de que se hace mención en la Ponencia

Jesús Gaite Pastor

A) Fondos Documentales del Tribunal Popular de Responsabilidades Civiles

1. *Leyes y Decretos sobre el Tribunal; Reglamentos y Normas internas:* 554, 556, 574, 598, 606, 674, 793, 844, 1.244, 1.247.

2. *Expedientes judiciales:* 356 bis, 550, 552-53, 555, 557, 559-61, 563-67, 569, 571-73, 575-76, 579-80, 583-84, 590, 592, 595, 596-97, 599, 603-04, 608, 610-11, 613, 618, 620, 624-33, 635, 651-55, 659-60, 664-70, 672-74, 676-77, 754-57, 759-60, 762, 794-95, 814-15, 819, 822, 831-32, 836, 838, 847, 862-63, 918, 938, 960, 964, 1.056, 1.101, 1.112, 1.197, 1.222, 1.229, 1.242, 1.278, 1.364, 1.498, 1.567, 1.785-87, 1.793.

3. *Actuaciones del fiscal y de la Caja General de Reparaciones:* 562-63, 574 (fiscal), 581, 592, 598, 600, 602, 609, 614, 631, 656, 671, 752-53 (fiscal), 835-36, 870, 920, 1.229.

4. *Documentos del Pleno y de la Sala de Gobierno:* 554-56, 598, 794, 1.279, 1.282.

5. *Personal al Servicio del Tribunal:* 554, 598, 606, 671, 757-58, 793, 842, 1.112, 1.280.

6. *Contabilidad del Tribunal:* 559, 574, 598, 756, 793, 842, 1.280-81.

7. *Registros y Estadísticas de actuaciones del Tribunal:* 554, 577, 598, 633, 815, 830, 836, 850, 865, 914, 920, 1.279-80, 1.282-83, 1.289.

8. *Delegación en Madrid, de este Tribunal:* 574, 598, 815, 865, 914, 921.

B) Fondos Documentales del Tribunal Especial de Espionaje y Alta Traición

1. *Organización del Tribunal y sus juzgados:* 639, 894, 898.

2. *Expedientes judiciales:* 610, 683, 756, 762, 831, 835, 861, 865, 867, 873-90, 1.001, 1.199, 1.229, 1.475, 1.479, 1.539-42, 1.564, 1.695-1.703, 1.705-26, 1.728-34.

Sobre el proceso al POUM: 614, 656, 661, 790, 792, 809, 867, 898, 1.100, 1.365, 1.680-93, 1.741.

3. *Documentos relacionados con el Gobierno del Tribunal:* 636, 896, 898, 1.282.

4. *Personal y Presupuestos:* 589, 609, 612, 616, 894, 896, 898.

5. *Registros y Estadísticas:* 671, 836, 896, 1.281-83, 1.286, 1.637, 1.684, 1.690, 1.694, 1.696, 1.702, 1.736-38, 1.741.

C) FONDOS DOCUMENTALES DEL TRIBUNAL SUPREMO, EN LA ZONA REPUBLICANA

1. *Documentos de personal:* 562, 635, 673, 858, 1.000, 1.242.

2. *Indultos:* 368 bis, 617, 644, 791-94, 810, 813, 821, 826, 833, 845-46, 852, 857, 859-60, 869-70, 962-63, 1.000, 1.099, 1.198, 1.223, 1.228, 1.231.

3. *Sala VI, de lo Militar:* 637, 646, 1.114, 1.576.

4. *Fiscalía General de la República:* 835, 867, 900, 1.580.

5. Sumarios y Causas: 1.513-20, 1.537-38, 1.543-44, 1.566-68, 1.694, 1.794.

D) FONDOS DOCUMENTALES DE LOS TRIBUNALES MILITARES PERMANENTES DEL EJÉRCITO DEL CENTRO

1. *Sumarios y causas:* 379-467, 577, 582, 762, 771, 811, 815, 817, 827, 835, 861, 907, 949, 957, 959, 967, 969, 1.115, 1.197, 1.200, 1.202-03, 1.230, 1.237, 1.283, 1.324, 1.497, 1.520-23, 1.561-62, 1.565, 1.567, 1.786, 1.793, 1.794.

Marzo, 1939: 865, 796-97, 1.525, 1.563, 1.795.

Servicio de tren: diligencias: 484, 1.096, 1.107.

2. *Documentos de las Auditorías*

a) Expedientes personales: 464-83, 485, 487, 490-502, 585, 588, 751-53, 761-67, 770, 772-75, 777-78, 780, 781-86, 790, 799-804, 806-08, 812-13, 872, 901-03, 905-17, 942-47, 949-50, 952, 954-56, 959, 964, 983, 985, 987, 989-95, 997-98, 1.072, 1.076-78, 1.095, 1.097, 1.103-06, 1.107-11, 1.207-13, 1.215-21, 1.226, 1.283.

b) Expedientes de materias diversas: 761, 904, 919, 940-41, 945, 949, 1.075, 1.214.

3. *Documentos de la Fiscalía Jurídico-Militar, del Ejército del Centro:*

a) Fichas-resumen de causas: 486, 494, 496, 585-87, 680, 762, 798, 834, 1.114, 1.203, 1.566-67.

b) Correspondencia: 468-83, 503, 763, 782, 805, 834, 906-07, 914, 922, 941-42, 944, 947, 966, 973, 981, 983, 995, 1.072, 1.074, 1.107-08, 1.112, 1.211-12, 1.222, 1.224, 1.289.

4. *Documentos de las Asesorías Jurídicas:*

a) Informes y evacuación de consultas: 484-85, 488, 511, 764, 775, 798, 914, 947, 973, 984, 1.206, 1.230.

b) Memorias y estadísticas de Tribunales: 762, 765, 771, 775, 789, 798, 805, 957, 973-74, 977, 1.075, 1.197, 1.200, 1.203, 1.226, 1.237, 1.278, 1.283, 1.286, 1.576.

c) Reglamentos y normas: 577, 762, 796, 834, 864, 902, 907, 967, 969, 974, 1.197, 1.203, 1.230.

d) Sección de Asesoría y Justicia del Ministerio de Defensa:

d.1. Correspondencia: 786, 840, 906, 980-81, 986, 1.074, 1.095, 1.197, 1.210.

d.2. Documentos legislativos: 783, 788, 799, 828, 922, 947, 958, 969, 972, 974, 1.074, 1.205, 1.217, 1.223.

5. *Documentos de los vocales comisarios:* 468, 472, 577, 775, 969.

6. *Papeles sueltos:* 548-49, 578, 647, 762, 764-65, 768, 771, 787-89, 796, 798, 800, 805, 809, 815, 820, 822-25, 830, 834-35, 838, 840, 848-49, 853-54, 860, 864, 868, 902, 907, 915, 918, 922, 939, 948, 957, 961, 965-66, 968, 970-73, 975-79, 1.073, 1.101, 1.111, 1.114-15, 1.198, 1.202-05, 1.224, 1.226, 1.230, 1.235-39, 1.324.

7. *Notas de carácter económico:* 588, 966, 968, 1.075, 1.114.

F) DOCUMENTOS DEL MINISTERIO DE JUSTICIA

1. *Personal:*

a) Comisiones Judiciales Depuradoras: 594, 617, 662, 717, 748, 826, 867, 1.004, 1.119, 1.222.

b) Sección 1.ª: 560, 568, 571, 584, 586, 588-89, 601, 605-06, 617, 639, 640-41, 643-46, 660, 663, 669, 768, 858, 900, 1.277.

c) Sección 1.ª: correspondencia especial: 569, 587, 589, 601, 605, 636, 1.286.

2. *Contabilidad:* 582, 587, 605-07, 615, 638-41, 643-46, 657-58, 674, 678, 723, 768, 832, 1.096, 1.100.

3. *Documentos legislativos:* 605, 615, 642, 649, 660, 663, 858, 867, 903, 984, 1.224, 1.263-65, 1.291, 1.293, 1.562, 1.635.

4. *Consellería de Justicia, de la Generalitat:* 632, 840, 867, 1.635, 1.637, 1.639-40, 1.642-43, 1.739, 1.744, 1.772.

G) FONDOS DOCUMENTALES REFERIDOS A LA PIEZA 5.ª: «JUSTICIA ROJA», DE LA CAUSA GENERAL

Alava = 1.337
Albacete = 1.016

Alicante = 1.397
Almería = 1.161-62
Badajoz = 1.056
Baleares = 1.459
Barcelona = 1.635-43
Cádiz = 1.061
Castellón = 1.405
Ciudad Real = 1.032
Córdoba = 1.044
Cuenca = 675
Gerona = 1.439
Granada = 1.043
Guadalajara = ?
Guipúzcoa = 1.336
Huelva = 1.043
Huesca = 1.413
Jaén = 1.009
León = 1.345
Lérida = 1.469
Madrid = 1.537-44; 1.567-68
Málaga = 1.060
Murcia = 1.067
Oviedo = 1.342
Santander = 1.583
Sevilla = 1.040
Tarragona = 1.450-51
Teruel = 1.421
Toledo = 1.049
Valencia = 1.393-94
Vizcaya = 1.333
Zaragoza = 1.427

Fuentes para el estudio de la Administración de Justicia del Tribunal Supremo, durante la guerra civil

LUIS MIGUEL DE LA CRUZ HERRANZ

1. DOCUMENTACION DEL ARCHIVO DEL TRIBUNAL SUPREMO:
   1.1. Documentación de la Secretaría de Gobierno:
      1.1.1. Documentación referente al Tribunal Supremo.
      1.1.2. Tribunal de Garantías Constitucionales.
      1.1.3. Tribunal de Casación de Cataluña.
      1.1.4. Audiencias.
      1.1.5. Tribunales Populares.
      1.1.6. Jurados de Urgencias y de Guardias.
      1.1.7. Tribunales Militares.
      1.1.8. Tribunal Central de Espionaje y Alta Traición.
   1.2. Documentación sobre el personal de la Administración de Justicia:
      1.2.1. El resto de la documentación.
   1.3. Documentación de las diferentes Salas del Tribunal Supremo:
      1.3.1. Los libros de sentencias originales.
   1.4. Otros libros: de actas, registro, índices, etc.
2. LA DOCUMENTACION DEL TRIBUNAL SUPREMO EN EL ARCHIVO GENERAL DE LA ADMINISTRACION DEL ESTADO:
   2.1. Documentación de la Secretaría de Gobierno.
   2.2. Estadística.
   2.3. Indultos.
   2.4. Inspección Central de Tribunales.
   2.5. Documentación de las diferentes Salas.

1. DOCUMENTACIÓN DEL ARCHIVO DEL TRIBUNAL SUPREMO

La documentación del archivo del Tribunal Supremo que nos interesa para nuestro estudio es la producida por la Secretaría de Gobierno de dicho tribunal y la de las diferentes Salas que lo componían.

Como rasgo general, tenemos que destacar el escaso volumen que supone esta documentación para el período que nos ocupa, después de las transferencias efectuadas al archivo del Estado en Alcalá de Henares.

Prescindimos de dar el número exacto de cajas que ocupa esta documentación debido a que el conjunto de la misma no se encuentra en cajas correlativas, sino de forma bastante dispersa.

La forma externa que adopta la inmensa mayoría de la documentación es la de expediente. El resto de la misma son libros de actas, registros, índices, matrículas, etc., en número no despreciable.

Toda la documentación del archivo del Tribunal Supremo se conserva en cajas y está organizada en ficheros. En líneas generales, el estado de conservación de la documentación es bueno.

1.1. Documentación producida por la Secretaría de Gobierno

1.1.1. Documentación referente al Tribunal Supremo

Dentro de este apartado incluimos la documentación que trata sobre las diferentes vicisitudes atravesadas por el Tribunal Supremo durante la guerra civil.

Son interesantes los expedientes que se refieren al traslado y constitución del Tribunal Supremo en Valencia, según Orden de la Presidencia del Consejo de Ministros y del Ministerio de la Guerra de 6 de noviembre de 1936. Posteriormente fue trasladado a Barcelona. Por este motivo, quedó funcionando en Madrid una sección delegada del mismo desde 1937 a 1939, según decreto de 14 de enero de 1937 y cuyo expediente conservamos. En otro figura el personal indispensable para el funcionamiento de esta sección delegada en Madrid y el traslado del personal restante a Valencia y Barcelona. Este traslado supuso también un traslado de documentos, libros y otros efectos necesarios para su funcionamiento, según consta en los inventarios que nos han quedado sobre el particular realizados a instancias del presidente del Tribunal o por acuerdo de las Salas. No obstante, la documentación que se trasladó fue tan solo la imprescindible para poder seguir funcionando y la que estaba en curso de trámite.

Conservamos también el expediente relativo a la constitución del Tribunal Supremo de la zona nacional, según ley de 27 de agosto de 1938. Entre otros documentos de que consta el expediente destacaremos los siguientes:

— Acta de la constitución de la Sala de Gobierno el 26 de noviembre de 1938 en Vitoria.

— Datos recogidos en Valladolid, Salamanca y Pamplona por la Sala de Gobierno sobre la posibilidad de instalar el Tribunal Supremo en alguna de estas ciudades, en cumplimiento de lo acordado por ésta el 26 de noviembre de 1938.

— Acta de juramento y toma de posesión del presidente, magistrados y fiscal del Tribunal Supremo.

— Plantilla del personal administrativo y subalterno.

— Presupuesto de material.

Curioso es otro expediente en el cual el alcalde de Valladolid suplica le sean abonados los gastos que había supuesto la instalación de dicho Tribunal en Valladolid.

Existe también otro inventario que se realizó de los bienes, documentos, libros y enseres existentes en el Tribunal Supremo de Barcelona y su traslado al Tribunal Supremo franquista de Valladolid el 4 de febrero de 1939. Asimismo figura una relación del personal del Supremo republicano que ha quedado en Barcelona.

Destacaría igualmente otro expediente relativo a la toma de posesión de un fiscal del Supremo franquista. Este venía retrasando su toma de posesión debido a una enfermedad que lo retenía en cama, impidiéndole incluso escribir, por lo que la carta que envía al presidente del Tribunal Supremo la redacta su hijo.

La solución que se elige es la toma de posesión en la Audiencia Territorial de Sevilla, como lo testimonia la certificación que de este hecho envía el secretario de Gobierno de esta Audiencia al presidente del Supremo.

Sabido es que el Tribunal Supremo, después de la reorganización de 6 de mayo de 1931, contaba con cinco salas:

— 1.ª de lo Civil.

— 2.ª de lo Criminal.

— 3.ª y 4.ª de lo Contencioso-Administrativo.

— 5.ª de lo Social.

Posteriormente se creó la Sala 6.ª, denominada de Justicia Militar o Sala Mixta.

Además de estas Salas ordinarias, se crearon otras denominadas especiales. Sobre ellas tenemos algunos documentos, aunque éstos son muy escasos.

Según lo dispuesto en el artículo 4.º del decreto-ley de 22 de enero de 1937, del Ministerio de Justicia se crea una Sala especial para aplicar los beneficios del decreto-ley sobre la amnistía. El Ministerio de Justicia informa al Tribunal Supremo para constituir dicha Sala y se nombran presidente y magistrados el 25 de enero de 1937.

Este decreto produciría en seguida sus efectos, como se demuestra por los expedientes de solicitud que se conservan.

Otra Sala especial fue la Sala de Equidad, creada por decreto de 27 de agosto de 1937. Y en cumplimiento del mismo se constituye la citada Sala y se nombran los magistrados y secretario de la misma. De esta Sala debía formar parte un catedrático en activo o excedente de la Facultad de Derecho.

Por último, según decreto de 7 de noviembre de 1938, se creó una «Sala de Reclamaciones de Extranjeros».

El 28 de enero de 1939 se nombre una comisión del Tribunal Supremo franquista para trasladarse a Madrid y hacerse cargo de los documentos y mobiliario que existiera en el Palacio de Justicia.

El día 1 de abril se redacta el acta de apertura de la caja fuerte situada en un local de habilitación, en presencia del presidente de la comisión, el secretario de la Sala de Gobierno y el habilitado. En ella se encontró una relación de billetes del Banco de España que estaban depositados en la caja de habilitación, con indicación de la emisión, serie y número.

El acta del día 3 recoge la incautación de los locales del Palacio de Justicia y el inventario del mobiliario, biblioteca y documentación. Se añade una relación de las armas existentes en la Sala 1.ª del Supremo donde se instalaron los Tribunales Populares y que se entregaron a la Auditoría Militar.

Según el acta del día 20 se procedió a la apertura de los armarios y cajones del mobiliario de las Secretarías de lo Contencioso-administrativo.

En este mismo expediente existe un proyecto de reparación de los desperfectos ocasionados por los bombardeos en el Palacio de Justicia. Fue realizado por el arquitecto L. Martínez Martínez el 9 de mayo de 1939.

1.1.2. Tribunal de Garantías Constitucionales

Sobre este alto Tribunal únicamente disponemos de unos cuantos libros: dos Libros de Actas y tres Libros de Registro. Son los siguientes:

- — Libro de Actas de la Junta de Gobierno del Tribunal de Garantías Constitucionales desde el 2 de abril de 1934 hasta el 22 de diciembre de 1938.
- — Libro de Actas del Tribunal de Garantías Constitucionales constituido en pleno desde 1933 hasta el 23 de enero de 1939.
- — Registro de expedientes desde septiembre de 1933 hasta julio de 1936 (dos libros).
- — Registro general de salida de expedientes desde el 7 de diciembre de 1931 hasta el 21 de enero de 1939.

1.1.3. Tribunal de Casación de Cataluña

De este Tribunal existe muy poca documentación, tan solo algunos expedientes. Destacaré únicamente el más voluminoso de ellos, el cual está formado por documentación de este Tribunal entre los años 1936 y 1938. Contiene:

— Una memoria de 27 de mayo de 1936 sobre las competencias del Tribunal de Casación de Cataluña y de los medios procesales para hacerla efectiva.
— Expedientes personales de algunos procuradores.
— Actas del Pleno del Tribunal.
— Expedientes personales del magistrados y presidentes del tribunal.
— Expedientes personales del secretario y personal de la secretaría del Tribunal.
— Expedientes personales del personal de la secretaría personal del presidente del Tribunal.
— — Expedientes personales de los ordenanzas y subalternos.

Otro expediente interesante es el titulado «Documentación sobre competencia y traspaso de los servicios de justicia al Tribunal de Casación de Cataluña», correspondiente a 1936.

1.1.4. Audiencias

La documentación conservada que hace referencia a las Audiencias la podemos dividir en dos clases: la que afecta a todas en general y la que afecta a alguna en particular.

En el primer caso tendríamos el expediente sobre el funcionamiento de las Audiencias en 1937 y 1938, sobre nombramientos de jueces especiales en las Audiencias Territoriales (1938) y sobre relaciones mensuales de depósitos constituidos en los mismo y devueltos.

Sobre alguna en particular tenemos el referente al restablecimiento e instalación provisional en Gijón de la disuelta Audiencia Territorial de Oviedo (1937); la orden del Ministerio de Justicia por la que la isla de Menorca pasa a depender de la Audiencia Territorial de Valencia (1937). Algunas solicitudes de nombramientos, como la de un abogado para el cargo de magistrado de la Audiencia Territorial de Valencia (1937), o la solicitud para el cargo de presidente de la de Albacete (1937).

1.1.5. Tribunales Populares

La documentación conservada sobre los Tribunales Populares trata sobre su constitución en algunas ciudades como Albacete, Alicante, Almería, Castellón, Ciudad Real, Cuenca, Granada, Guadalajara, Jaén, Madrid, Mahón, Murcia, Seo de Urgel; Toledo y Valencia.

También hay expedientes sobre la designación de presidentes, vocales, jueces instructores y secretarios de los mismos.

Las dudas que surgían a estos tribunales a la hora de administrar justicia eran consultadas al Tribunal Supremo, máxima autoridad en asuntos judiciales. Así conservamos algunas consultas de Tribunales Populares al Supremo, como las de los Tribunales de Alicante, Baza, Jaén o Madrid.

Su actuación daba lugar a veces a quejas, como lo manifiesta la que presenta el Consejo Municipal de Almansa contra el Tribunal Popular de Albacete, y eran sometidos a inspecciones o visitas, como la realizada en 1938 al Tribunal de Alicante.

1.1.6. Jurados de Urgencia y de Guardia

Muy poco es lo que tenemos sobre estos Tribunales. Un expediente de 1936 sobre nombramiento de presidentes suplentes, jueces instructores y secretarios para los mismos.

También un libro-registro de Jurado de Urgencia número 1 de Madrid correspondiente al año 1936. Al principio de él figura la plantilla que lo formaba: juez, jurados, secretario, mecanógrafos, alguacil y fiscal con los nombres de las personas que los desempeñaban, y a continuación vienen registradas las causas seguidas y tramitadas por dicho Tribunal.

1.1.7. Tribunales Militares

Muy poco es lo que hay sobre Tribunales Militares.

Destacaremos un expediente de queja contra el auditor presidente del Tribunal Militar Permanente de Cataluña en 1938.

Otros referentes al Tribunal Permanente del IV Cuerpo de Ejército (1938) y al Tribunal Permanente de Justicia Militar de Levante (1938 y 1939).

Por último, un expediente sobre la entrega a un coronel de los libros-registro de fallos de los Tribunales de Honor del Ejército.

1.1.8 Tribunal Central de Espionaje y Alta Traición

De relativamente numerosa podemos calificar la documentación de este tribunal si la comparamos con la de los demás.

Los expedientes tratan sobre la autorización para el señalamiento de vista (1938), consulta sobre la celebración de un juicio oral (1938), designación de juez especial en el sumario seguido contra un comandante y 153 personas más (1938), designación de jueces especiales en Madrid y otras capitales informando sobre detenidos, etc.

1.2. Documentación sobre el personal de la administración de Justicia

La documentación referente al personal judicial es, con mucho, la más abundante. La podemos agrupar en varios apartados.

Por una parte tenemos la documentación que afecta de manera general a todo el personal judicial. Aquí incluiremos los expedientes que se conservan sobre la depuración de este personal. Entre ellos hay uno sobre la creación de Juntas de Inspección de Tribunales, encargadas de investigar la actitud y la adhesión al régimen de los funcionarios de la administración de Justicia de las regiones sometidas total o parcialmente al gobierno legítimo de la República. El él encontramos el nombramiento de Juntas Inspectoras en Alicante, Albacete, Madrid y Murcia. Fue derogada esta medida por decreto de 10 diciembre de 1936.

En otro expediente originado por el Ministerio de Justicia (orden de 3 de septiembre de 1936) se trata de la rehabilitación de funcionarios declarados cesantes según un decreto de 11 de agosto de 1936. Este decreto establecía lo siguiente:

Artículo 1.º: «Quedan disueltos todos los Juzgados y Tribunales de la jurisdicción ordinaria correspondiente a los territorios, provincias o partidos que se hallan ocupados en la actualidad por los elementos rebeldes y extraídos por la fuerza de las armas a la autoridad legítima del Estado...».

Artículo 2.º: «Se declaran cesantes a todos los funcionarios judiciales y fiscales, secretarios, vicesecretarios, oficiales de sala, médicos forenses y demás auxiliares y subalternos de los Juzgados y Tribunales a que se refiere el artículo 1.º de la presente disposición. El ministro de Justicia podrá exceptuar de esta medida a los funcionarios que se hubiesen presentado en el Ministerio de Justicia antes de la publicación de este decreto y a los que se presentaren en lo sucesivo acreditando no haber tomado parte directa ni indirectamente en el movimiento sedicioso. En este caso, los funcionarios exceptuados se reintegrarán a sus respectivos escalafones en la misma forma y con los mismos derechos que tendrían de no haberse decretado su separación, y percibirán los sueldos devengados desde su cese como si se hubiesen hallado en el servicio activo».

Los documentos que tenemos son:

— Solicitud de informe por parte del Ministerio de Justicia al presidente del Tribunal Supremo de los funcionarios que debían ser exceptuados de dicha medida, teniendo además en cuenta los que se hallan en comisiones especiales.

— Solicitud de comparecencia ante el Tribunal Supremo de los incluidos en tal medida.

— Relación de funcionarios judiciales con comisiones oficiales.

— Solicitud del Tribunal Supremo al Ministerio de Justicia y al presidente de la Audiencia de Madrid para que remitan la lista de funcionarios judiciales y auxiliares que hayan hecho su presentación personal o por escrito ante el Ministerio o Audiencia, expresando los cargos que desempeñasen o los motivos de su no incorporación.

— Relación de funcionarios judiciales y auxiliares con residencia en Madrid accidentalmente y que han hecho su presentación en el Supremo.

— Relación de magistrados, funcionarios de la carrera judicial, secretarios de Audiencias, jueces de 1.ª Instancia e Instrucción, secretarios de Juzgados de 1.ª Instancia e Instrucción, médicos forenses, oficiales administrativos de las secretarías de Gobierno de la Audiencia Territorial, agentes judiciales, porteros, etc.

El decreto de 10 de diciembre de 1936 creó las Comisiones Judiciales depuradoras. En su artículo 1.º dice que «en cada una de las provincias sujetadas al gobierno de la República se constituirá una comisión judicial, presidida por un magistrado del Tribunal Supremo, designado libremente por el Ministerio de Justicia».

En el expediente originado por esta cuestión tenemos minutas, comunicaciones y oficios sobre la constitución de estas comisiones.

También tenemos las actas, acuerdos y documentación anexa de la comisión judicial nombrada para la provincia de Madrid de acuerdo con el decreto de 10 de diciembre de 1937.

Otro grupo de documentación homogénea es la relativa al personal del Tribunal Supremo. Dentro de este grupo tenemos por una parte una serie de expedientes diversos sobre temas de personal de dicho tribunal, por ejemplo:

— Relaciones de auxiliares de salas de justicia del Tribunal Supremo en zona republicana (1936-1939).

— Nombramientos de oficiales y concesiones de excedencias (1937).

— Nombramientos de fiscales (1936-1938).

— Orden del presidente del Tribunal Supremo sobre las circunstancias personales de las personas encargadas interinamente de las secretarías y oficialías vacantes de salas.

— Entrega de salvoconductos a funcionarios del Tribunal Supremo por la Junta de Defensa de Madrid (1936).

— Relación del personal dependiente del servicio de conservación y limpieza del Palacio de Justicia de Madrid (1937).

Por otra parte está la serie uniforme formada por los expedientes personales de todo el personal que ha trabajado en el Tribunal Supremo. De estos expedientes existe un fichero clasificado por categorías, y éstas ordenadas alfabeticamente. Así tenemos por una parte el personal judicial: magistrados, jueces, fiscales, oficiales de administración de justicia, auxiliares de la administración de justicia, agentes judiciales; y por otra el personal que trabaja al servicio de la administración de justicia como: porteros, conserjes, ujieres, administrativos, médicos forenses y otro personal del Instituto Anatómico Forense.

Por ello, al estar clasificado el personal judicial por categorías y no cronológicamente, no podemos saber la cantidad de expedientes que tenemos para todo el personal judicial del 1936 al 1939.

Otro grupo dentro de la documentación sobre el personal judicial sería el formado por los expedientes de nombramiento de jueces especiales, los cuales son bastante frecuentes. Entre todos ellos destacaría:

— Nombramiento de juez especial para proseguir el sumario contra la Quinta Columna (1938).

— Nombramiento de juez especial en el caso de la desaparición de Andrés Nin, detenido en un hotel de Alcalá de Henares el 18 de agosto de 1937.

— Nombramiento de juez especial en la causa por la pérdida de Vizcaya, Santander y Asturias.

— Nombramiento de juez especial para proseguir el sumario por la pérdida de Málaga (1937).

Por último y para terminar con la documentación de personal, enumeraremos unos libros que se conservan relativos al Montepío de Empleados Judiciales:

— Actas de las Juntas Generales, 1937, 1938, 1939.

— Indice de socios del Montepío de Empleados Judiciales 1925-1938.

— Libro de Tesorería, 1936-1939.

— Registro de designación de beneficiarios, 1928-1938.

1.2.1. El resto de la documentación

Bajo este epígrafe incluimos aquella documentación que no destaca por su cantidad, a excepción de las solicitudes de cargos judiciales, que junto con los nombramientos de jueces especiales son los expedientes que más abundan.

Las solicitudes de amnistía también abundan con relativa frecuencia a raíz del decreto-ley sobre amnistía de 22 de enero de 1937.

Sobre el tema de los extranjeros tenemos algunos expedientes. Uno de ellos trata sobre los extranjeros condenados por Tribunales Populares por desafección al Régimen y promovido por el cónsul de México como presidente de la Liga Consular Hispanoamericana, en el cual propone que los condenados por este tema no sean castigados con la pena de reclusión sino con la de destierro y, a lo sumo, la de expulsión del territorio. En otro expediente el cónsul de la República de Checoslovaquia se interesa por la detención de súbditos de ese país.

Hay también la solicitud de conmutación de pena para una ciudadana norteamericana, de indulto para un súbdito cubano y de libertad para un súbdito portugués acusado de espionaje.

Otros temas objetos de los expedientes son: solicitud de revisión de procedimiento, petición de libertad, consultas de particulares o tribunales sobre su modo de actuación, quejas por la lentitud de tramitación, estatutos de colegios de procuradores, autorización para el empleo de pólizas, conmutación de penas, señalamientos de juicios, peticiones de indultos, divorcios, resolución de competencias entre tribunales o juzgados, anomalías en el funcionamiento de los mismos, etc.

1.3. Documentación de las diferentes Salas del Tribunal Supremo

1.3.1. Los libros de sentencias originales

Los libros de sentencias originales son la documentación más importante que tenemos de las salas del Tribunal Supremo.

Como su nombre indica, este fondo está constituido por las sentencias originales de los pleitos, ya que en ellos tan sólo se deja una copia certificada, y encuadernadas formando un libro o varios, dependiendo de los años y del volumen de los asuntos tramitados.

Los libros que tenemos para el período que nos interesa, divididos por salas, son los siguientes:

— Sala 1.ª de lo Civil. Conservamos las sentencias desde abril de 1936 hasta agosto de 1939 en 17 libros.

— Sala 2.ª de lo Criminal. Conservamos las sentencias desde julio de 1936 hasta diciembre de 1939 en tres libros.

— Sala 3.ª de lo Contencioso-administrativo. De esta Sala se conserva un libro para abril de 1936, otro para julio de 1936, también un libro para mayo-julio de 1937, para enero-noviembre de 1938 un libro y para septiembre-octubre de 1939 un libro.

— Sala 4.ª de lo Contencioso-administrativo. Para julio de 1936 un libro, para enero-abril de 1938 también un libro y por último para agosto-diciembre de 1938 un libro.

— Sala 5.ª de lo Social. Para enero-febrero de 1936 dos libros, para febrero-diciembre de 1938 un libro y para julio-diciembre de 1939 un libro.

1.4. Otros libros: de actas, registro, índices, etc.

Concluiremos este breve comentario que hemos llevado a cabo sobre la documentación del Tribunal Supremo con la enumeración de una serie de libros que se conservan para este período y que por su formato diferente al de los otros documentos tienen un tratamiento archivístico distinto.

Todos ellos proceden de la Secretaría de Gobierno y de las diferentes salas del Supremo. Las series cronológicas están bastante incompletas, pero no por ello dejan de tener interés. Además de los citados anteriormente se conservan los siguientes:

— Actas de la Secretaría de Gobierno 1934-1935, 1938-1942.

— Actas de las Salas de Justicia 1939-1940.

— Actas del Tribunal en pleno 1938-1955.
— Apelaciones 1939-1940.
— Registro de entrada 1939-1954.
— Registro de salida de 5 de enero de 1926 a 13 de marzo de 1958.
— Registro de ponentes 1934-1952.
— Registro de entrada de asuntos gubernativos de 3 de enero de 1936 a 27 de marzo de 1939.
— Registro general de entrada de documentos en Secretarías de Gobierno y Salas del Tribunal Supremo 1937.
— Registro general de entrada de expedientes gubernativos 1934-1939.
— Registro general de salida de expedientes gubernativos ingresados en Secretaría de Gobierno 1939-1974.
— Registro general de documentos de la Secretaría de Gobierno y de las Salas del Tribunal Supremo 1937.
— Registro general de salida de asuntos gubernativos de 1938-1956; de 2 de enero de 1936 a 16 de marzo de 1939 (zona republicana).
— Registro general de entrada de recursos 1939.
— Registro general de la sección de Estadística 1937.
— Cuentas de material 1938-1939.
— Distribución de ponencias (por clases de asuntos) 1939-1957.
— Libro de fondos de recursos 1935-1937, 1936-1939, 1935-1939.
— Memoria del Juzgado de evasión de capitales 1938, anexo 2; 1938, anexo 3.
— Libro de traslados al fiscal de escritos y expedientes 1939-1958.
— Indice-registro del personal administrativo de la administración de justicia 1939.
— Indice-registro del personal de la carrera judicial que presta sus servicios en el Tribunal Supremo 1939.
— Indice-registro de auxiliares de la administración de justicia 1939-1945.
— Indice-registro de jueces de la justicia municipal 1939-1945.
— Registro de entradas y salidas de certificaciones y de autos y sentencias 1935-1941.
— Registro de resguardos y de depósitos procedentes de recursos de casación en materia civil 1939-1952.
— Registro general de entrada (Inspección Central de Tribunales) 1934-1949.
— Registro de apelaciones (Contencioso) 1936-1937, 1937, 1939-1942.
— Registro de depósitos 1939-1957.
— Registro de entrada de asuntos Contencioso-administrativos 1937.

— Registro de entrada (Sala 1.ª de lo Civil) de octubre de 1938 a mayo de 1939.

— Libro de reparto de asuntos 1932-1936.

— Matrícula-registro (Secretaría Sr. Amat) 1934-1936, 1936-1937.

— Recursos. Indice alfabético (Secretaría Sr. Stolle) 1939.

— Registro de entrada (Criminal) junio 1935 a octubre de 1936, octubre de 1936 a marzo de 1941.

- Recursos octubre 1938 a mayo 1939, zona nacional.
- Escritos octubre 1938 a mayo 1939, zona nacional.

— Registro de expedientes de indultos 1936.

— Registro de entrada (Sala de lo Social).

- Recursos 14 de octubre de 1938 a 23 de julio de 1942.
- Escritos y comunicaciones 19 de octubre de 1938 a 25 de septiembre de 1941.

— Libro de matrícula de los recursos (Secretaría Sr. Montalvo) 1939-1940, 1939-1941.

2. La documentación del Tribunal Supremo en el Archivo General de la Administración del Estado en Alcalá de Henares

El 20 de noviembre de 1970, Remedios Muñoz, directora por aquel entonces del archivo del Tribunal Supremo, escribe al presidente de dicho Tribunal poniéndole en conocimiento que ya no se disponía de más espacio en el archivo para guardar la documentación tramitada por las secretarías del Tribunal. Proponía también la posibilidad de trasladar al Archivo General de la Administración del Estado en Alcalá de Henares los fondos que por su antigüedad no fuesen de consulta frecuente o utilidad inmediata.

La Sala de Gobierno, en sesión de 12 de noviembre de 1970, acuerda autorizar a la directora del archivo para remitir en calidad de depósito la documentación menos consultada, y siempre a disposición de consulta del Tribunal.

Las transferencias comenzaron a partir de 1973 y continúan en la actualidad.

El estado de conservación de todos los documentos es bueno y se encuentran instalados en cajas y legajos.

Para el conocimiento de esta documentación disponemos de las relaciones de entrega que acompañaron a la transferencia de dicha documentación.

2.1. Documentación de la Secretaría de Gobierno

No es mucha la documentación que se conserva en Alcalá de la Secretaría de Gobierno de los años 1936 a 1939, pero presenta un carácter más homogéneo que la que se conserva en el propio Tribunal Supremo.

Por una parte tenemos un bloque de documentación sobre justicia municipal referente a :

— Apelaciones contra nombramientos de jueces municipales.

— Instancias solicitando cargos de Justicia Municipal.

— Instancias solicitando readmisión en cargos de la Justicia Municipal.

Otro bloque está formado por expedientes diversos sin una temática uniforme, al igual que los que mencionamos de esta secretaría conservados en el archivo del propio Tribunal. En líneas generales predominan las quejas contra actuación de los Tribunales Populares y el nombramiento de jueces especiales. Por destacar algunos citaré el expediente relativo a la circular del presidente del Tribunal Supremo pidiendo datos estadísticos de las Audiencias sobre la labor realizada por los Tribunales Populares y Jurados de Urgencia desde su creación hasta 1937; la relación de reclusos sexagenarios existentes en prisiones dependientes de la Dirección General de Prisiones, con indicación de su situación legal, autoridad a cuya disposición se encuentran y sus responsabilidades pendientes (1938); expediente sobre penas de muerte paralizadas en el Ministerio de Justicia en espera de aplicación de amnistía (1938). Por otra parte hay un legajo con expedientes de las Salas 2.ª, 3.ª, 4.ª, 5.ª y 6.ª del Tribunal Supremo de Valencia y Barcelona que tratan de amnistías, diligencias y asuntos varios correspondientes a los años 1937 y 1938.

Y por último tres legajos con documentación referente a los sindicatos judiciales, en los que hay relaciones de haberes de empleados judiciales y papeles del Montepío de la Asociación General Judicial de Madrid. También encontramos los ingresos y gastos de la asociación, reglamento de la asociación, etc.

2.2. Estadística

Sobre este tema se ha transferido a Alcalá:

— Estados numéricos del movimiento de asuntos civiles de 1933-1936.

— Estados numéricos de asuntos civiles y criminales de 1935 y 1936.

— Estados numéricos de faltas contra el orden público, propiedad y riqueza de 1936.

— Estados numéricos de movimiento de depósitos constituidos y devueltos de 1937-1939.

2.3. Indultos

La documentación referente a indultos es muy escasa reduciéndose prácticamente a expedientes con solicitudes y dictámenes.

2.4. Inspección General de Tribunales

Como en el caso anterior es escasa la documentación que tenemos. Mediante la relación de entrega de esta documentación podemos conocer el año, el Juzgado o Audiencia reclamante, el asunto que se reclama y su signatura.

2.5. Documentación de las diferentes salas

— *Materia Civil.* Está formada por 80 cajas. Su contenido es fácil de ver por la relación de entrega en la que figura el año, número de rollo, la ciudad de procedencia, los interesados, el asunto y la signatura.

— *Apelaciones Contencioso-administrativas.* Son 38 cajas de recursos. La relación de entrega nos indica año, número de recurso, Audiencia, interesados, asunto y signatura.

— *Materia Contencioso-administrativa.* Contamos con 57 cajas de recursos. La relación de entrega nos indica el año, número de recurso, procedencia (Sala), interesados, asunto y signatura.

— *Materia Criminal.* Tan sólo hay dos cajas para estos años. Por la relación de entrega podemos saber el año, número de recurso, procedencia, procesados, delitos y signatura.

— *Materia Social.* Unicamente tenemos una caja correspondiente a 1938-1939. Y de la misma manera, la relación de entrega nos permite conocer el año, número de recurso, procedencia, interesado, asunto y signatura.

AGRADECIMIENTOS

Finalmente quiero expresar mi agradecimiento a todas las personas que han facilitado mi labor en la elaboración de esta ponencia y sin las cuales no hubiera podido llevarla a cabo.

En primer lugar a Concepción Conte, hasta hace muy poco directora del archivo del Tribunal Supremo, quien confió en mí para realizar el presente trabajo. A Matilde Chamorro, directora provisional del citado archivo en la actualidad. De ambas he recibido toda clase de facilidades, consejos y ayuda para la realización de esta ponencia.

Y por supuesto a todo el personal del archivo del Tribunal Supremo, quienes, de la misma manera, han facilitado mi labor.

Fuentes documentales para el estudio de la Administración de Justicia durante la guerra civil española conservadas en el Archivo Histórico Nacional, Sección «Guerra civil» de Salamanca

MARÍA BLANCA DESANTES FERNÁNDEZ

El Archivo Histórico Nacional, Sección «Guerra civil», emplazado en Salamanca, contiene un volumen considerable de documentación judicial generado en el lapso cronológico de la guerra civil española, guerra que afectó de manera decisiva al procedimiento judicial, y a la organización o creación de nuevos Tribunales dependientes unos del gobierno central, otros de las autonomías más avanzadas y consolidadas.

Nos encontramos con varios problemas fundamentales a la hora de sistematizar y ofrecer a los investigadores y especialistas en archivos, una guía somera de los fondos judiciales custodiados en este archivo:

1. Uno es intrínseco a la propia organización de la Administración Judicial de los años 36-39, donde la abundantísima legislación en materia judicial (casi una inflación) multiplica decretos que anulan disposiciones anteriores en períodos brevísimos de tiempo (días, meses) generando una imposibilidad de asimilación de las nuevas normas por parte de Juzgados, Tribunales y Audiencias, agravado por la situación de guerra, y la incomunicación geográfica de zonas leales a la República del gobierno central de ésta. Los problemas de choques de competencias son manifiestos cuando se estudia la normativa en los distintos decretos del gobierno, pero esta complejidad se refleja todavía mucho más, y se acentúa en la documentación generada por organismos e instituciones judiciales.

2. Faltan obviamente, y esperamos que estas jornadas subsanen en cierta medida esta laguna historiográfica, estudios que clarifiquen la función, composición, organización y el peso real de estas instituciones en la estructura judicial, social, económica y política de la España en guerra. Una vez conocidos en profundidad la organización y función de estos Tribunales que cambian y evolucionan de manera compleja, será más fácil clasificar y organizar la documentación para posteriormente realizar los instrumentos de descripción pertinentes que faciliten el acceso por parte de los investigadores [1].

---

[1] De hecho la organización de las Jornadas surgió, en un primer momento, al enfrentarnos a un volumen documental considerable, de documentos judiciales que partían de instituciones poco estudiadas por la historiografía y que en muchos casos eran específicas de nuestra guerra civil.

3. No sólo la Administración de Justicia tiene dificultades intrínsecas sino que la propia disposición de los documentos en el archivo dificultan la sistematización de esta pequeña guía. Los documentos emanados por las instituciones no forman, en muchos casos, unidades orgánicas sino que se encuentran dispersos y desmembrados por las distintas secciones del archivo [2]. Con el agravante de que estas secciones son totalmente ficticias y nos encontramos, sin embargo, con la imposibilidad de mover físicamente los documentos y reconstruir materialmente los archivos originales, por la existencia de un importante fichero onomástico de más de dos millones de fichas, creado con fines policiales, que remite a esta documentación desorganizada y que hoy por hoy es utilísimo e indispensable para localizar los documentos pedidos por los militares de la República para probar su pertenencia o participación en la contienda, acogiéndose a la Ley 37/84 y cobrar las pensiones que por dicha ley les corresponde.

Pese a esta problemática señalada, nos reiteramos en mencionar la abundancia de documentación existente en la Sección Guerra Civil que es un potencial de investigación no sólo cuantitativa sino cualitativamente. A pesar de esta situación negativa tanto desde el punto de vista archivístico, como desde el punto de vista de la investigación histórica [3] nos encontramos con series bastantes homogéneras y orgánicas más manejables y más completas para realizar una investigación histórica: Audiencia Territorial de Valencia; Tribunal Popular de Euzkadi; Tribunal Popular de Cartagena; Tribunal Popular de Gijón; Auditoría de Guerra de Gijón; Tribunales Militares en la Sección Militar (SM), Documentación sobre Preventoris Judicials de Cataluña, etc.

Existe documentación incompleta sobre Justicia Municipal, Tribunal de Responsabilidades Civiles y Caja de Reparaciones, Consejería de Justicia de la Generalidad, Consejería de Justicia y Cultura de Euzkadi, Ministerio de Justicia de la República, etc.

Nos sorprende, igualmente, grandes lagunas y ausencias documentales de numerosos Tribunales Populares, Jurados de Guardia y Urgencia que se multiplicaron, según consta en los boletines, por toda la Geografía leal a la República y que no se encuentran en el archivo porque debieron ser destruidas (como creemos ocurrió con los Tribunales Especiales Populares de Valencia) o porque sencillamente se encuentran en otros archivos (como el Tribunal Popular de Madrid y el Tribunal de Espionaje y Alta Traición custodiado en la Sección de Fondos Contemporáneos del AHN de Madrid).

Teniendo en cuenta estas tres categorías meramente operativas (series bastante completas; documentación suelta e incompleta y grandes lagunas documentales que los investigadores podrían echar en falta y que no abordamos porque no están en esta sección) trataremos de repasar y recoger en esta exposición las fuentes localizadas en este archivo. Haremos especial hincapié en los fondos documentales

[2] Esta desorganización de los fondos es uno de los problemas fundamentales con los que nos enfrentamos y que tiene su origen en el funcionamiento del Servicio de Recuperación de Documentos hecho en forma de anárquicas incautaciones.

[3] La única manera posible de organizar y clasificar los fondos aplicando el principio de procedencia y sin mover los documentos de sitio es por métodos informáticos que de hecho se están intentando aplicar en esta sección.

más orgánicos y extensos que por otra parte han sido también los más estudiados, como estamos viendo a lo largo de estas jornadas. Por otra parte somos conscientes de lo útil pero pesada que puede ser esta exposición.

GENERALIDAD DE CATALUÑA

Cataluña experimentó y vivió cambios profundos en materia judicial durante la guerra, desarrollando la capacidad que en materia judicial le ofrecía el Estatuto de Autonomía, encauzando el potencial revolucionario desatado por el levantamiento militar y reorganizando desde la Consejería de Justicia y Derecho que recayó en un principio en Andreu Nin, el aparato judicial [4].

La Generalidad incrementa, por lo menos en una primera etapa, sus competencias en materia judicial. En materia de prisiones se transfieren las competencias, las cárceles pasan a depender de la Generalidad y es en este aspecto en el que más documentación conservamos.

Generalidad, Legajo 93. Correspondencia cruzada entre los Servicios Correccionales y el Tribunal de Espionaje y Alta Traición de Cataluña.

Generalidad, Legajo 94. Correspondencia cruzada entre los Servicios Correccionales y:

— El Tribunal de Espionaje y Alta Traición de Cataluña.

— Tribunales Especiales de Guardia números 1, 2 y 3.

— Tribunal Popular de Responsabilidades Civiles.

Generalidad, Legajo 95. Correspondencia cruzada entre los Servicios Correccionales y:

— Audiencia Territorial.

— Audiencia Provincial de Gerona.

— Audiencia Provincial de Lérida.

— Audiencia Provincial de Tarragona.

Generalidad, Legajo 96. Oficios cruzados entre los Servicios Correcionales y el Tribunal Popular número 1. Comparecencias a juicios.

Generalidad, Legajos 97, 98 y 99. Oficio cruzados entre los Servicios Correccionales y:

— Juzgados de 1.ª Instancia e Instrucción de Arenys de Mar, Balaguer, Berga, La Bisbal d'Empordá, Le Borges Blanques, Cervera y Falset, Figueres.

— Jurado de Urgencia de Gerona.

[4] RUBIÓ I TUDURI, M.: «Justicia en Cataluña, 19 de julio de 1936-19 de febrero de 1937. Relación de las medidas provisionales adoptadas por el Gobierno de la Generalidad para evitar el hundimiento de los Tribunales de Justicia en Cataluña», *Antecedentes y Documentos,* n.º 10, París, 1937.

— Tribunal de Guardia de Gerona.

— Juzgado de Instrucción de Gerona.

— Juzgado de Instrucción de Granollers e Igualada.

— Jurado de Urgencia de Lérida.

— Tribunal Popular de Lérida.

— Juzgado de Instrucción de Lérida.

— Tribunales Especiales de Guardia en Puigcerdá, Solsona, Seo de Urgel, Manresa, Mataró, Montblanc, Olot, Premiá de Mar.

— Tribunal Tutelar de Menores.

— Tribunal de Subsistencia y Precios indebidos.

Generalidad, Legajo 100. Oficios y telegramas cruzados entre los Servicios Correccionales y:

— Juzgados de 1.ª Instancia e Instrucción de Puigcerdá y Reus, Sabadell, Sant Feliu de Llobregat, Santa Coloma de Farners y Santa Coloma de Gramanet, Solsona y Sort.

— Juzgado de 1.ª Instancia e Instrucción de Tarragona.

— Tribunal Popular de Tarragona.

— Juzgado de Urgencia de Tarragona.

— Tribunal Especial de Guardia de Tarragona.

Generalidad, Legajo 106. Oficios y telegramas cruzados entre los Servicios Correccionales y el Tribunal Militar Permanente de la Demarcación Catalana.

Normalmente esta documentación incluye pocos datos de interés y recoge únicamente el nombre de los encausados sin especificar ni las penas ni los delitos.

Más interesante es la documentación de los Legajos 45 y 46 de la Generalidad sobre oficios del Correccional de Mujeres ya que ofrecen información sobre gastos y movimientos de reclusas. El Legajo 43 de la Generalidad que incluye relaciones nominales de presos de Barcelona, asistencia médica de los mismos, estadísticas de enfermedades y relación de reclusos para ser expulsados del Territorio Nacional. El 44 incluye oficios del Preventorio de Barcelona con relación y gráficos de altas y bajas en dicho Preventorio, aparece el Tribunal que ha condenado al reo y se ofrece información sobre las condiciones de las cárceles.

El Legajo 25 de la Generalidad es asimismo de interés, incluye legislación sobre traspaso de competencias en materia de prisiones; valoración de los servicios de prisiones de Cataluña; liquidaciones; valoración de las Partidas Presupuestarias; relación de la plantilla de funcionarios de prisiones de Cataluña; informe sobre necesidad de una comisión mixta entre Ministerio de Justicia y Generalidad para pronunciarse sobre disposiciones dictadas por la Generalidad que pudiesen salirse de su órbita constitucional y estatutaria; actas de reuniones del comité de Servicios Correccionales (noviembre de 1936-enero de 1937); Organización Interior de la Dirección General de Servicios Correccionales.

Los Legajos 33 y 26 de la Generalidad ponen de manifiesto el mal estado de las cárceles, disturbios, evasiones y peligros de asaltos a los Preventorios. (Asignación de gastos a Prisiones años 36, 37 y 38; reclamación de fichas dactiloscópicas; medidas para evitar evasiones e informes sobre altercados en el Preventorio de Barcelona; datos sobre funcionarios de Prisiones; oficios entre el Conseller de Justicia y el de Gobernación sobre peligro de asalto a las cárceles, y orden referente a la libertar condicional).

Especialmente interesantes son la serie de la Generalidad que abarca del Legajo 114 al 133, incluye abundantísimas fichas de reclusos de los Preventorios Judiciales con datos fundamentales: nombre, lugar de nacimiento, fecha, nombre de los padres, delito, profesión, residencia habitual, Tribunal Sentenciador, Tribunal Instructor, nombre de la mujer, número de hijos, número del sumario, pena impuesta, fecha de ingreso en el Preventorio, etc. [5]. Esta documentación en forma

---

5

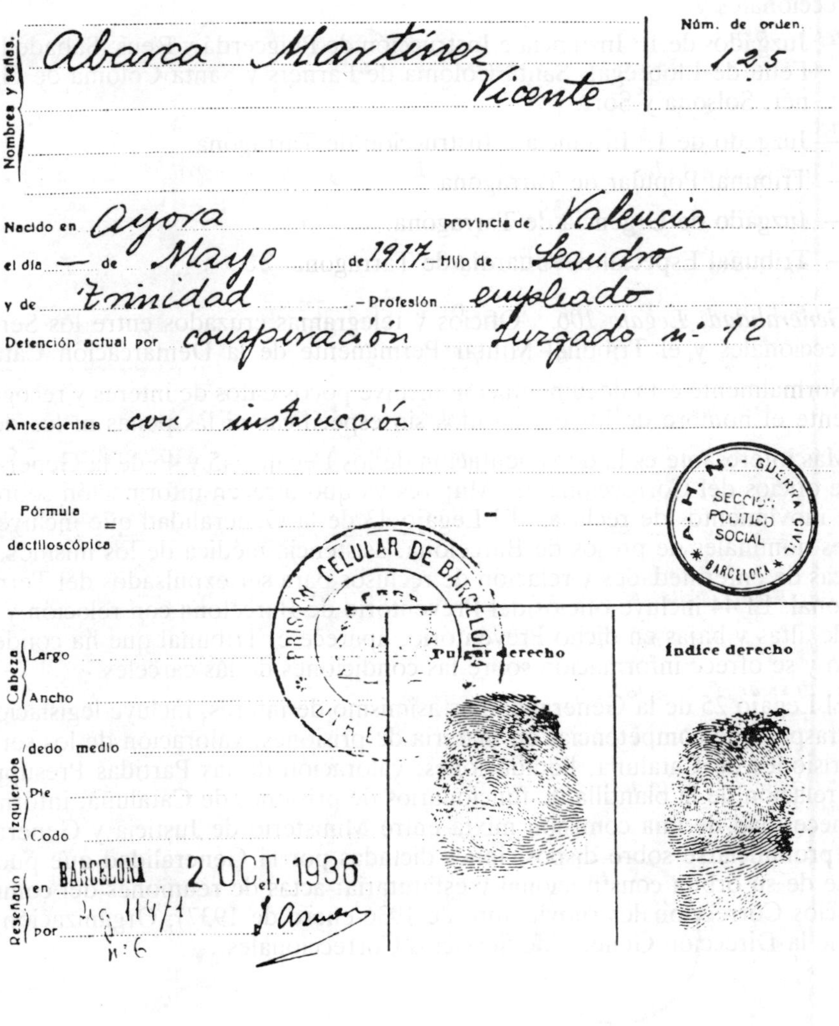

Nombres y señas: Abarca Martínez Vicente

Núm. de orden. 125

Nacido en Ayora provincia de Valencia

el día — de Mayo de 1917 - Hijo de Leandro

y de Trinidad - Profesión empleado

Detención actual por conspiración Juzgado n.º 12

Antecedentes con instrucción

Fórmula dactiloscópica =

Cabeza: Largo / Ancho

Izquierdos: dedo medio / Pie / Codo

Reseñado en BARCELONA el 2 OCT. 1936 por Leg 114/1 n.º 6

Pulgar derecho

Índice derecho

PRISIÓN CELULAR DE BARCELONA

A.H.N. GUERRA CIVIL SECCIÓN POLÍTICO SOCIAL BARCELONA

SERVEIS CORRECCIONALS DE CATALUNYA

Fitxa penal d ABARCA I MARTINEZ, Vicenç

Natural d Aybra *comarca província* Valencia

Pare Leandre *Mare* Trinitat *Nombre de germans* 6

Edat 19 *Estat* solter *Fills*

Nom i cognoms de la dona —

Professió empleat *Instrucció* si

Residència habitual Calabria 136

Defectes físics —

Delicte feixiste

Tribunal sentenciador T. Pop. 1 *Jutjat d'Instrucció* T. Pop. 1

Número del sumari 395 *Any* 1936

Pena imposada mort (commutada) *Anys* 30 *Mesos* *Dies*

Data de l'ingrés al Preventori 2 octubre 1936

Data de la sentència 31 octubre 1936

Reclusió preventiva abonada 31 dies

Data des de la qual comença a comptar-se la condemna 1º novembre 1936

Dia que la deixarà extingida 31 setembre 1966

Té antecedents penals? no *De quina classe?*

Té causes pendents de judici? no

Preventori de procedència —

Conducta que hi ha observat

És delinqüent ocasional o professional?

OBSERVACIONS :

de fichas con datos puntuales y abundantes es especialmente adecuada para realizar trabajos de investigación estadística y para interpretar correctamente el volumen de presos real que generó el sistema jurídico en la zona catalana durante la guerra, así como una valoración de los delitos y de las penas impuestas, aunque es más parco en información que los sumarios y rollos que encontramos en otras series.

Como podemos observar la documentación que existe es fundamentalmente del Ramo Separado de Prisiones, existiendo también abundante documentación del Ramo Separado de Responsabilidad Civil.

Así el Legajo 178 de la Generalidad incluye: expedientes de determinación de responsabilidades y apropiación de bienes de órdenes religiosas del Municipio de Barcelona; expedientes de determinación de responsabilidades y apropiación de bienes de empresas y casas comerciales de Barcelona. El 247 incluye documentacion fragmentada del Servei Tecnic del Creditid l'Estalvi del Departament de Finances incluido en el «Ram Separat de Responsabilitats Civils» [6].

El Legajo 157 incluye notas del Comité de Apropiación sobre normativa a seguir para la legalización, adjudicación y destino de bienes incautados; correspondencia cruzada entre dicho comité y los departamentos de Agricultura, Defensa, Economía, Finanzas, Gobernación, Justicia, Obras Públicas y otros; documentación sobre la Comisión de Responsabilidades (su composición, acta de la misma, labor realizada, modelos de impresos, etc.; oficios de la Audiencia Territorial informando si ha recaído o no condena sobre personas incursas en responsabilidad; expedientes del Tribunal Popular de Tarragona enviados a la Comisión de Responsabilidades informando si los presos han sido condenados como facciosos o desafectos al Régimen (en forma de certificados del secretario de Sala); oficios remitidos a la Comisión de Responsabilidades por Juzgados de Arenys de Mar, Barcelona, Figueres, Gandera, Girona y Manresa solicitando información sobre personas a las que se instruye sumario; ídem remitidos por los Registros de la Propiedad de Manresa, Mataró y Vilafranca del Penedés.

Llama la atención la abundante documentación que se conserva del partido judicial de Igualada [7], sumarios instruidos, algunos incompletos y diligencias previas del Juzgado de Instrucción de Igualada. Los sumarios están por orden alfabético de encausados. Ofrecen abundante información sobre la vida cotidiana de la población en guerra: subidas de precios, intercambios de ropa por comida, prostitucion, etc.

Menos abundante es la Documentación sobre represión de contrabando y evasión de capitales. En Barcelona [8], hay sumarios con su pieza separada de prisión y de Responsabilidad Civil y un libro de exhortos; está mezclada la documentación de Gobierno con expedientes personales; los delitos que aparecen: ocupación de moneda extranjera, ocultación de divisas y valores; tenencia y tráfico de mo-

---

6 También el Legajo 248 de la Generalidad, el 249, el 250 y el 176, este último sobre bienes incautados.

7 Generalidad, Legajos 152, 156, 151, 150, 153, 155.

8 Legajo 1.445 de PS Barcelona.
Legajo 94 de la Generalidad.
Sobre el Juzgado Especial General de Contrabando y Evasión de Capitales.

nedas y alhajas; venta de cuadros de valor artístico, expoliación; tráfico de divisas; evasión de capitales, etc. (algunos proceden de Valencia).

De menos interés, y muy desordenada es la documentación contenida en el Legajo de PS de Madrid número 2.468 que incluye información sobre la prisión de Rosas en Gerona (cuentas justificativas; nóminas de trabajadores de la prisión de Cadaqués, taller de fabricación de calzado) [9].

Alicante, Valencia y Castellón

La documentación existente en el archivo sobre estas tres provincias no es expecialmente abundante. Dándose la contradicción de que Valencia, capital de la República, durante un lapso de tiempo considerable de la Guerra Civil está escasamente representada en el archivo.

En Alicante existe documentación sobre Justicia popular aunque los archivos de las instituciones no están completos:

Legajo 10. Piezas separadas de Responsabilidad Civil de los Juzgados Especiales de Instrucción números 2, 3 y 4. Ofrecen información sobre los encausados, el delito y las penas impuestas, pudiéndose hacer un análisis exhaustivo de la solvencia económica de los procesados, su estrato o clase social que normalmente minimizan en las declaraciones que aparecen en sumarios y rollos. Hay también documentación suelta del Jurado de Urgencia de Alicante. Las penas impuestas normalmente son: multa, pérdida de derechos civiles y políticos, separación de cargo público y de toda clase de profesión, industria u oficio. Normalmente las denuncias vistas por el Jurado de Urgencia de Castellón parten de la Consejería de Justicia, pero sobre todo de la Comisión de Justicia [10].

Legajo 11. Sumarios incompletos instruidos por el Juzgado Especial número 1; certificados de sentencias; notificaciones del Tribunal Popular de Alicante al Juez de Instrucción de cumplimiento de sentencias de muerte para la inscripción de defunción en el Registro Civil; nuevamente piezas separadas de Responsabilidad Civil del Tribunal Popular número 1 y número 2 de Alicante. Es interesante observar que en 1938 el Tribunal incluye entre sus competencias delitos comunes como los de violación; antecedentes enviados por el Tribunal Central de Espiona-

---

[9] También el Legajo 1.336 de Político Social Barcelona incluye documentación del Juzgado General de Contrando, por evasión de capitales: informes, comparecencias y diligencias.

Otra documentación interesante es la relativa a sentencias de muerte (Legajo 23 de la Generalidad). Hay una lista de expedientes sobre tramitación de certificados de sentencias de muerte de 1938. Peticiones de indulto del Departamento de Justicia. Instituciones que aparecen: Departamento de Presidencia; Ministerio de Justicia; Tribunal de Espionaje y Alta Traición y Guardia. Parece ser que en la última etapa de desarrollo de la Guerra, cuando la Generalidad va perdiendo efectividad y competencias el gobierno central de la República se arrogó la facultad de revisar las sentencias de muerte, aspecto éste que en un principio fue competencia exclusiva del gobierno de la Generalidad para el territorio de Cataluña.

Hay que destacar que la serie de Generalidad tiene inventarios recién elaborados, y el investigador puede encontrar con facilidad la documentación que le interesa.

[10] El Legajo 9 es similar: Ramo de Responsibilidad Civil dimanantes de sumarios instruidos por los Juzgados Especiales de Instrucción n.os 1, 2, 3 y 4. Incluye: delito, procesado, nº sumario y fecha. Hay escasa documentación del Jurado de Urgencia.

je al Juez de Instrucción decano de Alicante; diligencias sueltas de los Juzgados de Instrucción de Elche, Alicante, Orihuela, etc., Tribunal Popular y Jurado de Urgencia; hay documentación interesante sobre el personal del Ministerio Fiscal, personal auxiliar de Fiscalía, de Tribunales Populares y Tribunal Especial de Guardia, personal judicial reclamado a filas, así como cantidades consignadas para material de gastos. Existe documentación de la Audiencia Provincial de Alicante (años 36-39), sobre locales eclesiásticos incautados y de su nueva utilidad, y oficios cruzados con el Reformatorio de Adultos, la Prisión Provincial, el Hospital Provincial y la Casa de Socorro.

Los documentos aparecen desordenados y muchas veces inconexos, el principio de procedencia totalmente roto, la situación es muy semejante en el Legajo 13 en el que aparece documentación suelta del Tribunal Especial de Guardia; el Juzgado de Instrucción de distrito sur; Tribunal Permanente de Justicia Militar; oficios del Tribunal Popular de Alicante solicitando del Juzgado de Instrucción informes de encausados; certificados de sentencias del Tribunal Especial Popular enviados al Ministerio de Guerra por delitos de rebelión militar. Existe asimismo un interesante expediente de Inspección realizado por el Tribunal Supremo (Valencia) sobre posibles irregularidades de la Audiencia de Alicante. El Legajo 82 guarda documentación sobre la Comisión Judicial Depuradora de la Administración de Justicia.

Más homogénea es la documentación existente en Alicante sobre la Caja de Reparaciones, conexa al Tribunal de Responsabilidades Civiles y sobre la cual se puede hacer un interesante estudio de su actuación en la provincia de Alicante. Los Legajos 106, 108 y 109 contienen documentación sobre entrega de objetos de personas desafectas a la Caja de Reparaciones de Alicante. Se incluyen relaciones nominales de desafectos al Régimen. Hay numerosa documentación aplicando el decreto del 23 de agosto de 37 por el cual todos los bienes de cualquier clase procedentes de los extinguidos Comités del Frente Popular pasarán a la Caja de Reparaciones.

Hay un libro índice de personas desafectas y facciosas (Leg. 108) de la provincia de Alicante. Una memoria en forma de folleto explicando la organización, motivos y funciones de dicha Caja de Reparaciones [11]; un libro de caja y un libro Mayor de Tesorería que incluye los siguientes datos: metálico intervenido, fecha, procedencia, cantidad y lugar de transferencia. Asimismo encontramos un libro de correspondencia y otro de valores requisados.

El Legajo 109 incluye Boletines informativos de la Caja de Reparaciones, un informe desarrollando la motivación y finalidad de dicha institución que como principio básico asume el «allegar elementos económicos procedentes de facciosos incursos en responsabilidad, para atender con ellos los daños ocasionados por la rebelión». Se hace hincapié en el rigor y el sistema jurídico correcto que mantuvo saliendo al paso de las numerosas críticas que recibía de los elementos derechistas que eran los más afectados por sus medidas, subrayando que la única legalidad rota y sólo de modo coyuntural ha sido el secreto de la contabilidad y correspondencia mercantiles que el Código de Comercio estipulaba por la necesidad que la

[11] Editado en Madrid, octubre de 1936.

Caja tenía de obtener datos precisos de Bancos, Cajas de Ahorro y establecimientos de crédito. Pensamos que esta información puede ser muy interesante y ayudar a una auténtica valoración de dicha institución.

En la sección Político Social de Madrid, en el Legajo 2.468, encontramos documentación de la Dirección General de Prisiones, Sección de Campos de Trabajo del Segura, en concreto el Campo de Trabajo de Albatera (Alicante). Aparecen numerosas cuentas de pluses de trabajo a los internos incluyendo dicho tipo documental el número del prisionero; sus nombres y apellidos, brigadas, días de trabajo realizados y jornales correspondientes. Contienen, asimismo, presupuestos de obras realizadas en dicho campo, un proyecto para el campamento central incluyendo un expediente de planos y una interesante Memoria Anual Reglamentaria de la mencionada institución.

La Sección de Castellón (T) es poco voluminosa y la documentación sobre Justicia escasa y muy fragmentada:

Legajo 10. Juzgado de Instrucción de Castellón de la Plana.

Legajo 25. Asuntos varios relacionados con el Juzgado de 1.ª Instancia e Instrucción de Nules. Oficios de los Juzgados municipales de Tales, Ribesalbes y Figueroles.

Legajo 33. Sumarios en tramitación de distintos juzgados de Instrucción; oficios dirigidos al fiscal del Tribunal Popular de Castellón, así como remisión de autos de procesamiento.

Legajo 31. Actas del Sindicato de Trabajadores de Justicia; libro-registro de expedientes del Jurado de Urgencia de Castellón (está incompleta); expedientes archivados del Jurado de Urgencia de Castellón (contienen datos interesantes) [12];

12

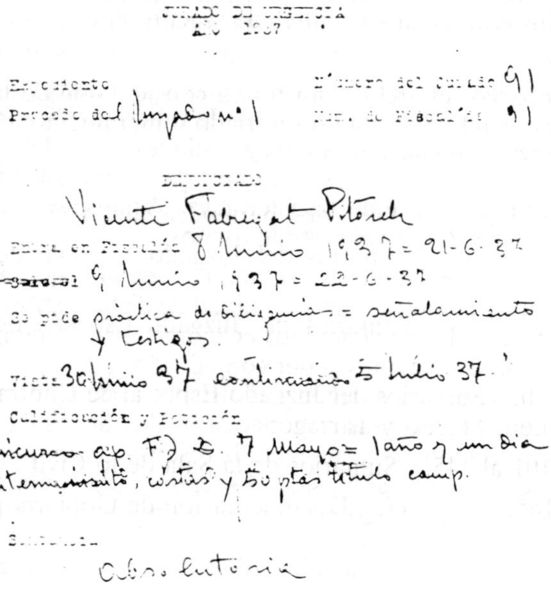
JURADO DE URGENCIA
AÑO 1937

Expediente — Número del Jurado 91
Procede del Juzgado n.º 1 — Núm. de Fiscalía 91

Vicente Fabregat Pitarch

Entra en Fiscalía 8 Junio 1937 = 21-6-37
9 Junio 1937 = 22-6-37
Se pide práctica de diligencias = señalamiento y testigos.
Vista 30 junio 37 continuación 5 julio 37.
Calificación y Petición
discurso ap. F) D. 7 Mayo = 1 año y un día internamiento, costas y 50 ptas título camp.

Absolutoria

algún sumario y copias de oficios y resoluciones de dicho Jurado de Urgencia; hay un sumario del Juzgado Especial número 2 del Tribunal Popular de Castellón por Auxilio a la Rebelión.

Legajo 34. Oficios de la Prisión Provincial de Castellón; oficios de los Juzgados Municipales de Torreblanca y Ludiente; documentación sobre cargos municipales de Justicia; certificados y listas de Jueces de Derecho y de Jurados de hecho del Tribunal Popular y el Jurado de Urgencia (se incluye el partido al que pertenecen); oficios y órdenes de la Audiencia de Castellón; Tribunal Popular de Castellón; libro de turnos de abogados; comunicaciones, cartas y órdenes de la Fiscalía del TP de Castellón; cartas y oficios del Tribunal Popular, Jurado de Urgencia y de varios Juzgados Municipales (hay algunos cuadros: fecha del delito, número del sumario; delito, nombre del encausado; estado en que se encuentra la instrucción).

Legajo 35. Fiscalía del Tribunal Popular de Castellón, extractos de sumarios.

Legajo 30. Relaciones nominales de camaradas, propuestos por el Frente Popular, para desempeñar los cargos de jueces y fiscales en los pueblos de la provincia de Castellón; autos de procesamiento del Juzgado de Instrucción y de 1.ª Instancia de Lucena del Cid. Sentencias del Tribunal Popular de Castellón y sobre todo del Tribunal de Urgencia. Hay un número considerable pero probablemente no estén todas, son bastante interesantes aunque se pierde el valor testimonial de las declaraciones de los sumarios y rollos completos.

Legajo 156. Sumarios sueltos e incompletos del Tribunal Popular de Castellón de la Plana.

Legajo 254. Juzgado de la 1.ª Instancia e Instrucción de la Villa de Nules y su Partido; órdenes que se remiten a los Juzgados Municipales del Partido.

Como se ha dicho anteriormente la documentación sobre Valencia es relativamente pobre en proporción al peso que esta zona tuvo en la guerra y a la cantidad de Tribunales y Jurados que funcionaron durante aquellos años.

Posee, sin embargo, el archivo un fondo considerable de la *Audiencia Territorial de Valencia* que además está inventariado someramente. Consta esta serie de 147 legajos repartidos de la siguiente manera:

a) Legajos 1 al 93. Sumarios pertenecientes a la Sala de lo Criminal.

b) Legajos 94 y 95. Sumarios del Juzgado Especial de Contrabando de Valencia.

c) Legajos 96 al 99. Sumarios del Juzgado Especial de Contrabando de Barcelona.

d) Legajo 100. Sumarios del Juzgado Especial de Contrabando de Albacete, Alicante, Mahón, Murcia y Tarragona.

e) Legajos 101 al 145. Sumarios de la Sala de lo Civil.

f) Legajos 145, 146 y 147. Documentación de Gobierno.

Los Sumarios pertenecientes a la Sala de lo Criminal aparecen clasificados por el Juzgado que instruyó el sumario, y dentro de éste, por años, detallándose por tanto:

Juzgado de Instrucción.
Número de Sumario.
Año.
Delito.
Encausados.

Aparecen los Juzgados de Instrucción números 1, 2, 3, 4, 5 y 6 de Valencia capital, además de los Juzgados de Instrucción de Albaida, Alcira, Ayosa, Carlet, Chelva, Chiva, Gandía, Enguera, Liria, Onteniente, Requena, Sagunto, Sueca y Torrente.

Especialmente interesantes son los sumarios instruidos por los Juzgados Especiales de Contrabando de Valencia, Barcelona, Albacete, Alicante, Mahón, Murcia y Tarragona y que están esperando ser investigados en profundidad para conocer su función y competencias reales, así como en qué medida evitó el problema al que la República se enfrentaba de evasión de moneda, valores, metales preciosos y obras de arte fuera de la frontera en guerra. Recordemos que en la Sección de Barcelona se conserva documentación de este Tribunal que se puede completar con documentos fragmentados de la Sección Político Social de Madrid, Legajo 754, que incluye Sumarios y un número considerable de Piezas Separadas de Embargo e Insolvencia (1937) emanadas del anterior Tribunal.

La documentación de Gobierno conservada en la Audiencia Territorial de Valencia es bastante variada (Legajos 145, 146 y 147).

— Registros de Sentencias de distintas secretarías.
— Sentencias del Tribunal Especial de Guardia número 3 de Valencia (años de 1938 a 1939).
— Libro de votos reservados de la Audiencia de Valencia (años 1906 a 1937).
— Mano de Cargos comunicados a:

Procuradores.
Señores Ponentes.
Abogado del Estado.
Procuradores y Letrados.
Ministerio Fiscal.

— Nóminas de dietas a los Jurados del Tribunal Popular número 1.
— Gastos de material de oficina de los Tribunales Populares, Jurados de Urgencia y Juzgados Especiales de la Audiencia de Valencia.
— Libro de Presentaciones de Procesados.
— Registro Provisional de Causas.
— Registro de Ponencias.
— Registro de Asuntos Civiles y Criminales.
— Registro de Salida.
— Dictámenes del fiscal, etc.

Los delitos que aparecen en los sumarios son generalmente delitos comunes juzgados por la justicia ordinaria; hurto, muerte, suicidio, imprudencia temeraria, rapto, malversación, abusos deshonestos, prostitución, incendios (entre ellos de Registros de la Propiedad y de Iglesias Parroquiales), etc. En la Sala de lo Civil se pueden estudiar los cambios que en materia de Derecho Civil supuso la República (Usura, Igualdad de derechos de la mujer, Divorcio, Patria Potestad) siendo los juicios por divorcio los más abundantes. Apenas aparecen delitos de competencia de los Tribunales Populares, y cuando esto ocurre la Audiencia se inhibe en favor de dichos Tribunales Populares (caso de Auxilio a la Rebelión).

En el momento de enfrentarnos a estos fondos, y dada la estrecha conexión entre Audiencias y Tribunales Populares [13] creíamos que íbamos a encontrar documentación de los Tribunales Populares de Valencia, no siendo así. Sólo en la documentación de Gobierno se encuentran datos de dicha conexión. Algunos de los sumarios conservan sellos de Tribunal Especial Popular pero los juzgados de instrucción son ordinarios y no especiales y la función del Jurado de hecho nula. Se presenta así un problema de interpretación: ¿Dónde está la documentación de los Tribunales Populares de Valencia si a partir de mayo del 37 se integran dentro de las Audiencias? ¿Por qué no aparece el Tribunal Popular, cuando por el decreto de 23 de febrero de 1937 se le confiere autoridad y competencia para juzgar los delitos penales ordinarios? Preguntas que quedan abiertas y que esperamos sean clarificadas a lo largo de estas jornadas.

El resto de la documentación que sobre Valencia existe en el archivo es mínima y de menos valor para tareas de investigación. La laguna existente sobre la actuación de la Justicia Popular en Valencia se puede llenar de alguna manera con cierta documentación encontrada en la Sección Político Social de Barcelona concretamente, el Legajo 932, incluye documentación del Tribunal Popular de Responsabilidades Civiles en la zona de Valencia. Ofreciendo datos de procesados por Tribunales Populares y Jurados de Urgencia que han incurrido en Responsabilidad Civil, encontrándose datos de interés: procesado, año delito, Tribunal sentenciador. Incluyéndose en muchos casos certificados de la sentencia con un resumen de los considerandos, resultandos y del fallo (los dos Tribunales sentenciadores que aparecen son únicamente el Tribunal Popular y el Jurado de Urgencia).

En este mismo legajo hay una serie bastante completa del mismo Tribunal de Responsabilidades Civiles que se interesa por diligencias en relación a procesados [14], pero que incluye muchos menos datos de interés que la documentación anterior.

---

[13] El 24 de febrero del 37 se amplían competencias de los TEP a los delitos comunes y a los de índole no estrictamente militar. En mayo de ese mismo año se integran dentro de las Audiencias los TEP.

[14] Don Alfredo Fernández Hinde, juez de Instrucción Especial número uno, adscrito al Servicio del Tribunal Popular de Responsabilidades Civiles.

Al señor juez de Instrucción delegado en Valencia atentamente saludo y participo: Que en dicho Juzgado radica el expediente n.º 306 seguido para determinar las responsabilidades civiles contraídas por Ana Gasso García, de 19 años de edad, soltera, de profesión sus labores, natural y vecina de nogente, en la causa n.º 533/937 en el expediente que se tramitó en el Jurado de Urgencia n.º 2 de Valencia por desafección al régimen; en el cual, he acordado dirigir a V. S. el presente, como lo verifico por el que en nombre de la REPUBLICA ESPAÑOLA le exhorto y requiero y en el mío le pido y

Otras series fragmentadas son: PS de Madrid, Legajo 135, informes del Jurado de Urgencia de Valencia a la Dirección General de Prisiones sobre Liquidación de Condenas de encarcelados; PS Madrid, Legajo 187, nóminas del Tribunal Especial Popular de Justicia de Valencia; PS Madrid, documentación de la Prisión Provincial de Valencia.

TRIBUNALES POPULARES DE BILBAO, GIJÓN Y CARTAGENA

Son tres fondos orgánicos y bastante completos de la actuación de la Justicia Popular en la zona Republicana durante la guerra, fondos que en algunos aspectos han sido ya estudiados por los investigadores como estamos viendo a lo largo de estas jornadas.

El Tribunal Popular de Cartagena tiene un volumen documental de 47 Legajos que abarca del año 1936 al 1939 [15]. Existe un pequeño inventario que recoge número de Sumario, nombre del encausado, delito, pena y año. Falta clasificarlos por el Juzgado de Instrucción Especial, o no, que se encargó de instruir el sumario. De hecho hay sumarios instruidos por el Jurado de Urgencia de Cartagena,

---

encargo que cuando lo reciba, y previo acuse de su recibo, se sirva acordar su cumplimiento y devolución a este Juzgado una vez practicadas las diligencias que se interesan, quedando a la recíproca cuando los suyos vea.

DILIGENCIAS QUE SE INTERESAN

Que con relación a dicho sancionado se practiquen las siguientes:

1.ª Determinar concretamente los hechos demostrativos de la desafección u hostilidad al Régimen del sancionado en cuanto no constaren ya puntualizando especialmente si fuera posible, la conducta de éste, anterior al 16 de febrero de 1936, la observada desde el 16 de febrero hasta el 17 de julio del mismo año, y la que mantuviera a partir de esta última fecha.

2.º Averiguación del Partido Político u Organización Sindical a que hubiere pertenecido el sancionado en todo el tiempo que se concreta en el anterior extremo, precisando, de ser posible, la fecha de ingreso en aquéllos, y si en ellos desempeñó cargos de dirección.

3.º Especificación de si la adhesión a Partidos Políticos u Organizaciones Sindicales en su caso, fuera puramente pasiva y formal, por motivos de conveniencia, o por necesidad; de mera adscripción ideal, o bien resuelta y decidida, con actividades contrarias a la República.

4.º Precisar en los términos posibles el grado de cultura, la posición social y la económica con referencia a la de sus convecinos; si fuese persona de fortuna, el uso que hiciera de ésta y el modo como cumpliera las leyes sociales de la República.

5.º Detallar si le han sido incautados algunos bienes y caso afirmativo, valorarlos de modo aproximado.

6.º Se aporten informes del Frente Popular, de las Organizaciones Sindicales y de las Autoridades Gubernativas de la localidad del domicilio del sancionado, sobre todos los anteriores extremos.

7.º Testimoniará del expediente que se encuentra en el Jurado de Urgencia aquellos particulares que en el mismo consten, y que tengan relación con los extremos anteriores, tales como denuncia original, declaraciones de testigos, etc.

8.º Y las demás que en orden a la finalidad perseguida estime procedente el instructor, y formule el informe señalado en el artículo 37 de las normas de este Tribunal.

Barcelona a 22 de septiembre de 1938. —El secretario

[15] En la *Gaceta* de 7 de diciembre de 1936 se crea el TPE de Cartagena. El 15 de enero del 37 se amplía el TP de Cartagena a los partidos judiciales de la Unión, Totana y Caravaca, pues el TPE de Murcia se encuentra sobrecargado de trabajo.

otros procedentes del Juzgado de Instrucción de Cartagena y Totana, uno instruido por la Jurisdicción de Marina en la Flota Republicana y por último otro en el Juzgado Instructor de la 207 Brigada Mixta, 826 Batallón.

Las posibilidades de investigación son múltiples. Se puede estudiar y encuadrar a los encausados por sexos, edades, profesiones, estatus social, afiliación a partidos, etc. Asimismo es interesante analizar los delitos tipificados o no y las inhibiciones en favor de otra jurisdicción cuando se sale de la competencia del Tribunal Sentenciador. Unido a los delitos, las penas impuestas y su evolución o no según la coyuntura política. Es interesante resaltar que a partir del año 1937 una de las penas que aparece es la de internamiento en campos de trabajo, creados para tal función. Es necesario también hacer un estudio de la aplicación real de las sentencias de muerte.

Los delitos observados ofrecen más variedad que los que encontraremos cuando nos aproximemos al TPE de Bilbao, pero son mucho menos variados que los del TPE de Gijón, posiblemente y sólo a modo de hipótesis, los Tribunales debieron tener su propia dinámica interna aunque enmarcados lógicamente en las leyes y decretos promulgados por la República.

Aparecen: rebelión, conspiración a la rebelión, auxilio a la rebelión, desobediencia, rebelión militar, excitación a la rebelión, sedición, asesinato, espionaje, desafección al Régimen, cohecho, tenencia de armas, desacato, tenencia de valores extranjeros.

Muy valiosa es la documentación referente a Gobierno del TPE de Cartagena para conocer su funcionamiento y estructura así como el personal que lo compuso:

— Diligencias en tramitación para incorporar a sus respectivas causas.
— Nóminas.
— Libro de Registros de las sesiones.
— Registro alfabético de Sentenciados por el Tribunal Popular y el Jurado de Urgencia de Cartagena.
— Registro de Sumarios, Rollos y Señalamientos.
— Partes de terminación, sobreseimiento e incoación.
— Expedientes incoados pendientes de terminación.
— Copias de autos y sentencias.
— Oficios dirigidos al TP de Cartagena sobre tramitación de diligencias sumariales.
— Circulares de la Fiscalía General.
— Escritos de procesados designando letrados.
— Estado de causas tramitadas y pendientes.
— Expedientes de licenciamiento de penados.
— Registro del Establecimiento donde los condenados cumplen condena.
— Relaciones de detenidos en diversos establecimientos.

— Mandamientos de libertad.
— Indultos.
— Cuentas trimestrales del Tribunal.
— Fiscales movilizados.
— Normas de estadística de homicidios, prevaricaciones, cohechos y malos tratos a presos y detenidos.
— Registro de diligencias.
— Libro de votos reservados.
— Resumen de Sumarios remitidos y recibidos de Murcia.
— Asuntos de la Ley de Vagos.
— Asuntos del Tribunal de Subsistencias.
— Constitución del Tribunal y movimiento de su personal.
— Expedientes de Constitución del Jurado de Urgencia.
— Expedientes sobre competencias de los Jurados de Guardia.
— Documentos particulares de los que debió incautarse dicho Tribunal.
— Información sobre varios asesinatos con sus correspondientes certificados de defunción.
— Informaciones referentes al estado, conservación y destino de Iglesias y casas religiosas practicadas por orden del Tribunal Supremo, etc.

De los tres Tribunales Populares Especiales conservados en el archivo es el más complejo de interpretar.

Hay también un inventario somero en el que aparece el número de Sumario, el procesado o detenido, el delito, la pena y los años (1936 y 1937).

Los Juzgados que instruyen los sumarios, vistos y sentenciados por el Tribunal Popular Especial de Gijón son:

— Juzgado de Instrucción Especial número 1, 2 y 3.
— Juzgado de Instrucción de Pola de Siero.
— Juzgado de Instrucción de Pola de Laviana.
— Juzgado de Instrucción de Pola de Lena.
— Juzgado de Instrucción de Avilés.
— Juzgado de Instrucción de Mieres.
— Juzgado de Instrucción de Cangas de Onís.
— Juzgado de Instrucción de Villaviciosa.
— Juzgado de Instrucción de Belmonte.
— Juzgado de Instrucción de Infiesto.
— Juzgado de Instrucción de Llanes.

— Juzgado de Instrucción de la zona Leal de León.

— Juzgado Instructor de la zona Occidental de Gijón.

— Juzgado Instructor de la zona Oriental de Gijón.

Los mismos parámetros de investigación que apuntábamos para el Tribunal Popular de Cartagena son aplicables al Tribunal Popular de Gijón. Siendo destacable el volumen muchísimo mayor de delitos comunes pertenecientes a la Justicia Ordinaria y a la Militar, que entran en la competencia de este Tribunal, siendo posible apuntar un mayor peso de la Justicia Popular en la zona de Asturias, aspecto comprensivo, si tenemos en cuenta el aislamiento geográfico al que se vio sometida Asturias y a las competencias de hecho que tuvo que asumir el Consejo de Asturias y León.

Los delitos enjuiciados son: Rebelión, excitación a la rebelión, deshonor militar, deserción, homicidio (aunque se inhibe), delitos contra derecho de gentes, amenazas, espionaje, muerte, sustracción de documentos, asociación ilícita, tenencia ilícita de armas, lesiones, cohecho, atropello, desorden público, allanamiento de morada, desacato, inutilización para el servicio, deserción y malversación de fondos, amenazas, resistencia a la autoridad, estafa, falsedad, hurto, violación, derrotismo, sabotaje, aborto (sobreseído), actos deshonestos, corrupción de menores, infanticidio, robo de aves, usurpación de funciones, falsificación de billetes, etc.

Muchos de los sumarios están sobreseídos, otros inhibidos y mandados al Jurado de Urgencia, en otros muchos aparece «suspendida vista por llegar los facciosos». Se observan dificultades para la actuación del Tribunal; no llegan los sumarios, faltan las causas, algunos del Juzgado instructor de Llanes se suspenden por Guerra.

Sería muy interesante realizar un estudio profundo de la actuación de este Tribunal, su amplitud de competencias, cómo evolucionó en el tiempo teniendo el frente bélico tan cerca, lógicamente las circunstancias extremas y de excepción que vivió la zona debió dejar su impronta en la Justicia Popular.

La documentación de Gobierno de este Tribunal es también abundante y es una ayuda fundamental para su análisis interpretativo:

Carpeta 1

Número 1. Copias de sentencias.

Números 2 y 3. Registro de causas de sentencia (1936-37).

Número 4. Libro de conocimientos con el fiscal del Tribunal Popular (1937).

Número 5. Cuentas del habilitado de Justicia y nóminas de jueces, empleados y jurados del Tribunal Popular (1936-37).

Carpeta 2

Número 7. Copias de sentencias dictadas por el Tribunal Especial de Espionaje y Alta Traición de la Zona Norte (Gijón), dictados por el mismo desde su constitución.

Número 9. Libro-registro de causas de varios juzgados.

Número 13. Libro-registro de turnos de letrados.

Número 14. Libro-registro de inhibiciones.

Número 15. Libro-registro de Ejecutorias.

Carpeta 3

Número 16. Libro-registro de Turnos de distintos Juzgados Especiales del Tribunal Popular (1936-1937).

Número 17. Libro-registro de Sentencias.

Número 18. Decretos del Ministerio de Justicia sobre: Espionaje, Tribunales Populares y supresión de Aranceles judiciales y sus consecuencias; plantillas y sueldos del personal dependiente del Ministerio de Justicia que como consecuencia de dicha supresión pasan a percibir sus haberes con cargo al presupuesto del Estado.

Número 19. Certificados, facturas y sentencias.

Número 21. Oficios, certificados y partes sobre detenidos dirigidos al Tribunal Popular.

Carpeta 4

Número 23. Oficios de traslados de prisioneros del Tribunal Popular (1937).

Número 24. Apuntes con conclusiones de sumarios del Tribunal Popular (1937).

Número 25. Libro-registro de detenidos puestos a disposición de los jueces instructores (1937).

Número 27. Informes y datos sobre personas de Cangas de Onís (Asturias) consideradas peligrosas y fascistas por la Jefatura de Milicias de la Retaguardia (1937).

Número 29. Denuncia contra el Consejo Municipal de Laviana (Asturias) por haber ayudado a la represión de octubre con donativos.

Número 31. Libro-registro de delitos y liquidación de condenas del Tribunal Popular (1937).

Decreto del Ministerio de la Guerra de 7 de mayo de 1937 sobre creación, organización, competencia y demás de los Tribunales Populares de Guerra. Copia de la Ley sobre «Tenencia de armas» de 22 de diciembre de 1934.

Decreto de 25 de agosto de 1936 sobre creación, organización, competencias y demás de los Tribunales Populares.

Decretos sobre delitos de sedición, rebelión, seguridad del Estado y espionaje.

Ley provisional sobre organización del Poder Judicial.

Ley de 3 de febrero de 1929 sobre Tribunales Tutelares.

Libro-registro de vistillas del Tribunal Popular (1937).

Libro-registro de causas del Tribunal Popular remitidas al Tribunal Supremo.

Libro de votos reservados del Tribunal Popular.

Nóminas de haberes del Tribunal Popular (1937).

Sumarios conclusos y pendientes de tramitación de varios juzgados de la provincia de Asturias.

Sumario instruido por el Juzgado de Instruccion de Rodiezno (León) sobre un suicidio (1937).

Número 49. Oficios del Juzgado número 3 de Gijón al Tribunal Popular sobre órdenes de libertad a detenidos.

Carpeta 5

Número 28. Libro con actas de toma de posesión de vocales, jurados y abogados del Tribunal Popular.

Número 32. Nóminas de dietas de los jurados por participar en sesiones orales.

Número 33. Cédulas de citación, oficios, certificados y partes de sumarios de varios juzgados de la provincia de Asturias dirigidos al Tribunal Popular.

Reglamento del Sindicato Provincial de Trabajadores de la Justicia de Asturias (UGT) de 28 de marzo de 1937.

Número 34. Comunicaciones sobre detenidos y condenas del Tribunal Popular (Comité de Guerra) (1936).

Carpeta 6

Número 35. Ordenes de libertad de diferentes cárceles de Gijón y declaraciones prestadas al Tribunal Popular por gentes de derechas en diferentes cárceles.

Número 36. Oficios dirigidos al Tribunal Popular de varios juzgados de instrucción de la provincia y distritos de Gijón, sobre instrucción de sumarios (1937).

Número 37. Relación de presos de derechas que van a ser evacuados a sus domicilios.

Número 38. Decreto de constitución de los Tribunales Populares (1936).

Oficios dirigidos al presidente del Tribunal Popular por varios organismos oficiales, sobre medios de locomoción, cuestiones económicas y diligencias (1937).

Los fondos del Tribunal Popular Especial de Euzkadi son sin duda los que más fácilmente pueden investigar los estudios del tema. Se ha realizado un inventario a través de fichas informáticas que incluyen descriptores onomásticos, geográficos y de instituciones. Los 30 Legajos que ocupa este fondo están descritos informáticamente ofreciendo los siguientes datos:

Sección.
Fondo.
Serie y subserie: incluye el Juzgado Instructor del Sumario.
Número de causa.
Delito.
Encausados: descriptores onomásticos.
Sentencia.
Descriptores geográficos.

Descriptores. Instituciones: donde se recoge exhaustivamente, las instituciones de todo tipo que aparecen en los sumarios y que pueden ser interesantes no sólo desde el punto de vista del estudio de la Administración de Justicia en la Guerra, sino desde otras perspectivas de investigación.

A través de los descriptores onomásticos se puede obtener un índice completo de los encausados por este Tribunal. Otros aspectos de interés que aparecen reflejados en las fichas son las fechas límites del sumario y el número de folios que contiene para dar al investigador una orientación exacta del volumen documental. Sólo aparece el cargo de los encausados cuando se considera destacado, dejando la labor de un análisis por grupo social y profesión a los investigadores.

Los juzgados que instruyen los sumarios son fundamentalmente los Juzgados de Instrucción especial números 1, 2 y 3 de Bilbao. Hay algún sumario instruido por el Juzgado de Instrucción Ordinario números 4 y 2 de Bilbao, por el Juzgado de Instrucción Especial de Gijón y uno por el Juzgado de Instrucción de Guernica.

Los delitos enjuiciados son: sedición, rebelión, evasión al campo enemigo, rebelión Militar, Auxilio a la Rebelión, Traición y Espionaje. Aparecen delitos ordinarios como estafa, muerte, asesinato, amenazas de muerte, tentativa de violación y abusos deshonestos, pero siempre se inhibe en favor de la jurisdicción ordinaria; en el caso de desahucio y de gritos subversivos, en favor de la jurisdicción Municipal.

Dentro de los sumarios hay abundantísima documentación sobre distintas instituciones militares (Tribunal de Justicia Militar), prisiones, ayuntamientos, empresas e industrias, partidos del Frente Popular y Juntas de Defensa, etc.

El Tribunal procesó fundamentalmente a personas afectas o que intevinieron en la sublevación armada de julio, siendo los datos que aporta de especial interés para conocer la red conspirativa de la sublevación en el País Vasco. Hay abundante información sobre Círculos Tradicionalistas, Juventudes Tradicionalistas, Partido Monárquico, Margaritas de Basauri, Renovación Española, Falange Española y de las JONS. Asimismo son de destacar algunos sumarios que ponen de manifiesto la intervención extranjera (alemana e italiana) en favor de los sublevados.

Encontramos sumarios instruidos por un Juzgado Especial de los sucesos de las Cárceles de Bilbao. Instruyen sumarios por delitos de asesinatos, robos y lesiones derivados del asalto a las cárceles de Bilbao el 4 de enero de 1937. Se incluye en uno de los sumarios una lista de muertes de reclusos, asesinados por elementos populares y militares incontrolados.

Existe documentación de Gobierno del propio Tribunal:

Correspondencia con la Administración Central:

— Ministerio de Justicia.

— Ministerio de Hacienda, Caja de Reparaciones.

Correspondencia con el Gobierno de Euzkadi:

— Consejería de Justicia y Cultura.

— Departamentos de Gobernación, Industria y Hacienda.

— Junta Calificadora Central.

Correspondencia con la Prisión Provincial de Bilbao, Cárcel de Larrinaga y el Cuerpo de Seguridad.

Personal:

— Expedientes personales de miembros del Tribunal Popular de Euzkadi.

— Certificados de nombramientos.

— Tomas de Posesión.

— Nóminas y otros documentos de habilitación de personal.

Abogados de Oficio:

— Listas de Abogados que han de intervenir por turno de oficio en la defensa de los procesados que comparezcan ante el Tribunal Popular.

Legislación:

— Decreto de Creación de los Tribunales Populares de 25 de agosto de 1936.

Estadística:

— Relación de causas sobreseídas.

— Relación de Juicios Orales celebrados y sentencias dictadas.

— Relaciones nominales de los procesados y condenados por el Tribunal Popular.

— Libros de Penados y liquidaciones de condena.

Jurados:

— Listas de Jurados del Tribunal Popular de Euzkadi.

— Nóminas de dietas pagadas a los Jurados de dicho Tribunal, así como a testigos y peritos.

Sentencias [16].

OTRA DOCUMENTACIÓN SOBRE LA ADMINISTRACIÓN DE JUSTICIA EN BILBAO, ASTURIAS Y SANTANDER

En la Sección Político Social de Bilbao existe muy poca documentación sobre la Administración de Justicia de Euzkadi durante la guerra y casi exclusivamente la existente es sobre Justicia Militar [17].

Hay también escasa documentación sobre prisiones: Caja 185 exp. número 26, 1937, Oficio del director de la Prisión Provincial de Bilbao, informando a los funcionarios de la misma, su traslado a la prisión de Valmaseda.

Caja 201 exp. número 9, 1937, Libro-registro de detenciones, traslado de prisioneros, registros domiciliarios y servicios de vigilancia.

Caja 228 exp. número 21, 1937, Departamento de Justicia y Cultura. Dirección de Prisiones. Contiene: nombramientos de vigilantes interinos de la prisión de Larrinaga.

Caja 233 exp. número 7, 1936-1937, Relaciones nominales de militares, guardias de seguridad y paisanos, procesados y detenidos en diferentes cárceles de Euzkadi. Relación de jefes, oficiales y clases detenidos en la prisión de Larrinaga a causa de los sucesos ocurridos en San Sebastián en julio de 1936.

Caja 246, 1937, Oficios remitidos por directores de diferentes prisiones, informando sobre las personas procesadas por la Jurisdicción de Guerra antes del 5 de julio de 1936.

Aunque se salga del ámbito cronológico que nos ocupa, consideramos necesario señalar que existe en esta sección bastante documentación judicial de los sucesos de octubre de 1934.

Es más interesante la documentación encontrada en la Sección Político Social de Barcelona, documentación que se debió evacuar a esta zona tras la caída de Bilbao:

PS Barcelona, Legajo 893: Departamento de Justicia y Cultura de Euzkadi. Relación nominal de los funcionarios judiciales con destino en Bilbao, con expre-

---

[16] Los Legajos 164, 165, 166, 167, 168 y 169 de la Sección Político Social de Madrid incluyen también documentación del TP de Euzkadi. El 172 de esta misma sección; Sentencias por Rebelión del Juzgado Popular de Euzkadi; Legajos 1.419, 1.449, 1.424.

En muchos casos se completan sumarios que no aparecen o están incompletos en el fondo orgánico que acabamos de describir y que no hemos podido cambiar materialmente de lugar por estar fichados, en el famoso fichero onomástico del que dependemos.

[17] Caja 160 Tribunal Militar de Euzkadi exps. 16 y 17; Caja 179 exp. 16; Caja 185 exp. 21; Caja 197; Caja 224 exp. 26; Caja 237 exp. 10; Caja 246 exps. del 19 al 24; Caja 248 exps. 17 y 18; Caja 254 exp. 37.

sión del cargo y asignación anual de los mismos. Documentación de Juzgados de Instrucción de Guernica, Valmaseda, Durango y Marquina. Relación de personas designadas por el Partido Nacionalista Vasco para ocupar los cargos de jueces y fiscales, efectivos y suplentes, en los pueblos de Vizcaya y Alava. Decreto de 20 de noviembre de 1936 sobre el Indulto [18] que establece las competencias del Gobierno de Euzkadi en esta materia dado las relaciones anormales entre el País Vasco y el Gobierno del Estado que imponen las circunstancias de guerra. Relación de condenados en rebeldía, se incluye (nombre, nombre de los padres, edad, lugar de nacimiento, profesión, condena y delito.)

PS Barcelona, Legajo 940: Relación del Personal Judicial de Euzkadi. Peticiones al Consejero de Justicia y Cultura del Gobierno de Euzkadi para que se interese por detenidos y desaparecidos. Providencias del gobernador civil de Vizkaya imponiendo sanciones en metálico e incautación de bienes de personas desafectas

---

18

DECRETO

El indulto en los momentos presentes es un medio de gobierno más indispensable que nunca, para suplir deficiencias de la ley, para suavizar sus asperezas, que puedan resultar injustas en un caso dado, o para resaltar la bondad de corazón del poder que disfruta de esta prerrogativa.

La falta de relaciones normales entre el País Vasco y el Gobierno del Estado, que imponen las presentes circunstancias de la guerra, no deben ser obstáculo para que en la Administración de Justicia deje de tener influencia la importante institución de indulto, cuando se impone la pena de muerte.

Mientras concurran las especiales circunstancias presentes, esta facultad debe ser ejercitada por los poderes del País Vasco, sin que con ello se trate de menoscabar otros Poderes; y en su virtud vengo a decretar lo que sigue:

Art. 1.° Podrán solicitar el indulto al Tribunal Sentenciador el fiscal, o la parte interesada. El Gobierno puede también proponer el indulto.

Art. 2.° Las solicitudes de indulto de pena de muerte, se dirigirán al consejero de Justicia. Cuando así lo acuerde el Gobierno, se remitirá la solicitud con la causa a informe de la Sección de Justicia de la Comisión Jurídico Asesora. Para ello el Consejero de Justicia reclamará la causa al Tribunal sentenciador, si éste no la hubiese remitido anteriormente.

Art. 3.° La Sección de Justicia de la Comisión Jurídica Asesora emitirá su dictamen con toda urgencia, teniendo en cuenta los datos del proceso, los antecedentes personales del condenado, sus méritos y cualesquiera otros datos que puedan servir para mejor esclarecimiento ¡FALTA TEXTO!

Art. 4.° La votación del dictamen dentro del seno de la Comisión se hará por bolas blancas y negras, que cada miembro irá depositando según que su opinión fuera favorable o desfavorable a la concesión de indulto.

Art. 5.° Caso de que el acuerdo anterior fuera favorable a la concesión de indulto, el dictamen será fundamentado consignando las razones que se han tenido sobre la Justicia o conveniencia para proponer el indulto. Si la votación fuese adversa se indicará únicamente el resultado negativo del mismo.

Art. 6.° Inmediatamente el informe será entregado al consejero de Justicia, con los documentos que se consideran necesarios para justificación de los hechos. El consejero dará cuenta urgente al Gobierno que, reunido en Consejo, resolverá si se ha de proponer o no al presidente la concesión de indulto.

Art. 7.° El presidente del Gobierno Provisional de Euzkadi decidirá finalmente la concesión o denegación de indulto.

Art. 8.° La concesión de los indultos se hará en decreto motivado que se insertará en el Diario Oficial del País Vasco.

Art. 9.° La ejecución de la pena de muerte no se llevará a efecto sin que el consejero de Justicia haya acusado al solicitante recibo de la solicitud de indulto.

Dado en Bilbao a 20 de noviembre de 1936.—El presidente del Gobierno de Euzkadi—. El consejero de Justicia y Cultura.

a la República. Correspondencia de Leizaola, consejero de Justicia y Cultura. Canje de prisioneros a través de la Cruz Roja Internacional (mediadora en el canje). Informe sobre el proyecto presentado por el Ministerio de Guerra sobre organización y funcionamiento de los Tribunales Populares. Proyecto de Organización del Tribunal Superior de Euzkadi [19], del que incluimos la exposición de motivos y que aunque no llegó a actuar es un exponente claro de la voluntad autonomista vasca.

PS Barcelona, Legajo, 78: Remisión por parte de distintos Juzgados de Instrucción de relación de los sumarios que están siendo instruidos (1936) al fiscal superior de Euzkadi, lista de presos, peticiones de indulto.

Es también interesante el Legajo 1.392 del PS de Barcelona: Nombramiento de jueces municipales de distintos municipios de Euzkadi. Votos particulares al proyecto de decreto sobre retención de haberes a milicianos del vocal de la Comisión Jurídica Asesora. Decreto sobre supresión de Aranceles judiciales y sobre el Procedimiento sumarísimo. Informe sobre el funcionamiento de la Comisión Jurídico Asesora, como Organo consultivo del Gobierno de Euzkadi. Documentación sobre auxilio económico de los secretarios de los Juzgados de 1.ª Instancia. El Legajo contiene abundantísima normativa del Departamento de Justicia y Cultura. Entre ellos, el que determina que sean obligatorias e irrenunciables las funciones de vocal jurado de hecho del Tribunal Popular [20].

---

[19] PROYECTO DE ORGANIZACION DEL TRIBUNAL SUPERIOR DE EUZKADI

A la libertad de los poderes legislativo y ejecutivo debe corresponder en buenos principios la del poder judicial, pues de poco había de servir la posesión de órganos representativos de aquéllos, si no se dispusiera de otros que han de ser su natural complemento y a los que debe estar encomendado, como fin singularísimo, el de fijar la doctrina aplicable a las controversias sometidas a juicio. No supondría mucho la facultad de modificar las leyes hoy existentes y la de crear las nuevas que se estimen como necesarias, si la labor de interpretarlas quedase reservada al arbitrio de entidades extrañas al País.

Y entiende el Gobierno que esta facultad debe ser atribuida al País Vasco, aun en aquellos aspectos en que no le competa la legislación exclusiva, aunque si la ejecución directa de la que sea emanada del Estado Central, como sucede con las leyes sociales, en cuanto a las cuales corresponde a Euzkadi la organización de todos los servicios, sin excluir ninguno, que por aquellas se hayan establecido o se establezcan, según expresamente dispone el artículo 6.° del Estatuto de Autonomía del País Vasco, y según se ha hecho en algún caso con relación a Cataluña y a su Tribunal de Casación, por lo que no se ha vacilado en dotar al Tribunal Superior de Euzkadi de una Sala que resuelva los recursos que se interpongan contra los fallos de los Tribunales Industriales y Comisiones Mixtas de Trabajo y de las Comisiones paritarias de propietarios y colonos de fincas rústicas, creadas por el Decreto que regula el régimen de la propiedad del caserío y de los arrendamientos rústicos.

No han sido olvidadas al redactarse el Decreto al que precede este preámbulo las circunstancias en que ha sido producido, que aconsejan al Gobierno a otorgar al Tribunal Superior de Euzkadi todas las funciones que pertenecen al Tribunal Supremo de la República, que por razón de la anormalidad en los momentos actuales, permanece inactivo con referencia al País Vasco; por lo que es de urgente necesidad la creación de un organismo que normalice, dirija, encauce y defina la vida jurídica de Euzkadi, en su plenitud.

Por ello, y sin perjuicio de que los preceptos que de seguida se establecen puedan sufrir algún cambio cuando se dicte la Ley Orgánica de la Administración de Justicia en el País Vasco, se apresura el Gobierno, de acuerdo con la propuesta de su Comisión Jurídica Asesora, a señalar la estructura, composición y atribuciones del Tribunal Superior en el siguiente Decreto.

[20] PROYECTO DE DECRETO

Uno de los aspectos de infracción de leyes procesales en el País, es el de Contrabando y Defraudación en materia de Evasión de Capitales. La defensa de la Economía exige que se persigan judicialmente esta clase de hechos. En las circunstancias presentes de falta de comunicación del País Vasco con los poderes del Estado Español, los Organos que éste tiene establecidos en la materia no pueden actuar en el País.

En la sección Político Social de Santander hay también abundante documentación sobre Justicia Militar [21]. El Legajo C-96 del PS de Santander incluye interesante documentación sobre el Frente Popular de Santander, Comisión de Justicia, expedientes de Detenidos (desafectos a la República, milicias fascistas, Acción Popular, personas que actuaron en el Bienio Negro, individuos pertenecientes a Centurias falangistas y auténtica depuración de caciques locales).

PS Santander C-72. Fichas de detenidos, incluyen (n.ºde Expediente, nombre, domicilio, profesión, afiliación, fecha de detención, organismos que han efectuado dicha retención, fecha en que pasa a la Prisión Provincial).

PS Santander C-70. Oficios cruzados con la Prisión Provincial y el Delegado General del Gobierno de la República. Abundantes sumarios sobre homicidio y hallazgo de cadáveres de distintos Juzgados de Instrucción (también en el Legajo C-62) de Santoña y Villacariedo, 1936, que dejan constancia de la Justicia sumarísima e incontrolada que se practicó en un primer momento de la guerra. El Legajo C-63 es también iluminativo en este sentido: Juzgado de Instrucción de Santoña, homicidios, Tribunal Popular de Santander (un solo sumario), Juzgados de Instrucción de Castro Urdiales, San Vicente de la Barquera, Torrelavega y nuevamente Santoña, delitos de homicidio y hallazgos de cadáveres.

Legajo C-31: Oficios de distintas prisiones a la Dirección General de Justicia de Santander sobre movimiento de prisioneros (puestos en libertad, traslados, etc.). Cartas de detenidos interrogando sobre la causa de su detención. Listas de detenidos. Comisión de Justicia del Frente Popular, informes sobre detenidos. Muy similar es el Legajo C-21: Oficios de la Dirección General de Justicia de Santander a distintos directores de prisiones sobre detenidos, trasladados o liberados. Relación de detenidos en distintas localidades remitidas a la Dirección General de Justicia (Pesquera, Cabuérniga, Saro, Colindres, Santillana del Mar, Astillero, Riotuerto, Siero, etc.).

Legajo C-19: Dirección General de Justicia. Relación de jueces y fiscales desafectos al régimen que han sido destituidos por orden del Gobierno Civil de Vizcaya (incluye lugar, nombre y cargo). Relación de los afiliados al partido de Unión

Por otra parte, el Estatuto de Euzkadi, dispone en su artículo tercero, que será atribución del País Vasco la organización de la Justicia en sus diversas instancias dentro de la región autónoma, en todas las jurisdicciones, excepción de la Militar y de la Armada. En su virtud para persecución de infracciones de las disposiciones que regulen el tráfico de monedas, vengo en disponer lo siguiente:

ARTICULO PRIMERO. Se crea un Juzgado Especial para entender en cuantos procedimientos se incoen por Contrabando y Defraudación en su aspecto de evasión de capitales.

ARTICULO SEGUNDO. Este Juzgado será competente en cuantas actuaciones se deriven de lo dispuesto en el Decreto de 29 de mayo de 1931, Ley de 17 de diciembre de 1932, y de cuantas disposiciones hayan dictado y dicten el Gobierno de la República y el del País Vasco, sobre la misma materia.

ARTICULO TERCERO. Dicho Juzgado tendrá jurisdicción en todo el territorio de Euzkadi.

ARTICULO CUARTO. Los sumarios incoados por este Juzgado Especial pasarán una vez conclusos a la Audiencia de Bilbao para su ulterior trámite y resolución.

Dado en Bilbao a 20 de noviembre de 1936.

[21] PS Santander: A-51; A-49; A-60; A-58; A-46; A-75; A-50; A-48; A-47; A-64; A-57 y 56; A-53; A-43; A-44; C-65.

Republicana que aspiran a los cargos de la Justicia Municipal en la provincia de Vizcaya.

Legajo C-61: Sumarios vistos por el Tribunal Popular de Santander. Otros instruidos por el Juzgado de Instrucción Especial. Algunos no tienen el rollo completo, otros sí tienen sentencia y veredicto del jurado. La documentación es escasa e inorgánica. Hay Piezas Separadas de Prisión. Legajo H.ª 10: Colonia Penitenciaria del Dueso (Santoña) Jornales de Reclusos.

Legajo E-37: Incluye abundante información de la organización de la Justicia Municipal, no tanto sobre su actuación como sobre su composición por distintas personas afiliadas a partidos del Frente Popular: Relación de personas desafectas de Torrelavega. Frente Popular de Voto, Peñarrubia, Pesaguera, Pesquera, Polanco, Potes, Rasines, Romales, etc., con relación de personas que se proponen para jueces y fiscales de sus respectivos municipios. Existe una lista de todos los pueblos con el nombre del juez municipal y suplente y el fiscal municipal y suplente.

Los Legajos L-265, L-311 y L-242 incluye documentación de la actuación de las Comisiones de Justicia del Frente Popular en distintos municipios. Legajo L-265, expedientes, órdenes de prisión e informes judiciales a cerca de milicianos y paisanos acusados de delitos contra el código militar.

Legajo L-325: Relación Nominal de Reclusos en la Prisión Provincial señalando: condena impuesta, Tribunal sentenciador y nombre y apellidos del detenido. Legajo L-316: Correspondencia cruzada entre la Prisión Provincial de Santander y la Dirección General de Justicia (movimiento de presos).

La documentación conservada sobre Gijón no es tampoco muy abundante. Completando el fondo ya anteriormente esbozado del Tribunal Popular de dicha ciudad, nos encontramos en el Legajo K-31 de PS de Gijón, un Libro Registro de causas ingresadas en la Fiscalía de dicho Tribunal (con fecha de recibo de la causa, n.º de entrada, n.º de Sumario, procesados, delito, fecha de entrada del Sumario, salida y observaciones). K-233 de PS Gijón: listas de jurados por sindicatos; K-30 PS de Gijón: Oficios del Juzgado de Instrucción especial enviados al Tribunal Popular de Justicia de Gijón, notificando instrucción de diversas causas (se incluye delitos, inculpados, n.º de Sumario), también credenciales de miembros del Tribunal Popular [22]; H-34 de PS de Gijón: Relación de individuos condenados

22
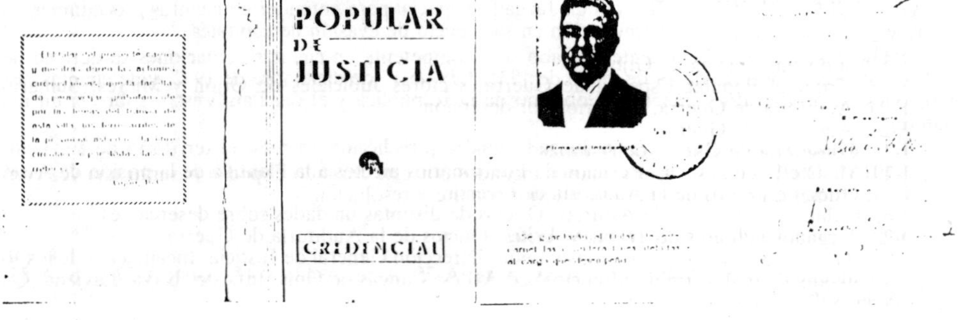

por el Tribunal Popular de Asturias por delitos cometidos con ocasión del actual movimiento militar faccioso (datos que se ofrecen nombre, delito, pena impuesta, domicilio).

Sobre prisiones tenemos, K-30 de PS de Gijón: Notificaciones al Tribunal Popular de Justicia de Gijón de ingreso de prisioneros por parte de distintas prisiones preventivas; K-228: detenciones y denuncias de elementos derechistas en la Prisión Provincial; J-18: Consejería de Justicia. Prisión Provincial de la Residencia, movimientos y relación de detenidos. Otras prisiones, el Musel, Laviana, Avilés, Pola de Liena, Villaviciosa, Mieres, Cangas de Onís, del Coto, etc.

Creemos que es muy interesante la documentación existente sobre la Caja de Reparaciones de Asturias que debió funcionar de una manera bastante autónoma y un tanto desconectada del poder central: Legajo H-34, Ministerio de Hacienda, Dirección General de la Caja de Reparaciones, Delegación de Asturias y León, Sección de Incautaciones, inventario de bienes incautados a la Ex-Marquesa de Argüelles en Ribadesella. Inventarios de aperturas de cajas del Banco de Gijón de personas consideradas desafectadas.

Legajo H-4: expedientes de la Dirección General de la Caja de Reparaciones, reteniendo provisionalmente los saldos de cuentas y depósitos de valores de «caciques, derechistas y dirigentes de Acción Popular». Parte del Legajo H-33 y 34 contienen documentación sobre recursos y protestas por incautaciones [23].

DOCUMENTACIÓN MILITAR

A lo largo de las notas se ha intentado relacionar distintos Legajos de distintas secciones que conservan documentación militar. No queremos extendernos mucho en este aspecto ya que otros compañeros han profundizado en esta faceta, trabajando con documentación de administración de Justicia militar conservada en este archivo. Existen, asimismo, dos interesantísimas comunicaciones sobre la Auditoría de Guerra de Gijón.

En torno a la documentación de la jurisdicción militar republicana conservada en el AHN (Sección Guerra Civil), encontramos fondos de:

— Auditorías de Guerra (según decreto de 7 de mayo de 1937).
— Juzgados Militares.

[23] Otra documentación de Gijón:
F-23, Tribunal Popular Especial de Guerra, sectores Judiciales de Gijón y Mieres. Sumarios.
F-24, Auditoría de Guerra. Sumarios por deserción.
F-25, Auditoría de Guerra.
I-21, Consejería de Guerra de Asturias.
I-40, Ministerio de Justicia. Relación de Funcionarios afectos a la Plantilla de la prisión de Avilés.
I-70, Oficios cruzados de la Auditoría de Guerra.
J-6, Auditoría de Guerra de Asturias. Oficios de distintas unidades sobre deserciones.
J-22, Juzgados militares de Trubia y Avilés. Oficios de la Auditoría de Guerra.
K-31, Gobierno General de Asturias y León. Dirección General de Justicia. Incautación de los Registros Parroquiales del Término Municipal de Avilés, Cangas de Onís, Infiesto, Nava, Laviana, Quirós, Peñamellera Baja, Ribadesella, Calnanes.

— Tribunales Permanentes (según decreto de 21 de octubre del 37).
— Documentación del SIM (Policía militar al servicio de estos Tribunales).

De la documentación de Auditorías como ejemplo se conservan la de Gijón y la de Santander, en la sección Auditoría de Guerra de Gijón y en la Sección Político Social Santander, la de esta provincia.

En la Sección Militar (SM) del archivo, se conserva la documentación producida por el SIM (al menos una parte) y la producida por los Tribunales Permanentes del Ejército, principalmente el Tribunal Permanente del II Cuerpo del Ejército.

También se conserva documentación de la Asesoría Jurídica del Ministerio de Defensa (por ejemplo, todo lo relativo al concurso de auditores de campaña, carpetas 623 a 640 de la SM), así como otros fondos con expedientes personales del Cuerpo Jurídico Militar: carpetas 613 a 622. Asimismo, encontramos expedientes de rehabilitación de procesados: 641, nombramientos de vocales comisarios en los Tribunales Permanentes (644) y otros documentos.

Tribunales Permanentes. II Cuerpo de Ejército: carpetas de causas 426 a 442, 445 a 447, 5.281, 5.296, 5.353; registro de causas: 5.120 y documentación varia del Tribunal: 5.123 y 5.124.

Del Tribunal Permanente del Ejército del Centro, conservamos un número reducido de causas (4.615 y 4.616). Del Tribunal Permanente del 22.º Cuerpo de Ejército la carpeta 2.298. De Tribunales Permanentes de varios Cuerpos del Ejército: 1.689 a 1.701, 1.704 a 1.826, 1.934 a 1.941, 1.944, 1.949, 1.987, 2.059, 2.065, 2.093, 2.194, 2.529 a 2.531, 2.619 a 2.621, 3.088 a 3.101, 4.344, 4.357, 4.782 a 4.786, 493, 5.089 y 5.104.

No queremos terminar este trabajo sin hacer unas últimas consideraciones finales. Esta pequeña «guía» es una primera aproximación a las fuentes judiciales existentes en el archivo, que puede ser mejorada y que dada la desorganización de la documentación es imposible que sea completa.

Por ejemplo, la sección Político Social de Madrid no ha sido investigada a fondo por imposibilidad material de tiempo, siendo conscientes de que guarda importantísima documentación judicial. Se encuentran por ejemplo interesantes series de la Dirección General de Prisiones [24] y del Registro Central de Penados y Rebeldes, dependiente del Ministerio de Justicia. De esta última serie se conservan unos 33 Legajos (PS Madrid del Legajo 1.809 al 1.843) que aportan información muy valiosa sobre personas de toda la península, juzgadas por distintos Tribunales. Los documentos son fichas ordenadas alfabéticamente con todos los datos de los penados (Tribunal sentenciador, lugar, año, Juzgado instructor, nombre del penado, nombre de los padres, cónyuge, edad, lugar de nacimiento, lugar de residencia, profesión, delito, reincidencia, fecha de condena y pena [25]. Se puede realizar una investigación estadística de la amplitud e incidencia real de los Tribuna-

[24] PS Madrid: 1.990 al 1.999; 2.013; 2.046; 2.050 a 2.059; 2.069 a 2.075; 2.209 a 2.211; 2.300; 2.337 a 2.347; 2.365; 2.367; 2.369; 2.391; 2.419; 2.420; 2.468; 2.530 a 2.538; 2.569; 2.632 a 2.678; 1.336 a 1.351; 1.360 a 1.388; 1.430 a 1.436; 1.452 a 1.493; 1.538 a 1.644; 1.850 a 1.968.

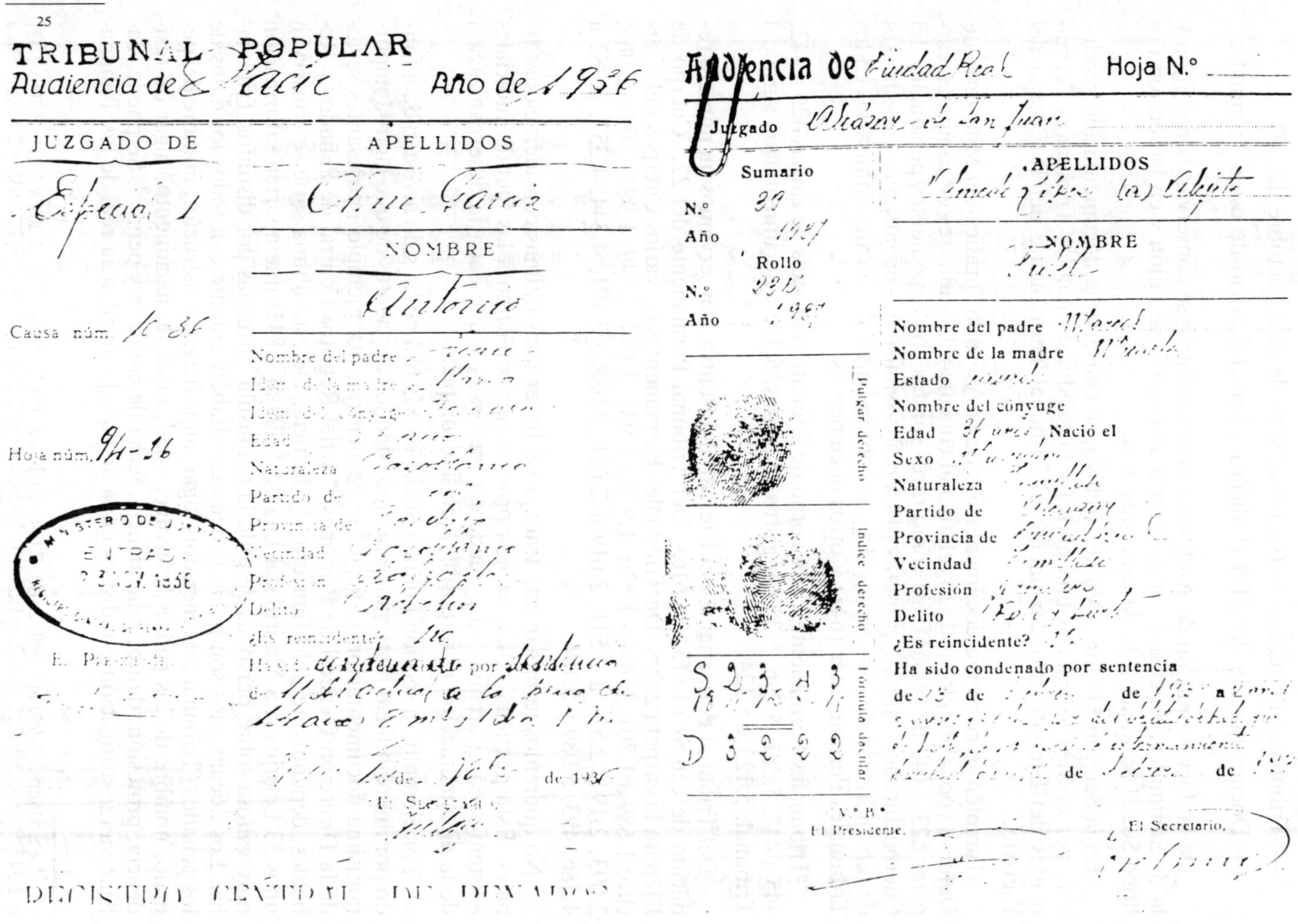
25

TRIBUNAL POPULAR
Audiencia de Jaén   Año de 1936

JUZGADO DE	APELLIDOS
Especial 1	Ortiz García
	NOMBRE
	Antonio

Causa núm. 16-36

Hoja núm. 94-36

Nombre del padre
Idem de la madre
Idem del cónyuge
Edad
Naturaleza
Partido de
Provincia de
Vecindad
Profesión
Delito
¿Es reincidente? No
Ha sido condenado por sentencia
de
de 1936
El Secretario,
El Presidente

MINISTERIO DE JUSTICIA
ENTRADA
2 NOV. 1936

REGISTRO CENTRAL DE PENADOS

Audiencia de Ciudad Real   Hoja N.°

Juzgado Alcázar de San Juan

Sumario
N.° 33
Año 1937
Rollo
N.° 2312
Año 1937

APELLIDOS
NOMBRE

Pulgar derecho
Indice derecho
Fórmula dactilar
S 2 3 4 3
D 3 2 2 2

Nombre del padre Manuel
Nombre de la madre
Estado
Nombre del cónyuge
Edad 36 años, Nació el
Sexo
Naturaleza
Partido de
Provincia de Ciudad Real
Vecindad
Profesión
Delito
¿Es reincidente?
Ha sido condenado por sentencia
de 23 de de 193 a
de de 193

V.° B.°
El Presidente,
El Secretario,

TRIBUNAL POPULAR

Audiencia de SANTANDER Año de 1936

JUZGADO DE	APELLIDOS
Militar de Santander	ONTAÑON SORIANO
	NOMBRE
	IGNACIO
Causa núm. 51 de 1936	Nombre del padre Federico
	Idem. de la madre Antonia
	Idem. del cónyuge Casado
	Edad trinta años
Hoja núm.	Naturaleza Santander
	Partido de id.
	Provincia de id.
	Vecindad id.
	Profesión Teniente de Infantería
	Delito Traición militar
El Presidente,	¿Es reincidente? No
	Ha sido condenado por sentencia de 8 de Diciembre de 1936 a la pena de muerte. (ENCONTRANDOSE EN REBELDIA)
	Santander 15 de Diciembre de 1936
	El Secretario,

Audiencia de [illegible] Hoja N.º [illegible]

Juzgado [illegible]

	APELLIDOS
N.º [illegible]	[illegible]
Año [illegible]	NOMBRE
Rollo	[illegible]
N.º	
Año	Nombre del padre
	Nombre de la madre
Pulgar derecho	Estado [illegible]
	Nombre del cónyuge
	Edad [illegible] Nació el
	Sexo [illegible]
	Naturaleza [illegible]
Indice derecho	Partido de
	Provincia de [illegible]
	Vecindad [illegible]
	Profesión [illegible]
	Delito [illegible]
	¿Es reincidente?
Fórmula dactilar	Ha sido condenado por sentencia de 6 de [illegible] de [illegible] a [illegible]
	[illegible] de [illegible] de [illegible]

V.º B.º El Presidente,

El Secretario,

les Populares, así como de su competencia en delitos ordinarios y en delitos de «excepción».

Como hemos podido observar la tipología documental conservada es variadísima siendo de destacar, en cuanto a riqueza de información los sumarios y rollos. Las declaraciones prestadas por los encausados son de un valor inestimable, teniendo en cuenta que por los Tribunales pasaron gentes de muy diversos grupos sociales. Normalmente la historia se escribe con documentación emanada de organismos estatales o de instituciones poderosas, asimismo las clases dominantes dejan su huella en la historia, mucho menos el pueblo sencillo y en muchos casos analfabeto. A mí personalmente me han estremecido muchas de estas declaraciones de personas que vivían cotidianamente una realidad dislocada por la guerra.

La República mantuvo en los años de guerra una preocupación constante por la justicia, intentó que ésta se hiciera eco del sentir popular introduciendo el jurado, aplicando la supresión de aranceles, multiplicando los Tribunales Populares, etc. Esta preocupación y actuación ha dejado un abundante reflejo documental que queda para su interpretación en manos de la historia y de los historiadores. Las posibilidades de investigación enormes: desde análisis de la vida cotidiana, historia de las mentalidades, historia social, hasta un estudio meramente institucional, sabiendo además el interés creciente que existe por interpretar la «historia inmediata» que después de cincuenta años, ya no lo es tanto.

El Tribunal de Casación y otros fondos documentales relativos a la Administración de Justicia durante la guerra civil, custodiados en el Archivo de la Audiencia Territorial

CARMEN LARRUCEA, FABIOLA ZULETA

ACONTECIMIENTOS HISTÓRICOS

Con el golpe de Estado del general Primo de Rivera (1923) se disuelve la mancomunidad catalana y remite la actividad reivindicativa catalanista, pero sin llegar a desaparecer. Así Francesc Macià preside un simpósium de fuerzas catalanistas en La Habana, en donde en 1928 se aprueba un anteproyecto de Constitución de República Catalana. Entre las diversas demandas, se cita la de un poder judicial propio, en el que los Magistrados y Jueces hablen y conozcan el catalán, etc.

Después del «Directorio» de Primo de Rivera se sucedieron los Gobiernos del general Berenguer y del almirante Aznar, convocando este último elecciones el 12 de abril, lo que daría el triunfo a la candidatura republicana y a la proclamación de la República Española (13 de abril de 1930).

También en Barcelona, Francesc Macià proclama la República Federal Catalana dentro del Estado Español, a partir de aquí se abre una nueva época con unos hitos muy concretos: el 15 de septiembre de 1932 se aprueba el Estatuto de Cataluña, el 6 de diciembre de 1932 se aprueba la Constitución del Parlamento de Cataluña y el 9 de diciembre de 1932 se aprueba la Constitución de la República Española.

El conflicto entre la España que seguía a Azaña y sus reformas y la que se oponía a ambas fue dirimido en las elecciones celebradas en noviembre de 1933, saliendo triunfador la CEDA con Gil Robles.

En estos dos partidos, los Radicales y CEDA, existía la posibilidad de una estabilización definitiva del régimen republicano. Pero aparecía ya una característica realmente básica para entender este segundo bienio republicano; la inestabilidad gubernamental que tanto contribuyó a su esterilidad. Entre otras hay que destacar el conflicto surgido en Cataluña. Allí el líder indiscutido había sido Macià, pero no pasaba lo mismo con Companys, su sucesor en la Presidencia de la Generalidad y que fue sobrepasado por el catalanismo más extremista. Companys se vio obligado a proclamar el Estado Catalán dentro de la República.

Como consecuencia de ello, el Estatuto Catalán fue suspendido temporalmente por el Gobierno de la República.

El 16 de febrero de 1936 se celebraron en toda España las elecciones legislativas de las que saldría vencedor el Frente Popular, volviendo las izquierdas al poder.

Azaña, Jefe de Gobierno, en su discurso dirigido al país, hace una llamada al orden, a la colaboración pacífica y al respeto a la autoridad constituida. El 2 de marzo, Barcelona recibió triunfalmente a Companys, puesto en libertad por el decreto de amnistía del primer Gobierno, frentepopulista, siendo investido de nuevo presidente de la Generalidad.

Una de las consecuencias inmediatas del triunfo del Frente Popular fue el restablecimiento del Estado de Cataluña.

Puede hacerse la historia del período del Frente Popular siguiendo la sucesión de entierros políticos de signo contrario que se fueron encadenando inexorablemente hasta desembocar en el desastre de la guerra civil.

El alzamiento tuvo lugar el 18 de julio de 1936, Barcelona se adhirió al Frente Popular.

La Generalidad Catalana quiso reglamentar desde un principio el orden público, por lo que se publicó un decreto en el que se creaban las Milicias Ciudadanas, y el Comité de Enlace y Dirección de las Milicias y se constituyeron los Comités Locales de Defensa.

Con el asalto de los centros políticos de derechas que se habían sumado al alzamiento militar y la rendición de la Capitanía General de Cataluña fracasa el alzamiento en Barcelona.

La Administración de Justicia

Como consecuencia de estos acontencimientos, la Justicia se debilitó y no fue posible administrarla. Los edificios de los Juzgados fueron tomados por los revolucionarios y se produjo un fenómeno de revisión de procesos y resoluciones judiciales prerrevolucionarios tildados de parciales e injustas.

La «Consellería» de Justicia intentó evitar las agresiones contra el Colegio de Abogados con un decreto publicado el 24 de agosto de 1936, por el cual las Juntas de cada uno de los Colegios de Abogados dejaron de funcionar, como también las del Colegio Notarial y las de Procuradores. Un comisario nombrado especialmente por el «Conseller» de Justicia asumió las funciones de cada una de aquellas Juntas.

Así pues, la Administración de Justicia en la etapa revolucionaria fue controlada por la CNT y la FAI, primero a través de Angel Samblancat * y después por la Oficina Jurídica dirigida por Eduardo Barriobero * que intentó planificar y centralizar la actuación jurídica en Cataluña.

---

* Véase p. 23.

Durante los primeros días de la revolución Samblancat entró en el Palacio de Justicia con un grupo armado, destruyendo numerosos documentos de las actuaciones judiciales, etc. Asimismo destituyó a los jueces y constituyó un Comité de Justicia Revolucionario. El objetivo era practicar una Justicia inmediata y construir las bases para una justicia de clase revolucionaria.

Ante esta situación, la Generalidad intentó asimilar este hecho, y por decreto del 17 de agosto de 1936 creó las Oficinas de Justicia, encargadas de resolver gratuitamente las consultas de particulares y de organizaciones, y las dotó de capacidad para poder intervenir en todos los procesos penales de Cataluña.

Sin embargo, en la práctica no se canalizó la Administración de Justicia. Según ciertas fuentes, todos los sumarios fueron destruidos y se revisaban las sentencias cuando lo pedía el interesado. La Oficina Jurídica admitía procedimientos nuevos y, en general, actuó sin límites. La opinión pública reaccionó rápidamente contra esta nueva forma de administrar la justicia. Las Oficinas Jurídicas fueron disueltas por decreto de 18 de noviembre de 1936. Los expedientes pendientes de resolución y las sentencias no ejecutadas pasaron a los Juzgados de 1.ª Instancia para su definitiva resolución o ejecución.

Por decreto de 15 de septiembre de 1936 se suprimió el arancel judicial a los funcionarios de la Administración de Justicia, siendo puestos a sueldo con cargo a la Generalidad. De esta manera, los ingresos de la Generalidad disminuyeron y se decidió que para aumentar los recursos que se impusieran a las actuaciones contenciosas aplicaran siempre el artículo 8 del decreto del primero de septiembre de 1936, imponiendo al litigante que perdiese una multa que no excedía el 50 por 100 del valor de lo litigado ni inferior al 10 por 100. Los pagos se satisfacían en papel de pago de la Generalidad.

Relación de cantidades según las reclamaciones:

DECRETO:

«Article 1r. En els actes de conciliació, el demandant satisfarà la quantitat de 15 ptes.

Article 2n. En els judicis civils davant dels Tribunals Populars, els reclamants vindran obligats a satisfacer les quantitats que determina la següent escala:

	Ptes.
Les reclamacions fins a 50 ptes	5
De 50,1 ptes. a 100 ptes	15
De 100,01 ptes. a 200 ptes	25
De 200,01 ptes. a 300 ptes	35
De 300,01 ptes. a 400 ptes	45
De 400,01 ptes. a 500 ptes	55
De 500,01 ptes. a 600 ptes	65
De 600,01 ptes. a 700 ptes	75
De 700,01 ptes. a 800 ptes	85
De 800,01 ptes. a 900 ptes	95

	Ptes.
De 900,01 ptes. a 1.000 ptes	100
De 1.000,01 ptes. a 1.100 ptes	110
De 1.100,01 ptes. a 1.200 ptes	120
De 1.200,01 ptes. a 1.300 ptes	130
De 1.300,01 ptes. a 1.400 ptes	140
De 1.400,01 ptes. a 1.500 ptes	150»

Los antiguos Juzgados Municipales fueron transformados en los de Justicia Popular Local.

La justicia revolucionaria que se había de aplicar a los jefes militares rebeldes no dependería de un Consejo de Guerra ordinario, porque eso obligaba a los pocos jefes militares leales a hacer de jueces de sus colegas. La participación de los militares leales en los Consejos de Guerra se impidió gracias al decreto del 24 de agosto que creó las Audiencias Territoriales y Provinciales de Cataluña y los Juzgados Populares para la represión del fascismo. Otro decreto del 28 de agosto ampliaba las competencias de los Juzgados Populares, atribuyéndoles lo que se refería a los delitos de rebelión y sedición contra la seguridad interior y exterior del Estado, cometidos después del 19 de julio de 1936. Asimismo, un decreto del 22 de septiembre, extendía la competencia del Tribunal Popular de Barcelona al conocimiento de los delitos militares o comunes cometidos por militares y paisanos después del 19 de julio. Por el mismo sistema, y según el decreto publicado en el *DOG* el 13 de octubre de 1936, se crearon los Tribunales Populares que entendían de los delitos políticos en relación con delitos de rebelión militar.

Se hacía también una larga relación de los delitos contrarrevolucionarios:

— La rebelión armada contra los organismos políticos, administrativos creados por la revolución.

— El espionaje, la transmisión, captación o compilación de noticias políticas o económicas con la finalidad de transmitirlos a las facciones en Gobiernos extranjeros, organizaciones o personas contrarrevolucionarias.

— La actividad terrorista.

— La actividad derrotista.

TRIBUNALES: FORMACION Y ACTUACION

TRIBUNALES POPULARES *

Las circunstancias que concurrieron en la actuación de los Tribunales Popular, tanto los propiamente citados como los de denominados especiales, aconsejaron

* Véase p. 23.

darles una composición que permitiese que en su funcionamiento se desarrollasen con la máxima autoridad y más de acuerdo a la composición del Gobierno de la Generalidad de Cataluña, exponente máximo de la dirección política del país. A propuesta del «Conseller» de Justicia y de acuerdo con el Consejo se publica el siguiente decreto *:

1.° El artículo 7 del decreto del 5 de enero de 1937 quedará redactado de la forma siguiente:

Artículo 7. Los Tribunales Populares se compondrán de un presidente y ocho miembros pertenecientes a cada uno de los organismos sindicales y partidos políticos que a continuación se citan: dos de la CNT, dos de la UGT, dos de la Unión de «Rabassaires» y dos de la «Esquerra Republicana de Catalunya».

2.° Los Tribunales Populares se organizarán de forma tal que estén de acuerdo con los preceptos del artículo citado en el apartado anterior y en la redacción que se deja expresada.

3.° Las organizaciones sindicales y partidos políticos a que se refiere el apartado primero formularán o modificarán las listas que tengan tramitadas para la composición de los Tribunales Populares de acuerdo con las normas que se fijen en este Decreto.

4.° El Decreto empezará a regir a partir de su publicación en el *Diario Oficial de la Generalidad.*

En Barcelona se formaron cuatro Tribunales Populares y también se crearon uno en Gerona, otro en Lérida y otro en Tarragona. Estaban formados por un presidente y ocho vocales. El presidente era designado por el «Conseller» de Justicia de la Generalidad; los vocales eran miembros de las organizaciones políticas y sindicales que también formaban los otros organismos revolucionarios.

Los Tribunales Populares finalizaron su actividad al crearse en junio de 1937 el Tribunal de Espionaje y de Alta Traición.

La crisis de mayo de 1937, las dificultades para constituir un nuevo gobierno con suficiente autoridad. Las relaciones entre los gobiernos de la Generalidad y de la República Española empeoraron gravemente.

La formación del gabinete de Negrín significaba el aumento de la influencia de los comunistas, o lo que era igual la pérdida de las atribuciones por parte de la Generalidad a favor de la centralización del poder administrativo republicano.

La animadversión contra Cataluña se manifiesta especialmente con la llegada del gobierno republicano a Barcelona, en 1937 la Generalidad pierde el control de los servicios de orden público y se suprime la «Consellería» de Defensa.

También en el campo de la Justicia se intentó evitar antiguos abusos. La famosa Oficina Jurídica fue disuelta.

---

* Véase p. 23.

TRIBUNALES DE ESPIONAJE Y TERRORISMO *

El Gobierno de la República, por decreto de 22 de junio de 1937, creó el Tribunal Especial con jurisdicción en todo el territorio nacional para conocer y sancionar los delitos de espionaje que se definen y castigan en el artículo 5.° de la referida disposición.

Este Tribunal estaba constituido por tres jueces o magistrados de la Jurisdicción Ordinaria y dos militares o marinos letrados.

Por decreto de 29 de junio se establece que este Tribunal Especial debía de funcionar de momento en Valencia y depender en orden jerárquico y disciplinario directamente del presidente y de la Sala de Gobierno del Tribunal Supremo.

Es evidente la facultad del Gobierno de la República de legislar en materias penales y procesales de acuerdo con el artículo 15, apartado 1.° de la Constitución. El artículo 11 del Estatuto de Cataluña autorizaba a la Generalidad para organizar la Administración de Justicia en todas las Jurisdicciones excepto en la Militar y en la de la Armada.

El Tribunal que se acababa de crear tenía pues matices militares. Por otro lado su dependencia del Tribunal Supremo hacía recordar al número 11 del artículo 14 de la Constitución.

Pero todo ello no es obstáculo para crear en Cataluña una Sala de Justicia que aplicase los preceptos sustantivos y procesales del primero de los citados Decretos.

En orden estrictamente jurídico esta creación procedía llevarla a cabo de acuerdo con el Gobierno de la República el cual podría autorizar la creación de una Sala de Espionaje en Barcelona; y el Gobierno de la Generalidad aplicando el artículo 11 del Estatuto organizaría esta Sala nombrando a los jueces militares a propuesta igual que en Valencia del Ministerio de la Defensa.

Se llegó a un acuerdo con el Gobierno de la República mediante unas bases para la creación en Barcelona del Tribunal Especial de Espionaje.

En estas bases se incluyeron las figuras de delito que podían juzgarse en este Tribunal Especial ya que no todas las que se recogen en el Decreto de creación por el Gobierno de la República podían corresponder al que se creara en nuestra región debido a las carateristicas especiales del delito de Espionaje que en muchos casos ofrecía un carácter estatal. Igualmente se incluyeron en estas bases las relativas a la resolución de las posibles cuestiones de competencia entre los dos Tribunales que podían solucionarse en el Consejo de Ministros previo informe del «Conseller» de Justicia de la Generalidad.

TRIBUNALES ESPECIALES DE GUARDIA *

El mismo decreto de 22 de junio, que define los delitos de Alta Traición, Espionaje y otros análogos, aconseja completar, en noviembre de 1937, la organiza-

---

* Véase p. 23.
* Véase p. 23.

ción jurisdiccional que establecía aquel decreto con aquellos Tribunales, que más cercano a los justiciables podían actuar con aquella celeridad que la ejemplaridad de la sanción exige en los casos de delitos flagrantes.

En razón a estas consideraciones de acuerdo con el Consejo de Ministros y a propuesta de su presidente vengo a decretar:

Artículo 1. En los lugares donde el Gobierno lo estime necesario se constituirán Tribunales Especiales de Guardia para reprimir los delitos flagrantes de Espionaje, Alta Traición y Derrotismo, previstos y penados en decreto de 22 de junio de 1937.

Artículo 10. Terminada la vista, el Tribunal quedará constituido en sesión secreta y dictará sentencia seguidamente.

En tanto, el secretario levantará acta del juicio que firmarán con él los componentes del Tribunal, el fiscal, el defensor, los inculpados, los testigos y peritos.

Si el Tribunal estimare que el delito no reúne la condición de flagrante, o si aún siéndolo no hay medio para esclarecer los hechos debidamente o que existen dudas para declarar categóricamente la culpabilidad o inocencia del inculpado, dictará auto inhibiéndose en favor del Tribunal de Espionaje que corresponda para que éste sustancie el proceso por el procedimiento normal para los delitos de esta clase.

Artículo 11. Cuando la pena impuesta sea pena de muerte el Tribunal Sentenciador elevará la causa al Tribunal Especial de Espionaje que corresponda para que éste proceda a su revisión. La nueva vista se celebrará necesariamente dentro del término de tres días conforme a lo dispuesto en el decreto de 22 de junio de 1937, cuyo artículo 12, será asimismo de aplicación si se confirmase la pena de muerte.

TRIBUNAL ESPECIAL DE DIVORCIOS *

Hay que recordar, de entrada, la singularidad del proceso legislativo republicano en materia matrimonial. Durante la II República: primero se constitucionalizó el divorcio en diciembre de 1931, en sus dos grandes posibilidades: la consensual y la culposa, en seguida, marzo de 1932, se regularon las causas o motivos de divorcio, y los efectos de éste ya como un hecho legislativo ordinario; y finalmente puede ser por donde había de haber comenzado en pura lógica, se implantó el principio del matrimonio civil oblitagorio (junio 1932).

En materia de divorcio, tras el fracaso del alzamiento en Cataluña, la consecuencia principal fue la modificación de la normativa.

Dos decretos; uno de 18 de septiembre de 1936 (*DOG* 19 de septiembre n.º 263), y el otro de 23 de diciembre del mismo año, cambiaron sustancialmente la

* Véase pp. 24 a 27.

legislación hasta entonces vigente en Cataluña, de tal manera que se podía hacer una división entre el divorcio en Cataluña hasta 1936, y a partir de aquel año.

El decreto de 18 de septiembre de 1936, publicado ocho días antes que fuese nombrado el nuevo Gobierno de Coalición que presidió Tarradellas, fue fruto de las exigencias revolucionarias y del espíritu que estaba presente en la Generalidad; dando un camino legal a la voluntad de las fuerzas que imperaban en la calle.

Este sentido se reflejó en la exposición de motivos del decreto del 18 julio, donde se dice «que la realidad de la vida catalana aconseja la modificación de la Ley de Divorcio para armonizarla con los anhelos del proletariado».

En el aspecto sustantivo este decreto disponía que era causa de divorcio, además de los motivos que se recogían en el artículo 3 de la Ley de Divorcio, el abandono culpable sin limitación de tiempo, siempre que se hubiese producido con posterioridad al 19 de julio y la separación de hecho y en distinto domicilio libremente consentida a lo largo de un año.

La Ley de Divorcio establecía un año para el supuesto de abandono, dos en los casos de ausencia y tres en los de separación de hecho libremente consentida.

También el decreto modificaba el término a partir del cual se podía solicitar el divorcio reduciéndolo a seis meses después de haberse celebrado las nupcias.

En el aspecto procesal cabe destacar la constitución de una sala especial en todas las Audiencias de Cataluña para las causas de divorcio. También se dispuso que en aquellas poblaciones donde no hubiera Audiencia los jueces de Primera Instancia fueran competentes para conocer, además de las causas de mutuo disentimiento, las causas de divorcio fundamentadas en la separación de hecho.

La demanda por escrito dirigida al Tribunal competente comenzaba el procedimiento, seguía el juicio verbal y se hacía constar las pruebas por diligencia. La tramitación del juicio no podía sobrepasar los quince días a parte de los casos donde había reconvención que se podía ampliar cinco días más.

Para los supuestos de mutuo disentimiento no se establecía, a diferencia con la Ley de Divorcio, otros requisitos que la comparecencia delante del Secretario del Tribunal y la ratificación delante del juez de Primera Instancia, el cual debía dictar sentencia inmediatamente.

Nada más que las sentencias que fuesen denegatorias eran susceptibles de ser apeladas ante el Tribunal de Casación.

Además la Sala de Gobierno de la Audiencia de Barcelona dictó ciertas reglas de procedimientos: Presentación de escritos, apelaciones, plazos de comparecencias de las partes, etc.

El decreto de 23 de diciembre de 1936 derogó la posibilidad de la separación como instrumento regulador de la crisis matrimonial. Se establecía por primera vez una causa de divorcio que no aparecía en la Ley de Divorcio: «Perturbación profunda como una consecuencia de la diferencia de costumbres o de mentalidad (disparidad de caracteres)». En realidad se convertiría en causa de divorcio lo que la Ley de 1932 contemplaba tan solo como causa de separación.

SALA DE RECLAMACIONES DE EXTRANJEROS *

La Presidencia del Consejo de Ministros sometió al conocimiento de la Comisión Mixta del Estatuto de Cataluña el hecho de haber sido dictado con fecha de 22 de septiembre un decreto creando una Sala Especial de Reclamaciones para conocer de los que se formulasen por personas naturales o jurídicas extranjeras contra la Administración General o Local de la Generalidad en cualquiera de sus grados, por entender que la disposición mencionada pudiese rebasar las funciones que en materia procesal conferiese a la región autóctona el Estatuto de Cataluña.

Siguiendo un informe elaborado el 19 de septiembre de 1938 la creación de una Sala de Reclamaciones de Extranjeros en Cataluña, independiente de la creada por el Gobierno de la República, plantearía una serie de problemas de carácter delicado.

De las disposiciones de la Constitución y el Estatuto se desprende que la República Española constituye un Estado único y que forman parte del mismo las regiones autónomas. Si este principio es admitido, es evidente la competencia de la Sala de Reclamaciones de Extranjeros del Tribunal Supremo para conocer las reclamaciones contra la Generalidad.

Sin embargo, cabe tener en cuenta que esta última tiene personalidad definida, una legislación especial y una Hacienda propia, y esto impone naturalmente una participación directa, más o menos intensa, en la composición de aquella Sala, que no puede ser inferior a la de los Ministerios afectados. La defensa de sus derechos ha de ser ejercida directamente por su propio Procurador.

Si se estima que las facultades de la Generalidad para organizar en su territorio la Administración de Justicia y nombrar los jueces y magistrados que forman sus Tribunales han de ser ejercidos en esta materia, es evidente la necesidad de que al hecerlo sean adoptadas las normas fijadas por el Gobierno de la República al establecer esta jurisdicción especial.

Es preciso considerar especialmente las consecuencias derivadas de esta decisión.

En realidad este Tribunal de Cataluña no tenía otras atribuciones que aquellas que fueron dadas por el Tribunal Supremo de la República y que éste según cual fuese el criterio que informara su actuación, no se inhibiría nunca del conocimiento de las demandas contra la Generalidad, la mayor parte de las cuales eran formuladas delante suyo, y que si se planteasen cuestiones de competencia por declinatoria habrían de ser resueltas por el propio Tribunal de acuerdo con lo dispuesto en el artículo 11 del Estatuto de Cataluña.

Este peligro podía ser evitado con una gestión de carácter político para determinar claramente la competencia de ambos Tribunales. Sin embargo, era más conveniente hacer en aquel momento esta gestión para conseguir una fuerte intervención de la Generalidad en el Tribunal creado por decreto del 7 de este mes, en los casos en la que estuviese interesada.

---

* Véase p. 23.

TRIBUNAL DE RESPONSABILIDADES CIVILES **

Legislado por el Gobierno de la República el referente a las responsabilidades civiles derivadas de la subversión fascista, su aplicación en Cataluña se insertó en el *Diario Oficial de la Generalidad* de 30 de mayo de 1937.

Era evidente que el contenido del citado decreto del Gobierno de la República había de ser adaptado a las modalidades de la organización político-administrativa del territorio catalán y la necesidad de la creación de un Tribunal de Justicia, el cual con las debidas garantías para el ciudadano, declarase que las personas estaban sujetas a responsabilidad civil derivadas de la subversión militar y fascista.

La declaración de responsabilidad del Tribunal podía alcanzar a dos clases de personas: a las que habían sido ordenadas por los Tribunales y se había limitado señalar la responsabilidad civil estrictamente derivada del delito y las que no habían incurrido en responsabilidad criminal y que habían prestado un soporte moral al desarrollo del fascismo.

El Ministerio Público estaba representado por el procurador de Cataluña y sus delegados, porque las responsabilidades afectaban más directamente a la Región Autónoma y era más natural que fuera éste y no el fiscal del Estado el que llevase la responsabilidad pública.

La Organización del Tribunal

El Tribunal de Responsabilidades Civiles se creó con jurisdicción en todo el territorio catalán.

Estaba formado por un presidente y cuatro magistrados letrados, designados por el Gobierno de la Generalidad a propuesta del «Conseller» de Justicia.

El procedimiento delante del Tribunal de Responsabilidades Civiles se incoaba en virtud de denuncia o querella de particular o de organismo público o de partido u organización antifascista; o bien de querella del procurador de Cataluña.

La denuncia podía ser verbal o escrita y podía formularse delante del Tribunal de Responsabilidades o de cualquier Juzgado de Instrucción de Cataluña que la presentara al Tribunal.

Durante la instrucción del sumario y en el período del juicio el acusado podía defenderse personalmente o ser defendido por uno de los familiares dentro del segundo grado de consaguinidad o afinidad o por un letrado.

El Tribunal dictaba sentencia haciendo o no la declaración de resposabilidades civiles y fijando en la forma preceptuada en el artículo 7.°, la cuantía y especie de ésta.

** Véase p. 27.

TRIBUNAL TUTELAR DE MENORES *

La actuación de este Tribunal, desde sus proyectos hasta su creación, se desarrolló de acuerdo con una serie de normas contenidas en diferentes disposiciones. Era necesario recogerlas, adaptarlas, modificarlas y adicionarlas formando una sola disposición orgánica que respondiera a los principios que debían imperar en una jurisdicción tan delicada e importante.

Entre tanto, con la finalidad de constituir los Tribunales Tutelares de acuerdo a los citados principios se dictó este decreto que contenía solamente las normas necesarias para llevar a la práctica la organización constitutiva de este Tribunal.

El Tribunal Tutelar de Menores estaba constituido por un juez letrado, un secretario y el resto del personal técnico y auxiliar que fuera necesario.

El juez letrado debia tener más de veinticinco años, ser de buena conducta y especializado en los estudios de protección de menores y derecho de familia. Los secretarios tenían que ser letrados u oficiales del Tribunal Tutelar de Menores con más de cinco años de servicios efectivos en los mismos.

Estaban adscritos a este Tribunal un número determinado de Mozos de Escuadras de Cataluña o de otros cuerpos armados con el fin de cooperar en el funcionamiento de los mismos.

La inspección de este Tribunal y sus instituciones auxiliares correspondía al «Conseller» de Justicia.

EL TRIBUNAL DE CASACIÓN, DE CATALUÑA *

Reseña histórica

Es interesante resaltar la importancia que tuvo la jurisprudencia del Tribunal de Casación, en orden a la revitalización del antiguo Derecho Foral Catalán. El decreto de Nueva Planta cegó las fuentes normativas del citado derecho dejándolo en un estancamiento para la iniciativa legislativa, únicamente quedó vigente el Derecho Privado propio pero con la carencia de una administración judicial diferenciada que garantizase su ortodoxa aplicación.

Las fuentes fundamentales de la formación del Derecho catalán se basaron en el «Els Usatges de Barcelona (1068)», compilación de textos jurídicos realizada por algunos personajes de la Curia Condal y recogida desde 1064, llegando a ser un código legislativo durante el reinado de Jaime I (siglo XIII). Constituyen el elemento primordial y básico del Derecho de los Catalanes.

En este período se forman también algunas colecciones del Derecho Feudal que intentaban completar «Els Usatges», como son «Les Costums de Catalunya», de autor anónimo, «Les Costums Generals de catalunya i casos», recopilados por el jurista Pere Albert.

* Véase p. 23.

* Véase pp. 28 y 29.

También las disposiciones legislativas procedentes del Rey adquieren importancia a partir del reinado de Jaime I, como son «Las Pragmáticas, Privilegios, Sentencias Arbitrales y Cartas de Población».

Será bajo el reinado de Fernando el Católico cuando se hará la primera publicación de la recopilación legislativa acordada por las Cortes de 1413, Constaba de dos volúmenes, el primero comprendía la legislación de las Cortes (Usatges, Constitucions, Capitols i Actes de Cort) además de las «Costums de Catalunya» y las «Commemoracions de Pere Albert». En el segundo se reunían las disposiciones del soberano (Pragmático, Sentencias Arbitrales, etc.), además del «Recogneoverum Proceres» y las «Ordinacions de Santacilia».

La segunda Compilación tuvo lugar un siglo después, dándose a conocer entre 1578-1579. Constaba de tres volúmenes: —«Constitucions y altres drets de Cathalunya», «Pragmàticas y altres drets de Cathalunya» i «Constitucions y altres drets de Cathalunya, superfluos, contraris y corregits».

Organización y actividad del Tribunal de Casación

El nombre de Casación proviene del latín «cassare» que significa romper, así que casación jurídicamente significa la anulación de un acto con autoridad legal.

El concepto doctrinal de casación ha estado definido como la acción de anular y declarar sin valor y efecto. A pesar de su origen del Derecho Romano, es un Derecho moderno y surge a partir del de la Revolución Francesa (1789), alcanzando su verdadero desarrollo en nuestro país a través de las Cortes de Cádiz de 1812, como sabemos muy influenciadas por el espíritu francés. La casación, intrínsecamente es un recurso extraordinario que sólo se puede interponer por causas jurídicamente determinadas, ya que su misión es la defensa de la ley y por tanto su actuación se limita a cuestiones de estricto derecho.

Jurisdicción del Tribunal de Casación

Distinguiremos entre una jurisdicción legal y otra territorial, esta última quedaba circunscrita al ámbito de Cataluña según la ley del 10 de marzo de 1934.

En cuanto a la jurisdicción legal, la ley distinguía:

1.° Sala de lo Civil.

2.° Sala de lo Contencioso-administrativo.

3.° Tribunal en pleno.

4.° Sala de Gobierno.

1.° Sala de lo Civil

Según el artículo 21 se concretaron las siguientes competencias:

a) Resolución de conflictos de competencia y jurisdicción entre las autoridades judiciales de Cataluña.

b) Recursos de casación por infracción de la ley o doctrina legal en materia civil.

c) Recursos extraordinarios de revisión.

d) Recursos en materia de la competencia de la Generalidad. En esta misma sala funcionaba una Sección de recursos gubernativos.

2.º *Sala de lo Contencioso-administrativo*

Según el artículo 22 contemplaba las siguientes materias:

a) De los recursos contra actos y acuerdos del «Consell Executiu», contra decretos y órdenes de los «Consellers».

Contra resoluciones de organismos superiores a la Administración de la Generalidad.

b) De las apelaciones contra resoluciones en materia contencioso-administrativa.

c) Recursos contra la ilegalidad de actos o disposiciones emanados de la Generalidad.

3.º *Tribunal en pleno*

La ley disponía que para tomar ciertas resoluciones se debía de constituir el Tribunal en pleno, y se ocuparía de:

a) Resolver incidentes de recusación.

b) Conocer de los recursos de responsabilidad civil de los magistrados.

c) Función consultiva para lo general.

d) Proponer los magistrados del Tribunal.

e) Proponer reformas de la Administración de Justicia.

f) Emitir informes solicitados por la Generalidad.

g) Deliberar y acordar sobre asuntos que solicitara el presidente de la Sala de Gobierno.

4.º *Sala de Gobierno*

Este organismo estaba compuesto por el presidente del Tribunal de Casación, los presidentes de la Sala de Justicia y el procurador de Cataluña tenía por misión principal velar por la Administración de Justicia en el territorio de Cataluña, además de otras competencias.

Organización del Tribunal

El Tribunal de Casación estaba formado por un presidente y 12 magistrados y actuaban en pleno como Sala de Gobierno y en dos Salas de Justicia, una para lo Civil y otra dedicada a lo Contencioso-administrativo. Cada una de las Salas estaba integrada por seis magistrados.

Cada Sala funcionaba bajo la presidencia de uno de sus miembros. Este cargo duraba dos años y era reelegible.

Correspondía al presidente de la Sala dar y retirar el turno de palabra, mantener el orden, etc., en caso de enfermedad actuaba de presidente el magistrado más antiguo.

Competencias y procedimientos

El Tribunal de Casación tendría competencia propia y exclusiva tanto en apelación como en única instancia en las materias de las que se ocupaban las Salas de lo Civil y de lo Contencioso-administrativo.

El presidente del Tribunal de Casación

La Ley especificaba que para ser presidente se había de tener más de cuarenta años y cumplir los requisitos para ser magistrados, la duración del cargo era de diez años. Su elección provenía de una Asamblea formada por amplia representación de los diferentes estamentos jurídicos de Cataluña.

Atribuciones del presidente

Eran múltiples y variadas y se especificaban en el título 5.º de la ley, entre las que se destacaban cumplir y hacer cumplir la Ley Orgánica del Poder Judicial, mantener el orden, presidir la Sala de Gobierno y en general todas las actividades relacionadas con el servicio del Tribunal. También le correspondía las facultades de inspección y vigilancia de las audiencias, tribunales y juzgados de Cataluña.

En caso de enfermedad o vacante correspondía la presidencia al presidente de la Sala más antiguo.

Los magistrados

Para ser magistrado era necesario ser abogado o notario con más de quince años de antigüedad, ex consejero de Justicia y Derecho, decano del Colegio de Abogados, magistrado de la Audiencia, o bien profesor de la Facultad de Derecho.

Posteriormente, tras el Decreto de Nueva Planta (16 de enero de 1716), Cataluña pierde su autonomía legislativa y su personalidad política, lo que origina la decadencia del Derecho Catalán.

Tribunal de Casación: Marco legal y creación del mismo

Situados los hechos históricos que motivaron el autogobierno catalán, hay que señalar los diferentes eslabones legislativos y las normas de diferente rango que condujeron a la creación del Tribunal de Casación.

Son de vital importancia las siguientes disposiciones:

— Decreto de 21 de abril de 1931, por el cual el Estado Español reconocía la Generalidad.

— Decreto de 28 de abril de 1931, por el que se crea la Diputación Provisional de la Generalidad de Cataluña. El mismo día 28 se constituía el Gobierno Provisional de Cataluña del cual surgiría la ponencia redactora del proyecto del «Estatuto de Autonomía» al que se le bautizó de «Nuria» por haber sido elaborado en dicho monasterio. Tras su aprobación en referéndum, fue presentado en Madrid por Francesc Macià.

El apresuramiento y el hecho de no haberse aprobado aún la Constitución de la República impidió su aprobación. En el anteproyecto del Estatuto de Nuria se preveía un Tribunal Superior de Cataluña que en el Estatuto de Autonomía definitivamente aprobado quedó reducido al Tribunal de Casación.

Los 52 artículos del anteproyecto redactado en Nuria quedaron reducidos a 18. Las facultades legislativas y la administración de justicia eran recogidos en los artículos 12 y 15, según los cuales corresponde a la Generalidad:

1.° La legislación exclusiva en materia civil, con limitaciones.

2.° La Organización de la Administración de Justicia en todas las jurisdicciones, excepto en la militar y en la de la Armada.

3.° Nombramiento de jueces y magistrados con jurisdicción en Cataluña.

4.° El Tribunal de Casación de Cataluña tendrá jurisdicción propia en las materias civiles y administrativas, la legislación exclusiva de las cuales es atribuida a la Generalidad. Además tendrá competencia sobre cualificación de documentos referentes al Derecho Privado Catalán, que sean motivo de inscripción en el Registro de la Propiedad. Asimismo resolverá los conflictos de competencia y jurisdicción entre las autoridades judiciales de Cataluña.

El Parlamento de Cataluña, el 25 de mayo de 1933, en la plenitud de su actividad legislativa promulgó una ley que pretendió reordenar el desarreglado Estatuto de Autonomía. Intentó ser una especie de Constitución Catalana en cuyo título 5.° se referían a la función judicial, los artículos 62, 63, 65 y 66, siendo estos dos últimos los que señalaban la regulación del Tribunal de Casación: Nombramiento de presidente por elección, promulgación de una ley complementaria que regularía los aspectos del citado órgano jurisdiccional.

A través de los diferentes «Consellers de Justicia i Dret» y con dictamen de la Comisión Jurídica Asesora, se impulsó y nombró una Comisión especial para redactar el anteproyecto de ley de creación del Tribunal de Casación de Cataluña, cuyo presidente era Juan Maluquer y entre los vocales estaban Anguera de Sojo, Roca Sastre, etc.

A fines de septiembre de 1933, la Comisión designada terminó la redacción iniciando su debate en el Parlamento Catalán el 13 de diciembre de 1933, a lo largo de 13 sesiones parlamentarias. Por fin se aprobó el 2 de marzo de 1934, publicándose en el *Diario Oficial de la Generalidad* el 13 de marzo del mismo año.

La ley estaba compuesta de 51 artículos y cuatro disposiciones transitorias, y dividida en siete títulos. Su estructura, de acuerdo con estos últimos, era así:.

Título I. Organización del Tribunal.

Título II. De la elección del presidente.

Título III. Del nombramiento de magistrados del Tribunal de Casación.

Título IV. Jurisdicción del Tribunal:

Sección Primera: De las Salas de Justicia.

Sección Segunda: Del Tribunal en pleno y de su Sala de Gobierno.

Sección Tercera: Resolución de competencias.

Título V. Atribuciones del presidente del Tribunal de Casación.

Título VI. Honores y derechos de los magistrados.

Título VII. Auxiliares y Subalternos del Tribunal de Casación.

Correspondía al Consejo Ejecutivo de la Generalidad el nombramiento de magistrado que lo hacía por decreto del «Conseller» de Justicia y Derecho. Para ser magistrado era necesario tener más de treinta años y les imponían prohibiciones e incompatibilidades.

El procurador de Cataluña

Ejercía una función similar al de fiscal actual del Estado. Por ley de 10 de marzo de 1934, se preveía la regulación del procurador de Cataluña, figura que no se definió hasta la ley de 16 de julio de 1936. Su función principal era representar y defender la Generalidad delante del Tribunal de casación Superior de la República.

El procurador de Cataluña era representante del Consejo Ejecutivo de la Generalidad en las relaciones con los Organismos Judiciales.

La lengua del Tribunal de Casación

El Estatuto de 1932 declaró que el idioma catalán lo mismo que el castellano eran las lenguas oficiales de Cataluña. De aquí se reguló el uso del catalán y el castellano delante de los Organos de la Administración de Justicia.

La instalación del Tribunal

La instalación del Tribunal se ubicó en el Palacio de Justicia de Barcelona con instalaciones y locales propios.

Desaparición del Tribunal

La vida del Tribunal de Casación iba íntimamente ligada a la vigencia del Estatuto de Autonomía. La guerra civil española seguía su curso, los ejércitos vencedores habían pisado tierra catalana y la Legislación del Nuevo Estado Español se pronunció inmediatamente. El 8 de septiembre de 1939 una ley dictada desde Burgos reiteraba otra anterior del 5 de abril de 1938 que decía así: «Quedan sin efecto y por lo tanto dejarán de aplicarse desde esta fecha todas las leyes, disposiciones y doctrinas emanadas del Parlamento de Cataluña y del Tribunal de Casación. Restableciéndose en toda su integridad el derecho existente al promulgarse el Estatuto».

El Tribunal de Casación que con tan buenos auspicios había iniciado su andadura según la ley de 10 de marzo de 1934 desapareció para siempre, solamente quedaba un conjunto de sentencias dictadas por las dos Salas que constituyen hoy en palabras de María Encarna Roca y Trías unas piezas claves en la interpretación del actual Derecho Jurídico Catalán.

Fondos documentales custodiados en el Archivo de la Audiencia Territorial de Barcelona

SERIE GUERRA CIVIL *

En la revisión actual de los fondos documentales del Archivo aparece documentación perteneciente a este período que se va incorporando a la que tenemos custodiada pendiente de clasificar y ordenar cuando esté centralizada.

* Véase pp. 28 y 29.

Archivo General del Palacio de Justicia de Barcelona. Patio que da acceso al despacho.

Archivo General del Palacio de Justicia de Barcelona. Acceso al despacho.

Archivo General del Palacio de Justicia de Barcelona. Despacho.

Archivo General del Palacio de Justicia de Barcelona. Sala de investigadores.

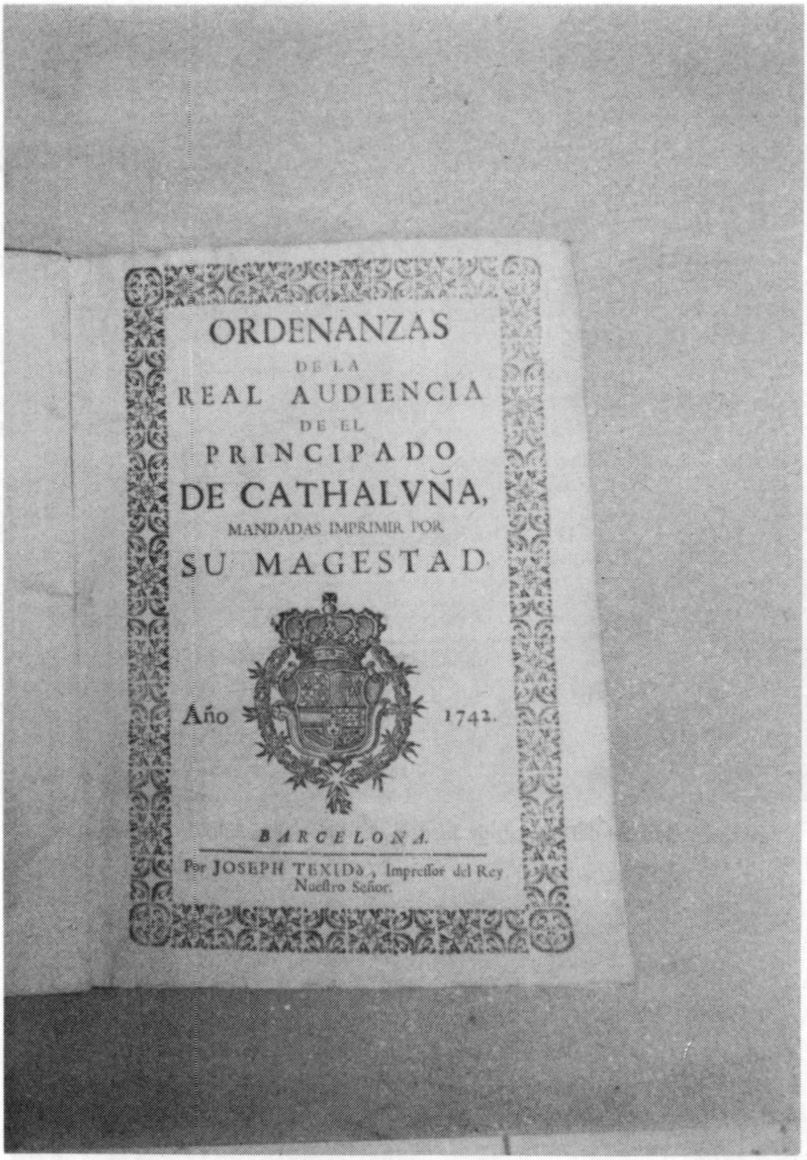

Archivo General del Palacio de Justicia de Barcelona. Biblioteca histórico-jurídica, siglo XVI-XIX.

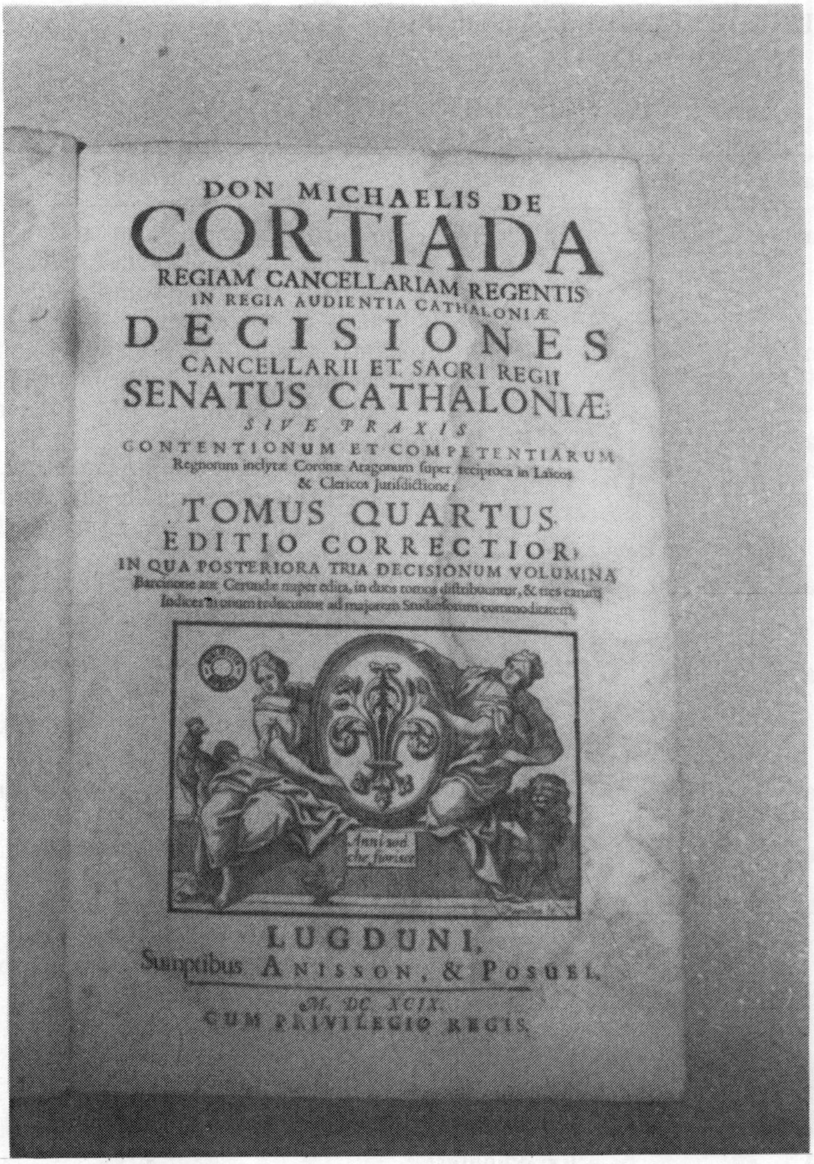

Archivo General del Palacio de Justicia de Barcelona. Biblioteca histórico-juridica, siglo XVI-XIX.

TRIBUNAL ESPECIAL DE DIVORCIO *

LIBRO REGISTRO SOBRE DIVORCIO

Signatura	Folios	Fecha	Contenido
Za-1	400-87	Sep-Dic 1936	Registro general de causas de divorcio tramitadas ante la Sala Especial de Divorcios con índice completo de litigantes y comparecientes.
Za-2	200	1937	Indice completo de litigantes y comparecientes en causa de divorcio tramitadas ante la Sala Especial de Divorcios.
Za-3	149	1938	Id.
Za-4	200	1937-1938	Indice inutilizado de litigantes y comparecientes en causas de divorcio tramitadas ante la Sala Especial de Divorcios.
Za-5	200	1937-1938	Indice de comparecientes ante la Sala Especial de Divorcios para la obtención de divorcio por mutuo disentimiento.
Za-6	200	1937-1938	Indice de litigantes en causas de divorcio tramitadas ante la Sala Especial de Divorcios (1937) y de litigantes y comparecientes (1938).
Za-7	80	1932-1936	Indice de litigantes en causas de divorcio (n.º 1).
Za-8	35	1932-1936	Indice de litigantes en causas de divorcio (n.º 2).

EXPEDIENTES

Sala Especial de Divorcios: Litigiosos

Año 1936	— Número de Legajos:	105
	— Expedientes:	2.303
Año 1937	— Número de Legajos:	56
	— Expedientes:	1.465
Año 1938	— Número de Legajos:	24
	— Expedientes:	514
Año 1939	— Números 1 y 2	

* Véase pp. 28 y 29.

Sala Especial de Divorcios: «Mutuo disenso»

Año 1937	— Número de Legajos:	12
	— Expedientes:	609
Año 1938	— Número de Legajos:	5
	— Expedientes:	231

Oficina Jurídica

Año 1936	— Número de Legajos:	3
	— Expedientes:	129

Sala Especial de Divorcios

Años 1933-1939	— Número de Legajos:	10

Juzgado Especial de Divorcios

Año 1938	— Número de Legajos:	2
	— Expedientes:	62

Sala 1.ª Causas de divorcio

Año 1932	— Número de Legajos:	1
	— Expedientes:	Del 1.550 al 1.609
Año 1933	— Número de Legajos:	7
	— Expedientes:	Del 1.700 al 2.005
Año 1934	— Número de Legajos:	5
	— Expedientes:	Del 2.041 al 2.291
Año 1935	— Número de Legajos:	4
	— Expedientes:	Del 2.297 al 2.479

Sala 1.ª Apelaciones

Año 1932	— Número de Legajos:	3
	— Expedientes:	205
Año 1933	— Número de Legajos:	2
	— Expedientes:	153

Sala 2.ª Causas de divorcio

Año 1932	— Número de Legajos:	3
	— Expedientes:	Del 91 al 218
Año 1933	— Número de Legajos:	4
	— Expedientes:	Del 1 al 300
Año 1934	— Número de Legajos:	1
	— Expedientes:	Del 268 al 287

Sección 3.ª (Sala 1.ª). Apelaciones

Año 1933	— Número de Legajos:	3
	— Expedientes:	307

Año 1934	— Número de Legajos:	4
	— Expedientes:	262
Año 1935	— Número de Legajos:	4
	— Expedientes:	288
Año 1936	— Número de Legajos:	2
	— Expedientes:	140

Libros de Sentencias. Sala 3.ª

Año 1933 3 tomos
Año 1934 3 tomos
Año 1935 3 tomos
Año 1936 2 tomos

TRIBUNAL DE RESPONSABILIDADES CIVILES *

Abogacía del Estado

REGISTRO DE TRAMITACION Y ESTADO DE CAUSAS VISTAS ANTE EL TRIBUNAL DE RESPONSABILIDADES CIVILES

Signatura	Folios	Fechas extremas	Observaciones
GK-1	21	1-3-1938/26-12-1938	—

TRIBUNAL DE CASACIÓN *

La actuación jurídica del Tribunal de Casación puede seguirse a través de la documentación custodiada en el Archivo de la Audiencia Territorial. Esta documentación está depositada en 27 cajas de cartón verde con solapa, cuyo contenido es el siguiente:

Caja 1.ª Recursos del año 1934.

Caja 2.ª Recursos del año 1934.

Caja 3.ª Recursos del año 1935.

Caja 4.ª Relación cronológica de autos (1935-1938).

Caja 5.ª Recursos, competencia inhibitoria año 1935.

Caja 6.ª Recursos, competencia inhibitoria año 1935.

* Véase pp. 28 y 29.
* Véase pp. 28 y 29.

Caja 7.ª Recursos, contencioso-administrativo y competencia inhibitoria año 1935.

Caja 8.ª Recursos, contencioso-administrativo año 1935.

Caja 9.ª Recursos, contencioso-administrativo y copias de las demandas de beneficio de pobreza año 1935.

Caja 10.ª Recursos de apelación del año 1935.

Caja 11.ª Recursos de casación del año 1936.

Caja 12.ª Recursos de competencia y contencioso-administrativo año 1936.

Caja 13.ª Recursos de apelación del año 1937.

Caja 14.ª Recursos de casación, de revisión, de queja año 1937.

Caja 15.ª Recursos de casación del año 1937.

Caja 16.ª Recursos de casación del año 1937.

Caja 17.ª Recursos de competencia, de apelación, de casación años 1937-1938.

Caja 18.ª Tribunal de Casación:

— Recibos y Facturas años 1935-1937.

— Nóminas.

— Exámenes de Derecho y Lengua Catalana a los magistrados.

— Relación de recursos y sentencias.

— Borradores y copias del Registro Orgánico del Tribunal de Casación de Cataluña.

— Comisión del Estatuto Vasco.

— Recurso de inconstitucionalidad, antecedentes.

— Comunicaciones, minutas, etc.

Caja 19.ª Relación cronológica de sentencias (1935-1936).

Caja 20.ª Ejemplares duplicados de la colección facticia de sentencias.

Caja 21.ª Recursos de casación del año 1936.

Caja 22.ª Recursos de casación del año 1937.

Caja 23.ª Recursos contencioso-administrativo (1937-1938), competencia inhibitoria (1937).

Caja 24.ª Recursos de casación del año 1937 contencioso-administrativo (1935-1937).

Caja 25.ª Recursos contencioso-administrativo (1937-1938).

Caja 26.ª Recursos de casación (1935), recursos de inconstitucionalidad (1937), recursos de revisión. Juicio de Divorcio (1936), recursos contencioso-administrativo (1938), recursos de apelación (1937-1938).

Caja 27.ª Actas (1933, julio 8/1934, abril, 12), dibujo del escudo del Tribunal de Casación, cartas, órdenes del Tribunal Supremo de Madrid por la resolución de los recursos interpuestos, Tribunal de Casación. Sentencias de la Sala de lo Civil (1934, septiembre 19/1935, diciembre, 30), Sala de Gobierno, Colegio de Abogados. Expedientes letrados, instalación y material. Presupuestos, procurador de Cataluña, informes y dictámenes jurídicos.

Se custodia un Libro Registro manuscrito paginado con el título Tribunal de Casación de Cataluña, en el que se especifica el año, nombres de los litigantes ordenados alfabéticamente y asunto.

Del año 1934 figuran 32 recursos, del año 1935 figuran 142, del año 1936 figuran 99, del año 1937 figuran 30.

En la revisión que se está efectuando en el Archivo de la Audiencia Territorial aparece una nueva documentación relacionada con la década de los años 30. La que pertenece al período de la creación del Tribunal de Casación se irá incorporando a la ya existente para proceder a una nueva ordenación.

El estudio de esta documentación permitirá a los juristas profundizar en la investigación de las fuentes documentales y su repercusión en el Derecho Civil Catalán.

BIBLIOGRAFIA

MAS I SOLENCH, J. M.: *El Dret Civil dels Catalans,* Generalitat de Catalunya, Departament de Justicia, 1.ª ed., octubre 1985; 2.ª ed.: diciembre, 1986.

— *Tribunal de Cassació de Catalunya,* Generalitat de Catalunya. Departament de Justicia. 1.ª ed.: marzo, 1987.

ROMECA I TRIAS, M. E.: *El Dret Civil Catalá en la Jurisprudencia (Anys 1934-1937),* Cátedra «Duran i Bas». Barcelona, 1977.

DURÁN CAÑAMERAS, F.: Archivero de la Audiencia: *Palau de Justicia de Barcelona,* Barcelona, 1937.

ROCA, M. E., y PITARCH, I.: *La Enciclopedia Catalana,* Tribunal de Cassació, vol. 14, pp. 692-693, Barcelona; Enciclopedia Catalana, S. A., 1980, 16 vols.

BORRELL I SOLER, A. M.: *Dret Civil Vigent a Catalunya,* Barcelona 1923.

BROCÀ, G. M.: *Historia del Derecho de Cataluña, especialmente del Civil y Exposición de las Instituciones del Derecho Civil del mismo territorio en relación con el Código Civil de España y la Jurisprudencia,* Reimp., Barcelona, 1985.

PUIG I FERRIOL, Ll., y ROCA I TRIAS, E.: *Institucions del Dret Civil de Catalunya,* Barcelona, 1984.

SOBREQUÉS I VIDAL, S.: *Historia de la Producció del Dret Catalá Fins al Decret de Nova Planta,* Barcelona, 1972.

El Archivo de la Caja General de Reparaciones

ELENA RODRÍGUEZ MAGALLANES

1.º TRANSFERENCIAS E INVENTARIOS DE FONDOS

En el año 1961 el Archivo Central del Ministerio de Hacienda remitió al Archivo Histórico Nacional un amplio número de legajos y libros, que se consideraban ya de valor histórico.

Entre ellos se contabilizaron 167 legajos, procedentes de la extinguida Caja General de Reparaciones, que aparecía con el nombre de «Caja de Reparaciones Marxista».

Acompañando esta transferencia, se recibieron también 22 unidades (entre legajos y libros) procedentes de la Comisión Liquidadora de la citada Caja.

Ambos fondos venían reunidos en un inventario somero, muchas veces insuficiente para conocer el contenido real de los documentos. Acompañaban a este inventario dos índices de nombres, ordenados por orden alfabético y en el que se incluían, no sólo personas a veces muy conocidas políticamente (Niceto Alcalá Zamora, General Cavalcanti), sino también títulos nobiliarios (Marqués de Revillagigedo, Conde de la Cimera, Duque de Alba), comunidades religiosas, nombres de iglesias (Iglesia de San Andrés, Iglesia del Pardo), y nombres de Ayuntamientos de Madrid y otras provincias (Jadraque, Hiendelaencina, Pastrana).

El objeto de estos índices era doble: en el primero se trata de expedientes en los que se refiere la apertura de Cajas de alquiler de Bancos, por la Caja General de Reparaciones, haciéndose inventario de todo lo hallado en ellas. Suman en total 3.993 expedientes, contenidos en 23 legajos.

El segundo índice recoge oficios del Servicio de investigación, en los que se solicita indagar las propiedades de las personas, sujetas a la acción del Tribunal de Responsabilidades Civiles. Son 2.700 expedientes, recogidos en 21 legajos.

Paralelamente a esta entrega, quedaron en el Archivo del Ministerio de Hacienda 62 libros correspondientes a la actividad de la propia Caja General de Reparaciones, de las que hace un par de años ha recibido el Archivo Histórico nacional un breve inventario, confeccionado por María Martínez Aparicio, antigua archivera del Ministerio.

A través de este inventario hemos podido comprobar que han quedado en el Ministerio de Hacienda documentos tan importantes como las actas de sesiones del Consejo Ejecutivo de la Caja del año 1936 y 1938; los inventarios de los cuadros de pintores célebres incautados por la Caja; diversas actividades del Servicio de Recuperación recogidas en el Almacén de la calle de Goya, 87; y un libro de Registro donde se asentaban las solicitudes que la Caja de Reparaciones hacía para poder vender fincas.

2.º LA COMISIÓN LIQUIDADORA DE LA CAJA GENERAL DE REPARACIONES

Sabido es que este organismo empezó a funcionar en el mes de abril de 1940, previo decreto del 9 de marzo de dicho año: su función era devolver a los propietarios anteriores, todos los objetos y valores que habían llegado a poder de la Caja General de Reparaciones, como consecuencia de las responsabilidades civiles que conllevaba el apoyo a la rebelión militar.

Su acción se basó en los propios documentos de la Caja, puesto que ésta había llevado un riguroso control de los nombres de los propietarios que habían sido incautados. Para realizar su labor, se dividió en dos grandes secciones: sección de objetos y sección de valores y documentos.

Parece que fue mucho más expeditiva la devolución de valores, pues para ello se contó con la colaboración de los propios bancos: las cuantías en orden descendente de incautaciones habían afectado, en primer lugar, a los depósitos y cuentas del Banco de España, y después a los Bancos de Valencia, Central, Vizcaya, Hispano Americano y Español de Crédito.

Mas difícil fue la devolución de objetos: a ello contribuyeron las complicaciones administrativas: presencia de un perito tasador; asesoramiento del Ministerio de Educación para los objetos de interés histórico-artístico; separación de los objetos de culto, del resto de los objetos incautados; pago de derechos de los objetos que se devuelven a los particulares (la iglesia quedó exenta de este pago).

De las actas de la propia Comisión Liquidadora, se descubre que la mayor parte de los objetos se habían centralizado, por la Caja, en Barcelona, en el Paseo de Gracia, número 107, y sobre todo en la Plaza de Cataluña, número 15. También se citan almacenes de objetos incautados en Valencia, capital, y en Jaén.

De mayo a junio de 1940 se trasladó a Madrid todo el enorme bagaje de documentos y objetos de la Caja, junto con lo incautado por la Caja de Reparaciones de Cataluña, que se devuelve por la Diputación Provincial de Barcelona, a la Comisión Liquidadora.

En septiembre de 1941 se toma la medida de entregar, al Juzgado Gubernativo de Madrid, todos los objetos que se hallaban aún depositados en diversas zonas de la capital: Museo del Prado, Museo de Arte Moderno, calle Duque de Medinaceli y diversos depósitos del Banco de España (Guadalajara y Valdepeñas).

Hasta el 30 de junio de 1942 no se dieron por determinados los trabajos de esta Comisión Liquidadora: 22 legajos se conservan de su actuación, con un interesante libro de actas, libros de devoluciones (de valores y objetos), liquidaciones por el pago de derechos de los propietarios, y otras informaciones, que sirven de complemento a la información que nos queda de la propia Caja.

3.º LEGISLACIÓN Y ACTUACIONES DEL CONSEJO EJECUTIVO DE LA CAJA DE REPARACIONES

En el Archivo de la Caja General de Reparaciones se conserva un legajo con los diferentes decretos y proyectos de decreto, relacionados con la Caja.

Igualmente, se recogen las decisiones del Consejo Ejecutivo y otros informes importantes de la Asesoría Jurídica.

A través de ellos se pueden estudiar: por un lado, los aspectos referentes a la organización y funciones de cada uno de los servicios que tenía la Caja, los deslindes de competencias (por ejemplo, entre Delegaciones Provinciales y Comisarías de Hacienda; entre el servicio de Retenciones y el de Investigación); por otro lado se va creando progresivamente una normativa que evita las colisiones de la Caja General de Reparaciones con otros organismos y de los que el más importante es el Tribunal de Responsabilidades Civiles.

La normativa legal tuvo que cubrir también la problemática que las incautaciones producían en relación con el Ministerio de Agricultura (fincas rústicas expropiadas), con el Ministerio de Economía y Hacienda (fábricas expropiadas) y con la Junta Central del Tesoro Artístico (que recibía en Depósito todo lo considerado como tal Patrimonio).

Por fin se establecen también las competencias, en materia de Responsabilidades Civiles, que podrán ejercer los Tribunales de Guardia y de Urgencia.

En cuanto a los libros de Actas de las reuniones del Consejo Ejecutivo, lamentamos la existencia de solo un libro (julio 1937-junio 1938) en el Archivo Histórico Nacional, permaneciendo otros tres libros (el 1.º, el 3.º y el 4.º) en el Archivo Central del Ministerio de Hacienda (calle Alcalá, 11).

A través de estos libros puede llegarse a un conocimiento de todas las actividades y problemas con los que la Caja se enfrentaba desde la creación de delegaciones provinciales, presupuestos y gastos, plantilla y personal, hasta los problemas relacionados con el contrabando de oro y plata, concesiones de créditos a los ayuntamientos, recepción de objetos incautados por diversos organismos populares, recuperación de muebles y objetos de valor, de fincas abandonadas, etc.

4.º DOCUMENTOS DE LA SECRETARÍA GENERAL DE LA CAJA DE REPARACIONES

Es evidente que los 229 legajos que se conservan de este organismo no constituyen toda la producción documental de sus casi tres años de existencia. La propia Comisión Liquidadora reconocía que muchos documentos se habían perdido en el Depósito de la Plaza de Cataluña, número 15; por otra parte, los sucesivos traslados a Valencia y Barcelona (durante la guerra) y nuevamente a Madrid en el año 1940 dan pie para pensar en esta hipótesis; que cobra más fuerza aún cuando se piensa en la gran cantidad de objetos y valores entregados al Juzgado Gubernativo de Madrid, por desconocimiento del nombre del propietario.

Ello contrasta con el interés de la Caja General de Reparaciones de constituir desde el primer momento un fichero con los nombres de personas incautadas, que había de estar dentro de la Secretaría General.

De todos modos, sí se pueden rastrear en los documentos que poseemos, datos referentes a las cuatro grandes funciones que reunía la Secretaría:

a) *Registro general.* Estos libros de Registro de entrada y salida de correspondencia, y de entradas y salidas de documentos, se encuentran básicamente en el Archivo Central del Ministerio de Hacienda.

b) *Personal y Habilitación.* Algún legajo existe, aunque es más abundante la información sobre este tema en las propias actas del Consejo Ejecutivo.

c) *Almacenes.* A través del inventario se descubre la existencia de varios almacenes en Madrid, calle de Goya, 87; calle de Fomento, 9; calle de Alcalá, 15, que dependían en última instancia de la Secretaría General. De todos estos almacenes hay registros de entrada y salida de objetos, relaciones de ingreso, realizadas unas veces por el Servicio de recuperación del Ejército del Centro, o por el Cuerpo de Policía, o por los propios servicios de incautación. También son notables las relaciones de objetos existentes o que salen de los almacenes con destino a Valencia; y las relaciones de objetos de valor artístico, que se ponen a disposición de la Junta de Defensa del Tesoro Artístico.

d) *Estadística.* Se guardan entre los documentos de la Secretaría, aparte de abundantes comunicaciones con las provincias, dos memorias de las actividades de la Caja de los años 1937 y 38 que pueden ser de inestimable valor para el conocimiento de su actividad.

5.º Documentos de Tesorería

Existen unos 15 legajos en los que se habla de entrega, al Tesoro de la Caja, de joyas, «monedas facciosas» (incautadas por la Dirección General de Seguridad), moneda extranjera, metálico, etc. Igualmente existen relaciones de salida de alhajas devueltas, saldos de cuentas corrientes incautadas por la Caja, y una buena cantidad de comunicaciones al Tesoro de los otros servicios de la Caja, en las que se valoran los objetos de oro o joyas ingresados en ella.

Precisamente para este trabajo de tasación y manipulación había, en el Servicio de Tesorería, una sección de joyería.

6.º Presupuestos y contabilidad de la Caja de Reparaciones

El inventario da unos ocho legajos referentes a esta materia. Destacan las cuentas procedentes de otras provincias, las cuentas de material y el Balance general de diciembre de 1937 con el movimiento de fondos habidos en 1938.

7.º El Servicio Financiero

Se encargaba de administrar los valores incautados por la Caja y del cobro de intereses, se conozca o no su titular. Existen varios registros por clase de títulos, por procedencias y una correspondencia con los bancos relativa a la amortización de los mismos y al cobro de cupones.

8.º Las relaciones con las provincias

Además de los tres grandes núcleos de Madrid, Barcelona y Valencia, existen varios legajos de correspondencia con las delegaciones de varias provincias y varios informes del Servicio de Inspección y de las actuaciones de los comisarios del Ministerio de Hacienda.

9.º Documentos de la Sección de Incautación

Forman una de las series más abundantes del Archivo. Sólo los expedientes de retención de cuentas corrientes en los bancos, alcanzan los 7.719 expedientes. Hay otros legajos interesantes, como las retenciones efectuadas a la nobleza, en sus cuentas bancarias y en sus objetos; las retenciones de bienes de organismos; y las relaciones de personas y entidades afectadas por la retención de bienes muebles.

Hay también informes y órdenes de retención de cuentas y de objetos; así como expedientes de devolución de los objetos incautados, cuando se trataba de retenciones provisionales.

En este apartado, merecen la pena volverse a citar los 3.993 expedientes referentes a la apertura de Cajas de Alquiler de Bancos, y entre los que se encuentran también las entregas a la Caja de objetos y valores incautados por diversos Consejos Municipales y Comités Populares antifascistas, de este grupo de expedientes hay un índice extraordinariamente interesante.

10.º El Servicio de Investigaciones Político-Económicas

Investiga las actividades políticas y situación económica de personas, asociaciones particulares, entidades católicas, empresas, etc., y de todas ellas elabora informes, o los solicita a los Consejos Municipales.

Merecen recordarse los 2.700 expedientes relativos a investigación político-económica, abiertos por este Servicio, y de los que existe un índice altamente interesante: de personas, títulos de nobleza, comités del Frente Popular, consejos municipales, fábricas, etc.

11.º Relaciones con otros Organismos de la Administración

Aquí se incluyen los servicios sociales que la Caja General de Reparaciones presta a otros organismos de la Administración: ya sea mediante la cesión de muebles y objetos de procedencia y propietario desconocido; ya sea entregando en depósito a la Junta de Defensa del Tesoro Artístico los bienes que le corresponde conservar (porcelanas, objetos de iglesia, mantones, archivos familiares o de ayuntamientos); o haciendo entregas de fábricas u otros objetos a la Dirección General de Industria. De todo ello hay constancia documental en este Archivo.

12.º La Asesoría Jurídica

Existen algunos informes de gran interés, algunos expedientes judiciales del Tribunal Popular de Responsabilidades Civiles y algunas copias de sentencias, que se citan en el inventario, sin mayor especificación.

No mucho más puede dar de sí el inventario que se ofrece del Archivo de la Caja General de Reparaciones, que junto con el inventario de la Comisión Liquidadora (1940-42) abarca 12 páginas, con una descripción abiertamente insuficiente que nos obliga a clasificarlo entre los inventarios llamados someros.

Con esta comunicación deseo proponer a la Sección de Fondos Contemporáneos del AHN, donde se encuentra este fondo, la realización de un inventario más completo y asequible que nos pueda permitir un mejor conocimiento de las actividades de la Caja General de Reparaciones.

Fondos Documentales de la Justicia Ordinaria en la España «Nacional»

(A través de los conservados en la Audiencia Territorial de Valladolid)

SOLEDAD ARRIBAS GONZÁLEZ

Como complemento de la ponencia de Ernesto Pedraz que nos ha hablado de las Jurisdicciones Ordinaria y Especiales en la España «Nacional», y siguiendo el orden establecido de separar y desarrollar las Instituciones primero y después los fondos documentales, me corresponde hablarles a mí de la documentación judicial generada en la España «Nacional» durante los años 1936-1939.

Mi mayor deseo es interesarles e incluso entretenerles con este tema, y aunque yo tenga que repetir algo de lo que ya han escuchado, espero al mismo tiempo aportar algunos datos desconocidos hasta ahora.

Me voy a dirigir a ustedes como posibles investigadores, porque he comprobado que a todos los que nos gusta la historia nos gusta investigar: es algo especial tener entre las manos algún documento o testimonio del personaje o de la época que estudiamos. Pero para investigar cualquier tema, generalmente hay que hacerlo en un archivo, y esto para la mayor parte de las personas supone en el mejor de los casos una dificultad, por no decir una contrariedad. Pues bien, yo voy a tratar de quitar su recelo hacia los archivos, contándoles primero *cómo son los documentos judiciales* de los años de la guerra y lo que van a encontrar en ellos, y si tengo tiempo les diré también *cómo se conservan estos documentos,* y *cómo se puede acceder a ellos.*

1. DOCUMENTACIÓN

Lo primero que tengo que aclarar es que de estos años se conservan muchos menos fondos que los que se produjeron. De esta zona tenemos documentación de las Audiencias Territoriales de La Coruña, Pamplona, Zaragoza y Valladolid y de las Provinciales de estas cuatro provincias y nada de las demás Audiencias Provinciales ni de los juzgados. Por ello lo que a mí me gustaría es que, a través de la documentación de Valladolid, que es de la que voy a hablar y está bastante completa, se hagan una idea clara de lo rica que es en datos, y de la necesidad que hay de conservar para los historiadores de mañana la documentación judicial que se está produciendo hoy.

Para hablar de la documentación de los años de la guerra civil, voy a seguir el organigrama de los fondos del Archivo de la Audiencia Territorial, que es el siguiente:

1. Documentos producidos por los Tribunales en el ejercicio de su función, es decir los procesos que son de tres clases, a las que me voy a referir por separado: «Penal», «Civil» y «Contencioso».

2. Documentos de régimen interno que se producen en la gestión administrativa y son indispensables para conocer la vida de la Institución y sus funcionarios; forman una sola sección que se llama «Secretaría de Gobierno», y sus fondos son parecidos y se relacionan con los del Ministerio de Justicia.

3. Registros en los que se refleja la marcha de los asuntos, de la correspondencia, de la asistencia de funcionarios, de las visitas a los presos, etc. Son de todas las Salas y están reunidos por criterio archivístico en la sección «Libros».

Además de este fondo, que es el de la Audiencia Territorial propiamente dicho, tenemos que añadir otros dos grupos documentales que son:

4. Documentos de Jurisdicción Especial, ya que conservamos un pequeño número de legajos de Resposabilidades Políticas.

5. Documentos de Jurisdicción Especializada que es la servida por jueces ordinarios especializados. De éstos custodiamos los fondos de Magistratura del Trabajo.

Antes de empezar a explicar los documentos de la Guerra he de decir que no puedo dar bibliografía, todo lo que digo a continuación está tomado de los documentos y naturalmente de mi experiencia de trabajo en archivos judiciales.

1.1. Sección penal

La documentación criminal, llamada ahora penal, está formada por las causas penales que se ven en la Audiencia Provincial. Su jurisdicción territorial sólo abarca la provincia de Valladolid que, en 1936, comprendía 10 partidos judiciales, que eran 11 distritos porque el partido de la capital estaba dividido a su vez en dos, llamados «Audiencia» y «Plaza». De los años 1936 a 1939 tenemos 121 legajos, a una media de 30 sumarios son 3.630 sumarios en total; los correspondientes a la guerra civil serán menos, podemos calcular unas 3.000 causas porque la guerra duró menos de tres años y los 121 legajos que yo he contabilizado corresponden a cuatro años completos. De partidos de los pueblos, 78 a los dos juzgados de Valladolid capital, y 3 son de juzgados especiales.

¿Cómo era entonces un proceso penal?

Mi explicación va dirigida a los que no son licenciados en Derecho para que conozcan el tipo de documento y los datos que se pueden encontrar en él. La forma del procedimiento de estas causas no era muy diferente de la actual, y aunque había muchas variantes, en líneas generales era la siguiente: el Proceso comienza en el Juzgado de Instrucción cabeza de partido por diligencias del fiscal, o del forense, o de la guardia civil a la llegan las denuncias de los particulares. Cuando está hecha la prueba, es decir instruido el sumario, en el que colabora el juez de paz en la explicación de los hechos, el juez instructor lo envía a la Audiencia Provincial y pasa al fiscal, el cual establece la existencia del delito o sobreseimiento de la causa. Si es sobreseimiento devuelven el sumario al juzgado y no conservamos nada en el archivo salvo un expediente de trámite sin datos. Cuando el fiscal califica la existencia del delito y considera necesarias más pruebas también lo devuelve al Juzgado de Instrucción para que continúe las actuaciones y se ocupe también de la responsabilidad civil y criminal que pudiera tener el procesado. Todo concluido pasa de nuevo a la Audiencia y si el fiscal encuentra suficientemente probados los hechos hace su calificación provisional; y a continuación el abogado defensor emite también su calificación provisional. Sigue el pleito ante la Sala y se pasa al magistrado ponente que a su vez puede pedir más pruebas o rectificar conclusiones; siempre se hace un juicio oral y después se emite sentencia; y en muchos casos siguen las actuaciones con las costas judiciales, e incluso hay un seguimiento de los penados hasta que quedan en libertad.

¿Qué se puede estudiar en estas causas?

Naturalmente lo primero y fundamental es el estudio de los delitos y su castigo.

Además se puede estudiar la historia y evolución de los tribunales, las actuaciones de los funcionarios de justicia, sus filias y sus fobias.

Y finalmente de forma indirecta pero real se conoce la vida rural y ciudadana de Castilla en estos años de guerra.

Estamos inventariando legajos de Valladolid rural y a través de ellos les puedo decir:

Que durante el año 1936, tanto antes de empezar la guerra, sobre todo a partir del 16 de febrero de 1936 como durante los primeros meses de ella, hay muchos delitos por enfrentamientos de personas de distinta ideología con el resultado de lesiones y muertes. La explicación a esta violencia en el año 1936 se debe a dos razones; una es que en estos pueblos se tenía la impresión que las elecciones se habían hecho mal y no comprendían que la CEDA hubiera perdido pese a ser el partido con mayor número de diputados y la segunda que todos pensaban que la guerra iba durar poco.

Para evitar que estos enfrentamientos fueran mortales y porque existía la prohibición de tener armas la Guardia Civil vigilaba y detenía a los que las tenían sin licencia; y como ayuda a la Guardia Civil actuaron gestoras dependientes de los Ayuntamientos, pero pese a todo no se consiguió mucho. En el Juzgado de Instrucción de Olmedo, en los meses abril-junio de 1936 se siguen 16 causas, de ellas 13 por desórdenes. Uno de ellos (Signatura Criminal, legajo 505, n.º 4) ocurrió en Bocigas, un pueblecito de menos de 500 habitantes, durante la manifestación de primero de mayo de 1936, cuando un grupo de personas insultaron a los manifestantes, y también a las autoridades locales que intentaban apaciguar los ánimos y disolver al grupo provocador. Hay denuncia contra Mauro Montalvo por dar vivas a los fascistas, y a Mauro González por desobedecer a la autoridad.

Durante los años 1937 y 1938 hay en descenso grande en el número de causas, así como la mitad que en los otros años, y no es que no se cometan delitos pero en general no se califican como tales, y vemos que las muertes violentas, incluso suicidios, aparecen como casuales y no se siguen actuaciones judiciales, yo creo que es el rechazo de todos a una situación injusta como es la de la guerra. En el año 1939 el número de causas aumenta rápidamente y se observa terminada la guerra que la ideología está más exacerbada.

Por esto que estoy contando y así se podría entender de una rápida lectura de muchos pleitos, parece que la Administración de Justicia era ajena a los problemas diarios de convivencia y que en la Audiencia la guerra se notaba sólo en el descenso del número de pleitos.

Pero no es así, la guerra se nota hasta en el lenguaje que se utiliza; antes del 18 de julio la gente de orden son «socialistas» y los provocadores son «fascistas» e inmediatamente después es al revés, los que son mas razonables son «falangistas y afectos al Movimiento» mientras que a los contrarios se les daba el nombre genérico de «marxistas» que tanto ha durado.

Pero además todos sabemos que la administración de justicia consiste exclusivamente en la aplicación de las leyes en los juicios por parte de los tribunales, cuyas funciones son juzgar y hacer que se ejecute lo juzgado. Por tanto cuando el Gobierno, en estos años, dicta leyes para ganar la guerra, los jueces juzgan conforme a estas leyes. Les voy a hablar de dos de ellas que están relacionadas con los pleitos de este período:

Una. Durante estos años hay una ley que obligada a los jueces a comunicar y pasar a la jurisdicción militar todas las causas que en el transcurso del proceso se relacionaran con los delitos de rebelión, adhesión a la rebelión y auxilio a la rebelión, por lo que en virtud de ella muchas causa penales de tenencia ilicíta de armas, sobre todo, pasaron a la jurisdicción militar sólo porque el juez lo creía oportuno; además de todas las causas normales en que intervenía algún soldado como atropellos, disputas, etc.

Solamente conservamos, de los legajos inventariados, una causa de rebelión contra Gregorio García Jiménez de dieciséis años, vecino de Nava del Rey, por participar en un acto de «rebelión contra el Frente Nacional» el día 18 de julio de 1936 y que se siguió en juicio sumarisimo militar; al estar exento de responsabilidad criminal por ser menor, se continúa la causa conforme a la legislación Tutelar, y por tanto corresponde al Tribunal Civil de Urgencia.

Dos. El Gobierno ganador promulga una ley de la Jefatura del Estado en 23 de septiembre de 1939 por la que se dispuso que «se entenderán no delictivos los hechos que hubiesen sido objeto de procedimiento criminal por haberse calificado como constitutivos de cualesquiera de los delitos contra la Constitución, contra el orden público, infracción de las leyes de tenencia de armas y explosivos, homicidios, lesiones, daños, amenazas, coacciones y de cuantos con los mismos guarden conexión, ejecutados desde el 14 de abril de 1931 hasta el 18 de julio de 1936, por personas respecto de las que conste de modo cierto su ideología coincidente con el Movimiento Nacional, y siempre de aquellos hechos que por su motivación político-social pudieran estimarse como protesta contra el sentido antipatriótico de las organizaciones y gobierno que con su conducta justificaron el Alzamiento». Por tanto muchos sumarios quedan sin validez al desaparecer el delito de los afectos al Movimiento. Está muy clara la disposición y hay muchos ejemplos en los pleitos por lo que no tengo nada que añadir.

Conviene también reseñar otras informaciones que aparecen en estos pleitos y no tienen nada que ver con la guerra. Salta a la vista y es estremecedora la pobreza de medios materiales que hay en los pueblos pequeños de Valladolid. Ningún ayuntamiento tenía maquina de escribir, y si el Juzgado de Instrucción la tenía carecía generalmente de todo lo indispensable para funcionar con un mínimo de comodidades: no tenían impresos, ni carpetillas, ni instalaciones.

Llama la atención el número de causas iniciadas por daños y lesiones, aunque fueran pequeños, producidos por accidentes de coches; está claro que el automóvil —así lo llamaban— era una maquina peligrosa que no estaba aún aceptada en la vida corriente, y que las compañías aseguradoras no se habían introducido en este campo, tan interesante hoy para ellas.

Dentro de la Sección Penal, dije al principio, que hay tres legajos especiales de los que voy a darles noticia:

Dos de ellos contienen sumarios iniciados por el Juzgado Militar de la 7.ª Región y les voy a explicar por qué están en la Audiencia. Con motivo de los sucesos sangrientos de Asturias, se declaró el estado de guerra en Valladolid desde el 7 de octubre de 1934 a 23 de enero de 1935 y durante estos tres meses y medio el Juzgado Militar inició varios juicios por tenencia de armas, colocación y tenencia de explosivos, por conspiración, por inducción a la muerte, etc., y una vez levantado el estado de excepción, pasaron a la jurisdicción ordinaria, terminándose algunos de ellos en las fechas que estudiamos.

En el tercer legajo conservamos las causas instruidas en juzgados especiales para el conocimiento de las causas referentes a delitos cometidos en el ejercicio de sus funciones, dentro del territorio de esta Audiencia Territorial por concejales de Ayuntamiento de las capitales de provincia (según número segundo del párrafo tercero del art. 4.º de la ley de 14 de octubre de 1882 adicionada a la ley Orgánica del Poder Judicial). El dato, en el tema de hoy, es que durante la guerra no hay ninguna causa instruida con este motivo, pero como si hay dos especiales de Salamanca, donde no se conserva documentación de su Audiencia Provincial se las voy a contar:

La causa más antigua, del año 1922, se ve contra el alcalde Federico Anaya por un delito de SEDICION y CONTRA EL LIBRE EJERCICIO DE LOS DERECHOS INDIVIDUALES contra la «Sociedad de Aguas y Saneamientos» encargada de la distribución de agua en Salamanca debido al incumplimiento de contrato por parte de ésta. Por acuerdo municipal se determinó rescindir el contrato e incautar obras y material de la empresa y fue el alcalde citado quien dispuso la ejecución del acuerdo e incautó los locales de la empresa. Pese a este acto violento la Sala de lo Criminal sobresee la causa.

Abuso de autoridad. La Ordenanza Municipal de Suministro de Agua de Salamanca disponía que el propietario del inmueble pagase el gasto de agua, y de esto deducía el Ayuntamiento que el propietario debía de responder de los descubiertos del inquilino. Ante esta situación dictó una resolución el delegado de Hacienda por la que desaparecida dicha obligación. La Corporación y su alcalde Castro Prieto Carrasco al frente no hicieron caso y seguían presentando a los propietarios de pisos el cobro de los recibos de agua de los inquilinos, con amenazas por parte de los cobradores si no se les pagaba. Entonces, en 1934, es cuando La Cámara Oficial de la Propiedad Urbana de Salamanca pone una denuncia contra el alcalde y se nombra juzgado especial, que como en el caso anterior sobresee la causa en 1935.

1.2. Sección Civil

Si dije antes que durante la Guerra decrece el número de sumarios, lo primero que repetiré ahora es que el descenso de asuntos civiles es mucho más acusado. Abarca la Audiencia Territorial cinco provincias, que tenían 44 Juzgados de Primera Instancia (10 León, entre ellos el de Riaño, siete Palencia, ocho Salamanca, 11 Valladolid, y ocho Zamora) a los que hay que añadir ocho más de Avila y Segovia (cuatro juzgados de cada privincia) lo que da un total de 52 Juzgados de los que conservamos de los años 1936-1939, 61 legajos: dos de Competencias que no voy a entrar en ellos y 59 de Apelaciones Civiles. Si calculamos 20 pleitos por legajo son en total 1.220 pleitos de los cuales pienso correspondan al período de la guerra menos de 1.000.

¿Qué es lo que caracteriza a estos pleitos civiles?

Además de repetir lo dicho ya para las causas penales, como es la pobreza de medios y el desinterés por iniciar pleitos, señalaré como primera característica la obscuridad del lenguaje, porque sencillamente son unos pleitos que no se entienden. La persona que denuncia una obra hecha por su inquilino o por su vecino, ni con una cultura media que en aquellos años no se tenía, puede seguir ni entender los trámites del juicio, ni los escritos de los abogados, ni la sentencia del juez. Hemos empezado a inventariar, en el archivo, estas apelaciones por materias y en muchas ocasiones no entendemos bien de qué trata el pleito; intenté leer con atención un pleito cualquiera del Juzgado de Béjar y no conseguía entender si se trataba de un interdicto de retener o de recobrar o las dos cosas juntas. Y si falta el apuntamiento, como ocurre a veces, es bastante más difícil conocer el asunto.

Pero la nota más señalada es que en esta sección no se nota la guerra. Los motivos o materias de los pleitos son fundamentalmente cuestión de intereses económicos, como ahora y como siempre, y a lo largo del proceso lo único que pretenden las partes es demostrar su razón. Las cuestiones civiles como nulidad de escritura pública, testamentarias, propiedad y uso de aguas, obras, tercerías de dominio, etc., se mezclan con indemnizaciones por despido o por accidentes de trabajo que hoy no pertenecen a la jurisdicción ordinaria y se ven ante la Magistratura de Trabajo.

Les voy a contar una apelación que vino del Juzgado de Primera Instancia de Avila y en el que se ven las dos características que acabo de decir:

> «Dionisio Salvadios de Paz puso demanda a Mauricio del Río Mañas en 1938, para que le pagase 2.785 pesetas de principal e intereses como pago de alquiler de un piso de Avila a razón de 185 pesetas mensuales durante dos años. El demandado tenía una pensión y alega que no paga porque él a su vez no cobra de sus pupilos los cuales por motivo de la guerra y tener su trabajo y hacienda en la zona republicana no pueden abonarle lo que deben; le condenan al pago de la deuda, y para cobrar los herederos del demandante embargan los muebles de la pensión por lo que, para poder vivir, Mauricio del Río pide se declare nulo dicho embargo lo que se le concede, pero como ni él ni su abogado hacen una instancia pidiendo la rápida devolución de los muebles, la nulidad del embargo no se ratifica y esto retarda en bastantes meses la recuperación de sus muebles. El demandado, dicho Mauricio, presenta en la Audiencia un escrito llamado «reconvención» por el que no sólo se opone a la demanda sino que él a su vez reclama el pago de 7.288 pesetas por daños y perjuicios por retenerle los muebles; pero la Audiencia Territorial confirma la sentencia de primera instancia que declaraba no haber lugar la reconvención y le obligaba a pagar las 2.795 pesetas.»

Otra materia distinta de las habituales de esta zona «Nacional» es el divorcio, aunque la apelación no suele hacerse por divorcio propiamente dicho, como en el caso de Camilo Martín Arroyo, vecino de Salamanca, que inicia recurso de Apelación contra el auto dictado en 7 de abril de 1936 por el Juzgado de 1.ª Instancia de Salamanca denegándole el término extraordinario de prueba para conseguir certificado de matrimonio civil con Dorinda Rodríguez Martín celebrado en Montevideo en el año 1930. La Audiencia Provincial, en esta ocasión, revoca el auto del Juzgado y le concede el término extraordinario de prueba que solicitaba.

¿Cómo se tramitaba una apelación civil?

Antes de que fuera firme la sentencia de 1.ª Instancia se formulaba la apelación en el Juzgado, y si se aceptaba se remitían los autos a la Audiencia Territorial, que daba acuse de recibo y hacía constar el término de emplazamiento; se presentaba entonces el procurador del apelante, se certificaba su poder, se bastanteaba en forma y ya se le tenía por parte; e igual ocurría con el procurador del apelado. Entonces se ordenaba hacer el apuntamiento de los autos conforme a un esquema establecido por el secretario y a este apuntamiento daban su conformidad los porcuradores o bien «suplicaban» su ampliación; después se turnaba la ponencia y se la pasaban los autos al magistrado para su instrucción. Este a su vez daba su conformidad al apuntamiento o pedía como los anteriores que se completara. La Sala entonces mandaba mejorar el apuntamiento en la forma solicitada y a continuación declaraba que «conclusos los autos se traen a la vista», fórmula que quiere decir que se hace el juicio oral y se dicta sentencia.

A veces hay recurso de súplica en los que se pide no una revisión de los hechos sino que se reformule la sentencia. A veces también se formula recurso de casación antes de que sea firme la sentencia de la Audiencia Territorial. Durante los primeros meses de la guerra no se resuelven estos recursos de casación porque estaba disuelto el Tribunal Supremo y se aplazan hasta que se constituya de nuevo.

Les explicaré cómo se constituyó el Tribunal Supremo en la zona «Nacional»:

> «La Disposición Transitoria reguladora del funcionamiento del Tribunal Supremo es de 27 de agosto de 1938 y la Orden relativa a dicho funcionamiento de 21 de septiembre. La ciudad elegida como sede fue Valladolid —como ya ha dicho en su ponencia el magistrado del Tribunal Supremo señor Agúndez—. Y gracias a él que me ha facilitado la documentación, puedo yo hablarles de las actas de constitución del nuevo Tribunal Supremo. Son éstas: En Vitoria el 26 de noviembre se acuerda hacer un informe al Ministro de Justicia sobre la ciudad donde convenía establecer la sede dudando los magistrados entre Valladolid, Salamanca o Pamplona. El siguiente acta está también extendido en Vitoria en 5 de diciembre y en él se fija Valladolid como sede del Tribunal Supremo, explicando las razones de la elección. El 7 de diciembre reunidos aún en Vitoria se constituye el Tribunal Supremo para tomar juramento y dar posesión de su cargo al vicesecretario de Gobierno don Rafael García Valdés. Y en 29 de enero de 1939 se reúne el Tribunal Supremo en Valladolid en Sala de Gobierno para tratar cómo ha de comenzar a funcionar, siendo el primer punto que trata el fiscal «proceder a la apertura del sumario por muerte del ilustre patricio don José Calvo Sotelo, en vista de que se tienen noticias fidedignas de que en Madrid y del Palacio de Justicia donde se hallaba, fue sustraido el sumario que se incoó a raíz de su muerte....»

Pese a existir esta actas conservadas hoy en Madrid, y pese a saber por un magistrado hoy jubilado que efectivamente se resolvieron en Valladolid recursos de casación en realidad no he encontrado en las apelaciones civiles ninguna sentencia del Tribunal Supremo fechada en Valladdolid, ya que las que hemos visto son posteriores al 1 de abril de 1939 y todas fechadas en Madrid. Igualmente ocurre con los recursos al Tribunal Supremo de Criminal (Sala 2), de Contencioso-administrativo (Sala 3) y de Asuntos Sociales (Sala 4) todos se resuelven después del 1 de abril y están fechados en Madrid.

1.3. Sección Contencioso-administrativa

Conservamos en el Archivo todos los recursos que se vieron ante el Tribunal de lo Contencioso constituido en 1915. En la época de la guerra no existía aún la Sala de lo Contencioso y el Tribunal sólo tiene Jurisdicción Provincial. Son sólo seis legajos de los años de la guerra, menos de 100 pleitos, porque entonces no era costumbre, como se hace ahora, recurrir cualquier resolución de la Administración.

En esta documentación sí que se nota la guerra y que Valladolid es zona «Nacional», y se nota en las ideas políticas de los que están al frente de los Organismos Administrativos, porque la mayor parte de los recursos son para cesar a determinados funcionarios de los puestos de jefatura que estaban desempeñando (según el art. 3 del Decreto 108 de la Junta de Defensa Nacional de 13 de septiembre de 1936). Generalmente se hacía constar además faltas profesionales como que falta mucho al trabajo, comete irregularidades, etc. De lo anterior se desprende que ésta es una documentación de información más reservada por la enemistad y rencor que su lectura pueda ocasionar y por ello no me voy a detener en ningún caso concreto.

¿En qué consistía un recurso contencioso?

Cuando a un particular se le notifica una resolución de la Administración por la que se siente perjudicado, presenta un escrito ante el Tribunal de lo Contencioso acompañando siempre la notificación de la Administración contra la que recurre. Cuando se acepta el recurso, el Tribunal ordena dos cosas, una que se anuncie en el *Boletín Oficial* de la provincia «para los que tengan interés en el negocio y quieran coadyuvar en él a la Administración», y otra que el Organismo contra el que se reclama entregue el expediente administrativo objeto de recurso. El recurrente, que tiene así acceso al expediente, puede solicitar documentos que le interesan para formalizar la demanda, que después pasa al fiscal para que conteste; a continuación se pasan las actuaciones al magistrado ponente, se procede a la formación del extracto, y se pone a disposición de las partes y del ponente para instrucción. Terminados los autos se hace la vista cuando la cuantía es superior a 1.000 pesetas, y no hay juicio oral si la cuantía es menor. Se dicta sentencia y se devuelve el expediente administrativo a la Entidad reclamada con la correspondiente certificación de la sentencia para su ejecución.

Además de estos tres grupos de pleitos, las Audiencias producen documentación de régimen interno o de gobierno, que en el archivo de Valladolid está agrupada en dos secciones diferentes.

2. Secretaría de Gobierno

Solamente el nombre de «Secretaría» ya dice la diferencia que existe con los pleitos. Se trata de la documentación de régimen interno o sea la de tramitación administrativa, que es menos interesante y por tanto la que más pronto se destruye; entra desordenada en el archivo en forma de «expedientes» que nosotros agrupamos por materias y por años (siguiendo un poco la ordenación de los pleitos). En Valladolid no hemos destruido nada del período 1930-1940, pero la verdad es que hemos encontrado muy poco. Lo más interesante son los expedientes personales de todos los funcionarios del Ministerio de Justicia y asimilados que tenemos ordenados alfabéticamente por apellidos, y son unos 340 legajos; si todos ellos estuvieran metidos en un ordenador tendríamos ya listados de los nombres y cargos de los funcionarios de 1936, 37, etc., pero de momento hay que buscarles pasando el fichero manualmente.

También se conservan todos los nombramientos de Justicia Municipal de aquellos años —jueces y fiscales propietarios y sustitutos (los que a partir de 1944 se llamarán de Paz) ordenados alfabéticamente por pueblos, y en los que se observan alguna falta de nombramientos de los años 1935-1937, explicable por la situación de guerra que naturalmente repercutiría hasta en el correo.

Del resto de esta documentación de los años 1930-39 no conservamos apenas nada porque la guerra paraliza los asuntos; de edificios y obras no hay nada excepto la explotación de la huerta de la Audiencia para el presidente; alguna denuncia contra jueces municipales en 1936; y las quejas y reclamaciones presentadas al presidente que empiezan en 1939.

3. LIBROS DE ARCHIVO

Los libros se conservan siempre en los archivos, por eso tenemos en el de Valladolid una colección aproximada de 700 volúmenes. Los más interesanates y que tienen más datos son los Libros de Actas de Gobierno, los de Actas de Justicia Municipal y los de Actas del Tribunal Pleno. Los más numerosos son los libros Registros que llevándose al día como instrumento administrativo, pueden después proporcionar muchos datos de carácter estadístico.

Son aproximadamente 50 libros los que conservan información del período de la guerra, unos tienen poco interés como «competencias entre juzgados», «reparto de mayores cuantías por turnos», o «registro de piezas de convicción» y otros son más sugerente como «ejecutorias de asuntos criminales», «registro de autos incidentes o con carácter definitivo», o «inventario general de los expedientes incoados en la Secretaría de Gobierno». Todos estos libros son de acceso inmediato desde el momento que entran en el archivo, por ello para facilitar la consulta de los historiadores presento un listado como anejo I de esta ponencia.

Además se conservan también en libros las sentencias originales de todas las Salas, encuadernadas, ocho libros en total: tres de Civil, tres de Penal, uno de Contencioso, y uno del año 1939 de las tres Salas.

Los dos grupos documentales que no pertenecen a la jurisdicción de la Audiencia Territorial, pero cuyos fondos hoy se pueden consultar, con las debidas reservas, son Magistratura de Trabajo y Responsabilidad Políticas.

4. MAGISTRATURA DE TRABAJO

Desde 1932 funcionaron los Tribunales Mixtos provinciales que intentaban la conciliación en las reclamaciones de los trabajadores a sus respectivas empresas, tribunales que tenían capacidad para resolver solo de una materia concreta. De este primer momento solamente hay un expediente de 1936 en el que el Jurado mixto de Construcción interviene en un caso de diferencias de salario, y al parecer se conserva porque el empresario José González no se conformó y demostró que los reclamantes eran obreros del campo y por tanto debía de pasar su reclamación a otro Jurado.

Para sustituir a estos Jurados Mixtos de la república se crea en marzo de 1938 la Magistratura del Trabajo, como tribunal de jurisdicción especializada, y se admite la primera demanda en el Tribunal Provincial de Valladolid el 23 de junio de 1938, comenzando con ella el expediente 1/1938. Conservamos de la época de la Guerra Civil tres legajos, dos de 1938 (números 1 a 102) y otro hasta abril de 1939 (números 1 a 80), es decir, 182 expedientes en total. Es un tribunal que protege a los obreros; la mayoría de ellos alegan que son de falange o que han hecho la guerra lo que indudablemente parece que inclina a la benevolencia a los jueces.

¿Y cómo son los expedientes de Magistratura?

Los documentos que constituyen cada expediente son: la reclamación escrita del posible perjudicado e inmediatamente después el acto de conciliación con la presencia de las dos partes y si hay avenencia se levanta el acta correspondiente y se acaba el trámite.

Si no hay avenencia se presenta la demanda con documentos anejos, la contestación también con su prueba, el acta del juicio oral que es un documento único en su género y suele ser conciso y claro, y por último, la sentencia.

Es curioso señalar la diferencia que existe entre el lenguaje de estos expedientes y el utilizado en la jurisdicción ordinaria sobre todo en lo civil. En estos expedientes, la claridad del lenguaje, la simpleza del trámite y por tanto la rapidez de resolución podrían servir de modelo a los demás procedimientos.

5. RESPONSABILIDADES POLÍTICAS

El último grupo documental al que me voy a referir es el fondo que llamamos de «Responsabilidades Políticas» que agrupa todos los expedientes que se tramitaron en esta Zona Nacional contra aquellos a los que una denuncia les señalaba como enemigos del Movimiento Nacional. Conservamos varios libros registros y 28 legajos donde los expedientes están separados por provincias, y dentro de ellas por orden cronológico o de registro de entrada. Es una documentación poco estudiada aún en la que tendremos que separar los expedientes propiamente dichos de la documentación administrativa.

Desde principios de 1937 empezaron a funcionar dos Comisiones provinciales, la de Incautación de Bienes por el Estado y la de Intervención de Créditos, y sus expedientes se tramitaban ante un juzgado especial cuyo secretario era el mismo que el del Juzgado de Instrucción, y en ellos se resolvía respecto al denunciado si «eran o no ciertos los cargos que han motivado su inclusión en las listas de desafectos», para añadir a continuación «que pase este expediente al Tribunal Regional tan pronto se constituya»; esto nos indica la prisa del Gobierno en poner a funcionar estas comisiones antes de estar definitivamente establecido el sistema.

Pero próxima la terminación de la guerra se promulga la ley de Responsabilidades Políticas de 9 de febrero de 1939, que penaliza actuaciones y conductas anteriores al momento de declararse la guerra, de los que «contribuyeron a crear o agravar la subversión de todo orden de que se hizo víctima España y las que desde esta fecha se hayan opuesto o se opongan al llamado Movimiento Nacional con actos concretos o con pasividad grave».

A partir de esta ley se crea un Tribunal Regional de Responsabilidades Políticas con sede en Valladolid y donde convergen los expedientes de las cinco provincias del territorio. El Gobierno pide voluntarios entre los magistrados y el expediente que se formó por este motivo muestra claramente la diferente forma de pensar de éstos.

En este Tribunal se ven además de las Responsabilidades Políticas, las denuncias de masonería (ley de 1 de marzo de 1940), e incluso la responsabilidad civil de las sentencias de Jurisdicción militar cuya materia correspondía al recién creado Tribunal. Los ánimos muy exaltados al principio poco a poco se calman y en el año 1941 prácticamente se sobreseen todas las denuncias. En muchas ocasiones el interés se centra en las penas pecuniarias de tal manera que los bienes que se confiscan o la defensa de los propios bienes es la parte más importante del expediente. Este es el caso de un agricultor de Castronuño que es distribuidor de abonos de una fábrica de Bilbao; pues cuando le incautan los bienes con motivo de instruirle expediente, la empresa de abonos intenta por todos los medios demostrar que los abonos aunque estén depositados en una panera no eran propiedad del dueño de la misma.

¿Qué documentos constituían estos expedientes?

El primer documento es la denuncia, que se presentaba en el Juzgado especial contra los que eran tenidos por «izquierdistas, comunistas, socialistas, extremistas o marxistas», a la que contestaba el denunciado aportando su prueba que consistía en declaración de testigos, si es que alguien se prestaba a ello, también se pedía informe sobre la conducta del denunciado al juez y al fiscal municipal, cuyos informes eran generalmente definitivos, y terminaba con el documento-resumen al que ya me he referido; y finalmente estaba la sentencia, muchas veces por triplicado, dada por el Tribunal Regional.

Después de hablar de los documentos judiciales de los años de la Guerra, que es el núcleo de mi charla, voy a referirme, para los que quieran investigar sobre ellos, a dos aspectos interesantes que deben conocer. Son: cómo se conservan estos documentos y cómo se puede acceder a ellos.

ACCESO

Empiezo por el último punto: ¿Cómo se puede acceder a esta documentación?

Teóricamente el acceso a la documentación de los archivos estatales es un derecho de todos los ciudadanos excepto cuando existen impedimentos recogidos en las leyes. En la legislación española hay dos tipos de impedimentos.

1.º *Aspecto legal interno* derivado del propio documento. Pues no se puede consultar el documento que intrínsecamente, es decir por su contenido o por la fecha que está expedido, debe de permanecer reservado.

2.º *Aspecto legal externo* derivado de la forma y modo en que la documentación permitida debe llegar a los investigadores para lograr su mayor difusión pero sin que se altere ni la conservación ni la seguridad del documento.

Primero

En España el acceso de consulta de los documentos, en función de su contenido y antigüedad, esta fijado en la *Ley 16/1985, de 25 de junio, del PATRIMONIO HISTORICO ESPAÑOL (Boletín Oficial del Estado de 29 de junio de 1985)*, en su artículo 57 que dice textualmente.

Artículo 57

1. La consulta de los documentos constitutivos del Patrimonio Documental Español a que se refiere el artículo 49.2 se atendrá a las siguientes reglas:

a) Con carácter general, tales documentos concluida su tramitación y depositados y registrados en los archivos centrales de las correspondientes entidades de Derecho Público, conforme a las normas que se establezcan por vía reglamentaria, serán de libre consulta a no ser que afecten a materias clasificadas de acuerdo con la Ley de Secretos Oficiales, o no deban ser públicamente conocidos por disposición expresa de la Ley, o que la difusión de su contenido pueda entrañar riesgos para la seguridad y la defensa del Estado o la averiguación de los delitos.

b) No obstante lo dispuesto en el párrafo anterior, cabrá solicitar autorización administrativa para tener acceso a los documentos excluidos de consulta pública. Dicha autorización podrá ser concedida, en los casos de documentos secretos o reservados, por la Autoridad que hizo la respectiva declaración, y en los demás casos por el Jefe del Departamento encargado de su custodia.

c) Los documentos que contengan datos personales de carácter policial, procesal, clínico o de cualquier otra índole que puedan afectar a la seguridad de las personas, a su honor, a la intimidad de su vida privada y familiar, y a su propia imagen, no podrán ser públicamente consultados sin que medie consentimiento expreso de los afectados, o hasta que haya transcurrido *un plazo de veinticinco años desde su muerte, si su fecha es conocida, o en otro caso de cincuenta años, a partir de la fecha de los documentos.*

2. Reglamentariamente se establecerán las condiciones para la realización de la consulta de los documentos a que se refiere este artículo así como para la obtención de reproducciones de los mismos.

Es decir que los documentos judiciales generados durante la guerra civil, en parte, no son todavía hoy de consulta pública. Los documentos personales del General Franco que murió en 1975 —su historia clínica, por ejemplo— no deberían por esta ley darse a la investigación hasta el mes de noviembre del año 2000 y nunca antes. Pero dado que ha cambiado la mentalidad respecto al concepto de «lo reservado» ya que todos contamos cualquier cosa sin importarnos quién lo escucha y cómo se interpreta, y que ha cambiado mucho también, debido a la prensa del corazón sobre todo, lo que consideramos es íntimo y personal de cada uno, y que existe un gran incremento en los estudios de historia contemporánea actual nos lleva a los archiveros, en general, a liberar estos documentos antes del plazo previsto, pero si hubiera algún archivero civil o militar que se ajustara a la ley, no debería ser objeto de críticas ni comentarios por parte de los investigadores como de hecho ocurre.

Segundo

Superado el primer paso que todos los investigadores deben conocer, es decir que hay documentos judiciales que pueden consultarse sin restricciones, que hay otros que necesitan un permiso especial y otros que no se pueden consultar, deben de saber que existen otros impedimentos, muy fáciles de superar, fijados en el Reglamento para el Régimen y Gobierno de los Archivos del Estado, cuyo servicio está encomendado al Cuerpo Facultativo de archiveros, bibliotecarios y arqueólogos aprobado por el real decreto de 22 de noviembre de 1901, del Ministerio de Instrucción Pública —ya que aún no se ha hecho la reglamentación a que se refiere el artículo 57.2 que les acabo de leer—, y que muchas veces producen malestar a los investigadores.

Las normas que protegen al documento y evitan su robo o deterioro son: la exigencia de un carné de investigador que se extenderá previa una carta de presentación por parte de un catedrático, profesor, académico o archivero, con lo que se pretende saber quién es y quién conoce al que llega a un archivo. También se protegen los documentos cuando se exige una hoja de pedido firmada por el solicitante de cada documento o expediente servido, cuando se recoge el documento terminado antes de entregar el siguiente, cuando se obliga a dejar libros, carpetas, etc., en unas mesas separadas de la de trabajo. Todas estas normas formales dictadas únicamente para la protección del documento, no son capricho de los archiveros y sin embargo su aplicación hace que muchos investigadores, permítanme que lo diga, muchos investigadores «indisciplinados» se consideran ofendidos cuando se les pide colaboren en estos pequeños detalles.

CONSERVACION

¿Cómo y qué documentación judicial se conserva? No me puedo extender mucho pero les diré que la documentación judicial está encomentada por ley a los secretarios de los Juzgados y de las Audiencias, y su custodia y conservación se regula por ordenes del Ministerio de Justicia. En la ley orgánica 6/1985, de 1 de julio del Poder Judicial (*Boletín Oficial del Estado* n.º 157, de 2 de julio de 1985) en el título II, artículo 473, apartado 3 dice que a los secretarios corresponde «la guarda y depósito de la documentación, su archivo y la conservación de los bienes y objetos afectos a los expedientes judiciales». En esta ley que es muy reciente no se ocupa de la documentación una vez tramitada, es decir que los archiveros no existimos para ella.

De tal manera no se ha pensado nunca que la documentación judicial pertenece al Patrimonio Documental Español, que los libros más importantes para la individualización de las personas e insustituibles para la investigación biográfica o genealógica, me refiero a los Libros del Registro Civil, cuya colección empieza con la creación del Registro Civil en 1871 se conservan —supongo que se conservarán— en los Archivos de los Juzgados Municipales. También los secretarios de los Juzgados de Instrucción conservan —supongo que conservarán— las sentencias de lo Penal encuadernadas. Esto manda la ley. Respeto al resto de la documentación se destruye cuando se llena el archivo o según criterio del responsable del mismo, es decir del secretario. Y esta documentación perdida es la vida jurídica de las masas populares, es la que se halla más íntimamente enlazada con el vivir cotidiano del pueblo español. (Estas frases están tomadas del Preámbulo de la Ley de Bases de Justicia Municipal.)

Siento ponerme tan seria, pero tengo que decirles que en ninguno de los nueve Archivos Históricos Provinciales de la Autonomía de Castilla y León se conserva ningún proceso ni de los juzgados ni de la Audiencia Provincial de su respectiva provincia de los años 1936-1939. Todos están destruidos.

(Los archivos de la Audiencia Provincial de Salamanca, o por lo menos parte de ellos se destruyeron en noviembre de 1982 y fue la empresa Ramos que tenía en su camión el rótulo «GARANTIZAMOS LA DESTRUCCION DE SUS ARCHIVOS» la encargada de sacar los documentos de la Audiencia Provincial. Por el contrario, la archivera de León pudo hacerse cargo de un pequeño fondo judicial posterior a la guerra, que iba a destruirse, ante la ira y desesperación de algún funcionario que aseguraba era necesaria la destrucción de aquellos papeles para que pudiera publicarse la Colección Legislativa).

Los archivos de las Audiencias Territoriales y del Tribunal Supremo han recibido mejor tratamiento. Están sujetos a los mismos criterios de destrucción, pero han tenido una ventaja, desde noviembre de 1931 han estado atendidos por el Cuerpo Facultativo de Archiveros según dispone el decreto número 1990 de Justicia e Instrucción Pública. De la Audiencia Territorial de Valladolid acaban de escucharme la descripción de sus fondos, pero no sólo en Valladolid, sino en todos los archivos de las Audiencias Territoriales de la llamada Zona Nacional pueden encontrar documentación de las guerra civil. En la Coruña hay 1.973 causas, 923 pleitos civiles, otros 400 sin señalar materia y 32 libros. En Zaragoza existe documentación de Gobierno, sobre todo expedientes personales y expedientes de Justicia Municipal, y también procesos, de los que hay causas criminales, en menor número, como es natural, pleitos civiles, y nada de contencioso. Y finalmente en Pamplona conservan 250 legajos de expedientes personales de los que no se pueden especificar los correspondientes al período de la guerra y 45 libros de la Secretaría de Gobierno, 61 legajos y 12 libros de Fiscalía, y en cuanto a pleitos tienen 76 legajos de Criminal, 11 legajos de Civil y 5 legajos de Contencioso.

Me gustaría explicarles cómo se conserva esta documentación en Valladolid, la falta de instalaciones y las dificultades que hay en los pequeños archivos administrativos para atender a los investigadores, por eso sería estupendo que ustedes investigadores, que están demostrando su interés por la documentación de la guerra civil, se interesen por la documentación judicial caducada, para que a partir de ahora todos actuemos e incluso presionemos para que ésta pase, antes de ser destruida, a un archivo histórico.

LIBROS DE ARCHIVO. AÑOS 1936-1939

Título	Años	Signatura
Actas de Sala de Gobierno. Acuerdos	1935-1937	L. n.º 20
Actas de Sala de Gobierno. Acuerdos	1937-1940	L. n.º 21
Actas de Sala de Gobierno. Justicia Municipal	1930-1939	L. n.º 39
Actas del Tribunal Pleno. Acuerdos	1933-1944	L. n.º 30
Competencias entre Juz. Municipales y 1.ª Instancia	1931-1951	L. n.º 463
Devolución de documentos de diversos juzgados	1938-1943	L. n.º 504
Ejecutorias en asuntos criminales (N.º 1 Audiencia)	1933-1947	L. n.º 695
Ejecutorias en asuntos criminales (N.º 2 Plaza)	1933-1949	L. n.º 697
Ejecutorias en asuntos criminales	1933-1941	L. n.º 698
Ejecutorias en asuntos criminales	1933-1937	L. n.º 458
Entrega de causas criminales a procuradores (1.ª S.)	1933-1947	L. n.º 269
Entrega de causas criminales a procuradores (2.ª S.)	1933-1941	L. n.º 271
Indice alfabético procesados en causas rebeldes	1933-1941	L. n.º 494
Inventario General de expedientes incoados en la Secretaría de Gobierno indicando su paso al archivo	1933-1975	L. n.º 684
Matrícula de asuntos contencioso-administrativos	1935-1939	L. n.º 466
Matrícula civil de pleitos	1933-1936	L. n.º 244
Matrícula civil de pleitos	1936-1938	L. n.º 245
Matrícula civil de pleitos	1939-1941	L. n.º 246
Matrícula civil de pleitos	1936-1940	L. n.º 249
Matrícula civil de pleitos	1936-1941	L. n.º 535
Personal de audiencias: jueces todoo el territorio	1933-1938	L. n.º 68
R.º Autos e incidentes con carácter definitivo	1925-1951	L. n.º 91
R.º Circulares y comunicaciones con la superioridad	1933-1980	L. n.º 692
R.º Comunicaciones con el Ministerio de Justicia	1934-1936	L. n.º 88
R.º Comunicaciones con el Ministerio de Justicia	1938-1941	L. n.º 89
R.º de condenas condicionales (1.ª Secretaría)	1933-1946	L. n.º 93
R.º de condenas condicionales (2.ª Secretaría)	1933-1941	L. n.º 451
R.º de correo: reparto de mayores cuantías	1931-1951	L. n.º 538
R.º de expedientes de responsabilidades políticas	1931-1941	L. n.º 481
R.º General de apelaciones civiles	1931-1943	L. n.º 254
R.º General de Asuntos contencioso-administrativos	1931-1953	L. n.º 540
R.º General de Causas Penales. Secretaría Herrero	1936-1939	L. n.º 421
R.º General de Causas Penales. Secretaría Garde	1933-1939	L. n.º 422
R.º General de Causas Penales. Secretaría Santamaría	1936-1940	L. n.º 610
R.º General de entrada	1935-1937	L. n.º 86
R.º General de entrada	1937-1939	L. n.º 45
R.º General de salida	1937-1938	L. n.º 55
R.º General de salida	1938-1939	L. n.º 56
R.º General de Títulos	1933-1945	L. n.º 80
R.º de penados	1933-1951	L. n.º 652
R.º de piezas de convicción	1929-1942	L. n.º 399
R.º de procesados rebeldes. Secretaría Garde	1933-1946	L. n.º 94

Título	Años	Signatura
R.º de procesados rebeldes. Secretaría Herrero	1933-1941	L. n.º 398
R.º de salida de certificaciones de votos reservados de los asuntos que en recurso de casación se tramitan en el Tribunal Supremo	1921-1941	L. n.º 90
R.º de sentencias de asuntos penales	1936-1946	L. n.º 432
R.º de sentencias y autos en asuntos cont.-admitr....	1888-1955	L. n.º 474
R.º de sentencias civiles y votos reservados	1933-1945	L. n.º 215
R.º de sumarios	1933-1940	L. n.º 419
Señalamientos de causas penales	1933-1945	L. n.º 475
Señalamientos de pleitos civiles (borrador)	1928-1945	L. n.º 261
Señalamientos de pleitos civiles (conclusos)	1929-1940	L. n.º 259

FUENTES JUDICIALES-MILITARES

El acceso a los Archivos Judiciales Militares

JESÚS ANTONIO DEL OLMO PASTOR
Del Cuerpo Jurídico Militar. Abogado

1. INTRODUCCIÓN

Cuando recibí la invitación para participar en unas jornadas que tenían como título «La administración de Justicia durante la guerra civil», me sentí ciertamente preocupado, a la vez que honrado, ya que mis conocimientos sobre la última contienda no tenían otra fuente que los libros de historia o de memorias, en los que ciertamente no se han prodigado estudios sobre esta apasionante materia.

Quizá por ello preferí analizar los aspectos actuales de acceso a las fuentes de información de aquel período, apartándome de hechos y vivencias que, afortunadamente, y por edad, no experimenté.

Elegí entonces un tema de actualidad, el acceso a los archivos judiciales militares, que aparece todavía sin resolver por la ausencia específica de disposiciones que lo regulen con nitidez.

Estas breves líneas, construidas desde el derecho positivo y desde las opiniones personales, pretenden ofrecer una vía que conjugue el interés legítimo a conocer e informar de lo que ocurrió con la salvaguarda de la intimidad de las personas que intervinieron, como justiciables o actores, en la administración de justicia.

No dejan de ser un apunte breve, sometido siempre a mejor opinión.

2. REGULACIÓN DE LOS ARCHIVOS JUDICIALES MILITARES

2.1. El Archivo General Militar

En el año 1898 fueron promulgadas dos disposiciones sobre archivos militares, que aún siguen vigentes.

La primera de ellas, un real decreto de 22 de junio de 1898, creó, con carácter administrativo, el Archivo General Militar. En él deberían refundirse todos los fondos dependientes del entonces Ministerio de la Guerra, y su ubicación quedaba constituida en el Alcázar de Segovia.

En su desarrollo se dictó una orden circular de 1.º de septiembre de 1898, que aprobó el Reglamento provisional de Archivos. Esta provisionalidad, como ha ocurrido en tantas otras disposiciones patrias, se ha transformado en cuasi definitiva, puesto que su mayor parte sigue aún vigente.

El Reglamento creó cuatro secciones para el orden y conservación de los documentos que albergaría el Archivo General, destinándose la cuarta a «causas». En esta Sección —que se estructuraba sin divisiones— se agrupaban los «procedimientos, sumarios, expedientes gubernativos, administrativos e informativos» de todas las procedencias.

Sin embargo, en su contenido, que regulaba con cierta minuciosidad todas las cuestiones relacionadas con la expedición de documentos depositados, no se establecieron los plazos en que debían, o podían, remitirse las actuaciones judiciales donde sus archivos de origen, si bien dejaba claramente establecido que ninguno de ellos podía ser recibido sin la expresa autorización del Ministerio de la Guerra.

La obsolescencia notoria de esta legislación motivó que el antiguo Ministerio de Presidencia del Gobierno, y mediante una orden de 27 de julio de 1972, constituyera una Comisión Interministerial encargada de actualizarla. Esta Comisión fue transferida a la Subsecretaría de Defensa en el año 1979. Durante los dos años siguientes la Comisión se reunió en numerosas ocasiones, y sus miembros, entre los que se encontraban representantes del Ministerio de Cultura, elaboraron un nuevo Reglamento de Archivos Militares que, prácticamente ultimado, quedó «congelado» a finales de 1981, ya que todo desarrollo del artículo 105 de la Constitución debía realizarse formalmente a través de una ley. Como simultáneamente se iniciaban por Presidencia del Gobierno los estudios de un proyecto de nueva ley de Procedimiento Administrativo, en el que se pensaba tratar las consultas e investigaciones de fondos depositados en Archivos Históricos, aquel proyecto de modernización quedó archivado.

De este modo nos encontramos con una ausencia de normas actuales que reglamenten la organización de los Archivos Militares, y con una laguna cierta de ley sobre la obligatoriedad de centralizar los archivos judiciales.

2.2. La custodia de procedimientos judiciales. Situaciones de hecho

En su inmensa mayoría las causas instruidas con ocasión de la última contienda civil continúan archivadas o en el Consejo Supremo de Justicia Militar, o en las Capitanías Generales en que fueron instruidas y Juzgados, formando parte de su archivo judicial.

El Consejo Supremo de Justicia Militar recibió los procedimientos conocidos por la antigua Sala VI, de lo Militar, del Tribunal Supremo, creada en 1931, y conserva, además de un testimonio, todos aquellos procedimientos enjuiciados en el resto de España. Esta centralización obedece a la obligación creada por el Código de Justicia Militar de 17 de julio de 1945, que imponía a las Autoridades Judiciales Militares la remisión de un resumen elaborado por el juez Instructor del informe o acusación fiscal y de la defensa, sentencia, escritos posteriores de los mismos si los hubiere, dictamen del auditor y decreto judicial subsiguiente en las causas cuyos fallos aprueban, así como testimonio también de las decisiones judiciales que se dicten y dictámenes en que se funden acerca de los sobreseimientos, inhibiciones o resoluciones que acuerden (artículo 52, apartado 12).

El Archivo del Consejo Supremo depende hoy de su secretario.

En las Capitanías Generales los archivos están adscritos, en su organización y custodia, a las Secretarías de Justicia. Estos órganos que dependen directamente de las Autoridades Judiciales, asumen la obligación de mantener «ordenado y al corriente el archivo de antecedentes y documentación a su cargo» (artículo 60 del CJM).

La penuria de medios en que se ha visto inmersa la Jurisdicción Militar ha ocasionado, en muchos casos, la pérdida de procedimientos en aquellos archivos, pérdida originada, en su mayoría, por accidentes físicos —inundación o incendios— o por traslados sucesivos de lugar.

Como ejemplo del volumen de procedimientos custodiados, citamos el archivo judicial de la Primera Región Militar, del que se ha ultimado hace escasos días su traslado y reorganización, elaborándose fichas individualizadas de cada legajo censado, que ha ofrecido un resultado superior al medio millón de documentos.

En estos momentos existen 19 archivos judiciales que se ubican en distindos lugares de la geografía, si bien ya algunos de ellos, producida la reorganización territorial del Ejército de Tierra, se han refundido si no físicamente, sí al menos en dependencia (por ejemplo La Coruña y Valladolid o Sevilla y Granada).

3. El acceso a los Archivos Judiciales Militares. Criterios

3.1. Principios constitucionales sobre el derecho a la información

La Constitución de 1978 consagra en el apartado *d)* del número 1, de su artículo 20, el derecho de todo ciudadano «a comunicar o recibir libremente información veraz por cualquier medio de difusión».

Su regulación, separada del derecho a la libre expresión, permite suponer que para el legislador constituyente el derecho a la información no es sólo una manifestación o variedad de la libertad de expresión, sino que es algo más, un plus que garantiza la participación responsable del ciudadano en la vida pública, participación siempre deseada en un sistema político que se define como democrático y que hace residir la soberanía nacional en el pueblo.

Desde estas premisas, el derecho a la información tiene una doble estructura. En primer término se manifiesta como un derecho subjetivo a emitir y difundir los propios conocimientos de forma veraz; en segundo lugar aparece como el derecho colectivo a recibirlos para la mejor expresión de la voluntad popular en la participación política.

Este derecho no se concibe absoluto, sino que su ejercicio tiene límites —el concepto de límite es inherente al derecho— queridos por el propio texto que lo hace nacer definidos por las leyes que lo desarrollan.

Así, el apartado 4 del artículo 20 comentado afirma que las libertades que estatuye tienen su límite en el respeto a los demás derechos reconocidos en el Título en que está ubicado, en los preceptos de las leyes que lo desarrollan y, especialmente, en el derecho al honor, a la intimidad, a la propia imagen y a la protección de la juventud y de la infancia.

Pero, en nuestro criterio, los límites constitucionales al derecho a la información no se agotan en el precepto que se acaba de transcribir, sino que existen otros que gravitan sobre su mismo origen: las fuentes de la información.

Así, el artículo 105, apartado *b)*, al referise al derecho de acceso de los ciudadanos a los archivos y registros administrativos, expresa que éste está constreñido por el principio de seguridad y defensa del Estado, por la necesaria reserva que debe presidir la tramitación de todo procedimiento encaminado al esclarecimiento de hechos delictivos, o por la intimidad de las personas.

De este modo el legislador constituyente diseña el ciclo del derecho a la información equilibrando la participación responsable de todo ciudadano en la vida política —que exige, como decíamos, una previa y adecuada información— con los límites nacidos de otros principios o derechos constitucionales.

3.2. El acceso a los archivos judiciales

Definido el acceso a los archivos administrativos por el artículo 105 de la Constitución en los términos expuestos, cabe preguntarse si el término «administrativo» engloba en su seno al archivo judicial.

Concluir una posición negativa desde la exégesis terminológica, o desde la concepción de que ambos son, en último término, instrumentos de dos poderes distintos del Estado, parece la posición más lógica.

Sin embargo, de mantenerla, carecería de sentido el que la propia Constitución defina como uno de sus límites «la averiguación de los delitos», actividad que parece reservada al Poder Judicial, salvo que se adujera que aquél se refiere únicamente a la actuación policial gubernativa, lo que nos parece excesivamente restrictivo.

Para despejar esta duda no resulta de mucha utilidad analizar los debates parlamentarios constituyentes, puesto que la redacción de este apartado permanece invariable a lo largo de su discusión en ambas Cámaras, ni tampoco existen precedentes en derecho comparado, porque esta materia no suele estar constitucionalizada.

Tampoco ayuda en demasía el breve desarrollo legal que sobre acceso a los archivos ha realizado la Ley 16/1985, de 24 de mayo, sobre patrimonio histórico, cuyo artículo 72 afirma:

> «La Administración del Estado garantizará el acceso de todos los ciudadanos españoles a los Archivos, Bibliotecas y Museos de titularidad estatal, sin perjuicio de las restricciones que, por razón de la conservación de los bienes en ellos custodiados o de la función de la propia institución, puedan establecerse»

si no se hace el esfuerzo de entender que dentro del término «archivo» se comprenden todos, cualquiera que fuese su naturaleza.

Existe, en nuestro criterio, un vacío cierto, una laguna legal, sobre el acceso a la información que obra en los archivos judiciales, que debe ser llenado con una normación específica.

3.3. Los criterios sobre acceso a Archivos Judiciales Militares

Han sido ya varias las peticiones de legítimos interesados (ciudadanos que fueron condenados, herederos o familiares) o de investigadores, cursadas a distintos órganos del Ministerio de Defensa, solicitando el acceso a archivos judiciales relacionados con la guerra civil.

Sus pretensiones, lógicamente, han sido argumentadas de muy distinto modo. Desde el necesario apoyo documental para instrumentar la aplicación de beneficios conferidos por leyes que atendían a la reconciliación nacional (amnistías, reconocimiento de derechos de quienes formaron parte de las Fuerzas Armadas o del Orden Público de la República); desde el deseo de conocer las últimas manifestaciones de seres queridos, vertidas en procedimientos judiciales, o desde la necesidad de documentar una tesis doctrinal, todas las razones han sido prácticamente esgrimidas para conocer los procedimientos judiciales incoados en el período 1936-1939.

Las respuestas a estas peticiones han sido consecuentemente distintas.

En principio no se ha autorizado, como criterio general, el acceso a un procedimiento completo, por las razones que luego se dirán.

A quienes han solicitado testimonio de sentencias en los que figuraban como enjuiciados, o bien se les ha expedido en su integridad o bien se les ha comunicado el fallo de la sentencia, si éste contenía los extremos que permitan documentar en pretensión (por ejemplo la cita de un empleo militar, dato requerido para la aplicación de los beneficios otorgados por el título II de la ley 37/1984, de 22 de octubre.

Si se ha solicitado testimonio de una declaración o de cualquier otra diligencia procesal, se han valorado los límites relacionados con la intimidad de las personas, límites que han presidido, prácticamente, todas las decisiones sobre acceso a procedimientos completos.

Es cierto que existe un deseo general de alcanzar una auténtica reconciliación nacional; de restañar, para siempre, las viejas, pero no por eso menos cruentas, heridas producidas por la última contienda. Este deseo, como antes hemos afirmado, ha promovido muchos de los textos jurídicos promulgados desde 1975 hasta nuestros días.

Pero aún existe una duda razonable, ¿qué daños pueden producirse en la imagen pública, o privada, de los jueces, fiscales, testigos, etc., que intervinieron en aquellos procedimientos, si aparecen ante la opinión pública sus actuaciones; ¿cómo puede afectar al propio honor de un procesado la publicación de su condena que apreció, quizás, un delito de cobardía? ¿en qué medida los condenados o cualquiera otro interviniente en aquellos procesos, o sus herederos legítimos, no deben intervenir en la decisión que permitiera que los documentos que los constituyen sean investigados por personas que, en principio, no tienen la necesidad legal de conocerlos, y no está obligados al deber genérico de reserva de todo funcionario público?

Todas estas cuestiones no tienen fácil respuesta, aunque laten en su fondo algunos indicios para encontrarla.

En primer término debería existir en la sociedad un deseo común de discutir los propios errores, con la finalidad única de no volver a repetirlos. Sin embargo este deseo, en nuestra opinión, aún no ha llegado a constituirse en realidad y precisamente porque el tiempo no ha sido todavía el suficiente para que todos y cada uno de los miembros de aquellas generaciones acepten sus propios actos como pasado y como elemento de experiencia para generaciones futuras.

En segundo lugar, debería aceptarse que los hechos, afortunadamente, no se enjuician igualmente en el tiempo. Y no nos referimos sólo al juicio del derecho, sino al humano. El viejo aforismo romano que afirma que «en tiempos de guerra, el derecho cede ante el paso de las lanzas», refleja un hecho cierto y es que en guerra nace una nueva moralidad social, moralidad que es, en la mayoría de los casos, olvidada y rechazada cuando se firma el armisticio. Desde el restablecimiento de la paz, exigido el cumplimiento del derecho de la guerra, ya no existen parámetros válidos para enjuiciar lo que se hizo, sino sólo para afirmar que se hizo. Entra aquí la labor del historiador, que sin embargo no podrá desposeerse de su propia subjetividad.

Si todos estos elementos se dieran en este momento histórico, podría admitirse el criterio que defiende el acceso libre a los archivos judiciales de la Guerra Civil. Pero en la convicción de que ello no es así, deben atenderse a otras razones.

La primera, ya reiterada, es la salvaguarda de la intimidad de las personas, de aquellos relacionados en o con el procedimiento.

La intimidad está jurídicamente protegida, en desarrollo constitucional, por la ley orgánica 1/1982, de 5 de mayo. De su contenido sólo pretendemos reseñar aquí que la ley no define este concepto, aunque sí ofrece como guías de su conocimiento el uso social y la propia salvaguarda. Estos criterios legislativos son los que permitirán acuñar este concepto jurídico indeterminado.

No existe duda de que esta definición reside, en última instancia, en el Estado, esencialmente en su Poder Judicial.

Desde esta premisa, el acceso a un archivo judicial militar debe ser decidido, en un primer expediente, por la Administración y en su última garantía por los Tribunales de Justicia.

El primer expediente a que nos referimos debería equilibrar el juego de dos principios:

Uno, el interés legítimo de quien lo solicitare, y muy especialmente el del investigador.

Otro, el derecho a la intimidad de quienes siendo sujetos activos o pasivos de cualquier actuación, fuese esta voluntaria o por razón de cargo, tienen por sí o por sus antepasados o herederos, a que la divulgación de la información que contuvieran no se preste a difamación ni les haga desmerecer de la consideración ajena.

La decisión que recayese deberá tener abiertos los canales de impugnación judicial, de modo que fuese una sentencia la que defina el equilibrio antes apuntado.

Siguiendo estos criterios, la petición de acceso deberá formularse ante la Autoridad encargada de la custodia.

Procederá, en este íter administrativo, su revisión por el titular del Departamento, quien pondrá fin a esta vía.

Entendemos que con este procedimiento se ofrecen garantías bastantes para hacer realidad el equilibrio de derechos e intereses que tantas veces hemos propugnado.

Mucha menor trascendencia, en cuanto elemento limitador, tendrá la «seguridad y defensa del Estado», porque en esta área singular no parecen existir hoy materias que deban reservarse a la información pública cincuenta años después de que tuvieran lugar. Ni los medios y formas de acción de la guerra son siquiera semejantes, ni existirán materias clasificadas objeto de protección.

Tampoco merece especial consideración el último de los límites establecidos por el artículo 105 *b)* de la Constitución, hoy ya imposible por los plazos generales de prescripción de los delitos establecidos en el artículo 115 del Código Penal o en el artículo 46 del Código Penal Militar.

En su consecuencia, es la intimidad de las personas el único límite ciertamente atendible del principio de acceso general a los archivos judiciales.

3.4. El futuro de los archivos judiciales militares

Hemos analizado hasta aquí la situación de nuestros días y aunque sólo sean unas breves pinceladas, queremos apuntar cuál será el futuro inmediato de estos archivos.

La organización y administración de la justicia castrense ha sido profundamente reformada para adaptarla a los principios constitucionales.

El principio de unidad del Poder Judicial del Estado y la necesaria actuación de la Jurisdicción Militar en el ámbito estrictamente castrense (título VI de la Constitución y artículo 117.5 de su contenido), han informado las tres leyes orgánicas promulgadas en el período 1985-1987.

El Código Penal Militar, ley orgánica 13/1985, de 9 de diciembre; la ley orgánica de Régimen Disciplinario de las Fuerzas Armadas, 12/1985, de 27 de noviembre, y la ley orgánica que regula la competencia y organización de la jurisdicción militar, ley orgánica 4/1987, de 15 de julio, han supuesto la incorporación de los principios y mandatos constitucionales a una administración de justicia cuyos orígenes se remontan a la misma génesis de los Ejércitos permanentes, y además ha buscado puntos de encuentro con el derecho de países democráticos y con las leyes que rigen la vida civil.

Una de las innovaciones más significativas de este nuevo marco ha sido el atribuir a los mandos de las Fuerzas Armadas la plenitud de la potestad disciplinaria, desvinculándolos de la consideración de Autoridad Judicial, de la potestad de administrar justicia, constituyendo, a tal fin, Tribunales Permanentes de ámbito territorial (ley orgánica 4/1987, artículos 32 y siguientes —Tribunal Militar Central— y artículos 44 y ss. —Tribunales Militares territoriales—).

Serán estos Tribunales los que deban asumir, a partir del 1.º de mayo de 1988, la custodia de los archivos tutelados ahora por las Capitanías Generales, como el Tribunal Militar Central recibirá los depositados en el Consejo Supremo de Justicia Militar.

Este trasvase, que aún no está resuelto en el calendario previsto para la puesta en marcha de esta nueva organización, puede variar los criterios que sobre acceso hemos dejado apuntados, aunque entendemos que el actuar de un Tribunal en esta materia tiene carácter administrativo, y no judicial, por lo que pudiera mantenerse el expediente de análisis previo por la Administración.

Queda, por último, siempre abierta la decisión del Ministro de Defensa de unificar todos los archivos en el Archivo General, aspecto que no vemos fácil por la carencia de medios disponibles.

4. CONCLUSIONES

Primera. El acceso a los archivos judiciales militares que albergan los procedimiento judiciales del período 1936-1939 tiene no sólo el amparo lógico del interés legítimo de quienes fueron sus actores, sino el de la propia Constitución Española que confiere a todo ciudadano el derecho a comunicar o recibir libremente información veraz por cualquier medio de difusión, tal y como estatuye su artículo 20,1, apartado *d)*.

Segunda. Este acceso a la información que contienen los archivos es un elemento más en la formación de la voluntad de todo ciudadano en su intervención responsable en la vida pública.

Tercera. El derecho a que nos referimos no se concibe absolutamente, sino circunscrito por unos límites que identifica el propio texto constitucional en dos de sus preceptos, artículo 20, apartado 4, y artículo 105, apartado *b)*, y normas que los desarrollen.

Cuarta. De los límites expresados, tiene especial trascendencia la salvaguarda de la intimidad de las personas que intervinieron, en cualquier condición, en los procedimientos que albergan y, en menor medida, la seguridad y defensa del Estado y la reserva a que obliga el esclarecimiento de hechos delictivos.

Quinta. No existe un ordenamiento singular que regule los criterios de acceso a aquellos archivos, puesto que las normas relacionadas con ellos —real decreto de 22 de junio de 1898 y orden circular de 1.º de mayo de aquel mismo año—, son ciertamente anticuadas, y las disposiciones publicadas en nuestros días —ley 16/1985, de 24 de mayo, sobre patrimonio histórico— no ofrecen una orientación suficiente a su intérprete.

Sexta. Las lagunas jurídicas existentes deben ser completadas equilibrando el derecho a la información con la protección a la intimidad, el honor y la imagen de las personas.

Séptima. El equilibrio propugnado se instrumenta a través de un expediente administrativo previo y la última tutela judicial.

La Justicia Nacional y el Tribunal de Responsabilidades Políticas de Granada. Las fuentes y primeras conclusiones

RAFAEL GIL BRACERO
Universidad de Granada
(Departamento de Historia Contemporánea)

1. ESTUDIO DE LA JUSTICIA NACIONAL: UNA REFLEXIÓN SOBRE EL PROBLEMA DE LAS FUENTES DOCUMENTALES

Después de cincuenta años de iniciarse la contienda civil de 1936, el acceso de los fondos documentales que contienen información primaria sobre la Justicia Militar continúa siendo un escollo insalvable para el investigador. Determinados hábitos sociológicos germinados a lo largo del régimen anterior; «miedos» corporativistas de una parte de las Fuerzas Armadas; la rutina, desconocimiento y desdén de la Administración de Justicia del Estado, además de un importante cúmulo de reticencias hacia los «asuntos castrenses» por parte de la sociedad civil, han imposibilitado la consulta y posterior tratamiento académico de un importante acervo documental, sin duda, único para el conocimiento definitivo de nuestra pasada guerra civil de 1936 a 1939.

Efectivamente, hoy parecería un amable sarcasmo pretender acercarnos a la cuestión de la Justicia en la zona dominada por los sublevados —luego, Franquista o Nacional—si —previamente— no se han vaciado los Archivos que han retenido documentación sobre los Procesos, Expedientes, Causas, Informaciones emanados por la Justicia Militar, única realidad jurídica que se impone —y a la que se somete indefectiblemente la vía penal civil— tras el 18 de julio de 1936.

Por lo tanto, cualquier intento que se haga en este aspecto no puede ser considerado más que como mera aproximación, con mayor o menor soporte informativo, con una u otra orientación metodológica, como se quiera, pero siempre carente del rigor que requeriría el tema, de naturaleza tan delicada y tan sujeta a tergiversaciones o manipulaciones ideológicas, legitimizadoras, politizadas, en suma [1].

---

[1] Esfuerzo que ya cuenta con notables monografías descriptivas, como las de GIBSON, I.: *La represión nacionalista de Granada en 1936 y la muerte de Federico García Lorca,* París, 1971, *Granada, 1936, El asesinato de Federico García Lorca,* Barcelona, 1979, SALAS LARRAZÁBAL, R.: *Pérdidas de*

Dicho esto, conviene que retengamos las siguientes cuestiones a dilucidar en las presentes Jornadas sobre «Justicia en Guerra»:

— ¿Qué obstáculos legales frenan el acceso a fuentes de carácter jurídico militar de la época que nos interesa?

— ¿Cómo afecta, si es el caso, la normativa sobre Archivos del Estado (Ley sobre Patrimonio Nacional y Reglamento) a los fondos que se custodian en las cabeceras de las anteriores Regiones Militares, hoy ya extintas Capitanías Militares?

— ¿Se es consciente de que existe una jurisprudencia desigual según se trate del acceso y estudio sobre fuentes que traten la Justicia Republicana o la Justicia Nacional?

— ¿Hasta qué punto la inaccesabilidad de fuentes militares —Auditorías de Guerra—, por una parte y la permisividad para estudiar otras de distinto signo —la «Causa General» depositada en el Archivo Histórico Nacional— contribuyen a fomentar y a mantener un «espíritu de guerra» que debiera ser desterrado definitivamente en una sociedad abierta y democrática como la actual?

— ¿No sería mucho más constructivo analizar el fenómeno de la Justicia, de la represión acaecida en ambos bandos, como un elemento más de aquella sociedad en crisis de convivencia —como la de los años treinta— y, por tanto, sujeto al análisis e interpretación científico histórica?

— ¿Podrían superarse muchas versiones intencionadas sobre tal cuestión, que sólo se sustentan en el oscurantismo de la institución militar, si fuese posible estudiar con rigor los abundantísimos Archivos castrenses?

---

guerra, Barcelona, 1977, *Los datos exactos de la guerra civil,* Barcelona, 1980. *Los fusilados en Navarra en la guerra de 1936,* Madrid, 1983, GARMENDÍA VIÑAS, A., y otros: *Historia general de la guerra civil en Euzkadi,* 1979-1981, HERRERO BALSA, G.: HERNÁNDEZ GARCÍA, A.: *La represión en Soria durante la guerra civil,* Soria 1982, FERNÁNDEZ, C.: *El Alzamiento de 1936 en Galicia,* La Coruña, 1982, SOLÉ I SABATÉ, J., VILLARROYA I FONT, J.: *La represión a la guerra a la postguerra a la comarca del Maresme (1936-1945),* Barcelona, 1983, MOLINA FAJARDO, E.: *Los últimos días de García Lorca,* Barcelona, 1983, NADAL SÁNCHEZ, A.: *Guerra civil en Málaga,* Málaga y a 1984, VILA IZQUIERDO, F.: *Extremadura, la guerra civil,* Badajoz, 1984, ANÓNIMO: *No general, fueron más de 3.000 los asesinados,* Pamplona, 1984, REIG TAPIA, A.: *Ideología e historia: sobre la represión franquista y la guerra civil,* Madrid, 1984, SÁNCHEZ RECIO, G.: *Las Responsabilidades políticas en la Posguerra española. El Partido Judicial de Monóvar,* Alicante, 1984, SOLÉ Y SABATÉ, J. M.: *La repressió franquista a Catalunya, 1938-1953,* Barcelona, 1985, MORENO GÓMEZ, F.: *La guerra civil en Córdoba (1936-1939),* Córdoba, 1985, HERNÁNDEZ GARCÍA: *La represión en la Rioja durante la guerra civil,* Logroño, 1985, QUIROSA-CHEYROUZE MUÑOZ, R.: *Política y guerra civil en Almería,* Almería, 1986, LACAMBA ABELLÁN, J. A.: *La represión en Andalucía durante la guerra civil. El Asesinato de Blas Infante,* Sevilla, 1987, GIL BRACERO, R. (dir.): *La guerra civil en Andalucía Oriental,* Granada, 1987.

Además de obras de considerable valor, debidos a la pluma de algunos protagonistas. Debemos de destacar a BAHAMONDE Y SÁNCHEZ DE CASTRO, A.: *Un año con Queipo. Memorias de un nacionalista,* México, 1938, CABANELLAS, G.: *La guerra de los mil días,* Buenos Aires, 1975.

2. La Justicia Militar. Aproximación a una propuesta metodológica para el estudio de la represión franquista

En atención a estas dificultades y a tenor de los datos disponibles hoy, se impone aquí enumerar, a modo de hipótesis de trabajo, un catálogo de problemas a abordar en futuras investigaciones:

Primeramente es necesario conocer los fundamentos y la dinámica interna de la jurisprudencia penal, base sobre la que se sustenta la Justicia Militar durante la guerra. Tema clave, puesto que como es conocido sobre aquélla se asentará la legislación represiva del franquismo.

Luego, un examen de las características destacables del aparato de la propia Justicia Militar: procedimientos, encausamientos, formación de Consejos de Guerra, jurisprudencia aplicada, sentencias, ejecutorias y cumplimientos de condenas.

En este sentido, se impone hacer mención a la naturaleza diversa de la codificación y jurisprudencia punitiva que se entrecruza inexorablemente a lo largo de un período importante: 1936 hasta 1942. De tal modo identificaríamos: *a)* Una Justicia represiva, de mayor entidad, que persigue y condena con actitud prácticas políticas de izquierdas o simplemente opuestas al Alzamiento (Tribunales de Guerra Permanentes, Consejos de Guerra, Sumarísimos, Auditorías de Guerra), y de la que se derivan la totalidad de las penas máximas o las sentencias a cadena perpetua o de prisión mayor; *b)* Justicia represiva cuya finalidad persigue la penalización material de los militantes republicanos de izquierdas y miembros de organizaciones políticas integradas en el Frente Popular (incautaciones de bienes, Ley de Responsabilidades Políticas); *c)* Por último, una Justicia represiva que pretende defenderse de los posibles ataques de la resistencia interior una vez terminada la contienda en evitación de hipotéticos auxilios exteriores a los expatriados españoles (Ley de Represión del Comunismo, Masonería y Judaísmo de 1940; Ley de Seguridad del Estado de 1941).

A continucación es imprescindible abordar un análisis cuantitativo, lo más ajustado posible sobre las *frecuencias cronológicas de la actividad punitiva.*

Todo este esfuerzo debe conducir, finalmente, a una obligada reflexión que cuestione e interprete la *mecánica de la Justicia nacionalista* —en su doble vertiente punitiva y ejecutiva— entendiéndose como un instrumento al servicio de una causa ideológica determinada y que respondería, en última instancia, a unos intereses de clase concretos, posiblemente identificables con los valores defendidos por el bloque de poder sociopolítico que se había visto desplazado ya a raíz de la proclamación de la Segunda República en abril de 1931 ya de manera mucho más clara, tras el triunfo electoral del Frente Popular en febrero de 1936.

Dicho esto, la presente comunicación pretende un acercamiento a la mecánica de la Justicia Militar en el territorio de la provincia granadina controlado por las autoridades sublevadas en julio de 1936. Hemos parcelado el estudio en varias frecuencias cronológicas, atendiendo a la característica dominante en cada una de ellas.

3. LA REPRESIÓN NACIONALISTTA: QUIEBRA DE LA JURIDICIDAD DE LA NORMA POR LOS SUBLEVADOS EN GRANADA (JULIO DE 1936 A MARZO DE 1937)

En la tarde del 20 de julio de 1936 diversas unidades militares, auxiliadas por escuadras de voluntarios falangistas y otros elementos armados de derechas tomaron los centros neurálgicos de la capital granadina. Momentos antes, se había proclamado el estado de guerra; simultáneamente la República, y la legalidad republicana representada por su gobernador Civil, quedaban anuladas [2]. El triunfo de la conspiración y sublevación trajo consigo —al igual que ocurriera en otras plazas [3]— la inmediata puesta en vigor del Código de Justicia Militar, en todo su rigor como corresponde a una situación de estado de guerra.

A la sublevación militar, las organizaciones obreras y republicanos de izquierdas respondieron con la resistencia armada, mediante un espontáneo encuadramiento de milicias. Tal fue su eficacia que a mediados de agosto los alzados contaban sólo en su poder con un tercio escaso del territorio provincial. No obstante, la capital estuvo siempre controlada por los militares sediciosos, producto de una mejor organización logística, superioridad material y defensiva y, sin duda, debido a la contundente réplica represiva que ponen en marcha las nuevas autoridades.

La prensa se hacía eco de la severidad impuesta tras la publicación de un durísimo Bando del nuevo comandante Militar, Basilio León Maestre, quien vino a reemplazar al depuesto general Miguel Campins Aura [4]:

> Será juzgado en juicio sumarísimo y pasado por las armas todo el que realice agresiones y hostilidades en contra del Ejército o de la Fuerza Pública. (a.2) Será juzgado en juicio sumarísimo y pasado por las armas todo el que sea sorprendido con las armas en la mano y los que en plazo de tres horas no hayan entregado las armas de todas clases que tuviese en las comandancias de la Guardia Civil, Asalto y Policía. (a.3).
>
> Queda abolido el derecho de huelga y serán pasados por las armas los comités. (a.6).

Por si quedaban dudas, antes de finalizar el verano de 1936, se conocen los principios por los que se regirán las Secciones de Justicia de Capitanías Militares (Bando de 28 de julio, firmado por Miguel Cabanellas y decreto 108 de 13 de septiembre, dado por la Junta de Defensa del Estado). Ambos, en la práctica, pasan por ser textos «pretendidamente jurídicos» en base a los cuales se quiso justificar —si no legitimizar— la tremenda represión sufrida en la Granada nacional hasta bien entrada la primavera de 1937.

---

[2] GIL BRACERO, R.: *op. cit.*, pp. 67-89 y «Conspiración, sublevación, respuesta popular y solidaridad de clase en la Granada de 1936» en *Actas II Coloquio Internacional. Los Nuevos Historiadores ante la guerra civil española,* Granada, octubre 1986. (En Prensa).

[3] Caso de Córdoba, vid., MORENO GÓMEZ, *op. cit,* p. 27, QUIROSA-CHEYROUZE MUÑOZ, R.: *op. cit.* p. 12, FERNÁNDEZ, C.: *op. cit.*, p. 24. Para mayor detalle véase ROMERO, L.: *Tres días de julio,* Barcelona, 1967, CARDONA, G.: *El poder militar en la España contemporánea hasta la guerra civil,* Madrid, 1981.

[4] *Ideal,* 21, 22 de julio de 1936.

El Bando de 28 de julio se dio a conocer en Granada a mediados de septiembre [5], lo que hace pensar la escasa fluidez en la comunicación entre la Junta de Defensa de Burgos y las autoridades militares de la Segunda Región Militar, con sede en Sevilla donde se ha hecho dueño y señor el «virrey» Queipo de Llano [6]. Hecho que queda corroborado con la también tardía publicación del decreto 108 [7]. Esa relativa descoordinación entre los jefes militares sublevados en Andalucía y los mandos de la Junta de Defensa, además de las premuras de aquéllos para defenderse de los ataques de las milicias republicanas, que hostilizan durante los primeros meses a la capital granadina, explican en parte la inmediata y violenta represión de las autoridades militares granadinas, sometidas inexorablemente a los mandatos de Queipo.

Convendría, no obstante, hacer una incursión mínima en estas normas antes de señalar las órdenes directas emanadas del Cuartel General del Ejército del Sur.

El artículo 4.º del Bando de 28 de julio señala expresamente que «serán juzgados por procedimientos sumarísimos todos los delitos comprendidos en los títulos V, VI, VII y VIII del Tratado Segundo del Código de Justicia Militar», éstos son, los delitos contra la seguridad de la Patria (delitos de traición, de espionaje, contra el derecho de gentes, devastación y saqueo); delitos contra la segurida del Estado y del Ejército (delitos de rebelión, sedición, insulto a centinelas, salvaguardias y fuerza armada); delitos contra la disciplina militar (delitos de insubordinación, extralimitaciones en el ejercicio de mando); delitos contra los fines y medios de acción del Ejército (delitos de abandono de servicio, negligencia, denegación de auxilio, contra los deberes del centinela, abandono de destino o residencia, deserción, inutilización voluntaria para el servicio, contra el honor militar).

Los condenados por rebelión militar serían castigados con la pena de muerte, «el jefe de la rebelión y el de mayor empleo militar o más antiguo» y con la reclusión perpetua a muerte «los demás que se adhieran a la rebelión, y los que valiéndose del servicio oficial que desempeñen, propalen noticias o ejecuten actos que puedan contribuir a favorecerla». El auxilio a la rebelión y la seducción se condena con pena de reclusión temporal (artículos 237 a 240).

Por su parte, el decreto 108 de la Junta de Defensa dejaba fuera de la ley a «todos los partidos y agrupaciones políticas y sociales que, desde la convocatoria de las elecciones celebradas en fecha 16 de febrero del corriente año han integrado el llamado Frente Popular, así cuantas organizaciones han tomado parte en la oposición hecha a las fuerzas que cooperan al movimiento nacional» (artículo 1.º) además de fijar las normas a las que se sometería una paralela represión económica, decretando la incautación de bienes de los elementos desafectos al Alzamiento.

Se iniciaba así en la España sublevada una justicia penal que mereció duros calificativos de Alcalá Zamora y Castillo [8] no sólo porque se sustraía gran número

[5] *Boletín Oficial de la provincia de Granada,* 11 de septiembre de 1936.

[6] RAMÓN-LACA, J.: *Bajo la férula de Queipo de Llano. Cómo fue gobernada Andalucía,* Sevilla 1939. pp. 15-43.

[7] ÁNGULO MONTES, F. (dir.): «Colección Jurídica, Sección Justicia, Ejército del Sur, III Cuerpo del Ejército», pp. 10-13 Granada, s. f. *Boletín Oficial de la provincia de Granada,* 23 de septiembre de 1936.

[8] ALCALÁ-ZAMORA CASTILLO, N.: «Justicia Penal de guerra civil» en *Ensayos de Derecho Procesal, Civil, Penal y Constitucional,* pp. 251-256, Buenos Aires, 1944.

de delitos de la legislación común, declarando aplicable el Código de Justicia Militar y convirtiendo muchos por asimilación en rebelión de este carácter [9] sino porque se daba la amarga paradoja de que quienes precisamente no se levantaron en armas contra la República, permaneciendo fieles a ella, fueron condenados por adhesión a la rebelión [10]. A mayor abundamiento se abría un amplio camino que violaba todo tipo de garantías penales y procesales, al castigar retroactivamente determinadas conductas políticas (pertenencia a organizaciones del Frente Popular, cuando eran plenamente sujetas a derecho) o al introducir escasa precisión en los tipos y procedimientos. Esta línea, empero se retomó posteriormente en la codificación penal de posguerra (ley de Responsabilidades Políticas de 9 de febrero de 1939, ley de 1 de mayo de 1940 contra la Masonería, Comunismo y Judaísmo o con la ley de Seguridad del Estado de 29 de marzo de 1941, ley de 2 de marzo de 1943) [11].

Al margen del mayor o menor conocimiento de las medidas citadas la autoridad militar en Andalucía había procedido por su cuenta a imponer a la población civil una tupida red represiva, ajena siempre a los fundamentos mínimos de la juridicidad, se procedió con vehemencia a lo que se ha dado en llamar «justicia oficiosa»; detenciones masivas de las bases republicanas y obreras, condenas a las máximas penas, «paseos» de directivos y simples militantes, sin mediar previamente juicios sumarísimos —o cuando se dieron esporádicamente, carentes de garantías jurídicas y procesales— incautaciones de bienes de miembros del Frnete Popular, etc. [12].

En lo que concierne a Granada nacional y al menos hasta marzo de 1937, la Justicia Militar actuó con gran severidad, tal fue así que cabe hablar de un período de terror represivo cuyas características esenciales serían:

1. Jurisprudencia atípica, basada en la supresión de procedimientos, de resultas se produce la indefensión de los detenidos en los primeros días del Alzamiento en la zona controlada por los sublevados (Granada capital, comarcas de Santa Fe, Montefrío, Loja y Orgiva).

2. Rigor punitivo, ya que la pena a la que se condenan a los detenidos suele ser la máxima, pena de muerte.

3. Multiplicidad de autoridades e instituciones represoras: Gobierno Militar, Gobierno Civil, Institutos Armados, voluntarios militantes de Partidos políticos, milicias cívicas.

---

[9] JIMÉNEZ DE ASUA, L.: Tratado de Derecho Penal, II, p. 1377 Buenos Aires 1964.

[10] RODRÍGUEZ DEVESA, J. M.: *Derecho Penal español*. Parte General. pp. 180-187, Madrid, 1985, JIMÉNEZ DE ASÚA, L.: *ob. cit.*, p. 1384.

[11] ANTÓN ONECA, J.: «El Derecho Penal de postguerra» en *Problemas actuales de Derecho Penal y Procesal*, pp. 169-173, Salamanca, 1971.

[12] El penalista Alcalá-Zamora definió aquella Justicia como «ejecuciones al margen de la ley —incluso de la ley establecida por cada campo— ordenadas por las autoridades gubernativas o militares o por las organizaciones políticas o sindicales, de cada territorio. Por represalias, por odios o por recelos, prisioneros, rehenes y sospechosos han sido presa de esta clase de justicia» en ALCALÁ-ZAMORA Y CASTILLO, N.: *ob. cit.*, p. 254. Véase también BAHAMONDE Y SÁNCHEZ DE CASTRO, A.: *op. cit*, pp. 61 y ss.

4. Militarización gubernativa de la Justicia: duplicidad de funciones ejecutivas y judiciales de los militares, contraviniendo el principio jurídico de independencia y equilibrio de poderes del Estado [13].

5. Justicia punitiva de naturaleza selectiva contra autoridades públicas y personalidades políticas de izquierdas, con la finalidad de liquidar físicamente el régimen republicano. A continuación represión indiscriminada como instrumento político.

En función de las fuentes oficiales consultadas podemos concluir que fueron condenadas a las penas máximas unas 2.700 personas en la jurisdicción de Granada capital [14], a las que se sumarían un mínimo de 3.500 óbitos —fusilamientos incontrolados, producto de los «paseos», frecuentes en los tres meses siguientes al Alzamiento— que tuvieron lugar en las cercanías de Granada, concretamente en el término de Viznar [15]. Aproximadamente otros 3.000 granadinos murieron cuando las columnas de ocupación tomaron pueblos que en un principio habían quedado del lado de la República: En el Valle de Lecrín alcanzan los fusilamientos una cifra cercana a los 200, más de 400 en Loja, 300 en Montefrío, 200 en Alhama, en Orgiva 400 y más de 600 en la demarcación de Motril.

El 80 por 100 de estos desenlaces se produjeron antes de finalizar 1936. Podemos afirmar rotundamente que casi la totalidad de las penas se ejecutaron sin mediar, con antelación, sumaria alguna. Salvo alguna excepción como la Causa 33-47/36 seguida contra César Torres Martínez (gobernador civil de Granada en el momento de la sublevación, perteneciente a Izquierda Republicana), Juan José Santacruz (Ingeniero Provincial de Obras Públicas), Virgilio Castilla (presidente de la Diputación Provincial, dirigente del PSOE), José Alcántara (presidente de Partido Sindicalista), Antonio Ruíz Romero (presidente de UGT), Marín Forero (abogado republicano). Elite política y personalidades de relieve en el mundo sindical e intelectual que son sometidos a Consejo Sumarísimo a principios de agosto de 1936 y que según testimonios válidos de la época su condena vino a ser la demostración de firmeza de los sublevados frente a los avances republicanos. Fueron instructores de aquella importante sumaria, el comandante Rosaleny, impulsor de conspiración y la sublevación del 20 de julio, el capitán Ruiz de Algar y presidió el coronel Taboada Goyos.

---

13 ALCALÁ-ZAMORA Y CASTILLO, N.: *ob. cit.*, pp. 286-287, A NTÓN ONECA, *ob. cit.*, p. 171, JIMÉNEZ DE ASÚA, L.: *op. cit.*, pp. 1384-86.

14 Hemos utilizado los Libros de Defunciones del Registro Civil de Granada, en sus tres secciones de El Salvador, Campillo y Sagrario. Las defunciones violentas, o ejecuciones se inscribieron por orden de la «Autoridad Militar», «Juzgado Militar de Ejecutorias», y como causas del fallecimiento se utilizó el significativo circunloquio «... a causa de heridas de armas de fuego». Hay que hacer constar un número impotante de óbitos violentos cuyas casualidades se ocultaron, recurriendo frecuentemente a reseñar sólo las causas inmediatas: «paro cardíaco», «traumatismo», «anemia». Fallecimientos éstos que se produjeron en el curso de interrogatorios en la Comisaría o Cárcel Provincial, e incluso durante los registros domiciliarios.

15 La memoria histórica recogida en dicha zona apunta a que debieron ser un mínimo de 3.500 los granadinos fusilados en los famosísimos lugares de «Fuente Grande», «Barranco de Viznar», «Los Pozos»... En el Registro Civil se inscribieron varias decenasa de fusilados. En uno de estos parajes, encontró la muerte nuestro universal Federico García Lorca. Vid. GIBSON, I.: *op. cit.*, MOLINA FAJARDO, E.: *op. cit.*

En los resultados se incluyeron afirmaciones no contrastadas, evidentemente falsas: [16].

— Preparación de un amplio movimiento subversivo, tendente a implantar por medio del terror las doctrinas ruso marxistas.

— Proporcionar armas a los elementos extremistas y transmitir desde el seno de un Comité del Frente Popular órdenes de exterminar a elementos del movimiento nacional.

— Hacer uso de armas de fuego contra las fuerzas que intentaban tomar el edificio del Gobierno Civil.

Y entre los considerandos se concluye:

— Declarar los hechos como probados y como delitos de rebelión militar que prevé el artículo 237 del Código de Justicia Militar y castiga el artículo 238, en tanto que acusados de dirigir un movimiento revolucionario.

— Circunstancias atenuantes observadas sólo en la conducta de César Torres.

El fallo se pronuncia por:

— Pedir pena de Muerte para todos los encausados, a excepción de la pena al gobernador civil, reclusión militar perpetua.

Fiscales y defensores eran militares; éstos de rango inferior a aquéllos. Los testigos, falsos y a los familiares no se les permitió estar presentes en la vista [17]. A las veinticuatro horas de pronunciarse el fallo los cinco condenados a muerte eran pasados por las armas en los aledaños del cementerio municipal de Granada. Igual fin pero con menos «parafernalia legalista» corrieron varios miles de granadinos en los próximos meses yaciendo sus cuerpos en fosas comunes abiertas en el cementerio o en los «pozos» de Viznar, resultado final de haber sido incluidos sus nombres en dramáticas «listas de la muerte» confeccionadas en la comandancia Militar, Gobierno Civil, Cuartel de la Guardia Civil, de la Guardia de Asalto, o de la Falange Española [18].

Dicha vorágine represiva perseguía la liquidación física, con carácter selectivo, de los dirigentes republicanos y líderes obreros de izquierdas que resistieron al Alzamiento y no pudieron huir. Cuatro diputados (dos socialistas: Ernesto Fernández Jiménez y Antonio Martín García y dos republicanos: el catedrático de Historia José Palanco Romero y el abogado Ricardo Corro Moncho y el ex diputado Rodríguez Molina cayeron abatidos; además prácticamente la totalidad de los concejales pertenecientes al Frente Popular; los socialistas Manuel Fernández Montesinos, alcalde y cuñado de Federico García Lorca, Rafael Gómez Juárez, Juan

[16] ARCHIVO DE LA REAL CHANCILLERIA DE GRANADA (A. R. Ch. Gr.) Sección audiencia, Tribunal de Responsabilidades Políticas. Expediente de Juan José Santa Cruz Garcés.

[17] Testimonio recogido de Teresa Santa Cruz, hija del ingeniero fusilado y otros familiares, enrolados por aquel entonces en el Ejército Nacional, Sección de Justicia de la Comandancia Militar.

[18] Las «listas negras» de fusilados nunca han aparecido. Sin embargo existieron, como nos lo han confirmado el teniente defensor de un Consejo de Guerra Permanente, Adolfo Hidalgo y el sargento de artillería Ruiz Belza, quien hubo de trasladar más de una vez a los presos que iban a ser ejecutados desde la Prisión Provincial, hasta el cementerio, por aparecer en las citadas listas.

Fernández Rosillo, Antonio Dalmases Miquel, Francisco Ramírez Caballero, Federico García Ponce, José Valenzuela Marín, Maximiliano Hernández, Virgilio Castilla Carmona, Juan Comino Alba, Manuel Salinas, Wenceslao Guerrero, Rafael García Duarte, Pablo Cortés Fauré; y los republicanos Constantino Ruiz Carnero, director del periódico *El Defensor de Granada,* Rafael Baquero Sanmartín, Marín Forero, Jesús Yoldi, Francisco Rubio Callejón, José Megías Manzano, Luis Fajardo. Sólo se salvaron los concejales socialistas Alejandro Otero y Francisco Menoyo Baños, ausentes ambos de la capital. Otras personalidades de enorme prestigio local y nacional, además de las citadas, fueron «paseados», el catedrático de árabe y entonces Rector de la Universidad, Salvador Vila Hernández, el catedrático de Derecho Joaquín García Labella, el catedrático de la Escuela Normal de Maestros, Plácido Enrique Vargas Corpas, los profesores de la misma, Agustín Escribano Escribano y el maestro nacional José Revelles o los abogados José Villoslada Sabaté y el ingeniero Santacruz.

Entre los sindicalistas se fusiló a Lupiánez, presidente de la Casa del Pueblo; Pedro Fernández, vicepresidente y presidente de la Federación de Trabajadores de la Enseñanza; Tomás Martínez Bravo, secretario provincial de Trabajadores de la Tierra; Angel González Lastra, secretario de la Federación de Juventudes Socialistas; Antonio Molero Sánchez, presidente de las Juventudes Socialistas; los abogados socialistas Torres Monereo, José Cuesta Cabrera y empleados municipales Saturnino Reyes y Evaristo Ogallar. Los dirigentes anarquistas Francisco Titos, hermanos Padilla, Julio López, Alejandro Martínez y comunistas, Valentín Pinto Tomás, Juan Fernández, Daniel Rodríguez y Encarnación Cervilla.

No obstante la importancia cualitativa de esta represión de máximo nivel, predominó fundamentalmente la idea de implantar el terror indiscriminado contra los opuestos al Alzamiento, o contra todos los militantes de las formaciones políticas y sindicalistas declaradas «ilegales». Esta idea de exterminio considerada como instrumento político de dominación, como instrumento de guerra, como arma disuasiva y coactiva frente al enemigo cundió en medios castrenses, con el «beneplácito» de partidos y personas afectas a los sublevados y con la aquiescencia, más o menos sentida, de instituciones privadas, públicas y religiosas.

El falangista Patricio González de Canales, expectador y protagonista de aquellos momentos no duda en afirmar que [19]:

> «... el comandante Valdés (gobernador civil desde la tarde del 20 de julio), a quien se debe el triunfo del Alzamiento en Granada y que sufría físicamente con este problema, afirmaba verse obligado aplicar el terror ante la imposibilidad militar de defender la plaza, en donde existía una gran mayoría extremista.»

Pero no debe olvidarse otro factor fundamental que se encuentra en la mentalidad represiva de militares y civiles afectos al Alzamiento y que asumieron el poder directa o indirectamente: la voluntad de aniquilación física de todo aquello que encarnase ideologías o principios contrarios a los valores morales y doctrinarios del Movimiento Nacional. La idea de excepcionalidad histórica que entronca

[19] MOLINA FAJARDO, E.: *op. cit.*, p. 109.

con la ideología tradicional española. Regeneración de lo español frente al liberalismo social-democrático.

4. La Justicia Militar en el Estado franquista naciente: los Consejos de Guerra Permanentes en Granada (marzo de 1937 a abril de 1939)

Esta situación de extrema violencia sufrirá un giro notable a partir de la primavera de 1937, coincidiendo con el fortalecimiento político del Estado nacional, ya controlado casi en su totalidad por el general Franco y las fuerzas políticas y sociales que le respaldan. Si hasta esa fecha las autoridades regionales y locales habían logrado imponer su propia disciplina, su «ley», de una forma autónoma, a partir de ahora habrá un mayor control sobre la represión, por lo que cabe hablar de una Justicia militar —siempre excepcional— menos rigurosa, más cuidadosa con las formas y los tipos, aunque ideológicamente permanezca viciada por graves limitaciones jurídico-ideológicas, sobre todo en lo que se refiere a la naturaleza de las inculpaciones y la facultad defensiva de los procesados [20].

A finales de septiembre de 1936 Franco se eregía en jefe Militar y Político de la España sublevada. Días más tarde quedaba aprobada la nueva organización del Estado, mediante la articulación administrativa de la Junta Técnica del Estado. Una de sus comisiones, la de Justicia, nace con la vocación de proponer la derogación de «aquellas normas que en el orden procesal no tienen en la actualidad aplicación tangible, así como la modificación o alteración de las vigentes» [21]. Subsidiariamente le estuvo asignada la reglamentación de la Justicia, homologable para todo el territorio ya ocupado o para aquel que se presumía lo iba a ser inmediatamente: El decreto 42, de 24 de octubre, crea el Alto Tribunal de Justicia Militar (otras orientaciones fueron difundidas por un decreto de 15 de marzo de 1937; el decreto 55, de 1 de noviembre, creaba (para Madrid) los consejos de Guerra, constituidos por un presidente de la categoría de jefe de Ejército o de la Armada, y tres vocales de la categoría de oficial y un asesor Jurídico con voz y voto perteneciente a los Cuerpos Jurídico Militar o de la Marina. El Ministerio Público estará representado por un técnico de los Cuerpos o carreras dichos, por un licenciado o doctor en Derecho, designados libremente por el general jefe del Ejército. Mientras que el defensor lo sería siempre un Militar. En cuanto a los procedimientos se mantiene las normas del juicio sumarísimo y también las actuaciones de la fase de instrucción a partir de la delación, denuncia o atestado de autoridad civil, militar, particular o colectiva. (Por órdenes de 26 de enero de 1937 y 7 de marzo de 1937 esas normas se hicieron extensibles a la zona ocupada en Andalucía).

---

[20] Antón Oneca: *op. cit.*, p. 270, Berdugo de la Torre, I.: «Derecho represivo en España durante los períodos de guerra y postguerra (1936-1945)», en *Revista de la Facultad de Derecho de la Universidad Complutense de Madrid,* pp. 117-19, Alcalá-Zamora y Castillo, N.: *op. cit.*, p. 287.

[21] Para el legislador nacional el Nuevo Estado debía basarse en la liquidación de todos los restos de la etapa republicana, en cuanto que «órganos revestidos de una falsa existencia legal mantuvieron un ficticio funcionamiento, puesto al servicio de la antipatria», Vid. Angulo Montes, F.: *op. cit.*, pp. 13-43.

Como bien puede deducirse, la organización de la Justicia Nacional en la España sublevada coincide en el Sur —y concretamente en la jurisdicción que se engloba en el Cuerpo de Ejército afecto a Granada— con la necesidad imperiosa de proceder a la clasificación de prisioneros y encausamientos de los detenidos tras el derrumbe de Málaga —comarcas de Alhama, Loja, Motril, Orgiva, Albuñol—.

Al margen de que estas razones administrativas así lo aconsejaran, se impuso, como se ha dicho, y dado el progresivo alejamiento de cualquier contraofensiva republicana, las [illegible]es repercusiones que tuvieron los ajusticiamientos masivos de meses prece[illegible] los más recordados, lógicamente, el del poeta universal, autor d[illegible] Poeta en Nueva York [22]— (sin olvidar las protestas que [illegible]iles y religiosos a que continuase la cruenta [illegible]l comandante Valdés en la titular[illegible] los excesos anteriores, [illegible] Permanentes de [illegible]

Vald[illegible]emás de ser con[illegible] incómodos, ir[illegible] el Estado de Fr[illegible]ia de Granada, [illegible]cional, confesional, s[illegible]amente confundible con la [illegible] No obstante, la designación de l[illegible]entes traslucen un compromiso compa[illegible] civiles y milita[illegible] represivas, si bien estos últimos son todavía ma[illegible]oría cuantitativa y cualitat[illegible]perpetuarse el procedimiento formal y punitivo castrense.

Para junio de 1937 la Justicia Militar de la Plaza de Granada quedaba organizada bajo la supervisión de la Sección de Justicia, desempeñada por Francisco Angulo Montes, juez de 1.ª Instancia de Orgiva, militarizado, un secretario de sección, decano de jueces militares y un secretario del decanato militar. Y los Consejos de Guerra Permanentes números 1, 2, 3, con sus respectivos presidentes: Fernando Villaverde Moreno, comandante de Infantería, Eugenio Serrano García, teniente coronel de Infantería y Domingo Herrera Jiménez, comandante de Infantería, a quienes asesoran tres vocales, un secretario, un fiscal, un defensor. Finalmente 10 jueces instructores, en su totalidad letrados militarizados y los suplentes conforma la totalidad de la plantilla [23].

Hasta la finalización de la guerra, dichos Consejos Permanentes actuaron en varios millares de causas —más de 4.000 en 1937—, de las que prácticamente la

---

[22] «Intensa campaña de hostigamiento contra los sublevados llevada a cabo desde las páginas de la prensa republicana y de izquierdas»: *ABC* de Madrid, 1, 8, 10, 13, 15, 27 de septiembre de 1936; *La Voz* de Madrid, 1 de septiembre de 1936; *Heraldo de Madrid,* 1, 10, 28, 30 de septiembre de 1936, 2 de octubre de 1936, 30 de octubre de 1936; *El Liberal* de Madrid, 2, 9, 12, 29 de septiembre, 12 de octubre de 1936; *Solidaridad Obrera,* de Barcelona, 5 de septiembre de 1936, *El Sol* de Madrid, 9 de septiembre, 12, 14 de octubre de 1936; *Mundo Obrero,* 9, 16 de septiembre de 1936; *El Liberal* de Madrid, 9, 11, 12, 16, 20 de septiembre de 1936; *Claridad,* Madrid, 2 de octubre de 1936, 17 de septiembre de 1937.

[23] *Ideal,* 4, 10, 22 de junio de 1937.

totalidad fueron incoadas a presos malagueños. En 1938 se abrieron sobre 3.000 procesos y a lo largo de 1939, ese número se incrementó hasta alcanzar la cifra aproximada a los 55.000 encausamientos. De su labor, resultaron más de 400 máximas penas, más de un millar de condenas perpetuas, otras temporales y un número poco significativo de absoluciones. Como efecto inmediato, los ajusticiamientos masivos desaparecieron: a lo largo de los casi dos años últimos de contienda, aproximadamente 400 personas perdieron la vida y ello contando con los ajusticiamientos de un grupo de presuntos espías republicanos [24].

5. La Justicia Militar de posguerra: las Auditorías

Terminada la contienda, el bando vencedor explotó hasta sus últimas consecuencias los frutos de su éxito conseguido por la fuerza de sus armas. Una amplia legislación represiva nació con la única finalidad de depurar responsabilidades políticas a todos los que habían apoyado militar y civilmente el régimen republicano y no habían podido huir o se entregaron con la esperanza de que les fueran perdonadas sus actividades.

No parece que fuese la intención del Gobierno de Franco la de perdonar a los vencidos, ya que un mes y medio antes de la finalización de la guerra había roto las negociaciones de paz y rendición con los republicanos y en cambio hace publicar una ley de responsabilidades políticas, que penaba retroactivamente la militancia y actividades de los afiliados a las izquierdas.

Sí queda claro, por el contrario, que la considerable labor represiva de posguerra se deja en manos de la Justicia Militar, a la que se subordina inexorablemente la Justicia ordinaria. De resultas que la enorme maquinaria castrense iba a aplicar sin solución de continuidad la excepcional jurisprudencia de guerra según ha quedado señalada anteriormente.

Varios cientos de miles de soldados, suboficiales y jefes del Ejército Republicano además de un número considerable de políticos de izquierdas aguardan hasta 1945 para ser juzgados por su militancia política, sindical, por haberse opuesto con armas a la conspiración, sublevación militar, haber formado parte del Ejército Popular derrotado o finalmente haberse mantenido en hostilidad contra las Fuerzas Armadas, Institutos Militarizados de Orden Público victoriosos, y todo ello una vez que la contienda hubiese finalizado. La organización represiva se completa con el funcionamiento urgente de ocho Auditorías de Guerra, encargadas de aplicar por la vía ejecutoria sumaria los mandatos de una vasta codificación que entenderá de la depuración de conductas anteriores [25].

A la Auditoría con sede en la Capitanía Militar de Granada compete la fase de instrucción, sumaria, plenos y ejecutorias de los procesos incoados en Andalucía Oriental: alrededor de 60.000 en 1939, y más de 40.000 entre 1940 y 1945. Para el caso de Granada se nombraron Jueces Instructores en todas las poblacio-

[24] *Ideal y Patria,* de Granada, 9, 12 de junio de 1938, A, R, Ch, Gr, Sección Audiencia, Tribunal de Responsabilidades Políticas, Expedientes Hermanas Peinado.

[25] *Boletín Oficial del Estado,* 9 de noviembre de 1939 y *Diario Oficial del Ministerio del Ejército,* n.º 64, 3 de marzo de 1941.

nes importantes que habían quedado en poder de la República encargados de tramitar las diligencias previas. Posteriormente se nombraron al menos 28 Juzgados Militares y otros tantos Consejos de Guerra Permanentes —integrados por un presidente, un ponente miembro del Cuerpo de Fiscales de la Justicia Militar, un defensor y tres vocales— y con sede en la Plaza de Granada y otros desplazados temporalmente a celebrar vistas en las cabeceras de Partidos Judiciales de la Provincia: Iználloz, Baza, Guadix, Huéscar, Montefrío, Loja, Motril [26].

Conocemos una cuantificación aproximada de las sentencias o fallos que impusieron la pena máxima y su confirmación: entre 700 y 1.000 personas fueron ejecutadas hasta 1952 [27]. No obstante, carecemos de datos definitivos al respecto como de otras cuestiones importantes: la casuística de los condenados a penas de prisión temporal, cómo les afectaron las conmutaciones, indultos y revisiones de penas [28].

De todas formas, se puede mantener la especie de que la *Justicia de posguerra careció de las mínimas garantías procesales y penales,* deficiencias éstas que se añaden a la presunta *ilegitimidad jurídica sobre la que se fundamentó la tipificación de delitos* (Bando de guerra de 28 de julio de 1936, decreto 55 de noviembre de 1936, etc.) [29].

6. La Justicia civil: el Tribunal Regional de Responsabilidades Políticas de Granada

La tramitación de expedientes y causas sometidos a las vistas del Tribunal de Responsabilidades Políticas, creado a raíz de la ley de 9 de febrero de 1939 constituye el último eslabón de una dilatada cadena que reprimía, preseguía y castigaba la conducta y los bienes propiedad de individuos cuya actividad pública y privada había sido de izquierdas durante la República y los tres años de guerra.

Esa represión de naturaleza económica de gran importancia por gravar precisamente a sectores económicos y sociales menos favorecidos y a segmentos importantes de la pequeña y mediana burguesía liberal, se inició en Andalucía simultáneamente al Alzamiento nacional, siendo un instrumento eficaz de lucha contra los opositores del Movimiento nacional. Queipo de Llano decreta el mismo 18 de julio «la confiscación de bienes de todos los elementos de izquierdas». En Granada, el general González Espinosa hizo lo propio, mediante un bando de 29 de agosto. De nuevo Queipo reitera esa misma idea y haciendo uso de sus amplias prerrogativas decreta la inmovilización de cuentas corrientes de individuos que «por su actuación social o política desde 1932 puedan considerarse inductores de la rebelión actual» y luego ordena la apertura de procediminetos y expedientes de «in-

[26] A, R, Ch, Gr, Sección Tribunal de Responsabilidades Políticas, Expedientes con notificación de sentencias de los Consejos de Guerra de la Región Militar de Granada, III Cuerpo de Ejército, 23 División y Auditoría Militar afecta a Sevilla, 1937-1945.

[27] Datos suministrados por los Libros de Defunciones del Registro Civil de Granada capital.

[28] Interrogantes que se despejarían, de poder acceder y estudiar los fondos de la Auditoría de Guerra de la Capitanía Militar de Granada, hoy dependiente del mando militar de Sevilla.

[29] Alcalá-Zamora Castillo, N.: *op. cit.*, pp. 286 y ss., Anton Oneca, J., *op. cit.*, p. 270, Berdugo de la Torre, I.: *op. cit.*, p. 117.

cautaciones de bienes pertenecientes a individuos del Frente Popular» mediante bandos fechados repectivamente el 2, 11 de septiembre y 5 de noviembre de 1936. Del mismo modo la Junta de Defensa Nacional inspiró los Decretos 108, de 13 de septiembre, y 128, de 24 de septiembre de 1936, que castigaban a los integrantes de organizaciones políticas y sindicales no afectas a los sublevados, iniciativa que se amplía posteriormente por el decreto de 19 de abril de 1937 [30].

La actividad represiva en materia económica toma cuerpo de ámbito nacional mediante el decreto-ley de 10 de enero de 1937 y las normas para ejecución de los Expedientes de Responsabilidades Civiles que afectan a los miembros pertenecientes a organizaciones prohibidas, a personas particulares que se hubieran levantado en armas, hubiesen huido de su residencia para pasar a zona republicana o bien se encuentran sentenciados a penas mayores en aplicación del Código de Justicia Militar, ya que todos los fallos de los Consejos de Guerra Sumarísimos añaden penas accesorias de responsabilidad civil [31].

Proceso que culmina por fin, tras la promulgación de una ley que desarrolla el contenido jurídico represivo contra antecedentes políticos de los desafectos al Movimiento Nacional: la Ley de Responsabilidades Políticas de 9 de febrero de 1939 [32] que creaba un Tribunal Nacional de Responsabilidades Políticas, encargado de tramitar y juzgar todos los Expedientes incoados previamente por organismos antecesores, los cuales quedaban derogados al trasparsárseles sus competencias a los Juzgados Regionales de Responsabilidades que funcionarían en todas las capitales de provincia [33]. A los pocos meses de entrar en vigor la Ley de Respon-

---

[30] ANGULO MONTES, F. (dir.), *op. cit.,* pp. 55-197, RAMÓN-LACA, J.: *op. cit.,* pp. 15-48.

[31] La Comisión Central de Bienes Incautados y Comisiones Provinciales creadas por la Ley de enero de 1937, cuya misión era de «incautar y proceder a adoptar medidas precautorias para castigar a todas personas opuestas al Movimiento Nacional» entendí luego de otros delitos, tras las órdenes de 13, 22 de marzo de 1937. En este mismo sentido, las Leyes de 24 de noviembre de 1938 contra delitos monetarios, Ley de 26 de octubre de 1939, contra acaparadores y Ley de 30 de noviembre de 1940 sobre Fiscalías de Tasas.

[32] El artículo 1.º exponía los límites de las responsabilidades, esto es, contra todos los españoles que... «contribuyeron a crear o a agravar la subversión de todo orden que se hizo víctima a España (desde 1 de octubre de 1934) y de aquellas otras (conductas) que, a partir del 18 de julio de 1936 se hayan opuesto o se opongan al Movimiento Nacional con actos concretos o con pasividad grande». Las causas concretas sujetas a responsabilidades fueron: «haber sido o ser condenado por la Jurisdicción Militar por delito de rebelión, sedición, adhesión, auxilio, provocación, inducción o excitación a la misma, o por los de traición en virtud de causa criminal seguida con motivo del Alzamiento», «haber desempeñado cargos directivos en los partidos, agrupaciones, y asociaciones declarados fuera de la ley»; «haberse significado públicamente por la intensidad o por la eficacia de su actuación a favor del Frente Popular o de los partidos y agrupaciones precitados, o contribuido con ayuda económica prestada voluntaria y libremente para favorecerlos, aunque no hubiese desempeñado puestos directivos o de representación»; haber convocado las elecciones para diputados a Cortes del año 1936, formado parte del gobierno que las presidió o desempeñado altos cargos en el mismo, o haber sido candidato del Gobierno, o candidato, apoderado o interventor de cualquiera de los partidos fuera de la, o haber sido compromisario de ellos para la elección de presidente de la República; los diputados que en el Parlamento de 1936, traicionando a sus electores, hayan contribuido, por acción o abstención, a la implantación de los ideales del Frente Popular; pertenecer o haber pertenecido a la Masonería, salvo los que hayan salido de esta secta antes del 18 de julio por baja voluntaria... haber excitado o inducido a la realización de los hechos comprendidos en alguno de los apartados anteriores, bien sea de palabra, bien por medio de la imprenta, radio o cualquier otro medio de difusión, bien en escritos dirigidos a diferentes personas; haber realizado cualesquiera otros actos encaminados a fomentar con eficacia la situación anárquica en que se encontraba España y que ha hecho indispensable el Movimiento Nacional; haberse opuesto de manera activa al Movimiento Nacional...

[33] Los Tribunales Regionales de Responsabilidades Políticas lo formaban un presidente, con categoría de jefe del Ejército, un funcionario de carrera judicial de categoría no inferior a juez de ascenso

sabilidades, la ingente labor represora rebasó las propias capacidades del Tribunal Central por lo que hubo necesidad de instrumentar otros Tribunales, creándose en 1940 otro más en Madrid, y otros en Barcelona, Bilbao, Santander y Granada [34].

Posteriormente la ley de 19 de febrero de 1942 reformó el texto de 1939, viniendo a reducir los supuestos acusatorios y encargando a la Jurisdicción ordinaria el enjuiciamiento de las responsabilidades, esto es, a las Audiencias Territoriales. Sea como sea, la Ley de Responsabilidades estuvo vigente hasta el 13 de abril de 1945 [35].

En lo que toca a Granada, hemos tenido acceso a una parte de la documentación emanada de la Audiencia Territorial, que incluye una sección del Tribunal Militar del Partido Judicial de Montefrío, y más de 100.000 expedientes de tramitación de sumarios incoados entre 1939 y 1945 [36]. Aunque no se han conservado los Libros de Sentencias sí nos ha sido posible reconstruir los trámites procesales, a saber: Durante los años de guerra, 1936 a 1939 se realiza: 1) incoación de bienes de encartados a raíz de la denuncia cursada bien por la Comandancia Militar de la plaza, el comandante jefe del puesto de la Guardia Civil, jefe local de la Falange, el Ayuntamiento o la Autoridad Municipal en pleno. 2) Inicio del expediente, cuya formación corre a cargo de un juez militar nombrado a tal efecto. 3) Información realizada por la Guardia y el alcalde presidente de las Comisiones Gestoras o Ayuntamientos corroborando los antecedentes políticos de los encausados. 4) Publicación en el *Boletín Oficial* de la provincia de la tramitación de expedientes, lo que lleva aparejado la pérdida inmediata de empleo y sueldo de los afectados. 5) Declaración en términos similares de los párrocos y dos maestros del lugar. 6) Publicación de la tramitación de los expedientes de Responsabilidad Civil. 7) Información emanada del Ayuntamiento respondiendo a cuestiones sobre la Solvencia económica de los interesados. 8) Nombramiento de administradores de bienes pertenecientes a los reos e informes sobre su gestión y explotación. 9) Justificantes del capital mueble, inmueble y financiero. 10) Diligencias y declaraciones de los encausados sobre su pasado político reciente, su participación en la contienda y la vida pública y privada tras la terminación de la guerra. 11) Si así fuese necesario justificantes que avalen la desaparición de los encausados: declaraciones de familiares, certificados de defunción o certificados de instituciones penitenciarias en donde residen los reos.

---

y un militante de la FET de la JONS, titulado en Derecho, nombrados por el Gobierno a propuesta del Ministerio del Ejército, de Justicia y Secretariado General de la FET de la JONS.

El de Granada lo formaron José Linán García, Mariano Torrens Roldán y Santiago Cardell Pujalte, respectivamente.

[34] *Boletín Oficial del Estado,* 9 de enero y 23 de diciembre de 1940.

[35] En la Audiencia de Granada, los Juzgados Civiles Especiales, dependientes del Tribunal Regional de Responsabilidades Políticas, prosiguieron incoando expedientes hasta finales de 1944, procediendo a sobreseer causas a principios de la década de los cincuenta. Vid. A, R, Ch, Gr, Sección Audiencia, Tribunal de Responsabilidades Políticas.

[36] Para dicha consulta, nos ha sido facilitada autorización pertinente del Consejo General del Poder Judicial. De todas formas, hay que hacer obligada mención a la meritoria labor de la Archivera de la Real Chancillería de Granada, doña Dolores Ibarra, profesional competente, a quien por su alto celo y respeto al patriminio histórico se le debe la recuperación de documentación judicial que se hubiera perdido indefectiblemente.

Una vez finalizada la guerra, y en vigor la ley de 9 de febrero: 12) Declaraciones juradas de los bienes, realizadas durante 1940-42. 13) Informes confidenciales de las jefaturas locales de FET-JONS. 14) Providencias que afectan a las reformas de los procedimientos de la ley. 15) Fecha del sobreseimiento de los expedientes y providencias de liquidación. Esta segunda fase es especialmente interesante, ya que los expedientes incoados se inician tomando como base las sentencias condenatorias de los Consejos de Guerra [37].

Las conclusiones que se apuntan tras una primera aproximación al estudio de los expedientes no difieren sustancialmente del resto de la jurisprudencia y procedimientos represivos ya señalados (retroactividad de la norma, sometimiento a tipos formales castrenses, indefensión jurídica...). Nos resta incidir en las tremendas repercusiones de la Ley sobre las Capas Sociales Medias y Bajas pues los encartados, —en un gran número privados de libertad— y sus familiares deben soportar las pérdidas de bienes si los tuviera—, multas, pérdidas de empleos, amén de las incalculables consecuencias que se derivan para los reos tras haber estado inmerso en la maquinaria represiva del Estado.

Sólo si se contempla y valora convenientemente esta realidad podremos entender la finalidad justificativa de la Justicia Nacional de guerra y postguerra: la liquidación «sociológica» de los vencidos.

[37] Los expedientes de RP se incoan a partir de la notificación del testimonio de condena, que envían los Consejos de Guerra al Tribunal Regional y Juzgados Civiles Especiales. No hemos accedido aún al estudio detallado de las causas de dichos Consejos, que se custodian hoy en las dependencias de la Secretaría Militar de la Comandancia Militar de Granada.

Valor documental de los Archivos de las Instituciones Penitenciarias. Penal del Dueso

RAQUEL COLLADO QUEMADA
Licenciada en Geografía e Historia

1. FONDOS CONSERVADOS

Hasta el presente, no había sido posible la consulta de los fondos documentales de las Instituciones Penitenciarias. Hoy he podido comenzar [1] un profundo estudio histórico de la Colonia Penitenciaria del Dueso, Santoña (Cantabria). Su documentación referente a la población reclusa anterior al 25 de agosto de 1937, fecha de la rendición del Ejército del Norte en Santoña, fue totalmente destruida por la guarnición republicana a la entrada de las fuerzas de ocupación del Ejército de Franco. Se perdió así, por desgracia, un archivo que nos hubiera permitido hacer un estudio comparativo del comportamiento de la justicia de la República durante la contienda.

El archivo posterior a aquella fecha se ha conservado en su práctica totalidad. Está compuesto por dos tipos de documentos individuales: fichas y expedientes.

Junto a esta documentación individual se conserva otra complementaria que facilita notablemente cualquier estudio o revisión:

Un libro de fallecidos y evadidos.
Un archivo de ajusticiados.
Un libro de enfermería.
Cuentas de economato.
Cuentas de alimentación.
Cuentas de caja.
Cuentas de sanidad.
Cuentas de vestuario.
Gastos de culto y sepultura.
Inventarios.
Libros de Contabilidad: Mayor, Diario, Almacén, peculio, artículos de libre adquisición, etc.
Redención de Penas —Patronato de la Merced.

[1] Bajo la dirección del Catedrático de Historia Contemporánea de la Universidad de Valladolid, Dr. Celso Almuiña, y previa la autorización de la Dirección General de Instituciones Penitenciarias.

El estado de esta última documentación en Santoña era límite a nuestra llegada por imposibilidad física de su cuidado y custodia. Informemente amontonada, desordenada, se encontraba en peligro próximo de destrucción. La colaboración entusiasta de Director y funcionarios me ha permitido su recuperación y orden inicial con una separación un tanto subjetiva de presos políticos condenados a lo largo de toda la contienda y después de ella (objeto de mi trabajo histórico), y de comunes. De los primeros calculamos también por volumetría unos 7.000 expedientes cuya investigación detallada he comenzado y cuya valoración inicial a efectos de estudios penales e históricos consideramos del mayor interés.

La muestra representada por la documentación descrita es extremadamente variada.

Desde el punto de vista de la filiación, los reclusos proceden de todos los rincones de España, representan a todas las profesiones y oficios (con mayoría de labradores y jornaleros) y pertenecen a todo el abanico de edades, desde los diecinueve a los sesenta años en el momento de su ingreso en este penal. No constan, sin embargo, en sus fichas o expedientes, antecedentes políticos salvo los más o menos rigurosos expresados en los hechos probados del testimonio de sentencia, que a veces se limitan a señalar que tienen «ideas izquierdistas». El estado de alfabetización corrobora el notable retraso sociológico de Andalucía, de la que procede una extensa muestra. En efecto, fueron trasladados presos en número superior a los 4.000 a lo largo del segundo semestre de 1938 desde la Prisión Central del Puerto de Santa María (Cádiz), en intercambio con un número similar de presos procedentes de la caída del frente Norte.

En un primer muestreo de expedientes, he estudiado en detalle 1.000 de ellos de carácter político, considerando como tal a todo delito que naciera más o menos directamente de la situación de guerra, y, después de ésta, que derivara de las restricciones impuestas a las actividades políticas y de opinión (actividades subversivas, guerrillas urbanas, infraestructura clandestina del comunismo y anarquismo), de la inadaptación de combatientes o de las bolsas de resistencia armada (maquis y bandoleros, invasión armada desde Francia en 1944 al término de la II Guerra Mundial) y a otras causas de distinta clasificación (insultos al Jefe del Estado).

El criterio en principio ha sido un tanto subjetivo. No se han planteado problemas para separar delitos comunes de robo, homicidio, violación o contra la salud pública. Sólo determinadas expresiones de bandolerismo con atracos a mano armada o de mercado negro nos han resultado de dudosa ubicación.

2. MODELO DE FICHA

Las fichas corresponden a todos los penados que han pasado por esa prisión. Se encuentran incluso todos los prisioneros de guerra que en aquel 25 de agosto de 1937 se concentraron en el penal a la espera de la resolución del conflictivo Pacto de Santoña.

Guardadas impecablemente por orden alfabético, mezclándose así presos políticos y comunes, sin claves ni marcas que permitan distinguirlos, su número se aproxima a los 70.000, estimado más bien por cubicación.

Se especifica en cada ficha el nombre, apellidos, edad, localidad y provincia de naturaleza, residencia, profesión, estado civil e hijos de cada interno. Se añade el número de causa, el delito, condena, fechas de inicio y final de ésta, fecha de entrada en el penal, prisión de procedencia y fechas de salida con anotación del motivo y destino.

Los expedientes que se conservan corresponden sólo a los internos que finalizaron su condena en ese penal, ya que esta documentación acompaña al preso en sus traslados a otras penitenciarías. Por ello suponen un historial mucho más completo de los movimientos de estos reclusos.

Se componen de unas hojas de anotaciones en orden cronológico de todos los episodios de la vida penitenciaria de los internos, encabezadas por su filiación igual que en las fichas, con expresión de su estado de alfabetización, religión y nombres de padre, madre y esposa.

Desde la fecha de entrada en la primera prisión, siguen las de sus salidas y entradas para las vistas de los procesos, a los destacamentos de trabajo, a hospitales, a otras prisiones, las entradas de documentación relativa a su situación judicial, redenciones, destinos, faltas, notas de conducta, etc.

Aneja a este índice cronológico va toda una serie de documentos que amplían la información: ficha personal con huellas, oficios que acompañan y justifican sus movimientos, instancias, conmutaciones, indultos, etc. Destaca entre ellos el testimonio de sentencia, que consiste en general de una copia resumida de la constitución del tribunal juzgador, descripción de hechos probados y penas recaídas. Pocas veces este testimonio de sentencia omite la relación de hechos probados. En la mayor parte de los casos se resumen en él las acusaciones y penas de cuantos fueron juzgados en la misma causa y por el mismo tribunal. Es raro, sin embargo, encontrar una copia más amplia [illegible] atos de la defensa y d[illegible]

La búsq[illegible] tificación de aplicació[illegible]

3. ANÁLI[illegible]

De los 1.0[illegible] oria, 765 correspondían [illegible] 940, consecuencia dire[illegible] continuación. Las localidades en que estos Consejos se celebraron quedan aquí comprendidas en los nombres de sus respectivas provincias y regiones.

Consejos de Guerra de 1936: 2,6 por 100

Se producen en aquellas zonas en las que triunfó inicialmente el alzamiento o que fueron conquistadas en las primeras campañas bélicas:

30 por 100 en Castilla la Vieja.
25 por 100 en las plazas de Africa.
20 por 100 en Andalucía.
15 por 100 en Extremadura.
10 por 100 en Galicia.

Las penas en 1.ª instancia nos muestran la mayor severidad:

25 por 100 de condenas a muerte no ejecutadas.
65 por 100 de condenas a reclusión perpetua (treinta años).
10 por 100 de condenas a doce años.

Por su especial significación de dureza, hemos anotado la distribución geográfica de las condenas a muerte no ejecutadas.

Tenían estas condenas:

67 por 100 de los juzgados en Castilla la Vieja (sin Santander).
20 por 100 de los de Africa.

Consejos de Guerra de 1937: 41,7 por 100

Proceden fundamentalmente de Andalucía y de Santander. Estos se producen como consecuencia del hundimiento del frente Norte. Aquí se sigue bien la progresión de Este a Oeste del ejército victorioso por el origen geográfico de los condenados, vascos en su totalidad al principio, vascos y santanderinos desde julio (rendición de Santoña) a octubre y asturianos y gallegos a fin de año.

Aquéllos, los de Andalucía, suponen una proporción mayor probablemente por el ya aludido traslado masivo de presos del Puerto de Santa María en 1938 que altera una distribución aleatoria o equilibrada de los distintos orígenes regionales:

63 por 100 de Andalucía.
27 por 100 de Santander.
4 por 100 de Castilla la Vieja (sin Santander).
2 por 100 de Bilbao.
4 por 100 de Extremadura, Aragón, Africa, Galicia, Oviedo, Toledo.

La severidad de las penas recaídas en 1.ª Instancia se mantiene:

15 por 100 de condenas a muerte no ejecutadas.
75 por 100 de condenas a reclusión perpetua.
6 por 100 de condenas a doce años.
1 por 100 de condenas a seis años.
3 por 100 repartido entre condenas a veinte y quince años, seis meses y sobreseimientos.

Tenían condenas a muerte no ejecutadas:

42,9 por 100 de los juzgados en Bilbao.
30,8 por 100 de los de Castilla la Vieja (sin Santander).
25,6 por 100 de los de Santander.
9,5 por 100 de los de Andalucía (Málaga sobre todo).

Consejos de Guerra de 1938: 13,1 por 100

Con una mayoría de Consejos de Guerra celebrados en la provincia de Santander, aparecen ya los habidos en Aragón, Levante y Cataluña, a medida que en estas zonas progresa el ejército de Franco. En el Dueso aparecen:

44 por 100 de Santander.
17 por 100 de Aragón.
9 por 100 de Oviedo.
7 por 100 de Andalucía (Málaga especialmente).
6 por 100 de Castellón.
6 por 100 de Castilla la Vieja (sin Santander).
5 por 100 de Bilbao.
4 por 100 de Cataluña.
2 por 100 de Badajoz y Murcia.

Apenas se reduce la dureza de las condenas:

16 por 100 de condenas a muerte no ejecutadas.
70 por 100 de condenas a reclusión perpetua.
9 por 100 de condenas a doce años.
4 por 100 de condenas a seis años.
1 por 100 de condenas a veinte años.

Tenían condenas a muerte no ejecutadas:

41,2 por 100 de los juzgados en Aragón.
33,3 por 100 de los de Oviedo.
14,3 por 100 de los de Andalucía.
11,4 por 100 de los de Santander.

Consejos de Guerra de 1939: 29 por 100

Los juicios se han extendido ya a todo el territorio nacional, y de todos ellos proceden los reclusos del Dueso:

20 por 100 de Andalucía (sobre todo Almería y Córdoba).
13 por 100 de Aragón.
13 por 100 de Madrid.
11 por 100 de Levante (sobre todo Alicante).
11 por 100 de Murcia.
10 por 100 de Extremadura.
9 por 100 de Cataluña.
6 por 100 de Santander.
5 por 100 de Castilla la Nueva (sin Madrid).
2 por 100 de Baleares y Castilla la Vieja (sin Santander).

La severidad de las penas impuestas en 1.ª Instancia no ha disminuido, antes al contrario. Destacan las de Madrid.

35 por 100 de penas de muerte no ejecutadas.
57 por 100 de penas de reclusión perpetua.

3 por 100 de penas de veinte años.
2 por 100 de penas de doce años.
3 por 100 de penas de dieciséis, quince y dos años y sobreseimientos.

Del Dueso tenían condenas a la última pena:

67,9 por 100 de los juzgados en Madrid.
57,1 por 100 de los de Santander.
43,5 por 100 de los de Alicante.
35,0 por 100 de los de Cataluña.
33,3 por 100 de los de Andalucía.
33,3 por 100 de los de Castilla la Nueva (sin Madrid).
22,8 por 100 de los de Extremadura.
17,2 por 100 de los de Aragón.

Consejos de Guerra de 1940: 13,6 por 100

La gran cantidad de causas que se abren a partir de la victoria total de Franco no pueden resolverse en 1939 y continúan a lo largo de 1940. Son numerosas las causas instruidas en 1940 a detenidos en 1939 en toda la geografía nacional, y así se refleja en la población reclusa del Dueso. He aquí la distribución de los Consejos que juzgaron a estos presos:

23 por 100 en Aragón.
20 por 100 en Andalucía.
19 por 100 en Madrid.
9 por 100 en Castilla la Nueva (sin Madrid).
7 por 100 en Cataluña.
5 por 100 en Extremadura.
4 por 100 en Levante.
3 por 100 en Oviedo.
3 por 100 en Murcia.
3 por 100 en País Vasco.
4 por 100 en Santander, Galicia y plazas africanas.

La reducción de la dureza de las condenas es mínima:

31 por 100 de penas de muerte no ejecutadas.
51 por 100 de penas de reclusión perpetua.
10 por 100 de penas de veinte años.
6 por 100 de penas de doce años.
2 por 100 de penas de quince y seis años.

Tenían condenas a la última pena:

45,8 por 100 de los juzgados en Aragón.
40,0 por 100 de los de Madrid.
23,8 por 100 de los de Andalucía.

4. A MODO DE CONCLUSIONES PROVISIONALES

Este primer muestreo permite ya una serie de reflexiones.

a) De entrada no puede afirmarse que la extremada dureza de las penas impuestas a los reclusos del Dueso refleje la proporción media general de condenas a muerte y a reclusión perpetua habidas en todos los Consejos de Guerra. Quizá se trate sólo de una selección de los presos que eran allí enviados a extinguir el resto de su condena. No aparece en el penal documentación que explique si hubo tal selección.

b) Las ejecuciones por fusilamiento habidas en esta prisión, que no se incluyen en las relaciones anteriores por no haberse abierto expediente a los ejecutados, fueron en total 69, entre el 4 de octubre de 1937 y el 26 de junio de 1941.

A raíz de la rendición del Ejército del Norte de la República, los 43 fusilamientos consecuentes a los Consejos de Guerra celebrados en la plaza de Santoña, se llevaron a cabo en dos tandas. Tras el único habido como primero el 4 de octubre de 1937, se fusiló a 11 el día 15 de octubre y a 31 el 28 del mismo mes. El resto de ejecuciones se repartió uniformemente a lo largo de los años 1939, 40 y 41 y procedían de la Auditoría de Guerra de Bilbao.

c) En 1939 sufrieron garrote cinco condenados, sin que nos conste aún si fue por delitos comunes.

d) Un capítulo de especial interés es el de las conmutaciones.

Las condenas a muerte no ejecutadas habían sido conmutadas por Franco por las inferiores en grado (reclusión perpetua). Sin embargo, un apreciable número de ellas fue reducido posteriormente a penas inferiores. Así, de la muestra estudiada hasta ahora:

El 41,3 por 100 de penas de muerte quedó en treinta años.
El 28,5 por 100 se conmutó por veinte años.
El 12,9 por 100 se conmutó por doce años.
El 5,0 por 100 se conmutó por quince años.
El 5,0 por 100 se conmutó por seis años.
El 7,3 por 100 restante se conmutó por catorce, nueve y ocho años.

e) El estudio de las conmutaciones arroja resultados sorprendentes, que obligan a meditar sobre la severidad de las condenas impuestas en 1.ª Instancia y sobre el rigor y garantías procesales.

A título de ejemplo, tomemos las condenas a reclusión perpetua habidas en 1936, 1937 y 1938. De ellas:

7,4 por 100 conmutadas por las de veinte años.
14,2 por 100 por las de doce años.
5,9 por 100 por las de ocho años.
31,6 por 100 por las de seis años.
13,3 por 100 por las de tres años.
6,5 por 100 por las de seis meses.

Sólo un 8,7 por 100 se mantuvieron en los treinta años.

En 1939 fueron 35,4 por 100 las que no fueron conmutadas y en 1940 la proporción ascendió al 79,2 por 100.

f) Las causas instruidas a lo largo de 1936, 37, 38 y parte del 39 fueron revisadas por Comisiones que funcionaron al efecto, pero no de forma inmediata. De hecho las revisiones se alargaron de tal manera que se hubo de adoptar un plan de libertades provisionales (prisión atenuada en sus domicilios) para aquellos cuya condena definitiva se proponía baja. Pese a todo, las conmutaciones o condenas definitivas llegaban con tal retraso que muchas veces el tiempo de reclusión cumplida excedía en años a las penas finalmente impuestas. Otras veces el exceso se había cumplido en la situación de libertad atenuada o condicional. Casos hubo (libertos movilizados) en que tal libertad transcurría en batallones disciplinarios o de trabajo.

g) En fin, en esta general revisión de las condenas recaídas a lo largo de la guerra civil sobre la población reclusa del Dueso, el estudio de los delitos-tipo que figuran en los hechos probados relatados en los testimonios de sentencia, se presta también a largas reflexiones. Abundan extraordinariamente las acusaciones genéricas e inespecíficas: incautaciones, denuncias, participación en los grupos de saqueo y de detenciones, simple presencia en los lugares en que se cometieron violencias, participación en comités de defensa, de gobierno municipal o abastos, gritos o afirmaciones contrarios a la religión o al alzamiento... Alternan testimonios de sentencia en que se enumeran todas las violencias habidas en una localidad, que se hacen recaer indiscriminadamente sobre cuantos en ella demostraron simpatías republicanas o izquierdistas, con relatos pormenorizados de asesinatos y coacciones. En todo caso, esta serie de acusaciones es difícilmente procesable estadísticamente para agrupar los delitos de forma ordenada, ya que se acumulan y entremezclan. En ocasiones incluso se rematan con la frase «sin que se haya podido comprobar su participación directa en los hechos relatados», lo que no impedía aplicar los artículos 237, 238 y 240 del Código de Justicia Militar, calificándose todo delito como de rebelión en cualquiera de sus grados, con la agravante de daño incalculable a los intereses de España. Hay que decir también que en ocasiones es imposible deducir de las acusaciones indicio alguno de criminalidad.

h) En general puede decirse que la mayor parte de los delitos son «de retaguardia». Sólo de los primeros Consejos de Guerra de Santoña aparecen juzgados oficiales vascos combatientes, sin la extrema severidad habitual salvo que se tratara de comisarios políticos. Unicamente encontramos soldados juzgados por espionaje, deserción u oposición al alzamiento, con raras excepciones.

i) La generalización, forzosamente resumida, de los hechos relatados no incluye en nuestra muestra aleatoria a personajes relevantes, altos mandos militares o políticos, aunque nos consta, por las fichas y testimonios bibliográficos, que algunos pasaron por este penal antes de ser trasladados a otros centros.

BIBLIOGRAFIA AUXILIAR

LAMAS ARROYO, A.: *Los muertos hablan,* Gráficas Uncilla, Bilbao, 1980.

MARTÍNEZ BANDE, J. M.: *El final del frente Norte,* monografías de la Guerra de España n.º 8, Servicio Histórico Militar, Madrid, 1972.

ONAINDÍA, A.: *El Pacto de Santoña,* Editorial Laiz, Bilbao, 1983.

TURRILLAS, F.: *Sobre el mismo lodo,* la Impresora Azteca, México DF, 1962.

CLAUSURA DE LAS JORNADAS

ADVERTENCIA AL LECTOR AMIGO

Los organizadores del Congreso mostraron con amabilidad que agradezco su interés por publicar las palabras que pronuncié en el acto de clausura y me remitieron, mecanografiado a partir de la cinta magnetofónica, el texto de lo que dije, por si quería corregirlo. Al leerlo lo encontré sembrado de repeticiones innecesarias, de pequeñas muletillas. Comprobé lo que todos sabemos: que el lenguaje hablado y el escrito difieren tanto que la transposición de la palabra dicha, matizada con el tono y el gesto, el papel obliga, en puridad, a reescribir un nuevo discurso. Lo cierto, sin embargo, que esto, y no lo que tras su lectura pudiera escribir, es lo que dije. De modo que, tras adecentarlo un poco, sólo muy poco, lo devuelvo a los amigos archiveros para que lo publiquen así, casi como me lo enviaron ellos. Sólo quiero dirigir un ruego al lector que quiera seguir leyendo: haga, por favor, el esfuerzo de convertirse en oyente de unas palabras que, sin más apoyo escrito que la cita de Hobbes y la reflexión final que redacté la noche anterior en mi casa, fueron pensadas al hilo de las intervenciones que escuché aquella misma mañana, y fueron —desde luego— dichas, no leídas.

Francisco Tomás y Valiente

Discurso de clausura de las jornadas

Francisco Tomás y Valiente
Presidente del Tribunal Constitucional

Excmo. Sr. Director general de Bellas Artes y Archivos, queridos compañeros, queridos congresistas, señoras, señores:

Parece bastante claro que uno se encuentra a gusto entre amigos y que, por consiguiente, se encuentra más a gusto donde más amigos tiene. Al menos, esto es lo que me sucede a mí, que no creo ser muy original. En consecuencia tampoco lo soy afirmando que no me encuentro más a gusto en ningún otro lugar que en Salamanca. A fin de cuentas, dieciséis años de profesor aquí vinculan mucho, echan muchas raíces y obligan a venir a Salamanca cada vez que se ofrece una oportunidad; obligación, tanto más grata, cuando la oportunidad es tan interesante como ésta y cuando quienes me han invitado a venir son antiguos amigos o antiguos compañeros de claustro de esta Universidad. Una Universidad que yo me permito calificar como «mi Universidad». No precisamente por una relación de pertenencia de ella respecto a mí, es decir, no es mía, sino más bien porque yo me considero parte de ella. Soy yo quien de alguna manera, no sé de qué modo, pero de alguna manera, me sigo considerando parte de esta Universidad de Salamanca. Gracias, pues, por la invitación, muchas gracias por las cariñosas palabras de presentación y gracias a todos ustedes por su presencia; la presencia de unas caras entre las que veo antiguos alumnos, antiguos compañeros de Facultad y de Universidad. Me siento, pues, como en mi casa y en la casa propia uno tiene que decir lo que piensa; yo creo que en todo lugar, pero desde luego, con mayor motivo, en la casa propia.

Estoy en Salamanca, en esa capital cultural de España, de Europa probablemente o, al menos, una de ellas, y aquí he venido no en calidad de especialista en el tema que ustedes han desarrollado durante estos días. No he escrito nada sobre la historia de la guerra civil, no soy especialista en ello. Sí soy lector, lector apasionado (no tan apasionado como algunos otros aquí presentes), no de todo, pero sí en mucho de lo que se ha escrito sobre nuestra guerra. Y esa condición de lector apasionado de parte de lo que se ha escrito sobre nuestra última guerra (última porque no va a haber otra) me viene dada, principalmente, por el hecho de que siendo como soy español, y, dada mi edad, soy hijo de españoles que hicieron la guerra. En concreto, mi padre no la hizo por razón de edad, pero mi hermano y todos mis tíos hicieron la guerra y me considero, por tanto, miembro de una familia que hizo la guerra, de una familia que hizo la guerra y la perdió. Supongo que, como decía hace unos minutos, en general lo que yo diga estará transido de esa situación personal, porque, aunque ya pasó el tiempo de la venganza, afortunadamente (si es que alguna vez hubo tiempo lícito para ella) y aunque, ciertamente, se ha instaurado ya entre nosotros la bendita costumbre de estudiar la guerra como fenómeno histórico, no creo que todavía, al menos las gentes de mi edad, podamos hablar de la guerra civil como hablamos de la España visigoda, por poner un ejemplo. Todavía nos sentimos todos, al menos, repito, los de mi edad, implicados y partidarios, no ya partícipes, sino partidarios de la guerra, es decir, miembros de uno de los dos bandos. Eso me parece que es inevitable.

Quiero pedir también excusas porque eso de clausurar un Congreso al cual uno no ha asistido, requiere una cierta dosis de osadía. Me hubiera gustado asistir a todo él, pero ustedes comprenderán que no me ha sido posible. Mis disculpas se refieren al hecho de que probablemente diré algo que quizá ya se haya debatido aquí, expondré deseos que quizá ya se hayan discutido, o expuesto, o rebatido aquí, pero no puedo adivinar lo que ustedes han hecho o han dicho. En mi intervención debo y quiero ser sincero y fiel a mí mismo y a mi manera de pensar; todo ello, por supuesto, como ciudadano de a pie, como persona individual y absolutamente desligado del cargo, del honrosísimo cargo que ahora ocupo, sin pretender implicar, en modo alguno, en mis palabras más que a mis propias palabras. Con este enfoque, voy a hacer algunas reflexiones sobre la administración de justicia y la guerra.

Es difícil hablar de compatibilidad entre esas dos nociones: guerra y justicia. Para empezar no me gusta en relación con la guerra, ni en relación con la paz, la expresión «Administración de Justicia». Administración es una palabra que inevitablemente comporta referencia a bienes escasos que hay, quizá, que usar con cuidado para que no se gasten, como administra el presupuesto familiar el ama o el amo de casa. Me gusta más la expresión, muy castiza, de *hacer Justicia*. Ya sé que se habla de Administración de Justicia y que de alguna manera también la Justicia es administración, pero creo muy difícil que se pueda hacer Justicia en tiempos de guerra. Creo también que es muy difícil tomar posturas respecto a las tan largamente debatidas teorías sobre la guerra justa.

Cuando sobre un problema se han escrito docenas de libros cabe la sensata duda de que acaso el problema no tenga solución. Yo más bien creo que no. Muy difícilmente, puede hablarse de una guerra justa y en todo caso creo que la nuestra, la de 1936-39 no lo fue; no fue justa, aunque obviamente sí que fue guerra. Creo, con la misma honestidad que otros, aunque otros puedan creer lo contrario, que el hecho del 18 de julio de 1936 dividió a España en dos, ciertamente. No en dos mitades, pero no simplemente en dos trozos, uno de los cuales se fue replegando territorialmente y otro de los cuales fue creciendo. Dividió a España en dos: la España de los leales al gobierno legítimo y la de los contrarios, la de quienes se alzaron contra el gobierno legítimo. A mí eso me parece algo indiscutible y que no debe ser olvidado nunca. Por supuesto doy por sentado que muchos pueden pensar que la guerra sí que fue justa, o que el levantamiento sí que fue justo, o que el Movimiento Nacional, así llamado, fuera justo. Lo comprendo, pero no comparto esa idea. Esa toma de postura me parece que condiciona inevitablemente todo lo que después se vaya a decir o se vaya a estudiar sobre la tarea de hacer Justicia durante la guerra civil, porque, desde luego, es cierto que los códigos en la España que se alzó eran los mismos Códigos de Justicia Militar, en concreto, que en la España republicana, pero la manera de aplicar las mismas leyes puede ser muy diferente según que quienes la apliquen estén legitimados para aplicarlas o no lo estén. También es verdad otras cosas, y es que, al final de la guerra, el derecho de la guerra implica que quien gana la guerra impone su derecho, y lo impone aunque no cambie los códigos, porque los interpreta con arreglo a la lógica del vencedor y claro, con arreglo a la lógica del vencedor, es rebelde aquel que se resiste al vencedor, que fue inicialmente, el verdadero rebelde. Esa paradójica alteración de quién es el verdadero poder legítimo y quién es el verdadero rebelde implicó un cambio de papeles, según el cual quien el 17 de julio era leal al Gobierno de la República pasó por ser, el 1 de abril del 39, o durante los tres años intermedios en la España territorialmente ocupada por los militares que se alzaron, culpable de un delito de rebelión. Esta fue una lógica inexorable y esto es lo que pasó.

Al margen de ello, en abstracto, podemos seguir planteándonos si la noción de guerra y la de Justicia son compatibles. Yo ayer recordaba un texto de Hobbes en el «Leviatán», en donde dice: «es por ello manifiesto que durante el tiempo en que los hombres viven sin un poder común que les obligue a todos al respeto, están en aquella condición que se llama guerra, y una guerra como de todo hombre contra todo hombre. Situación la de guerra en la que reina el miedo continuo y un peligro de muerte violenta. De esta guerra de todo hombre contra todo hombre es también consecuencia *(esta es la frase que me parece más terrible)* que nada puede ser injusto durante la guerra, las nociones de bien y mal, justicia e injusticia, no tienen lugar allí. Donde no hay poder común no hay ley, no hay derecho. Donde no hay leyes, donde no hay derecho, no hay injusticia, la fuerza y el fraude son en la guerra las virtudes cardinales». Es un texto tremendo. Ya sé que Hobbes se está refiriendo al estado de guerra como estado de naturaleza, que no fue un período histórico, no es una situación históricamente dada sino, más bien, una situación hipotéticamente ideada para, a partir de ahí, a partir de ese supuesto, seguir razonando. Y ya sé que en una guerra civil no se da la situación de lucha de todos contra todos, luchan los de un bando contra los de otro, obviamente. E incluso, sé también que dentro de cada uno de los bandos puede seguir habiendo Justicia para las cuestiones que pudiéramos llamar de vida privada o de vida interior; es decir, dentro de cada uno de los bandos pudo suceder que los Tribunales de lo Civil resolvieran con arreglo a derecho, esto es, con arreglo a Justicia (porque yo no conozco otra Justicia que no sea la permitida e impuesta por el Derecho Positivo) cuestiones sobre la testamentaría del recién fallecido o sobre los límites o linderos entre bienes agrarios privados o qué sé yo qué. Cuando me cuestiono la posibilidad de que en una situación de guerra pueda darse Justicia, me refiero a la Justicia de los de un bando respecto a los del otro y, más en concreto, puesto que así acabó la cosa, Justicia de los del bando vencedor respecto a los vencidos, a los derrotados. Para mí siguen siendo paradójicos estos ejemplos que todos conocemos del leal al gobierno de la República derrotado y condenado por rebelde. Me parece tan simbólico el hecho que sólo a partir de ese mismo y mero supuesto queda claro que la única Justicia posible en la guerra es, para el vencedor, la Justicia de su victoria, a partir de la cual, más o menos apoyándose en las leyes escritas, y, sean éstas propias, o del gobierno anterior, se aplica, se hace o se deshace, la Justicia.

Hay también otro problema que me gustaría señalar aquí y con el que se encontrarán ustedes cuando estudien, puesto que son estudiosos de esas fuentes, los procesos, las actuaciones de juicios habidos durante la guerra. Supongo que encontrarán con mucha frecuencia, si es que se ha conservado, y espero que sí, alguna documentación concerniente a aquellos llamados (también han sido aludidos aquí) juicios sumarísimos. Repito que no conozco más Justicia que la que se administra, admito la expresión, por el propio Tribunal legítimo con arreglo al también legítimo Derecho Positivo y dentro de ese modo de hacer Justicia me parecen absolutamente ineludibles las garantías judiciales, las garantías procesales. Si no hay proceso no hay Justicia, si en el proceso las partes, los acusados, carecen de posibilidad de defensa, porque no es defensa la impuesta por el bando vencedor, entonces yo me sigo cuestionando la realidad de la Justicia administrada o hecha por esos consejos sumarísimos que se dieron en los dos lados. Me gustaría que se prestara una especial atención a ese tipo de fuentes, a ese tipo de procesos, a su cantidad, a su calidad, a lo que de ellos quede, si es que queda algo. Y quiero expresar también una somera y rapidísima alusión a aquellos procesos tan sumarísimos que de ellos no queda ni rastro, salvo el recuerdo de los fusilados inmediatamente al final de alguno de ellos. No podemos olvidar que existieron; aludo a ellos porque pienso que en el estudio de las fuentes de cualquier tipo o sobre todos los temas, incluido el que nos ocupa, hay que tener conciencia, incluso de lo que las fuentes no nos han transmitido documentalmente, pero que la memoria viva de los vivos nos transmite sin que nadie pueda negar la realidad de los hechos.

Hay otra faceta que me gustaría señalar con la petición de que ustedes, los especialistas en la materia, la tengan en cuenta. Y es la de que estudien no sólo la Administración de Justicia en sentido estricto a través de procesos, sino otro fenómeno íntimamente ligado a los juicios propiamente dichos: el fenómeno del indulto. Confieso que el tema del indulto penal siempre me ha preocupado muchísimo, porque dentro de un juicio lógico, seguramente ingenuo, seguramente torpe, siempre he pensado que, si la aplicación de una ley penal a través de un proceso penal, correctamente aplicado, da lugar a una determinada condena, esa condena es justa, y justo es mantenerla. De tal manera que el indulto viene a ser otra cosa diferente a la Justicia.

Esto lo sabían muy bien los titulares de un ministerio que se llamaba de Gracia y Justicia. Una cosa es hacer Justicia y otra son los actos de gracia, entre los cuales, que hay muchos, está la posibilidad del indulto. Los juristas de las España del Antiguo Régimen, con frecuencia, aludían a la posibilidad de indultar penas, condenas penales, e invocaban a este respecto la *clementia principis*. Hay, por un lado, la virtud de la Justicia aplicada a través de las leyes, pero no menor que ella es la virtud de la clemencia, y el príncipe debe cuidar tanto su imagen de recto aplicador del recto derecho existente, como un halo de magnanimidad, de bondad, de clemencia. También es verdad que dentro del Antiguo Régimen hay algunos autores que señalan como uno de los beneficios del indulto y de la clemencia el hecho de que a través de su aplicación y de su práctica se fortalece, se robustece, la persona del príncipe; llámese príncipe, llámese caudillo de las Españas, generalísimo de los ejércitos, dictador o como cada cual quiera llamarlo.

Siempre he estado en contra de esa lógica porque siempre he pensado lo que les decía antes: si una condena es justa, manténgase la condena. Comprendo que hay, puede haber, momentos determinados en donde el indulto pueda ser una salida política para problemas también políticos, pero yo quisiera que ustedes estudiasen la práctica de los indultos sobre todo durante los últimos tiempos de la guerra y los primeros de la posguerra.

Conozco un caso en el que un condenado a muerte fue indultado por el príncipe, caudillo, general o jefe del estado, el cual dio la orden de indulto y entregó el documento firmado por él a la Guardia Civil para que transmitiera por vía de correo ordinario el indulto hasta el penal de Chinchilla, donde el condenado a muerte estaba y, horas después de firmar ese indulto, se dio la orden por telégrafo de que ejecutaran a esa persona aquella misma madrugada, de tal manera que la ejecución se produjo horas antes de llegar el indulto en su favor. Es una anécdota y les pido a ustedes perdón por haber mencionado un hecho tan personalísimo, pero quiero decir con ello que la lógica de hacer Justicia y la lógica del indulto en la España por lo menos de los vencedores, estaban intrincadamente mezcladas, «sabiamente», entre comillas, mezcladas. Les insto a que estudien no sólo los juicios sino también los indultos concedidos , aplicados o no, durante la inmediata posguerra.

Finalmente, y ésta es la última afirmación que me permito expresar aquí, pienso que no se puede estudiar la historia de la administración de justicia durante la guerra sin estudiar la posguerra, porque la posguerra fue una continuación de la guerra, sólo que con otros medios. Durante los dos o tres primeros años inmediatamente posteriores al 1.° de abril del 39 se pusieron en práctica unos medios de juzgar que creo tan interesantes y tan merecedores de estudio como los que se practicaron en uno y otro bando durante la contienda propiamente dicha. Es difícil pensar, es difícil creer, que la guerra terminó realmente el 1.° de abril de 1939; por ello ruego que se estudie también ese tema.

Pero si es difícil creer que la guerra se acabó entonces, es facilísimo creer y, esto es más gozoso, que la guerra ya no existe. Desde hace tiempo, no sólo desde hace diez años, probablemente desde más, la mentalidad de los españoles rehúye la violencia, salvo excepciones en la mente de todos, y, sobre todo, rehúye la violencia bipartidista, la violencia radical, la violencia de partirnos en dos para, después, partirnos la cara y algo más que la cara. Ese magnífico cuadro de Goya que ha salido siempre como telón de fondo de la recientísima serie televisiva sobre la guerra civil expresa de modo plástico lo que ha sido la historia de España durante ciento cincuenta años poco más o menos. Pero es también muy cierto que eso se ha acabado y, que en este país nadie quiere ya una guerra civil, nadie tiene mentalidad de revancha, nadie tiene mentalidad de venganza, aunque nadie tiene tampoco, no nos engañemos, mentalidad de olvido. Hay que conocer la guerra civil, pero no desde luego para actividades o actitudes de revanchismo, de incomprensión, de intolerancia, de acusación, no.

Y, precisamente porque creo que esto es así (me parece que así lo creemos todos los españoles), me ha parecido interesantísima la intervención del señor Del

Olmo a propósito de lo que en los Archivos y, muy señaladamente, en los Archivos Militares, se guarda. Y me ha parecido también interesantísimo que él haya vinculado la necesidad del estudio y la de tutelar y calibrar la consulta de esos archivos, no sólo con el artículo 105 de la Constitución sino con el 20, porque ciertamente es en el 20 donde yo sitúo la raíz del problema. Comprendo que hay una serie de dificultades, riesgos, y problemas que deben al legislador, al legislador futuro, hacerle tener cuidado, u obligarle a ser muy preciso y muy cuidadoso a la hora de regular la concentración o no concentración de los Archivos Militares, para empezar, y el acceso a los mismos. Debo decir que, a mi modo de ver, es evidente que dentro de esa noción de Archivos Militares hay que incluir también los de la Guardia Civil, interesantísimos como todos sabemos. Si nos atuviéramos sólo al artículo 105 sería relativamente fácil poner una serie de trabas o de cautelas al uso del material archivado, no quiero tampoco valorar negativamente la necesidad de esas cautelas para el acceso y para la utilización de los fondos que existen en los archivos de capitanías generales, en los archivos de la guardia civil, en el archivo del ejército. Pero está también el artículo 20 y el derecho de todos a una información veraz, el derecho a la información que no es sólo un derecho colectivo, es decir, difuso, sino que es un derecho individual de cada español, es un derecho fundamental y, perdónenme —es la única alusión que voy a hacer a la institución que me honro en presidir—, el Tribunal Constitucional, ha dicho en muchas ocasiones que el resto del ordenamiento jurídico tiene que interpretarse de modo tal que sean máximamente aplicables los derechos fundamentales. Es decir, que todo el ordenamiento jurídico hay que interpretarlo, de manera tal, que los derechos fundamentales se puedan utilizar al máximo. Derechos fundamentales que tampoco son ilimitados, ciertamente. También los derechos fundamentales tienen sus límites, en principio los límites explícitos que el propio 20, como bien se ha señalado aquí esta mañana, indica; e incluso otros que no sean los explícitamente expuestos por la Constitución en función de ese derecho, sino todos los demás derechos fundamentales que en el ordenamiento jurídico subsisten. No soy tan zafio como para patrocinar una especie de apertura sin límites de los archivos judiciales, y en concreto de los militares, pero sí creo que la regla general debe ser la utilización y, las dificultades para la utilización deben ser las excepciones justificables, excepciones interpretables restrictivamente, como toda excepción de un derecho fundamental, y, todo ello, en virtud y en función de esa prioridad que en el ordenamiento jurídico tienen los derechos fundamentales y, muy en concreto, el derecho a la información veraz.

Es posible que el honor, es posible, como se ha dicho hace un rato, que la intimidad (aunque esto me parece muy difícil) se puedan poner en riesgo; pero el riesgo de la utilización de un derecho no es en sí mismo razón suficiente para no permitir el ejercicio del derecho. De todos modos, tenga en cuenta el legislador esos riesgos, tenga en cuenta el legislador esas excepciones, esas limitaciones, sensatas, razonables, perfectamente constitucionales; pero permita el legislador la utilización de los archivos y no sólo diría yo, aquellos que tengamos o podamos tener (el mío creo que ya estará caducado) el carné de investigador, porque justamente por aquello de los visigodos y de la guerra civil, para estudiar a los visigodos hace falta carné de investigador profesional, pero para tener interés en entrar en un archivo militar que reúna fondos de la guerra civil no hace falta más que tener de cuarenta y cinco años para arriba, o quizá ni siquiera cuarenta y cinco años. Quiero decir que muchas veces el interés no consiste en escribir una tesis, o un libro, o el de investigar a fondo un tema, sino el de enterarse qué le pasó a tal persona, a tal otra, qué ocurrió en mi familia, por activa o pasiva, y ese es un interés perfectamente lícito, que me parece protegido por el ordenamiento jurídico.

Que quepa la posibilidad de que con ocasión de satisfacer ese legítimo interés, se pueda después realizar la publicación indebida, exagerada, lesiva para otros derechos, es algo que no niego y, ése es un riesgo que habrá que tener en cuenta e incluso penalizarlo si a ello hubiera lugar; no estoy improvisando un texto legal articulado, pero sí creo que ha de tenerse en cuenta ese interés desapasionado, benditamente desapasionado, que la sociedad española tiene por no olvidar lo que ocurrió de 1936 a 1939, aunque desde luego no para utilizarlo como trampolín para la repetición de una contienda, de una guerra.

Observemos todos la maravillosa sabiduría del lenguaje. Nadie ha hablado aquí esta mañana y, estoy seguro que tampoco durante los otros dos días, ya de cruzada o de guerra de santificación, sino de contienda, como si quisiéramos cubrir con el púdico velo de palabras suaves aquella ferocidad que ocurrió. No más ferocidades, no más cruzadas, no más movimientos salvadores y nacionales, simplemente paz, paz que no equivale en sí misma a justicia.

Al defender la paz no vamos a ser tampoco tan ingenuos como para pensar que cuando hay paz ya todo es justo, ni siquiera si esa paz es, no simplemente el orden público impuesto por la autoridad, sino una paz democrática, la paz de un estado de derecho, porque no todo lo que hay o sucede en un estado de derecho es justo, evidentísimamente no. Lo importante de la paz es que es un método. La paz democrática es un método, un método de convivencia, un método para luchar contra la injusticia, pero para luchar contra la injusticia sin matar al presunto autor de la injusticia. Para eso están los tribunales y todos los demás poderes públicos, para que hagan justicia, una vieja, casi fantasmagórica, casí innombrable, casi evanescente dama llamada justicia, nombre en cuyo interior cada cual coloca afirmaciones, valores, deseos, no necesariamente iguales entre sí, razón por la cual el concepto de justicia en una sociedad democrática es siempre cambiante o por lo menos plural, porque cada cual lleva su justicia donde puede, en el corazón, en la cabeza, en los libros, donde sea, y cada ciudadano la viste y rellena de contenidos no idénticos. Sea como sea, administremos o hagamos todos justicia y no violencia.

Quiero acabar, con una última y acaso estoica reflexión. Todos somos futuros cadáveres, y nada más que eso. Gocemos al menos del derechos a morir en paz. Cuando el injusto azar ponga fin a nuestro tiempo, que sea sin la ayuda de la mano de ningún otro hombre, de ningún otro, también, futuro cadáver.

Nada más y muchas gracias.